DESCRIPTION
DE
L'ÉGYPTE,
RECUEIL
DES OBSERVATIONS ET DES RECHERCHES
QUI ONT ÉTÉ FAITES EN ÉGYPTE
PENDANT L'EXPÉDITION DE L'ARMÉE FRANÇAISE.

SECONDE ÉDITION

DÉDIÉE AU ROI
PUBLIÉE PAR C. L. F. PANCKOUCKE.

TOME CINQUIÈME
ANTIQUITÉS—DESCRIPTIONS.

IMPRIMERIE
DE C. L. F. PANCKOUCKE.
M. D. CCC. XXIX.

DESCRIPTION

DE

L'ÉGYPTE.

DESCRIPTION

DE

L'ÉGYPTE

OU

RECUEIL

DES OBSERVATIONS ET DES RECHERCHES

QUI ONT ÉTÉ FAITES EN ÉGYPTE

PENDANT L'EXPÉDITION DE L'ARMÉE FRANÇAISE.

SECONDE ÉDITION

DÉDIÉE AU ROI

PUBLIÉE PAR C. L. F. PANCKOUCKE

TOME CINQUIÈME.

ANTIQUITÉS - DESCRIPTIONS.

PARIS

IMPRIMERIE DE C. L. F. PANCKOUCKE

M. D. CCC. XXIX.

ANTIQUITÉS
DESCRIPTIONS.

CHAPITRE XVIII.

DESCRIPTION
GÉNÉRALE
DE MEMPHIS ET DES PYRAMIDES,
ACCOMPAGNÉE
DE REMARQUES GÉOGRAPHIQUES ET HISTORIQUES;

Par M. JOMARD.

Le nom de Memphis n'est guère moins célèbre que celui de Thèbes. Memphis, comme Thèbes, a été le séjour de rois puissans, la capitale d'un grand empire; elle a vu s'élever dans son sein de magnifiques monumens; les arts se sont plu à l'embellir de toutes leurs richesses : il n'a manqué à sa gloire que d'être chantée par Homère.

C'est à Memphis que résidaient les souverains d'Égypte, lorsque les Hébreux vinrent dans cette contrée. Thèbes, dont la situation était trop reculée pour les relations qui commençaient à s'ouvrir avec l'Europe, l'Afrique septentrionale, l'Assyrie et l'Asie mineure, avait cessé depuis long-temps d'être le siége des Pharaons [1]. L'autorité royale était concentrée alors dans Memphis, placée à trois schœnes seulement du point où le Nil, après avoir toujours depuis sa source coulé dans un lit unique, commence à se diviser en deux branches qui donnent naissance à cinq autres, et forment ensuite ce large réseau que les Grecs ont nommé *Delta*, où le fleuve s'épanouit en cent canaux divers. Cette position de Memphis était avantageuse pour tous les besoins du commerce intérieur et extérieur, et pour ceux de l'administration du pays.

Bien qu'il soit incontestable que Memphis a succédé à Thèbes comme capitale de l'Égypte, cependant la première de ces villes était une des plus anciennes de la contrée. Si l'on en croit Hérodote, elle fut bâtie par Ménès même, le premier de ses rois. Pour en jeter les fondemens, ce prince détourna, dit-on, les eaux du Nil, par des digues bâties dans la plaine, et fit couler le fleuve plus à l'orient; une partie de la ville occupait donc l'ancien lit du fleuve, et elle remplissait tout l'espace compris entre ses nouveaux bords et la chaîne libyque. Ainsi Memphis n'était point, comme Thèbes, séparée en deux par le cours du Nil.

Tous les anciens auteurs qui ont parlé de l'Égypte, poëtes, historiens, géographes, à l'exception d'Homère,

---

[1] C'est ainsi qu'on est convenu d'appeler les anciens rois du pays : mais ce mot, consacré par les écrivains, surtout par Bossuet, est générique, et veut dire simplement les rois; par conséquent, il n'est pas propre à désigner spécialement les anciens rois d'Égypte.

ont célébré les merveilles de Memphis, surtout les fameuses pyramides élevées dans son voisinage. De la réunion de leurs récits, on ferait une description plus longue que satisfaisante; en outre, l'opposition qui règne entre eux pourrait nuire à la clarté. Il est préférable d'en tirer tous les faits communs qui paraissent par-là plus dignes de foi. C'est ce que nous ferons après avoir décrit les lieux circonvoisins. Ce parti aura deux avantages : l'un, d'éviter la confusion; l'autre, de rassembler les élémens les plus certains de l'histoire de Memphis. En effet, si, malgré tant de contradictions entre les auteurs, nous les trouvons uniformément d'accord sur certaines circonstances plus ou moins importantes, et si les écrivains ne les ont pas empruntées l'un à l'autre, il est bien vraisemblable que ces témoignages reposent sur des fondemens solides, et qu'ils sont admissibles par une critique sévère.

SECTION PREMIÈRE.

Pyramides du sud et autres vestiges d'antiquités qu'on trouve aux environs de Memphis.

§. I. *Pyramides du sud.*

Avant de comparer ensemble les témoignages des historiens et l'état actuel des lieux, afin de chercher à découvrir ce qu'a été la ville de Memphis, je jetterai un coup d'œil sur les pyramides élevées au midi de cette ville et sur les autres antiquités du voisinage. Les plus méridionales, en allant du sud au nord, sont celles d'el-Lâhoun et du labyrinthe, dans le Fayoum ou l'ancien nome Arsinoïte; ensuite celle de Meydoun; enfin celles d'el-Metânyeh. Déjà je les ai décrites dans les chapitres qui précèdent, et je dois y renvoyer le lecteur [1]. Les autres qu'il me reste à faire connaître, sont celles de Dahchour, de Saqqârah et d'Abousyr, dont plusieurs sont mieux conservées et beaucoup plus importantes.

1°. DES TROIS PYRAMIDES DE DAHCHOUR.

La célébrité des deux principales pyramides qui sont au nord de Memphis, est sans doute le motif qui a empêché les auteurs anciens de faire attention à celles du midi, ou du moins de les mentionner dans leurs écrits, quoique plusieurs de ces dernières aient des dimensions considérables, dignes d'arrêter les regards : mais, soit que la curiosité fût satisfaite à l'aspect des grandes pyramides connues sous les noms de *Cheops* et de *Chephren*, et appelées *merveilles du monde*, soit qu'on voulût éviter un voyage plus long et plus pénible à travers des sables brûlans, il semble que de tout temps les voyageurs aient dédaigné les monumens du même genre qui s'étendent sur la montagne Libyque, depuis Memphis jusqu'au midi d'*Acanthus*. Peu d'entre les

---

[1] Voyez *A. D.*, *chap. XVI*, sect. VII, et *chap. XVII*, sect. III, la pl. 72, *A.*, vol. IV, et l'Explication des planches.

modernes les ont visitées, et nul ancien ne les décrit[1]. Les premiers, il est vrai, avaient à redouter, outre la fatigue, des périls réels de la part des Arabes Bédouins. Quoi qu'il en soit, le silence des auteurs ne permet aucun parallèle entre l'ancien état et l'état actuel des lieux, et je n'ai ici à mettre sous les yeux des lecteurs que la description des monumens, tels que les ont observés les voyageurs français[2].

Dahchour est un village médiocre qui occupe l'emplacement de l'ancienne *Acanthus*. A deux mille pas au nord-ouest, sur le bord de la montagne Libyque, est une première pyramide appelée *Haram Minyet el-Dahchour*[3]; on sait que *haram* est le nom générique des pyramides chez les Arabes. Elle est en briques crues, et très-dégradée. Les briques sont de limon du Nil, liées par de la paille hachée; elles ont 32 à 35 centimètres[4] de long, sur 16 à 19 centimètres[5] de large, et 11 à 14 centimètres[6] d'épaisseur.

La base visible de la pyramide est aujourd'hui un rectangle de 100 pas sur un côté, 75 sur l'autre, et la

---

[1] Il paraît que Dicuil les avait en vue dans un passage du livre *De mensura orbis terræ*, d'après la conjecture de M. Letronne dans ses *Recherches géographiques et historiques* sur ce livre, pag. 87.

[2] C'est à M. Gratien Le Père, observateur exact et infatigable, qui a bien voulu me les communiquer, que j'emprunte les circonstances les plus intéressantes relatives aux pyramides méridionales; j'y joindrai les observations que j'ai faites moi-même, soit en levant la carte de la province de Beny-Soueyf, soit dans un voyage à Memphis et aux catacombes de Saqqârah, ainsi que les autres notions certaines que j'ai pu recueillir auprès de mes compagnons de voyage.

[3] Au sud-est d'une petite pyramide en briques placée dans le sud de Saqqârah. *Voyez* la pl. 1, *A.*, vol. v.

[4] Douze à treize pouces.

[5] Six à sept pouces.

[6] Quatre à cinq pouces.

hauteur est d'environ 42 mètres¹. Cette hauteur se divise en cinq parties, formant retraite l'une sur l'autre, avec un repos d'environ 3ᵐ ⅓ de large². Ces espèces de degrés se retrouvent souvent dans les pyramides du sud, et il y en a un exemple parmi celles de Gyzeh³. La matière dont cette construction est formée, était trop peu solide pour résister aux outrages du temps, et, malgré la jactance des paroles qu'Hérodote prête au roi Asychis, auteur d'une de ces montagnes de brique, il y a une immense différence entre elles et celles de pierre pour l'état de conservation⁴. J'ai déjà eu occasion de parler ailleurs de ces espèces de pyramides⁵, et je ne rechercherai pas ici à laquelle on doit appliquer le passage d'Hérodote, me bornant à considérer comme probable qu'il s'agit de celle qui touchait au labyrinthe.

Sont-ce les briques destinées à ces pyramides, ou celles qui servaient aux enceintes des villes, que les Hébreux furent condamnés à fabriquer, selon le vᵉ chapitre de l'*Exode?* C'est une question qu'il n'est guère possible de résoudre, et qui est d'ailleurs de peu d'intérêt. Les unes et les autres sont de grande dimension; il en est même qu'on pourrait comparer à de petites pierres de taille. On s'en est servi pour faire des quais et des constructions plongées constamment dans l'eau courante; elles ont conservé une assiette solide.

A près de 1500 mètres au nord-ouest est une se-

---

¹ Cent trente pieds.
² Dix pieds.
³ *Voyez* pl. 16, fig. 13 et 14.
⁴ *Hist.* lib. II, c. 136.
⁵ Voyez *A. D.*, chap. XVII, tom. IV.

conde pyramide, aussi en briques crues, sur le bord du plateau; elle est plus ruinée encore, au point qu'on peut y monter à cheval. Sa hauteur est d'à peu près 33 mètres[1].

La troisième et principale pyramide de ce canton, *Haram el-Dahchour,* porte le nom même du village de ce nom dont elle est éloignée de 2500 mètres à l'ouest, et dans le désert; elle est en pierre et bien conservée. Sa base, sur la face de l'est, a 235 pas[2], et, sur celle du nord, 230[3], environ 174 mètres sur 178[4]. Ce qui distingue cette pyramide de toutes les autres, est l'état de conservation de son revêtement sur la plus grande partie de chaque face; la sommité a conservé aussi sa forme en pointe aiguë: la pierre du revêtement est lisse, bien taillée. La forme générale du monument présente, sur le profil, deux inclinaisons: la partie inférieure est bâtie sous un angle plus ouvert; et la partie haute est moins inclinée, tellement que la pyramide supérieure et entière pose sur une pyramide tronquée[5].

Une autre particularité, c'est que les assises du revêtement sont, non pas horizontales, mais perpendiculaires au plan d'inclinaison des faces.

La pyramide est ouverte à six mètres $\frac{2}{3}$ [6] au-dessus de la base inférieure; l'ouverture est vers l'apothème à la douzième assise, et sur la face du nord, comme aux trois principales pyramides de Gyzeh: on y arrive avec

---

[1] Cent pieds.
[2] Cinq cent quarante-huit pieds.
[3] Cinq cent trente-sept pieds.
[4] Selon Richard Pococke, la base a 605ᵈˢ anglais sur la face du nord, 600 sur celle de l'est, et sa hauteur est de 335ᵈˢ, ou (en pieds français) 567, 562 $\frac{1}{2}$ et 314.
[5] Voy. *A. D.,* ch. *XVI,* t. IV.
[6] Vingt pieds.

peine, à cause de la rapidité de la pente, et parce que la pierre du revêtement est lisse et glissante. La grandeur de l'ouverture est à peu près la même que celle de la grande pyramide et de celle que je vais décrire : mais le conduit qui y débouche, est bien moins incliné; sa pente n'est que de 20 degrés environ. La profondeur du conduit est considérable, et descend au-dessous des fondations : on peut y parvenir aujourd'hui jusqu'à plus de 200 pieds de profondeur; là, on est arrêté par un encombrement de pierres. Deux voyageurs du xviie siècle ont pénétré jusqu'au bout, et ont trouvé une seule chambre, disposée comme celle des autres pyramides[1]. Plusieurs des pierres du conduit sont disjointes, de manière qu'on peut passer le bras dans les intervalles[2]. Les faces du monument sont exactement tournées vers les quatre points cardinaux.

A peu de distance de la face orientale, on trouve une chaussée bâtie en grosses pierres sur la pente de la montagne; elle se dirige vers le village de Minyet-Dahchour. Les sables de Libye ont en grande partie recouvert cette grande chaussée, dont la destination a été visiblement de transporter les matériaux dont la pyramide est formée.

[1] Le premier est l'anglais Melton, qui voyageait en 1660; le second est le peintre hollandais Le Bruyn, en 1680.

[2] M. Gratien Le Père, qui a pénétré dans la pyramide le 5 janvier 1801 avec le général Beaudot, pense que la masse a éprouvé un mouvement qui est la cause de cette circonstance. MM. Gratien Le Père, Geoffroy, Desgenettes, Larrey et Dutertre, sont les premiers membres de la Commission qui aient vu les pyramides de Dahchour et les pyramides méridionales de Saqqârah, accompagnés des généraux Reynier, Lanusse, Damas, Beaudot et Morand. C'est au premier qu'on est redevable de la plupart des observations qui précèdent.

DE MEMPHIS ET DES PYRAMIDES.

2°. DES NEUF PYRAMIDES DE SAQQARAH.

En continuant de nous porter du midi au nord, nous arrivons à la plus considérable des pyramides de Saqqârah : elle est à 2000 mètres au nord de la pyramide de Dahchour, et à 6000 mètres au sud-ouest du village de Saqqârah; on l'appelle *Haram el-Kebyreh* (la Grande Pyramide). En effet, ses dimensions approchent de celles des grandes pyramides de Gyzeh, et elle mérite le second rang. La base moyenne a environ 200 mètres[1]; sa hauteur, composée de 152 assises, d'environ $0^m 68$[2], est égale à $103^m 36$[3].

Quoique dégradée dans les parties inférieures de ses quatre faces, la pyramide conserve encore son revêtement en beaucoup d'endroits, et sous ce rapport elle a un intérêt que ne présente plus le grand monument de l'ouest de Gyzeh. Comme dans celui-ci, l'ouverture est sur la face du nord, et à une certaine distance de l'apothème; mais elle est située à une plus grande élévation. Dans la *grande pyramide*, elle est à la douzième partie de la hauteur totale; et dans la pyramide de Saqqârah, aux deux neuvièmes environ de la hauteur. Dans l'une et dans l'autre, le premier conduit est incliné à l'horizon; mais ici le second est horizontal. Ces deux con-

---

[1] Six cent dix-huit pieds.
M. Gratien Le Père a trouvé sur la face de l'est 260^{ds}; sur celle du nord, 270 : au contraire, Pococke donne 662^{ds} (anglais) à la base mesurée du côté du nord, 690 à la base mesurée à l'est, c'est-à-dire environ 620^{ds} ½, et 647^{ds} français; valeur moyenne, environ 634^{ds} : il y a sans doute ici interversion.

[2] Vingt-cinq pouces.

[3] Trois cent seize pieds huit pouc. Selon Pococke, la hauteur est de 345 pieds anglais, ou environ 322 pieds français.

duits ont 1^m06[1] de largeur, et 1^m14[2] de hauteur, perpendiculairement au plan inférieur[3].

A l'extrémité du couloir horizontal, est une salle oblongue, de plain-pied avec le fond, longue de 6^m82[4] du nord au sud, large de 3^m41[5]. Sa hauteur est de 12^m99[6]. Elle se compose de quatre assises qui s'élèvent en forme de pieds-droits jusqu'à 3^m25[7], et au-dessus s'élèvent douze autres assises disposées en encorbellement, comme dans la grande galerie ascendante de la pyramide de Gyzeh; chacune est saillante sur l'autre d'à peu près 0^m108[8], de manière que le plafond n'a pas plus de largeur que le couloir. Les pierres sont en granit, de très-grande dimension, et travaillées avec un tel soin, qu'il est impossible de faire entrer entre deux joints la lame d'un couteau.

Au fond et dans l'angle à droite de cette salle, on trouve un autre couloir horizontal, haut et large comme le précédent, et long de 3^m24 à 3,56[9]: il aboutit à une seconde salle oblongue, qui, du nord au sud, a 7^m47[10], et, dans l'autre sens, 3^m25[11], et qui, pour la forme du couronnement, le travail et la nature de la pierre, est en tout semblable à la précédente. On y a trouvé un encombrement de pierres et de débris.

A la partie sud de cette salle, et à 18 ou 20 pieds

---

[1] Trente-neuf pouces.
[2] Quarante-deux pouces.
[3] M. Gratien Le Père n'a pu prendre ces mesures avec la précision désirable.
[4] Vingt-un pieds.
[5] Dix pieds six pouces.
[6] Environ quarante pieds.
[7] Dix pieds.
[8] Quatre pouces.
[9] Neuf à dix pieds.
[10] Vingt-trois pieds.
[11] Dix pieds. Ces deux dimensions laissent aussi à désirer pour la précision.

de hauteur, est un troisième conduit horizontal qui, selon le voyageur Thévenot, a 4^{m}22[1] de long, et 1^{m}95[2] de hauteur. La troisième salle, dans laquelle il débouche, a 7^{m}96[3] dans le sens du nord au sud, et 8^{m}66[4] de l'est à l'ouest. La hauteur est 17^{m}54[5]. Elle est encore disposée en encorbellement dans la partie supérieure. Au milieu de la pièce, on trouve sur le sol une cavité rectangulaire, dont le fond est inégal; peut-être y avait-il en cet endroit un sarcophage. Il manque sans doute plusieurs renseignemens pour compléter la description de cette pyramide intéressante; mais celle des autres monumens du même genre pourra y suppléer en partie, attendu l'analogie qui règne entre ces diverses constructions. Passons à celles de moindre importance qui sont à l'ouest et au sud-ouest de Saqqârah, ou vers le nord-ouest du même village.

Les unes et les autres sont au nombre de quatre, toutes de petite dimension, hors une seule. La première, en marchand du midi au nord, est très-dégradée; la seconde est divisée en cinq parties ou grands degrés; la troisième est en grosses briques non cuites, et la quatrième en pierre : elles sont dégradées et occupent deux mamelons couverts de matériaux. La seconde seule mérite de nous arrêter. Les Arabes l'appellent *Mastabet el-Fara'oun* (siége des Pharaons), prétendant ridiculement que les anciens rois rendaient la justice du haut de ce monument. Les espèces de degrés

---

[1] Treize pieds.
[2] Six pieds.
[3] Vingt-quatre pieds six pouces.
[4] Vingt-six pieds huit pouces.
[5] Cinquante-quatre pieds.

dont elle est formée, sont autant de pyramides tronquées, en retraite les unes sur les autres, dont la hauteur est d'environ $12^m 99$ [1]. En mesurant la base au nord et à l'est, on trouve également 160 pas [2], ou 121 mètres. Il reste des parties de revêtement, mais fort dégradées.

Les quatre pyramides au nord et au nord-ouest de Saqqârah sont ainsi distribuées. La première ou la plus méridionale est assez petite, ainsi que la troisième. La seconde est la plus importante ; elle se compose de six corps de maçonnerie qui en font une pyramide à six degrés. La quatrième est fort ruinée. Les Arabes donnent à la seconde le nom de *Haram el-Modarrageh*, c'est-à-dire pyramide façonnée en gradins [3] : autour sont de nombreuses catacombes. Sa base, mesurée au nord et au sud, est d'environ $90^m 97$ [4]; à l'est et à l'ouest, de $81^m 21$ [5]. Chaque degré a verticalement environ $8^m 12$ [6], et horizontalement $5^m 2$ à $5^m 9$ [7], indépendamment du talus de chacun des corps pyramidaux. La hauteur totale est évaluée à $48^m 73$ [8].

La pierre du revêtement est un calcaire blanc, compacte. Du côté du sud, on remarque une forte lézarde, que les hommes ont agrandie. On a cru y reconnaître que l'intérieur de la construction est en partie formé de gravier. Tout le sol des environs a été aplani, et forme autour du monument une place quadrangu-

---

[1] Quarante pieds.
[2] Environ trois cent soixante-treize pieds.
[3] المدرّجه, de درجه, *degré*.
[4] Deux cent quatre-vingts pieds.
[5] Deux cent cinquante pieds.
[6] Vingt-cinq pieds.
[7] Dix à douze pieds.
[8] Cent cinquante pieds.

laire, inférieure de près de deux mètres au sol de la pyramide.

3°. DES SEPT PYRAMIDES AU NORD D'ABOUSYR.

A deux mille mètres vers l'ouest du village d'Abousyr, et à onze mille mètres au sud-est des grandes pyramides de Gyzeh, sont trois pyramides en ruine, très-rapprochées l'une de l'autre, situées sur le bord de la chaîne, à l'ouverture d'une petite vallée. Elles sont bâties en pierre : leur état de dégradation n'empêche pas de reconnaître qu'elles ont été revêtues d'un parement. Ainsi que les autres pyramides, elles sont orientées. Leurs dimensions sont à peu près les mêmes; le côté de la base est inférieur à celle de la troisième pyramide de Gyzeh.

Sur le milieu de la face orientale de chacune d'elles se dirige une chaussée ascendante, construite en pierres de taille de forte dimension; il est de ces pierres qui ont jusqu'à 6 à 7 mètres de longueur. Il est évident que ces chaussées ont servi au transport des matériaux dont les monumens se composent. Il en est de même qu'aux pyramides de Gyzeh. Hérodote fait remarquer l'art et le soin qu'on déployait pour la construction de ces chaussées [1]. Çà et là, on trouve une grande quantité de blocs énormes de grès, de granit et de trapp noir, taillés et polis, couverts de sculptures, de figures d'animaux, et de caractères hiéroglyphiques. Il est permis de croire que plusieurs de ces pierres dures ont servi à revêtir les pyramides, ou à embellir quelques

[1] *Hist.* lib. II, c. 129.

monumens du voisinage; peut-être aussi quelque révolution politique ou religieuse a-t-elle empêché d'employer à leur destination la plupart de ces riches matériaux.

De ces pyramides, on se rend en trois heures aux grandes pyramides de Gyzeh, en suivant le chemin qui longe le pied de la montagne Libyque. A 1500 mètres sur ce chemin, on remonte une colline que l'on croit être le reste d'une pyramide détruite, et à trois mille mètres, mais plus loin vers l'ouest du village de Chobrâment, on aperçoit à gauche, sur la crête d'un coteau, trois tertres de forme à peu près conique : on y trouve des traces d'anciennes constructions qui font croire qu'il y avait encore là jadis trois petites pyramides, aujourd'hui entièrement ruinées. Au pied de la montagne est un santon ou tombeau arabe.

Non loin de là sont les vestiges d'une ancienne digue en briques cuites, dirigée transversalement au sens de la vallée.

Tels sont tous les restes de constructions pyramidales que l'on rencontre depuis les pyramides de Gyzeh jusqu'à Dahchour, dans une étendue d'environ 23000 mètres : elles sont au nombre de dix-neuf; trois sont en briques; les autres ou le plus grand nombre sont en pierres. Il en est deux presque comparables à la seconde pyramide de Gyzeh; mais quinze sont ruinées ou dans un état complet de dégradation. L'énumération de ces bâtisses prouve qu'elles ne sont pas indignes d'attention : c'est ce que prouvera encore mieux le rapprochement que je ferai plus tard entre elles et celles de Gyzeh. Le plateau où elles sont élevées, est un sol calcaire assez uni, partout recouvert de gravier ou de sables mobiles.

§. II. *Ruines des villes et autres antiquités des environs.*

DAHCHOUR ET SAQQARAH.

Dans le *chapitre XVI* des Descriptions d'antiquités, j'ai parlé des lieux anciens situés dans le midi du *nome Memphites*, et sur la rive gauche; savoir, *Nilopolis*, *Heracleopolis magna*, *Cœne*, *Isiu*, *Peme*, *Acanthus*, et autres endroits dont il reste d'anciens vestiges; ce second paragraphe servira de complément à l'énumération des antiquités de la province, autres que celles de Memphis même et des pyramides. L'endroit le plus méridional est Dahchour. C'est là qu'était la ville d'*Acanthus*, qui tirait son nom d'un grand bois d'acanthes ou acacias épineux. Les distances par lesquelles l'itinéraire conduit de Memphis à *Acanthus*, coïncident avec le lieu de Dahchour, où l'on trouve d'ailleurs des ruines et des débris d'antiquités, indépendamment des trois pyramides que j'ai décrites dans son voisinage[1].

Il reste encore des vestiges des bois qui environnaient *Acanthus*. La position qu'ils occupent me confirme dans l'opinion que j'ai émise sur l'origine de ces bois sacrés. En effet, ils devaient protéger Memphis et la plaine contre les sables transportés par les vents du

[1] Voyez *A. D.*, chap. XVI, sect. VIII.

sud. De là, l'importance qu'on y attachait et le soin qu'on avait de les entretenir [1].

Ce qu'on trouve d'antiquités au village de Saqqârah doit se rapporter à Memphis, dont ce point était peut-être un des faubourgs. Les maisons sont remplies de pierres chargées de sculptures et d'hiéroglyphes, en granit et en trapp ou basalte noir. Il faut aller vers le nord-ouest et s'élever sur le plateau pour trouver la plaine des momies, le lieu de la sépulture de cette capitale. En marchant d'abord à l'ouest, on rencontre sur deux mamelons dont j'ai parlé, et autour des petites pyramides, beaucoup de fragmens d'albâtre, de marbre et de porphyre, ainsi que des poteries, des vases de verre, et une multitude de figurines en bois ou en terre cuite émaillée.

La plaine sablonneuse qui s'étend au nord et à l'ouest, était le lieu de sépulture des habitans de la plaine de Memphis [2]. Le sol a été creusé en galeries et en catacombes, dans lesquelles on descend aujourd'hui par des puits profonds, dont les ouvertures débouchent sur le plateau. Selon un ancien voyageur, tout le sol en est rempli, jusqu'à une distance de plusieurs milles. L'affluence des sables a nécessairement comblé un grand nombre de ces ouvertures; il est à présumer aussi que jadis on les tenait habituellement fermées, et qu'on pénétrait dans les tombeaux par des

---

[1] *Voyez*, sur les bois d'acanthes, *A. D.*, chap. *XI*, t. IV, p. 7 et 33; chap. *XVI*, même volume, p. 431.

[2] Dans l'hiver, saison pendant laquelle j'ai visité ce désert, il y a quelques plantes sur le sable; on y trouve plusieurs espèces de *sisymbrium*, de *ricotia*, d'*artemisia* et de *geranium*, des ficoïdes, des légumineuses, etc.

galeries horizontales, percées sur le flanc de la montagne : car il est de ces puits beaucoup trop étroits pour qu'on pût y descendre les sarcophages; et d'ailleurs ils ne s'accorderaient point avec la célébration pompeuse des funérailles, usitée chez les Égyptiens.

A trois cents mètres à l'ouest de la pyramide à six degrés, *Haram el-Modarrageh*, on remarque un large puits dont la profondeur n'est pas moindre de 15 à 16 mètres; l'ouverture, de 7 à 8 mètres : mais généralement ils sont beaucoup moins larges; il en est qui n'ont que 4 à 5 mètres de profondeur. Comme on ne peut parcourir les puits des momies qu'à la lueur des flambeaux, on les visite ordinairement pendant la nuit, et l'on évite ainsi des courses dans les sables, plus pénibles pendant l'ardeur du jour. Mais beaucoup de voyageurs se dispensent d'une recherche fatigante, en faisant faire des fouilles par de pauvres Arabes habitans du lieu, qui font de ce travail une petite branche d'industrie et de commerce. A la vérité, ces hommes se moquent presque toujours des Européens; ils leur vendent des momies qu'ils ont enterrées eux-mêmes à une médiocre profondeur, et leur font croire qu'ils viennent d'ouvrir de nouveaux puits. Quand on veut n'être pas trompé et qu'on peut en faire les frais, il faut réunir un certain nombre de travailleurs, et les faire travailler devant soi, jusqu'à ce qu'on rencontre un tombeau intact ou à peu près; ce qui est, au reste, assez rare. Il n'est pas très-difficile de reconnaître si le puits a été comblé par les Arabes, et si la catacombe a été violée et dépouillée.

A. D. v.

Il est très-probable que tous ces puits ont été pratiqués pour obtenir des courans d'air, et faciliter la respiration dans ces nombreuses galeries, dans tous ces labyrinthes souterrains dont la montagne est percée, de la même manière qu'à Thèbes ; ils pouvaient servir, de temps en temps, à donner du jour et de l'air aux individus chargés du soin des funérailles. Aujourd'hui, l'on remarque, autour des ouvertures, de petits bosquets de dattiers, au moyen desquels les Arabes viennent à bout de les dérober à la curiosité des voyageurs.

Généralement les momies que l'on tire des puits de Saqqârah sont mal conservées ; mais, de plus, la préparation est bien inférieure à celle des momies de Thèbes, et même on ne pourrait pas citer jusqu'ici une seule momie trouvée dans les tombeaux de Memphis, comparable à celles qui appartiennent à la première classe parmi les momies des hypogées de Thèbes. La plupart sont embaumées avec un baume de mauvaise qualité ; un très-grand nombre sont préparées avec le natron ; la toile est grosse ; les bandelettes sont disposées sans art. Il y a une différence encore plus grande dans les enveloppes, les caisses et les sarcophages, surtout pour les dessins et les peintures. Enfin, l'on trouve bien, avec les momies, des antiques, des idoles et des amulettes en bois, en faïence, etc. ; mais je ne connais pas un exemple d'un manuscrit sur papyrus trouvé dans les catacombes.

Ce n'est pas que je pense qu'il n'y existe aucune momie aussi bien préparée et entourée que dans la Thébaïde ; mais je présume que celles de cette espèce ont été cachées avec plus de soin que celles du second et du troisième ordre, et que les Arabes ne les ont point découvertes. Il serait en effet bien extraordinaire que Memphis, postérieure à Thèbes, et qui lui a succédé comme capitale, eût ignoré l'art d'embaumer, porté si anciennement à sa perfection : toutefois, cet art était dispendieux, et il n'est pas surprenant que les momies les plus riches (il en est dont le travail est estimé à plus de mille journées) se rencontrent rarement dans les catacombes les plus récentes, c'est-à-dire celles du haut de la montagne, qui approchent de la superficie du sol.

Les tombeaux de momies de Saqqârah ont été décrits par tous les voyageurs. Il n'en est pas un qui, étant au Kaire, ne les ait visités, ou n'en ait entendu parler, ou n'en ait rapporté quelques antiquités achetées des Juifs ou des Arabes dans cette dernière ville. De là il suit que ces lieux ont de tout temps été assez bien connus en Europe. Il n'en était pas de même des tombeaux de Thèbes, que les voyageurs ne connaissaient que bien imparfaitement avant l'expédition française. C'est pour ce motif que nous sommes entrés dans tous les détails de la description des hypogées de la ville de Thèbes; par la même raison nous nous abstiendrons d'insister sur les tombeaux de Memphis, et nous renverrons aux détails qu'on trouve dans les voyages de Pietro della Valle, du duc de Chaulnes, de Thévenot, de Le Bruyn, de Pococke, de Fourmont, etc., en avertissant toutefois le lecteur qu'il s'y trouve beaucoup de preuves de la crédulité des voyageurs, souvent dupes de la fausseté des Arabes. Nous nous bornerons à un petit nombre d'observations.

La plupart des conduits qui font communiquer ensemble les salles des catacombes, sont très-étroits, et le passage est difficile, surtout à cause de l'encombrement des sables. Souvent, après nous être donné beaucoup de fatigue pour pénétrer dans les galeries, nous arrivions dans des chambres dépouillées de tout ce qui aurait pu les rendre intéressantes : des momies brisées et dispersées, des toiles et des ossemens épars, des fragmens de sarcophage, voilà à peu près tout ce qui s'offrait à la vue. J'ai remarqué que la peau des momies tire plus sur le jaune que sur le noir ; c'est le contraire à Thèbes.

Le sol dans lequel sont creusées les galeries, n'est point une pierre calcaire sèche, uniforme et homogène, comme à Thèbes ; au-dessous de la couche du sable, est une pierre marneuse, toute pénétrée de couches minces de sel marin ou muriate de soude, alternant avec la marne ; on y rencontre encore des filons de gypse cristallisé. On sait que le muriate de soude abonde en Égypte, et que la surface du sol en est imprégnée au point que, tous les matins, les plantes sont blanchies par les efflorescences salines.

On trouve quelquefois dans les tombes, avec beaucoup d'antiques fragmens, des tuniques plus ou moins riches et d'un beau travail. Ces objets se trouvent sous la tête des momies, quand elles sont demeurées en place. Il paraît que l'usage des Égyptiens était de déposer avec le mort un de ses vêtemens et les objets de culte qui lui avaient servi. On n'a pas, autrefois, assez mis de soin à reconnaître et à constater l'état où se trouvent les momies dans leurs caisses, et les objets conservés auprès d'elles : cette recherche aurait pu révéler des détails curieux pour les mœurs, et dont l'histoire ne dit absolument rien. Sans entrer ici dans l'examen de tous les fragmens de tuniques anciennes trouvés dans les catacombes, je m'attacherai à faire connaître celle dont le général Reynier a fait don à l'Institut de France, et qui est déposée dans la bibliothèque de cette compagnie savante [1]; elle mérite cette préférence par sa conservation et par la beauté de ses broderies [2]. Voici l'historique de la découverte. Pendant son voyage à Saqqârah (dont j'ai rendu compte plus haut), le général Reynier, n'ayant pu obtenir des Arabes qu'ils le conduisissent dans des tombeaux intacts, et n'ayant pas eu le temps d'effectuer les fouilles qu'il avait projetées, engagea les habitans du village à lui apporter tout ce qu'ils découvriraient. Excités par l'appât du gain, ils lui offrirent différens objets intéressans, une belle momie d'homme dans une caisse peinte et sculptée en bois de sycomore, des poteries antiques, de petites statues, et des figures de terre cuite, enfin deux tuniques dont l'une était entière et l'autre fort endommagée. Tous ces objets, disaient les Arabes, avaient été tirés d'un caveau rempli de sable, qu'ils avaient déblayé.

La tunique dont il s'agit est à manches courtes : elle

---

[1] Elle est renfermée et scellée hermétiquement entre deux glaces, dans un cadre élégant porté par des griffons.
[2] *Voyez* la pl. 5, *A*., vol. v.

est ouverte, comme nos chemises, dans le haut et dans le bas; mais elle est de forme carrée. La largeur et la hauteur avaient $0^m 95$. Il ne manquait rien à la longueur qu'une petite partie en bas et d'un côté seulement; mais, quand on l'a trouvée, elle était raccourcie par un double pli transversal de $0^m 10$ qui réduisait sa hauteur à $0^m 75$. Les manches sont longues de $0^m 40$. L'ouverture pour passer la tête a $0^m 3$; mais elle pouvait se resserrer par des liens qui existent encore. L'étoffe a été tissue au métier; elle est de teinte jaune, et les broderies sont de couleur brune. Des chimistes ont pensé que le fond ainsi que le fil brun des broderies étaient de matière animale, tandis que le fil jaune ou le canevas des mêmes broderies était de matière végétale: mais on n'a pas prononcé si le premier appartenait à la brebis, à la chèvre ou au chameau; le second, au chanvre, au lin ou au coton[1]. L'analogie pourrait aider à rétrécir le champ de l'incertitude. En effet, parmi la multitude d'étoffes végétales qu'on a trouvées dans les tombeaux de Thèbes, on distingue aisément et presque toujours le coton, à son fil très-fin, très-doux et velouté. Le chanvre et le lin doivent être extrêmement rares; on les aurait reconnus à un fil plus ferme et moins ténu. Quant au fil de laine, il est plus difficile de se décider entre la chèvre, la brebis, le chameau et d'autres quadrupèdes; je me bornerai à dire que j'ai rapporté de Thèbes un fragment d'étoffe tissue de fil

[1] Ces détails sont extraits d'un rapport fait à l'Institut national le 26 brumaire an XI (17 novembre 1802), par M. Mongez, au nom d'une commission formée des membres des trois classes.

animal, dont le toucher, l'aspect et toutes les qualités se rapportent parfaitement au poil de la chèvre de Cachemire, outre que le tissu est entièrement comparable à celui que de temps immémorial on fabrique dans l'Orient[1].

Ce qui sans doute est le plus digne de remarque dans cette pièce d'antiquité, ce sont les ornemens. Sur le corps de la tunique, sur les épaulettes et sur les manches, on a ajouté des broderies qui paraissent avoir été faites au petit point et à fils comptés, comme la broderie au canevas. Il y a sur le devant et sur le derrière du bas de la tunique, sur les épaules et autour des manches, dix parties brodées, de forme rectangulaire; et, entre les épaulettes et le col, deux autres broderies en longs rubans, analogues à des bretelles : celles-ci ont 0^m27 de long et 0^m03 de large; elles ont été appliquées et cousues sur la tunique. Il en est de même de celles qu'on voit sur les manches, et qui ont 0^m045 de large, tandis que les carrés brodés du bas de la tunique et des épaules ont été substitués au fond, enlevé à l'avance; ceux-ci ont 0^m09 sur 0^m1. En examinant avec beaucoup d'attention les ornemens dont les broderies sont composées, on n'y voit que des ornemens de caprice, des entrelacs et des enroulemens, et aucun signe de l'écriture ni de la décoration égyptiennes : cependant on ne pourrait pas en conclure que cette pièce est grecque ou romaine, attendu que nous avons trouvé dans les plus anciens monumens, notamment parmi les peintures des tombeaux des rois, des décorations qu'on

[1] *Voy.* la Descrip. des hypogées de la ville de Thèbes, t. III, p. 74.

appelle des *méandres*, des *grecques* et des *étrusques*, et que les Grecs ont empruntées évidemment, et employées à une époque postérieure. Là où l'artiste égyptien n'était pas astreint à suivre des formes consacrées par la religion, ou à tracer des emblèmes significatifs, il dessinait avec plus de liberté des ornemens de goût et de fantaisie, mais toujours plus ou moins symétriques. Ce qui me fait penser encore que cette étoffe remonte à l'antiquité égyptienne, c'est que sa broderie en forme de bretelle se retrouve sur beaucoup de figures des deux sexes, appartenant au culte égyptien [1].

Je ferai encore ici mention d'un joli cordonnet qui sert à recouvrir la couture des deux lés de la tunique et du bas des manches; il accompagne aussi les deux bretelles. Dans un endroit, il y avait un trou qui a été raccommodé.

Aujourd'hui les *fellâh* portent des robes appelées *bicht*, en étoffe de laine noire, où l'on remarque, ainsi que dans notre tunique, des pièces carrées brodées et qui tranchent également sur le fond; mais le travail en est plus grossier.

Le second fragment de tunique rapporté par le général Reynier est d'un jaune plus foncé, mais tissu de matière végétale. Sa largeur, égale à sa hauteur, est de $0^m 40$; la broderie est large de $0^m 20$.

Ce serait ici le lieu de comparer les tuniques de Saqqârah avec les costumes que les peintres et les sculp-

---

[1] On a découvert dans les hypogées de Thèbes, depuis l'expédition, des espèces de bretelles semblables, en nature, faites de maroquin rouge, ornées d'hiéroglyphes de la plus grande perfection et des beaux temps de l'art.

teurs égyptiens ont représentés dans les temples et les hypogées : il ne serait pas très-difficile de reconnaître dans ces représentations, quoique dessinées sans perspective, ce qu'étaient les objets eux-mêmes ; comment ils étaient coupés et disposés pour l'usage, et, sinon les étoffes qu'on a voulu exprimer, du moins les broderies, les ornemens et les accessoires dont elles étaient enrichies ; on distinguerait les étoffes rayées, unies, à mouches, transparentes, plissées, à glands, à franges, d'un ton ou de plusieurs couleurs, etc. On peut dire que, sous ces divers rapports, la richesse et la variété sont extrêmes. Mais ce travail seul exige un mémoire spécial.

En comparant la tunique des harpistes des tombeaux des rois à Thèbes, j'en ai reconnu la disposition assez singulière, mais très-commode ; et je crois être d'autant plus sûr d'avoir deviné juste, que j'ai vu depuis un habit entièrement semblable et à l'usage des habitans actuels [1]. Mais cette tunique diffère de celle de Saqqârah. Dans celle-ci, les côtés sont fermés et le bas est ouvert : c'est le contraire dans celle des harpistes ; les côtés sont ouverts et le bas est fermé, à l'exception de deux ouvertures pour passer les jambes. Celle-ci est dépourvue de manches ; mais toutes deux sont carrées, c'est-à-dire aussi hautes que larges [2].

---

[1] *Voyez* pl. 89, *A.*, vol. II, et pl. LL, *É. M.*, vol. II.

[2] Il résulte du rapport à l'Institut dont j'ai fait mention plus haut, qu'on n'a que des présomptions sur l'époque à laquelle remonte la tunique de Saqqârah et sur le personnage qui l'a portée. On conjecture, 1°. qu'elle a été tissue entre l'époque de Cambyse et le IVe siècle de l'ère vulgaire ; 2°. qu'elle n'a point appartenu à un prêtre ni à une femme ; 3°. que celui qui la portait était de la classe commune des Égyptiens, si c'est à la vétusté qu'il faut attribuer la couleur de l'étoffe ; mais

CHAP. XVIII. DESCRIPTION GÉNÉRALE

Il me reste à parler des fragmens d'antiquités qui sont les plus curieux, parmi ceux que nous avons recueillis dans les catacombes, autour de la pyramide à six degrés, et dans le voisinage de Saqqârah : on les a gravés principalement dans la *Collection d'antiques,* formant les trente dernières planches du cinquième volume; ces objets sont disséminés dans la collection; je vais les rapprocher avec un peu plus d'ordre, en les divisant en bas-reliefs, statues et figures d'homme ou d'animal, momies humaines ou momies d'animaux, figurines, scarabées et amulettes, lampes et vases.

1°. BAS-RELIEFS, STATUES OU FRAGMENS.

Les fragmens de bas-reliefs que nous avons trouvés à Saqqârah, ont été, selon toute vraisemblance, transportés de Memphis; et ils donneraient une idée du style adopté dans cette ville, ou plutôt de l'exécution des artistes, si l'on pouvait toujours reconnaître l'époque de ces ouvrages : mais il n'est pas facile de distinguer les diverses époques de l'art sous la domination égyptienne. Il n'en est pas de même de l'époque des Grecs et des Romains : alors on introduisit dans le culte et parmi les symboles égyptiens, des particularités et des formes nouvelles; on associa des images disparates d'une manière plus étrange que n'avaient fait les Égyptiens; peut-être sans autre motif que le caprice du dessina-

---

qu'il occupait un rang distingué, si la tunique a été ainsi teinte à dessein, etc. *Voyez* ailleurs le rapport sur une tunique égyptienne, *fait à l'Institut*, au nom d'une commission formée de membres des *trois classes*, par M. Mongez.

teur, sans autre guide qu'une imagination déréglée. Du moins peut-on affirmer que, s'il est difficile de pénétrer le sens des symboles égyptiens, il est à peu près impossible d'espérer qu'on devine jamais le sens de ces chimères compliquées et monstrueuses qui signalent l'époque où les Grecs et les Romains, adoptant le culte isiaque, renchérirent sur le caractère énigmatique des objets de ce culte, et finirent par en dénaturer les symboles. Ce simple aperçu, qui, on le sent bien, ne peut recevoir ici aucun développement, suffit pour classer, à peu près suivant l'ordre des temps, les compositions emblématiques du style égyptien, pur ou mélangé, dont on va faire l'énumération.

L'espèce d'autel trouvé près des pyramides de Saqqârah, et figuré avec deux serpens à tête humaine dans la planche 69 du ve volume d'antiquités (fig. 11), peut être cité comme un exemple de ces associations bizarres que les anciens Égyptiens paraissent n'avoir jamais tentées. En effet, on chercherait vainement dans les monumens d'Égypte, même dans les tombeaux des rois, où les sujets sont si extraordinaires, une tête barbue qui termine brusquement le corps d'un serpent; ou une tête de femme, richement parée, posée sur un autre serpent, qui s'élargit de manière à représenter une poitrine de femme; image plus barbare que celle dont se moquait Horace dans ce vers souvent cité :

Desinit in piscem mulier formosa supernè.

La première de ces deux figures, couronnée d'une sorte de boisseau, paraît se rapprocher de Sérapis plutôt que d'aucun autre personnage mythologique; mais je me garderai de hasarder une conjecture sur le personnage féminin, quelque rapport qu'on puisse lui trouver avec la déesse Isis. Quoi qu'il en soit, le dieu est évidemment grec ou romain, par le style de la tête, de la chevelure et de la barbe, et tout annonce qu'il s'agit du culte de Sérapis, tel que sous les Ptolémées on le pratiquait à Alexandrie. Les deux serpens à tête humaine remplissent une sorte de cadre, en forme de portique, d'un genre mêlé. Le chapiteau répond, mais imparfaitement, au calice du lotus, et le tout est recouvert d'une sorte de fronton arqué. On voit, par cet exemple, quelles modifications les Grecs et les Romains firent subir au style antique pour l'accommoder à leur goût et aux besoins d'un culte hétérogène.

Je citerai deux fragmens de bas-reliefs qui proviennent aussi des environs des pyramides de Saqqârah, mais qui appartiennent à la haute antiquité. L'un consiste seulement en deux colonnes d'écriture hiéroglyphique[1]; l'autre est le reste d'une scène où plusieurs rangs de figures étaient l'un au-dessus de l'autre : dans le rang inférieur, des femmes assises sur des siéges à pied de lion; dans le supérieur, des figures debout et plus petites[2]. Le pied d'une petite statue en grès rouge, trouvé à Saqqârah[3], est un ouvrage digne d'être cité. Ce fragment seul prouverait que les Égyptiens ont sou-

---

[1] *Voyez* pl. 84, *A.*, volume v, fig. 36.

[2] *Voyez* pl. 84, *A.*, volume v, fig. 5. Ce sujet a subi, dans la gravure, une réduction trop forte pour être saisi nettement.

[3] *Voyez* pl. 47, *A.*, vol. II.

vent suivi de près la nature même, dans l'imitation de la figure humaine; au reste, dans la ronde-bosse, ils s'en sont toujours écartés moins que dans le bas-relief. C'est une remarque que j'ai faite plusieurs fois, et je ne dois pas y insister : mais ne peut-on pas ajouter qu'en violant dans le bas-relief les lois de la perspective, ils n'ont pas cependant altéré les formes partielles, comme l'ont fait d'autres peuples chez qui l'art est resté dans l'enfance, malgré les efforts qu'ils ont faits pour faire sentir la perspective linéaire; ignorant que celle-ci produit peu d'effet sans la perspective aérienne; qu'il est des moyens interdits à la sculpture et que le peintre a seul à son usage? Aussi, malgré toutes leurs imperfections, je ne balance pas à préférer les figures égyptiennes, à la vérité, de style convenu et sans raccourci, mais dans lesquelles les profils, les membres, les extrémités, ont leurs proportions vraies, leur galbe pur et même quelquefois assez correct, à ces essais de tableaux où les raccourcis ont été observés plus ou moins bien, mais où les formes sont sans grâce, sans contours, les têtes sans beauté, et souvent les proportions violées. Mais, si l'on ne sait pas se prêter à cette sorte de convention qui servait de guide aux artistes égyptiens, on ne sera jamais sensible au talent particulier qui les caractérise; et j'avoue que ce n'est guère que par une longue observation de leurs plus beaux bas-reliefs, examinés et comparés sur place ou dans des dessins fidèles, qu'on peut se faire une idée positive du genre de mérite auquel ils se sont élevés.

Je reviens aux figures de ronde-bosse. Personne ne

conteste le soin avec lequel les Égyptiens ont imité les animaux, et le caractère grandiose qu'ils savaient imprimer à leur imitation. En voici un nouvel exemple dans cette tête de bœuf provenant des catacombes de Saqqârah, représentée planche 89 (fig. 17). La matière est une pierre calcaire : entre les cornes, est un disque orné de l'*agathodæmon;* c'est, sans doute, une image du bœuf Apis. La proportion de la figure entière devait être de près de deux pieds. L'imitation est à grands traits; et le travail est exempt de cette recherche minutieuse qui est poussée si loin chez certains peuples de l'Orient [1], au préjudice du caractère distinctif de l'espèce. C'est à celui-ci que s'attachait la méthode égyptienne; peut-être, en négligeant les détails mesquins, l'artiste restait plus près de son modèle.

J'ai dit plus haut que les modernes sectateurs d'Isis avaient étrangement associé plusieurs figures ensemble; c'est un art que les Égyptiens avaient imaginé, mais aussi restreint dans de certaines limites. Rien n'est plus commun chez eux qu'une tête humaine sur un corps d'animal, oiseau ou quadrupède. L'épervier, avec un masque de femme, est un symbole fréquent, soit dans les bas-reliefs et les peintures, soit comme objet de ronde-bosse; souvent il est en bois revêtu de riches couleurs, et le plumage de l'oiseau est imité largement. On peut voir un fragment de cette espèce dans une des planches du second volume d'antiquités [2]; il a

---

[1] On sait que les Chinois manquent rarement d'exprimer en détail les cils et les cheveux.

[2] *Voyez* pl. 47, *A.*, vol. II, fig. 14, 15, et pl. 56, fig. 4, 5.

été trouvé à Saqqârah avec beaucoup d'autres semblables : sa matière est de bois de sycomore : la face est dorée, ainsi que le bec et les yeux; le reste est peint. J'ai essayé ailleurs d'expliquer cet emblème[1] : comme on le trouve toujours dans les scènes funéraires, dans le tableau de la métempsycose, volant les ailes déployées au-dessus des momies que représentent les papyrus, j'ai conjecturé qu'il était l'image de l'*âme humaine*, d'autant plus que Horus-Apollon nous apprend que l'âme avait l'épervier pour symbole[2]. Mais cette conjecture a besoin d'être appréciée dans l'écrit qu'on a cité tout-à-l'heure.

Je citerai encore parmi les animaux une figure de chat en bronze, provenant des hypogées de Saqqârah[3] c'est encore ici qu'on distingue, sans hésiter, le caractère distinctif de l'animal, bien que l'artiste ait négligé plusieurs petits détails; ces fragmens prouvent que les arts suivaient à Memphis la même route qu'à Thèbes. On peut en dire autant d'une figure, quoique fort petite, trouvée à Saqqârah, et représentant une grenouille[4]; l'objet est en terre cuite, émaillée en bleu, d'une nuance très-belle. C'est un de ces objets que les dévots portaient sur eux comme amulette ou comme talisman.

2°. MOMIES.

Je passe aux momies d'hommes et d'animaux conser-

---

[1] *Voyez* la Description des hypogées de Thèbes, tom. III, §. XII, pag. 150 et suivantes.
[2] Hor. Apoll. l. 1, c. VII.
[3] *Voyez* pl. 87, *A.*, volume V, fig. 65.
[4] *Voyez* planche 89, *A.*, vol. V, fig. 19, 20.

vées dans les hypogées de Saqqârah. Les voyageurs qui nous ont précédés ont fait connaître ces momies sous plusieurs rapports, et c'est de Saqqârah, et même de cet endroit seulement, qu'ils ont tiré celles qui ornaient les cabinets d'Europe au moment de l'expédition. Aussi, en décrivant ces corps embaumés, ils n'ont pu les comparer avec ceux qui sont déposés dans les catacombes de Thèbes. On ignorait encore, à la fin du dernier siècle, jusqu'à quel degré les Égyptiens ont poussé le soin dans la préparation des momies, et quelle recherche dans l'embaumement, quel choix dans les étoffes, quel art dans l'arrangement des bandelettes, quelle richesse dans les peintures, frappent les yeux du voyageur qui parcourt les sépultures de la ville royale [1]. Il n'en est pas de même à Saqqârah : les momies, comme on l'a observé déjà, sont plus mal préparées; le baume était de moins bonne qualité; les étoffes, moins belles et même grossières, un plus grand nombre de corps étaient préparés au natron : il semble qu'on avait perdu les anciennes pratiques. A la vérité, l'on peut supposer que jusqu'ici l'on n'a découvert que les catacombes les plus communes de Memphis; car cette ville fut, comme Thèbes, embellie par de grands monumens, et tous les arts étaient sans doute en même temps portés au même degré. D'ailleurs, quelques fragmens provenant de Saqqârah présentent une exécution plus soignée. On peut citer un masque de momie en bois de sycomore, d'un assez bon travail [2]:

---

[1] *Voyez* la Description des hypogées de Thèbes.

[2] *Voyez* pl. 89, fig. 2, *A.*, vol. v; *voyez* l'explication de la pl. 19.

une seconde et même une troisième caisse, et toutes ces enveloppes sont couvertes, en dedans comme en dehors, d'une multitude innombrable de figures, d'inscriptions, de fleurs, d'ornemens et de sujets de toute espèce, tous peints de riches couleurs : tel de ces sarcophages a dû coûter sans doute un an de travail à plusieurs artistes exercés, et ce n'est pas exagérer que d'estimer à quatre ou cinq mille francs de notre monnoie le seul ouvrage du peintre.

3°. AMULETTES, FIGURINES, ETC.

De tous les ouvrages des Égyptiens, ce qui, sans contredit, est le plus connu en Europe, consiste en petites antiques de tout genre, que l'on appelle *amulettes,* et que l'on présume que les Égyptiens portaient sur eux comme talismans et comme préservatifs, soit par piété, soit par superstition. Quoi qu'il en soit de cette conjecture, il paraît certain qu'ils avaient coutume de les déposer avec les morts. C'est en fouillant les tombeaux que les Arabes et les *felláh* ont trouvé une quantité infinie de ces amulettes dont nos cabinets sont surchargés. Malgré le peu d'intérêt que présentent ces antiques, si on les compare aux monumens de l'architecture et de la sculpture, cependant il en est qui, par leur matière, leur conservation, leur travail et les inscriptions hiéroglyphiques dont elles sont ornées, méritent quelque attention. Je n'entreprendrai pas la tâche trop longue d'examiner ici toutes celles que les voyageurs français ont rapportées à leur retour, ni même celles qu'on a même que celui qui figure dans un grand nombre de manuscrits égyptiens. Horus, placé sur un trône, en avant d'Osiris et d'Isis, armé de la crosse et du fléau, est dans l'attitude d'un juge sur son tribunal; il est peint en jaune foncé sur un fond bleu. Devant lui se tiennent debout les quatre figures qui répondent à ce qu'on appelle des *canopes*, portant les têtes de femme, de cynocéphale, de chacal et d'épervier, toutes peintes en jaune; au-delà est un animal chimérique peint en gros jaune sur un fond vert, assis sur un autel de même couleur : au-dessus de ces figures est un grand lotus à feuilles vertes et fleurs rouges; peut-être les couleurs ont été altérées par le temps. Si la peinture était complète, on trouverait derrière l'autel le personnage qui se présente aux dieux après sa mort, pour être jugé sur les actions de sa vie.

Ce fragment est formé de *plus de cent* épaisseurs de toile, artistement collées ensemble, tellement que leur réunion forme un corps dur de 15 millimètres[1] d'épaisseur. On y a appliqué une couche de stuc blanc, pour peindre par-dessus le sujet que je viens de décrire[2].

Enfin, le dernier fragment, fig. 5, appartient à une caisse semblable à la précédente; il répond au derrière de l'épaule gauche. Il n'en reste plus que des portions d'ornement et plusieurs colonnes d'hiéroglyphes. C'est à Thèbes qu'il faut aller pour trouver ces sarcophages de bois ou de carton beaucoup plus entiers ou même tout-à-fait conservés. Il en est qui sont renfermés dans

---

[1] Six lignes.
[2] *Voyez* l'explication de la planche pour le détail des couleurs des fig. 1, 3, 4 et 5.

une seconde et même une troisième caisse, et toutes ces enveloppes sont couvertes, en dedans comme en dehors, d'une multitude innombrable de figures, d'inscriptions, de fleurs, d'ornemens et de sujets de toute espèce, tous peints de riches couleurs : tel de ces sarcophages a dû coûter sans doute un an de travail à plusieurs artistes exercés, et ce n'est pas exagérer que d'estimer à quatre ou cinq mille francs de notre monnoie le seul ouvrage du peintre.

3°. AMULETTES, FIGURINES, ETC.

De tous les ouvrages des Égyptiens, ce qui, sans contredit, est le plus connu en Europe, consiste en petites antiques de tout genre, que l'on appelle *amulettes*, et que l'on présume que les Égyptiens portaient sur eux comme talismans et comme préservatifs, soit par piété, soit par superstition. Quoi qu'il en soit de cette conjecture, il paraît certain qu'ils avaient coutume de les déposer avec les morts. C'est en fouillant les tombeaux que les Arabes et les *fellâh* ont trouvé une quantité infinie de ces amulettes dont nos cabinets sont surchargés. Malgré le peu d'intérêt que présentent ces antiques, si on les compare aux monumens de l'architecture et de la sculpture, cependant il en est qui, par leur matière, leur conservation, leur travail et les inscriptions hiéroglyphiques dont elles sont ornées, méritent quelque attention. Je n'entreprendrai pas la tâche trop longue d'examiner ici toutes celles que les voyageurs français ont rapportées à leur retour, ni même celles qu'on a jugées dignes d'être gravées, et qui remplissent les trente dernières planches du ve volume d'antiquités. L'*Explication des planches* peut, jusqu'à un certain point, suffire à la description matérielle de ces antiquités ; mais je m'arrêterai un moment sur plusieurs des objets qui ont été trouvés à Saqqârah, et qui annoncent, sous ce rapport, quel était l'état des arts à Memphis.

La plupart de ces amulettes sont percés dans le sens de leur longueur ou de leur largeur ; ils étaient enfilés ensemble par douzaine ou un plus grand nombre : on retrouve souvent le fil antique, encore bien conservé ; tantôt il est de laine et tantôt de coton : entre deux amulettes, sont des tubes et des perles ordinairement bleues [1].

Le plus souvent ces antiques sont faites de pâtes diversement colorées, quelquefois enduites d'une couverte comme la faïence, ou bien d'un bel émail. Les couleurs les plus brillantes sont le bleu foncé, surtout le lapis lazuli factice, fabrication dans laquelle excellaient les Égyptiens. Il en est de terre cuite, plus grossièrement préparées. On se servait, pour les façonner, de moules de pierre en deux pièces, et l'on opérait, non pas en coulant la pâte liquide, mais par voie de pression sur une pâte molle ; moyen qui était encore plus expéditif et qui explique la prodigieuse quantité de ces idoles portatives. Le limon argileux que le Nil dépose faisait le noyau de toutes ces pâtes.

---

[1] *Voyez* pl. 85, *A.*, vol. v, fig. 17, 19, 20, et ailleurs.

DE MEMPHIS ET DES PYRAMIDES. 37

La planche 67, *A.*, vol. v, en présente une, entre autres, qui est l'image d'Harpocrate, reconnaissable au geste qu'il fait de la main droite[1]; une seconde est l'imitation de la haute coiffure portée par les dieux et par les prêtres[2]; une troisième est une petite figure de prêtresse accroupie[3]. Il serait trop long d'en faire la description, et fastidieux de les énumérer. La planche 85 du même volume[4] contient des amulettes singuliers par leur forme, plus semblable à un vase qu'à toute autre chose. Les perles dont j'ai parlé, sont couvertes quelquefois de mouches bariolées; cette planche 85 en offre un exemple[5]. Un de ces amulettes a la forme du poing, et un autre, celle de la grenouille[6].

Il paraît donc que beaucoup de ces antiques ne portaient l'image d'aucune divinité, ni de rien qui eût rapport au culte, à moins qu'on ne dise que tout sans exception était consacré ou se rattachait à la religion. Le petit chapiteau amulette, de l'ordre que j'ai appelé *lotiforme*, gravé planche 87[7], appuie ma conjecture : on ne conçoit pas quel objet pouvait avoir la superstition en façonnant l'image d'un fragment d'architecture.

Il n'en est pas de même des objets suivans, représentés dans la même planche : une figure de Typhon, d'un beau travail[8]; un petit épervier[9]; deux têtes de jeunes prêtres ou initiés[10], appartenant à des

---

[1] Planche 67, fig. 13, 14.
[2] *Ibid.* fig. 20. Voy. aussi pl. 89, fig. 23, 24.
[3] *Ibid.* fig. 28.
[4] Pl. 85, fig. 4, 10, 11.
[5] *Ibid.* fig. 12, 18.
[6] *Voyez* pl. 89, fig. 19, 20, 25 et 26.
[7] Pl. 87, fig. 8.
[8] *Ibid.* fig. 9.
[9] *Ibid.* fig. 18.
[10] Pl. 87, fig. 40 à 43.

figures brisées; une figure à tête d'ibis ou consacrée à Thot[1]; une figure d'Isis et une de Nephthys[2]; et dans la planche 89, une figure de Typhon, tenant un vase par les anses[3]. Presque tous ces fragmens sont purement religieux : parmi eux, je ferai remarquer, sous le rapport de l'art, la figure de Typhon (pl. 87, fig. 9), où les muscles sont exprimés avec une fermeté remarquable; et encore la physionomie du jeune initié (même planche, fig. 41), dont l'expression douce n'est point dépourvue de grâce ou d'agrément.

L'œil, emblème d'Osiris ou du soleil qui voit et éclaire le monde entier, est l'amulette le plus varié, le plus fréquent que l'on trouve dans les catacombes. Tantôt il est seul, tantôt doublé ou quadruplé, souvent environné d'un cadre, toujours surmonté d'un sourcil, et accompagné dessous d'un trait recourbé, et de plusieurs traits qui tombent droit sous la prunelle, comparés mal-à-propos à des larmes. Rien n'est plus commun que cet amulette, et je n'y insisterai pas davantage[4].

Une figure non moins commune est le *scarabée*; on appelle aussi de cette manière un amulette qui porte en dessus la ressemblance de l'insecte de ce nom, et sur le plat, une inscription hiéroglyphique, plus ou moins étendue. On a fait mille conjectures sur la destination

---

[1] Pl. 87, fig. 44.
[2] *Ibid.* fig. 56 et 61.
[3] Pl. 89, fig. 16.
Ce sujet rappelle la figure analogue de la planche 82, *A.*, vol. II, Tableau astronomique.

[4] Parmi ceux qu'on a trouvés à Saqqârah, je ne citerai que les figures 18 et 25 de la planche 67, *A.*, volume V, et la figure 25 de la pl. 87.

des scarabées : les uns en ont fait une monnoie; les autres, un talisman. Quant à moi, qui possède une bague égyptienne dont le dessus est en forme de scarabée, avec une inscription sur le plat, faisant cachet, je suis persuadé que ces objets sont autant de sceaux hiéroglyphiques, et qu'on trouvera quelque jour des sceaux en résine ou en cire portant les marques de ces cachets. Ce qui confirme cette idée, c'est que les scarabées sont souvent en pierre dure opaque, telle que jaspe, lapis, hématite[1], jade, ou bien en pierre transparente, comme améthyste, grenat ou cornaline.

Les Égyptiens ont mis un soin extrême dans l'exécution de ces objets : il en est de terre cuite ou de pâte émaillée dans lesquels les caractères hiéroglyphiques ont une telle finesse, qu'on ne peut deviner comment l'action du feu a respecté des formes si frêles, si délicates; témoin le scarabée de la planche 87, *A.*, vol. v[2], renfermant, parmi les caractères du dessous, un ovale de cinq millimètres de long, et dans cet ovale, trois caractères hiéroglyphiques, dont l'un est un scarabée qui a les pattes et la tête très-distinctes, quoique l'insecte ait *un millimètre seulement.*

Il y a aussi beaucoup de variétés dans la disposition des scarabées : quelquefois ces insectes sont accolés deux à deux[3], trois à trois, quatre à quatre; on en voit jusqu'à douze ensemble[4]. L'animal n'est pas toujours de la même espèce : les naturalistes pourraient faire à

---

[1] *Voyez* pl. 89, *A.*, vol. v, fig. 18, et ailleurs.
[2] *Voyez* fig. 55.
[3] Planche 67, *A.*, volume v, figures 26, 27.
[4] Pl. 79, *A.*, vol. v, fig. 21.

CHAP. XVIII. DESCRIPTION GÉNÉRALE

cet égard des observations curieuses; le sujet n'est pas indigne de leur attention.

L'ovale qui entoure l'inscription, sur le plat du scarabée, a trop de rapport avec celui des légendes encadrées des tableaux égyptiens, en forme d'écussons ou de médaillons ovales, pour ne pas leur supposer la même origine et le même objet; et comme ceux-ci renferment des noms propres et des surnoms, il est à croire qu'il en est de même des amulettes en forme de scarabée. Ce qui vient à l'appui, c'est la forme d'anneau à cachet dont j'ai parlé tout-à-l'heure. Il est assez naturel de cacheter avec un nom propre, ou d'homme ou de divinité.

L'ovale du scarabée de la planche 67, *A.*, vol. v, fig. 17, ressemble à celui de la planche 89, fig. 55, en ce qu'il renferme un autre ovale plus petit avec des caractères, entouré peut-être des palmes de la victoire; ce qui semble annoncer le nom d'un héros victorieux. Cet exemple me paraît extrêmement propre à éclaircir la destination de ces prétendus amulettes. Ordinairement, dans les bas-reliefs militaires et au dessus du vainqueur, plane un vautour ou un épervier, portant ces mêmes insignes. Le scarabée de la planche 67, fig. 23, renferme un oiseau semblable, et la palme est devant lui; et celui de la planche 89, fig. 10, est rempli par une abeille, symbole du roi [1].

Les traits que renferme l'ovale des scarabées consis-

---

[1] L'animal gravé sur le plat de la figure 27 (planche 89, *A.*, vol. v) est d'un caractère assez étrange.

tent quelquefois en ornemens, et non en caractères; ce sont des fleurs ou des enroulemens [1].

Parmi tous les scarabées ramassés à Saqqârah, je n'ai cité qu'un très-petit nombre d'exemples : il serait infiniment trop long de passer en revue cette multitude d'objets, qui pourraient faire le sujet d'un mémoire spécial; il serait d'ailleurs hors de mon sujet de traiter des caractères qu'ils renferment. Bornons-nous à dire que les dimensions données aux scarabées par les Égyptiens varient autant que la matière dont ils sont formés. Outre les pierres dures qui ont servi à tailler ceux de petite proportion, il y en a en stéatite, en serpentine, en granit, en porphyre. On en trouve d'un, de deux, de trois décimètres de long : bien plus, il existe un scarabée gigantesque, en un bloc de granit, qui a jusqu'à *un mètre* ou plus. Il est difficile de concevoir l'objet qu'on s'est proposé en donnant à cet insecte des formes aussi colossales. Quant aux pâtes dont sont faits la plupart de ceux qu'on trouve dans les tombeaux, enfilés en collier et en chapelet, leurs couleurs ne sont pas moins variées que la taille et la matière de ceux qui sont façonnés en pierre dure.

4°. VASES ET LAMPES.

Je viens à une dernière sorte de fragmens d'antiquités trouvés à Saqqârah et dans les environs, et qui n'annoncent pas moins que les objets précédemment décrits, quel était l'état de l'industrie à cette époque reculée.

[1] *Voyez* pl. 89, *A.*, vol. v, fig. 13.

CHAP. XVIII. DESCRIPTION GÉNÉRALE

Les *vases*, et tous les produits semblables de l'art des anciens Égyptiens, ne présentent point à l'antiquaire de ces problèmes compliqués qu'offrent à chaque pas leurs monumens de toute espèce. Ce sont des objets domestiques, de simples ustensiles, qui n'avaient d'autre condition à remplir que de satisfaire aux besoins économiques. Cependant il ne nous est pas donné de connaître à quels différens usages on les destinait, soit qu'ils servissent à renfermer le lait, le vin, l'huile et d'autres liquides, soit qu'on y déposât le beurre, le miel, ou d'autres substances analogues : la forme ne peut donner, à cet égard, que de faibles lumières. J'ai dit ailleurs quelle variété l'artiste égyptien savait donner aux formes de vase, sans tomber jamais dans le bizarre ou le mauvais goût : il est superflu de revenir sur ces réflexions; le seul aspect des figures suffit pour en montrer la justesse. En effet, sans parler des premiers volumes de cet ouvrage, qu'on parcoure seulement les planches du cinquième volume, n°s. 73, 74, 75, 76, 84 et 89, on trouvera presque partout des contours purs, des formes heureuses, des profils gracieux et élégans. Il est très-rare qu'on y trouve des inscriptions, du moins sur ceux qui sont faits en terre cuite; ce qui confirme que leur destination était purement économique.

Il est un genre de vase qu'on peut appeler consacré, parce qu'il est toujours dans la main des prêtres faisant une offrande à la divinité; sa forme est sphérique, et surmontée d'un petit goulot. On a trouvé un vase précisément de cette forme dans les catacombes de Saq-

DE MEMPHIS ET DES PYRAMIDES. 43

qârah, non pas peint ou sculpté, mais en nature, et bien conservé [1]. La forme et l'ouverture étroite de ce vase, surtout le rôle qu'il joue dans les tableaux égyptiens, tout annonce que c'était là un vase à parfums. Les vases qui finissent en pointe, lacrymatoires ou autres, étaient évidemment destinés à entrer dans la terre, ou bien posés sur des supports ou tablettes à deux étages. Ceux qui étaient destinés à renfermer des momies d'animaux étaient de deux formes : les uns, en terre commune, de figure allongée, étaient couchés dans les catacombes comme les bouteilles de nos caves; les autres, plus courts, à base large, avec un couvercle en forme de tête, étaient posés debout, ordinairement au nombre de quatre. La première tête était celle d'une femme; la seconde, celle du cynocéphale; la troisième, celle du chacal; et la dernière, celle de l'épervier : cet ordre est constamment le même dans les peintures, dans les bas-reliefs, sur les momies et dans les papyrus où ces vases, nommés vulgairement *canopes*, sont placés sous les lits funéraires. Ces derniers étaient en pierre, en albâtre, en granit ou en bronze, ornés d'une inscription hiéroglyphique [2].

Au milieu d'une si grande diversité de vases plats, arrondis, à large panse, coniques ou cylindriques, nous n'avons pas trouvé ceux qui servaient de mesure pour les liquides; mais on les découvrira sans doute en continuant les fouilles.

Il est difficile de s'assurer de l'époque à laquelle ont

---

[1] *Voy.* pl. 75, *A.*, vol. v, fig. 19; voyez aussi pl. 76, fig. 20.
[2] *Voyez* planche 76, *A.*, vol. v, fig. 14, 15.

été fabriqués certains vases de forme aplatie, de couleur rouge, de pâte très-fine, absolument semblables, pour la matière et l'aspect (sinon pour les ornemens), aux vases nommés *étrusques*[1]. On en reconnaît qui sont certainement de l'époque des Romains, et qui ont même appartenu aux chrétiens[2]; mais on peut prouver qu'il y en a d'antiques, formés de la même pâte et de la même couleur.

Une autre espèce de vase trouvée à Saqqârah est assez remarquable par sa forme circulaire, mais très-aplatie, à peu près comme un bidon; les potiers de la haute Égypte font encore aujourd'hui des vases tout semblables, également en terre rouge[3].

Les Égyptiens fabriquent depuis un temps immémorial des vases réfrigérans; l'usage en est précieux dans un climat aussi chaud. On sait de quel procédé usent les habitans actuels, et je crois inutile de le rapporter; mais je ferai remarquer que les formes des vases modernes qui ont cette destination, se retrouvent exactement parmi les vases antiques ayant le même usage[4]. C'est ainsi que l'industrie héréditaire a conservé, malgré tant de siècles écoulés, des procédés utiles à l'économie domestique.

Je passe sous silence les poteries qui servaient aux machines à arroser, les grandes jarres ou ballâs, les vases domestiques en pierre ollaire, facile à façonner

---

[1] *Voyez* pl. 76, fig. 1, 2, 3, 6, 7.
[2] *Voyez* pl. 76, fig. 7. L'ornement du limbe du vase n'est autre chose que le monogramme Χριστὸς.
[3] Pl. 89, *A.*, vol. v, fig. 6.
[4] *Voyez* pl. 76, fig. 2, 9, 10, 11, 31, 37, etc.

au tour, les godets en poterie vernissée, et beaucoup d'autres dont les débris se trouvent dans les fouilles de Saqqârah [1].

On rencontre dans les ruines des fragmens de vases, de matière blanche très-dure, dont le grain est cristallin comme celui de la porcelaine ; ils sont quelquefois ornés de bandes colorées, produites par les oxides métalliques [2]. Tous ces travaux et bien d'autres, qu'il ne m'est pas permis de citer, mais qui font l'objet de recherches sur l'état des arts en Égypte, prouvent qu'on avait perfectionné certaines parties des arts chimiques.

On pourrait faire des remarques semblables sur les vases fabriqués en verre. Il est généralement connu que l'Égyptien savait fabriquer le verre et le travaillait très-artistement ; il le colorait à volonté, en bleu, en noir [3], en nuances diverses. Il se trouve dans les ruines des fragmens de verre doré ; d'autres en verre blanc, d'une belle eau ; d'autres portant des incrustations, ou bien garnis de filets diversement colorés [4].

On imitait avec le verre les pierres fines les plus rares. Tout le monde sait qu'on se procurait par ce procédé de fausses émeraudes, d'une grandeur démesurée. Les ouvrages en verre s'exportaient depuis les temps les plus anciens, de Thèbes et de Memphis, dans l'Occident. Rome, à son tour, a tiré de l'Égypte cette matière en grande abondance.

---

[1] *Voyez* pl. 73, fig. 12, même vol.
[2] *Voyez* planche 76, *A.*, vol. v, fig. 9, et ailleurs.
[3] *Voy. A.*, vol. v, pl. 76, fig. 4, 5, 12, et autres planches.
[4] *Voyez* pl. 76, fig. 4, 5.

Il existe aussi des tuniques en perles de verre, travaillées avec un soin extrême, qui servaient à la parure des corps embaumés. On les trouve le plus souvent en fragmens ou en débris, et quelquefois, au rapport des Arabes, complètes et entières.

Dans la quantité de *lampes* antiques journellement tirées des fouilles et des catacombes, depuis Syène jusqu'à Memphis et Alexandrie, il est difficile de discerner celles qui remontent à la haute antiquité : un grand nombre de ces lampes portent des ornemens ou même des inscriptions qui prouvent qu'elles appartiennent à l'époque des Grecs ou à celle des Romains; d'autres sont ornées de décorations insignifiantes (ou d'hiéroglyphes altérés) et qu'il n'est pas permis néanmoins de regarder comme plus anciennes que les premières[1]. La forme et la matière des unes et des autres sont toujours à peu près les mêmes ; c'est une pièce en terre cuite, brune, plate en dessous (pour poser solidement), avec deux ouvertures, l'une pour verser l'huile, l'autre placée à un bout pour recevoir la mèche, avec une anse à l'autre bout pour aider à tenir la lampe.

On rencontre aussi dans les ruines des villes anciennes d'Égypte des lampes en bronze; on en a gravé dans la collection quelques-unes, qui appartiennent aux Romains : la plus remarquable a la forme d'une petite figure qu'on croit représenter un pygmée; l'autre a celle d'un pied de femme, d'une parfaite élégance : ces lampes ont été trouvées à Héliopolis[2]. Le corps de la

---

[1] Pl. 73, fig. 5, 6; pl. 76, fig. 18, 19; pl. 78, 86, 89.

[2] *Voyez* pl. 77, *A.*, vol. v.

DE MEMPHIS ET DES PYRAMIDES. 47

grenouille, la tête du belier et d'autres animaux sont figurés souvent sur les lampes en terre ou en métal [1]. Enfin, l'on en a trouvé une à Memphis, dont le dessus porte l'image d'un lion courant [2].

Nous croyons devoir borner ici cette revue succincte des objets antiques de Saqqârah, puisqu'il ne s'agit point de répéter ce qui a été dit par les voyageurs, mais de rapporter seulement nos propres observations.

ABOUSYR (BUSIRIS).

Il a déjà été question des pyramides qui sont vers le nord du village d'Abousyr. Pour compléter ce que j'ai dit des antiquités de ce canton, il me reste à décrire un lieu qui est à 1100 mètres au sud-ouest, et qui est généralement connu sous le nom de *Puits des oiseaux*: plusieurs voyageurs l'ont visité; je l'ai parcouru à mon tour, et j'en ai figuré un plan qui peut donner une idée suffisante de cette construction souterraine [3]. Le nombre des distributions et des galeries est très-considérable, et il est difficile de les visiter toutes; on trouve d'ailleurs un obstacle dans l'éboulement des voûtes de ces galeries. Pour découvrir l'ouverture étroite du puits qui est au milieu des sables (cette ouverture n'a que [4] $1^m 14$), il faut être conduit par un guide. On descend le puits, qui est profond de $6^m \frac{1}{2}$ [5], de plusieurs manières, soit à l'aide d'une ou de plusieurs échelles; soit

---

[1] *Voyez* pl. 78, fig. 1, 16, 17; pl. 86, fig. 63.
[2] Pl. 89, fig. 28.
[3] *Voyez* pl. 4, *A.*, vol. v, fig. 2.
[4] Environ quatre pieds.
[5] Vingt pieds.

dans un panier, par le moyen d'une corde attachée à une traverse ; soit avec le secours d'un treuil. La chute des sables dans ce puits oblige de vider soigneusement la partie de la galerie qui est contiguë ; et comme il serait trop long d'attendre qu'elle fût vidée en entier, on se décide ordinairement à franchir le col étroit formé par l'encombrement : ce qui ne peut se faire qu'en marchant à plat ventre, et s'avançant péniblement sur les mains, le visage plongé dans la poussière. La hauteur de la galerie est en effet réduite ordinairement de $1^m 3$ à un tiers de mètre [1].

On continue ensuite de marcher dans les galeries, presque toujours la tête baissée ; quelquefois elles s'élargissent et deviennent plus hautes : généralement les passages sont comblés ou obstrués par les débris, et toujours d'un difficile accès. Les carrefours sont assez fréquens. On a pratiqué ces conduits dans un terrain tantôt calcaire et d'une médiocre dureté, ayant l'aspect d'une concrétion sablonneuse ; tantôt marneux et percé de filons minces de sel marin ou bien de gypse. Il est malaisé de placer la boussole dans les galeries et de s'assurer de leurs véritables directions. Après avoir suivi cinq ou six coudes, on arrive à une salle peu élevée, où les pots de momie sont rangés l'un sur l'autre avec régularité, lit par lit, un bout opposé à l'autre, comme les bouteilles dans nos caves [2]. La momie est celle de l'ibis ; l'oiseau y est embaumé soigneusement et entouré de bandelettes artistement colorées et tres-

---

[1] De quatre pieds à un. *Voyez* pl. 4, *A.*, vol. v, fig. 3.

[2] *Voyez* pl. 4, *A.*, volume v, fig. 4, 5.

sées. Le couvercle est fixé assez grossièrement avec du plâtre. On est étonné que, malgré cette précaution, l'animal soit généralement mal conservé. La masse de ces momies est ovoïde et régulière [1]; mais, au dedans, les os sont brisés ou détachés : très-rarement on trouve le corps ferme et compacte. Il faut que l'embaumement ait été vicieux; par exemple, que le bitume ait été mal choisi, ou employé trop chaud, ce qui aura brûlé les ossemens, les plumes et la peau : tandis qu'à Thèbes on trouve des ibis embaumés, non-seulement fermes et solides, mais ayant tout leur plumage et les couleurs des plumes encore bien conservés [2]. Ce qui est certain, c'est qu'il nous a fallu ouvrir une quantité considérable de ces poteries dans le puits d'Abousyr [3], pour obtenir une douzaine de momies solides; opération fatigante, à cause de l'odeur qui s'exhale des vases, de la poussière qui en sort et du défaut d'air.

Ordinairement le bec de l'oiseau est replié sur le ventre, et les pattes sont relevées en haut, les ailes recouvrant le tout, de manière à former une masse qui prenne, après l'application des bandes, une forme ovoïde très-allongée.

Les poteries avec leur couvercle ont un demi-mètre [4] de long; c'est à peu près la grandeur de la momie elle-même. La distribution et l'agencement des bandelettes sont tels, qu'il serait difficile de les décrire. On en a gravé plusieurs exemples en couleur dans le volume II

---

[1] *Voyez* pl. 4, fig. 6, 7.
[2] *Voyez* pl. 52, *A.*, vol. II, et l'explication de la planche.
[3] Plus de deux cents. — Nous avons été occupés à cette opération, M. Rozière et moi, pendant deux ou trois heures de suite.
[4] Dix-huit pouces et demi.

des *Antiquités*, où l'on pourra les consulter [1]. On ne peut que conjecturer, en voyant le soin apporté à ces préparations, le nombre des momies d'ibis, et surtout leur uniformité, que beaucoup d'habitans de Memphis avaient chez eux un oiseau de cette espèce, regardé comme le symbole d'un génie protecteur ou propice, et qu'à sa mort chaque famille le déposait religieusement dans la catacombe dite aujourd'hui *le puits des Oiseaux*. Le lieu que je décris était donc, selon moi, le tombeau commun des ibis. Peut-être y transportait-on, outre ceux de Memphis et des lieux environnans, les oiseaux de même espèce entretenus dans les provinces limitrophes [2].

Le puits des Oiseaux est placé assez loin de la butte de ruines qui est le reste visible de Memphis; mais l'éloignement du village d'Abousyr n'est pas moindre. Or, les antiquités qu'on trouve dans ce village sont une raison de croire que la capitale s'étendait jusque là vers le nord-ouest, indépendamment des autres motifs qu'on peut en apporter [3]. Les maisons renferment en effet de nombreux fragmens en granit ou en basalte, ornés de sculptures et de caractères sacrés, des vases en albâtre et en pierre dure, et beaucoup d'autres débris [4]. Nous aurons bientôt occasion de revenir sur cette

---

[1] *Voyez* pl. 52, *A.*, vol. II, fig. 1 à 6; *voyez* aussi la Description des hypogées de la ville de Thèbes, *A. D.*, chap. IX.

[2] On trouve aussi dans les galeries souterraines, voisines d'Abousyr, des momies de chat, des momies de serpent et d'autres animaux.

[3] *Voyez* ci-dessous, section II.

[4] M. Gratien Le Père y a vu aussi une pierre portant une inscription en caractères grecs, avec la figure d'une croix, telle que celle qu'il avait trouvée sur les portes des couvens grec et qobte des lacs de Natroun.

limite de l'ancienne capitale de l'Égypte, du côté de l'ouest; il suffit d'observer ici que le lieu dit *Busiris*, auquel paraît avoir succédé Abousyr, n'est pas cité par les auteurs comme une ville distincte, et que rien n'empêche de penser qu'il était l'un des faubourgs de Memphis : c'est là que je présume que fut le *Serapeum*. Cette conjecture a déjà été présentée par Zoëga et par d'autres écrivains.

Pline supposait Busiris *auprès* des grandes pyramides : *vico apposito, quem vocant* Busirin, *in quo sunt assueti scandere illas* [1]. Mais cette indication est un peu trop vague pour balancer le rapport du nom actuel avec le nom antique. Toutefois, il faut convenir que ce point de géographie est encore obscur. A'bd-el-latyf, auteur arabe des plus judicieux, cite plusieurs fois Bousyr dans sa *Relation de l'Égypte*, et il donne des détails curieux sur les tombeaux du voisinage; il affirme avoir mesuré sur le lieu une pyramide aussi grande que celles de Gyzeh, mais dont il ne restait plus que le noyau [2].

Le nom de *Busiris* a un rapport évident avec celui de *Taposiris*, qu'ont porté plusieurs anciennes villes de l'Égypte : non pas qu'il faille croire que tous les villages aujourd'hui appelés *Bousyr* ou *Abousyr*, dans la haute et dans la basse Égypte, ont succédé à autant de lieux passant pour renfermer le tombeau d'Osiris; mais il est très-probable que c'est le nom de cette divinité

---

[1] *Hist. nat.* lib. xxxvi, cap. 12.
[2] *Relation de l'Égypte*, traduction de M. Silvestre de Sacy, p. 204. — Ce rapprochement s'appliquerait mieux à la grande pyramide dont j'ai parlé à l'article de Saqqârah.

52 CHAP. XVIII, DESCRIPTION GÉNÉRALE, ETC.

qui se retrouve caché dans *Busiris*, aussi bien que dans *Taposiris*, écrit abusivement *Taphosiris*[1].

Le Delta renfermait une autre ville de *Busiris* plus importante, qui a donné son nom au canal Busiritique, l'une des branches du Nil suivant la description de Ptolémée; non loin de là, on retrouve à présent le nom d'*Abousyr*. Plusieurs autres lieux portent cette même appellation avec des surnoms particuliers.

---

[1] Je ne crois pas qu'il soit à propos de présenter ici une nouvelle hypothèse au sujet de ces dénominations. Selon Diodore de Sicile, le nom de *Busiris* était tiré de deux mots, *bœuf* et *osiris*; ce qui n'est pas admissible. M. Silvestre de Sacy conjecture avec bien plus de vraisemblance que ce nom veut dire ce qui appartient, ce qui est consacré à Osiris (*Relation de l'Égypte*, par A'bd-el-latyf, page 206). D'après l'orthographe ordinaire de ce nom de lieu dans les livres qobtes, *pousiri* et *bousiri*, je pense que les Arabes n'ont pas tiré *Abousyr* de *Taposiris* par le retranchement du *T*, et qu'au contraire ils ont fait précéder le nom qobte par l'élif initial et euphonique. On pourrait présumer aussi que *Taphosiris* n'est autre chose que la traduction faite par les Grecs du nom égyptien *Bousiri* (ⲂⲎ Oⲅ-ⲤⲒⲢⲒ). *Voyez* Zoëga, *De origine et usu obeliscorum*.

(*Voyez* la suite de la Description, à la fin du volume.)

CHAPITRE XIX.

DESCRIPTION
DE LA BABYLONE D'ÉGYPTE[*],

Par M. DU BOIS-AYMÉ,

CORRESPONDANT DE L'INSTITUT DE FRANCE,
MEMBRE DE LA COMMISSION DES SCIENCES ET DES ARTS D'ÉGYPTE, ETC.

AUPRÈS du vieux Kaire[1], et à trois cents mètres de la rive droite du Nil, s'élève une ancienne forteresse, connue des Européens sous le nom de *Babylone*, et des Arabes sous celui de قصر الشمع, *Qasr-el-Chama'* (château de la Lumière). Elle renferme une petite bourgade de chrétiens. Des amas considérables de décombres l'entourent de toutes parts, et s'étendent au loin vers le grand Kaire et le mont Mokatam.

On reconnaît, à la première vue, qu'une partie de l'enceinte est de construction romaine; des portions de murs en pierres de taille, d'autres formées d'assises alternatives de moellons et de grandes briques enfoncées

---

[*] La *Description de Babylone* a été remise à la Commission d'Égypte, dans la séance du 14 juin 1813.

[1] Le *vieux Kaire* est le nom que donnent les Européens à la ville de *Masr-el-A'tyq*, bâtie sur les bords du Nil, à un demi-myriamètre ou une lieue environ au sud-ouest du Kaire.

dans des couches épaisses d'un mortier de pozzolane, la distinguent de la partie moderne, qui a été construite avec moins de soin, et où l'on a employé de mauvais matériaux : il m'a paru néanmoins impossible de retrouver l'ancien plan. L'enceinte actuelle est très-irrégulière¹. Sa plus grande longueur est de trois cents mètres, sur une largeur qui varie de cent cinquante à deux cents.

Dans les endroits où le mur est par assises alternatives de pierres et de briques, les assises de pierres ont ordinairement neuf décimètres de haut, et celles de briques moitié moins.

Entre les deux grosses tours de la face sud-ouest, on trouve une porte voûtée entièrement obstruée par des décombres; elle est d'architecture romaine et construite en pierres calcaires, ainsi que la courtine au milieu de laquelle elle est placée : son cintre est surmonté d'une voûte de décharge que cachait le revêtement. On remarque, parmi les ornemens sculptés, un aigle placé à l'extrémité de la corniche².

L'architecture de cette porte n'est pas d'un très-bon goût, mais les détails en sont exécutés avec soin ; et, quoique les sculptures soient fort altérées, il est facile de reconnaître que le travail en était pur et délicat.

A gauche, au-dessus du cintre, est une pierre d'assez grande dimension, couverte d'hiéroglyphes, parmi lesquels on voit le disque ailé avec les deux serpens au cou enflé, symbole que les anciens Égyptiens plaçaient sur l'architrave des portes de leurs temples. Il est probable

[1] *Voyez* pl. 20, fig. 1, *A.*, vol. v.   [2] *Voyez* pl. 20, fig. 5, *A.*, vol. v.

que cette pierre fut tirée d'un de ces édifices déjà renversés, à l'époque où les Romains, vainqueurs de l'Égypte, élevaient la forteresse de Babylone pour assurer leur conquête. Ce n'est pas la seule fois que nous avons trouvé en Égypte, au milieu des ruines que nous admirions, des vestiges de ruines plus anciennes encore. Quoiqu'il ne soit point extraordinaire de voir des débris de vieux édifices employés dans de nouvelles constructions, l'on ne remarque cependant jamais sans émotion ces traces visibles de la marche des siècles; et si rien ne distrait des réflexions qu'elles font naître, on tombe bientôt dans une rêverie profonde : les générations qui ont disparu de la scène du monde, et celles qui doivent s'y montrer un jour, apparaissent confusément; l'on rêve à-la-fois les temps passés et l'avenir.

A trois cents mètres hors de l'enceinte, vis-à-vis la partie nord-nord-est, qui est entièrement moderne, on trouve une portion de muraille de construction romaine qui appartenait autrefois à l'ancienne forteresse, bien plus vaste alors qu'elle ne l'est aujourd'hui. Dans l'une des tours, l'escalier m'a paru de construction romaine, ainsi qu'une salle dont le plafond est soutenu par des colonnes.

La seule porte par laquelle on entre dans Qasr-el-Chama', est tellement basse, qu'il faut se courber pour y passer; et les rues sont si étroites, qu'on ne peut les parcourir qu'à pied. La principale rue est garnie de boutiques. Les maisons particulières et les couvens qu'occupent les moines qobtes et grecs, ne présentent aucune trace d'antiquité. Ces couvens sont au nombre de six ; l'un d'eux se nomme encore aujourd'hui *Saint-George de Bâblyoun*: ils sont entourés de jardins plantés de palmiers. Dans une des églises qobtes, les prêtres montrent aux fidèles une grotte, objet de leur vénération : c'est une espèce de chapelle souterraine où ils disent que la Sainte-vierge se retira avec l'enfant Jésus lorsqu'elle vint chercher en Égypte un asile contre la persécution d'Hérode.

L'eau dont se servent les habitans de Qasr-el-Chama' pour leur usage et l'arrosement de leurs jardins, vient d'un puits assez profond, situé hors de l'enceinte, en descendant vers le Nil : une roue à chapelet élève l'eau, et un petit aquéduc la conduit dans l'intérieur de la forteresse [1].

Les décombres qui entourent Qasr-el-Chama', proviennent probablement, en grande partie, de la ville de Babylone, dont on peut croire, avec quelque raison, qu'ils recouvrent l'ancien emplacement.

Le château de Babylone, selon Strabon [2], était situé au sud du Delta, sur un coteau qui descendait jusqu'au Nil, à peu près vis-à-vis les pyramides de Memphis ; cent cinquante esclaves étaient occupés continuellement

---

[1] Les Romains employaient à peu près les mêmes moyens pour conduire l'eau dans cette forteresse, ainsi qu'on le verra ci-après.

[2] Ἀναπλεύσαντι δ' ἐστὶ Βαβυλὼν φρούριον ἐρυμνόν, ἀποστάντων ἐνταῦθα Βαβυλωνίων τινῶν, εἶτα διαπραξαμένων ἐνταῦθα κατοικίαν παρὰ τῶν βασιλέων· νυνὶ δ' ἐστὶ στρατόπεδον ἑνὸς τῶν τριῶν ταγμάτων τῶν φρουρούντων τὴν Αἴγυπτον· ῥάχις δ' ἐστὶν ἀπὸ τοῦ στρατοπέδου καὶ μέχρι Νείλου καθήκουσα, δι' ἧς ἀπὸ τοῦ ποταμοῦ τροχοὶ καὶ κοχλίαι τὸ ὕδωρ ἀνάγουσιν, ἀνδρῶν ἑκατὸν πεντήκοντα ἐργαζομένων, δεσμίων· ἀφορῶνται δ' ἐνθάδε τηλαυγῶς αἱ Πυραμίδες ἐν τῇ περαίᾳ ἐν Μέμφει, καὶ εἰσὶ πλησίον. (Geogr. lib. xvii.)

à y faire monter l'eau du fleuve, au moyen de machines hydrauliques. Or, les débris dont nous avons parlé sont de même sur la rive orientale, vis-à-vis les pyramides de Gyzeh ; et l'espace qu'ils occupent va en s'élevant du Nil vers la chaîne arabique, dont le rocher calcaire commence, à cinq ou six cents mètres du fleuve, à paraître en plusieurs endroits au-dessus des collines de décombres. On lit, en outre, dans l'Itinéraire d'Antonin, qu'il y avait douze milles de Babylone à Héliopolis ; et c'est, à peu de chose près, la distance de Qasr-el-Chama' à l'obélisque de Mataryeh [1].

La réunion de ces diverses circonstances me paraît suffisante pour établir que le bâtiment désigné sous le nom de *Qasr-el-Chama'*, où nous avons trouvé des preuves non équivoques de l'ancien séjour des Romains, a dû être la forteresse, l'espèce de camp retranché qu'occupait celle de leurs légions, à laquelle Strabon assigne la résidence de Babylone.

Selon Ctésias, Diodore et Strabon la fondation de la Babylone d'Égypte serait due aux Babyloniens qui, sous Sémiramis, firent la conquête de l'Égypte, ou aux prisonniers que Sésostris ramena dans cette contrée, après avoir soumis la Babylonie. Ces deux opinions me paraissent également invraisemblables ; car, outre qu'elles reposent sur des faits peu certains, comment expliquer le silence d'Hérodote sur une ville aussi ancienne, dont l'histoire se fût liée nécessairement à

---

[1] Cet obélisque détermine de la manière la plus incontestable la position d'Héliopolis. *Voyez*, ci-après, la Description d'Héliopolis, *chapitre XXI*.

celle de l'Égypte ? Il me paraît plus vraisemblable que cette ville fut bâtie par les Babyloniens qui occupèrent l'Égypte après l'invasion de Cambyse [1], et que, lorsqu'Hérodote parcourait cette contrée, Babylone n'existait point encore, ou plutôt n'était pas assez considérable pour fixer son attention : cette opinion est à peu près celle de Flavius Joseph [2].

Au surplus, si l'époque de la fondation de cette ville est incertaine, son origine ne l'est point ; c'est à des Babyloniens que tous les historiens l'attribuent : conquérans ou esclaves, le souvenir des murs paternels leur fit donner le nom de *Babylone* à leur ville naissante. C'est ainsi que dans tous les temps les hommes ont cherché à soulager les peines de l'exil, en appelant au sein des terres étrangères la douce illusion de la patrie.

Les Romains, comme nous l'avons déjà dit, avaient placé dans Babylone une des trois légions commises sous Auguste à la garde de l'Égypte. Les empereurs d'Orient continuèrent d'y entretenir une garnison jusqu'au règne d'Héraclius, sous lequel l'Égypte fut envahie par les musulmans. Babylone soutint contre ces guerriers fanatiques un siége de sept mois ; la garnison, composée de Grecs et de Qobtes, se défendit vaillamment jusqu'au moment où le gouverneur, désespérant de la fortune, se retira dans l'île de Roudah. Il y capitula l'an 18 de l'hégire, avec *A'mrou Ebn el-A'âs*, عمرو ابن العاص, général de l'armée arabe. La citadelle,

---

[1] Les Babyloniens et les Perses formaient alors un seul peuple.
[2] *Antiquit. Jud* lib. II, chap. 5.

DE LA BABYLONE D'ÉGYPTE.

que quelques Grecs plus courageux eurent la noble audace de défendre encore, fut prise d'assaut peu de jours après.

Babylone dut souffrir considérablement pendant ce siége; et les nouveaux édifices bâtis par les vainqueurs[1] sur l'emplacement de leur camp, achevèrent d'en changer l'aspect: elle devint en quelque sorte une ville nouvelle, et prit le nom de فسطاط, *Fostât*[2], mot arabe qui signifie *tente*. Les historiens arabes rapportent que ce nom lui fut donné, parce qu'A'mrou, ce destructeur des cités, quittant Babylone pour aller assiéger Alexandrie, ne voulut point faire abattre sa tente, afin de ne pas troubler une colombe qui y avait fait son nid.

Les Arabes trouvèrent, dans la citadelle de Babylone, un pyrée, sorte de temple consacré au feu, selon les rites de la religion des Perses; ils le nommèrent قبة الدخان, *qoubbet*[3] *el-dokhân* (temple de la Fumée). C'est probablement de là que vient aussi le nom arabe de *Qasr-el-Chama'* qu'ils donnèrent alors à la citadelle; et l'analogie qui existe entre ce nom et celui

---

[1] On voit encore près de Qasr-el-Chama' la belle mosquée d'*O'mar* عمر fondée par A'mrou.

[2] On ajouta au nom de *Fostât* le surnom de *Masr* que les Arabes ont toujours donné à la capitale de l'Égypte: aussi est-ce le Kaire qui le porte actuellement; et Fostât a pris celui de *Masr-el-Atyq*, Masr le Vieux. Cette dernière ville, nommée le *vieux Kaire* par les Européens, est aujourd'hui peu considérable, et sa décadence date de l'époque où le vizir *Châouar* شاور la livra aux flammes pour la soustraire au pouvoir des Français, qui s'avançaient vers elle sous la conduite d'Amauri, roi de Jérusalem, l'an 564 de l'hégire.

[3] *Qoubbet* signifie littéralement, *voûte, dôme, coupole;* mais ce mot peut se prendre en arabe pour l'édifice religieux en entier.

de *Babylone* est assez singulière. Le premier, en effet, se traduit littéralement par *château de la Bougie*, et métaphoriquement par *château de la Lumière*. *Babylone* signifiait en chaldéen *porte du Soleil*; mais, selon le génie des langues orientales, cela voulait dire aussi *ville de la Lumière*, *ville lumineuse*, *glorieuse*, etc.

Les premiers princes musulmans qui régnèrent en Égypte habitèrent souvent Qasr-el-Chama'. Leurs successeurs finirent par l'abandonner tout-à-fait pour القاهرة *el-Qâherah*[1], et le laissèrent tomber en ruine. Rien ne rappelle aujourd'hui son ancienne splendeur : mais ses vieilles murailles dégradées intéressent encore par les traces qu'elles ont conservées du passage de plusieurs peuples célèbres qui n'existent plus que dans la mémoire des hommes; et la méditation qui naît de si grands souvenirs, se nourrit du spectacle de ces chrétiens infortunés, toujours tremblans pour leur vie et leur fortune, et qui, lâches et faibles parce qu'ils sont esclaves et avilis, ont trouvé un asile au milieu des murs élevés par les mains victorieuses des Romains.

---

[1] C'est de ce mot *Qâherah* que les Européens ont fait celui de *Kaire* sous lequel ils désignent cette ville. *El-Qâherah* signifie *la victorieuse*. Ce nom lui fut donné par son fondateur *Giouhar* جوهر, l'an 358 de l'hégire, sous le règne d'*el-Mo'ez-le-dyn-illah* المعز لدين الله, premier khalife d'Égypte, de la dynastie des Fâtimites : mais elle ne conserva point ce nom; les Égyptiens y substituèrent celui de *Masr* qu'elle porte aujourd'hui. On doit être convaincu, d'après tout ce que nous avons dit dans le cours de cet écrit, que les voyageurs qui ont pris sa citadelle pour celle de Babylone, se sont grandement trompés.

(*Voyez* la Description des antiquités du Kaire, *chap.* XX, et celle d'Athribis et environs, *chap.* XXII, à la fin du volume.)

CHAPITRE XXI.

DESCRIPTION D'HÉLIOPOLIS,

Par MM. LANCRET[*] ET DUBOIS-AYMÉ,

INGÉNIEURS DES PONTS ET CHAUSSÉES, MEMBRES DE LA COMMISSION DES SCIENCES ET DES ARTS D'ÉGYPTE.

DE LA ROUTE DU KAIRE A HÉLIOPOLIS.

Nous habitions le Kaire depuis quelques mois, impatiens d'en parcourir les environs, lorsqu'une occasion se présenta de visiter avec sécurité les ruines d'Héliopolis; nous nous empressâmes d'en profiter, ainsi que plusieurs autres membres de la Commission des sciences et des arts d'Égypte, parmi lesquels nous nous plaisons à citer MM. Devilliers et Jollois[1].

---

[*] M. Lancret est mort avant que ce mémoire, que nous voulions écrire ensemble, ait pu être commencé : mais un extrait de son journal de voyage, et ses dessins surtout, m'ayant été très-utiles pour la description des ruines d'Héliopolis, j'ai pensé qu'il m'était permis d'associer mon nom à celui d'un homme que j'aimais, et dont personne n'a senti la perte plus vivement que moi. Tous ceux qui l'ont connu, savent qu'à de grands talens il joignait les vertus sociales les plus douces, les sentimens les plus nobles. Du Bois-Aymé.

[1] Liés dès notre enfance, sortant tous quatre des mêmes écoles, le goût de l'étude, peut-être aussi un peu de cet esprit chevaleresque, de cette curiosité inquiète si naturelle à l'homme dans sa jeunesse et sa force, nous firent embrasser avec ardeur l'occasion de parcourir des

CHAP. XXI, DESCRIPTION

Nous sortîmes du Kaire par une porte voisine de la citadelle, et nous nous trouvâmes bientôt dans un immense cimetière, qui, par la richesse et l'élégante architecture de ses tombeaux, le nombre de ses mosquées et de ses dômes, ressemblait à une ville, mais à une de ces villes décrites dans les contes arabes, dont la population entière est plongée dans un sommeil de plusieurs siècles : ici seulement, l'enchantement était plus réel, le silence plus effrayant, le réveil moins certain.

L'espace qu'occupe cette ville des morts est resserré, d'un côté, par la chaîne blanche et aride du mont Mokatam, et, de l'autre, par une suite de collines grisâtres formées de l'amoncellement des décombres du Kaire. Le petit nombre de plantes qu'un sentiment tendre et religieux fait cultiver près de plusieurs tombeaux, sont les seules que présentent les sables brûlans de la vallée. La solitude de ces lieux n'est troublée que par quelques femmes qui viennent y prier sur les restes de ceux qu'elles ont aimés, qu'elles aiment encore : à leurs longs voiles, à leurs gémissemens, on les prendrait de loin pour des spectres enveloppés du linceul des morts. Enfin, le bruit sourd qui s'élève du côté de la ville populeuse du Kaire, les crieurs publics

contrées lointaines. Nous ignorions où Bonaparte allait porter ses pas; mais que nous importait? Ce guerrier célèbre inspirait alors un noble enthousiasme, une aveugle confiance; des savans distingués, Monge, Berthollet, Caffarelli, Dolomieu, l'accompagnaient, et voulaient bien nous associer à leurs travaux : pouvions-nous hésiter un instant? Arrivés en Égypte, peines, dangers, plaisirs, notre amitié mit tout en commun, et nous eûmes le bonheur de revoir ensemble notre patrie après quatre années d'absence.

qui, du haut des minarets, annoncent les heures de la prière, et dont la voix, transportée par les vents, semble dire, au milieu de toutes ces pierres sépulcrales, que le temps qui s'écoule va y presser les rangs ; tout concourt à plonger l'âme dans un sombre et profond recueillement.

Nous passâmes près d'une femme que nous reconnûmes pour une mère, à la forme du tombeau qu'elle arrosait de ses larmes. Sa profonde douleur aurait pu seule nous l'apprendre : mais nous ignorions alors cette peine déchirante que fait éprouver la perte d'un enfant chéri; nous ne savions pas qu'aucun mal ne fait autant souffrir.

Absorbés par les réflexions mélancoliques que ces lieux nous inspiraient, nous les traversâmes dans un morne silence. Les vifs chagrins, les fortes émotions de la tristesse, se concentrent dans le cœur de l'homme ; ils sont déjà diminués, lorsqu'il peut en parler. Nos pensées étaient pour les amis que nous avions perdus en Égypte, pour les parens que nous avions quittés et que nous ne reverrions peut-être plus, et enfin pour notre patrie elle-même, objet continuel de nos plus chers entretiens [1].

Nous nous dirigeâmes vers une grande mosquée nommée *Qoubbet el-A'dlyeh*, fondée par un guerrier

[1] La destruction de notre flotte à Abouqyr, une guerre interminable avec une nation maîtresse de la mer, la nécessité de ne pas laisser affaiblir une armée qui ne pouvait recevoir aucun secours, tout semblait nous fixer pour la vie en Égypte : éloignés de notre pays, sans espoir de le revoir, nous apprîmes combien nous l'aimions. Nous vivions dans l'aisance, nous jouissions de mille choses faites pour embellir l'existence : mais, n'eussions-nous laissé en France personne qui nous fût

célèbre dans l'histoire des croisades, par ce frère du fameux Saladin (Salah-ed-dyn), ce Mâlek el-A'del qui enleva Joppé sur les Francs, régna à Jérusalem et au Kaire, et qu'un accord politique entre les Croisés et les musulmans fut près d'unir à la sœur de Richard Cœur-de-lion.

Au-delà de ce point, le désert se développa devant nous. Nous suivîmes la route de Belbeys, formée de petits sentiers que les caravanes ont tracés sur le sable [1]. Le terrain cultivé la borde à gauche; une plaine aride s'étend à sa droite et va se terminer vers le Gebel el-Ahmar, montagne siliceuse, dont la masse rouge tranche fortement au milieu des rochers calcaires qui l'entourent.

Quelques endroits du désert, voisins de notre route, nous présentèrent des traces de culture qui nous apprirent que le Nil, dans ses grandes crues, s'élevait quelquefois assez pour arroser ces terrains sablonneux. On y trouve des cailloux d'Égypte, des morceaux de bois pétrifiés, et des fragmens de poudingue et de grès siliceux.

Nous laissâmes à droite la route de Belbeys, pour nous diriger sur le village de Mataryeh, où nous arrivâmes bientôt. Son aspect diffère de celui de la plupart des villages de l'Égypte : ceux-ci sont construits

---

cher, tous les Français eussent-ils quitté pour les bords du Nil ceux de la Seine, de la Loire et du Rhône, le sol de la patrie nous eût manqué encore.

[1] Tantôt le sol du désert est ferme; c'est le rocher à nu, ou un gravier légèrement agglutiné et attaché au terrain comme s'il eût été battu; les sentiers qui y sont tracés n'éprouvent aucune altération sensible : tantôt le sable est mobile, et alors les vents le bouleversent et y effacent toute espèce de traces.

ordinairement en briques ou en terre, tandis que les maisons de Mataryeh, les murs de ses jardins, sont en grande partie bâtis en pierres calcaires, sur plusieurs desquelles on remarque des hiéroglyphes bien sculptés.

Mataryeh est le seul endroit de l'Égypte où l'on ait cultivé le baume (*amyris opobalsamum*, Linn.), arbuste qui a quelque ressemblance avec le lentisque : le suc résineux qui en découle fut long-temps l'objet d'un grand commerce pour ce village; mais, depuis environ deux siècles, il n'existe plus un seul baumier dans tout son territoire.

Plusieurs voyageurs ont assuré que l'on trouvait à Mataryeh une source d'eau courante, la seule qui fût en Égypte. Nous l'avons cherchée en vain, et nous ajouterons que des chrétiens du Kaire que nous avons questionnés par la suite, nous ont dit que l'objet de leur vénération à Mataryeh était un puits qui, comme tous les autres, recevait les eaux du Nil par infiltration, mais qu'elles y devenaient meilleures, parce que la Sainte-vierge y avait lavé son fils; qu'auprès était un gros sycomore qui avait servi d'abri à la Sainte-Famille, et qu'un grand nombre de miracles s'opéraient en faveur des chrétiens qui venaient en pèlerinage boire des eaux du puits et toucher le saint arbre. Les musulmans ont aussi du respect pour ce lieu, parce qu'ils croient, avec les chrétiens, que Jésus s'y arrêta, et qu'ils le regardent comme un des prophètes du vrai Dieu.

Quelques paysans de Mataryeh, avec lesquels nous causâmes, surent fort bien nous dire, en nous montrant de loin l'obélisque d'Héliopolis, que ce monument était du temps des Pharaons : ce titre des anciens souverains de l'Égypte est encore connu de tous les *felláh*.

A un quart de lieue environ au nord de Mataryeh, nous trouvâmes les ruines d'Héliopolis.

DE LA VILLE D'HÉLIOPOLIS.

Les ruines d'Héliopolis sont situées sur la limite du désert, à neuf kilomètres au nord-nord-est du Kaire et à six kilomètres de la rive droite du Nil.

L'enceinte de la ville est très-reconnaissable ; construite en briques crues d'un grand volume, elle a encore en certains endroits dix-huit à vingt mètres d'épaisseur[1] sur quatre à cinq d'élévation : son développement est d'à peu près un demi-myriamètre (une forte lieue), et l'espace qu'elle renferme a environ quatorze cents mètres de long sur mille mètres de large[2]. Si quelques voyageurs l'ont prise pour les retranchemens d'un camp turk, c'est que probablement ils n'avaient point, comme nous, visité en Égypte l'emplacement d'un grand nombre de villes anciennes ; sans cela, ils auraient remarqué que toutes présentaient des digues du genre de celles d'Héliopolis, construites de même en grosses briques, dont les dimensions, inusitées aujour-

---

[1] M. Monge, ayant trouvé jusque sur les parties les plus élevées de cette enceinte un grand nombre de fragmens calcaires, pense que toute l'enceinte était revêtue autrefois en pierres de taille, tant à l'intérieur qu'à l'extérieur, et qu'elle devait avoir alors vingt-six mètres environ d'épaisseur ; il a reconnu que les briques crues employées dans sa construction avaient été enduites d'un mortier ou coulis de terre délayée.

[2] *Voyez* le plan.

d'hui, ne se retrouvent dans aucun ouvrage turk ou arabe[1]. Il nous semble au surplus que, lors même que l'on ignorerait cette particularité, on pourrait encore assurer que si Selym dans la conquête rapide qu'il fit de l'Égypte, a campé sur les ruines d'Héliopolis, il a dû se borner à profiter des moyens de défense qu'elles lui offraient, ou tout au plus y ajouter quelques retranchemens de campagne; car, outre l'impossibilité d'élever en si peu de temps les massifs énormes de briques dont nous avons parlé, ce travail était encore inutile contre un ennemi qui fuyait[2].

Le Nil, dans ses débordemens périodiques, forme, en avant d'Héliopolis, des mares assez étendues qui conservent de l'eau plusieurs mois après que le fleuve est rentré dans son lit.

On trouve, dans l'intérieur de l'enceinte, des amas de décombres recouverts de fragmens de poterie : ces buttes dessinent une espèce de place elliptique qui renferme l'obélisque. Un canal, en y conduisant chaque année les eaux du Nil, a rendu à la culture une partie de l'ancien sol d'Héliopolis; la tige fragile du blé y remplace les obélisques, les colonnes, qui foulaient la terre de leur poids; et la tente passagère du Bédouin vient s'élever quelques instans où furent jadis d'immenses et somptueux palais.

On ne trouve aucune trace de l'emplacement des

[1] Diodore de Sicile parle des buttes artificielles que Sésostris fit élever pour mettre les habitans de l'Égypte à l'abri de l'inondation du Nil.

[2] Le campement de Selym sur les ruines d'Héliopolis n'est d'ailleurs fondé, du moins à ce que nous croyons, que sur une tradition populaire.

anciens édifices, mais seulement quelques fragmens des matériaux qui furent employés dans leur construction. La plupart sont en pierre calcaire commune, en marbre, en granit, plus souvent encore en brèche et grès siliceux dont les carrières existent près de là, dans le *Gebel el-Ahmar*, ou Montagne Rouge. Des scories calcaires et des restes de fours annoncent que l'on a exploité les ruines d'Héliopolis, pour en extraire de la chaux. Que de chefs-d'œuvre auront péri ainsi, et périssent encore tous les jours! Nous nous sommes souvent récriés contre cette barbarie des *fellâh* : mais nous n'osons presque plus en parler, depuis que dans la moderne Italie, si fière de ses monumens et de ses ruines, et sous le gouvernement des Français si enthousiastes des beaux-arts, nous avons vu les grottes de *Tarquinium* être transformées en fours à chaux, et des bas-reliefs, des peintures, qui semblaient avoir traversé les siècles pour venir nous dévoiler quelques usages de la religion mystérieuse des Étrusques, disparaître en un instant.

Plusieurs voyageurs ont annoncé avoir vu à Héliopolis la statue mutilée d'un sphinx; nous n'avons trouvé qu'un gros bloc de pierre siliceuse rougeâtre, de forme arrondie, sur lequel on distingue quelques hiéroglyphes. Quelques membres de la Commission d'Égypte pensent, il est vrai, que ce bloc a appartenu à un sphinx; ils ont cru y reconnaître la forme de la croupe et le mouvement du cou : mais les hiéroglyphes qui se trouvent sur la partie qui formerait la croupe, laissent quelques doutes à cet égard, puisque, parmi le grand nombre de sphinx que nous avons vus dans la haute

Égypte, il n'en est aucun qui représente rien de semblable [1]. Auprès de ce morceau, il y en a un autre également en brèche siliceuse, et un cube en granit d'environ un mètre. Tous ces débris d'antiquité sont à l'ouest de l'obélisque, vers une des ouvertures de l'enceinte.

On retrouve dans les villages voisins plusieurs fragmens antiques, qui y ont été évidemment transportés d'Héliopolis. M. Jomard a vu, au village d'el-Khousous, un chapiteau égyptien en brèche siliceuse, pierre fort belle et fort difficile à travailler; nous n'avons rien rencontré de semblable dans la haute Égypte : les chapiteaux y sont tous en grès tendre ou en pierre calcaire; et cela nous confirme dans l'opinion où nous sommes, que les villes de la basse Égypte présentaient une plus grande magnificence, et surtout un plus grand luxe dans la qualité des matériaux employés dans leur construction que les villes de la Thébaïde.

Le seul monument qui existe en entier à sa place primitive, est l'obélisque dont nous avons parlé. Il ne diffère point de ceux de la haute Égypte [2]; comme eux, il est d'un seul morceau de granit rouge : sa hauteur est de vingt mètres vingt-sept centimètres; ses faces

---

[1] Il serait possible cependant que ces hiéroglyphes aient été tracés après coup par quelque Égyptien en mémoire de son passage à Héliopolis, ou en accomplissement d'un vœu. Nous avons vu, sur des temples de la Thébaïde, des inscriptions hiéroglyphiques qui nous ont paru de ce genre; mais il est vrai aussi que la pierre n'a pas la même dureté que celle-ci, et que les inscriptions sont placées de manière à n'altérer ni la forme ni l'ordonnance du monument.

[2] *Voyez*, planche 26, *A.*, vol. v, le dessin de cet obélisque, et planches 11, 12, 30, *A.*, vol. III, ceux de Thèbes.

ont un mètre quatre-vingt-quatre centimètres de largeur à la base, et un mètre dix-sept centimètres à l'extrémité supérieure.

Le Nil, par les dépôts du limon qu'il charrie, a élevé le sol d'environ deux mètres; l'obélisque est enterré d'un mètre soixante-dix-huit centimètres, et il repose sur un socle de grès placé sur un terrain déjà exhaussé par des décombres. C'est un nouveau fait à opposer à ceux qui nient l'élévation progressive de la vallée du Nil.

On aperçoit sur l'obélisque, à un mètre cinquante-cinq centimètres du sol, ou à trois mètres trente-trois centimètres de la base de grès, une trace qui indique la plus grande hauteur des eaux de l'inondation.

Trois des faces de l'obélisque présentent les mêmes hiéroglyphes disposés dans le même ordre, et la quatrième n'offre que de légères différences. Ces hiéroglyphes sont tournés du même côté sur deux faces contiguës, et en sens inverse sur les deux autres. Ils ne se terminent point vers la base à la même hauteur; le trait horizontal qui forme le dernier hiéroglyphe, est à un mètre quarante-six centimètres sur deux faces, et à un mètre vingt-quatre centimètres sur les autres [1]. Ils sont parfaitement conservés dans la partie supérieure de l'obélisque, mais fort dégradés depuis à peu près le milieu de sa hauteur; ce qui peut provenir du choc fréquent des sables siliceux du désert, que le vent n'élève pas ordinairement plus haut : peut-être aussi est-ce

[1] *Voyez*, pour de plus amples détails, l'explication de la planche (volume de l'*Explication des planches*).

l'effet du violent incendie qui, allumé par les ordres de Cambyse, ravagea Héliopolis et endommagea beaucoup les obélisques, au dire de Strabon.

Ces monumens étaient en grand nombre à Héliopolis[1] : plusieurs furent transportés à Rome, sous les empereurs, et ils ornent encore aujourd'hui l'ancienne capitale du monde; les autres, à l'exception de celui que nous venons de décrire, disparurent successivement. Le dernier qui fut renversé le fut dans le sixième siècle de l'hégire, par les Arabes, qu'excitait sans doute l'espoir de trouver sous sa base des trésors enfouis, espoir qui est encore aujourd'hui la cause la plus active de la destruction des anciens monumens. Nous sommes portés à croire qu'après avoir renversé cet obélisque, les Arabes virent leur avarice entièrement trompée. L'on supposerait même, d'après quelques auteurs de leur nation[2], qu'il fut trouvé sous sa base deux cents *qantâr* (quatre-vingt-neuf kilogrammes) d'airain ; ce n'est certainement pas là les trésors que les dévastateurs espéraient. Quant à ces statues d'hommes dont les mêmes écrivains prétendent qu'étaient surmontés les obélisques d'Héliopolis, statues d'où découlait constamment un filet d'eau qui n'atteignait jamais la terre, on reconnaît bien là cette facilité des Orientaux à admettre sans examen les contes populaires les moins croyables.

M. de Hammer, cité par M. de Sacy dans sa traduc-

---

[1] Plin. *Hist. natur.* lib. xxxvi, cap. 8 et 9.
[2] El-Maqryzy, Ebn-Khordadyeh, Mohammed-ebn-al-rahym, A'bd-el-Rachyd-el-Bakouy, etc.

tion d'A'bd-el-latyf, prétend, à la vérité, avoir vu de l'eau suinter de l'obélisque d'Héliopolis à environ un tiers de sa hauteur; mais on remarquera qu'il était à quarante pas de ce monument, dont le pied se trouvait alors au milieu d'une mare formée par l'inondation du Nil, et que des reflets de lumière sur la surface brillante et colorée du granit, ou quelque erreur d'optique occasionée par la raréfaction de l'air, auront pu le tromper: peut-être aussi était-il persuadé d'avance, par la lecture des auteurs arabes, que cette source existait; et quand l'esprit est prévenu, les yeux se trompent facilement.

L'obélisque que nous avons vu à Héliopolis porte les marques des tentatives que l'on a faites pour le renverser. Un des angles solides de la partie qui est enterrée a été brisé et enlevé, de sorte que l'obélisque pose sur une surface moindre que celle que détermine l'inclinaison de ses faces. Plusieurs autres cassures qui existent également dans la partie inférieure de ce monument, font craindre qu'il ne soit bien près du moment de sa chute; alors il ne restera plus rien de cette ville célèbre: mais les sciences, mais les lettres, qui y brillèrent d'un si vif éclat, en conserveront le souvenir.

Les habitans d'Héliopolis passaient pour les plus instruits de l'Égypte [1]; c'est dans le collége de leurs prêtres que d'illustres étrangers, Eudoxe, Platon, Hérodote, vinrent étudier l'astronomie, la philosophie, l'histoire, toute cette sagesse des Égyptiens si vantée dans l'anti-

[1] Herodot. *Hist.* lib. 11. §. 3.

quité et jusque dans nos livres sacrés. Ce collége, et ceux de Thèbes et de Memphis, étaient les seuls qui députassent de leurs membres à Thèbes, pour y former le tribunal des Trente, cour suprême de justice que l'on peut comparer, dit Diodore, à l'aréopage d'Athènes ou au sénat de Lacédémone.

C'est en vain cependant que nous essaierions de tracer l'histoire d'Héliopolis, d'en donner même une esquisse succincte; nous pouvons seulement, à travers les ténèbres de l'antiquité, en recueillir quelques traits épars.

Le soleil avait, à Héliopolis, un temple remarquable où, chaque année, l'on célébrait en son honneur une fête qui était la quatrième dans l'ordre des fêtes religieuses de l'Égypte[1]. On y nourrissait le bœuf *Mnevis*, symbole du soleil, et il y était, comme le bœuf *Apis* à Memphis, l'objet d'un culte particulier.

C'est aussi dans ce temple qu'au dire des Égyptiens, le phénix, prenant son vol de l'Orient, après une vie de 1461 ans, venait mourir sur un bûcher de myrrhe et d'encens, et renaître de ses cendres[2]; fable ingénieuse qui nous indique les travaux des prêtres astronomes d'Héliopolis, pour concilier le calcul du temps avec la marche du soleil, ainsi que la période de 1460 ans, nommée *année de Thoth* ou *période sothique*, au bout de laquelle l'année vague des Égyptiens de 365 jours, en s'accordant avec leur année astronomique de

---

[1] Herodot. *Hist.* lib. II, §. 59.   *Annal.* lib. VI; — Plin. *Hist. nat.*
[2] Herodot. *Hist.* lib II; — Tacit. lib. X.

365 jours 6 heures, devait ramener les mêmes saisons [1]. Cette manière allégorique de parler des phénomènes célestes fut la source de la plupart des superstitions égyptiennes : le peuple croyait aveuglément tout ce que disaient les prêtres; et les sermens les plus redoutables empêchaient les personnes initiées aux mystères d'en dévoiler la moindre chose. On ne doit donc point être surpris si des étrangers ont souvent admis comme des faits incontestables des fables répétées avec tout l'accent de la vérité : aussi plusieurs pères de l'Église crurent-ils à la résurrection du phénix, au point de la citer comme une preuve de la résurrection des corps humains.

Dès les premiers temps de la monarchie égyptienne, Héliopolis figure parmi ses villes les plus importantes. Si nous en croyons le Pentateuque, Joseph fils de Jacob aurait épousé Aseneth, fille de Putiphar, prêtre du Soleil à Héliopolis; et il est à remarquer que ce nom de *Putiphar* ou *Phoutifera* signifiait en égyptien *grand-prêtre du Soleil*. Ce n'est pas, au surplus, la seule fois que les Hébreux, en employant des mots étrangers à leur langue, ont pris des titres pour des noms propres.

Dans la traduction de la Bible par les Septante, il est dit qu'Héliopolis fut bâtie par les Hébreux au temps de leur captivité. Eusèbe observe avec raison que cela n'est point exact, puisque cette ville existait déjà lors-

---

[1] L'année n'étant point précisément de 365 jours 6 heures ou de 365 jours $\frac{23}{100}$, mais de 365 jours 242245 millionièmes d'heure, la période sothique ne ramenait pas exactement les mêmes saisons : l'erreur était en moins d'environ onze jours.

que Jacob passa en Égypte; mais, comme cette objection pourrait être faite à l'auteur même du texte hébreu, relativement à la ville de Ramessès, peut-être que par *bâtir* l'on ne doit entendre ici que fortifier, élever de grands monumens, toutes choses qui changent l'aspect et l'étendue d'une ville. Les Israélites durent sans doute, dans leur captivité, être employés à des travaux de ce genre dans d'autres villes que Pithom et Ramessès; quelques traditions locales auront pu apprendre aux Septante qu'Héliopolis était du nombre, et les entraîner à ajouter, dans leur traduction, cette ville aux deux autres.

Sous le règne de Sésostris, Héliopolis était déjà un des boulevards de l'Égypte. On lit, dans Diodore de Sicile, que ce prince fit construire un mur qui s'étendait de Péluse à Héliopolis, pour opposer une barrière aux courses des Arabes et des Syriens. Son fils et son successeur fit élever dans Héliopolis deux obélisques en mémoire d'un événement qui, tel qu'il est raconté dans Diodore, prouverait que ce Pharaon était aussi cruel que superstitieux. Après une cécité de dix ans, un oracle lui ordonna « de faire un vœu au dieu d'Héliopolis et de se laver les yeux avec l'urine d'une femme qui n'eût eu de commerce qu'avec son mari : il essaya celle d'un grand nombre de femmes, à commencer par la sienne; il ne trouva le remède qu'il cherchait que dans l'urine de la femme d'un jardinier, qui eut un tel succès, qu'il l'épousa après sa guérison. Il fit brûler les autres toutes vives dans un village qui fut appelé depuis *le Tertre sacré*. Il accomplit ensuite son vœu à

Héliopolis, conformément à l'oracle qui lui avait ordonné d'y faire élever deux obélisques d'une seule pierre, de huit coudées d'épaisseur et de cent coudées de hauteur[1]. » On n'ose point, d'après tout ce que l'on connaît des artifices des prêtres pour se faire craindre des peuples et des rois, rejeter cet événement au rang des fables; mais on doit convenir cependant qu'il en porte tous les caractères.

On peut lire, dans Pline[2], le nom de quelques autres rois d'Égypte qui embellirent également cette ville.

Si nous passons à une époque moins reculée, nous voyons Strabon, sous le règne d'Auguste, visiter Héliopolis. Le temps qui, dans ses révolutions, élève et renverse tour-à-tour les empires, entraînait déjà cette ville vers sa ruine. Ses rues étaient désertes ; ses édifices présentaient de toutes parts des marques de la fureur de l'insensé Cambyse, de ce farouche conquérant qui se plut à renverser les monumens les plus précieux, à embraser les villes et à outrager jusqu'aux morts. Le collège des prêtres subsistait encore ; mais ils ne cultivaient plus les sciences, et ils bornaient leurs occupations au service des autels. Cependant l'observatoire où Eudoxe avait étudié les mouvemens des corps célestes, existait toujours, et l'on montra au voyageur romain les appartemens que cet astronome et son maître Platon avaient occupés.

Le nom d'*Héliopolis*, sous lequel nous avons désigné

[1] Diodore de Sicile, liv. 1, traduction de l'abbé Terrasson.
[2] *Hist. nat.* lib. xxxvi, cap. 9.

jusqu'à présent la ville dont nous nous occupons, se compose de deux mots grecs qui signifient *la ville du Soleil :* elle a conservé jusqu'à nos jours des traces de cette dénomination ; les Égyptiens modernes et les géographes arabes nomment ses ruines عين الشمس, *A'yn-ech-chems* (fontaine ou œil du Soleil), et quelquefois aussi مدينة الشمس, *Medynet-ech-chems* (ville du Soleil). Le même rapprochement existe avec l'ancien nom égyptien. En effet, les Hébreux l'appelaient אן, *On*[1], mot qui signifiait *Soleil* dans la langue égyptienne, ainsi que saint Cyrille le dit positivement dans ses commentaires sur le prophète Osée : Σελήνης μὲν γὰρ τέκνον, ἔκγονον δὲ Ἡλίε, Ἄπιν Αἰγύπτιοι μυθοπλας̃ντες ἔλεγον. Ὢν δὲ ἐςι κατ᾽ αὐτὲς ὁ ἥλιος. *Filium enim Lunæ, Solis autem nepotem, Apin esse Ægyptii fabulantur. On autem secundùm ipsos est* sol.

Les auteurs qobtes la nomment aussi ⲰⲚ, *On* ; et dans la version qobte de la Bible, elle est désignée à-la-fois sous ce nom et celui de ⲦⲂⲀⲔⲒ ⲘⲠⲒⲢⲎ, *Tbaki-mpiré* (ville du Soleil).

Les soixante-dix rabbins qui ont traduit en grec le texte hébreu de la Bible, ont toujours rendu *On* par Ἡλιέπολις. Il n'y a aucun doute qu'ils ne connussent parfaitement pour chaque ville d'Égypte le nom national et le nom grec correspondant. C'est à tort qu'on refuserait cette faible connaissance géographique à un si grand nombre d'hommes également savans dans les deux lan-

---

[1] Il paraîtrait, d'après un passage de Jérémie, chapitre XLIII, v. 13, que de son temps les Hébreux donnaient aussi à Héliopolis le nom de בֵּית־שֶׁמֶשׁ *Beyt-Chems* (Maison du Soleil).

gues, et habitant l'Égypte à une époque si rapprochée de la soumission de ce royaume aux armés macédoniennes.

La position géographique d'Héliopolis a été l'objet des recherches de plusieurs savans distingués. Quelques-uns, parmi lesquels se trouve M. Larcher[1], ne pouvant concilier les récits de Strabon, d'Hérodote, de Diodore, de Ptolémée, etc., ont cru pouvoir affirmer que deux villes de ce nom avaient existé à-la-fois; savoir, l'une dans le Delta et vers son sommet; l'autre fort près de là, mais dans le nome Arabique, c'est-à-dire dans cette partie de l'Égypte qui était à l'est de la branche Pélusiaque. Ils pensent que la première est la ville célèbre dont parlent Hérodote et Strabon. Nous osons combattre leur opinion.

Outre le peu de vraisemblance, en effet, que deux villes du même nom aient existé aussi près l'une de l'autre, et que ce soit la moins considérable, la moins célèbre, qui ait laissé sur la terre et dans la mémoire des Égyptiens, des traces de son existence et de son nom, observons qu'aucun des auteurs anciens que nous avons cités, ne parle de ces deux villes, et qu'ainsi l'on serait contraint de dire : « Hérodote, Strabon, etc., ont oublié celle qui était dans le nome Arabique; Diodore, Ptolomée, l'Itinéraire d'Antonin, etc., ont passé

---

[1] *Article* Héliopolis *de la Table géographique qu'il a jointe à sa traduction d'Hérodote.*
Si nous ne citons ici que ce savant, c'est qu'il a traité cette matière avec plus de détail que personne, et que la confiance qu'inspire sa profonde connaissance de la langue grecque, peut bien être le motif qui a déterminé plusieurs écrivains à placer, comme lui, Héliopolis dans le Delta.

sous silence celle qui était dans le Delta. » Nous le demandons, cela est-il probable ?

Ce moyen d'aplanir les difficultés, en multipliant l'objet décrit, ne devrait être employé qu'à défaut de toute autre explication; et ici surtout il devenait d'autant plus inutile de créer une ville d'Héliopolis dans le Delta, que les ruines dont nous avons parlé concordent parfaitement avec tout ce qui a été dit de la position de cette ancienne ville.

Voici ce qu'Hérodote rapporte liv. II, §. 7 et 9 [2] :

§. 7. « De la mer à Héliopolis, par le milieu des terres, l'Égypte est large et spacieuse, va partout un peu en pente, est bien arrosée et pleine de fange et de limon. En remontant de la mer à Héliopolis, il y a à peu près aussi loin que d'Athènes, en partant de l'autel des douze dieux, au temple de Jupiter Olympien à Pise. »

§. 9. « D'Héliopolis à Thèbes, on remonte le fleuve pendant neuf jours. » (Traduction de M. Larcher.)

---

[1] Ptolémée parle, il est vrai, de deux villes d'Héliopolis ; mais, comme il place l'une d'elles à un sixième de degré au sud du sommet du Delta, et à un tiers de degré au sud de la capitale du nome Héliopolite, on voit qu'elle est, en ce moment, étrangère à notre discussion, et que ce n'est point vers l'obélisque de Mataryeh, ni entre les branches du Nil, au sommet du Delta, qu'on peut la placer.

[2] Nous croyons devoir transcrire, dans le cours de cette discussion, le texte des auteurs cités, afin de mettre nos lecteurs en état de prononcer tout de suite sur les interprétations que l'on en donne et les conséquences que l'on en tire.

§. 7. Ἐνθεῦτεν καὶ μέχρι Ἡλιουπόλιος ἐς τὴν μεσόγαιαν, ἔστιν εὐρέα Αἴγυπτος, ἐοῦσα πᾶσα ὑπτίη τε καὶ εὔυδρος, καὶ ἰλύς. Ἔστι δὲ ὁδὸς ἐς τὴν Ἡλιούπολιν ἀπὸ θαλάσσης ἄνω ἰόντι, παραπλησίη τὸ μῆκος τῇ ἐξ Ἀθηναίων ὁδῷ, τῇ ἀπὸ τῶν δυώδεκα θεῶν τοῦ βωμοῦ φερούσῃ ἔς τε Πίσσαν καὶ ἐπὶ τὸν νηὸν τοῦ Διὸς τοῦ Ὀλυμπίου...

§. 9. Ἀπὸ δὲ Ἡλιουπόλιος ἐς Θήβας ἐστὶ ἀνάπλοος ἐννέα ἡμερέων.

M. Larcher en conclut, « 1°. qu'Héliopolis était sur les bords du canal Sébennytique, puisqu'en s'embarquant à son embouchure, on arrive à cette ville; 2°. qu'elle est dans le Delta, puisque ce canal coupe le Delta par le milieu. »

Nous ne concevons point comment on a pu voir toutes ces choses-là dans le texte que nous venons de citer : il n'y est point question de la branche Sébennytique, dont Hérodote ne parle que beaucoup plus bas, liv. II, §. 17; et c'est-là une vérité de fait qui détruit la première et conséquemment la seconde assertion de M. Larcher. Et d'ailleurs, de ce qu'on se serait embarqué sur la branche Sébennytique pour se rendre à Héliopolis, aurait-on raison d'en conclure que cette ville était sur ce bras du Nil? Aujourd'hui, par exemple, ne va-t-on pas de la mer au Kaïre par une des deux branches de Rosette ou de Damiette, sans que pour cela le Kaïre soit sur l'une de ces deux branches? M. Larcher dit encore, à l'appui de son opinion, « qu'Hérodote ajoute que l'on s'embarquait à Héliopolis pour se rendre à Thèbes. » Est-ce là, nous ne dirons pas une preuve, mais seulement un indice qu'Héliopolis fût dans le Delta? Et si l'on objecte que cela prouve du moins qu'Héliopolis était sur les bords du fleuve, et qu'ainsi la position que nous lui avons assignée ne peut lui convenir, nous répondrons que cette ville pouvait être sur un canal dérivé du Nil [1], et

---

[1] Strabon le donne à entendre; et l'on sait, de plus, que toutes les villes d'Égypte qui n'étaient point sur les rives du Nil, communiquaient à ce fleuve par des canaux.

qu'elle était d'ailleurs assez voisine de ce fleuve, pour qu'on eût dit encore que l'on s'y embarquait pour se rendre à Thèbes, lors même qu'il aurait fallu faire par terre quelque chemin jusqu'au port.

Au surplus, Hérodote ne dit point que l'on s'embarquait à Héliopolis; il dit, mot à mot, que d'Héliopolis à Thèbes la navigation en remontant est de neuf journées : Ἀπὸ δὲ Ἡλιοπόλιος ἐς Θήβας ἔστι ἀνάπλοος ἐννέα ἡμερέων. Ce n'est pas, on le voit, la position d'Héliopolis, relativement au fleuve, qu'il veut indiquer par cette phrase, mais la distance entre Héliopolis et Thèbes. Ne dit-on pas, à présent, que du Kaire à Syout, par exemple, on remonte le Nil pendant plusieurs jours, bien que ces deux villes ne soient ni l'une ni l'autre sur ses bords?

Une place aussi considérable qu'Héliopolis, située à la hauteur du sommet du Delta [1], et fort près de ce point, devait nécessairement servir dans le discours à fixer l'extrémité supérieure de la basse Égypte, qui, d'ailleurs, ne se bornait pas pour Hérodote au seul Delta [2]. Cet historien a donc eu raison de dire : « De la mer à Héliopolis, par le milieu des terres, l'Égypte

---

[1] Le sommet du Delta était alors plus méridional qu'aujourd'hui. — *Voyez* le Mémoire sur les anciennes branches du Nil, par M. du Bois-Aymé.

[2] §. 18.... « Les habitans de Marée et d'Apis, villes frontières du côté de la Libye, ne se croyaient pas Égyptiens, mais Libyens. Ayant pris en aversion les cérémonies religieuses de l'Égypte, et ne voulant point s'abstenir de la chair des génisses, ils envoyèrent à l'oracle d'Ammon, pour lui représenter qu'habitant hors du Delta, et leur langage étant différent de celui des Égyptiens, ils n'avaient rien de commun avec ces peuples, et qu'ils voulaient qu'il leur fût permis de manger de toute sorte de viandes. Le dieu rejeta leur demande, et leur répondit que tout le pays que couvrait le Nil dans

est large et spacieuse (liv. II, §. 7). Elle est fort étroite au-dessus d'Héliopolis pendant quatre jours de navigation, etc. (*Ibid.* §. 8). » Tout voyageur s'exprimerait encore à présent de la même manière, relativement aux ruines que nous avons décrites.

Venons actuellement à Strabon. Après avoir parlé de plusieurs villes à l'est de la branche Pélusiaque, à peu près dans l'ordre qui les rapproche du Delta, il dit[1] :

« Ces lieux s'approchent du sommet du Delta. Là (c'est-à-dire parmi ces lieux) est aussi la ville de Bubaste et le nome Bubastite[2]; au-dessus d'eux (c'est-à-dire de la ville de Bubaste et du nome Bubastite) est le nome Héliopolite. Ici est la ville d'Héliopolis; elle est

---

ses débordemens, appartenait à l'Égypte, et que tous ceux qui, habitant au-dessous de la ville d'Éléphantine, buvaient des eaux de ce fleuve, étaient Égyptiens.

§. 19. « Or, le Nil, dans ses grandes crues, inonde non-seulement le Delta, mais encore des endroits qu'on dit appartenir à la Libye, ainsi que quelques petits cantons de l'Arabie, et se répand de l'un et de l'autre côté, l'espace de deux journées de chemin, tantôt plus, tantôt moins. » (Hérodote, liv. II, traduction de M. Larcher.)

[1] Οὗτοι δ᾽ οἱ τόποι πλησιάζουσι τῇ κορυφῇ τοῦ Δέλτα. Αὐτοῦ δὲ καὶ ἡ Βούβαστος πόλις, καὶ ὁ Βουβαστίτης νομός· καὶ ὑπὲρ αὐτῶν ὁ Ἡλιοπολίτης νομός. Ἐνταῦθα δ᾽ ἐστὶν ἡ τοῦ Ἡλίου πόλις, ἔστι χώματος ἀξιολόγου κειμένη, τὸ ἱερὸν ἔχουσα τοῦ Ἡλίου... Πρόκεινται δὲ τοῦ χώματος λίμναι, τὴν ἀνάχυσιν ἐκ τῆς πλησίον διώρυγος ἔχουσαι. (*Geograph.* lib. XVII.)

[2] Il me semble que par ces mots, *là est aussi la ville de Bubaste et le nome Bubastite*, Strabon n'a pas voulu dire que Bubaste fût au sommet du Delta, comme l'ont cru quelques-uns de ses commentateurs, mais que cette ville se trouvait parmi celles dont il vient de parler. La connaissance des localités empêche toute autre supposition, puisque les ruines de Bubaste existent encore sous le nom de *Tell-Basta*, à un myriamètre et demi au nord de Belbeys, c'est-à-dire à cinq myriamètres environ au nord-est du sommet actuel du Delta (*voyez* le Mémoire de M. du Bois-Aymé sur les anciennes branches du Nil). On peut encore remarquer que, si Bubaste eût été dans l'embranchement des deux premiers bras du Nil, Strabon aurait

élevée sur un tertre remarquable, et renferme le temple du Soleil.... Devant le tertre, il y a des lacs où se déchargent les eaux du canal voisin. »

Doit-on conclure de-là, comme M. Larcher, qu'Héliopolis était dans le Delta? Quant à nous, nous n'y voyons autre chose, sinon qu'Héliopolis était au sud de Bubaste.

Les lacs qui étaient en avant d'Héliopolis suffiraient peut-être pour prouver que cette ville n'était point placée au sommet du Delta. En effet, l'Égypte, formée des dépôts successifs du limon du Nil, a une pente du sud au nord, et des rives du fleuve au désert : ce n'est donc que vers les embouchures du Nil, ou sur la limite du désert, qu'il peut se former des lacs, et jamais entre deux principales branches, près de leur point de séparation. C'est aussi ce qui a lieu ; un examen rapide de la carte en convaincra nos lecteurs : ils trouveront peut-être même dans le canal qui passe près d'Héliopolis, celui qu'indique Strabon ; car ce canal se décharge dans le lac des Pélerins, situé à une lieue seulement des ruines d'Héliopolis, et nous avons déjà parlé des mares qu'il forme auprès de l'enceinte de cette ville.

Mais écoutons Strabon ; il va lui-même faire disparaître toute espèce de doute sur la position d'Héliopolis. Après avoir dit que l'on donne le nom de *Libye* aux terres qui sont hors du Delta à l'ouest du Nil, et celui d'*Arabie* à celles qui le bordent à l'est, il ajoute[1] :

cité cette grande ville et son nome, au lieu du bourg nommé *Delta* et du canton de ce nom, lorsqu'il parle de la partie supérieure du Delta au commencement du livre dix-sept.

[1] Ἡ μὲν οὖν Ἡλιοπολίτις ἐν τῇ

« *Le nome Héliopolite est donc en Arabie*. La ville de *Cercesura* se voit en Libye, près de l'observatoire d'Eudoxe; car, devant Héliopolis, il y a un observatoire où l'on observe les mouvemens des corps célestes, de même qu'il y en a un devant la ville de Cnide : ce nome est appelé *Litopolite*. » (Trad. de M. Larcher.)

Rien certainement de plus positif que ce témoignage : aussi a-t-on été obligé de recourir à la supposition d'une altération du texte en cet endroit, et l'on a proposé plusieurs corrections pour faire dire à Strabon quelque chose qui contrariât moins l'opinion qui place Héliopolis dans le Delta. Cette manière de lever les difficultés est fort commode; mais peut-elle être admise?

Croirait-on que cette phrase de Strabon qui termine le passage que nous venons de citer, *ce nome est appelé Litopolite*, a fort embarrassé ses commentateurs? Il était cependant tout naturel que, venant de parler de la ville de *Cercesura* qui était en Libye, dans le nome Litopolite, Strabon ajoutât : *Ce nome* (c'est-à-dire celui où est la ville dont il vient de parler) *est appelé Litopolite;* ce qui s'accorde parfaitement avec ce que Ptolémée rapporte de sa position.

Enfin, M. Hennicke, cité par M. Larcher, dit que l'observatoire d'Héliopolis étant à-la-fois, selon Strabon, devant cette ville et près de celle de *Cercesura*, située en Libye, il s'ensuit qu'Héliopolis était dans le Delta. C'est encore une de ces conclusions que nous ne

'Αραβίᾳ ἐστίν· ἐν δὲ τῇ Λιβύῃ Κερκέσουρα πόλις κατὰ τὰς Εὐδόξου κειμένη σκοπὰς· δείκνυται γὰρ σκοπή τις πρὸ τῆς Ἡλίου πόλεως, καθάπερ καὶ πρὸ τῆς Κνίδου, καθ' ἣν ἐσημειοῦτο ἐκεῖνος τῶν οὐρανίων τινὰς κινήσεις· ὁ δὲ νομὸς Λιτοπολίτης οὗτος. (*Geograph*. lib. XVII.)

concevons point; car, d'après la position que nous avons assignée à Héliopolis, son observatoire pouvait être sur les bords du Nil, près du sommet du Delta, et par conséquent voisin de *Cercesura*, placée sur la rive gauche à la même hauteur. L'erreur de M. Hennicke viendrait-elle de ce qu'il aurait cru que la partie de l'Égypte appelée *Libye* par Strabon ne dépassait point le Delta, quoique cet auteur dise en plusieurs endroits que la Libye s'entend de toutes les terres situées à l'ouest du Nil? Mais, en supposant même qu'elle se fût terminée à la hauteur du sommet du Delta, cela ne changerait rien encore aux positions que nous avons assignées à Héliopolis, à son observatoire et à *Cercesura*, puisque l'ancien Delta s'étendait au sud jusque sous le parallèle de la ville du Soleil, près de Mataryeh.

Selon Diodore de Sicile, Sésostris « fit fermer tout le côté de l'Égypte qui regarde l'orient, par un mur de quinze cents stades de longueur, qui coupait le désert depuis Péluse jusqu'à Héliopolis, pour arrêter les courses des Arabes et des Syriens[1]. » (Traduction de l'abbé Terrasson.)

Héliopolis et Péluse étaient donc du côté du désert, à l'est du Delta; et c'est en effet la position des ruines de ces villes, relativement aux traces de l'ancienne branche Pélusiaque.

Il est curieux de voir comment on a éludé ce témoi-

---

[1] ('Ο Σεσόωσις) ἐτείχισε δὲ καὶ τὴν πρὸς ἀνατολὰς νεύουσαν πλευρὰν τῆς Αἰγύπτου πρὸς τὰς ἀπὸ τῆς Συρίας καὶ τῆς Ἀραβίας ἐμβολὰς, ἀπὸ Πηλουσίου μέχρις Ἡλιουπόλεως, διὰ τῆς ἐρήμου, τὸ μῆκος ἐπὶ σταδίους χιλίους καὶ πεντακοσίους. (Diod. Sicul. *Bibl. hist.* lib 1.)

gnage positif de Diodore. Cet auteur, a-t-on dit, n'a point prétendu parler de la ville d'Héliopolis qui existait du temps de Sésostris, mais du lieu où fut bâtie depuis la seconde Héliopolis.

Outre l'anachronisme impardonnable que l'on impute ici gratuitement à Diodore, il aurait fallu que de son temps la nouvelle Héliopolis existât déjà, et que l'ancienne eût tellement disparu qu'il eût été inutile de désigner celle dont on voulait parler, tandis qu'à l'époque où Strabon se trouvait en Égypte, c'est-à-dire après Diodore, le contraire aurait eu lieu; ce qui est absurde.

Nous avons fait voir jusqu'ici combien quelques personnes ont altéré ce que les écrivains de l'antiquité rapportent touchant Héliopolis; ce qui provient peut-être de ce qu'elles n'avaient pas une connaissance directe des localités : mais ce que l'on ne peut concevoir, c'est qu'elles aient cité, à l'appui de leur opinion, un passage du *Timée* de Platon qui n'y a pas le moindre rapport.

Critias, l'un des interlocuteurs, dit avoir entendu son aïeul, contemporain de Solon, rapporter que ce philosophe était un si grande poëte, que, s'il eût achevé l'ouvrage qu'il avait entrepris à son retour d'Égypte sur les antiquités d'Athènes, il n'aurait été inférieur ni à Homère, ni à Hésiode, ni à aucun autre poëte. Critias ajoute que quelqu'un ayant demandé alors à son aïeul quels faits nouveaux renfermait cet ouvrage, et de qui Solon les avait appris, il répondit :

« Il y a, en Égypte, dans le Delta, au sommet duquel le cours du Nil se divise, un nome appelé *Saïtique*; sa plus grande ville est Saïs, où naquit le roi Amasis. La déesse protectrice de cette ville est nommée en égyptien *Neith*, et en grec *Minerve*. Les Saïtiens se disent grands amis et en quelque manière parens des Athéniens : aussi Solon rapportait-il en avoir été reçu honorablement[1]. »

Rien certainement de plus conforme à tout ce qu'Hérodote, Strabon, Pline, Ptolémée rapportent de Saïs, dont les ruines existent encore dans le Delta, près de Sâ-el-Hagar, sur la rive droite de la branche de Rosette. Comment donc a-t-on pu dire que c'était Héliopolis que Platon avait voulu désigner sous le nom de *Saïs*, et qu'en conséquence Héliopolis était dans le Delta? La raison qu'on en donne, qu'Héliopolis se nommoit *Tzoan*, et que c'est de là que Platon aura fait *Saïs*, peut-elle être admise, lorsque la comparaison du texte de la Bible avec la version des Septante fait voir que *On* est le nom hébreu d'Héliopolis, *Sin* celui de Saïs, et que la ville de Tzoan est celle que les Grecs nommaient *Tanis*[2]? Peut-on supposer que Platon ait substitué le nom de *Saïs* à celui d'*Héliopolis*, sans s'embarrasser de la confusion qui en résulterait dans l'esprit

---

[1]. Ἔστι τις κατ' Αἴγυπτον ἐν τῷ Δέλτα, περὶ ὃ κατὰ κορυφὴν σχίζεται τὸ τοῦ Νείλου ῥεῦμα, Σαϊτικὸς ἐπικαλούμενος νομός· τούτου δὲ τοῦ νομοῦ μεγίστη πόλις Σάϊς· ὅθεν δὴ καὶ Ἄμασις ἦν ὁ βασιλεύς. οἷ τῆς πόλεως θεός ἀρχηγός ἐστιν, Αἰγυπτιστὶ μὲν τοὔνομα Νηίθ, Ἑλληνιστὶ δὲ, ὡς ὁ ἐκείνων λόγος, Ἀθηνᾶ· μάλα δὲ φιλαθήναιοι καὶ τινα τρόπον οἰκεῖοι τῶν δ' εἶναι φασίν. Οἳ δὴ Σόλων ἔφη πορευθεὶς, σφόδρα τε γενέσθαι παρ' αὐτοῖς ἐντιμένος.

[2]. L'un de nous a parlé de cette ville, dans sa Dissertation sur les anciennes branches du Nil : nous rappellerons seulement ici que les auteurs qobtes nomment Saïs, *Saï*, et Tanis, *Djane*; ce dernier nom se rapproche évidemment du *Tzoan* des Hébreux.

de ses compatriotes, qui, par ces deux noms, avaient toujours entendu deux villes bien distinctes l'une de l'autre? S'il eût voulu parler d'Héliopolis, n'aurait-il pas dit que c'était le soleil, et non Minerve, qui en était la divinité protectrice? La fête de Minerve, disent Hérodote et Strabon [1], se célébrait à Saïs, et celle du Soleil à Héliopolis. *Saïs*, dit Pausanias [2], signifie *Minerve* en égyptien. Nous remarquerons, à ce sujet, que l'arbre de Minerve, l'olivier, est nommé זית, *zaith* en hébreu, à peu près de même en qobte, et que son nom égyptien devait se rapprocher de ceux-ci. Enfin, c'est de Saïs, au dire de tous les historiens, et non d'Héliopolis, que partit la colonie égyptienne qui civilisa l'Attique et y porta le culte de Minerve [3]; circonstance qui s'accorde avec ce que nous apprend le *Timée*, de l'attachement des Saïtiens pour les Athéniens, dont ils se disaient parens, tandis qu'il n'a jamais été question d'aucune liaison semblable entre les habitans d'Héliopolis et ceux d'Athènes. Nous ajouterons encore que, selon Platon, Amasis était de la ville de Saïs; que, selon Hérodote, il était du nome Saïtique; et qu'aucun auteur n'a fait naître ce Pharaon dans le nome ou la ville d'Héliopolis.

Enfin, Hérodote dit que Solon [4], étant sorti d'Athènes pour s'instruire des coutumes des peuples étrangers, alla d'abord en Égypte, à la cour d'Amasis. Or, si l'on songe au lieu de la naissance de ce Pharaon, aux em-

---

[1] Herod. *Hist.* lib. II, §. 59; — Strab. *Geogr.* lib. XVII.
[2] Paus. *Græc. Descr.* l. IX, c. 12.
[3] Diodor. Sicul *Biblioth. histor.* lib. I, etc.
[4] Herod. *Hist.* lib. I, §. 30.

bellissemens qu'il fit faire à Saïs et non à Héliopolis[1], au séjour qu'Apriès, son prédécesseur, faisait dans Saïs, et si l'on considère en outre que c'est dans cette ville que ces princes furent ensevelis[2], on conclura qu'elle fut, plutôt qu'Héliopolis, la résidence d'Amasis, et que c'est dans ses murs que Solon alla s'instruire des coutumes des Égyptiens.

M. Larcher croit que Strabon, nommant *Héliopolis* la ville où Platon fit un long séjour, et ce dernier l'appelant *Saïs*, ces deux noms appartiennent à la même ville. D'abord nous ne lisons point dans le *Timée* que Platon ait habité Saïs, mais bien Solon; nous sommes donc portés à croire que par mégarde M. Larcher aura lu *Platon* au lieu de *Solon*. Au surplus, sa citation fût-elle exacte, la conclusion qu'il en tire n'en serait pas moins hasardée, le célèbre disciple du sage Socrate ayant pu demeurer successivement dans l'une et l'autre ville.

M. Larcher traduit ainsi le commencement du passage du *Timée* que nous avons transcrit plus haut: « Il y a en Égypte, dans le Delta, vers son sommet et à l'endroit où le Nil se partage en plusieurs branches, un nome que l'on appelle *Saïtique*, dont la plus grande ville est Saïs. » Il nous semble que nous avons traduit plus exactement par *au sommet duquel le Nil se divise*, la phrase incidente, περὶ ὃ κατὰ κορυφὴν σχίζεται τὸ τῦ Νείλυ ῥεῦμα, que Platon jugea sans doute nécessaire pour rappeler à ses lecteurs ce que par *Delta*, nom d'une des lettres de leur alphabet, on entendait en

---

[1] Herod. *Hist.* lib. II, §. 175. [2] Herod. *Hist.* lib. II, §. 159.

parlant de l'Égypte. Si M. Larcher avait cité en entier tout ce que Platon rapporte de la ville de Saïs, il aurait vu que les phrases qui suivent celle à laquelle il s'est arrêté, s'opposent à ce que l'on confonde Saïs avec Héliopolis; mais, pour avoir traduit autrement que nous, pour s'être borné à une seule phrase, était-il fondé, en supposant même qu'il ait eu raison sur ces deux points, à s'exprimer ainsi : « On ne peut douter, d'après cette position, que la ville que Platon nomme *Saïs*, ne soit la même que celle qu'Hérodote, Strabon et Ptolémée appellent *Héliopolis ?* » Et remarquons qu'en citant ici Ptolémée, « qui, dit-il, né à Péluse, pouvait difficilement se méprendre sur la position d'Héliopolis, » il oublie qu'il est convenu, deux pages plus haut, que Ptolémée plaçait cette ville hors du Delta.

La Géographie de Ptolémée, en effet, et l'Itinéraire d'Antonin indiquent d'une manière si précise qu'Héliopolis est à l'orient du Nil, que l'on n'a pu les interpréter différemment; mais, contraint de convenir qu'une ville d'Héliopolis existait hors du Delta, on a dit que ce n'était point là celle qui fut célèbre dans l'antiquité.

Ptolémée cependant, le seul des auteurs anciens qui place en Égypte deux villes d'Héliopolis, les met l'une et l'autre hors du Delta. Ainsi, croire à l'existence d'une Héliopolis du Delta, c'est dire qu'il y a eu en Égypte trois villes de ce nom, dans un espace de terrain très-circonscrit.

Nous venons de dire que Ptolémée plaçait hors du Delta les deux villes d'Héliopolis; une lecture attentive du livre IV de ce géographe lève tous les doutes que l'on pourrait avoir à cet égard. On y voit qu'après avoir parlé des villes situées entre les diverses branches du Nil, en allant de l'occident à l'orient, la dernière partie du Delta dont il s'occupe, est celle qui était comprise entre les branches Busiritique et Bubastique : le fleuve Bubastique était donc le plus oriental des bras du Nil; et l'on en acquiert une nouvelle preuve, en relisant la description du grand Delta, que Ptolémée donne plus haut [1]. Or, c'est à l'orient de cette branche Bubastique qu'il met le nome Héliopolite et sa métropole; et c'est sur les confins du nome Arabique, situé également à l'est du Nil, et auquel on ne peut raisonnablement supposer aucune autre position, qu'il place la seconde Héliopolis [2] avec Babylone et Héroopolis, villes qui certainement n'étaient point dans le Delta.

Ce serait inutilement que, pour combattre notre opinion, l'on prétendrait que le nome Héliopolite pouvait s'étendre sur les deux rives du fleuve, et se trouver

---

[1] Μέγα Δέλτα καλεῖται, καθὸ ἐκτρέπεται ὁ μέγας ποταμὸς καλούμενος ἀγαθὸς δαίμων, καὶ ῥέων διὰ τοῦ Ἡρακλεωτικοῦ στόματος εἰς τὸν καλούμενον Βουβαστιακὸν, ὃς ἐκρεῖ διὰ τοῦ Πηλουσιακοῦ στόματος.

[2] Quelques personnes pensent que cette seconde ville d'Héliopolis étant placée par Ptolémée sur le canal de Trajan, avec Babylone et Héroopolis, elle correspond à la position de Mataryeh, et que cela rejette dans le Delta la capitale du nome Héliopolite, située, selon le même géographe, à un tiers de degré au nord de l'autre Héliopolis. Cette opinion n'a aucun fondement; on ne retrouve point dans Ptolémée ce qu'on lui fait dire si gratuitement. Voici ses propres paroles :

Καὶ ἐν μεθορίῳ Ἀραβίας, καὶ Ἀφροδιτοπόλεως,

Βαβυλών,

Ἡλιούπολις,

Ἡρώων πόλις,

Δι' ἧς, καὶ Βαβυλῶνος πόλεος, Τραιανὸς ποταμὸς ῥεῖ.

L'article relatif ἧς, est au singulier; il ne peut donc se rapporter qu'à la ville de Héroopolis qui le précède, et non à Héliopolis.

ainsi, en partie, dans le Delta : car ce n'est pas la position du nome que nous cherchons à déterminer, mais celle de sa capitale; et si celle-ci eût été sur la rive gauche du Nil, Ptolémée n'aurait pas dit qu'à l'orient du fleuve Bubastique était le nome Héliopolite, *et la métropole du Soleil,* καὶ μητρόπολις Ἡλίȣ.

Remarquons que les positions de ces deux villes d'Héliopolis à l'est du Nil sont déterminées par l'ordre et l'enchaînement des idées que présente le récit de Ptolémée, indépendamment des longitudes et des latitudes qu'il donne. Ces nombres, on le sait, entraîneraient à de graves erreurs celui qui s'y attacherait scrupuleusement; c'est pourquoi nous n'avons pas voulu les citer d'abord à l'appui de notre opinion, afin que l'on ne nous fît pas le reproche de nous attacher à de faibles preuves : mais nous pouvons les donner à présent comme le complément de témoignages plus positifs. Nous y voyons qu'une des deux Héliopolis est à un sixième de degré au sud du sommet du Delta, et que la latitude et la longitude de l'autre, comparées à la latitude et à la longitude du même point, la mettent aussi hors des branches du Nil.

Quant à l'Itinéraire d'Antonin, nous y trouvons Héliopolis sous le nom d'*Heliu*, parmi les stations de la route qui, des cataractes, se rendait à *Clysma*. Le titre de cette route est précis, *Iter per partem Arabicam trans Nilum;* et lors même que cette indication manquerait, on ne pourrait pas encore supposer que la route passait d'une rive à l'autre, puisque les villes qu'elle traversait, et dont la position ne laisse aucun doute, sont toutes situées à l'est du Nil. Ajoutons que c'est à douze milles au-dessous de Babylone, en allant du sud au nord, que l'Itinéraire place Héliopolis, et que nous retrouvons à peu près la même distance entre les ruines de Babylone, derrière le vieux Kaire, et celles d'Héliopolis, près de Mataryeh.

On remarquera peut-être que, le nom d'*Heliu* reparaissant sur la route de Péluse à Memphis, dans une position de quatre milles plus voisine de *Scenas Veteranorum* que sur la route que nous avons citée précédemment, il a dû exister deux villes d'Héliopolis. Une telle opinion est dénuée de toute probabilité, ainsi que nous le ferons voir plus bas; mais, fût-elle admise, il ne s'ensuivrait pas qu'une des deux Héliopolis fût dans le Delta. On trouve d'abord que cette différence de quatre milles se réduit à deux, en prenant sur les deux routes, non pas la distance d'*Heliu* à *Scenas Veteranorum*, mais sa distance à *Thou*.

En effet, on lit :

| ROUTE de Péluse à Memphis. | de *Thou* à *Scenas Veteranorum*......... XXVI. MP. |
| | de *Scenas Veteranorum* à *Heliu*......... XIV. |

ROUTE dans la partie arabique.	d'*Heliu* à *Scenas Veteranorum*.......... XVIII.
	de *Scenas Veteranorum* à *Vico Judæorum*. XII.
	de *Vico Judæorum* à *Thou*............ XII.

Cette différence de deux milles entre *Thou* et *Heliu* pourrait provenir de ce que la route de Péluse à Memphis n'aurait point passé dans Héliopolis même, mais au pied de son observatoire, bâti hors de l'enceinte, vis-à-vis la ville de *Cercesura*, située sur l'autre rive du fleuve. Au surplus, cette supposition n'est pas nécessaire, attendu qu'il est certain que par *Heliu* l'Itinéraire a désigné absolument le même lieu dans les deux passages cités plus haut : car, outre qu'ils ne prouvent pas plus l'existence de deux *Heliu* que de deux *Scenas Veteranorum* et de deux *Thou*, ce serait le seul exemple où l'Itinéraire, indiquant deux villes du même nom dans des positions si voisines l'une de l'autre, eût omis de les distinguer par la dénomination de *superioris* ou de *minoris*, de *contre* ou de *vico*, comme on le remarque dans tous les cas semblables. Enfin, il existe à la Bibliothèque du roi un autre manuscrit de l'Itinéraire, où la distance de *Scenas Veteranorum* à *Heliu*, sur la route de Péluse à Memphis, est de xvii au lieu de xiv, la distance de *Thou* à *Scenas Veteranorum* restant la même. Voilà donc, selon les manuscrits que l'on consulte, l'Héliopolis de cette route à un ou deux milles, tantôt au-delà, tantôt en deçà de l'Héliopolis de la partie arabique ; ce qui prouve bien que, sur une route comme sur l'autre, l'Itinéraire d'Antonin n'a jamais eu en vue qu'une seule et même ville [1].

---

[1] L'Itinéraire d'Antonin donne très-souvent des distances différentes entre les mêmes lieux ; nous pourrions en citer plusieurs exemples.

Ainsi nier que des erreurs de chiffres se soient glissées dans cet ouvrage, c'est s'obliger à multiplier considérablement le nombre des villes pour les placer par groupes, avec le même nom, dans des positions très-voisines l'une de l'autre ; résultat tout-à-fait inadmissible. Ce serait même à tort, du moins nous le croyons, que l'on prétendrait retrouver sur nos cartes les mesures précises des itinéraires romains, lorsque leurs manuscrits ne présentent aucune variante ; car, en admettant l'opinion la plus favorable à leur exactitude, celle que les distances auraient été *chaînées* sur le terrain, on conviendra du moins que la sinuosité des routes devait accroître l'éloignement réel, et que cette opération a dû être

Quelques personnes, entraînées par l'analogie qu'elles trouvent entre les mots *Heliu* et *Qelyoub*, croient qu'Héliopolis a dû exister dans l'endroit qu'occupe la capitale du Qelyoubyeh. Sans rejeter entièrement l'étymologie, nous nous refusons à admettre la conséquence que l'on en tire. Qelyoub est une ville moderne : au-

faite avec plus de soin dans les provinces voisines de Rome, où de grandes routes étaient tracées, que dans les parties de l'Empire éloignées de la capitale, et surtout en Égypte, qui n'avait sûrement, comme aujourd'hui, d'autres routes que le désert et quelques sentiers sur les digues, les principales communications ayant toujours eu lieu par eau au moyen du Nil et de ses nombreux canaux : or, le cours du fleuve est fort tortueux, et les sentiers sur les digues et dans le désert ne le sont guère moins. Nous avons d'ailleurs sous les yeux l'exemple de la France ; les bornes milliaires ne s'étendent qu'à une certaine distance de Paris. Enfin l'Italie et les Gaules, qui ont conservé beaucoup moins d'anciens monumens que l'Égypte, présentent encore dans leurs ruines des bornes milliaires qui étaient placées sur des routes encore subsistantes, tandis qu'on n'a trouvé en Égypte aucun monument de ce genre, ni aucune trace de chaussée romaine.

Les empereurs, et leurs agens dans les provinces, n'avaient pas besoin, pour les opérations civiles et militaires qu'ils dirigeaient, de savoir la distance à vol d'oiseau d'un lieu à un autre ; mais il leur était indispensable de connaître l'étendue réelle du chemin à parcourir. C'est dans ce but que les itinéraires furent certainement rédigés et distribués aux grands fonctionnaires de l'État.

Malgré la difficulté d'assigner, d'après les itinéraires romains, la position précise d'un grand nombre de villes, disons cependant qu'ils donnent une approximation préférable, dans les discussions de géographie, à ce que présentent sur les mêmes objets quelques ouvrages de l'antiquité, et surtout les légendes du moyen âge, dont on a fait peut-être un trop fréquent emploi dans ces derniers temps ; mais convenons en même temps qu'il est encore quelque chose de plus positif que les itinéraires, c'est le terrain. Les ruines doivent servir incontestablement à déterminer les villes anciennes, lorsque surtout elles en ont conservé les noms, plutôt que les mesures qui tombent sur des points où il n'existe aucune trace d'antiquité. N'oublions pas, enfin, qu'en Europe, où les sciences sont si perfectionnées, on a encore, sans parler de nos livres de poste, des cartes et des traités de géographie très-inexacts même pour certaines parties de l'Europe, et que, si ces ouvrages parvenaient seuls à la postérité, et que l'on s'attachât scrupuleusement alors aux mesures qu'ils donnent, on placerait fort inexactement les villes qui auraient disparu.

cune enceinte, aucune butte artificielle n'y annoncent une ville de l'antique Égypte; on n'y voit aucun monument dans sa place primitive; et lorsqu'on demande à ses habitans d'où proviennent les débris d'antiquités que l'on remarque chez eux, tous s'accordent à répondre que c'est des ruines d'Héliopolis, près de Mataryeh. La ressemblance de nom, dont nous avons parlé, n'aurait d'ailleurs rien qui ne puisse s'expliquer. On sait qu'Héliopolis, au temps de Strabon, était déjà considérablement déchue de son ancienne splendeur : elle aura été en déclinant jusqu'au moment où l'entier desséchement de la branche Pélusiaque aura achevé sa ruine; les besoins de l'agriculture et du commerce auront déterminé ses habitans à se rapprocher du Nil, à le suivre en quelque sorte, et une nouvelle ville se sera formée insensiblement des débris d'Héliopolis, en conservant quelques traces de son nom[1]. Ceci, au surplus, n'est qu'une hypothèse fondée sur une étymologie douteuse; et ce qu'il y a de bien certain, c'est que le mot *Qelyoub* n'a jamais eu, chez les Arabes, le moindre rapport avec le nom du Soleil, tandis qu'ils ont appelé *ville du Soleil* les ruines que nous avons décrites : ce qui prouve que c'est dans ce lieu, et non à Qelyoub, que cet astre a été honoré d'un culte particulier.

Nous avons prouvé qu'aucun des auteurs de l'antiquité n'avait placé Héliopolis dans le Delta : leur té-

[1] Les villes arabes dont les noms ont de la ressemblance avec les noms grecs ou égyptiens de quelques villes anciennes, sont rarement bâties sur les ruines mêmes de ces villes; elles en sont ordinairement plus ou moins éloignées.

moignage à cet égard est unanime, et nous ajouterons que les écrivains du moyen âge, les auteurs qobtes, les géographes arabes, s'accordent à ne reconnaître en Égypte qu'une seule ville d'Héliopolis ; et, soit qu'ils la peignent dans sa splendeur, soit qu'ils décrivent ses ruines, tous la placent hors du Delta, et dans le même lieu où nous retrouvons encore la tradition de son ancien nom, un obélisque sur place, une enceinte considérable, et un sol élevé artificiellement [1] : jamais, dans des discussions de cette nature, trouva-t-on un assemblage de preuves plus nombreuses !

Nous ne prétendons point, pour cela, qu'il n'ait pu exister dans une autre partie de l'Égypte, une petite ville, un hameau, qui, à cause de quelque monument élevé au Soleil, ait aussi porté le nom de cet astre : ce qu'on lit dans Ptolémée peut même le faire présumer. Mais, nous le répétons, c'est hors du Delta, et sur l'emplacement des ruines qui entourent l'obélisque voisin de Matarych, que nous devons, sur nos cartes anciennes, placer la capitale du nome Héliopolite, la ville célèbre dont parlent la Bible, Hérodote, Diodore, Strabon, etc. [2]

---

[1] Strabon, comme nous l'avons rapporté, parle du grand tertre sur lequel Héliopolis était élevée.

[2] La *Description d'Héliopolis* a été remise à la Commission d'Égypte dans la séance du 13 juillet 1813.

CHAPITRE XXIII.

DESCRIPTION DES RUINES DE SÂN

(TANIS DES ANCIENS),

Par M. Louis CORDIER,

INSPECTEUR DIVISIONNAIRE AU CORPS ROYAL DES MINES.

Les ruines de Sân sont situées vers l'extrémité orientale de la basse Égypte, à environ cinq myriamètres au sud-sud-ouest de la Méditerranée, six myriamètres à l'ouest de Péluse, et deux myriamètres au nord-ouest de Sâlehyeh. On les regarde à juste titre comme les vestiges les plus remarquables de la grandeur égyptienne du côté de la Syrie.

D'après la comparaison des opérations trigonométriques de M. Jacotin avec les observations astronomiques de M. Nouet, la latitude de ces ruines est de 30° 59' 54", et leur longitude, de 29° 32' 5", à compter du méridien de Paris.

Immédiatement placées sur la branche du Nil qui porte actuellement le nom de *canal de Moueys,* on y arrive facilement par eau, soit en descendant ce canal si l'on vient du Kaire, soit en le remontant, après avoir traversé le lac Menzaleh, si l'on vient de Damiette. On pourrait encore s'y rendre par terre avant le débordement, en quittant à Sâlehyeh la route suivie par les caravanes qui vont du Kaire en Syrie.

C'est de Damiette que nous partîmes, MM. Nouet, Delile, Lenoir et moi, pour aller examiner ces ruines, sous les auspices de Dolomieu. Nous y abordâmes le 30 novembre 1798, possédant déjà quelques renseignemens essentiels sur l'état des lieux ; renseignemens qui étaient puisés dans les résultats précédemment obtenus, soit à l'aide d'une reconnaissance du canal de Moueys par Malus [1], soit à l'aide de celle du lac Menzaleh par le général Andréossy [2]. Dolomieu, dont les conseils et l'amitié guidaient alors mon zèle, me chargea de lever le terrain à la boussole et au pas ; il prit le soin de faire mesurer ou de mesurer lui-même les principaux débris des monumens et leurs distances respectives. Deux jours furent employés aux plus actives et aux plus scrupuleuses recherches. Il n'est, pour ainsi dire, pas un bloc dont nous n'ayons constaté la nature, fixé la position ou étudié la forme. La minute d'un plan général a été ensuite esquissée sur la barque, avant notre retour à Damiette. Ce plan, très-exact quant aux détails, ne présentait point toutes les chances de la précision qui était à désirer quant à l'ensemble : on a cru devoir lui préférer, pour l'ouvrage, un autre plan général levé géométriquement, au mois de mai 1800, par notre

---

[1] *Voyez* le compte rendu de cette reconnaissance, *É. M.*, tome XI, page 222.

[2] *Voyez* le Mémoire du général Andréossy sur le lac de Menzaleh, *É. M.*, tome XI, page 519.

collègue M. Jacotin. C'est ce dernier plan qui a été gravé, après qu'on y a eu inséré une partie des élémens de détail que nous avions recueillis, et qui s'y trouvaient omis [1]. Quant aux observations dont se compose ce mémoire, il est aisé de sentir que le fond m'en est commun avec Dolomieu. Je dis le fond ; car la plupart des matériaux que nous avions réunis nous ont été enlevés pendant la captivité que nous avons subie en Calabre et en Sicile, à notre retour d'Égypte [2] : il ne nous est resté que mes premières notes et les minutes des relèvemens. J'ai donc été obligé de m'en tenir à ces ressources pour la description qu'on va lire. Je me suis aidé d'ailleurs des données que M. Jacotin a pu me communiquer.

On aperçoit les ruines de Sân de deux à trois myriamètres de distance. De quelque côté qu'on les aborde, elles s'annoncent à l'horizon sous la forme d'une petite montagne assez étendue, et dont le profil, largement dentelé, interrompt la monotonie des plaines sans bornes qui composent cette partie du petit Delta. On ne distingue guère en arrivant que des amas de décombres confusément entassés, et dont la hauteur varie de dix à trente mètres au-dessus des eaux du canal. Au milieu de ces amas, l'œil a bientôt remarqué, du

---

[1] *Voyez* ce plan, *A*., volume v, pl. 28.

[2] Dolomieu perdit alors tous ses papiers et toutes nos collections. C'est ce qui lui a été le plus sensible dans un désastre sur lequel je devrais insister peut-être dans l'intérêt de sa mémoire, si son illustre et digne ami M. le comte de Lacépède n'en avait tracé l'histoire dans une Notice nécrologique qui a été lue dans le temps dans une séance publique de l'Institut, et imprimée ensuite dans la collection du Journal des mines, tome xii, n°. 69, page 221.

côté du nord-est, une plate-forme dont l'élévation approche de trente-cinq mètres. Ce point offre l'intérêt d'une station complètement dominante; et l'observateur n'a rien de mieux à faire que de s'y porter, s'il veut prendre une idée générale des lieux avant de les parcourir.

Le terrain que la ville occupait s'allonge dans le sens de la méridienne, et se dessine au-dessus de la plaine par un contour tout-à-fait irrégulier. La surface est d'environ cent soixante-dix-neuf hectares, c'est-à-dire à peu près la dix-huitième partie de celle de Paris. C'est en vain qu'on chercherait à y découvrir pierre sur pierre : les monumens paraissent avoir été détruits de fond en comble ; leur existence n'est plus attestée que par des débris confus ou dispersés, et qui se montrent en bien petit nombre, eu égard à l'étendue des constructions dont on peut croire qu'ils faisaient partie. Une vaste place entourée d'une puissante enceinte en briques crues, une ligne d'obélisques rompus et renversés, deux énormes monceaux de blocs écarris et couverts de sculptures, une avenue de colonnes enterrées, plusieurs chapiteaux isolés, deux statues mutilées, un tabernacle monolithe en trois pièces, et une foule de blocs dont la forme originaire est méconnaissable, tels sont les seuls vestiges d'antiquité qui s'offrent à l'examen du voyageur.

On ne voit d'ailleurs aucun reste de constructions postérieures à la domination égyptienne, si ce n'est les fondations d'une tour sur la plate-forme, et quelques tombeaux souterrains vers l'extrémité du nord-est. On aperçoit aussi, dans une petite île située au milieu du canal et en face des ruines, un misérable groupe de huttes en terre qui restent abandonnées la majeure partie de l'année. Il n'existe d'habitations permanentes qu'à une très-grande distance : les plus voisines sont celles de Kafr el-Malakim, village qui est encore éloigné de dix kilomètres. Les ruines de Sân sont donc inhabitées comme les plaines environnantes; leur solitude n'est troublée que bien rarement, et c'est par le passage de quelques marchands de Sâlehyeh, qui, dans la saison de la sécheresse, viennent, à des époques convenues, jusqu'au canal, pour échanger leurs dattes contre le sel et le poisson salé que préparent les pêcheurs du lac.

A l'exception de quelques bouquets formés par l'arbuste qu'on nomme *nitraria tridentata*, les décombres qui constituent tout le sol de la ville, sont nus et stériles : ils se composent en très-grande partie de limon pulvérulent mêlé de sable fluviatile très-fin ; on y enfonce en beaucoup d'endroits jusqu'à la cheville. Leur couleur cendrée tire au brun-rougeâtre dans toutes les places où dominent les débris en terre cuite. On y remarque principalement des tessons de poterie grossière, des fragmens de briques de différentes espèces, et des éclats de la plupart des pierres que les anciens Égyptiens ont employées dans leurs monumens. Il n'est pas rare d'y rencontrer aussi des fragmens de poterie vernissée, de verre blanc ou diversement coloré, de gypse en petites lames, et de marbre blanc de différens grains.

Cet ancien sol ne tranche nettement avec les plaines environnantes, qui sont toutes composées de purs attérissemens du fleuve, que pendant les premiers mois qui suivent l'époque de l'inondation. Il se présente alors, et c'est ainsi que nous l'avons vu, entouré de grandes flaques d'eau et de plantes marécageuses formant des îles de verdure ou des touffes clair-semées : on ne distingue même plus les berges du canal de Moueys; elles sont en grande partie noyées et masquées par de vastes champs de roseaux. Mais après l'hiver, et surtout aux approches de juin, les choses changent de face : les eaux s'évaporent ou rentrent dans le canal, la verdure disparaît, le limon se gerce profondément; de chétifs arbustes, épars de loin en loin, achèvent de se flétrir, et la terre, superficiellement ameublie par des efflorescences salines, se lie, presque sans contraste, avec le sol des ruines.

Pendant cette période de sécheresse, le canal de Moueys, qui n'est encaissé par aucune digue, se dessine d'une manière très-apparente au milieu des plaines. A sa largeur, qui excède fréquemment soixante mètres, à sa profondeur qui le rend constamment navigable, et à l'abondance des eaux qui s'y versent en toute saison, il est impossible de ne pas reconnaître une des branches principales du fleuve. On se rappellera que ce canal traverse une étendue de pays considérable. Sa séparation d'avec la branche de Damiette a lieu au-dessous d'Atryb, à quatre-vingts kilomètres au sud-ouest de Sân, et ses eaux se jettent dans le lac Menzaleh, à vingt-deux kilomètres au nord-est des ruines. Son cours total, quoique assez direct, ne laisse pas d'offrir un développement de plus de quinze myriamètres jusqu'à la bouche d'Omm-fareg.

Si l'on veut comparer ce premier aperçu de l'état des lieux avec le texte des traditions, on ne pourra guère douter que le canal de Moueys ne soit l'ancienne branche Tanitique, et l'on ne pourra s'empêcher de reconnaître dans les ruines de Sân celles de l'ancienne *Tanis*, ville royale sous les Pharaons, dont l'existence remontait déjà à une assez haute antiquité du temps de Moïse, et qui, depuis, n'a manqué ni d'importance, ni de quelque célébrité. Nous n'insisterons pas sur les preuves par lesquelles cette double identité peut être établie, car elle se trouve à peu près consacrée par le témoignage unanime des auteurs qui ont traité de la géographie comparée de la basse Égypte. Nous renverrons aux mémoires déjà cités de Malus et du général Andréossy, et à ceux de nos collègues MM. Girard[1] et du Bois-Aymé[2]. La conviction qui naît de leurs travaux s'accroîtra, s'il est possible, par la connaissance des détails dans lesquels nous allons entrer sur chaque partie des ruines que nous n'avons fait qu'indiquer.

Le contour irrégulier du sol de la ville est assez exactement de sept mille trois cent cinquante mètres : sa longueur, du nord au midi, porte deux mille quatre cent trente mètres; et sa largeur, dix-sept cent dix mètres. La surface est légèrement sillonnée par les traces des eaux pluviales qui tombent quelquefois en hiver. Ces rares averses et les vents régnans tendent sans con-

---

[1] *Histoire naturelle*, tome xx.   [2] *A. M.*, t. viii, p. 49 et 77.

tredit à niveler le terrain : mais leur action s'exerce bien insensiblement, et cela est aisé à concevoir; le sol, tout meuble qu'il est, se trouve arrêté, ou même fixé, jusqu'à un certain point, par les tessons et les fragmens de toute sorte qu'il renferme, ou dont il est jonché en une infinité d'endroits.

La partie méridionale des ruines a peu de relief. Les principaux massifs de décombres occupent la partie septentrionale; ils y sont rangés en forme de circonvallation autour d'une petite plaine à peu près carrée, et qui peut avoir environ cinq cents mètres de côté. La grande place dont nous avons déjà fait mention est prise sur cette plaine, au moyen de l'enceinte en briques crues.

Cette enceinte nous avait paru régulière et rectangulaire; mais les relèvemens géométriques de M. Jacotin lui donnent une forme trapézoïdale qui approche sensiblement de celle d'un parallélogramme un peu obliquangle : le grand côté moyen a trois cent dix mètres; et le petit côté moyen, deux cent trente : le grand axe se dirige, à peu de chose près, de l'est à l'ouest. Cette construction est dans un état de dégradation fort avancé; on l'escalade aisément en montant sur les décombres qui masquent les paremens extérieurs et intérieurs. Malgré ce qu'elle a perdu de sa hauteur, elle s'élève encore à cinq mètres en beaucoup d'endroits. Il ne nous a pas été possible d'en déterminer exactement l'épaisseur ; tout ce qu'on peut dire, c'est qu'à ras de terre elle n'avait pas moins de six mètres. Les briques portent quarante-six centimètres sur vingt-deux ; leur épaisseur est de quatorze : elles se composent de terre du Nil pétrie avec de la paille hachée; leur juxta-position a lieu sans autre intermédiaire qu'un peu de limon d'une pâte très-fine.

Cette maçonnerie grossière, mais qui était parfaitement appropriée au climat, contient soixante-onze briques par mètre cube; ce qui fait vingt-un mille cinq cents milliers de ces briques pour toute l'enceinte, en supposant qu'elle n'ait eu originairement que cinq mètres de hauteur sur cinq mètres et demi d'épaisseur moyenne[1]. Si l'on considère qu'il fallait extraire l'argile, ameuer les pailles, pétrir les mélanges, et mouler soigneusement les pièces; si l'on fait attention aux frais et aux déchets que le battage, le séchage et le transport de masses aussi fragiles devaient entraîner, et si l'on se représente la main-d'œuvre que la mise en place devait exiger, on pourra estimer qu'un millier de ces briques, tout posé, correspondait à peu près au travail d'un homme pendant une année. Cette quantité de travail, dans un pays où les gens du peuple subsistent à si peu de frais, étant évaluée à cent francs seulement, l'enceinte aurait coûté un peu plus de deux millions de francs, et il aurait fallu employer trois mille ouvriers pendant sept ans pour la bâtir. Mais, quel qu'ait été l'objet de cette enceinte, il est peu probable qu'on lui ait originairement donné moins de hauteur que d'épaisseur; tout porte à croire que le pied de la muraille est actuellement enterré dans le sol environnant. D'un autre côté, l'on reconnaît que les parties les plus saillan-

---

[1] Un millier de ces briques tient la place de onze milliers de nos briques de Paris.

tes sont tout aussi dégradées que les autres : d'où l'on peut présumer que l'élévation de l'enceinte, avant sa dégradation, excédait d'une quantité notable celle dont nous sommes partis dans le calcul précédent, et qu'ainsi il faudrait augmenter plutôt que diminuer les évaluations approximatives de main-d'œuvre et de dépense dont nous venons de donner l'aperçu.

L'enceinte est tout-à-fait rompue en quatre ou cinq endroits différens. Si l'on entre par l'ouverture qui partage la face septentrionale, on y trouve, indépendamment de deux énormes blocs de granit rouge de Syène que la décomposition spontanée a entièrement défigurés, une statue de femme de la même matière, et que le temps n'a guère mieux traitée. Cette statue, coiffée en Isis, ayant les pieds joints, les bras tombans et serrés contre le corps, et portant vingt-huit décimètres de longueur, se présente couchée de côté sur le sable. Elle a tout le derrière du corps, ainsi que la plante des pieds et le sommet de la tête, engagés dans une portion du bloc rectangulaire sur lequel elle a été sculptée ; ce qui semble indiquer qu'elle a dû être encastrée debout dans une construction, et qu'elle y jouait le rôle de cariatide.

Si l'on avance ensuite dans l'intérieur de l'enceinte, on reconnaît que la place est traversée dans sa plus grande longueur, c'est-à-dire de l'est à l'ouest, par une belle ligne de débris qui la partage en deux parties, dont l'une est à peu près double de l'autre. Nous allons, à partir de l'extrémité occidentale, décrire ces débris, qui sont tous en granit rouge de Syène.

On trouve d'abord un monceau de cinquante-trois blocs rectangulaires des plus grandes dimensions. Ils sont confusément entassés les uns sur les autres, et en partie enterrés dans le sable. Plusieurs ont au-delà de deux mètres de longueur et de largeur, sur environ un mètre d'épaisseur, et portent, sur une de leurs grandes faces, des tableaux sculptés dont les personnages ont jusqu'à onze décimètres de hauteur. D'autres ont près de trois mètres de longueur, sur un peu plus d'un mètre de largeur et d'épaisseur, et la disposition des sculptures semble indiquer qu'ils formaient des architraves. Tous ces blocs ont au moins une de leur face travaillée ; les personnages, comme les hiéroglyphes, sont d'un ciseau parfait.

Ce monceau remarquable couronne une butte élevée, et assez étendue pour qu'on puisse supposer qu'elle renferme une bien plus grande quantité de débris que ceux de la surface. Elle est, en effet, composée d'un sable pur, qui a été évidemment transporté par le vent, et qui paraît ne s'être amoncelé sur ce point que parce qu'il y existait un grand obstacle.

Quoi qu'il en soit, il est bien difficile de se faire une opinion sur le monument auquel ces matériaux ont appartenu. Leur position près d'une interruption assez considérable de la face occidentale de l'enceinte semble annoncer qu'ils faisaient partie d'une porte triomphale. La forme de la plupart des blocs ne repousse pas cette conjecture : mais, si l'on veut s'y arrêter, il faut en même temps supposer que toutes les corniches et les pierres des angles ont été enlevées ou enterrées, car on n'en trouve aucun vestige; et l'on est obligé d'avouer que la présence des pièces qui ressemblent à des architraves reste sans explication. Nous ajouterons que le terrain sablonneux environnant est jonché de fragmens de grès; ce qui annonce qu'on y a débité des blocs de cette matière : or, le grès n'a pu être employé à côté du granit que dans une tout autre construction qu'une porte triomphale.

A une vingtaine de mètres en avant de la butte, se trouvent cinq grandes dunes irrégulièrement espacées, quoiqu'alignées dans une direction perpendiculaire à la ligne des débris, et composées de sable pur : tout porte à croire qu'elles ont des masses de pierre pour noyau.

A trente mètres plus loin, on rencontre un beau fût d'obélisque, posé à plat, enterré par la base, et découvert jusqu'à sa pointe sur une longueur de onze mètres deux dixièmes [1]; il ne porte qu'un seul rang d'hiéroglyphes sur chaque face. La décomposition commence à ronger assez fortement les parties qui avoisinent la base : ce n'est pas sans regret que l'on s'aperçoit que déjà plusieurs caractères se trouvent presque entièrement effacés.

A une cinquantaine de mètres au-delà, on voit les restes d'un autre obélisque; ils consistent en trois pièces qui comprennent le sommet, et qui, réunies, auraient un peu plus de quinze mètres.

On remarque à quelques pas plus loin la partie supé-

---

[1] *Voyez* la représentation de cet obélisque, qui a été dessiné par M. Févre, *A.*, vol. v, pl. 29.

rieure d'un troisième obélisque. Ce fragment peut avoir un peu moins de onze mètres.

Bientôt après, on trouve, en s'écartant un peu au midi, la partie intermédiaire d'un quatrième obélisque; elle est en deux pièces juxta-posées, et portant ensemble un peu plus de dix mètres.

Revenant sur la ligne des débris, on rencontre ensuite une portion de fût rectangulaire, allant en se rétrécissant faiblement d'un côté, et que nous avons jugée provenir d'un cinquième obélisque, dont le module était beaucoup plus petit que celui des précédens. Ce fût, qui pourrait, à toute rigueur, avoir fait partie d'un pilastre, n'a que cinq mètres de longueur.

Peu après, et en s'écartant de quelques pas vers le nord, on observe un segment d'un très-gros obélisque, ayant plus de six mètres de longueur; il formait la base du monolithe. Ce qui le rend très-remarquable, indépendamment de la puissance de son module, c'est qu'il présente trois rangs d'hiéroglyphes sur chaque face; particularité qui suffirait seule pour le distinguer de tous les autres.

Parvenu aux deux tiers de la longueur de la place, l'observateur est obligé de franchir un groupe de dunes assez élevées, sur les sommets desquelles treize blocs d'un très-gros volume se trouvent dispersés et en partie enterrés. Tout porte à croire que ces débris ont des points d'appui plus solides que le sable environnant; ils reposent sans doute sur des blocs de même genre, qui, faisant obstacle au milieu de la place et arrêtant le sable promené par le vent, ont déterminé la formation des dunes. Quelques-uns sont de simples parallélipipèdes rectangulaires de différentes dimensions, et cubant de deux à quatre mètres ; d'autres, plus considérables, nous ont semblé avoir appartenu à des architraves. Il en est deux qui ont particulièrement attiré notre attention : on aura une idée de leur forme, si l'on se présente une énorme plaque rectangulaire de granit, ayant un mètre d'épaisseur sur deux mètres et demi de longueur et de hauteur, et dans laquelle deux petites arêtes voisines se montrent remplacées par une portion de plan cylindrique. La figure ci-jointe en offre le modèle, ⌒.

On ne peut voir qu'une des deux grandes faces de chacune de ces pierres, parce qu'elles sont posées à plat : ces faces offrent, au milieu d'un bel encadrement d'hiéroglyphes, la représentation d'une scène dont les personnages ont environ onze décimètres de hauteur. La position des personnages démontre que les pierres doivent être placées de champ, et de manière que les portions arrondies se trouvassent en haut. Manquant des moyens qui eussent été nécessaires pour dégager ces monolithes, nous nous sommes contentés de creuser autour de manière à pouvoir en déterminer la forme, et constater qu'il existe aussi des sculptures sur les grandes faces de revers. Depuis que j'ai communiqué ces observations à notre collègue M. Jomard, je regrette beaucoup que nous n'ayons pu vérifier si les quatre faces, qui devaient être placées de champ, et que nous avons regardées comme parallèles, ne se rapprochaient point un peu vers le sommet. Quoi qu'il en soit, les données que je viens d'exposer suffisent pour indiquer que ces deux monolithes n'ont point appartenu à des dossiers de colosses; on doit les regarder, avec M. Jomard, comme des monumens votifs, dans le genre de ceux qu'on voit figurer dans les hypogées, et dont la matière est tantôt en pierre et tantôt en bois. Il ne serait pas impossible cependant que ces pierres eussent appartenu à des monumens votifs de plusieurs pièces, et que chacune d'elles, portée sur un fût d'un calibre correspondant, eût formé le sommet d'une espèce de stèle. Dans cette supposition, elles auraient beaucoup de rapport avec les deux grands monolithes que M. Jomard a décrits dans son Mémoire sur l'obélisque de l'île Tibérine[1] : la principale différence consisterait en ce que l'arrondissement des sommets, dans les obélisques de l'île Tibérine et de Crocodilopolis, a été exécuté de manière que l'axe du cylindre culminant se trouve parallèle à la largeur des deux grandes faces. Au reste, les deux pierres de Sân dont il vient d'être question, ne sont pas seulement remarquables en ce qu'elles augmentent la classe des monolithes votifs; elles se recommandent à l'attention du voyageur par la conservation des sculptures et la perfection du dessin.

On voit, sur une des dunes au nord-est, la portion intermédiaire d'un septième obélisque; elle repose sur une de ses arêtes longitudinales, et elle sort de terre sur une longueur de quatre mètres et demi.

---

[1] *Voyez* ce mémoire de M. Jomard, ainsi que la Description de l'obélisque de Begyg par M. Caristie, *A. D.*, *chap. XVII*, tome IV du texte, page 437, et la planche 71, volume IV des gravures.

A quelques pas plus loin vers l'est, on rencontre deux fragmens d'un huitième obélisque; ils en formaient la partie supérieure. Couchés à plat l'un à côté de l'autre, et d'une longueur à peu près égale, ils portent ensemble un peu moins de onze mètres.

Enfin, à l'extrémité de la ligne des débris, c'est-à-dire à environ quarante mètres avant d'arriver à la partie orientale de l'enceinte, on trouve un neuvième obélisque couché à plat, et dont la partie supérieure est enterrée. Nous avons mesuré dix mètres et demi à compter de la base sur la face découverte. Cette base, qui est bien prononcée, a seize décimètres de côté.

Je ferai observer maintenant que les fragmens des cinquième et sixième obélisques nous présentaient des caractères qui ne permettaient de faire aucune méprise. Quant aux fragmens d'après lesquels nous avons conclu l'existence de sept autres obélisques, il serait difficile que nous fussions tombés dans quelque erreur. D'abord il y en a quatre parfaitement indiqués par des sommets complets. On ne pouvait donc hésiter qu'à l'égard du quatrième, du septième et du neuvième : or, à l'égard de ce dernier, dont la base présente un terme fixe, il se pourrait qu'il fût entier, ou du moins qu'il eût beaucoup plus de longueur qu'on n'en peut voir. Mais, indépendamment de ces deux motifs, si l'on veut faire attention à la largeur que présente la face découverte au point où elle disparaît en terre, et si l'on essaie de reporter cette dimension sur la grosse extrémité de chacun des fragmens qui ont appartenu aux quatre obélisques incontestables, on reconnaît qu'elle est très-sensiblement moindre que la largeur de chacun de ces fragmens. Le même essai fait pour le grand fût du quatrième obélisque nous a indiqué une exclusion encore mieux prononcée. Quant au septième, la comparaison des dimensions du fragment qui nous en reste a donné des différences moins grandes, mais suffisantes. Ce fragment est d'ailleurs éloigné de près de cinquante mètres du troisième obélisque, le seul dont on pourrait essayer de le rapprocher. Je dois ajouter que le calibre de sa partie inférieure excède celui de la petite extrémité des fûts appartenant aux septième et quatrième obélisques. On imaginera aisément que, dans ces recherches faites sur place, nous n'avons pas manqué de nous aider des considérations tirées de la forme des cassures, des petites différences existant dans la roche granitique, et des rapports que les hiéroglyphes interrompus par les fractures pouvaient avoir entre eux. Nous avons également eu égard aux erreurs que la décomposition de la pierre pouvait apporter dans la détermination de la largeur de quelques-uns des fragmens. J'ose croire enfin que les détails dans lesquels je viens d'entrer expliqueront assez comment il a pu arriver qu'en parcourant rapidement la ligne des débris, plusieurs de nos collègues n'y aient reconnu que sept obélisques.

A l'exception des cinquième et sixième obélisques, les autres se ressemblaient beaucoup, et ne portaient sur chaque face qu'un seul rang d'hiéroglyphes. Chaque rang s'élevait au milieu de la face, et n'occupait que le tiers de son étendue. Quant à la hauteur des sept monolithes dont il s'agit, on peut en conclure le *maxi-*

mum d'après le module de la base du neuvième, et l'on doit croire qu'ils n'avaient guère plus de vingt mètres, ni moins de quinze : le cinquième obélisque devait être peu remarquable par ses dimensions; mais ils devaient tous être dominés par le sixième, dont les puissantes dimensions sont attestées par le fragment qui est orné de trois rangs d'hiéroglyphes sur chaque face.

Je ne quitterai pas l'enceinte où ces débris sont étendus, sans observer que nous avons trouvé, vers le milieu de la place, des recoupes de verre de différentes couleurs, des éclats d'émaux polis en partie, des amulettes en cornaline grossière, des pièces de bronze complètement altérées, et des fragmens d'un très-beau lapis-lazuli; fragmens assez abondans pour que j'aie pu en recueillir plus d'un kilogramme en quelques instans.

En sortant de l'enceinte du côté de l'est, on rencontre bientôt, au pied des monticules de décombres qui dominent ce côté, trois chapiteaux semblables et un fragment de colonne appartenant au même ordre.

Chacun de ces chapiteaux se compose d'une campane et d'un dé; la hauteur totale est de douze décimètres et demi. Le dé, qui est très-plat et très-étendu, porte onze décimètres de côté sur vingt-trois centimètres d'épaisseur. La campane est octogone, à palmes plates dont la forme n'est qu'indiquée, et qui se terminent par une saillie hémisphérique renversée et tout unie. Ces chapiteaux ressemblent beaucoup à ceux du grand temple d'*Antæopolis*[1].

La portion de fût qui accompagne un des chapiteaux,

[1] *A.*, vol. IV, pl. 41.

n'a pas plus de deux mètres de longueur, et comprend l'extrémité supérieure de la colonne dont il faisait partie. Son diamètre est d'environ neuf décimètres ; il prend la terminaison octogone, qui lui était nécessaire pour s'ajuster à la base des chapiteaux ; le reste du fût est cylindrique et cerclé de liens assez serrés. On n'aperçoit d'ailleurs aucun vestige d'hiéroglyphes sur ces débris, dont le granit rouge de Syène fait la matière.

En continuant sa route à travers les décombres, on trouve plusieurs blocs informes de granit, qui sont épars sur le versant occidental des monticules et sur les sommets. On a bientôt vu les vestiges de la tour moderne qui existait sur la plate-forme dont il a déjà été fait mention ; ils consistent en une épaisse fondation de forme carrée, ayant environ sept mètres de côté, et dont la maçonnerie est maintenant presque à fleur de terre.

De là on peut descendre du côté du nord-est pour aller visiter une butte assez étendue, quoiqu'assez basse, qui est à la distance d'environ quatre cent cinquante mètres de la plate-forme. Pendant l'inondation, elle ne tient au sol des ruines que par une langue de terre fort étroite. Je ne l'ai point visitée ; mais Dolomieu et M. Jacotin y ont observé plusieurs souterrains qui paraissent avoir servi de tombeaux, et ils y ont constaté l'existence d'un assez grand nombre de pierres plates couvertes d'hiéroglyphes.

En revenant, après cette excursion, vers le massif de la plate-forme, on rencontre, sur le revers oriental des monticules, un très-gros bloc de granit complètement informe, ainsi que les débris d'une grande niche de la même matière. Le fragment principal de cette niche se voit à la partie supérieure du versant; les deux autres ont roulé jusqu'au bas de la pente. En réunissant ces trois pièces, il serait aisé de restaurer le monolithe. On peut en voir la représentation dans les planches de l'ouvrage[1]; voici ses principales dimensions :

	Décim. Cent.
Longueur totale.	26,6
Épaisseur totale.	9,0
Hauteur totale.	15,1
———— et profondeur de l'excavation rectangulaire.	6,8
Épaisseur de la bordure de l'excavation.	1,6
———— de la tranche solide qui comprend la corniche.	2,1
———— de la tranche solide qui forme le dôme.	3,0

Une feuillure de deux centimètres et demi, qui règne au pourtour de l'excavation, et les trous creusés aux quatre angles de la feuillure, indiquent que la niche devait être fermée par deux vantaux, et qu'elle servait probablement de tabernacle. Du reste, on est étonné qu'un monolithe de cette dimension n'ait été orné d'aucune espèce de sculpture.

Si l'on veut ensuite franchir les monticules qui s'étendent au sud du massif de la plate-forme, on rencontre, sur leur revers méridional, plusieurs blocs informes de granit et de grès quartzeux.

Une fois sorti de la grande circonvallation de dé-

---

[1] *A.*, vol. v, pl. 29.

combres que nous venons de parcourir, l'observateur n'a plus devant lui qu'une espèce de plaine assez inégale, qui se prolonge au midi sur une longueur d'environ mille mètres, et qui se termine par une petite chaîne de collines surbaissées et de la même nature que toutes les précédentes. D'après le plan de M. Jacotin, sa largeur varie de deux cents mètres à sept cents; cependant cette plaine nous avait paru plus régulière, plus grande, et surtout d'une largeur plus constante. Je m'explique facilement le peu d'accord qui existe à cet égard entre nos observations, soit par la difficulté de déterminer nettement les limites de l'inondation à l'époque de la sécheresse, soit par la différence de hauteur que la crue du Nil présente d'une année à l'autre. Quoi qu'il en soit, on pourrait considérer cette plaine comme ayant servi d'emplacement au faubourg de la ville de *Tanis*, s'il ne s'y trouvait quelques vestiges extrêmement remarquables d'une très-grande construction.

Avant de décrire ces vestiges, nous devons faire mention de plusieurs blocs de grès quartzeux rougeâtre qu'on voit dispersés à l'extrémité méridionale de la plaine, et de quelques blocs de granit, également informes, qu'on rencontre en rétrogradant au nord-ouest jusqu'aux deux tiers de son étendue. Près de ces derniers blocs est un beau tronçon de statue en basalte noir antique, ou, pour parler minéralogiquement, en granitelle noir de Syène à grains très-fins. On peut présumer que le sujet était un Harpocrate debout. Le tronçon porte près de douze décimètres de longueur;

d'un côté il finit à la cheville, et de l'autre à la ceinture. Les cuisses, les jambes, ainsi que la main et l'avant-bras, qui viennent s'arrondir sur la partie antérieure de la cuisse gauche, offrent une pureté de contours peu commune. Il en est de même des hiéroglyphes qu'on voit régner derrière le dossier prismatique qui fait partie du tronçon.

Les vestiges de la grande construction, dont il nous reste à parler, sont situés vers le milieu de la plaine, à environ neuf cents mètres au midi de l'enceinte en briques crues. Ils consistent en vingt-quatre colonnes de granit, enterrées presque jusqu'à fleur de terre, et symétriquement espacées sur deux lignes parallèles qui forment avenue dans le sens de l'est à l'ouest. On compte onze colonnes sur la ligne du sud; on en voit treize sur l'autre ligne, avec deux lacunes dont la régularité ne permet pas de douter qu'il n'y en ait eu quinze. Ces colonnes sont distantes les unes des autres de treize mètres, y compris les épaisseurs. La largeur de l'avenue, prise de la même manière, est de quatorze mètres, suivant M. Jacotin, et, suivant nous, de moins de dix mètres. Douze colonnes portent encore leurs chapiteaux, dont le granit forme également la matière. La disposition de ceux-ci sur les deux lignes n'a rien que d'irrégulier; ils ont un peu plus d'un mètre en hauteur, et environ deux mètres sept dixièmes de diamètre : je dis environ, car ils sont tous plus ou moins décomposés à la surface et déformés. Il en est de même de l'extrémité des fûts qui se trouvent dépouillés de leurs chapiteaux.

D'après ce que nous venons d'exposer, il est évident que l'avenue se composait de trente colonnes au moins, et qu'elle n'avait pas moins de cent quatre-vingt-deux mètres [1] de longueur. La régularité des entre-colonnemens semble exclure la possibilité qu'il ait existé un plus grand nombre de colonnes dans ce *minimum* d'étendue. D'une autre part, la distance respective des colonnes ne permet pas de croire qu'elles aient jamais appartenu à la façade d'un monument : quelles dimensions, en effet, n'aurait-il pas fallu donner à un temple ou à un palais pour qu'il correspondît à une pareille façade ! Il est donc à présumer que le rôle de ces énormes colonnes se bornait à former une avenue monumentale, et que les espaces qu'elles laissent entre elles étaient occupés par des statues ou par d'autres objets de décoration analogues.

Il n'existe pas la moindre trace de l'édifice auquel on arrivait par cette avenue monumentale; le sol des environs est seulement jonché d'un grand nombre d'écailles, soit de pierre calcaire, soit de grès quartzeux de différentes couleurs. Cette particularité s'observe, au reste, en plusieurs autres endroits de la surface de la ville, et il est aisé d'en tirer les conséquences. Si l'on veut considérer que les carrières les plus voisines de cette partie de la basse Égypte, celles du Moqatam, en sont encore à cent vingt kilomètres à vol d'oiseau, on ne pourra guère douter que les *fellâh* n'aient cédé depuis plusieurs siècles, au besoin d'exploiter les ruines de Sân pour en extraire de la pierre à bâtir et de la

[1] Cinq cent quatre-vingts pieds.

pierre à chaux. Mais, en outre, tout porte à croire que, sous la domination des Romains comme sous celle des Arabes, la proximité du canal de Moueys et de la mer avait déjà permis d'y enlever la plupart des grands matériaux qui n'avaient point trop souffert de la barbarie et de la fureur des Perses. Ajoutons que le temps qui a ici rivalisé avec les hommes, augmente, chaque jour, l'altération spontanée qui ronge les obélisques, les colonnes et la plupart des masses que nous avons décrites; en sorte que, si l'on doit s'étonner de quelque chose aux ruines de Sân, ce n'est pas de la variété et de l'étendue des monumens qu'on peut présumer y avoir existé, mais de ce qu'il reste encore assez de débris pour faire reconnaître l'ancienne *Tanis*, et attester que, par ses édifices, cette ville n'était pas au-dessous du rôle qu'elle paraît avoir joué dans les temps les plus reculés.

On sait que les livres saints font plus d'une mention de la ville de *Tanis*. Moïse indique [1] qu'elle a été bâtie sept ans après Hébron, cité de la terre promise, qui florissait déjà du temps d'Abraham, c'est-à-dire il y a environ trente-sept siècles [2]. David célèbre les miracles qui ont illustré le législateur des Hébreux et signalé la puissance du Dieu d'Israël dans les champs de *Tanis* [3]; événemens qui datent de plus de trois mille trois cents ans. Isaïe, prophétisant contre l'idolâtrie et l'avilissement des peuples d'Égypte, reproche aux princes de *Tanis*, qu'il appelle les conseillers de Pharaon,

---

[1] *Nombres*, chap. 13, vers. 23.
[2] *Genèse*, chapitre 13, vers. 18; chapitre 23, vers. 2 et 19; chapitre 35, vers. 27, et chapitre 37, vers. 14.
[3] *Psaume* 77, vers. 12 et 43.

leur orgueil et leur démence [1]. Le même s'élève contre l'inutile démarche des princes juifs, qui, dans leur épouvante à l'approche des Assyriens, se sont réfugiés à *Tanis* [2]. Ézéchiel, prophétisant ou plutôt décrivant les affreux ravages des Assyriens, énumère les principales villes de la basse Égypte qui seront ruinées, et désigne évidemment celle de *Tanis* sous le nom de *Taphnis* [3]. Jérémie reproche à Jérusalem de s'être laissé corrompre par les enfans de *Taphnis* et de *Memphis* [4]. Enfin, le même prophète, conduit à *Taphnis* par les princes de Juda, raconte, avant de prophétiser la destruction de l'Égypte par le roi de Babylone, que le Seigneur lui a ordonné de cacher certaines pierres sous la voûte qui est à la grande muraille de brique, près de la porte du palais de Pharaon [5].

On peut présumer que la construction de la grande muraille de *Tanis* est au nombre de ces ouvrages si pénibles qui furent imposés aux Israélites avant leur sortie d'Égypte. En effet, on lit dans l'*Exode* [6] qu'ils ne furent pas seulement employés à élever des ouvrages considérables en maçonnerie, et à bâtir les villes de Pithom et de Ramessès [7], qui étaient destinées à servir de magasins pour les besoins du gouvernement, mais qu'on les réduisait au désespoir par la quantité d'ou-

---

[1] *Isaïe*, chap. 30, vers. 12.
[2] *Isaïe*, chap. 19, vers 11 et 13.
[3] *Ézéchiel*, chap. 30, vers. 14 et 18.
[4] *Jérémie*, chap. 2, vers. 16.
[5] *Idem*, chap. 43, vers. 7, 8 et 9.
[6] Chap. 1, vers. 11 et 14.

[7] La ville de Ramessès était située dans la terre de Gessen, à l'extrémité de l'Égypte, du côté de la Syrie. C'est de là que les Israélites partirent, sous la conduite de Moïse. (*Genèse*, chap. 47, vers. 6, 11 et 17; — *Exode*, chap. 12, vers. 37; — *ibid.* chap. 13, vers. 17.)

vrages en terre dont ils étaient accablés[1], par l'obligation de fournir la paille nécessaire à la fabrication des briques[2], et par les punitions qu'on leur infligeait lorsqu'ils n'avaient point livré le nombre de briques qui leur était assigné[3]. On voit aussi, dans le même livre de l'Écriture, que tous les événemens qui ont précédé la sortie d'Égypte se sont passés à très-peu de distance de la terre de Gessen, c'est-à-dire de la vallée de *Saba'-byâr*; et l'on reste convaincu, indépendamment du témoignage du roi prophète, que ce n'est ni à *Memphis* ni à *Héliopolis*, ainsi que plusieurs auteurs l'ont pensé, mais bien à *Tanis*, qu'habitaient les princes égyptiens qui avaient asservi les Israélites, et que c'est dans cette ville que Moïse est parvenu à arracher à l'autorité royale les ordres dont il a si habilement profité pour consommer la délivrance du peuple juif[4].

On peut dire que *Tanis* a eu une position militaire aussi importante que respectable tant que la branche Pélusiaque a existé; respectable, parce qu'avant d'y arriver il fallait forcer le passage d'un des bras du fleuve; importante, en ce qu'elle commandait jusqu'à un certain point la route de Syrie : un corps d'armée pouvait y attendre commodément les invasions, et se porter en quelques heures au-devant de l'ennemi harassé par la traversée du désert.

La position commerciale devait également présenter plus d'un avantage. Communiquant par le lac Menzaleh

---

[1] *Exode*, chap. 1, vers. 14.
[2] *Ibid.* chap. 5, vers. 12.
[3] *Ibid.* chap. 5, vers. 14.
[4] Chap. 1, vers. 15 et 18; ch. 2, vers. 3 et 7; chap. 5, vers. 4 et 20; chap. 7, vers. 15; chap. 8, vers. 20 et 22; chap. 9, vers. 7 et 26.

avec Péluse, qui était anciennement un des ports d'Égypte les plus fréquentés, *Tanis* offrait une station sûre; et la branche Tanitique, par sa situation au milieu des terres, garantissait une navigation paisible, qu'on ne trouvait point sur la branche Pélusiaque, dont le cours longeait la lisière du désert, et sur laquelle on devait être exposé à tous les dangers qu'entraîne encore de nos jours le voisinage des Arabes.

Personne n'ignore que l'importance de Péluse s'est soutenue pendant long-temps, malgré la prospérité toujours croissante du commerce d'Alexandrie; mais, lorsque le port a été entièrement ensablé, ou plutôt lorsque les eaux du Nil ont cessé d'abonder et même de couler dans la branche Pélusiaque, *Tanis* a insensiblement suivi le sort de Péluse. Il paraît, au reste, que la décadence complète de *Tanis* ne remonte pas à une époque bien reculée.

Ptolémée et Pline en font mention comme d'une ville considérable. Strabon la qualifie par ces expressions: *urbs maxima*. Au temps des Grecs, elle était la métropole du nome Tanitique; elle a joué le même rôle sous les empereurs romains. Après l'établissement de la religion chrétienne, elle a été le siége d'un évêché qui dépendait du patriarche d'Alexandrie. Le P. Le Quien cite douze évêques parmi ceux qui ont occupé ce siége depuis l'année 362 jusqu'à 1086. Il rapporte en outre le passage d'une lettre écrite au pape Honorius III par Jacques de Vitri, sur la prise de Damiette par les croisés le 5 novembre 1219; passage dont il résulte que les croisés se sont également rendus maîtres de la ville de *Tanis* et de son diocèse, qui est dépendant du métropolitain de Damiette. Enfin, le même écrivain nomme deux évêques de *Tanis*, l'un vers 1331, et l'autre vers 1425, parmi ceux qu'on suppose avoir siégé depuis la malheureuse expédition de saint Louis, c'est-à-dire depuis 1449 [1].

Je ne discuterai point si l'abandon de *Tanis* est dû à la seule influence de l'ensablement du port de Péluse, ou bien si d'autres causes y ont coopéré, telles que les dévastations occasionées par les croisades le long de la frontière d'Égypte, la diminution que les relations de Soueys avec Damiette ont éprouvée à mesure que l'embouchure Phatmétique est devenue moins accessible, la direction nouvelle que le commerce des Indes a prise à la suite des découvertes du XVe. siècle, enfin les incursions des Arabes du désert, qui ont cessé d'avoir une barrière depuis que la branche Pélusiaque est comblée. Ce qu'il y a de certain, c'est que l'existence d'une grande ville a cessé d'être nécessaire ou possible dans cette partie du petit Delta, et que, dans l'état actuel des choses, il n'entrerait probablement dans la pensée d'aucun gouvernement de relever *Tanis* de ses ruines.

Il n'est pas aussi facile de se rendre compte de l'abandon des campagnes qui s'étendent à une très-grande distance aux environs de Sân. L'ancienne fertilité de ces campagnes est attestée par les vestiges des nombreux canaux qui les traversaient en tous sens, et par des

[1] *Oriens Christianus*, vol. II, pages 535-538, et vol. III, pages 1147-1150.

buttes de décombres assez rapprochées qui marquent la place des villages et des hameaux qui ont cessé d'exister. On ne peut pas dire que ce soit l'eau du Nil qui manque à cet immense territoire; car il est naturellement inondé, pendant une partie de l'année, au moyen du canal de Moueys. Les bras ne manquent pas davantage, et, à cet égard, on peut remarquer que l'industrie agricole ne paraît avoir négligé aucun des points du petit Delta où il est possible de maintenir la culture, fût-elle du plus médiocre produit. C'est ainsi qu'à el-Malakim, village situé près de l'embouchure du canal de Moueys, on entretient soigneusement une digue à l'aide de laquelle on rétrécit le canal lorsque l'affluence des eaux du fleuve vient à diminuer : on soutient ainsi leur niveau jusqu'à l'époque de la nouvelle crue, et l'on préserve le petit territoire qui nourrit les habitans, de l'accès et de l'influence des eaux saumâtres du lac Menzaleh. Cette influence désastreuse, de quelque manière qu'elle ait pu s'établir et qu'elle puisse encore s'exercer, paraît jouer un grand rôle dans la stérilité des campagnes de *Tanis*. En effet, les empiétemens du lac ne sont que trop directement prouvés par les buttes de décombres et les traces des anciens ouvrages d'irrigation qu'on rencontre fréquemment au milieu même des lagunes permanentes qui lui servent de ceinture[1]. Ses eaux d'ailleurs ne se sont point

---

[1] L'existence de ces buttes nombreuses est d'accord avec le texte de Strabon, qui dit formellement : Μεταξὺ δὲ τοῦ Τανιτικοῦ καὶ τοῦ Πηλουσιακοῦ λίμναι καὶ ἕλη μεγάλα καὶ συνεχῆ, κώμας πολλὰς ἔχοντα. *Inter Taniticum Pelusiacumque ostium sunt lacus et maximæ ac continuæ paludes, in quibus et pagi multi sunt.* (*Geogr.* lib. XVII.)

adoucies; leur salure est entretenue par les vagues qu'il reçoit pendant les tempêtes, lorsque la mer franchit la langue de sable qui les sépare, et qu'elle force l'entrée des bouches de Dybeh et d'Omm-fareg. Pressé lui-même par les gros temps, ou balancé par l'inégale action des vents régnans, il s'étend souvent un peu au-delà de ses limites habituelles, et semble préluder à de nouveaux envahissemens.

Or, il est à observer que l'existence de cet état de choses ne saurait être le résultat de la différence qu'il pourrait y avoir entre le volume des eaux que le Nil verse actuellement dans le lac et celui qu'il y versait anciennement. Ici, comme sur le reste de la côte d'Égypte, lorsque l'on entreprend de comparer l'état des lieux avec ce qu'il était il y a seulement deux mille ans, on cherche vainement une masse d'attérissemens proportionnée à l'énorme volume des eaux du fleuve, qui se répandent encore chaque année sur les terres situées près de la côte, et qui, suivant d'autres canaux que ceux de Rosette et de Damiette, viennent directement déposer leurs sables et leurs troubles dans les lagunes, dans les lacs et dans la mer. Notre collègue M. Girard a prouvé, par une série d'observations pleines d'intérêt[1], que le relèvement séculaire du sol de la haute Égypte, depuis le Kaire jusqu'à Éléphantine, pouvait être évalué à cent vingt-six millimètres. Si l'on compare la quantité d'eau qui produit cet effet sur un point donné du sol cultivé dans le Sa'yd, avec celle qui arrose naturellement les abords du canal de Moueys, et celle qui

[1] *Histoire naturelle*, tome XIX.

afflue continuellement dans le bassin du lac Menzaleh, on sera porté à conclure que les dépôts qui ont lieu dans cette partie du petit Delta, ne doivent pas être moindres que dans la haute Égypte; c'est-à-dire que le terrain aurait dû s'exhausser de trois mètres soixante-dix-huit centièmes[1] depuis trente siècles. Que l'on réduise, si l'on veut, cette quantité, il n'en faudra pas moins admettre que les alluvions déposées pendant un laps de temps si notable auraient dû produire des effets extrêmement sensibles : ainsi le contour du lac devrait avoir éprouvé une réduction considérable, les marais environnans devraient s'être successivement desséchés, et la salure des terres qui en constituent les abords aurait dû diminuer de plus en plus. Comment se fait-il que les faits présentent des résultats précisément opposés? Chaque année, de nouvelles couches de limon et de sable recouvrent le fond du lac et de ses environs, et cependant la marche des attérissemens est devenue, non pas seulement stationnaire, mais encore rétrograde; le lac et les lagunes ont envahi des terrains qui étaient anciennement cultivés et habités; et l'influence des eaux saumâtres, dépassant les ruines de San, s'est successivement propagée dans un vaste territoire qui avait été le théâtre de la fertilité et de l'abondance pendant un temps immémorial.

En réfléchissant sur ce phénomène, dont l'action s'est d'ailleurs exercée, ainsi que nous l'avons dit, sur plusieurs autres points de la lisière maritime du Delta, on ne peut s'empêcher de l'attribuer à un changement pro-

[1] Onze pieds huit pouces.

gressif entre le niveau de la surface du sol et celui des eaux de la mer. Si ce changement est réel, il n'a pu arriver que de trois manières : ou la mer s'est exhaussée tandis que le sol s'est accru; ou le sol s'est enfoncé à mesure qu'il recevait de nouveaux dépôts, le niveau de la mer n'éprouvant lui-même aucun déplacement; ou bien enfin le niveau de la mer s'est élevé en même temps que le sol s'est affaissé. Sans doute il n'est pas aisé de démêler lequel de ces trois modes a pu être employé par la nature, et il est encore plus difficile de donner une explication tant soit peu satisfaisante de celui auquel on devrait accorder la préférence : mais ces difficultés n'ôtent rien à l'importance de la question; elle intéresse évidemment une des branches principales de la géologie.

Il serait hors de mon sujet de traiter cette question avec tous les développemens dont elle est susceptible; je ne ferai même qu'une seule observation, avant de consigner ici l'hypothèse que son examen m'a suggérée. Il me semble que c'est en vain qu'on essaierait, dans une explication quelconque, de supposer que les alluvions que le Nil répartit annuellement sur la lisière maritime du Delta, sont extrêmement faibles; car alors il faudrait se demander comment le Delta lui-même aurait pu originairement se former, et l'on ne saurait concevoir sa formation préalable qu'en admettant une action du fleuve tellement ancienne, qu'elle remonterait au-delà des époques les plus fabuleuses des chronologies indiennes. Cela posé, voici l'hypothèse qui, en attendant une meilleure explication, me semble propre à rendre raison des anomalies que j'ai sommairement signalées dans la marche des atterrissemens dont il est question.

L'histoire nous a conservé le souvenir de plus de quatre cents tremblemens de terre qui, depuis vingt-cinq siècles, ont désolé différentes parties des anciens continens. Les côtes de Barbarie, l'Égypte et la Syrie, sont les contrées qui, à diverses époques, et notamment dans les années 115, 480 et 1222, ont le plus souffert de ces terribles phénomènes. Les effets que les commotions souterraines ont dû exercer sur la lisière maritime du Delta, sont aisés à imaginer. On peut les comparer à ce qui arrive lorsqu'on agite une masse de sable et de limon complètement abreuvée d'eau, et dont la surface s'incline vers un espace vide et illimité; chaque secousse détermine non-seulement un tassement de la masse, mais encore une fuite de ses élémens vers les parties basses. C'est ainsi que les atterrissemens du Nil, qui sont habituellement couverts par les eaux de la Méditerranée, ont pu s'affaisser et s'étendre à plusieurs reprises vers le fond de la haute mer, et que leur mouvement a dû être suivi par le sol des lacs et par celui des territoires voisins, dont la masse est incessamment ameublie par l'humidité qui la pénètre à toute profondeur.

Il serait même possible que l'effet des secousses souterraines eût été augmenté par un très-léger enfoncement du berceau solide qui, à une profondeur plus ou moins considérable, sert d'assiette au Delta. Mais la supposition de cette cause secondaire ne deviendrait

9.

péremptoire qu'autant qu'il serait prouvé que la chaîne calcaire d'Alexandrie et d'Abouqyr est actuellement un peu plus enfoncée au-dessous du niveau de la mer qu'elle ne l'était anciennement : or, à cet égard, je n'oserais avancer que le témoignage des observateurs est unanime. Je me contenterai donc de faire remarquer que, dans l'opinion de ceux qui tiennent ce changement de niveau pour constant, c'est presque gratuitement qu'on a entrepris de l'expliquer au moyen d'une élévation progressive et générale de la Méditerranée[1]. Si cette élévation avait eu lieu, on l'aurait facilement et depuis long-temps constatée en une infinité d'endroits; or, il est certain que, depuis les temps historiques, aucun fait positif n'en a suggéré l'idée, si ce n'est près d'Alexandrie : mais nous savons, au contraire, que plusieurs plages de la Méditerranée ont éprouvé des mouvemens plus ou moins prononcés, soit de soulèvement, soit d'abaissement, par l'effet de différens tremblemens de terre; et il paraît démontré qu'après les oscillations quelques-unes de ces plages n'ont pas exactement repris la position qu'elles occupaient auparavant, eu égard au niveau des eaux. Ainsi donc l'hypothèse qui se bornerait à enfoncer la petite plage d'Égypte pour rendre raison de l'état actuel des choses, semblerait bien préférable à celle qui, dans le même but, prétendrait exhausser toute la Méditerranée dans l'étendue de son immense bassin.

[1] On sait qu'il existe en faveur de cette hypothèse une autorité bien puissante, celle de Dolomieu : aussi dois-je avouer que ce n'est pas sans un mûr examen que je me suis décidé à l'abandonner. Du reste, les

On me pardonnera, j'espère, la digression à laquelle
je viens de me livrer, lorsque j'aurai fait remarquer
que, s'il y a un moyen d'arriver directement à la solution du problème que j'ai indiqué, ce ne peut être
qu'en faisant aux ruines de Sân des recherches plus approfondies que celles auxquelles nous avons pu nous
livrer. On ne peut douter que les colonnes de l'avenue
monumentale que nous avons décrite ne soient en
place, car elles sont régulièrement espacées, et les chapiteaux qu'elles supportent s'alignent sur un même
plan horizontal. L'ancien sol, sur lequel elles reposent, doit être situé à une assez grande profondeur, si
l'on en juge par le module des chapiteaux : or, cette
profondeur m'a paru inférieure au lit actuel du canal
de Moueys, et je ne suis pas éloigné de croire qu'elle
est au-dessous du niveau du lac Menzaleh et de celui
de la Méditerranée. On voit qu'il y a là un grand fait
à constater. Si, par des fouilles bien dirigées et un
nivellement facile à exécuter, quelque voyageur parvenait un jour à s'assurer que l'état des choses est tel
qu'on doit le croire, il faut convenir que la colon-
nade dont il s'agit mériterait plus de célébrité que
celle du temple de Sérapis à Pouzzoles[1], et que les
ruines de Sân, déjà si remarquables par les souvenirs
politiques et religieux qu'elles rappellent, acquerraient
un genre d'intérêt tout-à-fait nouveau, puisque leur

observations qui la lui avaient suggérée me paraissent constantes ; j'en
ai été le témoin, et j'estime que c'est
avec fondement qu'il a annoncé le
changement de niveau dont il s'agit,
et qu'il en a porté l'évaluation à
plusieurs décimètres pour un laps de
vingt siècles.

[1] Breislak, *Voyage dans la Cam-
panie*, tome II, page 165.

existence se trouverait liée d'une manière extrêmement heureuse à l'histoire des causes physiques dont le concours tend à modifier sans cesse la surface de la terre.

CHAPITRE XXIV.

DESCRIPTION DES ANTIQUITÉS

SITUÉES

DANS L'ISTHME DE SOUEYS,

Par M. DEVILLIERS,

Ingénieur en chef des Ponts et Chaussées.

Les opérations dépendantes du nivellement de l'isthme de Soueys ont conduit les ingénieurs qui en ont été chargés, sur diverses ruines, que peut-être, sans cette circonstance, on n'aurait pas découvertes. Ces ruines, quoique peu considérables, sont cependant d'un grand intérêt pour la géographie ancienne. J'ai participé aux opérations du nivellement de l'ancien canal des deux Mers, et j'ai fait, à différentes époques, des reconnaissances qui m'ont fourni l'occasion de parcourir l'isthme dans tous les sens. D'abord je fis partie du premier détachement qui fut envoyé en Syrie par Belbeys, Sâlehyeh et Qatyeh. Dans un second voyage, j'allai du Kaire à Soueys avec M. Girard, par la vallée de l'Égarement, dont je levai le plan. Peu après, je fis une excursion de Soueys vers le centre de l'isthme avec M. Rozière, en me dirigeant sur Belbeys et Qatych. Notre but principal était d'avoir des nouvelles de l'armée française, dont nous étions séparés depuis long-temps avec un assez faible détachement; c'était le moment où l'armée du grand vizir marchait par el-A'rych sur l'Égypte : notre incertitude était telle, que nous avions fait des préparatifs pour assurer notre retraite par la mer Rouge sur un petit bâtiment de guerre nouvellement construit. Après la capitulation d'el-A'rych, je retournai de Soueys au Kaire par la route directe. Dans un troisième voyage, je suivis les traces du canal des deux Mers depuis le Kaire jusqu'au centre de l'isthme, et je revins au Kaire en nivelant toute cette ligne avec M. Févre. Dans un quatrième voyage avec MM. Le Père et Chabrol, que j'ai ramenés sur les bords du Nil par la vallée de l'Égarement, n'ayant aucun guide, et muni seulement des renseignemens que j'avais recueillis dans mon précédent voyage, je parcourus toute la ligne du canal depuis le Kaire jusqu'à Soueys. Enfin, dans un cinquième voyage, je suivis, accompagné de M. Viard, le canal du Kaire et celui d'Abou-meneggeh, jusque dans la vallée de Tomalât. Dans ces différentes excursions, j'ai vu plusieurs fois les antiquités dont la description fait l'objet de ce chapitre. J'ai adopté dans cet écrit l'ordre suivant lequel j'ai visité ces ruines lors de mon quatrième voyage; c'est-à-dire que je conduirai le lecteur du Kaire à Soueys par Belbeys et la vallée de Tomalât. Je m'attacherai souvent à la situation actuelle des lieux, qu'il est indispensable de bien connaître pour juger sainement les questions relatives aux antiquités; j'entrerai dans quelques détails sur le canal qui, après avoir traversé la capitale de l'Égypte moderne, longe le désert, et se réunissait autrefois au canal des Rois, parce que je l'ai plus particulièrement étudié, et que ce qu'on en a dit ailleurs me paraît susceptible de développemens intéressans sous plusieurs rapports.

Le canal du Kaire, après avoir traversé cette ville, se rend, sans changer de direction, à Seryâqous. En plusieurs endroits, et surtout aux environs de ce dernier village, il est très-large, et hors de proportion avec la petite quantité de terrain qu'il arrose; ce qui ne permet pas de douter que la navigation ne fût sa destination primitive. Les villages situés à l'est sont les seuls qui en tirent à présent l'eau nécessaire à l'arrosement de leurs champs. Les petits canaux par lesquels elle s'écoule après avoir arrosé la campagne, en versent le superflu dans la partie la plus basse de cette plaine, et forment en hiver le Birket el-Hâggy, ou lac des Pélerins, appelé ainsi parce que c'est le rendez-vous des caravanes qui vont à la Mekke. Les environs d'Abou-Za'bel, village situé à une lieue au nord de Seryâqous, conservent aussi, pendant une grande partie de l'année, l'eau qui y arrive par de petits canaux dérivés de celui du Kaire, et qui sont indiqués sur la carte que nous avons levée de ce canton de l'Égypte[1].

En suivant les limites du terrain cultivé, on ne tarde pas à rencontrer les traces d'un canal qui devient plus large et plus profond à mesure que l'on approche de

[1] *Voyez* l'Atlas, feuille 24.

Tell-Yhoudyeh, et qui passe entre les ruines que l'on voit en cet endroit et le désert. Le terrain inculte qui borde l'Égypte depuis le Kaire jusqu'à Tell-Yhoudyeh, est une plage de sable de quinze cents mètres environ de largeur, couverte de silex, vulgairement appelés *cailloux d'Égypte*, et bordée par des dunes de sable de différentes hauteurs. Ces dunes sont coupées de distance en distance par de petits vallons, où il y a de la végétation; leur direction se rapproche de plus en plus du terrain cultivé, et y touche en face de Tell-Yhoudyeh. Dans cet endroit on voit le rocher à découvert : c'est un grès extrêmement dur, dont on trouve une grande quantité de morceaux dans les décombres de Tell-Yhoudyeh. Ce terrain rocailleux s'élève sensiblement vers la droite, et est couvert de débris qui annoncent les restes d'une ancienne ville ou d'un établissement considérable. Une digue, que l'on ouvre, comme toutes celles de l'Égypte, à l'époque des grandes eaux, joint ces ruines à celles de Tell-Yhoudyeh. Il est bien difficile de ne pas voir dans ces diverses ruines les restes de celles du *vicus Judæorum*, du *castra Judæorum* et de l'*Onion* : je n'entrerai pas toutefois, pour le prouver, dans la discussion des distances rapportées par les itinéraires, distances qui diffèrent beaucoup entre elles, et dont les unes sont favorables et les autres contraires à cette opinion; je rappellerai seulement que l'*Onion* était un temple consacré à Dieu, semblable à celui de Jérusalem, mais plus petit et moins riche, bâti par Onias, aux environs de Bubaste et d'Héliopolis, avec les matériaux d'anciens temples, et du consentement de Ptolémée Philométor, conformément à une prophétie d'Isaïe qui remontait à six cents ans [1]. Ce temple d'*Onion* était à cent quatre-vingts stades de Memphis; trois cent quarante-trois ans après sa construction, il fut fermé et le culte anéanti par les ordres de Vespasien, exécutés par Lupus et par Paulin, son successeur au gouvernement de l'Égypte. La colline de décombres de Tell-Yhoudyeh est fort élevée et très-étendue; on y trouve une grande quantité de petits fragmens de cristaux de roche et d'autres pierres fines travaillées.

Après la digue de Tell-Yhoudyeh, le canal, vis-à-vis Zefteh-Mechtoul, se réunit bientôt, en différens points, à celui d'Abou-meneggeh.

Quand les habitans d'Abou-Za'bel et des villages voisins ne reçoivent pas assez d'eau par le canal du Kaire, à cause de son interruption près d'Abou-Za'bel, ils vont couper la digue de Tell-Yhoudyeh, afin d'en tirer du canal d'Abou-meneggeh. L'interruption du canal du Kaire près d'Abou-Za'bel ne provient que de l'incurie des habitans. Ils perdent ainsi une partie du terrain qu'ils pourraient cultiver; car il est certain qu'autrefois les limites du désert, de ce côté, étaient beaucoup plus reculées. Les grandes inondations, en surmontant de temps en temps les obstacles qui proviennent de cette négligence, en font connaître toutes les tristes conséquences. En effet, en 1800, l'eau, s'échappant à l'est d'Abou-Za'bel, s'est enfoncée fort

---

[1] *Voyez* Joseph, *Histoire des Juifs*, liv. XIII, chap. 6; et *Guerre des Juifs*, liv. VII, chap. 36.

avant dans le désert, et est arrivée, suivant une direction qu'on ne se rappelait pas de lui avoir vu prendre, auprès d'el-Menâyr. Le village de Zaouâmel a de même été tourné par les eaux du canal d'Abou-meneggeh.

Le canal dont je viens d'indiquer le cours à travers la ville du Kaire et près d'Abou-Za'bel, où il est obstrué, qui passe ensuite entre Tell-Yhoudyeh et les ruines situées dans le désert, pour se réunir après à celui d'Abou-meneggeh, est ouvert sur de trop grandes proportions dans quelques-unes de ses parties, ainsi que je l'ai déjà fait remarquer, pour n'avoir été qu'un simple canal d'arrosage : c'était indubitablement, dans l'origine, un canal de navigation. C'est un fait qui paraît constant, et qui ne doit pas être oublié.

Je suivrai désormais le canal d'Abou-meneggeh, dont le cours est bien connu par d'autres mémoires déjà publiés. J'ajouterai seulement à ce qui a été écrit par mes collègues[1], que les différentes parties de ce canal portent des noms distincts. D'après des renseignemens qui m'ont été donnés sur les lieux, ce canal prend successivement les noms d'*Abou-meneggeh*, *Zouk*, *Mersé*, *Ramri*, *Ramel* et *Soudi*. L'étendue de chacune de ces diverses parties ne m'a pas été bien désignée ; mais j'ai retrouvé le nom de *Soudi* à l'entrée de la vallée des *Tomalât*.

[1] *Voyez* le Mémoire de M. Le Père sur le canal des deux Mers, É. M., tome XI, page 37 et suiv. ; celui de M. du Bois-Aymé sur les anciennes branches du Nil et ses embouchures dans la mer, A. M., tome VIII, page 49 et suiv. ; et la Description de la province de Qelyoub par M. Jomard.

Zefteh, près duquel le canal du Kaire se réunit, ainsi que je l'ai dit, à celui d'Abou-meneggeh, est une élévation analogue à Tell-Yhoudyeh, mais moins considérable. Il en est de même de Tell-Gerâd et de Tell-Minyet-Habyb appelé *camp des Romains*, près desquels passe également le canal d'Abou-meneggeh. Ces quatre ruines présentent le même aspect : on y remarque les mêmes constructions en grosses briques; elles sont certainement du même temps.

Le canal se perd dans le sable au village de Choulyeh; mais on en retrouve les traces le long de la route de Belbeys, et il reprend toute sa largeur au village de Gheyteh. On a substitué à la partie qui est envahie par les sables une multitude de petites dérivations, que j'ai indiquées, autant qu'il a été possible, sur la carte[1]. Elles peuvent donner passage à toute l'eau du canal; mais elles ne peuvent porter les barques qui y naviguent, et qui, en conséquence, sont obligées de s'arrêter au-dessus de Choulyeh. Quelques autres dérivations au-dessous de Gheyteh conduisent les eaux près de la grande digue de Belbeys; mais le canal, en faisant des détours très-multipliés, passe à un quart de lieue de cette digue et près de Myt-A'âmel. Il se rend ensuite à Myt-Rabya'h, et près de Tell-Chnyk, où nous avons été obligés de le quitter.

Belbeys ne présentant rien de remarquable, surtout sous le rapport des antiquités, nous ne nous y arrêterons pas : nous poursuivrons notre route le long des traces de l'ancien canal, en laissant à droite la plage

[1] *Voyez* l'Atlas, feuille 24.

très-étendue et peu inclinée à l'horizon qui, à une demi-lieue au-dessus de Belbeys, succède aux collines calcaires.

Nous avons été informés que le canal que nous avions été obligés de quitter près de Tell-Chuyk, se rend à Mehenâ et ensuite à Ba'tyt. Nous l'avons en effet retrouvé près de ce village ; mais nous n'avons pu ni le remonter ni le descendre : nous avons appris seulement qu'il passe près d'A'mryt et de Gezyret el-Soueh.

Une grande dérivation, prise vis-à-vis de Ba'tyt, porte les eaux contre la grande digue de Senykah, en un point où il existait autrefois un pont. C'est un des lieux où l'on coupe quelquefois cette digue, qui ferme entièrement l'entrée de la vallée de l'Ouâdy, lorsque l'on veut y introduire l'eau du Nil. On la coupe aussi quelquefois en un lieu situé un peu au sud du précédent, où il y avait un grand pont d'une seule arche, appelé *Qantarat Aoulad-Seyf*. Les eaux qui proviennent de ces deux coupures se réunissent, après le passage de la digue, dans un canal appelé *Bahr Abou-Ahmed*, par où elles se rendent dans un lac appelé *Birket el-Serygeh*. Ce lac est appuyé sur une seconde digue qui traverse l'Ouâdy, entre A'bhâçeh et Râourny, dans une direction moins oblique, et par conséquent moins longue que la première. Le Birket el-Serygeh reçoit aussi le canal appelé *Bahr el-Baqar*, qui part de la digue de Senykah, en un lieu appelé *Qata' el-Tarbouch*, situé entre Senykah et Mesed. C'est là que l'on coupe le plus ordinairement la digue de Senykah. Les eaux y arrivent par le Bahr el-Tarbouch, ou el-Ramri, lequel tire ses eaux du canal d'Abou-meneggeh, au-dessous de Ba'tyt, par le canal Abou-daffar ou el-Soudi.

Après avoir passé la deuxième digue, qui s'étend d'A'bbâçeh à Râourny, les eaux se réunissent dans un canal qui prend le nom de *Bahr el-Boueb*, ou *Abou-zyr*.

En 1800, toutes les digues ont été renversées ou surmontées par les eaux. Les habitans des villages ne savaient même pas toujours de quel côté leur était venue l'eau qui les environnait. Il paraît que les canaux qui passent près des ruines de Bubaste ont fourni une partie de celles qui remplissaient l'Ouâdy. La petite vallée dans laquelle est situé le village de Cheykh-Nâser, *a vu passer les eaux dans les deux sens,* nous a dit un Arabe dans son langage figuré. Celles du canal d'Abou-meneggeh ont été arroser le territoire de Korâym, et, quelque temps après, les eaux des canaux de Bubaste sont venues refluer dans l'Ouâdy.

Il existe sur la digue de Senykah des établissemens qui ont servi autrefois à la caravane de la Mekke, lorsqu'elle passait, dit-on, par l'Ouâdy. Le Birket el-Serygeh portait alors le nom de *Birket el-Hâggy* (lac des Pélerins). Les voyageurs évitaient Soueys, et se rendaient directement au golfe d'el-A'qabah.

Nous n'avons pu reconnaître en détail le terrain compris entre la digue de Senykah et celle d'A'bbâçeh, l'eau couvrant encore tout ce pays au moment de notre voyage. L'inondation extraordinaire de 1800, dont on n'avait pas eu d'autre exemple depuis plus de trente ans, a rendu l'Ouâdy inculte pendant un an. On n'a pu semer que la lisière de l'inondation, à mesure que les eaux, qui étaient restées dans les parties basses de la vallée, disparaissaient par l'effet de l'imbibition du sol ou de l'évaporation. Les hauteurs du Nil, entièrement favorables à la culture dans l'Ouâdy, ne se présentent guère que tous les cinq ou six ans : quand elles sont trop fortes, elles dévastent tout; et quand elles ne le sont pas assez, les habitans de Tomalât sont obligés d'ouvrir, à main armée, les digues de Senykah et d'A'bbâçeh, afin d'avoir un peu d'eau, qui se maintient quelque temps dans les puits, et suffit à peine à une chétive culture consistant en trèfle, dourah, meloukyeh et bamyeh. On voit que ce misérable canton est tous les ans dans la triste alternative, ou d'être submergé, ou d'être privé d'eau. Il n'en était pas de même lorsque le canal de Soueys était entretenu : il était établi à mi-côte sur le revers septentrional de la vallée; on pouvait donc en tirer à volonté la quantité d'eau nécessaire pour les irrigations, sans avoir besoin de couper les digues de Senykah et d'A'bbâçeh. On remarquera qu'il est très-probable que ces deux digues ont été construites pour maintenir les eaux à un niveau élevé dans un grand bassin irrégulier, où elles pouvaient être mises en réserve, et pour les empêcher de se répandre soit dans les plaines d'Égypte, soit dans l'Ouâdy. La digue de Senykah devait originairement faire suite à celle de Belbeys.

Dans une position qui domine ces deux digues, à deux cents mètres à l'ouest de Râourny, on trouve les ruinès d'une ancienne ville[1]. Cette position me paraît convenir mieux à l'emplacement de *Tohum* ou *Thou*, qu'A'bbâçeh, où l'on n'a pas reconnu de ruines, et d'où elle n'est pas très-éloignée.

A partir de Râourny, l'Ouâdy est bordé au sud par des dunes de sable, qui se prolongent jusqu'à Abou-Nechâbeh : elles ont une lieue de largeur vers ce point. L'autre côté de la vallée est une plage très-unie, couverte de cailloux. La plus grande hauteur d'eau dans la vallée a existé entre A'bbâçeh et Râs el-Ouâdy. D'après le rapport des habitans de Tomalât el-Cheryf, on peut l'évaluer grossièrement à cinq mètres[2] près d'A'bbâçeh. Quand les eaux baissent, les environs d'A'bbâçeh se découvrent d'abord ; les terrains voisins de Râs el-Ouâdy se dessèchent ensuite, et les limites des eaux se resserrent successivement en approchant d'Abou-Nechâbeh, vis-à-vis duquel paraît être le point le plus bas de la vallée.

Au milieu de la partie de la vallée qu'on nomme *Râs el-Ouâdy*, on trouve un monticule sur lequel on remarque les restes d'une enceinte en briques crues, et çà et là des fragmens de grès, de granit, et d'autres traces d'une petite ville abandonnée. Ce monticule, élevé de vingt à vingt-cinq pieds, devait former une île dans le temps où cette vallée était inondée[3].

Une digue, que l'on ne coupe jamais, traverse en cet endroit la vallée. En 1800, elle a été renversée par les

---

[1] *Voyez* le Mémoire sur le canal des deux Mers, É. M., tome XI.
[2] Quinze pieds.
[3] *Voyez* le Mémoire sur le canal des deux Mers, É. M., tome XI, page 37.

eaux, qui se sont répandues vers Râs el-Moyeh, après avoir passé près d'Abou-Khachab, du Mouqfâr, de Saba'-byâr et de Cheykh el-Nedy. Cette extension des eaux est extrêmement rare; on n'en avait pas de souvenir depuis plus de trente ans. L'Ouâdy ou le terrain cultivable de la vallée des *Tomalât* finit à cette digue, ainsi que l'annonce le nom de *Râs el-Ouâdy* : mais la vallée naturelle, celle que les eaux ont suvie en 1800, s'étend bien au-delà.

Abou-Khachab ou Abou-Keycheyd est situé sur le bord de l'ancien canal des deux Mers, au milieu de la vallée, vers les 29° 45′ 50″ de longitude et 30° 32′ 45″ de latitude. Les ruines considérables que les Arabes appellent *Abou-Keycheyd*, et au centre desquelles il existe encore un monument égyptien, ont tous les caractères d'une ville égyptienne. Ce monument, représenté planche 29 du volume v des *Antiquités,* fig. 6, 7 et 8, consiste dans un monolithe de granit rouge, taillé en forme de siége à dossier, sur lequel sont assis, à côté l'un de l'autre, trois personnages égyptiens. Ces personnages sont de grandeur naturelle ou un peu plus, vêtus seulement d'une espèce de caleçon d'étoffe rayée ou plissée, et coiffés de bonnets symboliques. Le monument est encore bien établi d'aplomb sur sa base. Les figures regardent l'orient : elles étaient enfouies jusque sous la poitrine; mais, ayant fait creuser autour, on a pu les voir en entier et les mesurer. M. Févre en a fait le dessin, qui a été gravé planche 29 du volume v des *Antiquités.* Le dossier du siége s'élève au-dessus des têtes des personnages et jusqu'au sommet de leurs bonnets : il est entièrement couvert d'hiéroglyphes, qui forment un tableau régulier et complet. Les deux faces latérales du siége, ainsi que sa face antérieure, entre les jambes des figures et sous leurs pieds, ne sont pas moins richement décorées. On voit encore, sur les buttes de décombres qui couvrent l'ancien emplacement de la ville, beaucoup de gros morceaux de grès semblables à ceux qu'on extrait des carrières de la montagne Rouge près du Kaire, d'où ils semblent provenir. On y voit aussi des blocs de granit et de marbre. Les fragmens portent des hiéroglyphes. On y trouve enfin des restes de constructions en briques cuites et non cuites, des morceaux de verre, etc. Tous ces débris sont semblables à ceux que, dans la basse Égypte, on rencontre à la surface du sol dans les emplacemens des villes détruites.

MM. du Bois-Aymé et Le Père ont placé, avec d'Anville, *Heroopolis* à Abou-Keycheyd : la lecture de leurs mémoires fera connaître les raisons qui les y ont décidés, et que je crois encore devoir admettre, malgré l'opposition de sentimens de M. Rozière, notre collègue, et de M. Gossellin. M. Rozière y voit *Avaris* [1]. M. Gosselin, dont l'opinion est rapportée par M. Le Père dans son Mémoire sur le canal des deux Mers [2], n'y peut reconnaître *Heroopolis*, qu'il persiste à placer près des bords actuels de la mer Rouge.

---

[1] Mémoire sur la géographie et l'ancien état des côtes de la mer Rouge, *A. M.*, tome VI, page 251.
[2] Voyez *É. M.*, tome XI.

A cinq mille mètres à l'est d'Abou-Keycheyd est un lieu désigné sous le nom de *Mouqfâr*, qui veut dire *désert*; il offre des ruines qui ont le caractère d'un établissement public, et qu'on pourrait considérer comme ayant servi de douane ou de poste pour la sûreté de la navigation. Cet établissement, qui est sur la rive nord du canal, a dû être important, à en juger par l'étendue des décombres qui l'avoisinent. Nous y avons trouvé plusieurs blocs de granit, dont un, après avoir été consolidé, a servi de repère dans le nivellement[1]. Les Arabes appellent cet endroit *Mouqfâr be-kimân* (caché par les sables); ce qui se rapporte assez bien à l'état de ces ruines : nous avons conservé ce nom, qui n'est peut-être qu'un qualificatif. On retrouve en ce lieu toutes les fondations d'un vaste bâtiment, qui ne s'élève plus que de quarante à soixante centimètres au-dessus du sol environnant; il est de forme parallélogrammique de $48^m 70$ sur $52^m 60$, construit en briques non cuites. Les dispositions intérieures indiquent des chambres à la manière des okels-karavanserails, ou magasins publics à l'usage des commerçans-voyageurs en Égypte[2]. C'est à l'angle nord-est de ce bâtiment que l'on a placé le bloc de granit dont j'ai parlé, comme ayant servi de repère du nivellement. Le sol environnant est couvert çà et là d'autres vestiges d'anciennes constructions. Ces ruines sont représentées planche 29, figure 5, *Antiquités*, volume v. L'orientation du plan du bâtiment n'est indiquée qu'approximativement.

[1] Voyez *É. M.*, tome xi, page 37.
[2] *Ibid.*

En 1800, l'eau, étant arrivée en grande abondance à Râs el-Ouâdy, ainsi que je l'ai dit plus haut, s'y était étendue sur une superficie considérable, et était montée jusqu'aux feuilles des palmiers des jardins. Ayant tourné ou rompu les digues, elle s'était creusé un lit très-profond, avait rongé les dunes, et coulait avec une vitesse que l'on peut évaluer à quatre pieds par seconde vers le Mouqfâr. Le fond du canal en cet endroit était couvert de 4 pieds 6 pouces 3 lignes d'eau ; et comme il est à 15 pieds 10 pouces 2 lignes au-dessous des hautes marées de la mer Rouge[1], il s'ensuit que les eaux étaient arrivées à 11 pieds 3 pouces 11 lignes du niveau de ces hautes marées. Plus loin, après avoir fait un grand détour, l'eau s'est répandue dans deux grands bassins de sept à huit lieues de tour, qu'elle a remplis. C'est au milieu de ces lagunes formées par les inondations extraordinaires du Nil, à quatorze mille mètres à l'est du Mouqfâr, et à l'extrémité du canal fort large, et de deux cents mètres de longueur, dérivé de celui des deux mers vers l'est, que M. Le Père a judicieusement placé *Thaubastum*, dont Ortélius a dit : *Circa paludes Arabiæ videtur*[2]. A trois mille cinq cents mètres au sud-est de ces ruines est le santon de Cheykh el-Nedy, situé sur une colline, au pied de laquelle les eaux sont arrivées en 1800.

A huit mille deux cents mètres environ au sud-est des ruines de *Thaubastum*, on rencontre un monticule portant à sa sommité des ruines assez remarquables :

---

[1] *Voyez* les cotes du nivellement.
[2] Voyez *E. M.*, tome XI, page 37.

elles consistent dans des débris épars de gros blocs de granit et de grès polis, portant des moulures de corniche qui ont dû appartenir à une rotonde de quinze à vingt pieds de diamètre. C'est là que MM. Le Père et du Bois-Aymé placent avec raison le *Serapeum*, dont il est fait mention dans l'Itinéraire d'Antonin comme station intermédiaire d'*Heroopolis* à *Clysma*[1]. Quelques autres ruines se trouvent au sud-ouest : on y remarque des fragmens de granit, de grès et d'une pierre calcaire, semblable à celle sur laquelle repose le plateau où sont ces ruines. Ce sol calcaire tient à la chaîne de montagnes qui s'étend jusque près de Belbeys. M. du Bois-Aymé y voit les ruines de *Cleopatris*[2], par suite de son opinion sur les anciennes limites de la mer Rouge, opinion assez généralement adoptée.

En quittant ces ruines pour se rendre à Soueys, on traverse les bas-fonds de l'isthme qui ont été décrits plusieurs fois : mes propres observations à ce sujet ont été en partie publiées à la suite de l'Appendice au Mémoire de M. du Bois-Aymé sur les anciennes limites de la mer Rouge[3]. Elles n'ont aucun rapport avec les antiquités; je n'en parlerai point ici.

Sur le bord de ces bas-fonds, à six ou sept lieues de Soueys environ, il existe un ancien monument que j'ai eu l'occasion de voir en 1799, avec MM. Rozière et Alibert.

M. Rozière a publié, dans le tome VIII, *Mémoires d'antiquités*, page 27, une dissertation contenant une

---

[1] Voyez *E. M.*, tome XI.
[2] *Ibid.*
[3] Voyez *É. M.*, t. XVIII, p. 379 et suiv.

description de ce monument, que je rappellerai ici, tant pour ne pas laisser de lacune dans l'exposition générale des antiquités de l'isthme de Soueys, que pour faire connaître en quoi mon opinion diffère de celle de M. Rozière, relativement à la position de ces ruines.

M. Rozière dit : « Le chemin que nous suivîmes, en partant de Soueys, paraît n'avoir été tenu par aucun Européen. Après avoir tourné les lagunes qui terminent la mer Rouge, nous continuâmes de nous diriger au nord, déclinant un peu vers l'est; direction qui, prolongée, doit passer à l'ouest de Qatyeh. » Je pense, au contraire, que nous n'avons pas tourné les lagunes, et que nous nous sommes dirigés tout d'abord vers le nord, notre intention étant de pousser une reconnaissance entre Belbeys et Sâlehyeh. Si nous avions tourné les lagunes, nous aurions immanquablement reconnu les vestiges de l'ancien canal. Ce n'est qu'après avoir vu les ruines dont va parler M. Rozière, que nous sommes descendus dans un vallon, où nous avons trouvé beaucoup de végétation, des campemens d'Arabes et des troupeaux en pâturage. La différence d'opinion qui s'est trouvée entre M. Rozière et moi sur la situation de ces ruines, a empêché de les marquer sur la carte : une nouvelle reconnaissance des lieux aurait levé toutes les difficultés. Nous l'avons tentée avec MM. Le Père et Chabrol l'année suivante, mais sans succès. Il est vrai que nous faisions la route en sens inverse, et que nous allions de Belbeys à Soueys. Cette question est donc encore à résoudre. M. Rozière continue : « Un monticule que nous aperçûmes sur notre gauche, après six heures et demie de marche, excita notre curiosité. Dans l'Égypte, c'est souvent l'indice d'une ancienne ruine. En effet, nous trouvâmes sur son sommet plusieurs blocs équarris, les uns d'un poudingue semblable à celui de la célèbre statue vocale de Memnon, les autres en granit de Syène : ces derniers étaient couverts, non-seulement de caractères tout-à-fait étrangers à ce que nous avions vu jusqu'alors en Égypte, mais encore de diverses sculptures emblématiques, d'un travail comparable à celui des plus beaux monumens de la Thébaïde, mais représentant des sujets tout-à-fait différens.

« Nul doute que ces différens blocs ne soient les restes d'un monument construit sur l'emplacement même.... Le monticule, que recouvrent maintenant les sables du désert, indique évidemment une ancienne construction, et peut recéler d'autres débris intéressans. »

Le détachement auquel nous nous étions réunis pour faire une reconnaissance dans ce désert, ayant une mission militaire et non scientifique, avait continué sa route en s'éloignant de nous, et la nuit approchait. Il devenait impossible de s'arrêter plus long-temps pour dessiner complètement les inscriptions et les bas-reliefs ; on se décida à en détacher quelques fragmens, et à copier quelques caractères qui sont gravés fig. 1, 2, 3 et 4 de la planche 29 du volume v des *Antiquités*.

Un des blocs de granit est décoré, dans sa partie supérieure, du globe ailé dans le style égyptien. Au-dessous est une figure assise d'environ soixante centimètres de proportion, vêtue d'une longue robe qui descend jusqu'à ses talons, telle que l'on en voit dans les bas-reliefs des anciens monumens de Persépolis. La coiffure de ce personnage a de l'analogie avec celle des figures égyptiennes : elle leur ressemble parfaitement dans la partie qui enveloppe la tête; mais sa partie supérieure représente des créneaux. Ce personnage a le menton garni d'une barbe longue et épaisse qui descend sur sa poitrine; il tient à la main un long bâton un peu recourbé vers le haut, que termine une tête de chacal très-allongée : deux figures un peu moins grandes que celle-ci, debout devant elle, semblent lui rendre hommage.

Les inscriptions sont également sculptées sur le granit; leurs caractères sont semblables à ceux qu'on a trouvés sur les ruines de Babylone et de l'ancienne Persépolis, et qui sont connus sous le nom de *caractères persépolitains cunéiformes*. Elles sont très-soigneusement et très-profondément gravées sur un bloc de près d'un mètre de longueur et d'environ soixante centimètres de hauteur, dont elles couvrent en totalité une des faces. Elles sont disposées par colonnes ou bandes, parallèles au plus petit côté de la pierre, larges chacune de six centimètres, longue de soixante, et séparées les unes des autres par des lignes droites, également tracées en creux. Ces sculptures ne sont accompagnées d'aucun hiéroglyphe proprement dit. Voilà tout ce que je puis dire touchant ces ruines intéressantes, qu'il serait bien important de visiter de nouveau, et près desquelles il faudrait faire des fouilles.

A l'extremité du golfe de Soueys et à dix mille mètres au nord de cette ville, existent des ruines qui ont mille mètres environ d'étendue, et qui pourraient être celles d'Arsinoé. La mer, dans les plus grandes marées, remonte encore au pied de ces ruines. Nous avons remarqué sur la plage les traces d'une tranchée qui se dirige du côté des vestiges de l'ancien canal au nord-ouest [1].

Au nord et près de Soueys, il existe un monticule de décombres qui paraît être tout ce qui reste de Qolzoum [2].

De tout temps les navigateurs ont fréquenté le fond du golfe de Soueys; et les lieux voisins de la mer d'où l'on peut tirer de l'eau potable, ont dû être pourvus d'établissemens plus ou moins considérables. Les restes de ces établissemens, que nous avons retrouvés, peuvent appartenir à des temps fort anciens; c'est pourquoi nous en ferons mention ici.

Les fontaines de Moïse, situées à trois lieues au sud-est de Soueys, ont été l'objet des observations de M. Monge, publiées dans le tome XI, *État moderne*, page 555. Il paraît qu'il a existé aux fontaines de Moïse une grande aiguade, dont on ne trouve d'autres vestiges que des parties enterrées, mais qui sont encore considérables. Ils consistent principalement en restes de grands réservoirs construits avec soin, dans lesquels l'eau des sources était amenée par des canaux souterrains, et d'où elle était conduite par un aqueduc

[1] Voyez *É. M.*, tome XI, et l'Atlas, pl. 23.

[2] Voyez l'Atlas, pl. 11, *État moderne*.

de quinze cents mètres de longueur, jusqu'au rivage de la mer. Cet aquéduc est construit en maçonnerie dont le mortier nous a paru mauvais; il est couvert dans toute sa longueur, et suit la pente de la plage. Il est encombré sur les cent premiers mètres, mais le reste est en bon état. A cent vingt-huit mètres de la mer, l'aquéduc se termine entre deux mamelons composés de décombres, qui nous ont paru être les vestiges de l'aiguade proprement dite. On trouvera plus de détails à ce sujet dans le mémoire de M. Monge que nous avons cité, et dans celui de M. Le Père[1]. A quatre cents mètres environ au nord de la dernière source, on trouve un monticule assez considérable, uniquement formé par des débris de jarres et d'autres vases de terre mal venus à la cuisson. Là nous avons reconnu des restes incontestables de fourneaux. Il y a donc eu en cet endroit une grande fabrique de poteries, particulièrement pour les vases propres à embarquer l'eau sur les vaisseaux.

Les eaux de la fontaine de Moïse sont d'une température un peu élevée, bouillonnantes comme par suite d'un dégagement de gaz, et sulfureuses : leur odeur se fait sentir à quelque distance.

A six mille mètres à l'est de Soueys, on voit, en un lieu nommé *Erqedeh*, les traces d'un aquéduc dirigé vers les bords de la mer.

A quatre mille mètres au nord-ouest de Soueys, est Byr-Soueys, que M. du Bois-Aymé croit être *Etham*, ou la seconde station des Hébreux[2]. On y voit deux

---

[1] Voyez *É. M.*, tome XI.   [2] Notice sur le séjour des Hébreux

petites enceintes contiguës, en partie détruites, dont la construction est attribuée au sultan Selym 1er. Au milieu de chacune de ces enceintes est un puits, dont l'eau a un goût désagréable et une forte odeur d'hydrogène sulfuré. On aperçoit au dehors de l'enceinte les vestiges d'un petit aqueduc qui servait autrefois à conduire l'eau du puits vers Soueys.

A quatre lieues au nord de cette ville, est un vieux château-fort, où il y a un puits creusé à deux cent quarante pieds de profondeur. On en tire l'eau au moyen d'une machine à chapelet, qui la verse dans un grand bassin où on la laisse reposer. Ce lieu se nomme *Ageroud* ou *Hadjerot*, et c'est, suivant M. du Bois-Aymé, la troisième station des Hébreux, *Phi-Hahiroth*[1].

A six lieues et demie au sud-ouest de Soueys, sont les sources de Touâreq, situées sur les bords de la mer, au pied de la montagne qui limite au nord la vallée de l'Égarement; les eaux en sont saumâtres : on en trouve toute l'année; seulement elles sont plus ou moins salées suivant la rareté ou la fréquence des pluies. Entre les fontaines de Touâreq et la mer, on voit quelques monticules de décombres, et sur les bords de la mer, des restes de constructions qui paraissent avoir appartenu à une aiguade. Des conduits multipliés et semblables à l'aquéduc des fontaines de Moïse partent de différentes petites buttes pareilles à celle sur

---

en Égypte et sur leur fuite dans le désert, *A. M.*, tome VIII, pages 77 et suivantes.

[1] *Ibid.*

laquelle est la fontaine de Touâreq, et se réunissent dans un espace de cent mètres de longueur, distant de cinq cent vingt mètres de l'aiguade, laquelle était à cent trente mètres de la mer. Cela porte à croire que la fontaine encore existante n'a pas toujours été la seule en cet endroit. A vingt pas de la fontaine, en descendant vers la mer, est un réservoir de vingt mètres sur dix-huit : le mortier de ces constructions est excellent. A deux cents mètres au nord-ouest de la fontaine, on remarque une petite butte sur laquelle on voit des débris d'un fourneau et de poteries de terre demi-vitrifiées, qui indiquent, comme aux fontaines de Moïse, une fabrique de vases à l'usage de la marine.

Au pied de la montagne qui forme l'embouchure de la vallée de l'Égarement, vers le sud, sont quatre fours où l'on fabriquait anciennement la chaux que l'on employait aux constructions de Soueys. Ces fours étaient chauffés au moyen des joncs dont la végétation est entretenue par une source voisine d'eau saumâtre.

La vallée de l'Égarement, qui conduit de Soueys au Kaïre, et que j'ai parcourue deux fois dans des sens différens, ne renferme aucune ruine. Il n'y existe d'eau qu'en un seul point, à Gandely.

Dans le voyage dont je viens de donner la relation, j'ai fait connaître toutes les ruines qui ont été vues dans l'isthme de Soueys : la découverte en est due à des explorations multipliées, nécessitées par des reconnaissances militaires et par les opérations du nivellement du canal des deux Mers. Il n'est pas douteux que de nouveaux voyages n'en fassent connaître d'autres. Ces recherches méritent l'attention des nouveaux voyageurs en Égypte; mais nous leur recommandons surtout les ruines persépolitaines, dont il est important de fixer exactement la position géographique.

CHAPITRE XXV.

DESCRIPTION
DES PRINCIPALES RUINES

SITUÉES

DANS LA PORTION DE L'ANCIEN DELTA

COMPRISE ENTRE LES BRANCHES DE ROSETTE ET DE DAMIETTE,

Par MM. JOLLOIS et DU BOIS-AYMÉ,

Membres de la Commission des sciences et des arts d'Égypte, Ingénieurs des Ponts et Chaussées, Chevaliers de la Légion d'honneur.

Nous avons inséré, parmi les mémoires relatifs à l'Égypte moderne, un écrit où nous avons indiqué toutes les positions des villes anciennes que des courses fréquentes dans le Delta nous ont mis à portée de reconnaître[1]. Quelques-unes de ces ruines, et même quelques villes modernes, renferment des antiquités remarquables, dont il importe de parler avec plus de détails. Nous allons remplir cette tâche dans ce cha-

---

[1] *Voyez* notre Voyage dans le Delta, *É. M.*, tome XV, pages 169 et suivantes, et la carte des anciennes branches du Nil, par M. du Bois-Aymé, *Antiquités-Mémoires*, tome VIII.

pitre, qui sera consacré à décrire les monumens de Bahbeyt, les débris antiques qui se voient à Mehallet el-Kebyr, et les restes de la splendeur de *Saïs*.

§. I. *Monumens de Bahbeyt.*

Bahbeyt est situé au nord de Semennoud, à huit mille six cents mètres de distance de cette dernière ville, et non loin du canal de Ta'bânyeh, qui a son origine dans la branche de Damiette. Une grande enceinte quadrangulaire, de trois cent soixante-deux mètres de long, et de deux cent quarante-un mètres de large, renferme les ruines de l'ancienne ville, situées près de ce village : elle a cinq issues ; savoir, deux à l'ouest, autant au sud, et une seule au nord : elle est formée de briques crues, qui présentaient autrefois un parement bien dressé, mais qui n'offrent plus maintenant qu'une surface inégale et des masses irrégulières. C'est au milieu de cette enceinte que sont amoncelés, dans un espace de quatre-vingts mètres de longueur sur cinquante mètres de largeur, les débris de l'un des plus beaux monumens de l'architecture égyptienne. On n'aperçoit d'abord qu'un amas confus de pierres granitiques de couleurs variées, dont les formes carrées, les angles saillans et les arêtes vives et bien dressées peuvent seuls faire présumer que ces matériaux ont été mis en œuvre; mais, si l'on vient à considérer ces débris de plus près, on reconnaît bientôt des pierres qui ont appartenu au plafond d'un édifice, des architraves, des chapiteaux de colonne, des frises, des corniches, et tous les membres d'architecture d'un temple égyptien. Nous avons mesuré une pierre de plafond de trois mètres quarante centimètres de long, un mètre quarante centimètres de large, et soixante-douze centimètres d'épaisseur. Un scarabée ailé est sculpté sur une de ses faces, et il n'y a point de doute qu'elle n'ait fait partie du soffite de l'entre-colonnement du milieu du portique. Il faut que l'édifice se soit affaissé sous son propre poids, ou qu'il ait été sapé dans ses fondemens, pour ne présenter ainsi, dans ses débris maintenant apparens, que les pierres qui ont fait partie de sa sommité. Nous avons aperçu les restes de huit chapiteaux, et nous ne doutons point qu'en faisant des fouilles on n'en trouvât un plus grand nombre. Ils sont tous composés de têtes d'Isis et semblables à ceux du temple de Denderah[1]; mais ils sont moins ornés et d'une proportion beaucoup moins grande. Cette similitude de forme dans les chapiteaux, l'aspect des autres débris et les sculptures qui les couvrent ne laissent aucun doute sur la grande analogie qui devait exister entre le temple de Bahbeyt et celui de Denderah : c'est pour nous un motif suffisant de comparer les dimensions de quelques membres d'architecture de ces deux édifices, afin d'en tirer des conséquences probables sur l'étendue totale du temple, dont il n'existe plus que des monceaux de ruines. Nous ferons remarquer, par exemple, que la distance entre les extrémités des oreilles est d'un mètre quarante-six centièmes dans le chapi-

---

[1] *Voyez* la planche 29, figure 2, 29 et 30 du temple de Denderah, *A.*, vol. v, et les planches 7, 9, 12, *A.*, vol. iv.

teau de Bahbeyt, et de deux mètres huit centièmes dans le chapiteau de Denderah; que le diamètre des colonnes de Denderah est de deux mètres douze centimètres, et celui des colonnes de Bahbeyt d'un mètre cinquante-deux centimètres. Il résulte de là que l'édifice qui a existé autrefois à Bahbeyt était construit sur des dimensions moins grandes que celles du temple de Denderah, dans le rapport de 5 à 7. Ainsi la façade de son portique devait avoir trente mètres de longueur et dix-huit mètres de profondeur; et le reste du temple n'avait sans doute pas moins de quarante mètres de long sur vingt-cinq mètres de large. Ces dimensions s'accordent d'ailleurs fort bien avec l'étendue occupée maintenant par les débris du monument, répandus sur une superficie de quatre-vingts mètres environ de longueur, et de quarante-cinq à cinquante mètres de largeur.

On voit épars de tous côtés des fragmens couverts d'hiéroglyphes, parmi lesquels on remarque particulièrement des corniches et des frises richement sculptées: une de ces corniches a soixante-onze centimètres de hauteur, et la frise qui est au-dessous a un mètre quatre-vingt-six centimètres. On aperçoit aussi des blocs de granit où sont pratiqués des soupiraux, à travers lesquels la lumière arrivait dans le temple. Chaque soupirail a, dans sa plus grande largeur, un mètre trente-cinq centimètres. Des portions d'escalier ne sont pas loin de là; plusieurs degrés sont taillés dans le même bloc: l'escalier avait une montée fort douce; la forme en était la même que dans les temples de la Thébaïde. La longueur des marches est d'un mètre trente-cinq centimètres. Partout on remarque avec étonnement des surfaces planes exactement dressées, des arêtes vives et droites, et des sculptures extrêmement soignées; travail immense, si l'on considère surtout la dureté de la pierre.

S'il pouvait rester quelques doutes sur la destination de l'édifice et sur la divinité qui y était révérée, ils seraient bientôt levés par l'examen attentif des débris que nous venons de décrire. En effet, les parois tant intérieures qu'extérieures des murs sont couvertes de sculptures divisées en différentes scènes, comme dans les temples de la haute Égypte. On y a représenté principalement des offrandes à Isis, dont la coiffure est formée d'un disque enveloppé des cornes du taureau [1]. Ces sculptures sont séparées, en haut et en bas, par des rangées d'étoiles, et, sur les côtés, par des lignes d'hiéroglyphes. Les frises sont également décorées de têtes d'Isis, et il n'y a de comparables à leur élégance et à leur richesse que les ornemens si gracieux des membres d'architecture analogues du grand temple de Denderah. On retrouve enfin à Bahbeyt, comme à *Tentyris*, la figure d'Isis reproduite partout, et combinée avec des ornemens de l'effet le mieux entendu et le plus agréable.

Les ruines de Bahbeyt nous offraient l'occasion de vérifier si les anciens Égyptiens ont employé dans leurs monumens des colonnes de granit d'un seul morceau; car c'est une chose digne de remarque, que, dans la

---

[1] *Voyez* pl. 29, fig. 3, *A.*, vol. v.

grande quantité de ces colonnes monolithes que l'on retrouve parmi les ruines antiques, aucune ne porte le caractère égyptien[1]. La plupart d'entre elles ont un astragale, ornement tout-à-fait inusité dans l'architecture de l'Égypte. La colonne d'Alexandrie, que l'on appelle improprement du nom de Pompée, puisqu'une inscription qu'on lit sur son fût annonce qu'elle a été érigée en l'honneur de Dioclétien, est elle-même taillée dans le style grec ou romain. Toutes nos recherches dans les ruines de Bahbeyt nous ont confirmés dans l'opinion que les colonnes du temple d'Isis étaient construites par assises, comme celles en grès ou en pierre de *tous* les temples et palais que nous avons vus dans la Thébaïde. Il nous semble que si les Égyptiens en ont usé ainsi, c'est que, dans leur système d'architecture, ils n'ont jamais eu l'idée de considérer une colonne seule comme formant un monument, ainsi que cela est arrivé postérieurement dans l'ancienne Rome et dans l'Europe moderne. Ils ne s'en servaient que pour soutenir les architraves et les pierres énormes qui composaient les plafonds de leurs édifices; et il est naturel, d'après cela, qu'ils n'y aient point mis le même luxe que dans l'érection des statues colossales de leurs divinités, des chapelles où étaient renfermés les objets sacrés de leur culte, et enfin des obélisques élevés en l'honneur des dieux et des héros, monumens qui tous étaient monolithes, et pouvaient être en quelque sorte considérés isolément.

---

[1] Nous avons trouvé de ces sortes de colonnes à Syène, à Hermonthis, à Antinoé, au Kaire, à Alexandrie et dans un grand nom-

Le granit noir forme la plus grande partie des ruines de Bahbeyt; on y voit cependant du granit rouge, dont le poli est extrêmement beau. Quelquefois le même bloc est composé de ces deux espèces de matières.

Les ruines de Bahbeyt présentent un tel désordre et une telle confusion, qu'il est impossible d'en reconnaître le plan primitif. Leur aspect est muet pour celui qui n'a point vu d'édifices semblables à celui dont elles offrent les débris; mais le voyageur qui a parcouru les monumens de la haute Égypte, réédifie facilement par la pensée le temple de Bahbeyt. Il replace les uns sur les autres ces tronçons de colonnes épars, ces chapiteaux à tête d'Isis et leurs dés renversés : il se les représente surmontés de leurs architraves richement décorées, de leurs corniches élégantes, et tout-à-coup apparaît devant lui un temple magnifique. Il entre sous le portique, qui présente six colonnes de front sur quatre de profondeur; il s'avance ensuite dans la salle hypostyle ou le second portique; et, après avoir traversé plusieurs pièces, il pénètre jusque dans le sanctuaire où les dieux rendaient leurs oracles. Ce lieu révéré est entouré de salles mystérieuses consacrées aux principales divinités de l'Égypte, et où l'on découvre des traces de conduits secrets. De ce côté, les prêtres, se dérobant à tous les regards, s'introduisaient dans les souterrains; de cet autre s'échappait la voix redoutable qui faisait entendre la volonté du dieu adoré dans le temple. Sort-on du sanctuaire, on trouve un

bre de mosquées des villes de l'É- antiquités de ces différens lieux, gypte. (*Voyez* les Descriptions des tomes I-V.)

escalier qui conduit sur la terrasse de l'édifice, dont on aperçoit encore mieux alors la construction. On est frappé des dimensions considérables des pierres qui forment les plafonds; et tous ces matériaux, couverts de sculptures d'un fini précieux, sont d'un granit dont les carrières ne se retrouvent qu'à Syène, à plus de cent myriamètres [1] de Bahbeyt, en remontant le fleuve.

Telles sont les importantes ruines que nous avions à décrire, et où l'on doit voir, ainsi que nous l'avons établi ailleurs [2], les restes de la splendeur de la ville d'Isis, dont il est fait mention dans Pline et dans Étienne de Byzance.

§. II. *Antiquités de Mehallet el-Kebyr.*

Mehallet el-Kebyr [3] est situé à trois heures de marche de Semennoud. C'est la capitale de la province de Gharbyeh. Quoique ses édifices soient modernes, elle renferme cependant des monumens qui méritent de fixer l'attention, soit que ces antiquités proviennent d'une ville égyptienne sur les débris de laquelle Mehallet el-Kebyr serait bâtie, soit qu'elles aient été transportées des ruines de la ville d'Isis ou de *Sebennytus* aux endroits où on les voit maintenant. Ces antiquités consistent en un assez grand nombre de fragmens de granit de différentes couleurs, en des blocs de grès siliceux, semblable à celui qu'on extrait de la

---

[1] Deux cent vingt-cinq lieues de vingt-cinq au degré.

[2] Voyage dans l'intérieur du Delta, É. M., tome xv, page 169.

[3] *Voyez* ce que nous rapportons de cette ville dans notre Voyage dans l'intérieur du Delta, É. M., tome xv, page 169.

montagne Rouge aux environs du Kaire, et en quelques pierres cubiques de grès brèche, pareil à celui des statues colossales de la plaine de Thèbes. Ces morceaux, épars dans les rues, ou employés dans la construction des édifices modernes, sont, pour la plupart, sculptés et représentent plusieurs figures en action; espèces de tableaux en bas-relief parfaitement semblables à ceux dont les temples de la haute Égypte sont ornés.

Les mosquées de Mehallet el-Kebyr sont remplies, comme celles du Kaire, de petites colonnes de granit rouge qui ne nous ont nullement paru porter le caractère égyptien. Dans la cour de l'une d'elles, il y a un sarcophage de même matière[1]. Sa longueur est de deux mètres soixante centimètres; et sa hauteur, d'un mètre cinquante-deux centimètres. On a sculpté sur ses faces latérales deux guirlandes suspendues à deux anneaux et séparées par un carré saillant sur le fond : au milieu de chacune d'elles on voit une étoile à six branches. Sur les faces antérieure et postérieure il n'y a qu'une seule guirlande sans étoile. Ce sarcophage annonce assez, par sa forme et ses ornemens, un ouvrage grec qui n'est qu'ébauché. On s'en sert aujourd'hui pour contenir une partie de l'eau nécessaire dans la mosquée aux usages religieux. Auprès de la cour où il est placé, et dans une chambre dépendante d'une fontaine publique plus particulièrement employée aux ablutions, on trouve un autre sarcophage en pierre calcaire[2]. Celui-ci est encastré dans le sol jusqu'à la partie supérieure.

---

[1] *Voyez* la planche 29, fig. 13 et 14, *A*., vol. v.

[2] *Voyez* la même planche, fig. 11 et 12.

Sa longueur est d'un mètre quatre-vingt-seize centimètres. Il a exactement la forme d'une momie : sa partie supérieure offre, en effet, le contour de la tête d'une momie, ainsi que l'élargissement des épaules; et sa partie inférieure, le rapprochement des pieds. Une rainure qui fait tout le tour de cette tombe, était destinée à recevoir un couvercle : car tous les sarcophages étaient fermés; et s'il est rare de retrouver leurs couvercles, c'est que, par une bizarrerie singulière, ces sarcophages, dont l'objet était de garder les dépouilles des morts, sont devenus presque partout des baignoires ou des fontaines employées à conserver la santé des vivans. Par cette nouvelle destination, les couvercles devenus inutiles ont sans doute été détruits. C'était d'ailleurs, lors de la violation des tombeaux, la partie la plus exposée à être brisée. Il nous a été impossible de vérifier si le sarcophage qui nous occupe est décoré d'hiéroglyphes à l'extérieur; mais nous pouvons assurer qu'il n'en contient point dans l'intérieur.

Les marches des escaliers de la mosquée qui renferme les différens objets antiques que nous venons de décrire, sont en granit et couvertes d'hiéroglyphes.

La partie inférieure du minaret d'une autre mosquée de Mehallet el-Kebyr est formée de fragmens antiques en granit rouge. Enfin, dans une troisième mosquée, on voit un monolithe en granit noir [1], semblable à ceux qui existent encore dans les temples de *Philæ*, où l'on sait qu'ils servaient à renfermer l'épervier sacré. Placé au milieu de la mosquée, dans l'endroit destiné

---

[1] *Voyez* la planche 29, fig. 10, *A.*, vol. v.

aux ablutions, ce monolithe est renversé de manière à pouvoir contenir l'eau nécessaire aux usages religieux. Il a un mètre soixante-dix-huit centimètres de hauteur totale, et sa base est un carré de quatre-vingt-douze centimètres. Dans la même mosquée, on aperçoit le dé d'un chapiteau à tête d'Isis qui sert de base à une colonne : il est en granit noir.

Nous avons trouvé dans une des rues de Mehallet el-Kebyr de gros quartiers de granit, et un troisième sarcophage de travail grec, absolument semblable à celui que nous avons décrit. Au coin de la même rue, on voit une espèce de pilastre que nous avions pris au premier aspect pour un ouvrage égyptien, mais qu'après un plus mûr examen nous attribuons, avec beaucoup de vraisemblance, aux Sarrasins. Ce pilastre a un astragale, et son chapiteau est décoré de branches de palmier, dont la forme se rapproche beaucoup des ornemens des chapiteaux du portique de Qaoû el-Kebyr.

§. III. *Ruines de Saïs.*

Les ruines de l'ancienne ville égyptienne de *Saïs* existent près d'un village du nom de *Sâ el-Haggâr*, que l'on rencontre à six mille mètres de distance de l'embouchure du grand canal de Chybyn el-Koum dans la branche de Rosette. L'analogie des noms est déjà une forte présomption en faveur de cette assertion; mais les restes d'antiquités que nous allons décrire, et les divers rapprochemens que nous ferons, la prouveront d'une manière incontestable. Avant d'arriver à Sâ el-Haggâr, nous passâmes, en longeant le canal de Chybyn el-Koum, dans les villages d'Asdymeh et d'el-Nahâryeh, où nous trouvâmes des vestiges d'anciens établissemens, consistant principalement dans des monceaux considérables de briques de grande dimension.

Le village de Sâ el-Haggâr n'a par lui-même aucune importance ; mais il est voisin de ruines anciennes très-considérables. Celles que l'on rencontre d'abord au nord-nord-est, sont deux gros mamelons composés de débris de terre et de briques crues, et recouverts de tessons et de fragmens de poterie. Ces monticules sont maintenant exploités pour fournir des engrais aux champs où l'on ensemence le dourah. Plus loin est une vaste enceinte, construite entièrement en briques crues : elle a une épaisseur de plus de quinze mètres, et elle surpasse en hauteur les plus grands ouvrages du même genre qui existent dans tout le pays, particulièrement dans la haute Égypte. Cette enceinte a huit cent quatre-vingts mètres de long et sept cent vingt mètres de large. Les pluies d'orage, quoique rares dans la contrée, ont cependant laissé des traces de leur écoulement sur ses parties apparentes ; mais les espèces de ravins qui se sont formés n'empêchent point de reconnaître, encore actuellement même, l'ancien parement des murs, et l'on distingue aisément des briques qui ont jusqu'à quarante centimètres de longueur, dix-huit centimètres de largeur et vingt centimètres d'épaisseur. Leur appareil est bien marqué. Au milieu de l'enceinte se trouve un énorme monceau de briques crues, d'où l'on domine toute la plaine environnante. Il est extrêmement probable que ce monticule renfermait autrefois quelque grande construction, un temple peut-être, ou une habitation royale. On n'y voit plus maintenant que quelques pans de murailles; les petites dimensions des briques dont ils sont formés, indiquent assez que ce sont les restes de constructions très-modernes. Presque partout on rencontre des tessons et des débris de poterie, ainsi que nous en avons toujours vu dans les anciennes villes abandonnées. Nous n'avons aperçu à la surface du sol aucun reste remarquable d'architecture; mais, si l'on faisait des fouilles dans les monticules de décombres, il est presque certain que l'on y trouverait des débris de monumens importans. Une mosquée située à peu de distance de l'enceinte renferme des pierres granitiques qui ont sûrement été tirées de cet endroit.

La face occidentale de l'enceinte est située à mille mètres des bords du Nil. L'importance des ruines porte à croire qu'elles ne peuvent avoir appartenu qu'à l'une des anciennes villes les plus considérables du Delta, et il n'y a point de doute qu'il ne faille voir ici, comme nous l'avons annoncé d'abord, les restes de l'ancienne *Saïs*. D'Anville, ayant remarqué, dans la nomenclature moderne de la carte du P. Sicard, un village nommé *Sâ*, fut frappé de l'analogie de ce nom avec celui de *Saïs*, et il en conclut que le village de Sâ existait près de l'emplacement de l'ancienne capitale de l'Égypte inférieure[1]. Nous adoptons entièrement cette opinion, que le géographe français motive seulement

[1] *Voyez* les *Mémoires sur l'Égypte*, page 79.

sur une simple analogie de noms, mais que nous appuyons sur le fait de l'existence des ruines considérables que nous venons de décrire. D'ailleurs le témoignage de Strabon va lever à cet égard toutes les incertitudes. En effet, cet auteur, décrivant le cours du Nil, place au-dessus de la bouche Bolbitine un lieu nommé *Persei specula*[1], puis le mur des Milésiens, et, dans la préfecture Saïtique, la ville de *Naucratis*[2], non loin de *Schedia*. Il parle ensuite de la ville de *Sebennytus*[3], et de *Saïs*, la métropole de l'Égypte inférieure, où Minerve est honorée d'un culte particulier dans un temple qui renfermait le tombeau de Psammitichus. Strabon, après s'être étendu fort au long sur les villes que renferment le littoral et l'intérieur du Delta, décrit le chemin de *Schedia* à *Memphis*[4]. Il parle de plusieurs villages avoisinant le lac *Mareotis*, et au nombre desquels est le bourg de Chabrias. Il place sur le fleuve, *Hermopolis*, aujourd'hui Damanhour; ensuite *Gynæcopolis* et la préfecture Gynécopolitaine. La ville de *Momemphis* et le nome Nitriotique viennent après. A la gauche, en remontant le Nil, et dans le Delta même, il place *Naucratis* sur le bord du fleuve, et il nomme ensuite *Saïs*, qu'il annonce être distante du Nil de

---

[1] Strab. *Geogr.* lib. XVII, p. 801, ed. Lut. Par. 1620.

[2] *Ibid.*

[3] *Ibid.* page 802.

[4] Ἐν ἀριστερᾷ δὲ ἐν τῷ Δέλτα ἐστὶ μὲν τῷ ποταμῷ Ναύκρατις· ἀπὸ δὲ τοῦ ποταμοῦ δίσχοινον διέχουσα ἡ Σάϊς, καὶ μικρὸν ταύτης ὑπερθε τὸ τοῦ Ὀσίριδος ἄσυλον, ἐν ᾧ κεῖσθαι τον Ὄσιριν φασίν.

Ad sinistram verò in ipso Delta et ad fluvium est Naucratis : duobus schœnis à flumine distat Saïs, et paulò supra eam est Osiridis asylum, in quo Osirim jacere arbitrantur. (Strab. *Geograph.* lib. XVII, page 803.)

deux schœnes. Enfin, au-dessus de *Saïs,* il place l'asile d'Osiris, où l'on disait que reposait le corps d'Osiris. Il est impossible, en suivant les indications et la marche de Strabon sur la nouvelle carte de l'Égypte levée par les ingénieurs de l'armée d'Orient, de ne pas reconnaître, près de Sâ el-Haggâr, l'emplacement de l'ancienne *Saïs.* En effet, ce village se trouve à gauche dans le Delta, en remontant le fleuve, et dans une position tout-à-fait semblable à celle qu'indique Strabon. A la vérité, l'enceinte que nous avons décrite est à mille mètres seulement des bords du fleuve, tandis que, suivant Strabon, la distance de *Saïs* au Nil est de deux schœnes ou de cent vingt stades, équivalens à douze mille mètres. Nous convenons que cette partie du témoignage de Strabon est assez difficile à concilier avec la localité : cependant nous devons dire ici qu'ayant parcouru dans tous les sens la partie supérieure du Delta, nous n'avons trouvé nulle part des ruines qui puissent nous faire soupçonner que la capitale de l'Égypte inférieure ait existé ailleurs que dans l'emplacement ci-dessus indiqué. Ne sait-on pas, au reste, qu'un fleuve qui sort chaque année de son lit, ne doit pas conserver des rives invariables? On pourrait encore supposer, avec beaucoup de vraisemblance, que la distance de deux schœnes était celle qui séparait *Saïs* de la ville de *Naucratis :* mais alors il faudrait nécessairement admettre l'altération du texte de Strabon, dont l'invariabilité dans les diverses éditions qu'on en a publiées n'est point, nous l'avouons, favorable à cette opinion.

La ville de *Naucratis* était située, d'après les autorités que nous venons de citer, à peu de distance de *Saïs*, et dans la préfecture Saïtique. Elle était dans le Delta, tout près du Nil. En parcourant le bord oriental de la branche de Rosette pour aller à Rahmânyeh, nous n'avons point trouvé de ces monceaux de décombres et de ces ruines qui indiquent toujours en Égypte l'emplacement des lieux anciennement habités. Mais il n'y a pas de quoi s'en étonner: ce n'est pas la première fois que nous avons en vain cherché l'emplacement d'une ancienne ville grecque. On sait que les Grecs ne bâtissaient point comme les Égyptiens, c'est-à-dire d'une manière durable et qui dût transmettre leurs monumens à la postérité la plus reculée. Il faut d'ailleurs ajouter ici que la ville de *Naucratis*, qui était, d'après Strabon, sur le bord du fleuve, pourrait bien avoir été minée par le courant et avoir en grande partie disparu.

La position respective de *Saïs* et de *Naucratis* donnée par Ptolémée [1] coïncide avec celle qui nous a été conservée par Strabon. En effet, après avoir cité le nome Cabasite et sa capitale *Cabasa*, Ptolémée parle du nome Saïtique, dont la métropole est *Saïs*; et à l'occident de cette ville, sur le grand fleuve, il place *Naucratis*. Nous partageons tout-à-fait l'opinion de d'Anville à l'égard de l'interprétation du texte de Pto-

	Long.	Latit.
[1] *Cabasites nomus et metropolis Cubasa*..........	61° 30′	30° 40′
Saïtes nomus et metropolis Saïs...............	61. 30.	30. 50.
Et apud magnum fluvium ab occasu Naucratis civitas..................................	61. 15.	30. 30.

(Geogr. lib. IV, p. 105 et 106, ed. 1605.)

lémée. Nous pensons, comme lui [1], que *Saïs* et *Naucratis* étaient dans le Delta sur la même rive du fleuve, et que la position occidentale de cette dernière ville était indiquée par rapport à *Saïs* et non par rapport au Nil; ce qu'explique très-bien les détours sinueux du fleuve: mais d'ailleurs Ptolémée, en plaçant *Naucratis* sur le grand fleuve, lève absolument tous les doutes. En effet, la portion de la branche de Rosette sur laquelle se trouvent les ruines de Sâ el-Haggâr, faisait autrefois partie de la branche Canopique [2], dont la déviation vers Canope existait un peu au-dessus du village de Rahmânyeh.

L'asile d'Osiris dont il est fait mention dans Strabon, était probablement situé près du village d'Asdymeh, où nous avons indiqué des vestiges d'anciens établissemens.

Hérodote, sans donner avec précision la position géographique de *Saïs*, parle cependant avec détail de cette ville, qui était, à l'époque de son voyage, une des plus importantes de la basse Égypte. *Saïs* semble avoir été la résidence des derniers rois égyptiens. Apriès y avait un grand et superbe palais [3], et l'on y voyait un temple de Minerve, qui ne le cédait en magnificence à aucun des autres édifices de l'Égypte. Ce temple renfermait, à ce qu'il paraît, le tombeau d'Osiris [4]. Amasis

---

[1] *Voyez* les *Mémoires sur l'Égypte*, page 80.

[2] *Voyez* la Notice de M. Lancret sur la branche Canopique, *A. M.*, tome VIII, page 19; *voyez* aussi le Mémoire de M. du Bois-Aymé sur les anciennes branches du Nil et ses embouchures dans la mer, *ibid.* tome VIII, page 49.

[3] Herod. *Hist.* lib. II, cap. 163.

[4] *Ibid.* cap. 170.

en fit construire le portique[1], qui était vraiment digne d'admiration, et qui surpassait de beaucoup tous les autres ouvrages de ce genre, tant par sa hauteur et par son étendue, que par la qualité et la grandeur des pierres qu'on y avait employées. Ce prince y avait fait placer des statues colossales et des androsphinx d'une hauteur prodigieuse. On voyait aussi à *Saïs* un colosse énorme de soixante-quinze pieds de hauteur[2], semblable à celui qu'Amasis lui-même avait fait ériger à *Memphis* au-devant du temple de Vulcain. Ce roi ne s'était pas seulement borné à la construction du portique; mais il avait fait encore arriver des pierres d'une grosseur démesurée pour réparer le temple[3]. Une partie était sortie des carrières de *Memphis*; le reste avait été tiré de celles de Syène. Au-devant du temple s'élevaient de grands obélisques de pierre[4], et près de ces monolithes on voyait un bassin d'eau stagnante, dont les parois étaient revêtues en pierre, et dont la forme était circulaire[5]. Pendant la nuit on représentait sur le bassin de *Saïs* des scènes mystérieuses relatives à Osiris[6]. L'intérieur du temple de Minerve n'était pas moins remarquable que l'extérieur : la cour ou le péristyle était orné de colonnes en forme de palmiers. A gauche en entrant, et près du temple, était placée dans l'enceinte consacrée à Minerve la tombe d'Apriès. C'est aussi dans cette enceinte que les Saïtes avaient placé les tombes de tous

---

[1] Hérod. *Hist.* lib. II, cap. 175.
[2] *Ibid.* cap. 176.
[3] *Ibid.* cap. 175.
[4] *Ibid.* cap. 170.
[5] Nous avons trouvé de semblables bassins dans toutes les ruines un peu considérables de la haute Égypte, à peu de distance des temples et des palais.
[6] Hérod. *Hist.* lib. II, cap. 171.

SITUÉES DANS L'ANCIEN DELTA.

les rois originaires du nome de *Saïs*, et l'on y voyait encore, en effet, au temps d'Hérodote, le monument d'Amasis, un peu plus éloigné du temple que celui d'Apriès[1]. Mais ce qu'il y avait de plus admirable à *Saïs*, c'est la chapelle monolithe[2] qu'Amasis y avait fait arriver des carièrres d'Éléphantine. Deux mille hommes, tous bateliers, avaient été occupés pendant trois ans à la transporter. Elle avait extérieurement vingt et une coudées de long, quatorze de large, et huit de haut : intérieurement sa longueur était de dix-huit coudées et vingt doigts; sa largeur, de douze coudées; et sa hauteur, de cinq. En prenant pour module de la coudée l'étalon retrouvé dans le nilomètre d'Éléphantine, ce monolithe avait extérieurement onze mètres six centimètres de long, sept mètres trente-huit centimètres de large, et quatre mètres vingt-deux centimètres de haut. Ses dimensions intérieures étaient, en longueur, de neuf mètres quatre-vingt-douze centièmes; en largeur, de six mètres trente-deux centièmes; et en hauteur, de deux mètres six cent trente-cinq millièmes. D'après ces dimensions, le bloc entier du monolithe, tel qu'il a été détaché des rochers granitiques de Syène, était de trois cent quarante-quatre mètres cubes et demi[3], pesant neuf cent quatorze mille huit cent trente-deux kilogrammes[4]; et si l'on en déduit le vide, qui est de cent soixante-cinq mètres et vingt centièmes[5], il restera pour la masse effectivement transportée à *Saïs* cent soixante-dix-neuf

---

[1] Herod. *Hist.* lib. II, cap. 169.
[2] *Ibid.* cap. 175.
[3] 10047,6 pieds cubes.
[4] 1868853 livres, à raison de 186 livres par chaque pied cube.
[5] 4818,85 pieds cubes.

A. D. v.

mètres trente centièmes cubes[1], pesant quatre cent soixante-seize mille soixante-seize kilogrammes[2] : car on ne peut douter que l'évidement du monolithe n'ait été fait sur la carrière même.

Mais que sont devenus tous ces monumens, dont on n'aperçoit sur les lieux aucune trace apparente ? Il est probable que, si l'on faisait des fouilles dans les énormes monceaux de décombres que renferme la grande enceinte de Sâ el-Haggâr, on en retrouverait des débris. Il est même très-vraisemblable que la chapelle monolithe y est enfouie tout entière, et encore intacte : une masse pareille ne pouvait être ni aisément transportée, ni facilement détruite. Il est à croire aussi que les débris des monumens de *Saïs* ont servi à l'embellissement de villes plus modernes, parmi lesquelles il faut particulièrement compter Alexandrie. Quoique l'ancienne métropole du Delta soit presque entièrement ruinée, les dévastations qu'elle a éprouvées sont cependant bien moins considérables encore que celles qui ont fait disparaître *Memphis*, cette seconde capitale de l'Égypte, dont le bouleversement a été tel, que pendant long-temps on a été indécis sur son emplacement.

A un certain jour de l'année, lorsqu'on devait, pendant la nuit, offrir des sacrifices, chaque habitant de Saïs allumait, en plein air, des lampes autour de sa maison. Cette fête s'appelait *la fête des Lampes ardentes*[3]. Les Égyptiens qui ne pouvaient se trouver à Saïs, observaient tous la nuit du sacrifice, et allumaient

---

[1] 5228,75 pieds cubes.
[2] 972547,5 livres.
[3] Herod. *Hist.* lib. ii, cap. 62.

des lampes au-devant de leurs habitations; en sorte que toute l'Égypte se trouvait en même temps illuminée. On apportait une raison sainte de ces illuminations; mais Hérodote ne la donne point. Il est très-probable que cette cérémonie se faisait en l'honneur de la substance pure et lumineuse dont la divinité adorée à *Saïs* sous le nom de *Neith* était l'image.

Si l'on croit les historiens grecs, Cécrops serait originaire de la ville de *Saïs*, et Athènes aurait été fondée par une colonie de Saïtes. Ainsi le souvenir de *Saïs* mérite d'être conservé, non-seulement parce qu'elle a été une des cités les plus florissantes du Delta et les plus remarquables par la somptuosité de ses grands monumens, mais encore parce qu'elle a donné naissance à une ville grecque dont le nom sera à jamais célèbre dans les fastes des arts et de la civilisation.

CHAPITRE XXVI.

DESCRIPTION DES ANTIQUITÉS D'ALEXANDRIE ET DE SES ENVIRONS,

Par M. SAINT-GENIS,

INGÉNIEUR EN CHEF DES PONTS ET CHAUSSÉES.

OBSERVATIONS PRÉLIMINAIRES[*].

ALEXANDRIE est, de toutes les villes remarquables de l'ancienne Égypte, celle dont il reste à-la-fois le plus grand nombre de souvenirs historiques ou de descriptions géographiques, et une très-petite quantité de ruines reconnaissables. Ces deux circonstances, dont le rapprochement nous frappe au premier aspect, sont dues à une même cause, je veux dire l'importance que cette ville et la situation de ses ports ont toujours pré-

---

[*] Les sous-titres en petites capitales et les chiffres entre deux parenthèses ( ) renvoient aux titres et aux chiffres de l'Appendice.

sentée aux maîtres de l'Égypte et au reste du monde civilisé. Alexandrie est devenue par cette raison le siége d'un puissant empire, à une époque où les rapports de commerce, d'amitié, ou de rivalité d'ambition, se multiplièrent entre les peuples voisins de la Méditerranée, de la Grèce et de l'Italie. La culture des sciences, de la philosophie et des lettres, fit alors des progrès rapides, et ces belles connaissances brillèrent ensuite d'un éclat particulier dans la fameuse école d'Alexandrie. L'histoire, qui, dès ce premier moment[1], est parvenue presque sans interruption jusqu'à nous, cessa d'être incomplète ou fabuleuse. Elle nous a donc conservé des traditions multipliées sur cette ville célèbre ; mais les événemens qu'elle nous apprend, et ces mêmes considérations générales que je viens d'indiquer et qu'elle nous retrace, amenèrent en même temps de fréquentes révolutions dans l'existence politique d'Alexandrie. Cette belle proie fut presque toujours l'objet de l'avide ambition des conquérans, et devint, avec la basse Égypte, qui se trouvait comme elle plus à portée des armées de terre et de mer que la Thébaïde, le théâtre de ravages bien plus fréquens, plus longs et plus déplorables que ceux qu'éprouva l'Égypte supérieure. De là ces ruines confuses, ces restes si rares de monumens, et ce bouleversement général du sol, qui semble avoir été agité et retourné dans tous les sens, tandis que nous en retrouvons, pour ainsi dire, les plans géométriques détaillés dans les auteurs anciens.

[1] Époque d'Hérodote, 445 ans avant J.-C. Il lut, cette année, son Histoire devant les Grecs assemblés aux Panathénées, plus d'un siècle

Il résulte de ces faits, que, pour donner une description des *antiquités d'Alexandrie et de ses environs* qui porte avec soi quelque intérêt, et pour ne point laisser perdre à des événemens fameux leur plus curieuse application, celle qui se fait sur les lieux, nous devons dire autant ce que furent ces monumens que ce qu'ils sont aujourd'hui, et quelles vicissitudes ils ont éprouvées. Nous n'oublierons pas cependant que ce n'est point l'histoire d'une ville qu'on nous demande, mais la description de ses ruines, et que les monumens ne doivent être que l'occasion de rappeler les faits. Nous indiquerons ce qu'on voit d'antique (1) sur chaque point du sol d'Alexandrie, ce qu'on y voyait autrefois, et les principaux traits historiques qui s'y rapportent [1].

Pour se faire une idée juste des ruines d'Alexandrie, des beaux monumens qu'elles rappellent, du caractère qu'elles présentent, et des époques marquantes de l'histoire des arts auxquelles on doit les rapporter d'après le style des divers fragmens qu'on y retrouve, il faut nécessairement avoir présent à la pensée un tableau succinct des principales variations survenues dans l'existence de cette ville. Il convient que chaque partie de ce tableau se compose des traits caractéristiques qui la font distinguer dans le cours général des progrès des lumières et de la civilisation. Nous n'avons point l'in-

après la conquête de l'Égypte par Cambyse.

[1] On nous permettra aussi de marquer le théâtre particulier de quelques-uns des événemens importans d'une expédition récente et célèbre qui fait tant d'honneur à la valeur française, et qui laissera autant et de plus beaux souvenirs en Égypte que la plupart de celles qui l'ont précédée

tention de faire une histoire particulière : nous ne voulons que placer, en quelque sorte, Alexandrie et ses antiquités dans la suite des temps.

APERÇU CHRONOLOGIQUE ET GÉNÉRAL SUR ALEXANDRIE.

1ʳᵉ PÉRIODE, DE 1663 ANS, JUSQU'A CAMBYSE.

Les beaux temps de l'Égypte proprement dite ou des divers royaumes successivement formés sur les bords du Nil, et dont Alexandrie est séparée par un désert assez étendu, sont bien antérieurs à la fondation de cette ville. Cette longue suite de siècles pendant lesquels les sciences et plusieurs arts furent portés à un très-haut degré de perfection par les Égyptiens, tandis que le reste du monde le plus connu des anciens était encore barbare, a vu les Éthiopiens franchir les cataractes du Nil et s'établir au nord de ces frontières naturelles. La civilisation de ces contrées, bien plus vieille que les archives de l'histoire profane, s'est étendue progressivement pendant cet intervalle : elle a élevé les monumens dont il subsiste encore de si beaux restes dans la haute Égypte : elle a bâti Memphis vraisemblablement avec les ruines de Thèbes, bien avant qu'Alexandrie ait été construite à son tour des débris de Memphis, ou du moins ait hérité de sa magnificence. Tous ces objets, qui forment la collection d'*antiquités* et la plus grande partie de la *Description de l'Égypte*, sont antérieurs à la création d'Alexandrie. Cette ville, si ancienne pour nous, est donc en quelque sorte une ville moderne relativement aux autres cités égyptiennes.

Suivant la chronologie en usage, mais dont les monumens astronomiques ou des arts du pays ne sont pas les seuls qui tendraient à modifier le système[1], les Pharaons, ou anciens rois de diverses dynasties, régnèrent pendant un espace de 1663 ans, jusqu'à l'année 525 avant l'ère chrétienne, époque où leurs états furent envahis par Cambyse, roi de Perse. Ce conquérant frénétique ravagea l'Égypte, et notamment Memphis, qui en était alors la capitale.

La puissance romaine était à cette époque dans son enfance; le dernier Tarquin allait cesser de régner. Les beaux siècles de la Grèce, qui avaient précédemment reçu des colonies égyptiennes, étaient sur le point de commencer, et les arts y prenaient naissance. Il n'existait sur le sol que devait occuper un jour la magnifique Alexandrie, qu'une misérable bourgade, habitée par des pâtres à demi sauvages (2).

2ᵉ PÉRIODE, DE 193 ANS,
DEPUIS CAMBYSE JUSQU'À ALEXANDRE.

Sous le règne des successeurs de Cambyse, qui ne s'occupèrent point, pendant leur longue et sanglante lutte avec la Grèce, de la position avantageuse de ce

---

[1] Diodore de Sicile compte tantôt dix mille, tantôt vingt-trois mille ans depuis Osiris jusqu'à Alexandre. Hérodote rapporte un nombre de générations de rois tel, qu'il en résulterait une série de onze mille et quelques cents ans.

hameau [1], l'Égypte se souleva fréquemment contre ses nouveaux maîtres, et fut en proie à toutes les horreurs des révolutions. Les arts y demeurèrent dans la langueur. A la gloire militaire que les Grecs acquirent en combattant les Perses, succéda le triomphe plus doux des lettres et de la civilisation ; puis la corruption, qui leur succède souvent aussi, mais sans en être toujours l'effet immédiat ; puis enfin les divisions intestines et l'assujettissement au pouvoir des Macédoniens.

Au moment où l'éclat de l'ancienne Grèce commençait à s'éclipser, Rome, qui devait s'emparer de cette contrée, y puiser toutes les connaissances, et ensuite étendre son pouvoir jusqu'à l'Égypte elle-même, Rome ne brillait pas encore. La nouvelle république était livrée aux agitations qui suivent toujours les changemens de gouvernement. Elle pratiquait les vertus des premiers âges, envoyait des députés à Athènes pour y recueillir des principes de législation que la Grèce elle-même devait à l'Égypte, et elle s'efforçait de maîtriser quelques peuplades ses plus proches voisines ; mais elle n'avait point encore attaqué l'Étrurie.

3ᵉ PÉRIODE, DE 302 ANS,
DEPUIS ALEXANDRE JUSQU'A AUGUSTE.

La monarchie des Perses en Asie fut à son tour renversée par Alexandre, qui s'empara de l'Égypte 332 ans avant J.-C., environ deux siècles après Cambyse.

[1] L'existence des villes de *Marea*, *Momemphis*, et de quelques autres lieux voisins, est seule connue à cette époque.

Le système du monde civilisé fut considérablement changé par ce grand homme, qu'il ne faut pas regarder, malgré ses excès, comme un simple conquérant. Il sentit la nécessité de lier les intérêts de tous les peuples qui composaient son immense empire, de diriger vers un centre commun leurs rapports commerciaux[1], et il choisit pour ce point central une plage nue et stérile, environnée de déserts, mais offrant un bon port, et Alexandrie fut fondée. Elle reçut à juste titre le nom de son illustre fondateur.

Il venait d'achever de soumettre la Grèce; son armée et tout ce qui l'entourait étaient composés d'hommes de cette nation comme lui, et peu à peu l'Égypte devint grecque avec Alexandrie. Elle fut gouvernée par des rois grecs, les Ptolémées, qui en formèrent d'abord un état puissant et embellirent prodigieusement la nouvelle capitale. Cette révolution eut une influence profonde sur toutes les parties de l'administration, et changea considérablement l'aspect du pays. Le goût et les arts de l'Europe polirent ce qui restait de rudesse dans ceux de l'Afrique. Alexandrie fut une ville grecque bâtie avec des matériaux égyptiens; et c'est sous ces traits caractéristiques que nous aurons désormais à considérer ses antiquités.

Pendant cette troisième période de l'histoire d'Égypte, les sciences et les arts, bannis de la Grèce, leur seconde patrie, désormais livrée au premier occupant, revinrent à leur berceau[2], et demeurèrent long-temps réfugiés à Alexandrie. Voilà le moment où cette ville jouit de toute

---

[1] Il venait de détruire Tyr.   [2] Les colonies que les Grecs avaient

la plénitude de sa splendeur, et où presque tous les monumens dont nous nous occuperons retrouveront leur brillante origine. L'Égypte alors était en quelque sorte antique aux yeux des Grecs. Elle était à son tour pour eux une véritable colonie; et semblait exister tout entière dans Alexandrie, qui était devenue la première ville de l'univers.

Rome était encore barbare pendant la plus grande partie de ces trois siècles; mais son ambition et ses armes faisaient des progrès effrayans. Elle ruina Carthage, maîtrisa la Grèce, les Gaules, et commençait à dévorer l'Asie.

4ᵉ PÉRIODE, DE 393 ANS,
DEPUIS AUGUSTE JUSQU'A L'EMPIRE D'ORIENT.

Enfin, tout devait bientôt être écrasé par ce colosse de puissance, et l'Égypte fut réduite par Auguste en province romaine. Cette occupation se fit sans secousse : le vainqueur d'Antoine n'eut besoin que de s'emparer du tombeau de Cléopâtre pour succéder au pouvoir de la dernière fille des Ptolémées. Mais, peu de temps avant cette époque, pendant la guerre de Jules-César, les édifices d'Alexandrie, et notamment la fameuse bibliothèque, avaient éprouvé des ravages et des pertes irréparables. L'école même de cette ville avait déjà perdu une partie de cet éclat qu'elle avait jeté sous les premiers Ptolémées. Néanmoins ces monumens et cette académie se soutinrent pendant la quatrième période, jusqu'au

---

reçues leur donnaient effectivement une origine en quelque sorte égyptienne.

passage de l'Égypte sous la domination des empereurs d'Orient, vers l'an 364, où se fit le partage de l'empire romain; mais Alexandrie n'était plus, à côté de Rome, que la seconde ville du monde.

Le christianisme, né dans le voisinage de l'Égypte, revint s'y propager, après que les empereurs de Rome eurent cessé de le combattre, et que ceux de Constantinople l'eurent hautement protégé depuis Constantin. Plusieurs patriarches et pères de l'Église rendirent l'école chrétienne d'Alexandrie aussi célèbre que son école profane l'avait été et l'était encore.

On voit, pendant ces quatre premiers siècles de notre ère, l'Égypte conquise par Zénobie, reine de Palmyre, en 269; Alexandrie reprise presque aussitôt par Aurélien; plusieurs tyrans s'emparer du pouvoir dans ce malheureux pays, et la ville assiégée et prise de nouveau, en 298, par Dioclétien.

5e PÉRIODE, DE 277 ANS,
DEPUIS LE PARTAGE DE L'EMPIRE JUSQU'A O'MAR.

Cependant le partage de l'empire fut encore assez avantageux à l'Égypte, et, ce qui est désormais une même chose, à Alexandrie; car, tandis que, sous cette cinquième période, qui dura 277 ans, l'empire d'Occident tombait dans la barbarie par l'effet de l'invasion des peuples du Nord[1], les sciences et les arts furent cultivés et conservés à l'Europe par les Grecs, malgré l'apathie des empereurs et les disputes théologiques auxquelles se livrèrent ces princes et les savans de

[1] Il finit en 476, et le royaume d'Italie commence.

l'Orient; et Alexandrie conserva encore un beau rang parmi les villes importantes du monde.

La religion chrétienne s'étendait de plus en plus dans l'Orient et l'Occident, et se fortifiait surtout dans l'église d'Alexandrie. Ses dogmes se consolidèrent par les discussions des conciles et par la poursuite des hérésies[1]. D'innombrables anachorètes, qui s'étaient réfugiés en Égypte pendant les persécutions, continuèrent de peupler les déserts voisins du Nil et ceux de la Thébaïde; des monastères s'élevèrent à Alexandrie et dans les provinces voisines. Mais la haine que les chrétiens devaient naturellement porter à l'idolâtrie égyptienne, les poussa à détruire de toutes parts ce culte, et avec lui les chefs-d'œuvre de l'architecture et de la sculpture qu'on y avait consacrés. Alexandrie fut le principal théâtre des ravages des chrétiens du Bas-Empire : on en voit encore des traces par toute l'Égypte; mais il reste peu d'ouvrages de leur industrie.

Il est donc à remarquer que l'ancienne religion des Égyptiens, et celle des Grecs, qui en dérivait et s'y était de nouveau mêlée, particulièrement sous le règne des Ptolémées et des empereurs romains, ont dû influer au moins autant que la nôtre sur le nombre et le caractère des ruines que nous retrouvons à Alexandrie. Cette triple action s'est fait également sentir sur les mœurs et l'état général du pays. Nous aurons occasion d'en découvrir plusieurs traces dans le cours de cette description.

Peu après ces grands changemens, une des hérésies

[1] Principalement celles d'Arius et de Nestorius.

les plus graves qui aient désolé l'Église naissante, celle d'Eutychès, s'établit sur le siége même d'Alexandrie, s'enracina dans le reste de l'Égypte, remplit sa capitale de troubles et de désordres, et finit par la séparer entièrement de Constantinople et de Rome.

Malgré tous ces bouleversemens et ces agitations[1], le commerce d'Alexandrie fleurit, et la magnificence de cette cité se soutint sous les Ptolémées, les empereurs romains et ceux de Constantinople. C'est, en général, à ces trois périodes qu'il faut rapporter les principaux monumens dont nous aurons à parler.

6ᵉ PÉRIODE, DE 329 ANS,
DEPUIS O'MAR JUSQU'AUX KHALIFES FATÉMITES.

Cette ville perdit sa splendeur et se changea pour nous en une cité moderne, lors de l'invasion de l'Égypte sous O'mar[2], l'un des premiers successeurs de Mahomet, et, par conséquent, à une époque célèbre dans l'histoire du monde, où l'on vit un petit peuple presque inconnu et une religion nouvelle s'emparer de l'Asie, de l'Afrique, et pénétrer ensuite dans la partie la plus occidentale de l'Europe.

Le christianisme fut étouffé en Orient par le mahométisme, qui continua, dans la basse Egypte, le ravage des monumens antiques et religieux, commencé par le premier de ces deux cultes. Alexandrie, qui était encore alors la capitale ou du moins la ville la plus

---

[1] Alexandrie fut encore prise par les Perses en 615.
[2] C'est aussi le terme où, d'après la division adoptée pour la *Description de l'Égypte*, les monumens d'Alexandrie, telle qu'elle existait alors, prennent le nom d'*antiquités*.

importante de tout le pays, essuya de terribles désastres[1], que nous aurons occasion de faire remarquer sur les lieux avec détail. Le vainqueur fonda *Fostât* ou le vieux Kaire, qui rivalisa bientôt avec la cité d'Alexandre et devint le siége du gouvernement. La population d'Alexandrie diminua tous les jours, et son enceinte dut être, dans la suite, considérablement resserrée; plus tard encore, celle-ci fut totalement abandonnée, et la ville moderne portée en entier hors de cette enceinte.

Cependant l'empire d'Orient, qui venait de faire une perte si cruelle, successivement dépouillé depuis cette époque par les Arabes, et réduit à la moitié de son étendue et de sa puissance, se soutenait, et subsista encore pendant huit cents ans. Les petites monarchies qu'avaient formées dans l'Europe occidentale les peuples du Nord, s'agitaient en tous sens depuis deux siècles, se mêlaient et se séparaient alternativement comme les élémens dans le chaos, et préparaient l'état où est parvenue, dans les temps modernes, cette autre portion de l'ancien empire romain. Mais le trône d'Occident n'était pas encore relevé ou recomposé; ses débris épars ne furent rassemblés par Charlemagne que deux cents ans après. Cette partie du monde, qui devait bientôt en être la plus remarquable, était dans une sorte d'enfance ou retombée dans la barbarie. Elle ne faisait point de grand commerce maritime qui lui appartînt en propre; et Alexandrie, quoique déchue en-

[1] Elle fut prise, après un siège de quatorze mois, par A'mrou, général du khalife.

tre les mains des Sarrasins, était encore le centre du riche négoce dont cette nation avait hérité. Cette ville conserva donc une partie de son ancienne importance; elle ne fut pas la dernière à profiter des puissans encouragemens que les khalifes Abbassides, fondateurs de Baghdâd, et surtout le célèbre al-Mâmoun, donnèrent aux sciences; et les monumens arabes succédèrent à ceux de l'architecture grecque. Cependant, vers la fin de cette sixième période de l'histoire d'Alexandrie, l'Égypte secoua le joug des khalifes de Baghdâd [1], et fut gouvernée par leurs lieutenans rebelles pendant environ cent ans.

7ᵉ PÉRIODE, DE 202 ANS,
DEPUIS LES FATÉMITES JUSQU'A SALADIN.

Les khalifes Fâtémites finirent par s'emparer de l'Égypte en 969, et bâtirent le Kaire. Ils accordèrent quelque protection aux sciences, aux arts et au commerce; mais le sort d'Alexandrie s'embellit peu. Le siége du gouvernement s'établit dans leur nouvelle ville, qui devint la capitale de l'empire, plus particulièrement que Fostât [2] ne l'avait été précédemment, et Alexandrie tomba pour jamais au second rang des villes d'Égypte.

Bientôt des relations s'établirent entre l'Europe et le Levant. Les croisades commencèrent une grande révolution dans le monde civilisé [3]. Les deux premières

---

[1] En 868.
[2] Les khalifes Fâtémites résidèrent au Kaire; ceux d'Arabie et de Baghdâd n'avaient eu que des lieutenans en Égypte ou dans Fostât.
[3] La première croisade eut lieu

n'apportèrent pas de grands changemens dans la situation d'Alexandrie jusqu'en 1171 ¹ (3), où l'on voit figurer Salah ed-dyn, ou Saladin, avec le titre nouveau de soultân, ou soudan, comme les Francs l'appelèrent.

8ᵉ PÉRIODE, DE 79 ANS,
DEPUIS SALADIN JUSQU'AUX MAMLOUKS.

Ce prince, chef de la dynastie des Ayoubites et d'une armée de Turcomans et de Curdes, renversa la puissance des Fâtémites et chassa les croisés de la Syrie ². Les croisades se renouvelèrent sans succès ³; celle de saint Louis, quoiqu'elle eût été dirigée particulièrement contre l'Égypte, fut sans effet sur l'état de cette contrée ⁴ : les soudans continuèrent de régner et de siéger au Kaire. Le gouvernement de Saladin, ainsi que celui de ses successeurs, fut assez favorable à l'Égypte; mais Alexandrie y trouva peu d'avantages particuliers. Ces princes fondèrent des académies, à l'exemple de Saladin, qui avait protégé les lettres; et ce fut le Kaire qui jouit principalement du fruit de ces établissemens.

9ᵉ PÉRIODE, DE 267 ANS,
DEPUIS LES MAMLOUKS JUSQU'AUX OTTOMANS.

L'un des derniers de ces soudans forma une troupe d'esclaves étrangers sortis des environs du Caucase. Ces

en 1096; et la seconde, en 1148.
¹ Cependant, s'il faut en croire d'Anville, cette ville soutint encore un siége contre les Francs en 1166 (3).
² Prise de Jérusalem par Saladin et fin du royaume de ce nom en 1187. Troisième croisade.

³ La quatrième croisade sort de Venise en 1202 et prend Constantinople; la cinquième, celle de Saint-Louis, de 1248 à 1250.
⁴ Excepté toutefois la malheureuse Alexandrie. Les Français et les Vénitiens, voyant qu'ils ne pou-

serviteurs firent bientôt la loi à leur maître, et fondèrent, peu après le départ de saint Louis, un gouvernement monstrueux, qui s'est successivement reproduit en Égypte, avec diverses formes, jusqu'à nos jours, sous le nom d'*empire des Mamlouks* : leur chef prit aussi le titre générique de sultan ou commandant.

L'histoire de ce gouvernement, mélange bizarre de démocratie, d'esclavage et de despotisme, ne parle que du Kaire et de la partie de l'Égypte voisine de cette capitale, théâtre des révolutions de chaque jour. On sait seulement qu'Alexandrie conserva quelque importance comme ville de commerce [1], mais non plus comme siége des études. Elle dépérit tous les jours davantage.

A mesure que l'Égypte et son ancienne métropole s'enfonçaient, pour ainsi dire, de plus en plus dans la barbarie, l'Europe en sortait rapidement; les lettres y renaissaient, et, sans parler d'une foule de découvertes importantes qui préparaient l'état où nous sommes aujourd'hui parvenus, je rappellerai seulement celle de la boussole [2], qui influa plus directement sur la destinée d'Alexandrie.

10ᵉ PÉRIODE, DE 299 ANS,
DEPUIS LE SULTAN SELYM JUSQU'A NOS JOURS.

Enfin, ce gouvernement sauvage des Mamlouks fut renversé, en 1517, par une puissance non moins bar-

---

vaient la garder, y mirent le feu en 1250.

[1] Par le moyen des Vénitiens. L'un même de ces sultans mamlouks fit une expédition navale contre les Portugais sur la mer Rouge en 1504, pour tâcher de ramener le commerce en Égypte et à Alexandrie.

[2] En 1302.

bare, qui, du fond des déserts de la haute Asie, vint envahir d'abord la plus belle province qui restait aux empereurs de Constantinople [1]; puis cette capitale elle-même, et enfin l'Egypte. Cette nation succéda en même temps à ce long et faible empire d'Orient et à celui que les Arabes en avaient autrefois séparé. Ainsi la moitié de l'empire romain appartint et elle appartient encore presque tout entière aux Turks. Mais, grâce au pouvoir de la civilisation et du courage animé par l'honneur, les nations européennes arrêtèrent ce torrent et conservèrent l'autre moitié de cet empire, qu'elles s'étaient autrefois partagée.

Sous l'administration ottomane, destructrice de toute prospérité, la ruine d'Alexandrie fit des progrès plus rapides : bientôt il n'exista plus aucune portion de cette ville dans l'enceinte resserrée que les Arabes lui avaient donnée; et les beys mamlouks qui exercèrent le pouvoir, alternativement subordonnés et rebelles au grand-seigneur, achevèrent de la réduire à l'état déplorable dans lequel nous l'avons trouvée.

La découverte du cap de Bonne-Espérance, qui eut lieu vers le commencement de cette époque, concourut puissamment à cette ruine. Elle attira toutes les nations civilisées de l'Europe occidentale dans l'Inde, en détournant leur commerce de la voie d'Alexandrie. Celui de l'Égypte se trouva réduit aux produits de l'Arabie et à quelques-uns de ceux que pouvaient lui expédier les

---

[1] L'Asie mineure, envahie par les Turks à la fin du XIIIe siècle; ils pénétrèrent en Europe au milieu du XIVe. Mahomet II prend Constantinople et met fin à l'empire d'Orient au milieu du XVe.

villes du nord et de l'est de la Méditerranée. Il ne fallait pas moins que cette grande découverte, qui changeait la face du monde connu et ses relations, qu'Alexandre avait si profondément conçues et combinées, pour entraîner la chute complète de l'établissement que ce prince avait formé; tant cet habile fondateur avait bien choisi l'emplacement de sa cité favorite!

RÉSUMÉ.

En reportant ses regards sur le tableau que nous venons de présenter, on remarquera dans l'existence d'Alexandrie, depuis sa fondation, au moment où les villes de la vieille Égypte étaient déjà en décadence ou en ruine, trois périodes brillantes, sous les Macédoniens ou Grecs, sous l'empire de Rome, et sous les empereurs romains devenus grecs et chrétiens; ensuite cinq périodes d'abaissement commençant par une chute brusque, sous les nations musulmanes: khalifes arabes successeurs de Mahomet, khalifes d'Égypte ou Fâtémites, soudans ou Ayoubites, Mamlouks Baharites et Circassiens; et enfin sous les empereurs Turks de Constantinople, servis par les beys et leurs nouveaux Mamlouks. L'invasion féroce, la religion intolérante et le gouvernement stupide des Mahométans, et surtout des trois dernières puissances, ont apporté dans cette ville les changemens les plus considérables, dont ses ruines nous présenteront des traces profondes.

Ces huit époques, renfermant vingt-un siècles et demi, offrent encore ce résultat général, qu'elles ont été accompagnées d'une décroissance continue et plus ou moins lente dans la prospérité d'Alexandrie, sous le rapport du commerce, des arts et des lettres, depuis la première période, ou plutôt depuis les premiers Ptolémées, jusqu'à l'expédition fameuse qui, de nos jours, fut destinée à rendre à l'Égypte, et principalement à cette ville, tous ces titres de leur ancienne gloire.

DIVISION DE CE MÉMOIRE.

Le but de la description des antiquités d'Alexandrie et de ses environs étant de bien faire connaître ses monumens, et ce que fut cette ville dans les temps de sa prospérité, nous avons divisé notre travail en trois parties principales et distinctes; savoir: 1°. *Description des lieux*; 2°. *Considérations générales et historiques*, dans lesquelles nous achèverons de donner une idée de la splendeur et de la puissance d'Alexandrie, et nous tâcherons de découvrir sur le terrain le théâtre de plusieurs grands événemens; 3°. *Recherches et Éclaircissemens*, dans lesquels nous rejetterons, en suivant l'ordre des deux premières parties, les discussions et notes qui en embarrasseraient la marche. Cette troisième partie forme un appendice placé à la suite du mémoire.

DESCRIPTION DES LIEUX.

APERÇU DES RUINES.

Pour se faire une idée générale d'Alexandrie antique, de ses environs, et de l'aspect que présentent ses ruines, il faut jeter les yeux sur la carte où l'on voit ses côtes, ses rades, ses ports, ses anciennes limites et ses dehors [1]. Le voyageur qui vient d'Europe par mer, arrive ordinairement par l'extrémité occidentale de ce plan. La forme excessivement aplatie et monotone d'une côte parfaitement blanche lui permet à peine de reconnaître le sol de l'Égypte, lorsqu'il en est déjà fort près. Un des premiers objets qu'il découvre cependant, celui qui sert utilement à diriger les marins, est la tour dite *des Arabes* [2], élevée sur un emplacement vraisemblablement dépendant de l'ancienne *Taposiris*, et qui avait peut-être la même destination qu'elle a aujourd'hui, de servir de guide aux vaisseaux; on la retrouvera dans la description particulière de cette dernière ville. Bientôt on aperçoit cette colonne remarquable au loin par sa hauteur colossale et son isolement (quoiqu'elle soit derrière la ville), et qu'on appelle vulgairement *colonne de Pompée*. Enfin, on double le cap de l'ancienne *Cher-*

---

[1] Voyez *A.*, vol. v, pl. 31.
[2] Elle est hors et à l'ouest du plan n°. 31.

sonesus, nommée aujourd'hui *le Marabou*, et l'on pénètre, par l'une des passes assez difficiles pour les vaisseaux modernes, dans l'immense rade et bientôt dans le port d'*Eunoste* de l'antique Alexandrie.

Vers le fond de la courbe qu'il forme, s'élève la colline *Rhacotis*. Le port d'Eunoste est fermé au sud-est par l'emplacement du petit port *Kibôtos*, et au nord-ouest par la presqu'île de *Pharos*. Le prolongement de cette langue de terre, et quelques récifs liés entre eux par la nature et par l'art, forment, de l'autre côté, le *grand port*, dont le promontoire de *Lochias* achevait autrefois de resserrer et ne couvre aujourd'hui qu'imparfaitement l'entrée. A peu près au milieu du contour de ce second bassin, on distingue de loin le grand obélisque, qui est encore debout. Ces deux ports principaux étaient séparés par des ouvrages d'art; ils le sont encore aujourd'hui par un atterrissement qui a recouvert ces constructions, et sur lequel est assise la *ville moderne*.

Derrière celle-ci se trouvait la *ville d'Alexandre et des Ptolémées*, dont une partie, comprise dans l'enceinte arabe, est dessinée par un double rang de murailles munies de tours nombreuses. En arrière encore de cette enceinte, s'étendent, vers le sud-est, les décombres de la ville antique : on les retrouve aussi au nord-est, en suivant la côte, après le cap *Lochias*. Bientôt ces monticules s'arrêtent brusquement dans la plaine, et la ligne qui les borne se retourne directement au midi. Une autre ligne à peu près parallèle à celle-ci, et tirée des environs de l'emplacement du port

Kibôtos, limite, au couchant, les ruines de l'ancienne cité.

En parcourant ses *environs*, et commençant par la partie orientale, on découvre l'emplacement de l'antique *Nicopolis*, qui se liait avec Alexandrie par une chaîne continue d'habitations, dont les traces sont surtout remarquables sur l'espèce de crête qui longe la mer. Vers le sud-est de *Nicopolis*, se trouvent les hauteurs de l'ancien bourg d'*Eleusine* [1]. Ensuite, sur une ligne parallèle à la côte de la mer, et qui se dirige de cette extrémité de la carte vers le point d'où nous sommes partis, on rencontre d'abord le *lac Ma'dyeh*, reste de l'ancienne bouche Canopique du Nil, et précédemment séparé du *Mareotis* par une digue qui supportait le *canal amenant les eaux du Nil* à Alexandrie.

En suivant toujours cette ligne, on voit le lac *Mareotis*, aujourd'hui rempli d'eau de la mer par une coupure. Le canal qui suit les contours de ce lac et de l'espèce de plateau que forme le terrain, embrasse les monticules de ruines qui se trouvent vis-à-vis de la ville moderne et de l'enceinte des Arabes, et qui indiquent eux-mêmes le périmètre de la ville antique dans cette partie.

On se rapproche ensuite de la grande colonne placée sur une de ces collines de décombres. En côtoyant le lac *Mareotis* jusqu'à l'extrémité gauche du plan, on remarque quelques petites anses, des *ruines de môles*,

---

[1] Dans un plan d'*Alexandrie restituée*, j'ai placé ce bourg, *A.*, volume v, plus loin vers l'orient qu'il ne l'est dans la planche 31, que nous parcourons ici.

et une côte calcaire percée de carrières et de catacombes, dont une partie formait *Necropolis*, ou la ville des Morts. Cet isthme étroit est coupé vers le milieu de sa longueur par un *canal transversal*, et présente sur son promontoire septentrional le Marabou, et plus loin la tour des Arabes, premier objet que nous ayons aperçu en approchant d'Alexandrie.

Quelques routes peu nombreuses, partant des issues principales de la ville, communiquaient avec l'extérieur et les pays environnans.

Toute la contrée que nous venons d'explorer est d'une nudité, d'une blancheur et d'une aridité extrêmes. Le sol est partout pierreux, salin, et soutenu par une roche calcaire en décomposition et peu élevée. Les parties moins solides de ce terrain ne sont que poussière, sable et décombres. On n'y voit que quelques bouquets épars de palmiers, une grande quantité de lézards errant sur les pierres, peu de débris de monumens qui soient conservés ou passablement reconnaissables; et l'on a d'abord quelque peine à se figurer comment des jardins si délicieux, que l'antiquité nous a décrits, ont pu exister sur un sol aussi ingrat : mais quelques enclos où l'on entretient encore parmi les décombres, à l'aide d'un peu d'arrosement, une misérable végétation, et l'existence des restes des ouvrages qui avaient été faits pour amener des eaux douces à Alexandrie, expliquent ces récits des auteurs anciens.

Malheureusement tous nos dessins, ainsi que le sol lui-même, nous montrent partout des ruines plutôt que des monumens. Otez cette immense colonne et cet obélisque si entier, il ne restera plus que des décombres. Mais leur ensemble ne devient-il pas lui-même un monument important, puisqu'il atteste la caducité, l'inévitable anéantissement des plus puissans empires, et qu'il peut servir à nous en faire découvrir et méditer les causes ?

DIVISION DE LA DESCRIPTION.

Le coup d'œil qu'on vient de jeter sur tout cet ensemble, fournit une division naturelle et méthodique de la description détaillée que nous avons à faire, en deux sections principales : 1°. la ville ; 2°. ses environs. Nous y observerons la même marche qu'on vient de suivre dans cet aperçu général des ruines.

SECTION PREMIÈRE.

Ville d'Alexandrie.

Pour suivre avec une entière clarté la description des antiquités de la ville, il faut considérer alternativement le plan particulier qui montre les ruines qu'on trouve maintenant sur le sol de l'ancienne cité [1] ; la carte générale que nous venons de parcourir, et sur laquelle on a indiqué en partie ce que ces restes furent autrefois, enfin le dessin intitulé *Alexandria restituta* [2], dans lequel nous avons tâché de mettre chaque monument à sa place, d'après l'examen des vestiges comparés aux témoignages des auteurs anciens, afin de donner une

---

[1] Voyez *É. M.*, vol. II, pl. 84.
[2] Voyez *A.*, vol. V, pl. 42.

image la plus fidèle possible d'Alexandrie dans les temps de sa splendeur.

On doit comprendre dans la surface de la *ville antique*, dont nous avons fait apercevoir les contours (entre la mer, *Nicopolis*, Éleusine, le lac *Mareotis* et *Necropolis*), la presqu'île du Phare, les ports, et l'intervalle qui les séparait autrefois comme aujourd'hui. Ces quatre objets principaux faisaient essentiellement partie de l'ancienne Alexandrie, ou des établissemens qui en dépendaient, et auxquels elle devait sa première existence. Leur réunion forme la *partie maritime* de cette ville, ou le §. Ier de cette section ; la partie *intérieure* formera le §. II.

§. I. *Partie maritime.*

RHACOTIS ET AUTRES QUARTIERS.

Un des premiers objets qu'on a pu remarquer en entrant dans Alexandrie par le port Eunoste, est un monticule très-élevé qui le domine, ainsi que tout le territoire environnant. C'est aussi ce point qui fut le premier distingué dans tous les temps, le plus anciennement occupé, et comme *le noyau* de la ville d'Alexandre. Il est naturel de commencer par-là cette description : l'ordre géographique et l'ordre chronologique sont ici d'accord.

On ne trouve point de ruines antiques sur cette espèce de montagne, parce qu'elle a été recouverte de décombres dans les temps modernes (4). Il est vraisemblable cependant qu'on pourrait y en découvrir quelques-unes, si l'on parvenait jusqu'à l'ancien sol; car il n'est pas douteux que ce ne fût là le quartier appelé *Rhacotis*, qui, suivant Strabon, dominait (5) les arsenaux. Or, nous verrons qu'il y avait des arsenaux, de part et d'autre de ce point, dans chacun des deux ports.

Le même auteur[1] raconte que « les anciens rois d'Égypte, contens de leur bien être, et désirant peu l'importation des produits du dehors, avaient la plus grande aversion pour tous les marins étrangers, surtout pour les Grecs, que la misère de leur pays portait à convoiter les richesses des autres contrées et à les piller. C'est pourquoi ils fortifièrent ces lieux, en y mettant une garnison qu'ils logèrent dans un endroit qu'on nommait *Rhacotis*, qui fait, dit-il, maintenant partie d'Alexandrie, et qui était alors un hameau. »

Indépendamment des décombres qui ont exhaussé cet emplacement, il est très-vraisemblable qu'il était déjà élevé naturellement, vu le choix qu'on en avait fait pour un point de défense. S'il n'a pas été conservé comme forteresse, lors de la première fondation d'Alexandrie, il a dû successivement se couvrir de bâtimens civils, et Strabon dit effectivement que ce quartier s'élevait de son temps au-dessus de la mer. L'habitude d'y porter les déblais de la ville moderne vint encore accroître cette éminence au point où nous la voyons aujourd'hui (6).

L'espace qui entourait *Rhacotis*, « fut confié (par

[1] Strab. *Geogr.* lib. xvii.

ces mêmes Pharaons) à des pâtres qui avaient aussi des forces et des moyens pour repousser les étrangers[1]. » Ainsi ce désert, séparé de l'Égypte, était alors habité, comme le sont encore de temps en temps les environs d'Alexandrie, par de misérables tribus (7). Les mœurs et les habitudes des hommes ont aussi peu changé en Orient que la nature des choses et des lieux.

Tel était donc l'emplacement qu'Alexandre choisit pour y fonder une ville de toutes pièces, et qu'il reconnut propre à devenir le centre du monde. Les chétives huttes de *Rhacotis* devinrent un quartier considérable et brillant d'Alexandrie, comme Strabon vient de le dire, et qui conserva long-temps son nom. Ptolémée-l'Astronome désigne la ville même sous les deux dénominations d'*Alexandrie* et de *Rhacotis*. Tacite nous apprend aussi que le temple de Sérapis fut bâti dans le quartier qui se nommait *Rhacotis*. Jablonski[2] assure que les Égyptiens indigènes se servirent pendant long-temps de ce dernier nom et l'ont toujours conservé. Il remarque que les interprètes qobtes du nouveau Testament, toutes les fois qu'il est fait mention d'Alexandrie dans le texte grec, traduisent ce mot par *Rakoti*, et que la même chose s'observe dans les livres d'église qobtes.

Il paraît effectivement qu'il y avait des quartiers distincts dans Alexandrie, et qu'ils se désignaient par les cinq premières lettres de l'alphabet. Nous ne pouvons, sur ce nombre, en marquer que deux avec certitude : celui de *Rhacotis* et le *Bruchion*, que nous verrons dans la suite. Les deux auteurs juifs Philon et Joseph (8)

---

[1] Strab. *Geogr.* lib. xvii.   [2] *Panth. Ægypt.* lib. ii, cap. v.

prétendent que les Juifs avaient donné leur nom à deux quartiers de la ville; mais on n'est certain d'autre chose, sinon qu'une partie de leurs habitations était voisine du bord de la mer et du *Bruchion*, comme nous aurons occasion de le remarquer. Ces divisions d'une si grande ville étaient, au reste, fort étendues, ainsi qu'on peut en juger par leur petit nombre, par la position du *Serapeum*, renfermé, suivant Tacite, dans *Rhacotis*, qui embrassait lui-même tout le voisinage de la mer et la partie gauche du plan de la ville antique; enfin, par la surface de ce même *Bruchion* et des palais, dont nous ferons apprécier l'immensité. Les trois autres quartiers, qui nous sont inconnus, s'étendaient donc en arrière de ces deux premiers, jusque vers le lac *Mareotis*.

PORT D'EUNOSTE.

On ne trouve point d'antiquités remarquables et qui appartiennent spécialement à la marine, dans la partie enfoncée du port vieux qui baigne l'extrémité de l'enceinte arabe et le pied de la ville moderne. Celles que nous verrons plus loin dépendaient et dépendent encore de l'île *Pharos*.

Quoiqu'il soit donc jusqu'à présent assez difficile de déterminer la position des anciens quais du port d'Eunoste, il est à croire qu'ils existaient dans la partie méridionale du port vieux, c'est-à-dire le long de la portion de l'enceinte arabe baignée par la mer. Les sondes, si elles eussent été faites avec plus de détail, et spécialement pour cette recherche, justifieraient plus complètement qu'elles ne le font cette conjecture. Il n'est pas d'ailleurs présumable qu'on ait travaillé à détruire ces vestiges sous l'eau : on devrait donc en trouver quelques-uns. Il reste encore, dans cette partie du port vieux, des débris de maçonnerie qui semblent confirmer ce soupçon. Il est de même probable que les Sarrasins, en resserrant l'enceinte de la ville grecque et abandonnant les parties inhabitées, avaient conservé dans leurs nouvelles limites les objets dont l'usage continuait de leur être nécessaire et le voisinage commode, comme les quais, sur lesquels ils ont dû avancer immédiatement leur clôture; comme aussi le canal ou aquéduc dérivé du Nil, qui débouchait en ce point des murs arabes, et servait aux besoins des établissemens du port et d'aiguade (9) aux vaisseaux.

On trouve cependant une masse de fragmens antiques, mais hors de leur situation primitive, dans le port d'Eunoste : c'est la cale d'embarquement, la seule de cette espèce qui se trouve dans ce port. Elle est composée de troncs de colonne. On rapporte que ces fûts, tirés des ruines de la ville d'Alexandre, comme cela se pratique depuis environ neuf cents ans, avaient été successivement déposés au bord de l'eau pour être transportés en Europe, mais que les Turks en formèrent une jetée indispensable dans cet endroit.

Quoi qu'il en soit, tout le terrain bordant le port d'Eunoste a été tellement travaillé par le temps, par la mer, et par la main des hommes, depuis les premiers ravages qu'Alexandrie a éprouvés jusqu'aux dernières époques où tous les établissemens et la ville moderne elle-même, attirés, comme c'est l'ordinaire, par le voisinage des eaux, s'y sont peu à peu transportés, qu'il doit y rester moins de traces des anciens ouvrages que dans les parties qui ont été le plus tôt et le plus complètement abandonnées. L'inspection des lieux autour de ce port, et surtout l'existence du courant principal de l'ouest à l'est, le long des côtes d'Alexandrie, que nous aurons souvent l'occasion de considérer, prouvent que la mer a empiété dans la région la plus orientale du port vieux. L'effort des vents régnans du nord-ouest a dû concourir à cet effet, et tendre par conséquent à faire ensabler l'emplacement actuel de la ville moderne; de sorte qu'à mesure que l'un de ces agens détruisait une portion des rives du port d'Eunoste, l'autre couvrait la seconde (10). Toutes ces circonstances ont donc contribué à effacer les vestiges de constructions autour de ce bassin ou dans son intérieur.

Strabon décrit parfaitement les ports d'Alexandrie tels qu'ils existaient de son temps. Il dit que « l'entrée de celui d'Eunoste, quoiqu'elle soit peu sûre, ne manque pas néanmoins de certains avantages. » Cette difficulté était cependant moins grande pour la navigation ancienne que pour celle de nos jours, puisque les vaisseaux d'alors tiraient beaucoup moins d'eau que les nôtres (11). Il est donc probable qu'elle provenait du défaut de largeur de cette passe et des habitudes des navigateurs de l'antiquité, qui, à cette époque, venaient plus fréquemment de la Syrie et des côtes orientales de l'Égypte que d'ailleurs, route qui s'opposait à ce qu'ils pénétrassent avec le même vent, par ce passage, dans l'intérieur du port d'Eunoste.

Par ces avantages que le géographe ancien indique et sur lesquels il ne s'étend pas, il faut entendre sans doute la grande profondeur d'eau de ce port, qui permettait aux galères et autres bâtimens plats d'y tenir, sans courir trop de risques du tangage occasioné par les vents auxquels ce havre était trop ouvert. On doit y comprendre aussi l'étendue dont ce port était *susceptible*. Je me sers de cette expression, parce que nous verrons que le *port* proprement dit des anciens était peu vaste, et que c'est le port neuf d'aujourd'hui qu'on qualifiait par l'épithète de *grand*. Un autre avantage que Strabon sous-entend certainement par le mot προνοίας[1], c'est l'abri sûr qu'on devait trouver et dont on jouit encore aujourd'hui dans la partie nord du bassin, sous la presqu'île de *Pharos*, et qui faisait partie ou dépendait de ce que les Alexandrins appelaient *portus Eunosti* (12).

En effet, Strabon dit positivement que l'entrée de l'ouest forme le port. Je pense, d'après cela, que cette passe est celle qu'on a appelée *passe des djermes* dans la carte générale ; que le port d'Eunoste proprement dit était situé immédiatement sous la presqu'île *Pharos*, qui l'abritait en s'étendant le long de l'*Heptastadium*, dont nous parlerons bientôt, et de l'enceinte arabe actuelle, jusqu'à la pointe saillante que forme cette enceinte ; de sorte qu'il était à peu près borné en avant par une ligne tirée de cette pointe vers celle de l'île *Pharos*, aujourd'hui cap des Figuiers, et qu'il était bien

---

[1] Οὐ μὲν τοσαύτης γε δεῖται προνοίας. « Il n'exige cependant pas autant de précaution. » (Lib. XVII.)

loin d'occuper tout cet espace que les modernes appellent *port vieux*. Il ne renfermait donc pas le petit port *Kibôtos*, comme quelques-uns l'ont cru. Il était ouvert de toutes parts, comme on le voit, et se composait, si l'on veut, de toute la partie bien abritée du port vieux actuel, qui n'était pas occupée par le bassin de *Kibôtos* et ses abords (13).

On l'appelait *portus Eunosti*, qui signifie *de bon retour :* était-ce une allusion à quelque événement heureux qui s'y était passé, ou plutôt une dénomination provenant de ce que le commerce de long cours avait, à certaines époques, ses principales habitudes dans les pays de l'Europe situés au nord-ouest d'Alexandrie et de l'Égypte; qu'il en rapportait ses plus riches conquêtes, et que les vents régnans, ou ceux qui étaient les plus rapides et accompagnés des plus beaux temps, conduisaient naturellement dans ce port (14)?

PORT KIBÔTOS.

On ne rencontre pas plus de ruines antiques en parcourant la courbe du port vieux actuel, à la suite du port d'Eunoste, vers le sud-ouest, que nous n'en avons trouvé dans la partie supérieure ou nord de cette courbe : mais on voit un reste d'enfoncement naturel dans son contour, immédiatement après l'angle saillant que forme une des principales masses de constructions de l'enceinte arabe; c'est là très-vraisemblablement qu'était situé le petit port *Kibôtos*. Plusieurs raisons m'engagent à le placer dans cet enfoncement; d'abord, parce que ce bassin était *creusé* de main d'homme, et *fermé*, conditions auxquelles cette position et la nature du sol, partout ailleurs rocailleux, conviennent beaucoup. Cette ligne de rochers qui borde la rade depuis le Marabou jusqu'à Alexandrie, ne se prolonge pas jusqu'à l'enceinte arabe; mais, à quelque distance du massif de tours avancé dans l'eau, elle entre dans la plaine en se dirigeant vers l'est et s'écartant de la mer. De plus, elle forme une vallée arrondie, et elle a une entrée étroite du côté de la rade; de sorte que la portion de côte comprise entre ce point d'inflexion et l'origine que nous avons marquée au port d'Eunoste, de ce côté, est un atterrissement qui, à la vérité, s'est exhaussé par les débris amoncelés depuis, mais qui présentait sans doute le bassin primitif du port *Kibôtos*. On n'aura plus eu qu'à achever de le creuser, et à le fermer par une jetée partant de la saillie des tours et du rocher sur lequel elles sont assises, ainsi que le reste de l'enceinte arabe. Cette clôture a pu aisément être détruite depuis, par suite de l'abandon du port *Kibôtos* et du rétrécissement de la ville par les Arabes, qui trouvaient un port suffisant dans l'Eunoste (15), et par l'effet des courans latéraux et des vagues soulevées par les vents régnans dont nous avons parlé (16). L'excavation dans les terres aura aussi été facilement comblée par les mêmes causes et par les constructions successives d'une ville dont toutes les parties ont été si fréquemment remuées.

On pourrait vraisemblablement découvrir, lorsque la mer est bien calme, quelques vestiges du môle de clôture de *Kibôtos*; car il y a, au pied de la grande tour, un massif de maçonnerie avancé dans l'eau, qui sert actuellement d'embarcadère, et il présente quelques caractères qui permettent de supposer que c'est un reste de l'ancienne jetée (17).

Le nom de *Kibôtos*, qui signifie proprement *coffre*, provenait évidemment de la parfaite clôture de ce port. Il est vraisemblable que c'est de lui que parle Léon d'Afrique sous le nom de *Maza el-Silsili* (darse [1] de la chaîne), parce qu'il se fermait avec une chaîne, comme c'est encore l'usage dans plusieurs ports de la Méditerranée, et à Toulon même, où l'on emploie, pour clore les bassins pendant la nuit, des barres de bois armées de fer (18).

Strabon dit positivement que le canal qui communiquait au lac *Mareotis* aboutissait dans ce port. Il est vrai qu'il ajoute à ce canal l'épithète de *navigable*; et l'on pourrait vouloir en conclure que c'est de l'extrémité du canal du Nil, débouchant dans l'aiguade, qu'il s'agit, et, par conséquent, que le port *Kibôtos* était renfermé dans le croissant des murailles arabes. Mais tout ceci s'expliquera très-bien par l'état actuel des localités, lorsque nous traiterons de ce canal navigable en son véritable lieu (19).

Enfin, notre géographe ajoute que la ville s'étendait un peu au-delà du même canal : or, comme il y a toute apparence que le port *Kibôtos,* qui était clos de toutes parts, ne se trouvait pas plus hors de la ville que la communication navigable, les positions que nous leur avons données se trouvent encore confirmées par cette considération (20).

[1] Bassin.

On ne sait point positivement quel était l'usage (21) de ce petit port, et s'il avait une destination particulière. Strabon nous apprend seulement qu'il avait des arsenaux pour la marine : il était donc d'une assez grande importance. On avait pris la peine de l'approfondir, et ce travail avait dû être assez considérable dans un terrain dont le fond devait être aussi rocailleux que le reste de la côte. Sa communication, d'une part, avec la Méditerranée, et, de l'autre, avec l'intérieur de l'Égypte, par le canal navigable et le lac *Maréotis*, qui étaient le théâtre d'un grand commerce et d'une navigation active, dont *Kibôtos* était le terme, fait présumer l'usage principal de cette darse, et augmente cette importance que nous lui avons soupçonnée. Cependant, on ne voit plus de traces d'une surface aussi considérable, et nous avons été réduits à hésiter sur le choix de son emplacement ; tant les fondemens de la prospérité d'Alexandrie ont disparu !

ÎLE PHAROS.

L'île *Pharos*, qui ferme, du côté du nord-ouest, la vaste enceinte du port vieux, offre une grande quantité de ruines. On y retrouve surtout des vestiges d'anciennes citernes taillées dans le roc et enduites d'un ciment qui s'est bien conservé. Ces citernes sont particulièrement remarquables dans la face abrupte du rocher, sur le bord de la mer, en avant de la côte, en dehors et en dedans du port vieux ; elles se reconnaissent facilement parmi beaucoup d'autres ruines qui règnent le long de la partie occidentale de ce port. Il y en a encore dans les deux écueils situés au-delà du cap des Figuiers, et la plupart sont encore revêtues, dans l'intérieur, d'une couche de ciment. Ces citernes pouvaient aussi bien être alimentées par des canaux tirés du Nil, comme on le verra, que par l'eau des pluies, toujours rares à Alexandrie, quoiqu'elles le soient moins là que dans l'Égypte supérieure.

On trouve encore, dans la partie occidentale de l'île, des restes de catacombes taillées dans le roc; on a levé le plan de quelques-unes. Les parois de ces catacombes avaient été recouvertes, ainsi que leur plafond, d'un enduit sur lequel il y a encore quelques peintures à fresque (22). Celles-ci sont situées plus dans l'intérieur de l'île, et notamment vers cette large saillie qu'elle forme directement au nord-ouest, au milieu environ de sa longueur. Elles présentent plusieurs pièces liées les unes aux autres, et maintenant ensablées en partie. On trouve, dans quelques-unes de ces catacombes, des cavités prismatiques, comme celles que nous verrons plus en détail dans la ville *des Morts*; et en général, les excavations de l'île *Pharos* sont du même genre que celles de la côte de *Necropolis*.

La mer couvre maintenant, dans tout le pourtour de l'île, des restes de maçonnerie; ce qui prouve que son territoire étoit autrefois habité et rempli d'établissemens importans. On y voit en effet un monticule très-remarquable, qui, par sa position, son volume, sa forme, paraît être l'emplacement du bourg dont parle César dans la *Guerre civile*. « Il y avait, dit-il, dans l'île, des maisons égyptiennes et un bourg aussi grand qu'une ville ordinaire ; les habitans étaient dans l'usage de piller en tous lieux, comme font les pirates, tous les navires qui, par imprudence ou par l'effet du mauvais temps, s'écartaient tant soit peu de leur route (23). » Hirtius ajoute, dans *la Guerre d'Alexandrie*, « que cette petite ville du Phare était fortifiée par de hautes tours jointes les unes aux autres (ou qui se touchaient presque), et qui tenaient lieu de rempart (ou murailles continues); enfin, que le genre des édifices qu'elle renfermait n'était pas très-différent de ceux d'Alexandrie. » Toutefois, ces maisons étaient plus basses que celles de la ville d'Alexandre, puisqu'un peu plus loin il ne donne à plusieurs d'entre elles que trente pieds de hauteur. César, s'étant rendu maître de *Pharos*, livra le bourg au pillage, et il paraît qu'il fut ravagé de fond en comble, comme Strabon le dira de toute la presqu'île (24).

On trouve, dans les auteurs anciens, beaucoup de descriptions de l'île *Pharos*; elles sont généralement intéressantes et se rapportent assez bien à l'état des lieux. Nous avons continué de l'appeler indifféremment *île* ou *presqu'île* : on voit en effet et l'on sait que, depuis long-temps, elle est liée à la terre ferme, et même confondue avec elle, par un élargissement formé de dépôts dont nous expliquerons la cause, et sur lequel on a assis la ville moderne.

Homère, le plus ancien de ces auteurs, comme géographe et comme historien (25) aussi bien que comme poëte, fait dire à Ménélas, qui était entré en Égypte, après Pâris et Hélène (26), par la bouche Canopique du Nil, non loin de l'île du Phare, que « dans la mer d'Égypte, vis-à-vis du Nil, il y a une certaine île qu'on appelle *Pharos*; qu'elle est éloignée d'une des embouchures de ce fleuve d'autant de chemin qu'en peut faire en un jour un vaisseau qui a le vent en poupe. »

Ce passage a beaucoup fait travailler les commentateurs, les géographes et les voyageurs. Mais d'abord il faut rabattre beaucoup de la précision mathématique qu'on voudrait attendre d'un poëte : il faut ensuite faire attention que par les mots *vis-à-vis du Nil*, Homère ne peut entendre qu'*en face* ou *à peu près perpendiculairement* au cours général de ce fleuve; ce qui est vrai, en tirant du phare une ligne vers le nord-est, chemin pour aller au Nil. La distance qu'il donne peut se prendre par rapport à toute autre des sept embouchures du fleuve, aussi bien que par rapport à la Canopique, attendu que rien n'indique, dans ce passage d'Homère, qu'il s'agisse de faire un voyage du phare à cette bouche : cette distance peut même être relative à l'intérieur du *Delta*, dont les extrémités, ou les issues du Nil, s'avançaient moins dans la mer au temps de Ménélas et de Protée, c'est-à-dire il y a plus de trois mille ans, en suivant le système de chronologie adopté. Enfin, il faut considérer que la journée de navigation était une mesure conventionnelle assez petite. N'est-il pas vraisemblable que Pline, qui cite cette assertion d'Homère, et qui écrivait dans un siècle où les connaissances géographiques étaient plus généralement répandues, aurait relevé l'erreur si elle eût été choquante? Mais, au contraire, il se sert de la même expression dans la description qu'il donne; il ajoute même une nuit à ce qu'on entend par journée de navigation. Nous trouverons presque partout la même variation dans les valeurs des mesures données par les anciens [1].

Au reste, peu importe la précision plus ou moins parfaite du poëte, pourvu qu'il en résulte que l'île du Phare a peu changé par rapport au sol environnant Alexandrie, et cette vérité importante, qu'elle était avant les temps historiques beaucoup plus éloignée qu'elle ne l'est aujourd'hui du *Delta* ou de l'Égypte proprement dite; pourvu encore qu'elle confirme cette ingénieuse explication de la formation et des progrès de ce *Delta*, connue du père de l'histoire, et qu'il a si bien rendue par cette belle expression : « L'Égypte [2] est un présent du Nil (27). »

Ménélas ajoute : « L'île a un bon port, dans lequel je fus retenu. » Voilà donc le premier et le plus ancien renseignement que nous trouvons sur l'état où était la contrée d'Alexandrie et de *Pharos*, bien avant la fondation de la ville [3]. Il est évident que ce port n'était que l'abri formé au nord-ouest par l'île même, qui faisait, comme nous le verrons, un crochet vers le fort turk qui se trouve aujourd'hui sur ce bord du

---

[1] Cette réflexion ne s'applique pas à la géographie d'Hipparque et d'Ératosthène.

[2] Hérod. *Hist.* lib. II.

[3] Dans notre première période, guerre de Troie, 1184 ans avant J.-C. De plus, Homère peut avoir voulu décrire un état des lieux encore plus antérieur à son voyage en Égypte, et qu'il supposait être celui du temps de Protée et de Ménélas.

port vieux. Il est évident que ce port particulier ne peut être celui des Pharites, port dont nous parlerons plus bas, puisque Ménélas en vante la bonté : or, l'anse des pirates du Phare était assez dangereuse. De plus, Homère parle d'une époque où les deux grands ports n'étaient point encore séparés; et certainement on ne regardait alors comme le véritable havre de ces parages, que la côte méridionale de l'île.

Hérodote, qui voyageait en Égypte[1] à une époque où l'on pensait à peine à la contrée d'Alexandrie, ne parle point de l'île du Phare. Il est néanmoins surprenant qu'il ne rappelle point ce qu'en avait dit Homère, dont il connaissait si bien les ouvrages.

Strabon, qui vient immédiatement après ces deux peintres de l'antiquité, décrit très-bien l'île *Pharos*, « oblongue, voisine du continent, qui forme auprès d'elle un double port par l'effet des sinuosités du rivage, qui présente deux caps avancés dans la mer[2], entre lesquels gît cette île qui s'oppose, suivant sa longueur, à cette mer. » Son grand axe, parfaitement parallèle à la côte, était comme un môle ou une barrière placée en avant contre les vagues du large, et l'on s'aperçoit, d'après cette disposition, qu'il n'y avait plus à établir dans la mer qu'une ligne de séparation intérieure, semblable à celle qui supporte aujourd'hui la ville moderne, pour former deux excellens ports, comme on verra que les anciens le projetèrent sur-le-champ. Quinte-Curce dit même (tant la forme et la si-

---

[1] En 460 avant J.-C.
[2] L'*Acrolochias* à l'est, et *Cher-sonesus* à l'extrémité gauche de la planche 31.

tuation de l'île étaient avantageuses) qu'Alexandre, « à son retour du temple de Jupiter Ammon, ayant examiné la position des lieux entre la mer et le lac *Mareotis*, avait d'abord résolu de bâtir sa nouvelle ville dans l'île même du Phare ; mais qu'ayant remarqué que sa surface ne pouvait pas contenir un grand établissement, il choisit l'emplacement où se trouve maintenant Alexandrie. »

L'île du Phare s'étendait donc autrefois du couchant au levant, à partir de l'extrémité la plus avancée du cap des Figuiers, vers le château actuel du phare. Elle était séparée du continent par un intervalle de neuf cents pas, dont nous parlerons ailleurs. Il est présumable qu'au temps de Strabon le corps de l'île proprement dite se bornait à ce que nous avons indiqué dans l'*Alexandria restituta*. Son prolongement par une suite de rochers qu'on voit en avant de l'anse sablonneuse actuelle, où fut le port des pirates Pharites, et peut-être par la digue aujourd'hui existante jusqu'au château moderne du phare, était vraisemblablement très-étroit. Cette faible barrière a pu être en partie détruite par la mer, qui frappe là avec toute sa violence, et qui n'aura laissé subsister que la ligne de récifs qu'on voit aujourd'hui. Ces roches, avec l'île elle-même et une partie des bancs des passes du port vieux, formait l'ancien sol, dont la masse était encore plus imposante dans les temps antérieurs à Alexandre, et faisait qu'on pensait à y placer une ville (28). « Par la situation qu'Alexandre avait choisie, dit Diodore de Sicile, il avait procuré à sa ville l'avantage d'avoir dans son port l'île du Phare. » Cette île se prolongeait donc très-certainement d'une manière quelconque dans le grand port (29). En effet, l'île tout entière n'est qu'un rocher calcaire arénacé, très-décomposable par l'air et par l'eau, comme l'indiquent principalement le vaste plateau inférieur et les récifs qui l'entourent. Au nord et au sud, la partie supérieure de ses bords est escarpée généralement, et il est aisé d'y remarquer les effets destructifs, soit des pluies, soit de la mer, qui en sapent continuellement le pied. Cependant cette corrosion s'étend à une moindre distance dans le port vieux, parce que cette partie de la presqu'île est à l'abri des vents régnans et des vagues du large. Là le plateau supérieur est formé de tranches verticales ou à demi renversées, comme si cette position résultait d'un éboulement semblable à celui de nos falaises de Normandie. Le sable qui provient de la destruction de la côte extérieure est porté, par les vents d'ouest et de nord-ouest, vers l'extrémité orientale de l'île, derrière laquelle il forme un atterrissement dans la petite baie abritée par les récifs, au nord; et, au sud, dans le fond du port Eunoste. Cette corrosion est surtout remarquable à la pointe occidentale de l'île, qui est coupée à pic et séparée d'un écueil à fleur d'eau qui en faisait autrefois partie. Enfin, les faibles marées de la Méditerranée doivent concourir encore à la destruction de la côte.

Cette baie du nord, qui s'est d'abord agrandie par la rupture de la barre de récifs, puis approfondie par l'action de la mer, et ensuite comblée au point où nous la voyons, ne peut être que le petit port des pirates

Pharites, dont il est question dans l'article 23 de l'Appendice; du moins le récit que fait Hirtius d'une fausse attaque de César, le prouve assez clairement (30).

En parlant de l'île en général, Strabon dit : « De notre temps, César, pendant la guerre d'Alexandrie, dans laquelle cette île prit parti pour ses rois, la ravagea. » Elle était donc, par son étendue, sa population et ses ressources, un objet de quelque importance dans les affaires générales du royaume, et assez considérable par rapport à la grande ville. Il paraît que Strabon veut parler d'un ravage de fond en comble que cette île éprouva; car il ajoute que néanmoins, de son temps encore, c'est-à-dire sous Auguste, ou environ un demi-siècle après la guerre, *quelques marins* habitaient près de la tour du phare, à l'extrémité orientale de l'île. Mais il faut que la ville et les autres établissemens de l'île *Pharos* aient été rétablis peu de temps après Strabon, suivant le texte de Pline, qui attribue à César lui-même l'envoi qui y fut fait d'une colonie pour la repeupler (31).

TOUR DU PHARE.

Autour de l'emplacement où nous reconnaîtrons que se trouvait la fameuse tour du phare, on ne connaît d'autres restes d'antiquités que quelques piliers qu'on aperçoit sous l'eau quand la mer est tranquille, au-dedans de l'entrée du port neuf. Peut-être sont-ce les restes d'une partie des fondations de l'ancien phare, ou de quelques constructions faites en prolongement du plateau sur lequel cet édifice et ses accessoires se trouvaient assis.

C'est en cet endroit, bien clairement indiqué sur les trois planches, et qui supporte le château moderne, qu'était évidemment construit l'ancien phare. Le *promontoire* (oriental) de l'île *Pharos*, dit Strabon, *est un rocher aussi entouré par la mer* que les récifs dons il a été question dans l'article précédent (32). Nous pouvons donc regarder le rocher du phare comme un cap anciennement détaché de la grande île.

Joseph, confondant pour un moment, comme la plupart des auteurs anciens, le rocher du phare avec la grande île *Pharos*, dit « qu'elle supporte la tour du phare, et qu'autour de cette île ont été construits des murs énormes qui brisent la mer et rendent l'entrée du grand port plus difficile et plus périlleuse par son resserrement. » Il est évident qu'on ne peut supposer des constructions aussi considérables qu'autour du *rocher* de la tour; et encore auraient-elles été immenses à cause de la profondeur des eaux qui baignent cet îlot. Les restes apparens de piliers dont il a été question tout-à-l'heure appartenaient peut-être aux fondations de ce revêtement, dont la mer a rongé les bases (33).

La *tour*, suivant Strabon, « était faite de pierre blanche, » exploitée vraisemblablement dans les bancs de la côte, ou dans le rocher même qui lui servait de base (34). « Elle était merveilleusement construite et composée de nombreux étages. » Elle fut effectivement comptée parmi les merveilles du monde. Il paraît que ces étages étaient voûtés. Le géographe de Nubie, auteur qui vivait il y a plus de sept cents ans, parle de cette tour comme d'un édifice qui existait encore de son temps, et donne quelques renseignemens sur la forme qu'elle avait alors. Elle est bâtie de pierres dures, jointes, dit-il, avec des ligatures en plomb, ou plutôt, sans doute, scellées en plomb (35). Elle était assez large dans sa base pour qu'on y eût construit des maisons. Nous verrons que les modernes ont aussi établi des habitations sur ce plateau, ou ont successivement relevé celles que les Grecs y avaient bâties. Quelques commentateurs anciens [1] attestent que la tour était carrée, et le même géographe ajoute que la partie inférieure, qui était fort large.(le soubassement), s'élevait jusqu'à la moitié de la hauteur totale de la tour; que l'étage au-dessus de la première voûte était beaucoup moins large que le précédent, ce qui formait une plate-forme servant de promenoir. Il s'explique d'une manière plus vague sur les étages supérieurs, et dit seulement que les escaliers devenaient moins longs à mesure qu'on s'élevait; ce qui fait présumer que ces étages allaient en diminuant progressivement de hauteur, comme l'indique l'élévation du premier ou du soubassement. Enfin, dit-il, il y avait de toutes parts des fenêtres pour éclairer ces escaliers.

Voilà tout ce que j'ai pu recueillir sur la forme du phare antique [2]; voyons ce qu'on sait sur ses dimensions. Nous ne trouverons pas des renseignemens plus précis ou du moins plus complets; mais ils nous donneront une grande idée de la majesté de l'édifice. Le commentaire de César *de Bello civili*, Pline, Joseph,

---

[1] Isaac Voss. *ad Pomp. Melam.*
[2] *Voyez* cependant l'article 36 de l'Appendice.

et presque tous les auteurs, assurent que c'était une tour extrêmement élevée. Un commentateur[1] de Lucien prétend même que, pour la grandeur, elle pouvait être comparée aux pyramides d'Égypte, et que ses côtés avaient près d'un stade de longueur; ce qui, vu le degré de précision qu'on doit attendre de ces expressions, se rapproche assez de la grandeur de la base ordinaire des pyramides d'Égypte, en prenant le stade olympique, celui de quatre-vingt-quinze toises (36). Mais le rocher actuel du phare, qui n'a que deux cents mètres environ dans son plus grand diamètre, présente à peine une surface suffisante pour contenir une base aussi étendue, sans même la supposer égale à la grande pyramide de Gyzeh, qui a sept cent seize pieds six pouces de côté. Cela donne lieu de présumer que le rocher appelé *le Diamant*, dont les anciens ne parlent pas dans leurs descriptions minutieuses de l'étroite entrée du grand port, tandis qu'il est aujourd'hui fort remarquable, faisait autrefois partie du plateau du phare, dont la mer l'aura peu à peu séparé, ainsi que les trois autres écueils au nord-ouest[2]; cela confirme encore ce que j'ai dit du prolongement de l'île *Pharos* jusqu'au plateau du phare par une chaîne de rocs plus ou moins continue.

Le géographe de Nubie, déjà cité, nous apprend que la hauteur de la tour allait jusqu'à trois cents coudées ou cent statures; ce qui se rapproche encore passablement de celle de la grande pyramide, que les Français ont trouvée de cent trente-huit mètres, ou

[1] Isaac Voss. *ad Pomp. Melam.*   [2] Planche 84.

quatre cent vingt-un pieds neuf pouces huit lignes. Au surplus, toutes les mesures que fournissent les auteurs anciens sont rarement précises; je ne les cite ordinairement ici que pour donner une idée des dimensions des objets (37).

L'un des commentateurs anciens dont j'ai parlé, prétend que, du sommet du phare, on découvrait jusqu'à cent milles[1] en mer; et Joseph, que « ses feux éclairaient les navigateurs jusqu'à trois cents stades, afin que, du plus loin possible, ils prévissent les dangers de l'approche. » Tous ces renseignemens anciens sont encore vagues et incohérens. On en trouve chez les modernes beaucoup d'autres de cette espèce et de bien plus exagérés. Il suffit, pour se faire une idée assez approchée de l'effet que produisait la lumière du phare, de dire que, d'après la courbure de la mer à cette latitude, et en supposant à la tour quatre cents pieds d'élévation, on pouvait l'apercevoir à vingt mille huit cent soixante-huit toises de distance; reste à savoir maintenant si, dans un état ordinaire de l'air, l'œil peut découvrir un feu terrestre d'aussi loin (38).

Il résulte de tout ce que nous venons de voir, que le phare était destiné à recevoir des feux pour éclairer pendant la nuit les navires qui abordaient aux ports d'Alexandrie. Tous les auteurs anciens sont d'accord avec les voyageurs modernes sur la difficulté des entrées de ces bassins, comme nous le verrons encore à l'article du grand port, et aussi sur les dangers que présentait toute la plage des environs.

[1] Environ trente lieues.

Nous avons dit que, du temps d'Homère, bien avant qu'il y eût à Alexandrie tour ou fanal, l'île s'appelait *Pharos.* Le phare (*pharus*) a pris, selon tous les témoignages, le nom du lieu sur lequel il était bâti. Ce nom devint générique à cause de la beauté du monument, et servit à désigner ceux même qui existaient auparavant, comme les tours du promontoire de Sigée, du Pirée d'Athènes, etc. : mais celles-ci étaient d'une structure fort simple. Il paraît que la tour d'Alexandrie servit de type aux autres phares construits dans la suite, tels que celui de Caprée, et notamment celui d'Ostie, dont on atteste la ressemblance avec ce nouveau modèle (39).

Pline achève de nous faire concevoir la grandeur, la beauté et l'importance de ce monument, en nous disant que la tour avait coûté 800 talens (2400000 fr., en évaluant le talent à mille écus) (40), et que le roi Ptolémée (Philadelphe) avait permis à l'architecte d'y inscrire son nom. Strabon rapporte textuellement l'inscription, en disant que « Sostrate de Cnide, *ami des rois*, avait placé cette tour pour le salut des navigateurs; ce qui est indiqué, poursuit-il, par l'inscription suivante : *Sostrate de Cnide, fils de Dexiphane, aux dieux conservateurs, pour les navigateurs.* » Lucien a accrédité un trait de supercherie de la part de l'architecte. Sostrate fit graver, dit-il, d'une manière durable, l'inscription qui portait son nom à la postérité, et le couvrit d'un enduit sur lequel il écrivit celui du roi : les injures du temps détruisirent à la longue cet enduit, et ne laissèrent voir que le nom de l'architecte. Il paraît que ce conte avait été imaginé pour expliquer comment il avait pu se faire que Philadelphe, si grand dans ses entreprises, et qui avait attaché son nom à plusieurs d'entre elles, eût consenti à ce qu'il n'entrât pas même dans l'inscription d'un monument si glorieux. Cependant l'inscription existait, telle que nous la donnons, du temps de Strabon et de Pline : est-il vraisemblable que, si les successeurs du second Ptolémée, amis de la gloire de leurs ancêtres, s'étaient aperçus, comme cela ne pouvait manquer d'arriver, que ce changement de nom fût le résultat même très-lent d'une ancienne fourberie, ils n'eussent pas au moins fait ajouter le nom de *Philadelphe* à celui de *Sostrate* ? Il est donc plus simple de supposer que le prince avait autorisé son architecte, dont il était satisfait, à graver l'inscription telle qu'on la rapporte, renonçant, pour quelque motif que nous ignorons, à y placer son nom (41).

Il est difficile de suivre sans interruption et sans incertitude les traces de l'existence de ce grand monument pendant toute la suite des temps. Tout ce que nous savons, après ce que nous a assuré le géographe de Nubie il y a sept cents ans, c'est que le phare de Sostrate subsistait encore au XIIIe siècle, à en juger d'après Abou-l-fedâ, prince et géographe syrien, qui régnait et écrivait en 1320; par conséquent, les soudans d'Égypte, descendans de Saladin, ne l'avaient point encore détruit : mais au XVe siècle il n'existait plus, et l'on avait déjà construit le phare actuel. Il n'y a pas de doute que celui-ci n'occupe le même îlot ou promontoire sur lequel était placée la tour des Ptolémées, et il faut supposer, d'après ce qui précède, et jusqu'à ce qu'on ait découvert des renseignemens plus précis, que ce sont les Mamlouks Baharites qui ont élevé le château moderne sur les ruines de la tour antique (42).

DIGUE DU PHARE.

On trouve une grande quantité de débris antiques fort remarquables employés en fondations d'une digue, entre la presqu'île actuelle du phare et le rocher que nous quittons. Le corps de cette digue est supporté par un enrochement qui présente un large empatement. Il est composé de tronçons de colonnes de granit, de marbre, de pierre numismale et autres matériaux, restes de l'ancienne Alexandrie (43). On y voit de beaux fûts entiers de ce granit oriental si répandu dans la haute Égypte : on remarque même, dans la partie supérieure, des chapiteaux à boutons de lotus tronqués, en granit; chose qu'on n'a pas vue ailleurs. Ils sont placés avec des tronçons de colonnes dans le chemin couvert de la digue. Parmi les nombreux blocs de pierre et de granit qui ont été jetés au pied pour arrêter l'effort des flots qui battent avec fracas du côté de la pleine mer, on reconnaît que beaucoup de fûts et de portions de colonnes sont de forme grecque. Nous remarquerons, en parlant de la colonne dite *de Pompée*, qu'il ne paraît pas que les Grecs aient fait de ces exploitations de granit *en masses colossales*, à la manière des anciens Égyptiens; mais on reconnaît qu'ils ont pu extraire des carrières les colonnes de dimensions ordinaires que nous voyons, ou qu'ils ont retouché presque tous les débris de Memphis et des autres villes abandonnées de l'Égypte supérieure (44). On voit, dans un autre endroit, un fragment de triglyphe en granit noir et un morceau de corniche assez bien conservé. Aussi ne peut-on douter, non-seulement que les Grecs n'aient façonné la plus grande partie de ces colonnes de granit qu'on trouve dans les ruines d'Alexandrie, mais aussi qu'ils n'aient été dans l'usage d'exécuter dans les édifices de cette ville les autres membres d'architecture avec la même matière. (Quelle richesse et quelle solidité ne devait-il pas en résulter!) Toutes ces assertions sont confirmées par la petite quantité de granit qu'ils ont laissée dans les monumens des anciens Égyptiens : or, on sait que ceux-ci le prodiguaient beaucoup dans leurs constructions, puisqu'ils en avaient revêtu l'une des trois grandes pyramides de Gyzeh (45).

Nous avons démontré qu'il n'y avait dans l'antiquité aucune grande construction sur l'emplacement de la digue, et que la ligne de rochers formait, à une certaine époque, une communication continue avec le plateau du phare. Lorsqu'elle s'est interrompue ou simplement détériorée, les anciens ont bien pu y faire quelques enrochemens pour continuer d'aboutir par terre et plus commodément au phare (quoique des géographes nous aient quelquefois peint le plateau du phare comme un îlot parfait) : mais leurs travaux ont dû se borner là; et encore leurs enrochemens étaient-ils placés sur la ligne même des récifs, bien en avant de la digue actuelle : car ils n'ont certainement pas fait les fondations grossières de cette jetée; ils en ont seulement fourni l'idée (46).

La digue actuelle est donc moderne; et ce qui achève de le prouver, c'est la manière barbare dont plusieurs des beaux restes d'antiquité que nous venons d'indiquer y sont employés. Les fûts de colonne sont couchés horizontalement et en travers, pour faire masse dans les enrochemens et liaison dans la partie supérieure des fondations de la jetée. Il serait naturel de rapporter sa construction à peu près à l'époque où le château actuel du phare fut bâti : or, on a vu que celui-ci l'était déjà en 1517, lors de la conquête des Turks; mais la destruction du prolongement naturel de l'île, et la nécessité de jeter une digue en arrière, ont pu avoir lieu plus tôt. On sait enfin que les murs de l'enceinte arabe, où nous verrons des colonnes horizontales, furent élevés vers 875. Il faut donc ranger la formation de la digue dans cet intervalle d'environ six cent quarante ans (47), et attribuer aux Arabes de la fin du IXe siècle ce système bizarre de construction, qui consiste à employer horizontalement des colonnes dans les murs, et que nous retrouverons fréquemment dans les ruines d'Alexandrie.

HEPTASTADIUM.
EMPLACEMENT DE LA VILLE MODERNE.

La ville moderne, située, comme on le voit, sur une langue de terre entre les deux ports, a couvert toutes les antiquités qui se trouvaient sur son emplacement. D'ailleurs, il n'y avait là qu'un monument principal, et il était de nature à pouvoir être complètement caché, et par les atterrissemens que nous y voyons, et par une ville qui les recouvre encore eux-mêmes : c'est le môle appelé *Heptastadium*. On ne peut donc en retrouver le moindre vestige ; il y a même quelques incertitudes sur la véritable position de cette énorme masse : nous dissiperons celles qui régnaient sur sa direction.

Strabon appelle cette digue ou levée une espèce de pont qui se *dirigeait* du continent *vers* la partie *occidentale* de l'île *Pharos*. Quelques auteurs recommandables, et notamment le judicieux d'Anville, ont pensé qu'il y avait erreur dans ce passage, et que Strabon aurait dû dire que l'*Heptastadium* joignait l'île à l'occident de la tour du phare, et non pas à *l'extrémité occidentale de l'île*. Mais ce n'est point ce que dit Strabon. *Dirigé* vers la partie occidentale, ne signifie pas que le môle *touchait* cette extrémité. Au reste, la position du bourg du Phare et des autres monticules plus rapprochés de la ville (monticules qui prouvent que l'île formait, de ce côté, un crochet ou pointe occidentale par rapport au cap oriental de la tour) permettrait encore de supposer, comme d'Anville, que l'*Heptastadium joignait* l'île en ce point auquel nous rattacherons effectivement ce môle. Mais, dans tous les cas, on ne pourra jamais supposer à cette digue une *direction* contraire à celle que j'ai adoptée. Toutes les autorités que nous avons vues et celles que je citerai encore concernant les deux principaux ports d'Alexandrie, l'île *Pharos* et leurs alentours, enfin, la description de l'*Heptastadium* lui-même, seront d'accord pour confirmer cette direction (48).

Le même Strabon dit, en parlant de ces deux ports : « Ils se prolongent *chacun* dans l'enfoncement formé par l'*Heptastadium*, chaussée de sept stades de longueur, qui les sépare (49). » Il explique le sens de la dénomination de *pont* qu'il a donnée à la digue, en ajoutant « qu'elle laissait seulement deux entrées navigables du grand port dans l'Eunoste. » On voit, par les détails de la guerre de César, que ces deux passages étaient, l'un, à une extrémité du môle, près de la ville d'Alexandrie, et l'autre, à l'extrémité opposée, près de l'île *Pharos*. Cette communication avait l'avantage de permettre aux vaisseaux l'entrée et la sortie d'Alexandrie presqu'en tout temps, vu la différence des vents propres aux passages des deux ports principaux. Remarquez cependant que Strabon ne définit ces deux ouvertures que comme donnant principalement entrée dans le port d'Eunoste. C'est parce que le grand port était alors le plus important, le port par excellence, et que l'Eunoste n'était considéré que comme une de ses dépendances. Il paraît encore, d'après cela, qu'on entrait ordinairement dans le port d'Eunoste en passant d'abord par le grand port, à cause de la difficulté des passes du premier, dont Strabon nous a avertis. Ces deux canaux navigables, continue-t-il, étaient joints par un pont ; c'est-à-dire qu'on avait jeté sur ces ouvertures, pratiquées dans toute la largeur de la base du môle, et, par conséquent, aussi longues que cette largeur, une voûte plus étroite que le corps de la digue, ou même que son dessus, puisqu'il regarde cette espèce de pont comme un ouvrage distinct du môle. D'autres auteurs de l'antiquité appellent aussi l'*Heptastadium* un pont. Effectivement, les massifs du milieu et des extrémités de cette digue pouvaient être considérés, l'un, comme une très-large pile intermédiaire, et les autres, comme des culées (50).

Nous verrons, dans *la Guerre d'Alexandrie*, que Jules César fit fortifier une espèce de château qui était à la tête du pont le plus proche de l'île *Pharos*. Hirtius ajoute que la tête de l'autre pont, *près* de la ville, était mieux fortifiée, et qu'il y avait un château dont les Alexandrins augmentèrent, pendant la guerre, les fortifications et les machines. Ce mot *près* détermine assez bien la position de l'arche et du fort voisin de la ville; et les deux autres doivent naturellement se placer avec symétrie à l'autre bout de l'Heptastade. On reconnaîtra donc que les ruines de ce fort, du côté de l'île, coïncident avec le principal des deux ou trois monticules qui sont à l'ouest de celui qui marque l'emplacement du bourg de *Pharos*. Au reste, on ne voit plus d'autres vestiges de ces châteaux, ni, à plus forte raison, de ces ponts : il y a seulement un fort turk aux environs, et sur le bord du port vieux, pour remplacer sans doute les anciennes défenses.

« La masse entière de l'*Heptastadium*, ajoute Strabon dans sa description, était, non-seulement un pont de communication avec l'île *Pharos*, mais un aquéduc, lorsque cette île était habitée. » Voilà donc un nouvel objet d'utilité de ce grand ouvrage, et l'explication qu'il nous restait à trouver de l'existence d'une population dans l'île. J'en avais déjà fait remarquer les preuves dans les catacombes, les citernes et les vestiges de maçonnerie qui la bordent. Au reste, il paraît, par les expressions de Strabon, que l'aqueduc lui-même de l'*Heptastadium* souffrit beaucoup de la dévastation opérée par César et de la dépopulation de l'île, ou fut peut-être complètement ruiné; mais nous avons vu qu'il devait avoir été rétabli du temps de Pline (51).

Les Commentaires de César et d'Hirtius nous donnent peu d'éclaircissemens sur le genre de construction et le reste de la forme du môle : ils disent seulement, d'une manière expresse, que sinon sa masse, du moins le chemin pratiqué au-dessus était étroit. Mais ce n'est vraisemblablement pas dans un sens absolu qu'ils l'entendent, et c'est seulement par rapport à la gêne des évolutions militaires qu'il s'agissait de faire sur la crête, car ce chemin devait être assez large pour faciliter le passage très-actif des voitures et des piétons, et il avait à ses extrémités deux ponts d'une largeur suffisante pour ce service, et vraisemblablement déjà plus étroits que le reste de la chaussée. Nous n'avons pas de renseignemens plus précis sur l'épaisseur de l'Heptastade : on voit seulement qu'elle devait être fort grande, et les talus très-inclinés et remplis d'aspérités, puisque les troupes de César et les Alexandrins les parcouraient si facilement (52). Voyons maintenant la fameuse longueur de cet ouvrage.

Cette mesure, quoique bien définie par le nom même du môle, a fait naître beaucoup de commentaires qui nous deviennent inutiles. César, *de Bello civili*, lui donne neuf cents pas, qui s'accordent parfaitement avec sept stades olympiques de quatre-vingt-quinze toises chacun, et aucune objection solide n'exige que nous cherchions un autre stade (53). Ayant déterminé à peu près la direction dont l'*Heptastadium* ne pouvait sortir, nous n'aurons plus qu'à fixer son point de départ et appliquer sa longueur sur le terrain, pour trouver son véritable emplacement. Je porte donc les sept stades, suivant la ligne nord-ouest, entre le mur d'enceinte arabe, à peu près vis-à-vis de la butte de *Rhacotis*, et les premiers des deux ou trois gros monticules de l'île *Pharos*. Ce parti satisfait à toutes les conditions : il rend au grand port tout son ancien enfoncement et ses autres avantages, tels que nous les avons vus ; il laisse les atterrissemens les plus plats et les plus larges se former dans ce port et à leur place reconnue. Cet axe enfile ces buttes qui présentent sur une même ligne les emplacemens du fort, des culées et des têtes de ponts, du côté de l'île *Pharos*; il se rattache au roc de *Rhacotis*, noyau de l'ancienne ville, autrefois baigné immédiatement par la mer, sur l'ancien rivage de laquelle on a dû relever et entretenir constamment l'enceinte antique ; il part d'un point de cette enceinte près duquel se trouve une porte dont on a vraisemblablement toujours conservé l'usage ; il tombe évidemment sur l'ancien sol de l'île *Pharos*; enfin, il est perpendiculaire au grand axe de cette île, et mesure réellement sa distance par rapport au continent (54).

En avant de l'enceinte arabe, il y a, dans la ville

moderne, une citerne remarquable par sa position peu éloignée de l'ancien *Heptastadium* : mais, n'ayant pas de certitude sur son antiquité, je n'ai pas cru devoir la considérer dans le choix de l'emplacement de l'*Heptastadium*. Elle est trop en avant pour avoir pu appartenir, dans les temps antiques, au continent, qui, probablement, n'avançait pas jusque là ; et, à partir de son emplacement, la longueur de sept stades franchirait l'île *Pharos* tout entière. En partant des murailles et traversant la citerne dans la direction des trois buttes, l'Heptastade ne satisferait pas complètement aux conditions précédentes, ni à la première de toutes, celle de tendre vers la partie occidentale de l'île. L'examen du genre de construction de cette citerne, qu'on croit pourtant assez ancienne, pourrait jeter du jour sur l'époque où l'on a abandonné l'usage de la digue de sept stades pour la communication avec l'île *Pharos*, et où l'on a achevé de défigurer les ports antiques par d'autres constructions (55).

Ammien Marcellin, qui attribue faussement à une Cléopâtre la construction du phare, ajoute que la même reine fit bâtir l'*Heptastadium* « avec une célérité aussi étonnante que la grandeur de l'ouvrage. » Le récit qu'il arrange là dessus a bien l'apparence du merveilleux, que cet historien paraît aimer beaucoup, à en juger par son style recherché. Le fait est qu'on ne connaît pas positivement le Ptolémée, auteur de la construction de l'*Heptastadium* ; mais tout annonce que ce monument existait bien avant Cléopâtre II, et vraisemblablement sous les premiers Ptolémées, ou même dès le temps d'Alexandre. Un ouvrage aussi utile a dû être fait au moins aussitôt qu'on a commencé à perfectionner les établissemens maritimes de ce grand fondateur (56).

On ne peut faire que des conjectures sur ce qu'est devenu successivement l'Heptastade, et sur l'époque où il a disparu entièrement. La position de cette masse entre les deux ports a toujours tendu à arrêter le mouvement alternatif de la mer derrière l'île *Pharos*, et à faire combler le grand port *vers l'angle à droite de l'origine* du môle contre la ville. Ce môle lui-même s'est donc ensablé naturellement, lorsque, sous les gouvernemens négligens, on a cessé d'en curer le pied et d'entretenir les deux passages navigables qui le traversaient; notamment au XVIe siècle, et lors de la conquête des Turks, qui se rapporte à nos dernières périodes chronologiques, la ville des Arabes fut peu à peu délaissée, et la moderne successivement accrue. Vraisemblablement, on démolit alors les parties supérieures du môle, qui devenaient inutiles et pouvaient servir à de nouvelles constructions; car nous n'en avons vu aucun vestige, et nous n'avons pas ouï dire que personne en ait découvert. L'art a peut-être aussi aidé la nature dans cet élargissement[1] d'un chemin étroit qui est devenu l'emplacement d'une ville. On peut donc attribuer l'abandon successif de l'*Heptastadium* aux Arabes, et surtout à leurs successeurs, et enfin sa disparition complète aux Turks (57).

---

[1] Par tous ces massifs de colonnes en enrochement dont il est question dans l'article 57 de l'Appendice.

Dans le voisinage de l'emplacement de cet ancien môle, il y a encore aujourd'hui des antiquités; entre autres, un grand nombre de colonnes couchées, qui feront l'objet de l'article suivant : il y en aussi quelques-unes en granit, employées debout et à la manière des Arabes dans les bâtimens modernes. Voilà tous les restes de l'ancienne Alexandrie dont la nouvelle s'est ornée, et de quelle manière! Voilà donc aussi la ville qui a succédé à l'immense et magnifique cité d'Alexandre, des Ptolémées et des Romains. Ce n'est plus aujourd'hui qu'une grande bourgade, assez misérable, médiocrement bâtie et avec peu d'ordre; dépourvue de places publiques; n'ayant que des rues étroites, malpropres et sans pavé; contenant environ huit mille habitans [1]; mais encore commerçante par la seule cause de la bonté et de la position avantageuse de son port, unique sur toute cette côte de la Méditerranée, et communiquant avec la mer des Indes (58).

MASSIFS DE COLONNES ANTIQUES SOUS LE QUARTIER DES CONSULATS.

On rencontre encore beaucoup d'antiquités du même genre que celles de la digue du phare, entre le quartier des consulats et la douane [2]. Ces bâtimens sont élevés, du côté du port neuf, sur le bord de l'eau. On les a fondés sur une multitude de troncs de colonnes en granit de toutes les couleurs, et dont la grosseur s'élève souvent jusqu'à trois et quatre pieds de diamètre. Ces enrochemens offrent le même aspect et font naître

[1] La population de la ville moderne est portée à douze mille individus.
[2] Planche 84.

les mêmes observations générales que les premiers massifs de colonnes que nous avons déjà vus; mais on a particulièrement remarqué, parmi celles que nous examinons ici, deux fragmens de fût qui ont la forme de ces colonnes de Louqsor à grosses côtes arrondies, et dont la tige est resserrée par le bas. Nous avons trouvé encore un de ces chapiteaux qui appartiennent ordinairement à ce genre de colonne : c'est une espèce d'ellipsoïde tronqué et formé d'un faisceau de nervures semblables aussi à des côtes de melon. Il faut enfin se rappeler et ranger dans la même catégorie le chapiteau à bouton de lotus trouvé à la digue du phare. Tous ces fragmens paraissent bien être l'ouvrage des anciens Égyptiens : ils portent *des hiéroglyphes;* et l'un de ces tronçons, qui est l'extrémité inférieure d'un fût, est décoré avec des espèces de chevrons brisés, ainsi que cela se rencontre dans presque toutes les colonnes en pierre calcaire ou grès de la haute Égypte. A cette vue, on serait tenté de sortir d'un doute que nous n'avons pu lever jusqu'à présent. Il s'agit de savoir si les anciens Égyptiens ont fait des colonnes en granit, attendu qu'on n'en trouve aucune dans les édifices de la haute Égypte. On se sent porté à supposer que les Grecs ou les Romains n'ont point imité ces colonnes, parce qu'elles ont des formes qui devaient répugner beaucoup à leur goût et à leurs habitudes; mais, quand ils élevaient des temples à des divinités égyptiennes, l'imitation du style local, tout bizarre qu'il pouvait paraître, devenait pour eux une obligation. N'en avons-nous pas un exemple dans ces statues et autres monumens antiques faits à Rome avec le granit d'Égypte? On pencherait encore à croire que les hiéroglyphes gravés sur ces fragmens de colonne décident la question suivant le premier sens; mais, par les mêmes raisons, les Grecs et les Romains ont dû, pour rendre l'imitation plus parfaite, copier ou se faire dicter des hiéroglyphes par les prêtres égyptiens, dont le collége subsistait encore de leur temps. N'a-t-on pas employé de ces caractères sous Ptolémée Épiphane, dans la triple inscription de la fameuse pierre de Rosette? Ainsi, il est au moins douteux qu'il subsiste encore des colonnes en granit qui soient l'ouvrage des Égyptiens de la Thébaïde[1] (59).

Les modernes, et particulièrement les Turks, qui ont bâti les maisons du port neuf, ont imité l'emploi que les Arabes avaient fait, avec plus de régularité, de ces colonnes horizontales dans les murs de leur grande enceinte; car ici, et dans la digue du phare, elles ont principalement pour objet de faire masse dans les enrochemens et les fondations, tandis que nous verrons que, dans les murailles arabes, c'était plutôt par un système recherché de construction. Mais quelle quantité prodigieuse de colonnes ce double usage a dû absorber, puisque les modernes constructeurs s'en servent encore tous les jours, même en détruisant ce que les Arabes avaient édifié après avoir détruit eux-mêmes les monumens antiques! Quelle idée cela ne donne-t-il pas encore de la splendeur de l'ancienne ville! Il faut joindre à tous ces restes, outre la digue du phare et

[1] Il faut excepter les antiquités du *Delta*.

l'embarcadère du port vieux, les débris de la mosquée aux mille colonnes antiques et toutes celles que nous rencontrerons ailleurs. Ces remarques expliquent en même temps la nudité absolue des ruines d'Alexandrie, et comment les nombreuses colonnes que le P. Sicard ou quelques autres voyageurs ont vues encore debout, ne s'aperçoivent plus (60).

GRAND PORT.

En visitant l'île *Pharos*, la tour, le rocher du phare, leur digue actuelle et l'*Heptastadium*, nous avons suivi une partie *des bords* du port neuf : nous allons maintenant examiner son ensemble, c'est-à-dire son *intérieur*, ses mouillages, sa passe; et nous parcourrons ensuite *le reste de son pourtour*, qui n'est pas moins intéressant et qui achevera de nous le faire bien connaître.

Ce port a généralement beaucoup perdu de sa profondeur. On y voit plusieurs bas-fonds, et il n'y a que très-peu d'eau sur les parties de rochers qui sont dans son intérieur. Il n'offre point d'antiquités remarquables; mais, en se promenant en chaloupe sur ces bas-fonds, dans un temps calme, on y aperçoit encore des ruines d'édifices, des fragmens de statues et des colonnes renversées. Le plus remarquable de ces rochers est presque à fleur d'eau, vis-à-vis le milieu et à deux cent cinquante toises environ de la ville moderne. On a cru que ce pouvait être l'île d'Antirrhode; mais nous verrons le contraire. Il est bien vraisemblable que les Grecs, qui avaient couvert ce port de tant d'ouvrages, tirèrent quelque parti de cet îlot, qui devait être encore plus apparent autrefois; mais je n'en ai trouvé d'autres traces que les débris dont je viens de parler.

Ce port avait jadis à peu près la même forme que nous lui voyons aujourd'hui, sauf les modifications que nous avons déjà observées, et que nous continuerons d'indiquer dans cet article, comme dans ceux où nous parcourrons ensuite le reste de son vaste contour. Son entrée était extrêmement difficile, comme aujourd'hui; et tous les auteurs anciens, de même que les voyageurs modernes, s'attachent à le dire. Ils exposent aussi, en termes très-forts, les dangers de sa plage et de toute la côte d'Alexandrie, et ils font sentir en même temps combien cet abri était précieux pour le commerce de l'antiquité (61). Diodore nomme simplement ce port *le Phare*. On voit que c'est bien le port principal d'Alexandrie, ou le port par excellence, qui se trouvait immédiatement sous la tour du phare elle-même, qu'il a en vue. Il ne distingue pas autre chose sur la côte qui l'avoisine. *Tout le reste*, ajoute-t-il, est une rade dangereuse. Strabon dit aussi « que le rivage était, de part et d'autre de la ville, bas et sans abri, rempli d'écueils et de bas-fonds, et qu'on avait besoin d'un signe élevé et lumineux au moyen duquel les vaisseaux venant de la haute mer pussent atteindre l'entrée du *port*. » Remarquons que c'est du port neuf qu'il parle dans ce passage, et que le phare semblait particulièrement fait pour ce bassin, ainsi que l'indique leur position respective; comme aussi toute la suite nous prouvera que c'était bien là le port principal d'Alexandrie.

« Des deux promontoires de l'île *Pharos*, continue-t-il, celui du levant (le rocher du phare) s'approche plus du continent et du cap qui lui est opposé (l'*Acrolochias*) que celui du couchant (la pointe des Figuiers) ne s'approche de la Chersonnèse (le Marabou). Cette proximité du phare et du promontoire de *Lochias* forme le port et rend son entrée fort étroite. A cette difficulté de la passe se joint celle qu'occasionent les rochers qui se trouvent dans l'eau entre ces deux caps, les uns couverts par la mer, les autres s'élevant au-dessus d'elle et refoulant les flots qui arrivent sans cesse du large. » Les choses sont encore à peu près dans le même état aujourd'hui, quant à la difficulté de l'entrée. Nous verrons seulement que l'*Acrolochias* a été rongé et très-raccourci par les eaux, comme nous avons vu que le promontoire de l'île *Pharos* l'a été lui-même, mais moins considérablement. La passe est à l'est du *Diamant*, et fort près de ce rocher, qu'il faut serrer beaucoup pour éviter les bas-fonds de l'autre côté (62).

Pline dit, ainsi que Solin, qui l'a copié, qu'il n'y a que trois canaux de mer (ou passes) qui conduisent à Alexandrie; ils les nomment *Tegamus*, *Posideus* ou *Posidonius*, et *Taurus*. Il est probable que ce sont deux entrées dans le port d'Eunoste, l'une du côté de *Chersonesus*, l'autre du côté du cap des Figuiers, et la troisième, celle du grand port que nous examinons. C'est celle-ci sans doute qui s'appelait *Posideïum*, d'un surnom de Neptune. Il y avait d'ailleurs dans le grand port un temple de ce dieu, ou une partie du rivage, qu'on nommait *le Posideïum*, et que nous verrons bientôt (63).

D'après toutes ces dificultés, on sent bien maintenant le motif et l'utilité de la construction du fanal du phare, et du choix de son emplacement. On voit aussi quel trait de génie et de hardiesse c'était de la part des anciens, pour les usages desquels les ports fermés étaient indispensables, d'avoir choisi celui-ci de préférence sur le reste de l'espace du port d'Eunoste, et de l'avoir clos ensuite en coupant l'ancienne rade par le môle de sept stades et profitant d'une saillie de l'île Pharos. « Le *grand port* est très-bien fermé par la nature (à l'entrée) et par l'*Heptastadium* (ou par l'art), » dit Strabon (64). Il lui donne le nom de *maximus*, sous lequel il a toujours été désigné dans l'antiquité. C'est même de lui que parlent Joseph et tous les autres auteurs anciens, lorsqu'il disent simplement le *port* d'Alexandrie (comme on peut le vérifier par les détails que renferment à son sujet les passages où ils le désignent ainsi); soit parce qu'on aboutissait de là dans tous les autres bassins, qui n'en étaient que des subdivisions, et même dans l'Eunoste, l'une de ses dépendances; soit par les autres circonstances que nous allons voir.

En supprimant un moment par la pensée le môle de l'*Heptastadium* (supposé placé dans la direction que je lui ai donnée plus haut), on voit, par l'examen de l'état des lieux et par l'historique de la fondation, pourquoi les anciens n'eurent d'abord en vue que ce port, avantageusement resserré à son entrée, et lui donnèrent ensuite le nom de *maximus* : il se trouvait presque tout fait et d'une capacité sufisante, et ils l'appelèrent souvent, par cette raison, *le Port* (65). Il ne fit que conserver son nom générique, et l'on n'eut plus qu'à en donner un nouveau au port d'Eunoste. De plus, par la construction de l'*Heptastadium*, il se trouvait le plus grand de tous, et ils l'appelèrent, par comparaison, *maximus*. Aussi est-ce lui que les fondateurs eurent premièrement en vue dans le placement de leurs établissemens, et dont ils faisaient l'usage le plus fréquent et le plus important : ils rassemblèrent autour de lui leurs édifices de luxe, qu'ils étendirent principalement le long de sa partie orientale, la moins avantageuse pour la marine; ils laissèrent leurs établissemens d'utilité publique dans son enfoncement le plus profond et le plus calme, autour de *Rhacotis*, l'ancienne cité, et des bassins d'Eunoste et de *Kibôtos*, qui étaient des succursales du grand port.

« Il était si profond même sur ses bords, selon Strabon, que les plus grands vaisseaux pouvaient approcher sans danger jusqu'à toucher les degrés qu'on y avait pratiqués. » Ces marches devaient se trouver dans toute la partie voisine de l'origine de l'*Heptastadium*, où nous verrons qu'étaient les établissemens de marine nommés *apostases*. « Mais il se subdivisait en plusieurs ports[1]. » C'étaient sans doute de petites démarcations faites le long du rivage pour séparer les stations des navires d'espèces, de nations ou de commerces différens, comme cela se pratique encore chez nous. Les petits ports des Rois, d'Antirrhode, et les Apostases, que nous parcourrons, sont des preuves de ce que j'avance (66).

Joseph ajoute à ces qualités, que l'intérieur du

---

[1] Strab. *Geogr.* lib. xvii.

grand port était très-sûr, et il lui donne trente stades d'étendue. En prenant toujours le stade grec de quatre-vingt-quinze toises, le portant autour du port neuf, depuis le rocher du phare jusqu'au-delà de l'*Acrolochias* actuel, et se rapprochant du port d'Eunoste, à cause de l'ensablement plus grand du port neuf et de la direction occidentale de l'*Hepstastadium*, on trouve cette mesure d'une justesse très-satisfaisante. Elle vient encore confirmer tout ce que nous avons dit sur la forme et la position de divers objets : elle fait voir combien le grand port s'est rapetissé.

Quant à la profondeur et à la sûreté, elles sont pareillement bien diminuées aujourd'hui, et ce double changement est dû à la même cause. Les vents de nord-ouest, qui sont les plus violens et les plus habituels, ont corrodé, élargi la passe, et comblé avec ses débris l'intérieur du bassin, en le laissant ouvert à toutes les agitations de la haute mer (67). On peut estimer la hauteur de cet encombrement par le moyen des sondes : celles de la passe du grand port sont à peu près les mêmes que celles du centre du port vieux ; et comme le fond de celui-ci a été aussi un peu exhaussé par le lest des navires et par les causes physiques que j'ai indiquées, je crois pouvoir supposer que sa profondeur réduite était autrefois de trente-six pieds, et qu'elle était commune au grand port : or, les sondes réduites du centre de ce dernier bassin ne sont plus aujourd'hui que de douze pieds environ; d'où il suit que son ensablement, depuis deux mille ans, pourrait s'évaluer à vingt-quatre pieds.

RESTE DU PÉRIMÈTRE DU GRAND PORT.

Nous continuerons maintenant de parcourir le reste du pourtour du grand port ancien depuis l'origine de l'*Heptastadium* jusqu'à la dernière extrémité du vieux promontoire de *Lochias*, et d'examiner les autres ruines qui s'y trouvent.

GRANDE PLACE.

On n'aperçoit point de ruines antiques à l'origine que nous avons fixée pour le môle de l'*Heptastadium*, parce que cette partie a été singulièrement modifiée par les divers établissemens qui se sont successivement portés vers ce point important : mais il y a au pied du monticule de *Rhacotis* un espace vide assez remarquable; et en avant de la muraille arabe on voit la suite de cet espace, où se trouve aujourd'hui un cimetière turk qui renferme plusieurs tombes assez riches et élégantes. C'est là sans doute que s'ouvrait la grande place qu'Hirtius nous dit être au-devant du fort placé à la tête du premier port de l'*Heptastadium*, et sur laquelle l'armée d'Alexandrie se mit en bataille. Cette circonstance suppose une surface assez considérable, et nous voyons que cet espace est en effet très-vaste. L'ensemble du récit d'Hirtius, et le nom d'*area* qu'il emploie au lieu de *platea*, indiquent que ce local était absolument nu, qu'il ne faisait point partie de l'intérieur de la ville, qu'il séparait les arsenaux des deux ports, et que la muraille arabe a pu être placée au travers de cette esplanade et un peu en avant du mur antique, à mesure qu'on avançait l'enceinte vers la mer qui se retirait. On aura continué de laisser cet espace libre de constructions, et l'on aura placé sur la partie extérieure le cimetière que nous y voyons, tant que la ville arabe aura été habitée, ou à mesure que la bourgade moderne se sera peu à peu formée : aussi voit-on que tout l'espace, tant en dehors qu'en dedans de la muraille, est plat et a toujours été peu garni d'édifices.

ARSENAUX.

Dans toute la partie à la suite et à droite de la tête de l'*Heptastadium*, jusqu'aux obélisques, on ne voit pas plus de ruines reconnaissables comme évidemment antiques. Cependant il est probable que les murs de l'enceinte arabe ont été placés en ce point *au bord* de la mer, à mesure qu'elle s'éloignait ; que ces ruines antiques se trouvent au pied de ces murs, tant en dedans qu'en dehors; que les constructions anciennes de l'intérieur ont été peu à peu démolies pour faire place aux bâtimens sarrasins, et que le banc de sable qui a pris son principal volume en cet endroit, a fait abandonner celles du dehors et en a recouvert les fondations. C'est donc à peu près en ce point, où la ville moderne vient toucher l'enceinte arabe, que se trouvaient les arsenaux de la marine pour le grand port, depuis l'*Heptastadium* même, selon Strabon, en s'étendant au nord-est.

La convenance de cet emplacement des arsenaux et chantiers du grand port est bien confirmée par la forme aplatie et propre aux constructions que conserve encore aujourd'hui la plage en ce point ; la profondeur d'eau était suffisante d'ailleurs pour mettre à flot des navires qui étaient, en général, plus plats que les nôtres, et vraisemblablement tous du genre de nos galères, dont l'usage était particulier à la Méditerranée et s'y est maintenu jusqu'à nos jours (68).

APOSTASES.

Je viens de confondre des chantiers avec les arsenaux de la marine, *navalia*. Sous cette dénomination, on peut entendre l'un et l'autre; et ces deux établissemens, s'ils sont distincts, sont communément contigus. Les arsenaux dont il s'agit ici, étant affectés au service *de la marine*, contenaient sans doute les agrès et autres objets propres à l'armement des vaisseaux. On doit donc, d'après le sens suivi de Strabon, regarder ces établissemens de même genre comme se prolongeant dans le grand port, selon la même direction, au nord-est, depuis l'Heptastade jusqu'à l'endroit que ce géographe appelle *Apostases* [1], *quasi abscessus*, et comme comprenant peut-être ce dernier lieu lui-même. Ce mot *abscessus*, qui signifie proprement *espèce de retraite*, indique que c'était une place plus abritée qu'aucune autre pour les vaisseaux, ou même des *formes* ou *darses* couvertes pour les réparer commodément dans tous les temps. L'espace appelé maintenant *esplanade* [2] et celui qui est à la suite, vers l'enfoncement de la muraille arabe, paraissent bien, par leur forme aplatie, ensablée de niveau, sans ruines solides, et avancée sur

---

[1] De ἀπὸ, *loin*, et de στάσις, *repos*; station reculée.
[2] Voyez É. M., planche 84.

l'ancien rivage de la mer, être le reste de ces bassins comblés par elle (69). On peut donc regarder les Apostases comme une suite et une *dépendance* des arsenaux et chantiers de la marine.

EMPORIUM.

Après les apostases venait le marché. Strabon l'appelle simplement *Emporium*, ou marché par excellence, comme s'il eût été le seul de son espèce : or, il est très-vraisemblable qu'il existait bien d'autres marchés ordinaires dans une si grande ville pour les usages communs de la vie; et j'en conclus que celui-ci servait principalement à la vente des produits du commerce maritime. C'était sans doute comme nos *bourses* modernes. Au reste, que ce fût l'un ou l'autre de ces établissemens (bourse ou simplement marché), l'*Emporium* était fort bien placé en ce point, entre le grand port et le milieu du périmètre de la ville, avec laquelle il communiquait aussi facilement qu'avec la marine (70).

OBÉLISQUES. — CÆSARIUM.

A la suite et auprès de l'emplacement que j'ai supposé être celui de l'*Emporium*, se trouvent les deux obélisques[1].

Un peu avant d'y arriver, on voit, au bord de la mer, vers le fond du port et le long des murailles arabes, des ruines de divers âges, battues et défigurées par les flots. On y distingue encore des colonnes enga-

---

[1] *Voyez* la planche 32. Remarquez-y la tour des Romains, ainsi que le pharillon élevé sur les rochers de l'*Acrolochias*.

gées horizontalement, et qui, se trouvant peu élevées au-dessus du niveau de l'eau, présentent l'image de batteries rasantes (71).

Les voyageurs modernes, d'après les *Francs*, ont appelé ces deux grands monolithes, *aiguilles de Cléopâtre*. Le nom et l'histoire de cette reine célèbre se trouvant partout et à la portées des Européens les moins instruits, il leur a paru plus commode et plus simple de lui attribuer presque tout ce qui subsiste de remarquable parmi les ruines d'Alexandrie (72).

L'un de ces obélisques est renversé, et l'autre est debout. Ils sont tous deux, suivant l'usage, d'un seul bloc de ce granit rose d'Égypte ou oriental qui se trouve, comme on sait, aux environs de la première cataracte[1]. Ils sont couverts d'hiéroglyphes depuis le haut jusqu'au bas[2]; ce qui n'a pas lieu sur tous les monumens de ce genre qui nous restent (73).

Quoiqu'il ait paru jusqu'à présent impossible de comprendre d'une manière suivie le sens des emblèmes ou discours gravés sur les faces de ces deux monumens, on peut du moins faire quelques remarques sur ce qui est apparent, et quelques rapprochemens entre les choses qui se ressemblent. D'abord, les figures des deux obélisques ont entre elles une certaine correspondance qui, jointe aux autres similitudes que nous observons, semblent en faire deux monumens jumeaux. Les faces de leurs pyramidions sont sculptées : dans l'un, ce sont

[1] On voit encore, dans la montagne au-dessus de Syène, un obélisque à demi exploité.
[2] *Voyez* planche 33, *A.*, vol. v.

des dessins d'ornement du genre des *étrusques*, mais qui peuvent être hiéroglyphiques, puisque nous les retrouvons dans la suite des inscriptions des deux obélisques; dans l'autre, ce sont des scènes religieuses[1]. Ils ont tous les deux trois rangées longitudinales de sculptures qui se correspondent encore de l'un à l'autre dans la distribution des masses ou des cadres. Souvent même ce ne sont pas seulement ces masses ou groupes, mais les individus mêmes, qui se ressemblent. C'est surtout dans l'ordre horizontal que ces espèces de phrases ou tableaux se répondent bien d'un monolithe à l'autre. Immédiatement au-dessous des deux pyramidions, on remarque partout trois éperviers coiffés de la même manière; au-dessous encore, trois cadres parallélogrammiques, où le taureau, la charrue, et Osiris, Horus, ou différentes figures de dieux assises et ayant des têtes diverses, jouent un rôle presque semblable; ensuite trois masses d'étrusques; puis trois scarabées aux ailes déployées et semblables, entremêlés de bâtons auguraux ou d'épées; après cela, partout six demi-lunes ou hémisphères : au-dessous, les trois cadres oblongs se répètent horizontalement, mais arrondis par les angles, et les quatre des bords de chaque face se ressemblent *mot à mot*, si je puis m'exprimer ainsi. Ensuite la ressemblance des groupes ou des détails dans le sens horizontal commence à se perdre. On la retrouve cependant, un peu plus bas, dans les

---

[1] Cette gravure des pyramidions, et surtout des tableaux d'offrandes, est une chose remarquable : nous ne l'avons pas observée sur les autres obélisques, dont les pyramidions sont ordinairement unis.

quatre cadres parallélogrammiques arrondis et externes qu'on rencontre les premiers en descendant; puis encore, dans les deux rangs suivans de même espèce vers la base.

On voit que le premier tiers de la longueur des deux obélisques est presque absolument semblable pour le sens, et qu'il l'est sans doute complètement pour le sujet général du discours.

Maintenant on pourrait faire des observations analogues entre les deux faces dessinées de chaque obélisque *séparément*, puis entre les trois zones verticales *d'une seule face*, observées chacune d'abord en descendant et ensuite transversalement, et l'on y trouverait sans doute beaucoup plus de choses : mais il suffit d'avoir mis le lecteur sur la voie. On peut toujours tirer du coup d'œil que nous venons de jeter, ce résultat général, que la symétrie des masses diminue *en descendant*, et à mesure qu'on passe des deux obélisques à un seul; de ses quatre faces examinées horizontalement, à deux; de deux à une; des deux rangs longitudinaux extrêmes de la même face, comparés entre eux, à ces deux même rangs pris ensemble et confrontés avec celui du milieu. Enfin, la variété des détails augmente dans le même ordre et jusque dans la même colonne; c'est-à-dire que lorsqu'il y a plusieurs objets semblables ou analogues entre eux qui se trouvent rapprochés, c'est dans le sens horizontal que la similitude ou l'analogie règne. Il me paraît évident aussi, d'après les encadremens des petits tableaux, l'enchaînement de plusieurs objets dans le sens vertical, leur défaut de suite numérique dans le sens horizontal, et l'aspect général du dessin, que ces sortes d'inscriptions se lisaient par colonne en descendant; qu'on pouvait bien établir en même temps un certain rapport momentané intuitif ou de symétrie entre plusieurs masses prises horizontalement, et surtout entre les deux cadres correspondans des zones externes, mais que, même dans un groupe pris à part, on lisait *presque toujours en descendant* (74).

Ces résultats généraux s'accordent avec la marche de l'esprit humain dans toute composition ou classification d'objets. Pour rendre cette observation plus sensible, je vais en faire une explication *hypothétique*. Je suppose que, sur les deux obélisques, on ait voulu traiter un sujet religieux et astronomique : le culte du Soleil, ou un hommage à Osiris, etc. Les deux monolithes forment ensemble le *livre*. Chacun d'eux, pris séparément, en est un grand *chapitre*, divisé en quatre parties principales qui correspondent au nombre des faces. Chacune de ces parties est subdivisée en trois colonnes, dont les deux extrêmes ont entre elles un rapport de symétrie plus particulier que celui qu'elles ont avec la bande intermédiaire. Enfin, ces bandes se partagent en cadres ou groupes semblables à des *paragraphes* de cette quatrième subdivision de l'ouvrage; les groupes se subdivisent eux-mêmes ensuite en autant d'idées qu'il y a d'emblèmes, ou en autant de membres de *phrase* qu'il y a d'emblèmes collectifs, et en autant de signes d'idées ou de mots qu'il y a de caractères hiéroglyphiques (75).

Les auteurs de cette espèce de livre ont établi une

telle harmonie dans la distribution des matières comprises dans les divers chapitres, divisions et subdivisions, qu'il en résulte aux yeux cette symétrie de dessin que j'ai fait remarquer dans l'ordre horizontal.

On conçoit bien maintenant comment, avec du soin et l'esprit d'ordre et d'analyse si remarquables parmi les anciens Égyptiens [1], les prêtres, les savans et les sculpteurs eux-mêmes pouvaient s'entendre pour former ces espèces de tableaux synoptiques qu'ils rendaient symétriques jusque dans l'étendue des idées et du discours, et conséquemment dans le dessin des emblèmes. On conçoit encore comment ils pouvaient appliquer un semblable système de distribution méthodique, non-seulement à la religion, à l'astronomie, mais encore à toute autre théorie; à la morale, la législation, la médecine, et même à une classification d'histoire naturelle ou de bibliothèque, etc. Mais ici je crois que le sujet de l'ouvrage est particulièrement *astronomique et religieux*, lié *à l'agriculture*, et par conséquent aussi au régime *du Nil*. Les éperviers, les scarabées, le taureau, les gémeaux, le sphinx, le cynocéphale, la lune ou la terre, le *phallus* ou le signe de la génération, les instrumens aratoires, l'emblème de l'eau, le lotus, le crocodile, l'ibis, le canard, le serpent, etc., semblent l'indiquer assez clairement. La division des légendes de chaque obélisque sur *quatre faces* et en *douze bandes* pourrait bien aussi avoir quelque rapport aux *quatre saisons* et aux *douze mois* de l'année.

[1] La belle régularité de leurs plans d'architecture, la distribution de leurs ornemens et sculptures, l'exécution technique des figures

Si tous les signes étaient tellement bien dessinés, et les objets usuels qu'ils représentent tellement connus de nous, que nous puissions *les nommer*, je présume qu'au moyen des observations que je viens de faire, on pourrait lire ces vingt-quatre inscriptions, ou du moins en *reconnaître le sens général*. La connaissance même imparfaite que nous avons de la théogonie, des sciences, des arts, des lois et des mœurs de l'Égypte, suffirait pour atteindre à ce dernier but. Ce qui le prouve, c'est que la signification très-généralisée que je viens de supposer à ces légendes incomplètes, paraît peu susceptible d'être contestée : elle m'a frappé dès la première vue.

Tous ces hiéroglyphes sont gravés *en relief* dans *un creux*, disposition très-propre à la conservation des sculptures, qui sont en effet parfaitement conservées.

L'obélisque *debout*[1] a soixante-trois pieds (20^m46) de hauteur depuis la fin de l'écornure de sa base jusqu'au sommet du pyramidion, et sept pieds trois pouces de largeur de côté, mesuré à ce même point de la base écornée. Les arêtes de cet obélisque sont vives, le poli des surfaces *ouest* et *sud* est assez beau. Il est d'ailleurs probable que cet ouvrage, indubitablement *antique égyptien*, avait reçu des mains des artistes du pays le même degré de perfection que ceux du même genre qu'on voit ailleurs. Cependant il a déjà éprouvé les ravages du temps. Les hiéroglyphes des deux pans du *nord* et de l'*est* qui regardent la mer *du port neuf*,

---

elles-mêmes, tout prouve cet esprit méthodique parmi les artistes comme parmi les autres Égyptiens.

[1] Figures 1 et 2.

sont presque entièrement effacés : c'est pour cela qu'on ne les a pas dessinés. Un morceau entier a été enlevé à peu près à la moitié de la hauteur de ces deux faces (76).

Il ne paraît pas, d'après les dessins, que cet obélisque ait été raccourci à sa base. L'un de ces dessins se trouve bien arrêté en bas, à peu près comme ceux de Louqsor. Les faces sont de *largeur inégale*, chose que nous n'avions pas remarquée dans les autres monumens de ce genre [1]. Cette différence est d'un douzième de la largeur.

Le 21 messidor an VI (9 juillet 1798), on fit des fouilles en creusant à douze ou quinze pieds sous l'obélisque *debout*, et c'est ce qui a permis d'en donner les dessins complets. On a trouvé un très-beau bloc de granit qui le soutient. Ce bloc a deux mètres (six pieds un pouces) de hauteur sur deux mètres quatre-vingt-sept centimètres (huit pieds dix pouces) de largeur. Il est supporté lui-même par trois gradins qui règnent autour. Il est remarquable que la base de l'obélisque est brisée en dessous, à peu près comme celle de l'*obélisque renversé*, et peut-être par la même cause; mais ces angles sont plus écornés. Cette base, de forme irrégulièrement arrondie, est soutenue sur le bloc par une espèce de maçonnerie qui en rachète les inégalités et donne à l'obélisque de la stabilité. Les marches sont en granit. Leur construction est *antique*; mais il n'y a point d'hiéroglyphes, non plus que sur le dé. La maçonnerie d'enveloppe paraît plus moderne. Tous ces ca-

[1] Excepté dans l'obélisque singulier de *Crocodilopolis*, dont un côté est le double de l'autre.

ractères me semblent prouver que tout le soubassement de l'obélisque a été fait sous les Ptolémées, dans cet emplacement même que nous verrons lui avoir été destiné par eux. Il est possible que ce monolithe ait été renversé, comme l'autre, et ensuite relevé par les Arabes ou par les Grecs du Bas-Empire, qui auront trouvé les fondemens tout faits et auront construit la maçonnerie, que les anciens n'auraient certainement pas laissé paraître telle que nous la voyons. Cela explique tous les changemens qu'ils ont pu faire à la base de l'obélisque, pourquoi les quatre cavités carrées dont il sera question tout-à-l'heure n'y paraissent pas, etc.; du reste nous avons vu à Louqsor que les *anciens Égyptiens*, de qui les Ptolémées ont emprunté ces monumens, les élevaient sur un socle de médiocre hauteur. Les rois grecs ont formé ici un soubassement dans leur style particulier, et l'ont adapté à l'usage et à l'effet auxquels ils destinaient le monolithe.

Quoique nous n'ayons pas vérifié si le gradin inférieur était le dernier de tous, ce qui nous aurait donné le niveau du sol de la ville en cet endroit à une certaine époque, ou même nous aurait éclairci un grand nombre de questions fondamentales sur tout ce qui est relatif à ces obélisques, on voit au moins que ce niveau était *beaucoup au-dessous* du sol actuel de la ville arabe (77).

L'obélisque *renversé*[1] avait, quand nous arrivâmes, sa base brisée et à moitié enterrée par le gros bout, qui paraissait sur environ dix-huit pieds de long. On

---
[1] Fig. 3 et 5.

s'est convaincu, d'après les fouilles faites, qu'il était à peu près des mêmes dimensions que le précédent. Il est aussi orné d'hiéroglyphes, mais il est plus usé. Il a dix-huit mètres cinquante-deux centimètres (cinquante-sept pieds) de hauteur depuis sa base jusqu'à celle du pyramidion ; celui-ci a deux mètres vingt centimètres (sept pieds) de hauteur : ce qui fait en tout soixante-trois pieds huit pouces, longueur bien inférieure à celle des obélisques de Thèbes et de quelques-uns de ceux de Rome.

Les voyageurs l'avaient cru brisé. Il peut seulement avoir été tronqué à sa base, mais vraisemblablement d'une petite quantité ; car sa face n°. 2 annonce bien, par la manière dont le dessin des hiéroglyphes se termine dans le bas, que cette face, et par conséquent le corps du monolithe (à peu près comme à ceux de Louqsor), ne se prolongeaient pas beaucoup plus. Sa ressemblance particulière avec le premier, que j'ai déjà remarquée, et qui résulte encore de l'inégalité des faces deux à deux, me fait présumer que ces deux monolithes se ressemblaient aussi par la longueur, et qu'ils provenaient d'un même édifice de la haute Égypte pour lequel ils avaient été faits.

Les quatre coins de la base de cet obélisque couché sont cassés. En voici probablement la cause. On remarque qu'à ces quatre coins il y a eu quatre entailles carrées, et dont on voit une portion en forme d'équerre, fig. 3. Il n'est pas douteux qu'il n'y ait eu là des crampons ou liens quelconques. Il est vraisemblable que c'étaient des pièces de métal qui tenaient au socle, et que ces quatre cavités étaient destinées à recevoir. C'est ainsi que l'obélisque de la place de l'Hippodrome à Constantinople est soutenu par quatre cubes de bronze. Nous voyons aussi, dans Pline, que l'obélisque de quatre-vingts coudées que Philadelphe érigea, à Alexandrie, en l'honneur d'Arsinoé (78), sa sœur et son épouse, fut posé sur six cubes taillés dans la même montagne. Lors donc qu'on aura renversé l'obélisque n°. 3 et 4, ces supports auront fait éclater les quatre angles de la pierre, ou plutôt on les aura brisés pour dégager les mêmes supports et faciliter la chute, ou simplement pour enlever le métal. Il est vraisemblable que ce monument n'a pas eu le sort, comme le précédent, d'être relevé par les Arabes, et que c'est pour cela que les angles de sa base sont mieux conservés que ceux de l'autre.

On n'a pas fait de fouilles pour cet obélisque, dans une position symétrique par rapport au soubassement de celui qui est debout. Il est probable qu'on aurait trouvé son piédestal particulier. On en aurait tiré bien d'autres avantages, et notamment la découverte de *l'axe de l'édifice* qu'ils ornaient tous les deux; mais l'opposition de son pied peut servir à faire connaître cette ligne.

Ce que nous avons dit des cassures et autres altérations qui existaient à ces deux obélisques, lors même qu'ils ont été dressés en cet endroit, prouve qu'ils étaient déjà frustes à cette époque, et qu'ils provenaient de quelque monument égyptien antique; et la suite achevera de démontrer que les Alexandrins, les Ptolémées, les Romains, et les Grecs même, dans les plus beaux temps de leurs arts, n'ont point exploité ni gravé de ces monolithes, et qu'ils les avaient tous tirés du Sa'yd, comme firent les empereurs de Rome et de Constantinople. Pline, qui donne l'origine de plusieurs obélisques qu'on voyait de son temps en Égypte et à Rome, ne spécifie point le lieu d'où provenaient ceux d'Alexandrie. Il dit cependant qu'ils ont été taillés par les ordres du roi *Mesphéès*, et l'on ne peut confondre avec eux aucun des autres monolithes dont il parle. Quoiqu'on ne retrouve pas littéralement ce nom propre dans la liste incomplète et confuse des anciens rois d'Égypte, il est toujours certain que celui-ci régnait bien avant qu'Alexandrie existât (79). Ainsi cela confirme que les Ptolémées n'ont point fait tailler ces deux monumens, et que les obélisques, en général (mais surtout ceux qui portent des hiéroglyphes d'un beau travail), sont un genre d'ouvrage particulier aux anciens Égyptiens.

Le même Pline décrit les moyens employés par Philadelphe pour transporter une de ces masses. Les principaux consistaient à ouvrir un canal jusqu'au pied et en travers de l'obélisque, à y introduire, au-dessous du bloc, un bateau fait exprès ou une espèce de radeau formé de deux bateaux accolés, qu'on lestait et vidait ensuite, pour soutenir le monolithe. Le cube de celui qui est *debout* à Alexandrie, est de soixante-dix mètres vingt centièmes, et, en prenant cent quatre-vingt-cinq livres douze onces quatre gros cinquante-trois grains pour le poids du pied cube de granit d'Égypte, il doit peser cent quatre-vingt-six mille deux cent quarante-six kilogrammes soixante-trois centigrammes.

Les réflexions que je pourrais faire ici sur ces grandes entreprises, sur l'avancement qu'elles supposent dans les sciences et dans les arts libéraux et mécaniques de la part des anciens Égyptiens, sur le caractère laborieux et patient de ce peuple, se présentent d'elles-mêmes à l'esprit. La vue ou la description de l'obélisque dit tout. Ces observations se retrouvent d'ailleurs aussi naturellement amenées dans tous les auteurs qui ont traité de ce genre de monumens. Je remarquerai seulement ici que ce sont encore les Égyptiens qui ont donné aux autres nations l'idée et le modèle d'exécution de ces hardis projets; que les Grecs d'Alexandrie sont aussi les premiers qui en aient imité une partie importante, en transférant au loin ces immenses fardeaux, et en adaptant à leur propre architecture la belle décoration que les obélisques leur offraient. Les anciens Romains et les Européens modernes n'ont plus fait que copier les Alexandrins dans ces deux choses, sauf que les premiers y ajoutèrent le transport si difficile de ces lourdes masses à travers les flots de la mer (80).

La forme de ces deux monumens fait naître plusieurs observations générales. Il n'est pas nécessaire sans doute de faire remarquer que le corps du monolithe est un tronc de pyramide quadrangulaire très-allongé, qu'il est toujours terminé par une petite pyramide non tronquée. Il n'existe point, que je sache, d'obélisque égyptien qui ne réunisse ces conditions caractéristiques du genre de ces monumens; excepté toujours celui de *Crocodilopolis*, qui sort entièrement de la classe commune. Dans ceux d'Alexandrie, on peut examiner les dimensions principales, et l'on verra, en les comparant entre elles, qu'elles ne s'écartent pas d'une manière sensible de certaines proportions que j'ai déduites de l'étude du plus grand nombre des beaux obélisques connus tant en Égypte qu'en Europe; c'est-à-dire que la hauteur du pyramidion est à peu près égale à la largeur de la base, qui est elle-même entre le neuvième et le dixième de la hauteur totale. Nous ne connaissons point assez les mesures des parties supérieures, comme la largeur de la base des pyramidions, pour établir la proportion de l'amaigrissement du corps de l'obélisque; mais on peut, en s'assurant de ces dernières mesures, compléter les rapprochemens que je viens de faire, et qui serviraient à trouver une sorte de module de ce genre de monument, particulier à l'architecture égyptienne. On sent, au surplus, que les deux proportions qui viennent d'être établies ne sont que des limites.

Les signes hiéroglyphiques de ces deux aiguilles ont plus d'un pouce de profondeur sur les bords. Ils sont bruts, et le plan de la face de l'obélisque est poli (81).

Pline dit que la forme que nous avons décrite tout-à-l'heure était un emblème de celle des rayons du soleil; que le mot *obélisque* avait cette signification dans la langue égyptienne. Il ajoute expressément que ces monumens étaient consacrés à la divinité de cet astre; et il assure ailleurs que les inscriptions dont *sont* chargés ceux d'Auguste au grand Cirque et au Champ-de-Mars, contiennent *l'explication de la nature* selon la philosophie des Égyptiens. Lorsque Pline écrivait ces assertions, il n'y avait pas long-temps que ces deux monolithes avaient été transportés à Rome, où les mystères égyptiens étaient pratiqués. Au moment même où on les enleva d'Égypte, la doctrine de ce pays y était assez conservée pour qu'on eût retenu au moins les traditions générales et publiques sur les obélisques. Les antiquaires ont établi divers systèmes pour expliquer l'objet de ces monumens; leurs conjectures sont toutes plus ou moins plausibles : mais nous ne voyons pas pourquoi, d'après la remarque précédente, on ne préférerait pas l'autorité de Pline (82).

On a cru que les anciens Égyptiens tiraient parti de ces aiguilles déjà consacrées au soleil, pour marquer en même temps les mouvemens de cet astre par le moyen de leur ombre. Rien de ce que nous avons vu en Égypte ne confirme cette opinion, qui est née à Rome. Toujours est-il certain que les plus anciens Ptolémées, qui auraient les premiers imité cet usage des Égyptiens, et dont l'école était d'ailleurs déjà savante en astronomie, s'en écartèrent au contraire beaucoup, par l'exhaussement qu'ils donnèrent au soubassement des obélisques d'Alexandrie, et qui, au moins, n'annonce pas la construction d'un cadran horizontal à leur pied (83).

Pline dit expressément que « les deux obélisques de Mesphéès *sont* » (de son temps) « à Alexandrie, près du port, dans le temple de César. » Il n'y a pas de doute que ce ne soient les deux qu'on y voit aujourd'hui. Tout ce qu'il en dit se rapporte aux lieux que nous examinons : le nombre de ces monolithes, le voisinage du grand port, et le *Cæsarium*, que Strabon place effectivement en cet endroit; enfin la hauteur de quarante-deux coudées que Pline leur donne (84).

Après avoir marché si long-temps au milieu de ruines presque effacées, nous trouvons donc enfin dans ces obélisques un monument beau, entier et subsistant encore *à sa place* dans cette malheureuse cité! Mais on ne reconnaît plus rien, du moins avec certitude, de ce temple de César. On aperçoit pourtant à quelques pas de là, et aussi sur le bord de la mer, des ruines formant la base d'une construction arabe, et qui appartenaient à un édifice *grec* ou *romain* : on y reconnaît des chapiteaux de colonnes engagées qui se rapportent à l'ordre dorique; leurs fûts s'élèvent du fond de la mer. Voilà tout ce qu'on peut raisonnablement attribuer au *Cæsarium*. Il n'existe pas même de description de ce temple; mais on doit supposer que son axe était dirigé du sud-est au nord-ouest, entre les bases des deux obélisques[1], soit que l'entrée de l'édifice fût tournée du côté de la mer pour laisser voir de loin ces deux aiguilles, soit qu'elle s'ouvrît du côté de la ville et que le fond du temple se dirigeât vers la mer. Cette direction s'adapte d'ailleurs très-bien au terrain, aux monumens voisins et à l'espace libre qu'elle rencontre (85).

Le temple de César existait du temps de Strabon, qui vécut trente-deux ans sous l'empire d'Auguste. Il a

---

[1] *Voyez* ces bases planche 84, *É. M.*, vol. II.

donc dû être élevé par Antoine, le partisan et l'ami du dictateur, et par Cléopâtre, qui fut la maîtresse de l'un et de l'autre, ou enfin par Octave, son neveu, son héritier et son successeur à l'empire. Antoine et Cléopâtre eurent le temps de faire faire cet ouvrage pendant leurs longues amours à Alexandrie; car il s'écoula treize années depuis la mort de César, époque où le sénat romain décréta que ce grand homme serait honoré comme un dieu, jusqu'à celle d'Antoine et de Cléopâtre (86).

Il paraît toutefois que les Arabes renfermèrent dans leur enceinte une partie de ces restes des beaux édifices qui entouraient le grand port, ainsi qu'on le voit par la position de ces murailles et de ces ruines. Le temple de César fut au moins soumis à cette disposition, comme on en juge par la situation des deux obélisques.

TOUR DITE DES ROMAINS.

Nous sommes déjà entrés plusieurs fois dans *l'enceinte arabe*, dont nous considérerons l'ensemble en son lieu, et après avoir achevé le tour du port neuf et de la *partie maritime* d'Alexandrie antique, afin de ne point détourner l'attention par cette construction, considérable à la vérité, mais qui n'est qu'une modification accidentelle et passagère de ces *antiquités*. Cependant nous ne pouvons nous refuser à arrêter dès à présent nos regards sur une tour remarquable[1] qui fait partie de cette enceinte, et qu'on rencontre tout près des obélisques et du *Cæsarium*.

[1] Voyez *A.*, vol v, pl. 32 et 35; *voyez* aussi *É. M.*, vol. II, pl. 88.

Cette tour est située à l'angle saillant formé par la réunion du front de la mer et de celui qui retourne au sud-est. Elle est parfaitement circulaire, et paraît peu engagée par sa base dans les fondemens de l'ancien système de fortifications, sur une partie desquels s'élèvent les murailles arabes qui aboutissent à ce point; mais elle est liée, du côté du sud-ouest, à un massif[1] qui semble moins antique, mais qui l'est certainement plus que les constructions sarrasines. Elle a trois étages intérieurs (en comptant pour un le rez-de-chaussée), recouverts par une voûte en forme de calotte aplatie, dont le dessus[2] donnait naissance à un troisième étage extérieur, garanti seulement par la hauteur du parapet. Les parois du rez-de-chaussée sont percées tout autour de dix niches, au fond desquelles sont pratiqués autant de créneaux. La calotte qui le recouvrait est ouverte dans son milieu, et paraît s'être enfoncée par l'effet de son trop grand aplatissement[3] : il n'en existe que les naissances, qui, régnant tout autour de l'édifice, servent encore de galerie pour aboutir à pareil nombre de niches et de créneaux qui garnissent le plan supérieur ou second étage. Cette disposition, soit qu'elle ait été faite avec intention, soit qu'elle résulte d'un accident, ne se retrouve dans aucune autre des nombreuses tours qui forment l'enceinte arabe. On voit en dedans et autour de celle-ci beaucoup de voûtes en plein cintre, plates-bandes, murs et corniches *antiques*, et même une espèce de colonne engagée *dorique*, cou-

[1] Fig. 3, pl. 35, a, b, c.   [3] Fig. 7 et 9.
[2] Fig. 4.

ronnée par un assemblage de moulures formant le chapiteau de cet ordre[1]. Le tout est d'un goût assez bon, ou qui du moins est plutôt antique qu'arabe, de même que la construction en briques qui enchâsse cet ouvrage, si toutefois cette construction n'est pas décidément *romaine*. Il faut remarquer aussi la face de ce massif portant une corniche d'un bon profil et des assises de belle pierre d'environ un mètre de hauteur[2]. L'appareil de la tour, comme celui de ces accessoires, est régulier, fort et beau; les blocs sont retenus les uns aux autres au moyen d'ancres de fer: mais on a taillé postérieurement des fenêtres dans le parement extérieur sans en déranger les pierres; ce qui fait que ces ouvertures ne présentent aucun appareil en dehors, et nous porte à penser que les Sarrasins ont fait ou du moins retouché et modifié la distribution intérieure. On se confirme encore dans cette idée en examinant attentivement la voûte supérieure subsistante et composée de petits blocs bien inférieurs en beauté à tout le reste. La pierre qui compose tout le revêtement extérieur et une bonne partie du dedans de cette tour, est calcaire numismale. Les Arabes ou les Turks ont remplacé celles qui se trouvaient mauvaises et en ont plâtré d'autres. La cassure de cette pierre, dont les anciens paraissent avoir seuls connu ou exploité la carrière, et les Arabes n'avoir employé que les blocs provenant de démolition, est d'un très-beau blanc, parsemée de petits cristaux de spath: mais ce qu'il y a de plus remarquable est sa contexture, qui présente une

[1] Fig. 3, c, et fig. 9.   [2] Fig. 2, 5 et 6.

multitude de formes semblables à celle d'une lentille ou d'une petite pièce de monnoie, très-prononcées et disposées irrégulièrement entre elles, ce qui lui a fait donner son nom de *pierre numismale* ou *lenticulaire* (87).

Tout le monde appelle ce monument *tour des Romains*, d'après une certaine apparence qu'elle présente, et une différence assez vague, si l'on veut, avec les autres tours de l'enceinte [1]. Cependant on n'a point appuyé sur des motifs précis cette opinion qu'on a de son antiquité. Voici les caractères qui pourront former ces motifs. D'abord, cette tour n'a point ces proportions grêles ou élégantes que les Arabes ou les Grecs ont introduites jusque dans leurs constructions purement d'utilité publique, et même dans leur architecture militaire; elle a, au contraire, ces formes épaisses et raccourcies dont les Romains faisaient usage, même dans leurs édifices de luxe. Les pleins cintres, plates-bandes, moulures, colonnes engagées et autres objets de ce genre qu'on y trouve, la font contraster complètement avec les autres tours de l'enceinte, même avec celles dont l'enveloppe paraît être grecque du Bas-Empire, et certainement elle n'est point arabe. On n'y voit pas non plus de ces *colonnes horizontales* qu'on trouve dans presque toutes les autres. Cette voûte du premier étage, primitivement percée, ou dont les naissances ont si bien résisté, et cette calotte du second plan si surbaissée, ne se retrouvent pas non plus ail-

---

[1] Pour sentir cette différence, on peut comparer les vues *É. M.*, volume II, planches 85 jusqu'à 99, avec celle de la planche 35.

leurs. On ne voit dans l'enceinte arabe que des voûtes en *ogive* à nervures surhaussées, des arcs de cloître et doubleaux, des voûtes d'arêtes, annulaires, ou des dômes hémisphériques. Si cette tour n'est pas arabe, il n'est guère vraisemblable non plus qu'elle soit grecque.

Il me semble donc qu'elle a été bien nommée; et comme elle appartient à un front de l'enceinte arabe qui paraît, par sa position, par la forme du rivage corrodé à droite et ensablé à gauche, par les constructions de tous les temps et de tous les genres, sur lesquelles il a été successivement rebâti, avoir fait partie de l'ancien bord de la mer, les Sarrasins ont apparemment conservé cette tour dans leur polygone, et l'ont appropriée à la défense de leur ville; je dis appropriée, parce qu'elle aurait pu originairement être une dépendance du *Cæsarium*, comme je l'ai observé (88).

On remarque, au pied de la tour des Romains, sur le rivage de la mer et à très-peu de hauteur au-dessus de l'eau, des restes d'une chaussée pavée de cette pierre vulgairement appelée *basalte*. Nous en verrons d'autres vestiges en suivant cette côte vers Abouqyr; mais il est probable que ceux-ci sont d'une construction postérieure, attendu qu'ils se trouvent établis sur un sol de ruines. C'est sans doute la continuation de la communication de *Nicopolis*, Canope, et du reste de l'isthme oriental, avec *le port* d'Alexandrie, dans les basses époques. A mesure que la ville et ses abords éprouvaient des changemens, cette extrémité de la communication subissait des modifications correspondantes.

APERÇU DES ANTIQUITÉS
DU RESTE DES BORDS DU PORT NEUF.

La mer a beaucoup rongé le reste du périmètre du port neuf, depuis la tour des Romains jusqu'au cap *Lochias*, au prolongement actuel de ce promontoire, et aux récifs qui s'avançaient autrefois encore plus loin sous les eaux; de manière que ce rivage présente partout une grande confusion de ruines antiques et assez considérables pour qu'on doive en donner ici un aperçu général, avant de déterminer celles qui sont encore un peu reconnaissables. En plusieurs endroits, les fondations de ces ruines sont beaucoup au-dessous du niveau des eaux; on en voit encore une grande quantité dans la mer, et l'on en tire souvent de très-belles colonnes. On trouve, sur les bords, des massifs de maçonnerie en briques, dont les parois intérieures sont enduites de ciment et présentent de chaque côté une file de trous pour y poser les pieds et descendre au fond. Les canaux qui établissent la communication avec ces espèces de réservoirs, font conjecturer que c'étaient des citernes pour l'usage des maisons particulières, comme le dit Hirtius, et pour celui des palais et des autres édifices qui couvraient cette côte. La plupart des maçonneries de remplissage ou de soubassement sont aussi en briques, unies par de si bon mortier, que des pans énormes que la mer a renversés sur elle-même en sapant la côte, et qu'elle bat sans cesse depuis des siècles, conservent toute leur intégrité. Dans plusieurs de ces ruines, on remarque des pavés d'appartement, des bassins demi-circulaires et d'autres formes diverses, logés dans des murs épais; des espèces de cuves d'inégale largeur à leurs extrémités, comme des sarcophages ou plutôt des baignoires d'environ deux mètres de longueur, accompagnées d'une sorte de jarre qui semble avoir servi à alimenter la cuve. Il règne encore, *sur le bord supérieur* de toute cette courbe, aujourd'hui coupé à pic, une grande épaisseur de monceaux de décombres fort confus, et ce n'est que dans cette section verticale et parallèle au rivage qu'on reconnaît tous ces objets. La petitesse des conduits, les échelons et le peu de largeur des puisards, les dimensions très-médiocres des chambres et leur disproportion avec l'énorme épaisseur des maçonneries, démontrent qu'il y avait là, non-seulement des citernes, mais surtout beaucoup de bains particuliers d'eau douce et d'eau de mer; car on ne peut pas supposer des bains publics aussi étendus et occupant toute cette côte, consacrée particulièrement aux palais et aux autres édifices de ce genre.

Une chose très-remarquable parmi ces canaux, c'est que, la pente de ceux du dessous se dirigeant de la terre vers la mer, ceux qui sont au-dessus ont leur inclinaison en sens contraire. Il est évident que cette disposition était faite pour distribuer l'eau du Nil ou de la mer, amenée par des machines, dans les bains pratiqués parmi ces réservoirs, et à la faire dégorger ensuite dans le port. Le niveau de l'embouchure du canal inférieur n'est souvent pas élevé de 0^{m}60 au-dessus de celui de la mer. Cette remarque n'est pas favorable à l'opinion de ceux qui croient que la mer a *considérablement* baissé depuis les Grecs; car on ne voit pas à quoi auraient pu servir ces canaux inférieurs, s'ils eussent été de trois ou quatre mètres au-dessous de la Méditerranée (89).

Des vestiges qui subsistent le long de cette rive, l'un des plus intéressans est un *plan incliné* qui a encore beaucoup d'étendue. Il est formé de pierraille et de mortier. Ce mélange a acquis une telle dureté, qu'on a de la peine à se persuader que ce ne soit pas le rocher lui-même. Il paraît que la mer brisait anciennement en cet endroit, comme aujourd'hui, avec beaucoup de force, et que, pour amortir sa violence, on a formé ce plan incliné (90). On rencontre aussi un massif considérable de maçonnerie en briques, qui s'avance d'environ vingt mètres dans la mer, et dont les fondemens, composés de forts blocs de pierre de taille, sont couverts par les eaux, sans qu'on puisse, d'après la situation bien horizontale des assises, supposer que le sol se soit affaissé dans cet endroit. Au reste, les bords de cette courbe ont fort peu de profondeur, dans un espace de plus de cinquante mètres en avant dans l'eau; et tout prouve de plus en plus que ce terrain a été conquis par la mer.

Dans toute cette étendue, on trouve encore beaucoup de vestiges de constructions en pierre numismale; mais c'est la brique qui domine le plus. Il y a des restes nombreux de citernes sur le bord intérieur des terres, et des citernes presque tout entières, dont les murs, les voûtes et les plafonds inférieurs sont faits avec de belles briques épaisses de deux pouces. Quelques-unes de ces citernes ne sont que des puits cylindriques : d'autres sont au voisinage de bassins qui paraissent n'avoir point été recouverts. Nous avons vu des conduits dont le fond est plaqué de briques de cette épaisseur : ces citernes sont aussi revêtues d'un excellent ciment de chaux et de brique pilée. Les briques qui se rencontrent dans les constructions *antiques* d'Alexandrie, ont, pour la plupart, huit pouces en carré et un pouce d'épaisseur. Il y en a d'autres, mais en petit nombre, qui ont près de deux pieds en carré; on en trouve aussi qui sont très-petites et n'ont que trois ou quatre pouces. Elles servaient à faire des aires, et sont placées de champ et disposées *en fougère*. La plupart de ces constructions sont formées de plusieurs rangs de briques et d'autres rangs de pierres de huit pouces de hauteur seulement. Il y a, en général, beaucoup de mortier dans ces ouvrages.

Dans le mois de janvier 1801, l'on trouva, près du bord de la mer, entre l'obélisque et le promontoire de *Lochias,* dans des ruines qui n'avaient pas encore été fouillées, deux statues en marbre blanc : l'une, qui est plus grande que nature, est la statue de Septime-Sévère; l'autre, qui est de grandeur naturelle, est celle de Marc-Aurèle. La première a le costume d'un guerrier, mais recouvert d'un manteau grec; la seconde est revêtue de la toge. Ces deux statues sont presque entières; elles sont assez belles pour mériter d'être conservées. On verra par la suite combien la mémoire de Sévère devait être en vénération à Alexandrie (91).

POSIDIUM. — TEMPLE DE NEPTUNE. — TIMONIUM.

En suivant et examinant en détail le rivage, après le *Cæsarium* et la *tour* dite *des Romains*, on trouve d'abord un sol plat, qui n'offre point de masses remarquables de ruines et n'indique l'existence d'aucun édifice antique; mais on rencontre ensuite une première et petite presqu'île que forme la côte en cet endroit. Elle est chargée de ruines, et présente à son extrémité des espèces d'îlots qui annoncent qu'elle a pu se prolonger davantage autrefois, comme nous le verrons tout-à-l'heure.

En continuant de marcher vers *l'est*, on trouve, à cent mètres environ de distance, des ruines avancées vers la mer et qui sont les plus considérables de toutes celles que présente cette partie de le côte[1]. Elles doivent leur conservation, d'abord à ce que l'édifice avait été fondé sur le rocher qui paraît avoir été dressé pour le recevoir; ensuite à la nature des matériaux qui ont été mis en œuvre, et au bon emploi qu'on en a fait. Voici l'ordre des différentes espèces de maçonnerie qu'on a employées dans la construction d'une partie de ce monument. Il y a d'abord une assise de blocs de pierre calcaire posée sur le roc et dressée de niveau; elle est recouverte d'un lit composé de petits moellons d'un décimètre cube environ, jetés sans ordre dans un bain de mortier. C'est l'*opus incertum* de Vitruve. Cette couche est recouverte d'une assise de carreaux de terre cuite, sur lesquels porte une nouvelle couche de ma-

[1] Ce sont celles qui sont nommées *palais ruiné* sur la pl. 84, *É. M.*

çonnerie de béton, qui diffère de la précédente en ce qu'elle contient des blocs de pierre équarris, posés sans suite et sans ordre entre eux, et souvent isolément, mais toujours bien horizontalement. Au-dessus de ce quatrième lit, se trouvent alternativement deux assises de pierres de médiocre grosseur, esmillées, et trois assises de briques jusqu'au niveau de la plaine (92). Il est à remarquer que les joints de ces lits alternatifs sont presque de la même épaisseur que les briques, et que le mortier est composé de chaux et de pouzzolane. On y trouve aussi quantité de fragmens de *lave* de la grosseur d'une petite noix. Les briques employées dans cette construction sont carrées.

Pour bien s'assurer de l'usage auquel cet édifice était consacré, il faudrait en avoir un plan exact, et il est bien à regretter que les circonstances n'aient pas permis de le lever. Quoi qu'il en soit, la portion que nous en voyons paraît avoir été un établissement thermal. On peut remarquer, dans la partie inférieure du monument, de petites voûtes en briques, communiquant les unes aux autres et répondant aux bouches de plusieurs fours dans lesquels il paraît qu'on entretenait le feu qui circulait dans ces voûtes, soit pour échauffer l'eau des bains, soit pour porter à un degré déterminé la chaleur des *étuves*. On reconnaît, au-dessus de ces voûtes, des plans circulaires de quatre ou cinq pieds de diamètre, revêtus en briques, dont la surface est vitrifiée en quelques endroits, et qui portent toutes l'empreinte de l'action du feu. Ces parties circulaires étaient probablement des fourneaux.

Tout le massif de cette maçonnerie de briques est pénétré par des tuyaux de terre cuite qui portaient les eaux d'un endroit à l'autre.

Le plan inférieur à celui des voûtes en briques, dont nous avons parlé, laisse à découvert, du côté d'Alexandrie, la section de deux réservoirs à demi détruits. Le fond de ces deux espèces de cuves est de cinq ou six décimètres au-dessus du niveau de la mer : il est composé d'un lit de maçonnerie recouvert d'une couche de béton de deux décimètres d'épaisseur, revêtue elle-même de carreaux de terre cuite très-petits, posés de champ et *en épi*.

Il paraît que ces cuves, et peut-être d'autres encore que la mer a rongées, étaient remplies au moyen d'un réservoir de forme demi-circulaire, assez bien conservé dans la partie supérieure de ces ruines. Ce réservoir se trouve à très peu près de niveau avec le sol adjacent : il est recouvert, dans son intérieur, d'un enduit ou d'un dépôt *cristallin*. Ce même dépôt se retrouve encore dans la section d'un aqueduc qui passait derrière l'édifice, et qui probablement amenait des eaux *douces*, mais toujours un peu chargées de sel dans ce pays.

Avant d'arriver à cette grande ruine, et après l'avoir dépassée, en allant de l'obélisque au cap *Lochias*, on trouve les restes de deux jetées enracinées dans le sol de la terre ferme, et qui se prolongeaient dans l'intérieur du port. Ces jetées, de quatre mètres d'épaisseur, sont composées de grosses pierres ayant alternativement trois mètres et un mètre de longueur : elles sont disposées par assises d'un mètre de hauteur environ.

Au-delà de ces mêmes bains, on voit, sur le bord de la mer, une assez longue suite de pierres de taille qui paraissent être les restes d'un quai dont la partie supérieure aurait été démolie pour en employer les matériaux à quelque édifice moderne.

Pour expliquer plus complètement à quel ensemble d'établissemens antiques ont pu appartenir ces masses de constructions et l'espèce de presqu'île que nous avons rencontrée la première, nous observerons que Strabon décrit, « *immédiatement après le Cæsarium* (93), une partie courbe du rivage appelée *Posidium* (espèce de coude ou langue de terre), dont l'inflexion partait de l'*Emporium, et sur laquelle s'élevait un temple de Neptune.* » D'abord nous avons trouvé et pu reconnaître l'origine de cette courbe de la rive, qui était plate sans doute, et qui n'a fait que s'ensabler et se combler davantage, là où sont des jardins sur l'emplacement de l'*Emporium*. L'autre pointe ou extrémité du coude qui passait sous le front actuellement avancé de l'enceinte arabe, où j'ai dit que commençait la corrosion du rivage, se prolongeait sans doute jusqu'à nos deux massifs couverts de ruines, et a dû être détruite par les vagues de la mer, qui entre plus librement qu'autrefois dans le grand port, et a tout ravagé jusqu'au promontoire de *Lochias*.

Une partie aussi distincte du rivage pouvait être plus particulièrement consacrée à Neptune, dieu de la mer, à cause de la facilité que sa forme aplatie offrait aux embarquemens et débarquemens : aussi portait-elle un nom dérivé d'un des surnoms grecs de ce dieu, comme si l'on eût dit *Neptunium*. Nous venons de voir d'ailleurs qu'il y avait là un temple de Neptune, lequel pouvait avoir donné son nom à tout l'espace adjacent (94).

« Là, continue le géographe grec, Antoine, ayant ajouté un môle plus avancé vers le milieu du port, construisit une maison royale qu'il appela *Timonium* (95). Ce n'est que sur la fin de sa vie qu'il bâtit cette retraite, lorsqu'abandonné par ses partisans, après la catastrophe d'Actium, il se retira à Alexandrie et résolut de vivre solitaire comme *Timon*, ayant donné ordre à tous ses amis de s'éloigner. »

Le *Timonium* était donc sur la plage appelée *Posidium*; et nous avons vu que la petite presqu'île qu'on rencontre la première appartenait à cette plage, qu'elle offrait des restes de maçonnerie à sa surface, et des traces d'une extension artificielle opérée à son extrémité. La forme de cette espèce de jetée, son médiocre volume et les autres circonstances concourent à faire conjecturer que ce prolongement avait pour objet d'y asseoir une maison de fantaisie d'un grand personnage qui veut vivre en simple particulier. Tout porte donc à penser que c'est là et en avant dans l'eau, qu'était le *Timonium*, que d'ailleurs Strabon place *immédiatement* après le *Cæsarium*, en suivant toujours l'horizon *vu de l'intérieur du port*.

Comme il indique le temple de Neptune *sur le coude* ou la pointe que formait la courbe du *Posidium* allant se confondre avec la rive de l'*Emporium*, fort loin de là; que ce coude finissait, comme nous l'avons vu, vers l'extrémité de la grande ruine en briques et en pierres de taille, et qu'il n'y a point, *dans le voisinage de la mer* (96), d'autre masse considérable de constructions qu'on puisse attribuer à un bâtiment de l'importance du plus médiocre temple, je ne vois pas qu'on puisse placer celui de Neptune plus convenablement que sur le cap en maçonnerie qu'on avait déjà nommé *palais ruiné*, à cause de son apparence (97). Les compartimens de thermes qui se font le plus remarquer parmi ce qu'il en reste, ne s'opposent point à cette détermination. Dans cette masse d'environ soixante mètres d'épaisseur, il y a bien d'autres ouvrages que des fourneaux et des cuves; on a pu y pratiquer des thermes et toute sorte d'établissemens après la ruine du temple, ou même simultanément. Les belles fondations de ce monument, assises sur le roc, ont dû appeler dans tous les temps les projets et les *reconstructions*. (98).

Nous n'avons point de descriptions du *Timonium* et du temple de Neptune plus détaillées que les renseignemens que je viens d'en donner et le peu de mots que Strabon en dit : mais il est aisé de se figurer que ce temple surtout devait avoir de l'étendue et de la magnificence dans une ville si riche en monumens, et dont l'existence était, pour ainsi dire, toute maritime; attendu aussi que cet édifice s'élevait sur un terrain particulièrement consacré au dieu de la mer.

THÉATRE.

Il n'y a point de ruine importante entre le temple de Neptune et le cap suivant; mais Strabon place immédiatement après le *Posidium*, en décrivant toujours le périmètre du port, *le théâtre*, sur lequel il ne donne aucun détail. Il dit seulement qu'il était *au-dessus* de l'île Antirrhode, dont nous parlerons tout-à-l'heure; c'est-à-dire, qu'il était *élevé*, comme le *Cæsarium*, sur la plaine voisine ou plateau de la ville que nous avons déjà aperçu plus d'une fois, et *au-dessus* de la courbe suivant laquelle étaient rangés la plupart des objets qu'il récapitule dans ce passage de sa *Géographie*, et dont la plupart aussi bordaient immédiatement le grand port. Ainsi le théâtre était sensiblement *en arrière* du rivage; et je n'ai voulu, en le nommant ici avec Strabon, que faire entendre, comme cet auteur, qu'on apercevait de l'intérieur du port une façade ou extrémité de cet édifice. J'indiquerai donc plus tard son emplacement entier dans *l'intérieur* de la ville. On ne découvre point, en effet, de monticule remarquable de décombres *sur le bord* de cette partie du contour du *plateau supérieur*, immédiatement après le *Posidium*. Il y avait là sans doute une place ou grand espace libre qui permettait de voir, du port, au moins une face de la partie supérieure de ce bâtiment, qui devait être assez haut, et d'y aboutir commodément de tous côtés par de vastes issues, toujours nécessaires dans les lieux publics. Le port creusé et d'autres établissemens maritimes occupaient le plan inférieur de la rive, dans l'intervalle que nous parcourons.

PORT CREUSÉ.

On trouve, à la suite du *Posidium*, sur le bord de la mer, un môle *ruiné*, fort avancé dans l'eau. Je n'ai rien de particulier à dire sur l'état actuel de cette masse, qui n'est absolument qu'une ruine assez informe. C'est vraisemblablement auprès de ce môle, où le rivage se trouve bas et dépourvu de monticules ou autres accidens de terrain, qu'était situé le port *creusé* de main d'homme dont parle Strabon, et qu'il cite immédiatement après le théâtre, en le plaçant *au-dessous* de ce grand édifice, *derrière* l'île Antirrhode. Cette forme générale de la côte en ce point, laquelle se prêtait facilement à des déchiremens et des comblemens qu'elle annonce encore de la part des vagues, convient parfaitement à une fouille faite par art. Le môle subsistant couvrait sans doute une partie du côté occidental de ce bassin et y servait d'embarcadère, tandis qu'un autre reste de constructions saillantes qu'on aperçoit à deux cents mètres de là, remplissait le même office sur son côté oriental.

Strabon ne donne pas de détails concernant ce port : mais, comme il en cite un assez grand nombre d'autres petits et d'une destination toute particulière, et comme il dit ailleurs, en parlant en général du grand port public, qu'il se partageait en plusieurs autres, il devient certain que celui dont il s'agit ici était une de ces subdivisions; il devait servir aux usages communs que Strabon a déjà fait connaître, et voilà pourquoi il n'en dit rien de particulier, tandis qu'il spécifie davantage la destination exclusive des autres (99). D'après cette remarque, le port creusé devait avoir une certaine étendue, et pouvait se rapprocher beaucoup du premier établissement par son extrémité orientale, que nous découvrirons à sa suite *sur le bord de l'eau*. On observera en effet que l'espace libre que nous lui assignons, à partir du môle ruiné, occupe de toutes parts une grande surface, et l'on verra que les emplacemens que j'affecterai aux autres établissemens mentionnés par les auteurs, sont assez distans de ce point.

ÎLE ANTIRRHODE.

On n'aperçoit, au premier coup d'œil, aucune ruine antique, ni même aucun massif de terrain dans la mer, en avant de l'emplacement du môle ruiné et du port creusé, quel que soit au juste ce dernier emplacement. Il serait cependant intéressant d'y faire des recherches soignées. En attendant, je remarquerai, dans la position qui nous occupe, un espace dont les cotes de profondeur d'eau, six, sept et huit pieds, sont les plus faibles de toute cette partie du rivage du port[1], et présentent un contraste frapant avec celles qui les avoisinent. Elles dessinent symétriquement les abords de droite et de gauche du *port creusé*, dont l'enfoncement se trouve ainsi abrité en avant et au-dessous du niveau de l'eau par un bas-fond dont le point culminant doit être aux environs de la cote 6. C'est sans doute vers ce point qu'était située l'île appelée *Antirrhodus*, que Strabon place *au-dessous* des palais intérieurs (et du théâtre, dont ils étaient voisins), et *devant* le port creusé (100).

Strabon ajoute clairement qu'il y avait *dans* cette île un palais et encore *un petit port* particulier. Celui-ci

---

[1] *Voyez* ces cotes, *É. M.*, planche 84.

était certainement formé par quelque petite anse de l'île, ou par l'abri seul que présentait son rivage méridional sur le bras de mer qui la séparait du continent. Il servait probablement aux barques qui faisaient le service de ce palais. Aujourd'hui cet édifice et son port ont disparu; et cela n'est pas surprenant, puisque l'île même ne se voit plus. Elle a pu être ruinée comme le reste des constructions qui couvraient le rivage, la plaine voisine, et le promontoire de *Lochias*. Une cause de destruction de plus l'a minée : c'est la mer, qui est devenue si terrible dans cette partie du grand port, depuis que son étroite entrée s'est ouverte par le laps du temps; au lieu qu'autrefois l'*Acrolochias* et les digues sous-marines existant à sa suite couvraient particulièrement cette portion du rivage; et, après la construction de l'*Heptastadium*, les vents de nord-est, qui presque seuls troublaient le port, allaient frapper contre cette forte digue et revenaient déposer les *detritus* de la côte extérieure dans l'emplacement calme de l'île Antirrhode. Cette île avait donc pu être premièrement formée par ces remous sur le noyau que la sonde 6 nous indique; et cette hypothèse, en établissant le défaut de dureté de ce terrain d'alluvion, concourt à expliquer la destruction *totale* d'une masse qui devait être très-considérable, tandis que nous voyons subsister autour d'elle tant de ruines d'un médiocre volume.

Il fallait, comme on vient de le remarquer, que le port creusé, l'île Antirrhode et son palais, son port privé et les établissemens maritimes environnans, fussent importans, puisque Strabon dit que l'île tirait son nom de ce qu'elle était, en quelque sorte, l'émule de Rhode (101).

PORT CACHÉ ET FERMÉ. — VUE DES PALAIS INTÉRIEURS.

On trouve ensuite un dernier cap avancé du nord-est au sud-ouest, et couvert de ruines[1], du genre de celles que nous avons décrites, en général, sur cette côte. On ne peut placer ailleurs ni plus convenablement qu'autour de ce massif de constructions, et dans l'espèce de crochet qu'elles forment, le *dernier* port de Strabon. Il était nécessairement petit, comme cet espace l'annonce, puisque le géographe observe qu'il ne servait que pour l'usage des rois (Ptolémées), auxquels il appartenait, pour ainsi dire, *en propre*. Leurs palais intérieurs, que nous verrons tout-à-l'heure, et dont on découvrait les masses du point de vue de Strabon dans le grand port, comme nous avons aperçu le théâtre et le *Cæsarium*, étaient directement au-dessus de ce bassin. Il le place effectivement, d'abord, après l'île Antirrhode et le port creusé qui était vis-à-vis d'elle sur la rive. Il dit, de plus, qu'il était *fermé et caché*, par opposition sans doute au port *creusé*, et qui, par sa grandeur et la forme du rivage que nous avons vue, ne pouvait qu'être *très-ouvert* entre ses deux extrémités naturelles ou ses môles. Les vestiges de maçonnerie que nous trouvons au dernier petit cap, indiquent encore que le port des rois était fermé *par art*, et que ces constructions hydrauliques établies en crochet, de même

---

[1] Elles sont dessinées sur la planche 84, *É. M.*

que les édifices qui s'y élevaient, le *cachaient* complètement. Elles conviennent donc très-bien à cette détermination de l'emplacement du *port des palais*.

PROMONTOIRE ET PALAIS DE LOCHIAS.

L'extrémité *actuelle* du promontoire où nous sommes parvenus, paraît avoir beaucoup changé de forme[1], quoique sa masse soit épaisse et forte, comme cela est arrivé à l'île *Pharos*, dont le rocher est de même nature. L'*Acrolochias* et les récifs à la suite l'ont garantie pendant long-temps; mais, quand ces barrières ont été franchies par la mer, elles n'ont servi qu'à donner aux eaux plus d'action sur le promontoire, par les brisans que ces bas-fonds occasionaient en même temps qu'ils le laissaient à découvert. Il n'y a donc point, *et surtout à la surface supérieure* de ce cap, de ruines *importantes;* nous n'en avons vu qu'une multiplicité de bien médiocres. Quoiqu'on doive, d'après les observations qui précèdent, avancer un peu par la pensée l'extrémité antique de ce promontoire, laquelle supportait le palais principal, on devrait trouver pourtant encore en arrière quelques ruines; car cet édifice devait être considérable (Strabon dit même qu'il y avait *plusieurs* palais *sur le Lochias*), et non-seulement la racine[2] de ce cap était occupée par lui, mais toute la plaine voisine était au loin couverte de bâtimens royaux, ainsi que nous le verrons. Au reste, comme le palais du *Lochias* était le monument le plus

---

[1] *Voy.*, ci-dessous, ce qui est dit de son extrémité ou *Acrolochias*, page 290.

[2] J'appelle ainsi la base du triangle horizontal formé par la surface supérieure du promontoire.

éloigné et le premier sans doute que les Grecs, et ensuite les Arabes, abandonnèrent, en conservant peut-être quelques palais intérieurs[1], lorsqu'ils resserrèrent la ville, il n'est pas étonnant qu'ils l'aient *entièrement* rasé pour en employer les matériaux aux réparations de ceux qu'ils conservaient ou à leurs nouvelles constructions, et toujours ainsi, en se retirant successivement. Cette supposition naturelle explique la nudité absolue du plateau du cap *Lochias*.

Strabon y place d'abord, en entrant dans le port, le *palais*, que j'ai supposé, par cette raison, avoir été, *de son temps*, le palais principal ou par excellence. Il dit ensuite, en parlant de ceux de l'intérieur que nous avons aperçus, « qu'ils faisaient suite à ceux qui étaient sur le *Lochias*; » de manière que cela formait, comme nous le verrons en examinant en détail les premiers, un enchaînement continu de demeures royales. En effet, tous les auteurs disent indistinctement, tantôt *le palais*, tantôt *les palais*, en parlant de tout l'espace depuis le cap jusqu'à l'enceinte arabe, et suivant une grande largeur. Ce n'est que pour plus de clarté, et parce que le premier mot de Strabon ($βασιλειον$ au singulier) m'y autorise, que j'ai distingué un palais par excellence, occupant le promontoire proprement dit. (102).

Strabon place ce palais immédiatement au-dessus du petit port que nous venons de voir, et que, par suite, il met aussi au-dessous des palais intérieurs dont il montre la perspective prise du port. Cet embarcadère

---

[1] Nous verrons plus loin ces palais intérieurs.

servait indistinctement à *tous* ces édifices royaux, puisqu'ils communiquaient entre eux.

Soit qu'on suppose que le palais du *Lochias* était la demeure habituelle des Ptolémées, soit qu'on admette seulement qu'il était une maison de plaisance ou une succursale de leurs habitations intérieures, il est toujours certain que ces souverains fastueux de l'Égypte dûrent donner à sa construction un grand développement et une magnificence orientale. Qu'on se représente maintenant ce bord du promontoire couvert de maisons royales, les palais intérieurs, celui d'Antirrhode, le théâtre, le temple de Neptune, le *Timonium*, la tour Romaine, le temple de César et ses obélisques, le Bazar (103) ou *Emporium*, les arsenaux, la grande place, l'*Heptastadium* et ses deux forts, la tour, le bourg et les autres constructions de l'île *Pharos*, la multiplicité de petits ports et de navires distribués au pied de tous ces momumens et des autres édifices publics ou particuliers que Strabon ne nomme pas, et l'on aura une idée du superbe *panorama* que présentait l'intérieur du grand port d'Alexandrie.

ACROLOCHIAS. — CAUTES.

En descendant de la pointe du promontoire, et s'avançant dans la mer, on marche sur une chaîne de rochers tant naturels qu'artificiels, sur le milieu de laquelle règne une espèce de digue bien antique, dont le tracé est très-marqué et régulier, quoique la direction en soit sinueuse et angulaire. Elle est parsemée de ruines d'habitations modernes, et environnée de bancs à fleur d'eau; elle aboutit à l'un de ces rochers, plus large que les autres, sur lequel est bâtie une mosquée abandonnée qu'on appelle *Pharillon*[1], et qui fait, avec tous ces accessoires, le pendant parfait, mais sur une moindre échelle, du phare moderne, de son plateau, de sa digue et de ses récifs.

La chaussée du Pharillon est aujourd'hui brisée[2] en quelques endroits, notamment à son origine près du cap et à la moitié environ de sa longueur. On reconnaît, parmi les matériaux qui la composent, beaucoup de débris de colonnes et de gros blocs de pierre numismale qui avaient été trouvés tout taillés dans les ruines, et que les Grecs ont pu employer ici lorsqu'ils ont réparé l'ancienne digue naturelle ou *artificielle*, usée par les vagues (104). Joseph nous apprend effectivement que cette partie du grand port était embrassée *par des môles faits de main d'homme*.

Cette digue de rochers a été partout travaillée par les Grecs et par les Arabes. Ces derniers paraissent avoir borné leurs soins à la réparation et au maintien d'un passage ou chaussée pour joindre la mosquée et quelques médiocres bâtimens à la terre ferme. Le mortier qu'ils ont employé à cette œuvre a acquis une grande dureté; cependant il est inférieur en bonté à celui dont les Grecs se sont servis.

Pour que les Arabes aient eu besoin de joindre le rocher du Pharillon au continent, il faut qu'une bonne partie de cette ligne de récifs en ait été séparée depuis

---

[1] *Voyez* la vue, *A.*, planche 32, *É. M.*, pl. 85, 88, 97.
[2] Voyez *É. M.*, planche 84.

Strabon; car, d'après ses descriptions, on voit clairement que le cap se prolongeait naturellement et sans interruption jusqu'à son extrémité très-allongée et terminée *en pointe*, comme son nom d'*Acrolochias* l'indique. Il est difficile de déterminer à quel point du môle *actuel, dont Joseph a fait mention*, s'appliquait ce nom étymologique, et si ce n'était pas plutôt le plateau de la mosquée moderne qui formait autrefois cette extrémité. Mais ce qui confirme toutes ces conjectures, et particulièrement la dernière, c'est que Strabon, en nous faisant entrer de la mer dans le grand port, et peignant, comme tous les auteurs anciens, l'excessif resserrement de la passe, nous montre d'abord à gauche les *bas-fonds* que nous verrons tout-à-l'heure bien en avant de la mosquée; et immédiatement après il indique le *promontoire* de *Lochias*, dont le point cherché, ou ce gros rocher qui subsiste encore au-dessus des eaux, n'était que le sommet. Ainsi non-seulement cette extrémité du cap a été séparée du continent, et c'est alors que, depuis Strabon, on aura fait les fondemens grecs de ce bras artificiel dont parle Joseph, mais encore elle s'est presque totalement perdue; en sorte que l'*entrée* du port neuf, autrefois si étroite, est aujourd'hui fort large. Je dis *l'entrée*, et non *la passe;* car celle-ci est toujours resserrée par les bancs sous-marins. Les causes de toutes ces destructions de rochers autrefois très-apparens n'ont plus besoin d'être indiquées.

La mosquée, par sa position, son genre de construction et celui des autres murs crénelés, paraît avoir dû servir de fortification correspondante à celle du château du phare. D'après cela, et d'après tout ce qu'on vient d'observer, il y a lieu de croire qu'il n'y avait, dans l'antiquité, sur cette langue étroite, que quelques vigies semblables, et point d'habitations étendues; car Strabon n'en fait point mention, et, je le répète, il n'indique, au premier abord, que le *Lochias* et son cap.

En face du Pharillon, on voit encore, quand la mer est calme, les brisans qui fermaient le grand port. Ainsi l'*Acrolochias* actuel pouvait, non-seulement être jadis, comme je l'ai supposé, le commencement de cette chaîne de bancs de roche dont une partie s'élevait à fleur d'eau, mais encore s'avancer plus loin dans la mer. Cette chaîne si usée se prolonge maintenant sous l'eau, sur une longueur de trois cents toises au-delà de sa partie apparente, jusqu'à la dernière sonde, cotée dix pieds, et ne laisse qu'une ouverture de cinq cents et quelques toises entre elle et *le Diamant;* ce sont là ces *cautes* (χοιράδες) si redoutables que Strabon nous montre avant tout. C'est ainsi que se trouvait complétée cette clôture exacte du grand port dont tous les anciens ont célébré les avantages, et qui, si l'on veut pousser le terme des conjectures beaucoup plus loin que celui auquel remonte l'origine de leurs traditions, permettait à peine de passer entre les récifs et du *Lochias* et du Phare; enfin, c'est ainsi que les saillies de côte les plus solides se minent, que leurs anfractuosités se comblent, et que toutes leurs inégalités s'effacent insensiblement.

CÔTÉ ORIENTAL DU PROMONTOIRE DE LOCHIAS.

En continuant de parcourir la partie maritime de l'ancienne Alexandrie, et suivant d'abord la côte orientale du promontoire de *Lochias*, on s'aperçoit que ce cap a été fortement corrodé de ce côté. Lorsque la mer est calme, elle laisse à découvert une assez grande surface de rochers qui ont été taillés dans presque toute leur étendue. On trouve d'abord, en face de la jetée que nous avons vue tout-à-l'heure, plusieurs canaux pratiqués sur ce rocher aplati, pour faire passer l'eau de la mer dans de petits bassins capables de contenir aisément le corps d'un homme. Ces canaux, entièrement creusés dans le roc, sont fort dégradés; leur voûte est détruite, et il n'y en a que deux qui aient conservé des parties propres à faire reconnaître leur première construction. Lorsqu'il y a un peu de houle, ces aqueducs se remplissent : mais, dans le calme, il n'y a pas seize décimètres d'eau sur le radier; ils doivent même être à sec quand le vent vient du côté de la terre. Mais, en admettant même qu'ils eussent autrefois introduit l'eau à plein canal dans les bassins, cela confirmerait toujours ce que nous avons dit du peu d'abaissement de la Méditerranée depuis les premiers Ptolémées, et resserrerait encore beaucoup la limite que nous avons fixée à cette diminution progressive de sa hauteur.

On trouve encore à la suite, en quittant les environs du cap, un grand nombre de canaux qui ont un à deux pieds de largeur et qui forment divers contours. Tous ces canaux ont bien clairement leur pente dirigée vers la mer, et plusieurs partent de puits circulaires. La plupart aussi sont actuellement découverts, et n'ont qu'un ou deux pieds de profondeur, ainsi que les puits. Mais, dans les endroits où le sol n'a pas été autant usé, ces canaux passent sous le rocher à travers lequel ils sont creusés en voûte, et ils ont, depuis le fond jusqu'à l'intrados, trois à quatre pieds de hauteur. Outre ces canaux, on voit d'autres ouvertures plus larges : il y en a plusieurs qui devaient former des chambres et peut-être des salles de bain.

On sait, par tous les témoignages, que le promontoire de *Lochias* était couvert de palais et de jardins, et que ses environs étaient très-habités. On ne doit donc pas être surpris de trouver la côte ainsi travaillée partout. Outre qu'on devait, conformément aux habitudes orientales, établir dans chaque maison un peu riche des salles de bain, on pouvait encore creuser dans ce rocher, très-maniable, des logemens souterrains parfaitement secs. Quant aux canaux subsistans, quelques-uns pouvaient avoir pour but d'amener l'eau de la mer dans les thermes; mais la plupart, aboutissant, comme on le remarque, à des puits étroits, pourraient bien n'avoir été que des égouts, ou avoir servi à distribuer aux diverses habitations une grande abondance d'eau du Nil. Mais pourquoi ces grandes dimensions dans de simples conduits de distribution? D'ailleurs, la pente à la mer est plus favorable à la seconde opinion : que le plus grand nombre de ces aquéducs n'étaient autre chose que des égouts.

Lorsque la mer est calme, les canaux de cette partie

de la côte sont à son niveau : circonstance remarquable et bien contraire au sentiment de quelques personnes qui ont imaginé que le niveau de la mer s'était élevé depuis deux mille ans; car, si la destination de ces aquéducs était de servir d'égouts, il est certain qu'on a dû les établir de manière que, dans les temps les plus calmes, ils pussent encore être lavés par la mer.

L'aspect de toutes les chambres et de tous les canaux creusés dans le roc explique facilement les grands changemens qui se sont opérés en si peu de temps sur tout ce rivage, et les invasions insensibles, mais considérables, de la mer; car il est aisé de concevoir qu'il lui a suffi de ronger des cloisons assez peu épaisses, et dans une pierre dont j'ai fait connaître la nature peu résistante, pour s'introduire dans l'intérieur du rocher et des vastes excavations que les hommes y avaient faites.

On trouve des ruines analogues à celles du pourtour et du dessus du promontoire de *Lochias*, et qui bordent toute la côte, jusqu'à la ligne que j'estime avoir borné la ville grecque de ce côté. Le relief du terrain, les restes de constructions et de fouilles, les débris de poteries et autres fragmens, le texte des auteurs anciens et les traditions, tout enfin nous prouve que la ville, à une certaine époque, s'étendait jusque-là. Il est même évident que cet espace était, non-seulement peuplé, mais plein de magnificence; on finit par être aussi frappé de cette idée, qu'attristé du ravage de ces beaux monumens, et fatigué de la multiplicité de ruines du même genre qui couvrent sans interruption toute la partie maritime de l'ancienne Alexandrie que nous venons d'examiner.

§. II. *Partie moyenne ou intérieure de la ville.*

Pour parcourir maintenant, sans qu'aucun objet intéressant échappe à nos regards, la partie intérieure de la ville antique, nous suivrons, en partant du point où nous venons de nous arrêter, une ligne moyenne circulant autour du grand espace qui se trouve au midi, ayant à gauche le lac *Mareotis*, à droite les murailles arabes jusqu'à leur extrémité occidentale; rentrant ensuite, par un grand contour dirigé vers le nord-ouest, dans cette enceinte moderne, mais pleine d'antiquités, et la traversant dans le milieu de sa longueur pour en sortir par son extrémité orientale, et se diriger vers le promontoire de *Lochias* et le derrière du grand port.

Nous allons donc d'abord directement, du bord de la mer où nous étions, au sud-est, et à travers des monticules de décombres peu reconnaissables, jusque vers le milieu de la ligne qui les sépare de la plaine, dont le niveau plus bas et plus uni tranche beaucoup avec la surface élevée et tourmentée du plateau de l'ancienne ville que nous avons à droite. *Nous entrons ensuite* dans cette partie que les Arabes laissèrent en dehors de leur enceinte, et qui s'étend jusque sur les bords du canal et du lac *Mareotis*. On juge, par cet abandon qu'en firent les conquérans, qu'elle fut dépeuplée et ruinée la première : aussi n'offre-t-elle qu'un vaste champ de débris, parsemé de quelques collines, bien plus nu que l'intérieur de la cité sarrasine; et l'on n'y trouve que bien peu de monumens remarquables. Cependant ces tas de décombres figurés sur le plan marquent bien *la ville antique*, et font juger, au simple coup d'œil, qu'elle s'étendait jusque-là. La suite des autorités que nous apporterons continuera de fortifier cette preuve.

La formation de ces collines, que nous aurons souvent à considérer, et que l'on prendrait d'abord pour des *dunes*, s'explique, dans plusieurs cas, par l'existence de quelque grand édifice successivement ruiné, réparé ou rebâti ensuite, pour être encore renversé, démoli et fouillé jusque dans ses fondemens, mais plus généralement par la destruction successive des *îles de maisons* qui formaient les rues d'Alexandrie. On conçoit comment cet effet a pu se produire, et pourquoi aussi les monticules éloignés de l'enceinte arabe, fouillés depuis plus long-temps, sont plus méconnaissables. Il paraît cependant que, lorsqu'on fonda Alexandrie, on ne prit pas la peine (et c'eût été effectivement une trop grande et trop inutile entreprise) d'aplanir les fortes inégalités de ce sol rocailleux; car plusieurs des collines de l'ancienne ville ont pour base des bancs de cette pierre calcaire arénacée, composée de fragmens hétérogènes et susceptibles de se détruire par l'effet de l'air et surtout des pluies. Ces eaux en délaient et en entraînent les parties les plus friables, et contribuent de plus en plus à effacer les ruines dans cette espèce de désert que nous découvrons devant nous au sud-ouest. C'est-là aussi, ce me semble, l'origine des sables que l'on voit dans ces plaines comme sur le bord de la mer.

GRANDE RUE LONGITUDINALE. — PORTE CANOPIQUE.

Le premier objet remarquable que nous rencontrons parmi ces collines, à peu près au milieu de cette ligne qui s'étend de la mer au sud-est [1], est une dépression de terrain représentant une espèce de fossé que nous croyons être une ancienne rue de la ville grecque, et qui va jouer un rôle important dans tout ce qui suivra. Elle se dirige de *l'est-nord-est* à *l'ouest-sud-ouest*, en suivant un espace tantôt libre d'un côté, tantôt bordé de l'autre par un premier front de l'enceinte arabe, au rétrécissement de laquelle cette rue aura servi de limite naturelle dans cette partie : mais le plus souvent ce même espace est dessiné à droite et à gauche par des monticules remarquables de décombres. L'axe entre ensuite dans cette enceinte, sort par la porte des Catacombes, dont les Sarrasins auront conservé l'ouverture habituelle, et aboutit dans la mer, il est vrai, mais par sa seule extrémité ; et il faut considérer que, suivant Strabon, la ville n'avait que *près* de trente stades de longueur ; que la côte, dans cette partie, a été prodigieusement corrodée, et que cette rue pouvait, par conséquent, se joindre à une autre qui traversait *Necropolis*, et qui s'est successivement reculée et conservée dans ce chemin, qui longe aujourd'hui la crête des catacombes [2].

[1] *Voyez* planche 84, *É. M.* Ce point est marqué V sur le plan d'*A-lexandrie restituée*.

[2] On le voit sur les planches 31, *A. A.*, et 84, *É. M.*

Je ne prétends pas donner à ces conjectures plus d'importance qu'elles n'en méritent : j'ai voulu faire ces restaurations plutôt suivant la *lettre* des auteurs, afin de les accorder entre eux et avec le reste de leurs descriptions, que d'après les mouvemens du terrain et d'autres traces qui n'étaient pas susceptibles de se conserver. Mes dernières remarques sont donc seulement utiles pour que les mesures les plus longues, que Diodore va bientôt nous donner, puissent se prolonger assez directement dans le faubourg de *Necropolis*. Ainsi j'observerai encore que le parallélisme de mon tracé avec la rue actuelle de la porte de Rosette est une condition indispensable relativement à tout ce qu'on sait ou qu'on retrouve du plan d'Alexandrie antique, et à cet autre front des murailles sarrasines, qui s'étend de la pointe du fort triangulaire jusqu'après la porte *de la Colonne*. Il est vraisemblable, en effet, que les Arabes auront fondé cette dernière partie de leur enceinte sur une rue parallèle aux autres, puisqu'on sait qu'elles étaient toutes parallèles entre elles.

C'est sur la direction que j'ai choisie pour la grande rue longitudinale, et à peu de distance de son origine, que nous trouvons des massifs de ces collines dont j'ai parlé, qui pouvaient appartenir à l'enceinte grecque, au faubourg et à la porte de Canope. Les positions respectives de ces derniers objets résultent de l'examen des dimensions et de la distribution de la ville grecque, que cette dépression de terrain va nous donner occasion de connaître, ainsi que l'enceinte arabe, à mesure que nous la rencontrerons. Cet espace, qui environne le point de départ où nous sommes, a été entièrement laissé en dehors, abandonné et démoli, lorsque les Arabes ont rétréci la ville de moitié du côté du lac *Mareotis*, et la dépression du terrain se sera conservée par cette raison, et suivant l'explication que j'en ai donnée tout-à-l'heure, à l'occasion des traces d'îles de maisons. Il y a même un chemin fort remarquable qui la suit exactement, sauf quelques écarts occasionés par l'établissement de l'enceinte arabe, et les habitudes qui en ont été la conséquence.

Suivant Strabon, « *toute* la ville était divisée en rues où les chevaux et les chars pouvaient circuler, et il y en avait deux très-larges qui avaient plus d'un jugère d'ouverture (105). » Il désigne ensuite plus particulièrement la direction de ces deux rues, lorsqu'après avoir dit « qu'elles se coupent à angles droits dans leur milieu, » il ajoute ailleurs « que l'une d'elles s'étend en longueur depuis *Necropolis* jusqu'à la porte Canopique (106); » et, selon Diodore, « elle était environnée de temples et de maisons magnifiques. » C'est de celle-ci que nous allons nous occuper plus particulièrement. D'abord, nous venons de voir sa largeur et sa magnificence; et l'on sent le bel effet que son alignement produisait, puisque, cette rue et la grande rue transversale se coupant à angles droits, les portes de *Necropolis* et de Canope devaient être vues d'un bout à l'autre.

En effet, la dépression actuelle du terrain satisfait à toutes les conditions que je viens de rapporter. Il ne nous manquera plus que de déterminer les masses des deux portes antiques, ou du moins de celle de Canope, la seule que citent les anciens. Nous verrons que celle-ci devait être à peu près où je l'ai supposée. Quant à celle de *Necropolis*, on ne retrouve aucun monceau de ruines qu'on puisse présumer lui appartenir; circonstance qui s'accorde avec l'hypothèse qu'elle a été détruite par la mer.

Sur la longueur de cette rue et celle de la ville, Strabon nous apprend que « le sol d'Alexandrie a la forme d'une chlamyde dont les côtés, qui s'étendent en longueur, sont baignés par les eaux (du *Mareotis* et de la mer), et ont près de trente stades (deux mille huit cent cinquante toises) de diamètre. » Or, il est évident qu'on peut appliquer à la rue ce qu'il dit de la longueur des côtés de la ville. On verra même que Diodore fait cette rue encore plus longue. Joseph, *de Bello Judaïco*, donne aussi à la cité trente stades de longueur. Or, en partant de la limite où nous sommes, et qui est indiquée d'une manière sûre par la cessation des décombres, les trente stades portent le compas *un peu au-delà* du canal navigable qui communiquait du *Mareotis* dans le port *Kibôtos*, et au-delà duquel nous savons, par Strabon, que la ville s'étendait.

Diodore donne à la rue ou grande place indistinctement, et d'une porte à l'autre, une longueur de quarante stades [1]; mais il est constant que cet auteur se servait d'un stade plus court que ceux de Strabon et de Joseph. Le temps peut avoir amené ces différences avec beaucoup d'autres (107).

Achillès Tatius, d'Alexandrie, fait dire au héros de

---

[1] *Biblioth. hist.* lib. xvii.

son roman que les habitans, en parcourant cette rue, semblaient entreprendre un voyage, tant sa perspective était longue (108)!

PREMIER ET SECOND AQUÉDUCS SOUTERRAINS.

En suivant la ligne sinueuse qui nous guide maintenant dans la partie moyenne de la ville d'Alexandrie, on traverse d'abord un premier canal souterrain, puis un second qui se trouve au milieu des collines qui bordent le *khalyg* au nord. Ces monticules sont des masses de roche calcaire de même espèce que celles qui règnent vers la côte. Ces sommets de rocher, apparens dans presque toute leur étendue, sont recouverts d'un sol de décombres; ce qui a pu faire penser à ceux qui ne les ont observés que légèrement, qu'ils étaient uniquement formés de ruines entassées les unes sur les autres.

Nous ne parlerons pas en détail de l'objet de ces aquéducs, et je me borne à les décrire à mesure que nous les rencontrons sous nos pas, afin de ne pas trop interrompre le tableau de la forme et des dimensions de l'ancienne ville, dont nous venons de commencer à prendre connaissance dans l'article précédent.

Corneille le Bruyn dit que « les citernes d'Alexandrie se remplissaient encore de son temps[1] par un conduit souterrain qui était hors de la porte de Rosette, et qui, à un quart de lieue environ de la ville, prenait son eau dans le canal d'Alexandrie. » C'est le premier de ceux que nous examinons; il est aujourd'hui absolument ob-

[1] En 1700.

litéré et abandonné. Il part du grand canal un peu à l'amont du *troisième pont.*

Il y en avait encore un plus grand nombre autrefois; mais les uns sont engorgés, et les autres n'aboutissent plus qu'à quelques jardins.

Celui de ces aquéducs qu'on voit entre le second et le troisième pont du grand canal d'Alexandrie, est d'ouvrage romain ou grec. Il est très-étroit, et il était évidemment destiné à porter les eaux dans la partie de la ville ancienne vers laquelle il se dirige. Il est visible qu'il sort de ce canal qui amène actuellement le Nil à Alexandrie. Il n'a que cinq à six pieds de largeur. La partie inférieure des pieds-droits est revêtue en grosses pierres de taille, par assises réglées; et la supérieure, en briques antiques. Cet ouvrage était probablement recouvert par une voûte en briques : aujourd'hui il est découvert dans une longueur de cinquante pas, au bout de laquelle on voit que son lit est encore plus étroit et n'a que deux pieds de largeur. Cette partie n'est pas couverte en berceau, mais en toit formé par des briques mises successivement en saillie les unes sur les autres, les deux dernières se joignant au sommet du triangle que présente la section de cette espèce de voûte.

On voit que cet ouvrage a été réparé en partie par les Sarrasins; mais on distingue bien aussi les deux mains, c'est-à-dire la réparation arabe et la construction primitive et antique. Le ciel du canal n'est pas ouvert ailleurs que dans cet endroit, mais on reconnaît fort bien sa direction, et l'on sait qu'elle aboutit à l'ancienne ville des Arabes.

Les petites ouvertures carrées qu'on aperçoit à la partie supérieure de tous ces aquéducs, sont des puisards plus grands à l'origine que dans le reste de la longueur du conduit. Ils servaient à descendre dans ces souterrains pour les nettoyer, et à y puiser de l'eau quand ils étaient remplis par la crue du Nil. L'embouchure de quelques-uns est murée. On rompait autrefois cette séparation, ou celle que formait simplement la digue du canal principal, lorsque l'eau du Nil s'était suffisamment élevée : cette opération était accompagnée de très-grandes cérémonies; ensuite, les citernes auxquelles les aquéducs conduisaient étant remplies, on rétablissait la barrière, et les eaux continuaient à couler vers la mer.

Il y a encore, comme nous le verrons, deux autres aquéducs parallèles à ceux-ci, et dont le dernier est le prolongement du canal du Nil sous la ville arabe.

GRANDE RUE TRANSVERSALE.
FORME ET DIMENSIONS DE LA VILLE ANTIQUE.

A mesure qu'on parcourt ces collines dont j'ai parlé au commencement de l'article précédent, on rencontre plusieurs lignes de dépression qui les traversent à peu près perpendiculairement à la grande rue longitudinale et vers son milieu, en se dirigeant des environs du *môle ruiné*[1] et des *ports du fleuve*[2] sur la partie plate du *grand port*, où se trouvaient les apostases et autres établissemens maritimes. Il y en a une surtout, fort remarqua-

---

[1] Pl. 84, *É. M.*   [2] Pl. 31, *A.*

ble, qui remplit toutes ces conditions. Elle part du fond de la grande anse de l'ancien port du fleuve, à côté du môle antique; elle suit à peu près la partie découverte du second aquéduc parallèle qui conduisait vers ces établissemens de commerce, la partie voûtée de ce même aquéduc, et sa dépression très-marquée à travers les monticules; elle coupe la grande rue longitudinale justement au milieu, et en est coupée elle-même à peu près semblablement; elle passe, sur sa droite, au pied du fort *Crétin*, emplacement d'un grand édifice antique, et, sur sa gauche, auprès du *palais ruiné*[1]; elle rencontre plus loin une grande butte qui a pu appartenir à une porte de ville (celle de la Lune), longe le *Cæsarium*, et tombe ensuite sur le commencement de la partie du grand port appelée *Posidium*, vers la droite, en ayant l'*Emporium* à gauche; elle coupe d'abord l'enceinte arabe au point où celle-ci commence à s'élargir au sud, et elle la traverse au nord sur le bord du grand port, dans une partie où nous avons reconnu que les murailles sarrasines avaient été construites sur d'anciens fondemens de quais; enfin elle est parallèle, comme la grande rue longitudinale, à toutes les enceintes de jardins, masses de villages et autres propriétés voisines de la porte de la Colonne; elle l'est aussi à une autre rue qui a dû passer par cette porte et par *Bâb el-Bahr*, ou porte de la Mer.

Je présume que tel est l'emplacement de la seconde des deux larges rues de Strabon et des autres auteurs, lesquelles se coupaient à angles droits dans leur milieu.

[1] Pl. 84, *É. M.*

Leur dépression n'est pas partout, il est vrai, aussi parfaitement marquée que celle que nous trouverons à la rue longitudinale intérieure de l'enceinte arabe, vers la porte de Rosette ; mais c'est parce qu'elles n'ont pas été aussi long-temps conservées que celle-ci par les Sarrasins, et que les parties du sol abandonnées par eux ont été constamment fouillées et effacées. Au surplus, cette direction de la grande rue transversale remplira aussi bien les conditions qui vont encore se développer successivement que celles qu'on a déjà vues.

D'abord nous savons que cette rue avait la même largeur de plus d'un jugère, un plèthre de cent pieds, qu'avait sa perpendiculaire. On verra, par la forme de la *chlamyde* appliquée au terrain, que le *maximum* de la largeur de la ville se trouvait sur l'emplacement de cette rue, à laquelle il faut, par conséquent, donner pour longueur la mesure de la largeur de cette ville. Or, Joseph dit « qu'Alexandrie n'a *pas moins* de dix stades (neuf cent cinquante toises) de largeur ; » ce qui donne la longueur de la rue transversale à dix stades. La considération de l'intersection des deux rues par leur milieu environ est ici d'une grande importance pour la détermination de l'emplacement *bâti* de l'ancienne ville, comme elle l'a été pour la fixation de ses limites *est* et *ouest*, et de la longueur de l'autre grande rue ; car, dans le sens de la largeur de la ville, la première moitié de la rue transversale aboutit bien au grand port, et la seconde, aux bornes des collines de décombres ; et toutes les deux se coupent bien dans le centre de la *masse bâtie* de la cité antique. Le reste de la distance, depuis ces bornes des monticules jusqu'aux ports du fleuve, a toujours été un terrain libre, quoique plus couvert autrefois par le lac *Mareotis*, distribué en jardins et parsemé peut-être de quelques petits faubourgs dont il reste très-peu de vestiges.

Je remarque à cette occasion que le second aquéduc, en partie *découvert*, a dû servir aux Grecs et à ces faubourgs ou parties de la ville élargie, sous le Bas-Empire, pour embarquer les marchandises et communiquer avec l'anse des ports du fleuve, parce que les dix stades de largeur de la ville proprement dite n'atteignaient pas ces ports. C'est effectivement à partir de l'extrémité de ces dix stades que le canal commence à être transformé en aquéduc *voûté*, pour conduire l'eau du Nil dans Alexandrie.

Philon nous peint le bel effet de cette rue, lorsqu'il dit, dans ses *Discours contre Flaccus*, qu'on rapportait par le lac les armes saisies dans l'intérieur de l'Égypte; qu'on les débarquait aux ports du fleuve; que les chariots et les bêtes de somme qui les transportaient formaient de longues files sur une ligne d'environ dix stades, qui se trouvaient entre les ports du fleuve et l'arsenal, dans le quartier des palais. Achilles Tatius fait aborder le héros de son roman à Alexandrie par le lac *Mareotis*, et conséquemment aux ports du fleuve. Il lui fait dire : « En entrant dans Alexandrie par la porte du Soleil, mes yeux furent agréablement frappés de la beauté de cette ville : car, depuis cette porte jusqu'à celle de la Lune, on voyait, de part et d'autre, des rangs de colonnes; et au milieu était une place *traver-*

sée par une longue rue. » Elle était donc plus large que la rue qui la traversait (109). On devine aisément le beau coup d'œil que ces deux rues, qui se croisaient, devaient offrir, surtout à leur intersection, par leur décoration et la perspective de leurs extrémités sur les ports du lac et de la mer, et sur les portes des faubourgs de *Nicopolis*, ou, au moins, de *Necropolis*. De cette intersection résultait une grande place que Tatius vient d'agrandir encore, et dont Diodore dit « qu'elle est dans le milieu de la ville; qu'elle est admirable par sa forme et par sa grandeur : car, allant, par la communication de deux rues, d'une porte à l'autre de la ville, elle est, en ce cas, de la longueur de quarante stades sur la largeur d'un arpent dans son milieu (110). Alexandre, en traçant le plan de la ville, ajoute-t-il, eut attention que les vents du nord pussent enfiler *toutes* les rues (111), pour les rafraîchir; et, en effet, ces vents, ayant traversé toute la largeur de la Méditerranée, apportent dans Alexandrie une fraîcheur très-agréable et très-salutaire. Il *l'enferma* de murailles qui n'étaient pas moins admirables par leur extrême solidité que par leur étendue prodigieuse; car comme elle est bornée au midi par le grand lac, et au septentrion par la mer même, les murs des deux autres côtés ne laissent en leur milieu qu'une *entrée assez étroite*, et qu'il est très-aisé de défendre. La ville ressemble, de ces deux côtés, à une cuirasse[1] dont le bas vient aboutir de part et d'autre à

---

[1] L'abbé Terrasson a sans doute employé ce mot, parce que la *chlamyde* dont il s'agit ici, et qui servait aux jeunes gens, aux voyageurs et aux chasseurs, était aussi un manteau militaire propre à la défense.

une *place*¹ située dans le milieu (112). » Strabon, de qui Diodore a beaucoup emprunté dans ce passage, détaille davantage sa description : il dit que la ville offre des commodités de toute espèce; il peint sa position entre deux nappes d'eau communiquant, pour le commerce, aux deux continens opposés, l'Afrique et l'Europe; sa surface rafraîchie par les vents étésiens et ayant la forme d'une *chlamyde*, etc.

Pline décrit plus spécialement, mais d'une manière encore trop concise et trop obscure, la forme de ce manteau appliquée au plan d'Alexandrie. « L'architecte lui donna, dit-il, la figure d'une *chlamyde* macédonienne, dentelée dans son contour, et se prolongeant en pointe à droite et à gauche. » Plutarque vient ensuite, et s'exprime ainsi : « Les architectes tracèrent une enceinte en forme de *croissant*, dont les deux bras longs et droits renfermaient tout l'espace compris dans cette enceinte, en forme d'un manteau à la macédonienne, qui va peu à peu en s'étrécissant également². »

On reconnaît d'abord à ces deux prolongemens en pointe, ou bras longs et droits, les deux entrées étroites de Diodore de Sicile et l'extension *des côtés*, que Strabon a figurée, ci-dessus, page 301. Mais j'avoue que je ne vois que cet allongement qui soit certain, et encore sans que la forme en soit bien déterminée. Le reste du contour l'est beaucoup moins. La chlamyde, soit qu'elle fût grecque ou macédonienne, soit qu'elle fût civile ou militaire, était un *carré long* : on ne peut supposer

¹ On verra plus tard qu'il faut également entendre ici *une rue*.
² Traduction d'André Dacier.

qu'elle doive être complètement *développée ici;* car il faudrait inscrire entièrement ce parallélogramme déployé dans une ellipse parfaite, pour trouver tous les *arrondissemens* et prolongemens qui sont indiqués par nos quatre auteurs; et alors pourquoi, le quadrilatère étant ainsi totalement défiguré, aurait-on nommé la chlamyde comme ayant servi de patron, plutôt qu'une ellipse allongée en pointe? Je crois donc que, pour entendre ces descriptions, il faut supposer au manteau antique la forme qu'il a lorsqu'il est *posé sur le corps,* comme on le voit dans toutes les figures antiques; c'est-à-dire, agrafé sur la poitrine, les extrémités d'abord retroussées sur les bras et tombant à terre, puis relevées en les tirant en longueur pour étendre les triangles qu'elles forment, et appliquer le tout sur un plan. Dans cet état, ce vêtement a une forme particulière qu'on peut désigner comme type caractéristique et remarquable d'un objet d'imitation. C'est à peu près suivant cette figure que j'ai fait varier les contours de l'enceinte d'Alexandrie, en prenant la longueur et la largeur de trente et de dix stades donnés pour limites, et m'astreignant à quelques autres conditions de rigueur, comme de faire partager la ville en quatre parties égales par ses deux rues principales, de suivre les mouvemens du terrain, et de conserver dans l'enceinte les lieux importans qui ont dû nécessairement y être renfermés. Il suffisait de trouver à peu près le *galbe* de la chlamyde et de l'enceinte de la ville; car les lignes intermédiaires de raccordement entre les extrémités des deux axes sont indéterminées, ainsi que les proportions particulières et de détail de ce manteau *macédonien* que nous ne connaissons pas d'une manière certaine (113).

Je n'ai donc fait ces recherches que comme objet de pure curiosité, et je n'ai tracé cette figure sur le plan d'*Alexandrie restituée* que pour donner une idée de la forme que pouvait avoir la ville des Macédoniens (114).

D'après ce que vient de dire Diodore de la direction *nord* et *sud* de toutes les rues *transversales*, il est permis de conjecturer, comme on peut le voir, que la distribution intérieure d'Alexandrie avait la forme d'un échiquier. Nous pouvons aussi maintenant, pour achever de faire connaître l'ancienne ville, chercher sa circonférence et donner un aperçu de sa surface; mais, comme, dans la figure que j'ai adoptée pour l'enceinte primitive d'Alexandrie, plusieurs élémens sont incertains et arbitraires, comme la ville reçut beaucoup d'extension à diverses époques (et on le voit par ses vestiges), comme enfin cette enceinte fut plusieurs fois ravagée et détruite, notamment sous Aurélien, au rapport d'Ammien Marcellin, il est inutile de calculer rigoureusement la superficie de cette figure. Il est plus intéressant de voir comment les anciens l'ont *évaluée dans un certain temps* : cela donnera également une idée suffisante de l'immensité de l'établissement d'Alexandre dans ces siècles reculés; et encore faudra-t-il, pour le comparer aux principales villes antiques et modernes, y ajouter par la pensée toutes les portions de surface comprises entre les limites des décombres et la figure de la chlamyde; plus, les parties maritimes à l'est, à l'ouest, et jusque dans l'île *Pharos*.

Quinte-Curce dit « qu'Alexandre, embrassant tout l'espace qui se trouvait entre le lac et la mer, fixa le circuit des murs de la ville à quatre-vingts stades (115); » or, d'après ce que nous avons vu, un parallélogramme construit sur la longueur et la largeur de la ville aurait juste quatre-vingts stades (sept mille six cents toises) de développement, et trois cents stades (deux millions sept cent sept mille cinq cents toises) carrés d'étendue superficielle. Il paraît que c'est une espèce de *quadrature* de la chlamyde, que Quinte-Curce a rapportée ou faite lui-même, et qui était fondée sur les deux dimensions connues. C'était un calcul *en gros* qui compensait les inégalités des contours et de la forme auxquelles on n'avait point égard en détail, dans cette *mesure linéaire* d'un circuit, vu que ces contours étaient à peu près ceux d'une ellipse, et que l'allongement vers les deux portes de Canope et de *Necropolis* y apportait une augmentation considérable dont il fallait tenir ainsi quelque compte. Je crois donc qu'en conséquence de toutes ces observations, notamment de celles qui sont relatives aux diverses manières de considérer les limites de la ville proprement dite, et d'après les remarques consignées (116), on ne doit point rejeter la mesure de Pline qui porte la circonférence à quinze mille pas (onze mille trois cent quarante toises), et la surface à six millions vingt-sept mille neuf cent dix-huit toises soixante-quinze centièmes, si l'on carre le parallélogramme semblable à celui de Quinte-Curce : mais, dans ce cas, il n'est pas douteux que Pline n'eût compris dans son développement *toutes les habitations* ou bâtimens voisins de *Ni-*

copolis, ceux des bourgs de *Pharos*, et même d'une partie de *Necropolis*.

Une chose assez remarquable, c'est que, si l'on rabat sur le plan d'Alexandrie antique les quatre angles du quadrilatère circonscrit à la chlamyde, qui ont donné la superficie de deux millions sept cent sept mille cinq cents toises déduites du texte de Quinte-Curce, ils couvriront assez bien, toute compensation faite au simple coup d'œil, la surface entière des décombres qui se trouvent sur la partie *continentale* de la ville, sans y comprendre *Necropolis* et *Nicopolis* proprement dites. J'étais donc doublement autorisé à faire ma première quadrature, que j'appellerai celle de Quinte-Curce, de la manière que je l'ai établie : elle donne à Alexandrie une assez belle surface de ville du premier ordre.

Quant à la seconde quadrature, celle de Pline, il est encore à remarquer que la circonférence totale de quinze mille pas est parfaitement la même que celle de Rome, à l'époque où Aurélien l'avait entourée de murs. Il n'est donc pas surprenant que les anciens et les modernes aient si souvent avancé qu'Alexandrie pouvait le disputer en étendue à Rome même. On peut maintenant comparer la superficie que je leur suppose à l'une et à l'autre, d'après Pline, avec celle des principales villes de l'Europe. Paris a cinq millions neuf cent quatre-vingt mille cinq cent soixante-dix toises carrées; Londres, quatre millions deux cent soixante-quatre mille; Berlin, trois millions quatre cent soixante-dix-neuf mille huit cent soixante; Vienne, trois millions cent soixante-onze mille huit cent cinquante, et Rome moderne, un million neuf cent vingt-six mille deux cent trente seulement. Mais *Memphis*, à l'enceinte de laquelle, suivant Diodore de Sicile, Uchoréus, son fondateur, donna cent cinquante stades de tour, surpassait de beaucoup en grandeur toutes ces villes anciennes et modernes. Ces cent cinquante stades, en prenant toujours la même valeur pour chacun, font quatorze mille deux cent cinquante toises, tandis qu'Alexandrie n'en avait, même en comptant tout d'après Pline, que onze mille trois cent quarante de circonférence. Quoi qu'il en soit de cette mesure de cent cinquante stades qui donnerait l'infériorité à Alexandrie, mais qui est peut-être exagérée par Diodore, cette dernière ville excédait Paris en surface d'une quantité notable. Que sera-ce si l'on ajoute aux édifices que Pline avait déjà compris dans son calcul, ces villes, ces bourgs, ces villages, ces maisons de plaisance, tous liés entre eux, et dont on aperçoit encore tant de vestiges depuis *Chersonesus* jusqu'à *Canope*, sur les bords de la mer et du lac *Mareotis* ?

On trouvera encore une dernière image de l'immense étendue, surtout en longueur, de la ville des Ptolémées, dans la description minutieuse qu'Athénée a conservée de la pompe du couronnement de Philadelphe. Cette espèce de procession, allongée peut-être par l'exagération du narrateur, suppose néanmoins, comme les triomphes des Romains vers la fin de la république, un développement très-considérable dans l'intérieur de la ville qui en était le théâtre. Le cortége employa *tout un jour* à défiler par la grande rue d'Alexandrie; et Athénée, dans son interminable description, ne parle que de *la pompe* de Bacchus, tandis que les autres dieux, en grand nombre, de même qu'Alexandre et le père et la mère du prince couronné, avaient chacun la leur. On y comptait plus de douze cents chars, cinquante-sept mille six cents hommes d'infanterie, et vingt-trois mille deux cents de cavalerie pour l'escorte.

TROISIÈME AQUÉDUC. — COLONNE DE DIOCLÉTIEN.

Après l'emplacement de la grande rue transversale, on franchit le troisième canal souterrain, qui n'offre rien de particulier à observer que sa ressemblance parfaite avec le premier des quatre qui subsistent. Il nous a paru avoir la même largeur de deux pieds.

L'objet le plus remarquable que l'on rencontre dans cette vaste surface méridionale de la ville, et en même temps le plus magnifique, sans contredit, de tous ceux que présente, non-seulement Alexandrie, mais encore la plus grande partie de l'Égypte (117); plus beau par la pureté de sa forme dans une si grande masse, et aussi étonnant sans doute, par la difficulté de son érection en trois pièces différentes, que les plus grands obélisques de Thèbes ou de Rome; c'est la colonne[1] connue jusqu'à présent sous le nom de *Pompée*, à qui on l'attribuait communément, sans autre motif apparemment que le souvenir de la mort que cet illustre Romain trouva en Égypte. On savait que cette colonne avait dû porter une statue à son sommet; et il a suffi du rappro-

[1] *Voyez* pl. 34, *A.*, vol. v.

chement facile d'un fait historique connu de tout le monde, pour faire rapporter à cet événement tragique l'établissement de ce monument, comme on fit pour les prétendus bains et obélisques de Cléopâtre. Cette colonne est non-seulement le premier objet qui frappe la vue et excite l'étonnement lorsqu'on parcourt le sol d'Alexandrie, mais de loin elle domine la ville, les minarets, les obélisques, et le château du phare : elle sert en mer de reconnaissance aux vaisseaux, et guide les Arabes dans les plaines non moins vastes et nues du désert.

Quoique M. Norry en ait fait une description spéciale, dans laquelle il donne toutes les dimensions de ce colosse, qu'il me soit permis d'en citer ici les principales. On ne peut parler d'un objet aussi étonnant sans rappeler les traits essentiels qui constituent ce caractère par lequel il nous frappe. De plus, ces dimensions nous serviront dans les remarques que nous aurons à faire, et qui se borneront à celles que nous n'aurons pas trouvées ailleurs.

Ce monument a vingt-sept mètres soixante-quinze centimètres de hauteur totale; et le fût, d'une *seule pièce* (sauf la petite base dont il sera question ci-après), vingt mètres cinquante centimètres : son diamètre est de huit pieds quatre pouces, au *maximum* du renflement. D'après les dessins exacts qu'on en a donnés, ce fût est d'ordre dorique. C'est la seule pièce des trois qui soit d'un goût assez pur et par conséquent antique. Le chapiteau, et surtout le piédestal, trop courts, ont évidemment été ajoutés *après coup*. La base, qui est aussi d'un autre morceau lié au fût, a son socle beaucoup trop élevé; et, par l'habitude que l'œil a de la joindre à ce fût dans l'estimation de la hauteur des ordres, elle contribue sans doute, avec la forme corinthienne du chapiteau et l'isolement de la colonne, à faire paraître celle-ci d'une proportion plus légère que le dorique. C'est du moins l'impression qu'elle nous a faite sur les lieux, et qui est encore assez sensible dans la vue perspective de la planche 34. On n'est pas même très-frappé de la grandeur absolue de tout le monument, lorsqu'on le voit à quelque distance; mais, dès que l'on commence à pouvoir le comparer à soi-même, ou à quelque autre objet peu éloigné, on se sent comme accablé de sa masse majestueuse. On peut encore se procurer une partie de ces illusions en cachant et découvrant successivement le bas de la planche 34. Le chapiteau n'est qu'ébauché, comme ce dessin l'indique.

Ce serait ici le lieu de présenter quelques considérations sur la nature et la grandeur du travail mécanique pour manier le pesant monolithe du fût de cette colonne, et lui donner, malgré cette difficulté et celle qui provenait de la dureté de la matière, un galbe et un poli si parfaits : mais nous avons déjà fait de semblables réflexions à l'occasion des obélisques. La seule différence importante à noter ici, c'est que la délicatesse du profil générateur de la colonne, destiné à produire une surface de révolution bien pure, sans pourtant faire tourner ce corps si lourd, rendait l'exécution de cet ouvrage bien plus difficile que celle des surfaces planes du plus grand obélisque. Ce n'est que pour faire mieux apprécier cette circonstance que j'ai calculé *exactement* le poids des différentes parties du monument. J'ai trouvé que le fût pesait deux cent quatre-vingt-neuf mille huit cent soixante-neuf kilogrammes cinquante-quatre centigrammes; le chapiteau, quarante-sept mille neuf cent cinquante-un kilogrammes soixante-dix-neuf centigrammes; la base, cinquante mille cinq cent soixante-sept kilogrammes soixante-dix centigrammes; et le piédestal, cent soixante-deux mille cent trois kilogrammes dix-neuf centigrammes.

Larcher trouve, il est vrai, dans sa traduction d'Hérodote[1], le poids d'un monolithe égyptien de trente-sept millions trois cent trente-six mille deux cent cinquante livres : mais, outre qu'il a exagéré de près d'un tiers, en portant la pesanteur spécifique de granit à deux cent cinquante livres, au lieu de cent quatre-vingt-six livres environ, cette prodigieuse masse, qui surpasserait encore de beaucoup toutes celles de cette espèce que la main des hommes a osé mouvoir et façonner, ne pourrait néanmoins ravir à notre admirable colonne le genre de supériorité que nous venons de lui reconnaître. Non, il n'y a que des peuples avancés dans les arts et les sciences, doués en même temps du goût le plus épuré, comme les Grecs et les Romains, et succédant à un peuple géant, tel que les Égyptiens, qui aient pu allier ainsi les perfections du beau idéal aux formes les plus colossales.

Le fût est altéré près de la base, du côté du sud-est

[1] Tome 1er, note 496.

ou du désert, d'où est prise la vue perspective. Cette dégradation règne, *d'après ce dessin*, sur une bonne partie de la hauteur de ce côté : mais elle est plus marquée aux deux extrémités du fût, surtout dans celle d'en bas, sur une hauteur de cinq mètres; et la fêlure ou cassure est encore plus profonde dans la circonférence de sa partie inférieure[1]. Cette corrosion est due à la différence qu'on observe entre l'humidité et la fraîcheur des nuits à Alexandrie, et la chaleur, souvent même la sécheresse du milieu du jour. Quoiqu'il ne gèle point en Égypte, cette différence de température est assez grande et assez rapide pour faire déliter les pierres les plus dures aussi bien que dans nos climats. Les vapeurs sont répandues avec plus d'abondance dans la partie la plus basse de l'atmosphère; elles se dissipent plus brusquement du côté de l'est, qui est plus sec à Alexandrie, et du côté du midi, qui est plus chaud. Or, on vient de voir que c'est du côté du sud-est, et dans une hauteur reconnue pour être celle où ce phénomène a généralement lieu sur ce territoire, que cette corrosion se montre. On conçoit, au surplus, comment cette évaporation subite et chaque jour répétée fait éclater peu à peu le granit lui-même, d'une manière analogue, en petit, à l'effet si prompt de la gelée et du mauvais temps dans nos climats (118).

La colonne penche sensiblement vers l'ouest. Cette inclinaison est de dix-neuf centimètres (sept pouces), et paraît due aux travaux faits à diverses époques sous

---

[1] Il y a d'ailleurs de l'exagération dans le haut du dessin, comme on a eu soin de le dire dans l'*explication* de la planche 34.

le piédestal, et que nous allons examiner[1]. Le dessous de la colonne a été construit de la manière la plus grossière. Des blocs de pierre de toute espèce, et de toute sorte de formes et de dimensions, y sont placés sans aucun ordre. On y trouve même des troncs de colonne disposés horizontalement, et un morceau verticalement. Les pierres des angles de cette maçonnerie sont dérangées et brisées. On y voit encore l'enclave des queues d'aronde en fer ou en bronze qui les liaient. Un de ces blocs angulaires[2] est un beau morceau d'albâtre dont les hiéroglyphes sont extrêmement nets, et se trouvent placés, de même que la pierre, sens dessus dessous. Ce fragment ainsi sculpté est d'une espèce rare en Égypte, et surtout dans les ruines d'Alexandrie (119).

On voit dans l'enfoncement de la même maçonnerie[3] un bloc aussi remarquable par sa position que par sa nature; car il soutient presque seul la colonne. C'est un tronçon d'obélisque renversé, d'une espèce de poudingue, ou plutôt brèche siliceuse, grisâtre, dont les cailloux ou morceaux anguleux logés dans la pâte sont de différentes couleurs. C'est le seul obélisque de cette espèce que nous ayons vu en Égypte (120). On peut remarquer que ce système de support et le genre de la maçonnerie d'entourage sont semblables à ce que nous avons vu sous l'obélisque du *Cæsarium*. Ici, l'on a renversé le tronçon d'obélisque pour qu'il fît l'office d'un

---

[1] *Voyez* les quatre figures à gauche de la planche 34.
[2] *Voy.* sa position, même planche, fig. 8, et son dessin en grand, fig. 9.
[3] *Ibidem* fig. 2.

pieu parfaitement enveloppé par cette maçonnerie qui le supportait, en quelque sorte, par frottement, à cause de son amincissement par le bas. Il présentait en même temps plus de surface pour recevoir la colonne par l'excès de sa largeur dans le haut. La maçonnerie supérieure que nous voyons, peut et paraît avoir été retouchée à diverses époques : mais il est impossible qu'on ait jamais démoli une grande partie de celle du dessous, qui descend vraisemblablement très-bas, ainsi que l'obélisque; car alors tout le monument serait tombé. Or, il est évident, par toute la description qui précède, qu'on a tenté, à diverses époques, de faire cette démolition, soit totale, soit seulement de la maçonnerie supérieure d'entourage, puisqu'on voit que des pierres ont été arrachées et ont laissé à découvert le support du milieu. Pococke, qui l'avait vu à nu dans un premier voyage à Alexandrie, dit qu'à son retour on avait réparé le massif de maçonnerie, de manière que la retraite inférieure servait de banc pour s'asseoir. Les Français l'ont trouvé démoli de nouveau, et dans l'état où nous le voyons ici.

Toutes ces tentatives s'expliquent parfaitement, ou par la simple curiosité qu'on a eue de voir le système de fondation d'un monument si étonnant, ou par le préjugé des Arabes, qui croient que des trésors sont enfouis dans tous les édifices antiques, et qu'ils sont le motif de l'empressement des Européens à les visiter. Quoi qu'il en soit, il paraît que la colonne est toujours restée dans les temps modernes à la place où elle fut élevée dans l'antiquité; qu'on n'a pas tenté, dans ces mêmes temps, de la renverser, parce que les frais ne pouvaient compenser l'usage qu'on aurait pu faire de ses débris (121), attendu qu'on en trouvait suffisamment d'autres dans les ruines; qu'on se sera aperçu, en sapant le pied, que le monument ne portait plus que sur le tronc d'obélisque, et que ce travail, de pure curiosité, ébranlait le fût au point de le faire *pencher* comme nous le voyons. Alors on se sera arrêté, et l'on aura réparé le soubassement avec les matériaux que nous y trouvons.

Nous ne reviendrons pas, quant au fond, sur la discussion concernant l'origine de cette colonne. Je me contenterai d'observer que le témoignage d'Abou-l-fedâ, prince assez instruit, et qui dit qu'Alexandrie possède la colonne de Sévère [1], peut se concilier avec la fameuse inscription qui atteste seulement que ce monument a été *consacré* à Dioclétien; car la colonne, comme le remarque fort justement M. de Châteaubriand, « est elle-même bien plus ancienne que sa dédicace. » Son style est grec et d'une époque antérieure au règne de Dioclétien. Mais elle n'existait pas même du temps de Pline et de Joseph, auteurs assez tardifs, et qui ont cité les monumens les plus remarquables d'Alexandrie (122); et l'on peut bien, en remontant l'origine de cet ouvrage le plus haut possible, le

---

[1] Abou-l-fedâ l'appelle *a'moud* (colonne) *Severi*. Ce mot *a'moud* est décisif, et ne permet guère d'admettre l'explication d'un voyageur moderne, qui dit que les Arabes appellent ce monument « *el-Souari* (ou plutôt *es-Souari*), nom qui signifie *la colonne*, et que, dans l'imperfection de l'écriture arabe, on écrit avec les mêmes caractères que le mot *Sévère*; ce qui a donné lieu à l'erreur. »

rapporter au temps de Septime-Sévère, à la fin du deuxième siècle. Les Romains alors conservaient encore assez de bon goût en architecture pour avoir fait à Alexandrie, ville grecque, une colonne de style grec. Elle a donc pu être primitivement érigée à Septime-Sévère, subir diverses modifications, et être ensuite consacrée par un préfet, Pomponius ou *Pompée*[1], à Dioclétien (123). Cette supposition serait encore d'accord avec ce que nous avons vu ci-dessus et dans les *Recherches et Eclaircissemens*, sur les renversemens, redressemens et autres vicissitudes que ce monument peut avoir subis dans les temps antiques. Je l'appellerai donc désormais, pour plus d'exactitude, *colonne dédiée à Dioclétien*, puisque la dédicace est la seule chose dont nous soyons bien sûrs; ou, pour plus de briéveté, *colonne Dioclétienne*, comme on dit *Trajane, Antonine*, etc.

On objectera peut-être que, quoique Pline et Strabon n'aient pas parlé de la colonne, elle pourrait avoir été faite par des architectes grecs sous les Ptolémées, puisque Strabon, écrivain si exact et qui a bien plus détaillé les monumens d'Alexandrie que Pline, ne dit pas un mot des obélisques, qui, bien certainement, y existaient au moins du temps de ce naturaliste. D'abord, il est possible que ces obélisques aient été placés devant le temple de César, entre l'époque du voyage de Strabon et celle où Pline écrivait. Quant à la colonne, il est bien vrai qu'on faisait encore de grandes choses sous les Ptolémées ; mais ces ouvrages consis-

---

[1] De là peut-être le nom accrédité de *colonne de Pompée*.

taient en constructions formées avec des blocs de grosseur moyenne, et non pas à faire de ces exploitations dont le travail, énorme pour une seule pièce, convenait entièrement au caractère des anciens Égyptiens, comme on l'a démontré. Il ne paraît pas même que les rois grecs aient retaillé des pièces colossales pour les employer *avec les mêmes proportions;* car ils transportaient les obélisques, et les plaçaient à peu près comme ils les avaient trouvés. Ces Grecs, ou même les Romains du temps de Sévère, étaient encore moins disposés à *extraire* de pareils monolithes dans les montagnes des cataractes, si l'on en juge du moins par les dimensions modérées des constructions que ces derniers ont faites en Égypte, sous Adrien, dans la ville d'Antinoé. Mais, à cette même époque, ces sortes de colonnes votives, portant des statues, devinrent en usage (124), comme le prouvent celles de Trajan, d'Antonin à Rome, et d'Alexandre-Sévère à Antinoé. Or nous avons remarqué qu'il était à peine probable que les anciens Égyptiens eussent fait des colonnes en granit; à plus forte raison, celle-ci, qui est grecque. On ne peut pas dire non plus que les Romains aient ainsi refaçonné une *antique* colonne égyptienne. Nous devons donc conclure de tout ce qui précède, que les artistes du temps de Septime, à peu près, ont arrondi quelque ancien obélisque pour en tirer le beau fût que nous voyons. Nous avons vu effectivement des obélisques de dimensions suffisantes pour cela (puisque la colonne n'a que huit pieds quatre pouces dans son plus grand diamètre, et à son astragale, deux mètres cinquante centimètres), notamment celui de quatre-vingts coudées de hauteur qui fut transporté à Alexandrie (*voyez* la note 78), et dont on ignore le sort. On ne le retrouve nulle part, quoiqu'il dût être bien reconnaissable par sa troncature; ses débris mêmes le seraient encore, vu leur prodigieuse grosseur, qui s'opposait à sa destruction totale. Son défaut d'hiéroglyphes invitait à l'employer, comme bloc, à un autre usage, et la beauté de ses dimensions et de sa matière méritait que les empereurs en tirassent parti, au lieu de le détruire, comme il faudrait sans cela supposer qu'ils l'ont fait. Il est donc très-vraisemblable que c'est de lui qu'ils ont formé la grande colonne Dioclétienne.

La petite éminence sur laquelle repose ce monument, n'est vraiment qu'un monceau de décombres, de même que toutes les petites collines des environs. D'après cela, et l'état et le genre de construction du soubassement, on juge que le sol de ce tas de ruines, ou bien quelques marches construites tout autour, comme à l'obélisque du *Cæsarium*, couvraient cette grossière maçonnerie. Ce terrain environnant s'est peu à peu rabaissé par l'effet des vents et des pluies au point où on le voit; ou les degrés ont été démolis et les fondations déchaussées, lorsqu'on y a fait des recherches, soit pour employer les matériaux de ces retraites à d'autres constructions, soit pour y trouver de prétendus trésors, soit enfin par ce seul fanatisme aveugle qui a fait ravager le reste des bâtimens d'Alexandrie. Il est effectivement très-vraisemblable, surtout si nous ne trouvons pas autour de la colonne les traces de quelque grand édifice qui lui ait appartenu, qu'il existait quelque parvis ou entourage coordonné à ce monument isolé, et qu'on ne l'avait pas érigé à Dioclétien, Sévère, ou tout autre empereur, sur un emplacement brut ou encombré, sans y joindre quelque accompagnement au moins au niveau du terrain naturel ou du sol environnant.

Nous avons peu de renseignemens sur l'édifice qui pourrait avoir existé autour de cette colonne, et nous y voyons peu de vestiges. Les auteurs arabes sont les seuls qui semblent en parler[1]; mais ils sont si peu exacts et si exagérateurs! Nous venons de reconnaître d'abord que le fût n'avait pas été tiré tout formé d'un autre édifice. Il ne se trouve pas, dans les ruines d'Alexandrie, au bord de la mer ou ailleurs, de colonne en *granit* de ce diamètre (on n'en voit pas même en Égypte (125), à Rome, ou dans le monde entier) qui puisse faire penser qu'elle appartenait à quelque édifice renfermant d'autres colonnes pareilles. Mais quelques voyageurs modernes ont trouvé auprès de son emplacement des fragmens de colonnes de même matière, et de quatre pieds de diamètre, quelques vieux fondemens et des constructions formant un carré d'une assez grande proportion; toutes choses qui semblent se prêter un peu aux récits des Arabes des XIIIe et XIVe siècles. Cependant la colonne est placée sur un des lieux les plus élevés du sol de l'ancienne cité : elle occupe à peu

---

[1] *Voyez* ce que j'ai rapporté, page 208, d'un debarcadère que les capitaines d'une flotte turque firent faire avec des tronçons de colonnes extraites des ruines d'Alexandrie.

près le point culminant de ce monticule; ce sommet ne présentait pas un plateau assez spacieux pour un édifice un peu considérable qui aurait été *coordonné* à ce monument, et dont celui-ci aurait lui-même *fait partie*. Il me semble que les vieilles fondations qu'on voit aux environs attestent plus clairement que la colonne a été élevée sur des ruines de la ville antique[1], et, par conséquent, dans des temps postérieurs à sa grande prospérité; au commencement du IIIe siècle, par exemple. Le système de construction de ses fondemens le prouve encore; car, le piédestal étant placé sur un tronçon d'obélisque (126), et sur une maçonnerie d'entourage et de support, qui bien qu'elle fût cachée, se trouvait déjà très-élevée, le tout devait reposer, *à une assez grande profondeur*, sur de vieilles constructions, et non sur les terres rapportées autour. Si elle portait sur le *terrain naturel*, c'était *plus bas encore*, et le soubassement revêtu que nous voyons se serait trouvé dominer l'édifice environnant et placé au niveau du sol primitif et général. Nous verrions, malgré cette choquante disposition, les restes des murs de l'édifice accessoire s'élever, en quelques parties, au moins au niveau du piédestal du parvis ou des degrés dont j'ai parlé.

On peut conjecturer, d'après toutes ces observations, que la colonne d'Alexandrie a été placée isolément sur les ruines désertes de la ville, du moins à l'époque de Dioclétien. Cette conjecture s'accorde encore avec le ca-

---

[1] Nous verrons effectivement bientôt, à l'occasion du stade, qu'il y avait dans ce quartier plusieurs vieux temples déjà abandonnés du temps de Strabon.

ractère d'un monument composé de pièces hétérogènes, restauré d'une manière assez barbare, et qu'il plut à un préfet d'Égypte de consacrer, par une nouvelle dédicace, au cruel Dioclétien.

STADE ANCIENNEMENT ABANDONNÉ.

En descendant au pied de cette colline, directement vers le sud, on entre dans une gorge artificielle (127), ou que du moins on avait achevé de creuser dans le roc. Elle est oblongue, spacieuse et assez profonde, entourée de ruines d'édifices souterrains comblés, et son fond a été disposé pour servir à des jeux publics de courses. C'est cet espace désigné par les noms de *Cirque* sur la pl. 84, *É. M.*, et d'*Hippodrome*[1] sur la pl. 31, *A*. Cette ruine semble d'abord n'avoir rien de fort remarquable, si ce n'est l'*épine* (en latin, *spina*, par analogie avec l'épine du dos), dont on voit encore un reste bien reconnaissable s'élever un peu au-dessus du sol[2]. Celle-ci avait été ménagée dans la masse du rocher, qu'on avait creusée plus profondément de part et d'autre; c'était la partie essentielle des stades, cirques et hippodromes des anciens, une espèce de plate-forme longue et étroite autour de laquelle tournaient les athlètes en doublant et évitant la borne (*meta*). On voit encore ici, auprès de l'épine, les traces de colonnes de granit qui servaient à dessiner et orner cette plate-forme (128).

---

[1] Les gens du pays lui donnent divers noms, et entre autres celui de *Girgeh*.

[2] *Voyez* aussi le plan particulier, fig. 2, pl. 39, *A*., volume v, et la coupe, fig. 3.

Cette extrémité occidentale du plan, qui se trouve assez bien conservée, à la suite de l'épine, est terminée en demi-cercle, comme toutes les arènes connues. Sa forme a servi à retrouver celle de l'autre bout (qui n'est pas aussi remarquable au premier abord), sans qu'on ait été obligé de faire dans le dessin aucune restauration hasardée. L'amphithéâtre qui régnait autour paraît avoir été composé de deux plans inclinés, séparés par une allée horizontale et assez large. Le talus supérieur, par sa forme aujourd'hui peu déterminée sur le terrain, mais qui paraît toujours avoir été fort allongée, permettait la vue des jeux à un plus grand nombre de spectateurs. Le sommet du plan incliné le plus bas était bordé par une espèce de parapet, dont on voit encore les restes, avec ceux des gradins qui couvraient ce talus. Son pied s'appuyait sur une dernière banquette appelée *stylobate* dans l'explication de la planche. Ce soubassement correspondait, quoique plus étroit, à l'*allée* ou esplanade intermédiaire, et faisait le même office, s'il ne servait pas plutôt à asseoir les premiers spectateurs et à former un rang de places privilégiées[1]; car il avait environ sept pieds de hauteur, et l'on y aperçoit aussi des vestiges de gradins.

On trouve, sur le côté septentrional du stylobate, vers l'extrémité orientale, les fondations d'une petite salle qui pouvait bien être le *podium*, cette place qu'occupaient les juges et directeurs des jeux, ou quelque autre dépendance de leur administration. Elle était

---

[1] Le *podium*, par exemple. On sait aussi que, dans tous les jeux, les principaux personnages se plaçaient sur cette première ligne.

toujours, comme celle-ci, sur le côté, à peu près vis-à-vis la borne de départ et de retour (129). Un peu plus au nord, et vers le milieu d'une parallèle à la longueur du stade, on voit les fondemens d'un bassin en brique revêtu d'un enduit de ciment, et qui reçoit l'eau du Nil par une petite dérivation du grand canal d'Alexandrie. Presque vis-à-vis, au sud, et dans une gorge assez grande et symétriquement formée, suivant une direction perpendiculaire au centre de l'excavation[1], sont encore les restes de deux réservoirs : ils sont à l'alignement de la crête extérieure du rocher. Il est évident que tous ces bassins dépendaient du stade et appartenaient au service de l'établissement, soit pour baigner les coureurs, soit pour arroser la lice ou l'amphithéâtre et ses abords et pour garantir de la poussière; car nous verrons que ce monument n'était point un cirque, qu'on ne pouvait point y exécuter de naumachies, et qu'il n'y avait pas d'euripes auxquels ces eaux fussent destinées[2].

De tous côtés, et particulièrement au bout oriental de l'épine, on aperçoit des débris nombreux de colonnes en granit et un petit fragment d'obélisque qui feraient croire que la *spina* en était ornée, et que le monument lui-même était entouré de galeries en péristyle. Les buttes de décombres qu'on voit au sud et à l'ouest, de même que dans l'emplacement de la *borne* et d'une partie de l'épine, prouvent du moins qu'on y a fait beau-

---

[1] C'est sans doute par cette gorge que les athlètes descendaient dans l'arène : on n'y voit pas d'autre issue.

[2] *Naumachie*, représentation d'un combat naval ; *euripe*, large fossé qui, dans les hippodromes, servait à garantir des chars les spectateurs.

coup de *démolitions* et de fouilles. On reconnaît aussi, dans la partie orientale, plusieurs ruines qui correspondent aux contours de la partie opposée, et qui ont servi à dessiner cette extrémité plus bouleversée que la seconde. En général, l'ouvrage était creusé dans le roc, et plusieurs de ces ruines de maçonnerie qu'on rencontre ont dû servir de remplissage dans les endroits où le rocher a manqué. Ce qu'il y a de remarquable, c'est que le demi-cercle occidental qui est creusé dans le rocher est d'un niveau un peu plus élevé que le sol de l'arène, comme le profil n°. 3 le fait voir; de même qu'il montre les divers plans inclinés ou horizontaux et la saillie de la *spina*. Cette différence de niveau provient de ce que le sol était recouvert d'un pavé en pierres de taille assez épaisses et formant aujourd'hui des éminences très-sensibles. On voit des vestiges fort reconnaissables de ce pavé en plusieurs endroits, et il est à remarquer qu'il a partout une largeur déterminée, régulière, et qui était moindre que celle du fond de la cuvette excavée dans le roc, comme s'il eût existé tout autour une zone ou *allée*, dépourvue de pavé, ou propre à l'enchâsser. Rien, au reste, ne semble indiquer que cette zone soit un ancien *euripe* comblé. On voit que ce pavé a été démoli pour en employer les matériaux ailleurs et pour labourer et cultiver le fond. La nécessité d'y faire arriver de tous côtés les eaux pluviales, si rares dans ce pays, et de les faire circuler sur toute la superficie du fond, a fait pousser les fouilles très-profondément; et, en effet, toutes les parties un peu basses où les eaux peuvent affluer sont semées en orge, comme on le voit dans le dessin, où tous ces filets et les lignes des sillons sont indiqués. Ce terrain, aujourd'hui inférieur au niveau de l'ancien sol du stade, est sablonneux, comme celui de tous les environs d'Alexandrie.

Ce pavé, au surplus, est la première preuve que cet emplacement n'était pas un cirque ou un hippodrome. Comment aurait-on fait courir des chevaux de selle ou de char sur des dalles en pierre de taille? où trouve-t-on même l'apparence d'une rampe qui indique la possibilité de les faire descendre dans cette excavation? La gorge que j'ai fait remarquer était obstruée par des réservoirs. Où auraient été encore les *carceres*, d'où s'élançaient les chevaux et les chars? Pourquoi l'épine est-elle au milieu de la largeur de l'arène déjà si petite, tandis que, dans les cirques, il était d'usage de la partager en deux parties inégales, afin de donner plus d'espace aux chars sur le côté d'où ils partaient tous de front que sur celui où ils arrivaient séparément? On voit encore cette inégalité dans le cirque de Caracalla hors de Rome.

Maintenant, en examinant attentivement l'arène, on verra qu'elle n'a que cinquante-un mètres soixante centimètres (vingt-six toises deux pieds dix pouces) de largeur intérieure, en y comprenant même les deux trottoirs ou allées qui entouraient le pavé et qui ne servaient peut-être pas à la course. Il est important d'observer que ces vingt-six toises et demie sont beaucoup moins que le tiers et pas beaucoup plus que le quart de la largeur ordinaire des cirques ou hippodromes antiques, si l'on admet qu'elle était d'un stade ou quatre-vingt-quinze toises; elle n'en sera que la moitié assez juste, si l'on prend celle-ci à un demi-stade ou quatre jugères (130). L'*épine*, mesurée sur la coupe, a près de quatre toises (vingt-un pieds au moins) de largeur; ce qui réduit celle de l'arène, de chaque côté de l'épine, à douze toises moins dix-huit pouces. Cet espace était donc évidemment trop étroit pour des courses de chars, et il est facile d'en juger en le comparant aux chaussées ordinaires de nos grandes routes, qui ont trois toises de largeur pour permettre à deux voitures, ayant *une vitesse médiocre*, de se croiser sans péril. On peut en faire une comparaison plus directe encore avec la largeur des hippodromes de l'antiquité les mieux connus (130); elle viendra tout à l'appui de l'opinion que j'ai émise, et sa conséquence sera que cette place était seulement destinée à la course pédestre. Je m'en assure encore d'une manière plus positive, en trouvant, dans la géographie du *Voyage du jeune Anacharsis*, la largeur du *stade* d'Olympie absolument égale à celle du monument alexandrin.

Comme les dimensions des arènes antiques auxquelles je veux comparer celle-ci, nous sont données d'une manière générale dans la note 130 des *Éclaircissemens*, sans rien spécifier relativement à la *spina*, je prendrai la longueur intérieure entre les deux extrémités du stylobate; hypothèse la plus défavorable à la mienne. Or, je trouve sur le plan que cette distance est de deux cent quatre-vingt-quatre toises un tiers, ou trois stades infiniment justes, c'est-à-dire les trois quarts de la longueur des cirques et hippodromes, laquelle était communément de quatre stades (ou trois cent quatre-vingts toises). Il n'y a pas de doute que ce ne soit le stade olympique qu'il faut employer ici, parce que les jeux de la *course à pied,* et cette place qu'on y avait destinée dans une ville telle qu'Alexandrie, étaient d'*institution* grecque[1].

On sait que par toute la Grèce on nommait *stades* les lieux destinés à la course à pied; et quoique leurs dimensions et la mesure appelée de ce nom aient sensiblement varié, surtout dans les premiers temps, la grandeur de ces emplacemens pour la course n'outrepassa pas certaines limites et se rapportait au stade olympique. Ainsi il y avait, outre le diaule pour la course pédestre, l'*hippicon,* qui servait aux jeux de l'hippodrome.

La forme générale de cette arène vient encore confirmer mes conjectures. Cette forme très-allongée et symétrique est bien celle des *stades* qu'on trouve dans les gymnases et palestres d'Athènes, dans ceux de Byzance, d'Olympie (131), etc. S'il n'est pas parfaitement certain que les stades étaient toujours fermés aux deux bouts par des demi-cercles égaux, comme celui d'Alexandrie, du moins est-il vrai que tous les *cirques* romains étaient terminés par une ligne droite à l'une de leurs extrémités pour ranger les chars; chose qu'on ne trouve point dans ce *stade* bien caractérisé. On ne

---

[1] Je dis *surtout* dans Alexandrie, ville grecque, parce que les grandes places carrées de Thèbes et les exercices auxquels elles étaient destinées paraissent être de nature et d'origine différentes.

peut même pas l'appeler de ce nom de *cirque*, qui n'était chez les Latins que le synonyme de l'hippodrome des Grecs. Je suis donc de plus en plus convaincu que cette place n'a pu servir qu'à la destination que j'ai annoncée, ou à des jeux analogues, tels que la lutte, le pugilat, le disque ou le palet, le saut, le javelot (152), etc.

C'est une chose remarquable que l'accord qui existe ici entre cette ruine et les notions historiques sur les exercices qui se pratiquaient *dans le stade*. Il est également intéressant d'avoir maintenant un théâtre *spécial* de la course à pied chez les anciens, monument qu'on ne trouve nulle part, que je sache, parmi ceux de l'antiquité, ou qu'on ne voit, du moins, que dans les indications incomplètes qui nous sont fournies sur ceux que j'ai précédemment cités. Tous les commentaires qu'on a faits, avec des recherches si pénibles, sur cette sorte d'exercice gymnastique, et pour le nombre ou la durée des courses, peuvent s'éclaircir au moyen de ce dessin. La plupart des conjectures qu'on a émises sur les usages qui s'observaient dans ces jeux, sur la distribution des spectateurs, etc., trouvent facilement ici leur vérification ou leur rectification.

Ainsi l'on n'avait pas pu jusqu'à présent déterminer la largeur des stades; et nous la trouvons bien clairement exprimée, ou du moins nous voyons une de celles qu'on leur donnait quelquefois; car il paraît que ces dimensions étaient bien plus variables qu'on ne l'avait cru. On pensait encore que l'arène pour la course pédestre n'avait jamais (disait-on positivement) qu'un stade de longueur; et nous découvrons ici la preuve du contraire (133).

Je n'ai pas prétendu, dans tout cet examen, déterminer les formes et les dimensions des diverses places consacrées aux jeux publics des anciens; matière obscure, féconde en données variables et incertaines, qui a fait faire, jusque dans ces derniers temps, un si grand nombre de recherches curieuses. J'ai voulu seulement prouver, par la considération de ces formes et dimensions, que cette arène n'avait pas pu être un *cirque* ou *hippodrome*, et n'était autre chose qu'un *stade* vraisemblablement *diaule*, mais qui sort des proportions les plus connues et prouve qu'on a eu tort de prétendre que tous ces édifices étaient faits comme sur un modèle commun.

Il est donc hors de doute maintenant que ce stade est autre chose que le cirque (*de la porte de Canope*) dont parle Strabon. Effectivement, ce géographe distingue clairement le stade de l'hippodrome. Il n'en compte qu'un de chaque espèce, comme nous le verrons; et ceci confirme encore mieux toutes mes conjectures. Celui-ci est bien le *stade* de *Strabon* placé *dans l'intérieur* de la cité. En parlant de l'espace où nous sommes parvenus et qui s'étend sur toute la ligne du sud-est au nord-ouest, en-deçà du canal, des temples antiques qui s'y trouvent presque abandonnés à cause de la construction de ceux de *Nicopolis*, des jeux du *stade* et de l'amphithéâtre, etc., qui se célèbrent tous dans *ce dernier endroit*, il ajoute : *Ceux* (et le stade y est évidemment compris) *qui ont été anciennement éta-*

blis (en-deçà du canal), *sont aujourd'hui négligés.* Voilà donc le vieux stade nécropolique de Strabon retrouvé (134). Je dis nécropolique : car, suivant cette version, qui paraît la meilleure, il devait y avoir encore un stade et un amphithéâtre à *Nicopolis*, comme nous l'examinerons en son lieu; ou simplement, les courses et autres jeux du stade se faisaient dans cet amphithéâtre bâti par les Romains.

CANAL NAVIGABLE. — QUATRIÈME AQUÉDUC PARALLÈLE.

En sortant du stade, la route que nous suivons traverse une partie du canal longeant le *Mareotis*, qui se retourne brusquement et se dirige d'abord vers le port *Kibôtos*. Sa largeur, de sept à huit mètres, diminue de plus en plus et se réduit à peu près aux dimensions du dernier conduit parallèle. Cette branche traverse, à ciel ouvert, la partie sud-ouest de la ville antique, et, sous terre, toute la largeur de la ville arabe; puis elle va former l'aiguade actuelle[1] du port d'Eunoste. On voit, à son extrémité, à gauche et au coude même qu'elle forme pour entrer dans la ville antique, la coupure qui établissait sa communication avec le lac *Mareotis*, d'une part, et avec le port *Kibôtos*, de l'autre, par le fossé extérieur de l'enceinte arabe, lequel aboutit lui-même à la mer. Personne n'a parlé de cette coupure remarquable. Nous ne lui avons trouvé aucun caractère extérieur qui s'oppose à ce qu'elle soit regardée comme antique. Elle se trouve dans le lit même de la petite vallée dont nous avons vu l'embouchure à l'article PORT KIBÔTOS,

---

[1] Cet aqueduc paraît moderne.

A. D.   v.

et elle forme bien le prolongement du canal de Strabon : *usque ad Mareotidem perducta* (*fossa navigabilis*). Le sol dans lequel cet embranchement est creusé, depuis les collines qui bordent le grand canal actuel et qui s'arrêtent près du stade antique jusqu'au conduit souterrain, est considérablement déprimé. Ce terrain est de niveau sur une grande étendue, et paraît composé de dépôts formés par les eaux, quoiqu'il ne soit plus inondé.

On voit, au surplus, que ce canal de communication, de quelque point qu'il fût dirigé, ne pouvait guère s'écarter de la dépression du terrain où nous sommes, et qu'il ne pouvait pas être non plus ce *fleuve du Nil* dont parle Hirtius, qui servait, dit-il, à abreuver le peuple et à remplir les citernes des maisons particulières. Quelle apparence y a-t-il qu'il eût donné ce nom et cette destination importante à ce court fossé, ouvert entre deux grands bassins d'eau saumâtre ou salée, tandis que le canal tiré de Canope méritait bien mieux ce titre? Celui dont il s'agit ici n'a donc pu être qu'un moyen supplétif de communication des ports avec le lac *Mareotis* (qui communiquait encore avec *la rade* par une autre ouverture faite dans le rocher, et que nous verrons plus loin). Ce n'est peut-être qu'à une époque postérieure à Strabon que la partie inférieure du grand canal d'Alexandrie au Nil, destinée de tout temps au remplissage des citernes, et à laquelle étaient adaptés les quatre aqueducs parallèles antiques, a été jetée vers la mer dans cette branche navigable[1].

[1] Car Strabon ne peint pas le canal *du Nil* comme se perdant en ce point.

Celle-ci, dans sa première direction, passait entre deux monticules remarquables formés par des ruines. Ils sont nettement figurés sur la planche 84, *É. M.*, et peuvent appartenir aux culées d'un pont qui aura été postérieurement construit plus loin vers l'est (il y est désigné par les mots de *premier pont*), comme on le verra tout-à-l'heure.

Lorsqu'ensuite les Arabes ont bâti leur enceinte du côté de *Necropolis*, ils ont conservé, pour leur servir de fossé le long de cette partie des murailles, le prolongement de ce canal et son embouchure dans le *Kibôtos* et dans la mer. Ce n'est que plus tard encore, lorsque ce petit port a été entièrement comblé, et la navigation du lac à la mer absolument abandonnée, qu'ils ont détourné le canal navigable au pied des deux monticules, l'ont conduit vers le *premier pont* qui est propre à donner passage aux bateaux, et l'ont fait aboutir, comme on le voit, dans le dernier aquéduc, pour lui faire porter ces bateaux jusqu'au pied de leurs murailles qu'ils avaient resserrées, et amener de l'eau douce dans la partie de l'ancienne ville qu'ils avaient conservée. Il est dès à présent très-vraisemblable que la partie aujourd'hui couverte de ce canal, depuis les environs de l'enceinte au sud-est jusqu'au port d'Eunoste, a été construite lorsqu'on a fait tous ces changemens, ou bien qu'on a profité d'un de ces aquéducs souterrains antiques qui distribuaient les eaux du Nil dans la ville d'Alexandre et des Ptolémées.

Le canal *navigable* antique, défiguré par tous ces changemens de direction et de destination, par le défaut d'entretien et l'envahissement des sables et des décombres, a beaucoup perdu de sa largeur. Il devait avoir de très-belles proportions, puisqu'il servait de passage à cet immense commerce du lac et des parties supérieures et inférieures de l'Égypte avec les ports *Kibôtos* et d'Eunoste, et de là dans toute la Méditerranée. Tous nos auteurs anciens parlent de l'étonnante activité de ces échanges.

Le *premier pont* est tout-à-fait arabe [1], et sa description sort de mon sujet : mais sa position est singulière, et paraît hors d'œuvre maintenant. Quel était autrefois son usage ? où aboutissait-il immédiatement ? il serait curieux de le connaître. On voit bien que les autres ponts du canal servent maintenant à communiquer de la ville turque avec les parties cultivées du lac desséché, et la liaient autrefois avec le reste de la campagne, dans les siècles où le grand canal *restait long-temps rempli* et navigable chaque année. Les positions qu'ils occupent sont vraisemblablement les points de passage des anciennes communications pour les habitans de la ville, sous le Bas-Empire ; mais ce premier pont est aujourd'hui, et depuis long-temps, inutile. Toutefois, les Sarrasins, en reculant la partie sud-ouest de l'enceinte, ont dû conserver des habitudes dans les ruines de cette partie qui étaient d'abord devenues des faubourgs et des jardins de la ville arabe. Il fallait aux habitans de ces quartiers extérieurs des moyens de sortir de l'espèce de circonvallation que le grand canal formait autour d'eux, et de communiquer avec l'isthme, les catacombes et la

---

[1] *Voyez* pl. 99, *É. M.*, le *deuxième pont*, qui est du même genre.

ville de *Necropolis*. Lors donc qu'ils ont fait fléchir la direction du canal navigable au pied des deux monticules, ils ont dû remplacer le pont grec ou une communication équivalente qui existait nécessairement, soit sur la grande rue longitudinale seule, soit sur plusieurs de ses parallèles, et construire *ce premier pont* sur quelque reste de voie antique [1], toujours pour l'usage de ces faubourgs et des cultivateurs et *matelots* du lac qui les habitaient.

PORTE DE NECROPOLIS,
EXTRÉMITÉ OCCIDENTALE DE LA VILLE ANTIQUE.

De l'autre côté du canal navigable, on aperçoit de vastes catacombes qui se trouvaient hors de la ville, d'après la forme que nous lui avons reconnue, et qui dépendaient de *Necropolis*, comme nous le verrons. Voilà pourquoi j'en renvoie l'examen à celui que je ferai des dehors de la ville. En suivant la courbe que formait *l'allongement* de l'enceinte antique, on arrive vers l'emplacement de la porte de ce faubourg, qui devait être quelque part aux environs, en un point voisin du bord de la mer, et l'on commence à apercevoir quelques-unes des catacombes du rivage qui se trouvaient aussi hors des contours des murailles grecques. Il y a là quelques monticules remarquables pour la position de cette porte ou des murs latéraux de cette enceinte.

On ne découvre pas d'autres antiquités dans cette partie extérieure à l'enceinte arabe, surtout dans la di-

---

[1] On voit, sur la planche 84, que l'axe de ce pont est parallèle aux deux fronts de l'enceinte arabe et à toutes les rues longitudinales de *l'échiquier*. Cet axe peut donc avoir été celui d'une de ces rues.

rection de la grande rue longitudinale, depuis l'ancienne porte de *Necropolis* jusqu'au canal navigable qui longeait à peu près les fossés de la ville sarrasine; et effectivement, il devait y avoir peu d'édifices dans cette partie étroite, d'après la forme de la chlamyde macédonienne, et parce que « la ville, » comme le dit Strabon, « s'étendait *peu* au-delà du canal. » On peut remarquer ici l'accord satisfaisant qui règne entre les autorités, les vestiges que présente le terrain, les interprétations que j'ai essayé d'en donner, et les principales dimensions que j'ai adoptées pour tous ces objets. Il n'est pas étonnant non plus qu'on ne trouve point de ruines autour du petit port *Kibôtos*, qui a été abandonné, comblé, et en arrière duquel les Arabes ont reculé l'enceinte.

On voit encore les sentiers conservés par un usage constant, et qui appartiennent à l'ancienne rue longitudinale, sortir de l'enceinte arabe, aboutir vers l'ancienne porte de *Necropolis*, et se prolonger dans l'emplacement de ce faubourg.

Il est évident que tout ici dépend de la position du canal navigable (laquelle n'est pas douteuse), attendu que Strabon lui coordonne les autres monumens que nous verrons bientôt, et que la question de la longueur de la ville, résolue par d'autres considérations, est encore confirmée par les expressions de ce géographe : *Extra fossam itaque restat urbs paululum*.

ANTIQUITÉS DE L'ENCEINTE ARABE ET DE SES PORTES.

Nous entrons dans la ville arabe par la *porte* dite *des Catacombes*, et nous avons une idée suffisante de la cité d'Alexandre et de son enceinte, pour pouvoir lui *comparer* celle-ci que nous rencontrerons souvent désormais (135). Quoiqu'elle appartienne spécialement à l'état moderne, elle rentre dans les antiquités, du moins *quant à ce rapprochement* que nous ne pouvons nous dispenser de faire.

L'enceinte des Arabes n'a pas besoin de description écrite, pour en indiquer les diverses directions. On voit qu'elle est composée de deux lignes. L'extérieure n'était autre chose qu'un mur de peu d'épaisseur, percé de créneaux, et ayant de quinze à vingt pieds de hauteur au plus. L'enceinte intérieure, distante de la première de six ou huit mètres, était formée d'un rempart et de tours plus ou moins considérables. La ligne extérieure, bâtie en pierres brutes, paraît fort ancienne, bien construite, et, particulièrement du côté de la porte de Rosette, elle est régulièrement défendue par des tours de vingt pieds de diamètre, espacées d'environ cent trente pieds. Les murailles de l'enceinte intérieure sont plus fortes et plus hautes que les précédentes, et flanquées de grosses tours pareillement très-élevées. Ces deux lignes subsistent presque partout, excepté sur les parties jadis immédiatement baignées par la mer, qui, offrant une défense naturelle, rendait inutile le second rang de murailles. La portion que nous voyons en face de nous, entre le fort triangulaire et la porte des Catacombes, ne fait point exception à cette règle; car on y voit des restes de la ligne intérieure de murs et de tours. Elle aura été démolie depuis le xve siècle pour servir à des constructions dans la *ville moderne*.

Cette observation générale sert à reconnaître d'un coup d'œil les changemens survenus aux environs, et, par exemple, dans les ports, depuis l'établissement de l'enceinte arabe. Ainsi l'on voit que sa ligne est simple le long du croissant qu'elle forme sur une partie du port d'Eunoste; et par conséquent ce croissant est bâti sur des fondemens de l'enceinte grecque, ou du moins très-anciens. L'enceinte sarrasine devient double sur le front aligné devant l'*Heptastadium*, parce que l'atterrissement qui s'était formé autour de ce môle, était déjà large lors de la construction des fortifications arabes; ce qui en rendait l'accès trop facile. Elle devient simple ensuite jusqu'à la tour des Romains, parce qu'à la même époque la mer baignait encore ce front, et que l'ensablement de l'esplanade n'était pas encore formé tel que nous le voyons aujourd'hui. C'est pourtant au voisinage de cette partie que le comblement du port neuf s'est principalement opéré dans tous les temps, mais plus au sud-ouest; et c'est réellement vers le couchant seul que l'alluvion de l'Heptastade facilitait les approches (par terre) de la place. D'ailleurs, au point où nous sommes, il y avait, à l'époque de la construction arabe, un grand appareil de fortifications, de tours et de portes formant une espèce de fort carré et en saillie, pour communiquer avec l'atterrissement déjà existant de l'*Heptastadium*, et résister aux grandes attaques du côté de cette digue.

Tout ce front, depuis le croissant du port d'Eunoste jusqu'à la tour des Romains, me paraît, par les divers motifs que je viens de rechercher, élevé à peu près sur les fondations grecques. Il faut avouer que l'aspect de ces fondations, qui se découvrent dans quelques endroits, fortifie bien cette conjecture.

On voit aussi que les massifs de fortifications, et les tours en particulier, sont plus considérables aux autres angles saillans, notamment aux deux extrémités du front courbe que nous avons en face de nous, dans le fort triangulaire et dans ce grand ensemble de belles et fortes tours qui s'avancent dans la mer, et que je crois modernes en grande partie (sauf celle qui est ronde et qui paraît antique, comme on le verra bientôt).

On prétend qu'il y avait cent tours dans l'enceinte arabe. Il en reste beaucoup moins aujourd'hui, depuis qu'elle est elle-même abandonnée et en partie démolie. Celles de la ligne extérieure, dont j'ai indiqué l'espacement et le médiocre diamètre, ont chacune un escalier pour monter aux mâchicoulis, dont le parapet est soutenu par des arcades. Elles sont toutes voûtées, ainsi que celles de la ligne intérieure. On remarquera que les unes et les autres lient quelquefois les deux enceintes en se raccordant par des faces droites avec la ligne du dedans, et qu'on passait sous la partie intermédiaire de l'édifice pour parcourir le chemin de ronde existant entre les deux enveloppes. La plus grande partie de ces tours, surtout celles de l'intérieur et les grandes du dehors et des angles, sont construites sur un même plan qui leur est particulier : elles sont composées d'une portion demi-cylindrique qui est en saillie sur le nu du mur, et d'une portion rectangulaire et souvent en retraite au-dedans de l'enceinte. La distribution intérieure de ces tours est très-variée ; quelques-unes ont jusqu'à trois étages ; elles sont aussi recouvertes d'une plate-forme entourée d'une espèce de rempart en parapet (136).

On voit, dans quelques-unes de ces tours, des colonnes de granit, restes d'antiquités, servant de point d'appui à des voûtes annulaires. Leur chapiteau est de marbre ou de pierre, et il est séparé du fût par une tablette *de bois* plus ou moins épaisse et qui s'est pourrie (137).

Nous avons vu que quelques parties de l'enceinte arabe étaient évidemment élevées sur les fondemens antiques ; plusieurs même semblent être des restes des murailles grecques. J'ai démontré l'antiquité de la tour dite *des Romains;* on en trouve encore trois autres qui paraissent aussi fort anciennes, et qui diffèrent par leur construction de celles des Sarrasins. D'abord deux *demi-tours* construites de la même pierre *numismale* que celle de la tour dite *des Romains*, se voient à quelque distance l'une de l'autre, sur le front qui s'étend depuis la grande place d'Alexandrie jusqu'à la porte de la Marine [1]. Ces deux demi-tours diffèrent cependant un peu entre elles, en ce que l'une pourrait avoir été réédifiée ou restaurée par les Arabes ou par les Grecs du Bas-Empire,

[1] *Voyez* planche 84, *É. M.*, et la suite, jusqu'à 90, 97 et 98.

qui auraient suppléé aux pierres qui leur manquaient par des tronçons de colonnes de marbre ou de granit, disposés horizontalement (138). Enfin la quatrième est celle qui termine, sur le bord de la mer, dans le port vieux, le front appuyé sur le fort triangulaire. Cette tour a une grande ressemblance extérieure avec celle dite *des Romains*[1], du moins elles sont toutes les deux incontestablement situées dans des points de l'enceinte antique qui n'ont pas changé.

Il y avait, comme on peut le remarquer, *cinq* portes maîtresses dans l'enceinte des Sarrasins, remplaçant les anciennes issues principales de la ville des Ptolémées; et nous verrons par-là comment celle-ci n'a été resserrée qu'en faisant rentrer ses limites et ses grandes ouvertures vers son centre, dans trois ou quatre sens principaux. Ces portes sont, 1°. la porte dite *des Catacombes*, par où nous entrons maintenant, établie pour conserver l'ancienne sortie vers *Necropolis*; 2°. celle du Cimetière, pour joindre l'*Heptastadium* et ensuite la ville moderne; 3°. celle de l'Esplanade, pour communiquer à la partie du grand port où aboutissait la porte de la Lune; 4°. celle dite *de la Colonne*, ou *Bâb el-Sedr*, vers les ports du fleuve, en remplacement de celle du Soleil; 5°. enfin celle de Rosette, pour l'ancienne issue vers Canope, aujourd'hui Abouqyr (139).

Ces portes sont, en général, revêtues de placage en granit ou de colonnes de cette matière, qui leur servent de jambages[2]. On en voit à des portes du côté du fort

---

[1] *Voyez* planches 88 et 89.
[2] *Voyez* les planches modernes déjà citées.

triangulaire, qui sont formés de longs et beaux blocs de pierre numismale polie. Le seuil, ainsi que le sommier, de ces ouvertures principales, est souvent une colonne couchée en travers, et qu'on n'a pas même pris le soin d'aplanir ; ce qui n'était pas indispensable, puisque les Turks ne se servent pas de voitures. Les bandeaux de la porte de Rosette, qui est très-élevée, sont d'un seul morceau de granit, de même que la colonne qui lui sert de seuil. Nous avons vu, dans le parement des pieds-droits d'une de ces portes, des pierres provenant d'une frise de granit d'une très-grande dimension (140).

Au surplus, il règne, comme on peut s'en apercevoir, une grande confusion d'âge et de caractère dans toutes ces constructions grecques, sarrasines et turques des fondemens et des murailles de la ville arabe. Les tours sarrasines et modernes sont chargées, en différens endroits, d'inscriptions en caractères koufiques et arabes. Les murs de cette enceinte sont communément construits en petits moellons revêtus de grosses pierres de taille. En général, ceux de leurs matériaux qui ne proviennent pas de la démolition d'édifices antiques, sont d'une espèce plus grossière de pierre lenticulaire, formée d'un assemblage de petits coquillages fossiles et spathiques liés, sans aucun ordre, par une sorte de ciment. Elle est dure et approche beaucoup de la pierre numismale : c'est la première maçonnerie. On n'y voit des pierres ordinaires que dans les parties réparées ou bâties plus récemment. Celles-ci surtout sont tendres, mauvaises, et remplies de vides. Souvent aussi l'extérieur des murs est enduit d'une espèce de mortier. Ces remparts portent partout des traces de la corrosion dont nous avons parlé en détail ailleurs, à l'occasion des granits; mais ici, où les matériaux sont calcaires, l'action des divers sels muriatiques qui se forment ou se décomposent en si grande quantité sur le territoire d'Alexandrie, vient encore se joindre d'une manière très-efficace aux autres causes que nous avons assignées à cette destruction universelle de ses monumens. Dans une tour ruinée, les moellons ont fusé à l'air comme aurait fait la chaux vive, tandis que les mortiers sont restés dans leur intégrité. La même particularité s'observe dans d'autres tours près du port vieux. Aussi leurs voûtes, quoiqu'en pierres de taille, sont souvent revêtues d'un enduit propre à les conserver.

L'enceinte grecque fut maintenue assez long-temps après la conquête des Sarrasins, qui ne bâtirent la leur que bien après (141). Suivant Abou-l-fedâ, A'mrou ebn el-A'âs, général d'O'mar, la prit d'assaut après un siége de quatorze mois, la dixième année de l'hégire (ou plutôt vers 640). Quoique les Arabes, dans la première fougue de leurs conquêtes et le premier élan de leur grandeur, fussent loin de ravager tout ce qui ne choquait pas leur fanatisme[1], d'autres intérêts leur faisant négliger Alexandrie, la population diminua considérablement; et, vers le milieu du IXe siècle, suivant Elmacin, sous le khalifat d'el-Motaouakel, c'est-à-dire plus de deux siècles après la conquête, Ebn-

---

[1] On sait que c'est le fanatisme, bien plus que l'ignorance, qui leur fit détruire la bibliothèque.

Touloun, gouverneur de l'Égypte, fit abattre les murs antiques et construire ceux que nous voyons. Beaucoup de leurs réparations sont postérieures encore, et ne remontent guère au-delà de l'expédition de Selym 1er, au commencement du xvie siècle (142).

On se servit, pour l'enceinte de Touloun, des matériaux de l'ancienne : de là cette confusion qui règne dans l'emploi de ces matériaux de toutes les espèces et de toutes les formes. Elle fut réduite, comme on le voit, de plus de moitié (143), et l'on ne conserva que les parties les plus essentielles et les plus voisines de la marine. Les Arabes abandonnèrent principalement les bords du lac *Mareotis*, qui se desséchait par suite de l'encombrement des canaux supérieurs tirés du Nil.

C'est encore un immense ouvrage que cette enceinte, quoiqu'elle ait été si fort restreinte par les Sarrasins, qui étaient, à cette époque, très-portés aux grandes choses. Ils retirèrent leurs limites, d'une manière très-reconnaissable, sur le front par lequel nous entrons, en contournant sensiblement le bassin de *Kibôtos*, laissé en dehors, ainsi que le canal navigable qui leur servit de fossé et de défense; puis, pour être maîtres des eaux potables, ils les firent entrer dans leur ville en détournant l'extrémité de ce canal, comme nous l'avons vu, et bâtirent le *premier pont* qui est dessus (144).

Plusieurs tours et groupes de tours, tels que ceux que nous voyons aux deux extrémités de ce front, offrent encore de belles masses, qui se prêtaient à une grande résistance. Leur vaste capacité et la solidité des murailles en faisaient autant de forteresses : aussi l'enceinte actuelle soutint-elle plusieurs siéges ou attaques plus ou moins sérieuses (145).

En jetant un coup d'œil général sur la ville arabe, on n'y voit que quelques hameaux mal bâtis, mais assez peuplés; quelques portes de bains, une couple de mosquées et deux ou trois couvens. Les restes d'habitations sont entourés d'une quantité de petits jardins plantés de palmiers cultivés par les propriétaires de ces deux villages (146). On est frappé du contraste de cette verdure avec le sol aride des décombres, avec ces deux montagnes de poussière et de terres rapportées, l'une à gauche et l'autre à droite de la ville, ainsi qu'avec ces énormes tours et ces hautes murailles en lambeaux. Une image continuelle de destruction, qui semble vous poursuivre, fatigue l'œil et attriste l'âme. L'amoncellement successif de tous ces débris a élevé toute la surface du terrain; on l'exploite et on le retourne sans cesse dans tous les sens, pour construire ou orner la ville moderne, ou pour découvrir des antiquités à vendre; on y trouve des scories qui indiquent qu'on y a fait des fours à chaux, et c'est avec les beaux fragmens d'antiquités en marbre et en pierre calcaire qu'on les alimentait. La ville sarrasine contient encore, en effet, une foule de débris de monumens, surtout beaucoup de piédestaux, de corniches, de chapiteaux, de bases et de fûts de colonnes. Plusieurs de ces bases, qu'on a forées, forment des margelles de puits ou de citerne; des troncs de fût sciés servent de meules de moulin: nous avons vu un chef-d'œuvre de sculpture en marbre blanc employé comme moellon dans un mauvais mur. On trouve partout, et principalement dans les monticules de décombres grands et petits, beaucoup de têts de vases de terre. Leur quantité prodigieuse est fort difficile à expliquer : ne pourrait-on pas, par cette raison, supposer qu'une partie provient de la décomposition des mortiers de béton et de remplissage, dans lesquels on sait que les anciens en faisaient entrer une certaine quantité ? Il est singulier, au reste, que cette frêle espèce de débris soit presque la seule qui ait parfaitement résisté à l'action du climat, qui ronge les matériaux les plus durs et les plus précieux dont avaient été formés les monumens d'Alexandrie (147).

L'enceinte arabe renferme des antiquités remarquables encore debout, les fondations de quelques édifices fameux, et les emplacemens de plusieurs autres que nous examinerons dans les articles suivans.

ANCIENNE BASILIQUE DITE DES SEPTANTE (148), OU MOSQUÉE DES MILLE COLONNES.

Après être entré par la porte moderne dite *des Catacombes*, on trouve immédiatement à gauche un édifice carré qui est une mosquée qu'on a désignée sous le nom de *mosquée des mille Colonnes* ou *des Septante*. Ce plan[1], par sa beauté, sa grandeur, sa pureté, a tous les caractères de l'antiquité; de plus, la matière de l'édifice, c'est-à-dire cette belle forêt de colonnes qu'on y remarque et qui domine sur tout le reste de sa composition, est antique. Le minaret et l'enceinte de la mosquée (qu'on n'a même élevés peut-être que sur le plan

---

[1] *Voyez* planche 37, *A.*, vol. v.

et les fondations de l'ancien bâtiment) ne forment en quelque sorte que l'encadrement de toutes ces antiquités, et sont seuls modernes. On a donc eu raison de ranger ce monument dans la première partie de l'ouvrage (149).

La plus noble simplicité et la plus parfaite symétrie ont été observées ici par les Arabes, d'après les beaux modèles qu'ils avaient sous les yeux dans Alexandrie; et ils ont pratiqué les mêmes règles de composition dans leur beau siècle et à l'époque où le goût de leur architecture était le plus pur[1] : par conséquent, la mosquée est *très-ancienne*. Ce plan est bien celui de l'intérieur de la plupart de leurs bâtimens religieux; mais ceux qui sont modernes sont plus tourmentés dans leurs parties accessoires, et leurs portiques intérieurs même ne sont pas aussi rigoureusement symétriques que celui-ci (150).

Ce qu'il y a de très-remarquable dans cet édifice, c'est cette quantité prodigieuse de colonnes en granit, porphyre ou marbre précieux, qui lui a fait donner son nom vulgaire. Elles sont évidemment de style grec, et proviennent des débris de l'ancienne Alexandrie, rassemblés de toutes parts. Quelle nouvelle et grande idée cela nous donne encore de la richesse des anciens monumens de cette ville, de la destruction immense qui a eu lieu, et des diverses métamorphoses que l'emploi de leurs matériaux à d'autres constructions leur a fait subir! Toutes ces colonnes sont de proportions très-inégales, de couleurs variées comme leur matière, et amal-

---

[1] *Voyez* toutefois la note 172.

gamées suivant l'usage des Sarrasins[1]. Elles étaient encore debout à notre arrivée à Alexandrie; les événemens de la guerre et les dispositions faites pour notre établissement dans le pays en ont fait détruire une grande partie[2]. Les roches, la plupart primitives, dont elles sont formées, portent, malgré leur extrême dureté, des signes frappans de la corrosion dont j'ai tâché d'expliquer les lois à l'occasion de la colonne Dioclétienne.

Quelques personnes prétendent que c'est dans cette basilique que se fit la célèbre traduction grecque de la Bible : mais nous verrons que cette tradition, tirée de l'histoire romanesque d'un Juif helléniste qui porte le faux nom d'*Aristée*, dit premièrement que l'interprétation fut faite dans l'île *Pharos*, où l'on avait logé les soixante-douze docteurs, et non *dans l'intérieur* de la ville ou le quartier *Rhacotis*, où nous sommes. Mais, n'y eût-il que ce simple fait, que la tradition dont il s'agit, et qui, conservée depuis long-temps, s'est appliquée, sans qu'on sache comment, à ce monument, cela prouverait au moins l'antiquité de la mosquée; on verrait qu'il y avait là quelque édifice grec (peut-être l'un de ces *antiqua fana* (151) dont nous parlerons tout-à-l'heure), employé par les patriarches du temps de Théophile, et auquel la mosquée aura succédé. Aussi l'opinion la plus générale et la mieux arrêtée se réduit-elle à ces termes, que cette mosquée est une ancienne église rebâtie par les Arabes.

---

[1] Même note 172.
[2] On y avait établi les ateliers de l'artillerie : le reste de la mosquée n'existe plus aujourd'hui.

CITERNES ANTIQUES.

On trouve, en quittant la mosquée des mille Colonnes, et immédiatement après avoir traversé le quatrième canal souterrain, un groupe nombreux d'ouvertures de citernes que cet aqueduc alimente. On en voit de semblables en plusieurs endroits de la ville antique, dans sa partie renfermée par l'enceinte arabe, dans celle qui se trouve hors de cette enceinte, comme on l'observera ci-après, sur le bord du *khalyg* dans la campagne, près de la synagogue des Juifs, de la mosquée dite *de Saint-Athanase*, du fort Crétin, etc. On en rencontre d'isolées et d'éparses sur plusieurs points, et enfin presque partout[1]. Avant de faire connaître leur ensemble, j'en décrirai une[2] très-remarquable par sa beauté, son antiquité, et plusieurs singularités qu'elle présente; et elle nous donnera une idée assez exacte de toutes les autres.

Elle est située dans l'enceinte arabe, à droite du canal, en venant du lac *Mareotis*, dans le voisinage du lieu où nous sommes parvenus. Son architecture est fort belle. Quarante-sept colonnes de marbre, bien conservées et placées en quinconce régulier, sur un sol également en *marbre blanc*, soutiennent une première suite d'arceaux coupés par un plan horizontal, au-dessus duquel, dans le prolongement de l'axe des colonnes,

---

[1] Celles qui se trouvent dans l'enceinte arabe, sont presque les seules qui soient bien conservées.
[2] Planche 36. On en a représenté huit autres dans la planche 37, pour faire un choix parmi ces nombreux monumens. Il faut observer que les citernes, fig. 6 et 8, appartiennent au quartier que nous décrivons.

s'élèvent, sans pied-droit, les voûtes d'arête en plein cintre qui recouvrent toute la citerne : elles sont percées par quatre ouvertures, dont trois circulaires, et celle du milieu carrée, au niveau du sol supérieur. Dans le plan vertical d'une de ses parois, sont pratiquées huit niches correspondantes aux entre-colonnemens, et dont on ne devine pas aisément l'objet. Une sorte de puits ménagé dans les angles des murs, et garni d'entailles de part et d'autre, servait à y descendre. Des espèces de pilastres sont en avant-corps sur tous les paremens, pour correspondre aux colonnes et supporter la retombée des arcs.

Les chapiteaux sont variés dans leurs détails, mais symétriques dans leur masse et par leurs proportions générales, comme dans les péristyles et portiques de la haute Égypte, avec lesquels ils ont, dans leur ensemble, une certaine analogie. Plusieurs de ces chapiteaux ont des ornemens analogues à ceux des chapiteaux égyptiens antiques; d'autres, chose assez singulière, portent, dans leurs ornemens sculptés, une croix *grecque* inscrite dans un cercle, et assez semblable à celle de Malte ou des Croisés. Cette circonstance, en rappelant l'époque du culte chrétien sous le Bas-Empire *grec*, achève de prouver que les citernes, et même leur restauration, si ceci en est une, sont bien antérieures aux Arabes. Celles de la rive droite du *khalyg*, vis-à-vis de la partie abandonnée de la ville d'Alexandrie, sont nombreuses, et quelques-unes ont le caractère des ouvrages grecs ou romains; mais la plupart ont été défigurées par les réparations modernes. La cage de celle-ci est bien *antique*, et ses arceaux n'ont pas non plus été altérés. Mais les colonnes, et surtout les chapiteaux antiques en granit ou de quelque autre matière plus précieuse que le marbre, ont été enlevés et remplacés dans des réparations faites à diverses époques. Peut-être aussi n'a-t-on fait autre chose que relever les anciennes colonnes. Plusieurs de ces restaurations paraissent avoir eu lieu dans le temps de la primitive église, depuis Constantin.

La forme des citernes varie à l'infini; elles sont ordinairement divisées en plusieurs compartimens. Celle que nous venons de voir présente un rétrécissement quadrangulaire dans un des angles de son plan, lequel est dû, selon toute les apparences, à la reconstruction qu'on aurait faite d'une partie de ses deux parois, pour remédier à des pertes d'eau. Elles ont souvent trois et même quatre étages de colonnes ou d'arcades. Ces colonnes sont ordinairement en beau granit rouge de Syène; leurs parois sont en briques revêtues d'un ciment de couleur naturelle, très-solide, et qui a subsisté sans altération. Le sol inférieur de la citerne a toujours une légère pente vers le puits, et les angles sont communément rachetés par une courbe. L'ouverture de ces réservoirs est presque toujours formée par des troncs de grosses colonnes ou des bases en marbre et en granit évidées (152). Ces ouvertures se trouvent souvent au-dessus du niveau de l'eau du canal qui sert à les remplir, même lorsqu'elle est parvenue au *maximum* de son élévation. Par conséquent, autrefois comme à présent, on était presque toujours obligé d'introduire d'abord l'eau amenée du Nil par le canal principal, dans les conduits particuliers qui se ramifiaient dans tous les sens, et dont nous avons vu quelques-uns qui subsistaient encore; ces branches sont creusées, la plupart, dans la roche coquillière tendre qui forme le sol d'Alexandrie. L'eau était ensuite élevée par des roues à pots dont les modernes ont conservé l'usage, et versée dans les rigoles qui l'amenaient à chaque réservoir.

De tout ce qui reste d'antiques vestiges à Alexandrie, les plus extraordinaires, sans doute, consistent dans l'ensemble de ces citernes. C'est une chose vraiment admirable que le nombre, la capacité et la magnificence de ces réservoirs : ce sont de superbes portiques élevés les uns sur les autres et aussi élégamment dessinés que solidement bâtis. Quelle immensité de travaux en excavations, constructions et revêtemens ne supposent-ils pas ! Ici l'industrie des Grecs, provoquée par la première de toutes les nécessités pour la fondation d'une ville privée d'eau, a égalé les efforts gigantesques des anciens Égyptiens en travaux de patience, et les a empreints de son goût pur et de l'élégance qui lui était naturelle. Elle est parvenue à former *une seconde Alexandrie souterraine,* aussi vaste que la première; et ce qui en subsiste aujourd'hui est certainement l'une des plus grandes et des plus belles antiquités de l'Égypte.

Hirtius dit, dans son commentaire sur la guerre d'Alexandrie : « Cette ville est *presque toute* minée en dessous, et il y a de ces souterrains qui communiquent avec le Nil » (c'est-à-dire le canal dérivé du Nil, dont nous parlerons en son lieu). « Ils conduisent l'eau dans les maisons particulières. Cette eau se clarifie en déposant peu à peu son sédiment, et sert aux maîtres de maison et à leur famille; car celle qui est apportée » (à ciel ouvert) « par le *fleuve*, est si trouble et si limoneuse, qu'elle occasione plusieurs sortes de maladies : mais le peuple et la classe indigente sont obligés de s'en contenter, parce qu'il n'y a aucune source dans la ville (153). »

Nous avons vu les principaux de ces aqueducs qui subsistent. Plusieurs conduisent encore les eaux dans des réservoirs, d'où on les élève, au moyen de chapelets mus par des chevaux, dans de petits conduits qui les distribuent à diverses citernes de la ville. Il y a encore soixante-douze de ces roues en activité. Ces citernes *particulières* d'Hirtius, ainsi que les autres, communiquaient entre elles par groupes correspondant aux principales branches de dérivation du grand canal, comme aujourd'hui. Elles étaient placées sous les maisons mêmes auxquelles elles appartenaient; de là ce grand nombre de citernes de médiocre grandeur, que nous avons vues sous diverses ruines, notamment dans des restes d'habitations autour du port neuf et du promontoire de *Lochias*. On a laissé perdre les petites, et la plupart des grandes sont comblées. Celles de cette seconde espèce, qu'on est obligé de conserver et d'entretenir aujourd'hui, sont vraisemblablement les réservoirs *publics* d'autrefois. Elles ont grand besoin de réparations. Un très-grand nombre sert à l'arrosement de quelques jardins pratiqués, à la faveur de ces citernes, au milieu des décombres de la ville arabe : ce sont les plus éloignées de la ville moderne. Il n'est pas rare qu'on en découvre encore de nouvelles dans les fouilles qu'on fait tous les jours parmi ces ruines (154). On a laissé obstruer divers canaux qui circulaient hors de l'enceinte des Sarrasins, dans laquelle se trouvent renfermées toutes les citernes dont les Turks de la ville moderne se servent aujourd'hui : ce sont même les seules dont on puisse faire usage (155). On a, depuis bien long-temps, négligé celles du dehors : car c'est un fait bien constant, qu'il existe de ces réservoirs, non-seulement dans la ville arabe, mais encore sous les décombres de l'ancienne cité des Grecs et des Romains ; circonstance importante à observer, autant pour résoudre la question de l'antiquité des citernes que j'ai décrites (156), que pour confirmer l'existence d'une population très-considérable de l'Alexandrie grecque et romaine, entre la ligne extérieure des murailles sarrasines et les bords du lac *Mareotis*. Un autre effet de la négligence des Turks modernes pour les citernes qu'ils ont conservées, c'est que la plupart, ayant leur ouverture *au-dessous* du niveau du terrain environnant, reçoivent les eaux des pluies qui lessivent les sels abondans que l'on voit effleurir sur toute la surface du sol d'Alexandrie.

On ne comptait, pendant notre séjour en Égypte, qu'environ trois cent huit citernes antiques conservées, grandes et petites ; comme on ne les répare plus depuis long-temps, ce nombre diminuera encore. Elles fournissaient suffisamment à la consommation des habitans de la ville moderne et des animaux pendant dix-huit mois, et même à l'approvisionnement des navires qui mouillaient dans le port. On ne s'est pas aperçu que l'augmentation de la garnison française habituelle ait amené la disette d'eau; seulement, lors du séjour d'une quinzaine de mille hommes faisant partie de l'armée, pendant le dernier siège, on fut obligé de prendre quelques précautions dans la distribution pour régler la consommation.

Qu'on imagine maintenant l'immensité des travaux dont Hirtius veut parler et qui suffisaient à l'approvisionnement d'une capitale dont la population était si considérable, et dont le commerce s'étendait sur toute la Méditerranée, puisque la population actuelle, qui n'est que d'environ huit mille habitans, et dont les relations maritimes sont assez bornées, exige encore plus de trois cents de ces réservoirs. Qu'on se représente encore la situation d'une ville au milieu du désert, sur un rocher absolument dépourvu d'eau douce; et l'on verra que son existence tout entière était attachée à ses citernes. On concevra aussi de quelle importance il était pour l'armée qui tenait César assiégé dans les édifices voisins du grand port, de lui couper ou d'empoisonner l'eau du Nil (157).

SERAPEUM ET SA BIBLIOTHÈQUE.

En suivant toujours notre ligne moyenne, après la mosquée des mille Colonnes et le premier groupe de citernes, on monte sur un monceau oblong de décombres, sur les étages inférieurs duquel on trouve diverses ruines. On y remarque surtout un massif de maçonnerie en pierre calcaire, entremêlée d'assises composées de plusieurs rangs de briques du genre que nous avons déjà vu, et dont la construction est évidemment *antique;* car on y reconnaît particulièrement et d'une manière très-claire la méthode que les anciens ont généralement pratiquée à Alexandrie pour bâtir de grandes masses et la maçonnerie de remplissage. Cette construction, et surtout beaucoup de débris adjacens, sont placés sur une hauteur. Nous verrons que le *Serapeum* l'était aussi, et que cet édifice lui-même était fort élevé.

Or, Strabon dit que le *Serapeum* est *en-deçà* du canal navigable (que nous avons vu), et vers l'intérieur de la ville; position qui convient parfaitement aux ruines et au monticule que je viens de montrer. Tous les auteurs anciens s'accordent à observer de plus que ce temple était dans le quartier de *Rhacotis*, où nous sommes évidemment; et Sozomène (158) dit qu'il était situé sur une petite colline.

Voilà donc la position de ce temple, sur la forme duquel les auteurs anciens nous apprennent beaucoup de particularités intéressantes, déterminée avec vraisemblance. Suivant Pausanias, il y avait en Égypte plusieurs temples de Sérapis : mais le plus célèbre et le plus considérable de tous était celui d'Alexandrie; et le plus ancien, celui de Memphis. « Il y a dans Alexandrie, ajoute Ammien Marcellin, beaucoup de temples imposant par la hauteur de leur faîte, et que surpasse pourtant encore le *Serapeum.* Nos faibles expressions ne sauraient peindre la beauté de cet édifice. Il est tellement orné de grands portiques à colonnes, de statues presque animées, et d'une multitude d'autres ouvrages, qu'après le Capitole, qui immortalise la vénérable Rome, l'univers n'offre rien de plus magnifique. »

« L'emplacement est formé, » dit Ruffin, qui habitait Alexandrie vers la seconde moitié du IVe siècle (159), « non par la nature, mais par la main de l'homme et par des constructions. Il est, pour ainsi dire, porté dans les airs, et l'on y monte par plus de cent degrés. Il s'étend de tous côtés en carré et sur de grandes dimensions. Toute la partie inférieure, jusqu'au niveau du pavé de l'édifice, est voûtée. Ce soubassement est distribué en vastes corridors et en vestibules carrés et séparés entre eux, qui servaient à diverses fonctions et ministères secrets (160). En dehors et au-dessus de cette partie voûtée, les extrémités de tout le contour de la plate-forme sont occupées par des salles de conférences, des porches et des maisons extrêmement élevées qu'habitaient ordinairement les préposés à la garde et aux soins du temple, et ceux qu'on appelle *aguenoutes*, c'est-à-dire, qui sont voués à la chasteté. Derrière ces bâtimens, en dedans, des portiques régnaient en carré tout autour du plan. Au centre de la surface s'élevait le temple orné de colonnes de belle matière, et dont l'intérieur était magnifiquement construit en marbre, qu'on y avait employé avec profusion. »

Dans les *Recherches et Éclaircissemens* (161), on verra le récit curieux de Tacite, dans lequel cet historien, aussi judicieux appréciateur des traditions que profond politique et grand écrivain, assure que *le nouveau temple* de Sérapis, celui dont nous nous occupons, fut digne de la grandeur de la ville, et bâti par Ptolémée-Soter dans un emplacement du quartier *Rhacotis*, où *il y avait eu anciennement* une chapelle consacrée à Isis et à Sérapis dieu tutélaire des habitans de cette antique bourgade. On voit donc d'abord, et c'est un fait positif et important à remarquer, que les rois grecs avaient admis le culte des *anciens Egyptiens* dans leur nouvelle ville. Sérapis avait aussi à Canope un temple fameux, dont Strabon fait mention, liv. xvii (162).

On sait que le Sérapis des anciens Égyptiens était l'emblème du soleil au solstice d'hiver ou inférieur, que les Grecs ont comparé à leur Pluton dieu des enfers, dont la statue de Sinope portait quelques attributs (163). L'antique Sérapis des mêmes Égyptiens était aussi le dieu auteur des crues du Nil. Quoi qu'il en fût, on conçoit comment les habitans de *Rhacotis* ou d'Alexandrie, dans leur position isolée, au milieu d'un aride désert, devaient être dévots à la divinité qui influait sur l'inondation. On portait, suivant Ruffin, liv. ii, la mesure du Nil *dans le temple de* Sérapis (164). Elle fut placée par la suite dans l'église chrétienne. Selon Socrate (165), ce dernier usage commença sous Constantin; et Julien-l'Apostat rétablit ensuite l'ancienne coutume, qui cessa sans doute sous le patriarche Théophile et sous Théodose par la destruction du *Serapeum*. L'autorité de Ruffin est d'un grand poids dans tout ceci; car il était à Alexandrie avant cette destruction du temple de Sérapis. Nous verrons plus bas comment le patriarche opéra le renversement de ce magnifique édifice.

Outre l'étymologie donnée au mot *Sérapis*, dont le sens est *Nilomètre*, on verra encore dans nos *Recherches* celle du *tombeau d'Apis* (166). Mais pourquoi vouloir tirer *du grec* la signification du nom d'un dieu *égyptien antique?* Ce qu'il nous importe le plus de savoir pour notre description d'Alexandrie, c'est que le fameux *Serapeum* de la ville des Ptolémées était tout simplement un temple du dieu Sérapis.

Ammien Marcellin, dont j'ai rapporté le passage concernant l'édifice du *Serapeum*, ajoute qu'il renfermait *des bibliothèques* d'un prix inestimable. Il constate ainsi l'existence d'une collection de livres dans ce temple; mais il la confond ensuite avec *la grande bibliothèque*, qui était, comme nous le verrons, dans le quartier des Palais ou du *Bruchion*, lorsqu'il observe que « sept cent mille volumes rassemblés par les soins infatigables des Ptolémées furent brûlés pendant la guerre d'Alexandrie, dans le bouleversement de la ville, sous le dictateur César. »

D'après Vitruve, il y avait effectivement à Alexandrie une bibliothèque autre que *la grande*, et ce ne peut être que celle du *Serapeum*, dont Ammien Marcellin a parlé. Celle-ci paraît aussi avoir été beaucoup plus connue des pères de l'Église (167), ainsi que les temples voisins qu'ils firent détruire, que la grande bibliothèque, laquelle semble avoir souffert bien davantage de l'incendie de César, et s'être fort peu rétablie jusqu'au temps de ces patriarches.

Tout ce qu'on sait relativement à l'origine de la collection de manuscrits du *Serapeum*[1], c'est qu'elle existait avant l'embrasement de celle du quartier des Palais. Elle était moins riche qu'elle : aussi l'appelait-on *sa fille*, ou *la petite bibliothèque*. Elle était vraisemblablement placée dans ces vastes appartemens qui environnaient le temple de Sérapis, et dont Ruffin nous a donné le plan. Elle se trouvait par conséquent très-éloignée du grand port, dont les vaisseaux embrasés portèrent la flamme jusque dans la grande bibliothèque, située encore plus à l'orient. Il est donc peu probable que la collection du *Serapeum* ait été brûlée par la même cause. D'ailleurs, personne n'a parlé d'un embrasement aussi désastreux que l'aurait été celui du beau temple de Sérapis. Cependant, pour pouvoir faire usage d'un grand nombre d'autorités du genre de celle d'Ammien, et pour les concilier entre elles, il faut adopter ce que quelques-unes racontent de l'incendie qu'allumèrent dans divers quartiers les troupes auxiliaires des Alexandrins pendant la guerre de César (168), et admettre qu'il y avait trois cent mille volumes dans le *Serapeum*.

Quoi qu'il en soit, la bibliothèque de ce temple se trouvait, peu de temps après, très-considérable. Celle de Pergame, qui contenait deux cent mille volumes qu'Antoine donna à Cléopâtre, y fut vraisemblablement déposée; car il n'est plus question nulle part de *la grande* depuis l'incendie de César. Il est donc permis

---

[1] Quelques commentateurs en attribuent la fondation à Ptolémée-Physcon; mais ce n'est qu'une conjecture.

de présumer encore que c'est *la petite* qui se multiplia assez par la suite pour servir à la restauration de celles de l'empire romain sous Domitien (169). C'est d'elle aussi que fut intendant Denys d'Alexandrie, sous cet empereur et jusqu'à Trajan.

Après cet embrasement de la grande bibliothèque par César, et la ruine du quartier où était le Musée par Aurélien, ruine dont parle Ammien Marcellin dans la description que j'ai citée, comme d'un événement antérieur au temps où il vivait, il est évident que c'est le *Serapeum* qui *remplaça le Musée*, et que c'est dans ce même lieu que l'école d'Alexandrie se soutint dans l'état brillant où cet auteur nous la représente encore à la fin du ive siècle.

Enfin, le temple de Sérapis et sa bibliothèque furent détruits (170), environ dix ans après la mort d'Ammien Marcellin, par les soins du patriarche Théophile (comme nous le verrons ailleurs), malgré la résistance du peuple et de quelques philosophes et grammairiens qui s'étaient réunis dans cette espèce de forteresse et qui soutinrent une sorte de siége. Peu de temps après, on bâtit sur cet emplacement une église à laquelle on donna le nom d'*Arcadius*, successeur de Théodose-le-Grand, qui avait autorisé la démolition du *Serapeum* et de tous les temples d'Alexandrie. La grosse ruine dont j'ai décrit la maçonnerie de remplissage, doit être un reste des souterrains dont parle Ruffin.

AUTRES TEMPLES ANTIQUES.

Sur la direction du *Serapeum* vers le stade, on trouve, comme ailleurs, une quantité considérable de collines de ruines. Mais c'est autour de cette ligne et parmi ces monticules, de préférence, qu'on doit ranger quelques temples *antiques du temps même de Strabon*, et qu'il indique, avec celui de Sérapis, en-deçà du canal navigable : « En dedans du canal, dit-il (allant du lac au *Kibôtos*), sont le *Serapeum* et d'autres temples antiques [1]. » On peut même les chercher à une assez grande distance hors de l'enceinte arabe, comme nous l'avons fait pour le stade; car le géographe met dans la même catégorie ce stade que nous avons déjà rencontré. « Ces temples étaient presque abandonnés, ajoute Strabon, à cause de la construction des édifices sacrés qui avaient été élevés à *Nicopolis*, » du temps d'Auguste vraisemblablement, puisque nous verrons que ce prince orna beaucoup cette dernière ville. Cependant il subsistait encore un bon nombre de ces anciens édifices au IVe siècle, et ils renfermaient sans doute d'autres petites bibliothèques qui dépendaient de celle du *Serapeum*, puisque dans l'expédition de Théophile, qui avait obtenu l'autorisation d'abolir tous ces temples, les livres y furent dispersés par les chrétiens; et environ vingt ans après, Orose visita ces bâtimens et y vit les rayons vides.

Il est vraisemblable que les chrétiens tirèrent parti

---

[1] On peut donc en rapporter la construction à l'époque de la première fondation d'Alexandrie et des travaux de l'architecte Dinocrate.

de ces édifices pour en faire des églises, comme on a vu qu'ils en construisirent une à la place du *Serapeum*. Peut-être la mosquée dite aujourd'hui *des mille Colonnes*, dont j'ai indiqué l'antique origine et les traditions qui s'y rapportent, a-t-elle succédé à quelqu'une de ces anciennes basiliques décorées, comme elle, de colonnes tirées des vastes portiques du *Serapeum* qui fut démoli, et des autres temples voisins qui subirent le même sort, ou furent simplement abandonnés.

On voit toujours, d'après ces recherches et ces conjectures, que la ville était embellie, dès l'origine, par un grand nombre d'édifices publics, dans les environs du *Serapeum*, du quartier *Rhacotis* et de toute la région qui s'étendait sur la rive droite du canal navigable, tiré du lac *Mareotis* au port *Kibôtos*. C'est d'une partie de ces édifices sacrés que Strabon veut parler, lorsqu'il dit, dans un autre endroit, « que *l'intérieur* de la ville était orné de *superbes temples*. »

ANCIENNE BASILIQUE
VULGAIREMENT APPELÉE MOSQUÉE DE SAINT-ATHANASE.

Nous arrivons à l'édifice vulgairement appelé *mosquée de Saint-Athanase*[1]. On l'a rangé parmi les antiquités, quoique, par sa construction *extérieure*, il soit arabe, que son usage soit moderne, et qu'il semble conséquemment appartenir à la seconde partie de l'ouvrage. Mais, d'abord, cette mosquée est composée, comme celle des mille Colonnes, de beaucoup de matériaux *antiques* et précieux; elle renfermait notamment un sarcophage qui

[1] Voyez *A.*, pl. 35, 38 et 39.

est le plus beau monument connu parmi les antiquités égyptiennes, et qui, par son importance, entraîne avec lui tout le reste des constructions ou fragmens anciens qui l'entouraient. L'existence de ce monolithe, dans une position centrale par rapport à l'édifice qui semble lui avoir été coördonné tout entier; la grande vénération dans laquelle il fut toujours chez les chrétiens comme chez les mahométans; l'apparence qu'il y a que cette cuve servit au baptême des premiers néophytes; la tradition que le nom de S. Athanase (171) nous rappelle sans cesse, et qui porte qu'il y avait là une ancienne église chrétienne mise sous son invocation, et rebâtie depuis par les Arabes; d'autres traditions qui nous apprennent en général qu'il y avait de très-belles basiliques à Alexandrie; toutes ces considérations et plusieurs autres moins fortes, mais qui ne devaient point être négligées, suffisaient pour faire penser que ce bassin a été placé là dans le temps de la primitive église, et pour faire ranger la mosquée elle-même avec lui dans la division des antiquités de l'ouvrage.

Les mêmes raisons m'autorisent à parler ici de cette mosquée. Ce ne sera néanmoins que le plus succinctement que je pourrai, et sous le rapport seul de *l'état antique* d'Alexandrie (172). On voit d'abord que la projection de l'édifice est simple et régulière; mais il renferme, comme je l'ai dit des mosquées en général, un plus grand nombre de nefs dans le fond que sur les côtés, et le devant n'a qu'un seul rang de colonnes. Le pavé des portiques est en marbre, et composé, en grande partie, de belles mosaïques dont les dessins sont assez purs et les couleurs très-variées. La grande cour carrée du milieu est aussi pavée en marbre. Les colonnes antiques, toutes de marbre chipollin, à l'exception de quelques-unes en granit, sont fort belles, et nombreuses comme on le voit; elles diffèrent entre elles par leurs proportions, par la forme et les dimensions des chapiteaux, et des bases avec ou sans piédestal : mais les entre-colonnemens sont égaux; et, le tout étant disposé sur un plan symétrique et vaste, les irrégularités des détails s'évanouissent au coup d'œil. Les murs latéraux sont en partie couverts, à l'intérieur, de marbre disposé en mosaïque; leur large frise est dessinée par de grands caractères en mosaïque d'émail, exprimant des sentences tirées du Qorân; on y trouve aussi une niche en mosaïque, et une chaire en bois de sycomore travaillée avec beaucoup d'art, et que le temps a recouverte de mousse de couleurs variées. Son air antique ferait croire qu'elle appartenait à la basilique chrétienne avant sa transformation en mosquée. Enfin tout cet ensemble donne une juste idée de la manière assez heureuse dont les Arabes tiraient ordinairement parti des débris de monumens anciens; mais il fait concevoir aussi la dévastation qu'ils y ont exercée, même dans le temps où ils avaient quelques vues grandes et créatrices. On voit encore dans cet édifice plusieurs cadrans horizontaux sur lesquels sont tracées des paraboles, l'écliptique et les projections des différentes courbes parcourues par le soleil dans les diverses saisons de l'année.

Ce bâtiment est fort ancien. En le regardant comme

une *église primitive* occupée postérieurement par les Arabes dans l'état où ils l'ont d'abord trouvée, on voit qu'elle a été ensuite rebâtie par eux; car l'édifice est bien une vraie *mosquée* par sa forme et sa distribution, mais c'est une des plus anciennes. Effectivement, celles dont la construction remonte aux premiers temps des Sarrasins, à cette époque d'exaltation chez le peuple arabe pour sa religion, pour les conquêtes, et pour la culture des lettres, des sciences et des arts, ont un caractère frappant de grandeur[1], de pureté dans le dessin, et de luxe dans l'exécution : elles annoncent même un certain goût que les plus belles mosquées arabes modernes, et surtout celles des autres nations mahométanes, ne présentent pas : aussi dit-on que celle-ci a été construite par un des premiers khalifes.

Il resterait à savoir maintenant à quelle église chrétienne cette mosquée succéda, et ensuite quel monument antique et profane cette église elle-même remplaça. Quoiqu'il soit à peu près impossible de parvenir à cette découverte, une petite circonstance qui se rattache à notre idée première, que la mosquée a été reconstruite sur l'emplacement ou avec les débris d'une ancienne basilique ou de monumens plus antiques encore (173), peut nous mettre sur la voie. On a trouvé, à côté du sarcophage égyptien que nous allons examiner tout-à-l'heure, et sur un morceau de marbre gris faisant partie du pavé de la mosquée, une inscription

---

[1] La mosquée dite *des mille Colonnes* a cent vingt mètres de côté (environ soixante toises); celle dite de *Saint-Athanase*, soixante onze mètres.

grecque, mais écrite avec des caractères romains. Comme elle était à moitié effacée, on n'a pu y distinguer, au premier coup d'œil, que le mot CONSTANTINON. Ce fragment provient vraisemblablement de l'ancienne église chrétienne ; et je me contenterai de rappeler, pour diriger les conjectures sans m'y livrer moi-même plus longuement, que Constantin avait transféré l'empire latin en Grèce, qu'il protégea le premier ouvertement le christianisme, et que S. Athanase, dont la basilique rebâtie porte encore le nom, vécut sous cet empereur. On peut au moins reporter la dédicace de cette basilique au IVe siècle environ.

On avait construit, dans la cour de la mosquée, un petit bâtiment octogone terminé par une coupole en briques, pour couvrir la belle cuve antique[1]. Celle-ci servait aux ablutions des musulmans, comme ces dispositions l'indiquent. Elle était certainement fort petite pour un tel usage, si on la compare aux bassins construits dans les autres mosquées ; mais sa beauté et sa valeur intrinsèque, appréciées par les Arabes et les Turks même, comme par les chrétiens et par tout le monde, la leur auront fait préférer pour ce service (174). Elle est percée, dans le bas, de trois ou quatre ouvertures circulaires de deux pouces de diamètre, pratiquées après coup. Elle a 3^{m}126 de longueur, 1^{m}626 de largeur à la tête, 1^{m}281 aux pieds, et 1^{m}150 de hauteur. Le plus grand des deux petits côtés de son parallélogramme est arrondi comme dans une baignoire. Elle provient d'un seul bloc de brèche d'Égypte de la plus

[1] Voyez *A.*, vol. v, pl. 40 et 41.

grande beauté et d'un poli parfait, et que les Italiens connaissent sous le nom de *breccia verde d'Egitto*[1]. Elle est d'une couleur brune ou vert très-foncé, parsemée de fragmens verts, jaunes, blancs, noirs et rougeâtres, qui forment un mélange du plus bel effet. Cette roche est, comme on sait, excessivement dure : mais ce bloc est d'une nature plus homogène que les brèches ordinaires (175); ce qui l'aura fait préférer par les anciens pour la facilité du travail, et surtout pour la pureté de la sculpture. Cependant ce travail, pour le seul creusement du bloc, sur la faible épaisseur de huit pouces que présentent les côtés, a dû être très-considérable et exiger de grandes précautions; mais le travail, le soin et la patience sont le caractère dominant des ouvrages des anciens Égyptiens. En voici un autre témoignage dans la décoration de ce monolithe, qui est orné et tout couvert en dehors et en dedans de figures hiéroglyphiques fort nombreuses, petites, très-fines, très-délicatement tracées et on ne peut pas plus nettes. Quelques-unes semblent avoir rapport au passage du Styx, que les Grecs paraissent avoir emprunté aux Égyptiens, ainsi que d'autres parties de leur fable des enfers. Plusieurs personnages sont dans des barques emblématiques du genre de celles qu'on voit si fréquemment sur les murs des temples et des grottes de la haute Égypte. On y trouve l'ichneumon assez bien représenté (176). Les hiéroglyphes du dedans de la cuve sont en moindre quantité que ceux du dehors.

Il aurait été intéressant pour le lecteur de trouver ici

[1] Voyez *H. N.*, *Minéralogie*, pl. 9, et l'explication.

une description plus détaillée de ce beau monument, que les relations des voyageurs modernes ont déjà rendu célèbre dans toute l'Europe; d'en comparer les dimensions avec celles des sarcophages des tombeaux des Rois et des pyramides de Memphis, et avec celles de la cuve que l'on a trouvée au pied de la mosquée du Kaire, bâtie dans le lieu appelé *Qalâa't el-Qabch* (Château du Mouton). Ce dernier monolithe ressemble à celui d'Alexandrie pour la distribution des ornemens. Nous nous bornons à renvoyer ici à l'explication des planches [1].

Au reste, il n'est pas douteux, aux yeux de celui qui a parcouru les monumens de la haute Égypte, et visité l'intérieur de la grande pyramide, que le monolithe d'Alexandrie ne fût un *sarcophage.* Ceux des tombeaux des Rois sont, comme celui-ci, arrondis à une extrémité et équarris à l'autre. Ici, le dessus manque, et il paraît, d'après les autres tombes dont nous avons trouvé les couvercles encore en place, et chargés d'une figure en pied et en bas-relief couchée sur le dos, comme on en voit sur nos tombeaux du xve siècle, il paraît, dis-je, que les sarcophages d'Égypte avaient tous une fermeture de même matière, quoique la momie y fût déjà revêtue d'enveloppes très-solides. C'est, sans doute, ce qui a fait prétendre à quelques personnes de l'expédition, qu'on avait trouvé le couvercle de celui-ci dans une rue d'Alexandrie moderne, chose que nous n'avons pas pu vérifier.

Ce monument si précieux par le travail et par son-

[1] Voyez *A.*, vol. v, pl. 40 et 41.

antiquité l'est encore par la *rareté* des morceaux sculptés autant que par la beauté de la matière. Nous n'avons vu en brèche semblable qu'un fragment de colonne qui était dans un des jardins voisins de la place *Ezbekyeh* au Kaire. Les Égyptiens seuls ont travaillé cette roche ; et, s'il est permis de comparer des masses très-différentes, je ne crois pas qu'on puisse accorder autant d'importance et de prix à la colonne Dioclétienne elle-même qu'au sarcophage d'Alexandrie.

Il appartenait probablement à l'édifice *antique*, antérieur à la primitive église, comme, en d'autres temps, à la mosquée : mais il n'y avait été transporté qu'après avoir été extrait, comme les obélisques, de quelque grotte sépulcrale bien plus antique qu'Alexandrie elle-même ; car on sait que les monolithes de ce genre, employés dans les tombeaux du Sa'yd par les anciens Égyptiens, étaient étrangers à Alexandrie, ville grecque et moderne relativement à la vieille Égypte.

APPENDICE

A LA DESCRIPTION

DES ANTIQUITÉS D'ALEXANDRIE

ET DE SES ENVIRONS,

Par M. SAINT-GENIS,

Ingénieur en chef des Ponts et Chaussées.

RECHERCHES ET ÉCLAIRCISSEMENS.

On a observé dans cet *Appendice* le même ordre et la même marche que dans la *Description des lieux* et dans les *Considérations générales et historiques*, de manière qu'il peut se lire isolément, et cependant avec une certaine suite; il fera repasser le voyageur sur les mêmes lieux, et ramenera naturellement les questions ou les faits qu'il est destiné à éclaircir plus complètement. Ainsi l'on peut continuer sans interruption la lecture des deux premières parties, et ne pas suivre pied à pied les renvois en chiffres placés entre des parenthèses ( ) qu'elles renferment. D'un autre côté, ces chiffres donneront la facilité de venir examiner isolément ici ceux des articles particuliers du texte de ces mêmes parties qu'on jugera à propos de consulter.

On a rejeté ici, comme le titre ci-dessus l'indique, les discussions détaillées ou trop arides sur les textes des auteurs, sur les opinions des voyageurs, les rapprochemens accessoires, etc.

OBSERVATION PRÉLIMINAIRE.

(1) La place qu'occupe ce mémoire dans l'ouvrage, indique assez qu'il s'agit spécialement d'*Alexandrie ancienne*. Un de nos collaborateurs a composé un autre Mémoire sur Alexandrie en général, qui doit rouler principalement sur l'état moderne de cette ville; par conséquent, la place de ce dernier écrit est marquée dans une autre subdivision de l'ouvrage. Je m'interdirai donc tout ce qui pourrait être regardé comme une description de l'état actuel d'Alexandrie, et non comme un simple et inévitable rapprochement entre la position ou l'état antique et l'état moderne des lieux : ainsi je ne décrirai point en détail la ville nouvelle, les villages de l'enceinte arabe, les monastères, jardins, bains, fortifications et établissemens actuels, le commerce, l'industrie, les mœurs, les lois, les usages et les cultes modernes, etc. J'avoue cependant qu'il est à regretter que cette ville puisse ainsi faire l'objet de deux écrits distincts; ce qui ne peut manquer de nuire à l'unité des notions que nous donnerons sur son existence, et à la suite de son histoire. Ce partage forcé est encore une circonstance qui n'appartient qu'à Alexandrie, et qui provient de ce qu'aucune autre cité de l'Égypte n'a conservé son emplacement, son même nom et son importance depuis les temps anciens jusqu'à nos jours. Pour

remédier autant qu'il est possible à cet inconvénient, j'aurai soin, dans les raprochemens dont je viens de parler, de laisser à notre collègue M. Gratien Le Père la *description* détaillée de l'état moderne de chaque chose depuis l'hégire, et le *récit* circonstancié des événemens à partir de la même époque, ou plus précisément depuis la conquête d'A'mrou.

Voici, au reste, la marche générale que j'ai suivie le plus constamment et avec le plus d'uniformité que je l'ai pu dans chaque article de ma *Description*: 1°. j'examine en détail les antiquités existant sur chaque point, ou l'emplacement seulement, lorsqu'il n'offre pas de vestiges antiques remarquables; 2°. dans le premier cas, je dis ce qu'étaient ces ruines, et dans le second, cet emplacement, et je décris, d'après les auteurs anciens, le monument antique que je crois y avoir été élevé; 3°. j'indique ce que l'objet ou le lieu est devenu, et son état *actuel;* 4°. je rappelle brièvement les événemens remarquables qui s'y sont passés, lorsqu'ils ne forment pas une suite historique *ancienne*, et propre à être rangée dans la IIe partie (*Considérations générales et historiques*), ou dans la IIIe partie (*Recherches et Eclaircissemens*).

APERÇU CHRONOLOGIQUE ET GÉNÉRAL.

Ire PÉRIODE.

(2) On pourrait diviser toute l'histoire de l'Égypte, *par rapport à Alexandrie,* en trois grandes parties par-

faitement distinctes, qu'on appellerait *histoire ancienne*, *histoire moyenne* et *histoire moderne*. C'est à la première qu'il faudrait rapporter tout ce que nous savons ou voyons encore de merveilleux sur l'antique Égypte ; ses rois naturels, appelés *Pharaons* par l'Écriture ; sa mythologie, ses sciences, ses lois et ses vieilles mœurs ; ses villes de Thèbes, Memphis et autres ; ses pyramides, obélisques, temples, grottes, palais, lac *Mœris*, travaux du Nil et autres monumens : à la seconde, tout ce qui est la suite des relations de l'Égypte avec les peuples dont nous commençons dès-lors à avoir l'histoire presque contemporaine, depuis la conquête des Perses, et, par conséquent, tout ce qui appartient à Alexandrie antique fondée après l'invasion de Cambyse, époque où l'Égypte commençait à devenir grecque : à la troisième, tout ce qui regarde l'Égypte devenue mahométane et Alexandrie moderne, après leur conquête par les Sarrasins.

7ᵉ PÉRIODE,
DEPUIS LES FATÉMITES JUSQU'A SALADIN.

(3) Je n'ai point trouvé de témoignage positif sur le siége d'Alexandrie par les Francs, dont parle d'Anville : on sait seulement que l'ambitieux et imprudent Amauri 1ᵉʳ, l'un des derniers rois français de Jérusalem, fit, vers cette époque (en 1168), une première expédition contre le Kaire et Damiette, et ensuite une seconde contre Damiette seule. Cette dernière entreprise, plus malheureuse encore que la première, attira Saladin dans son royaume, et en amena bientôt la des-

truction. Mais il ne paraît pas que Lusignan, son gendre et son général, et Amauri lui-même, aient passé la branche orientale du Nil pour se porter sur Alexandrie.

DESCRIPTION DES LIEUX.

SECTION Ire.

RHACOTIS ET AUTRES QUARTIERS.

(4) On sait que les Égyptiens modernes sont dans l'usage de transporter hors de leurs villes les déblais de toute espèce et les ordures de leurs maisons, et d'en former des tas qui peu à peu deviennent de véritables collines, dont l'entrée de ces villes est souvent masquée. A mesure que l'enceinte arabe d'Alexandrie aura été abandonnée, les habitans de la ville moderne, placée entièrement en dehors, auront porté leurs décombres sur ce point. Ce qui prouve que l'enveloppe de cette montagne est artificielle, c'est que les déblais considérables que les Français y ont faits, ainsi que sur le fort *Crétin* que nous verrons, sont composés de poussière de plâtras, de débris de toute espèce de poteries, de briques, de marbre, de granit, de porphyre et de haillons.

J'ai supposé qu'il pouvait rester quelques ruines d'*édi-*

fices antiques au-dessous; et la pratique égyptienne que je viens de citer, loin de détruire ce soupçon, vient au contraire le confirmer : car on a pu constamment observer, dans la haute Égypte, que les habitans des villages bâtis sur les plafonds ou dans le voisinage des *temples* ont choisi pour dépôt des immondices l'intérieur et les cours de ces édifices, qu'ils en ont entièrement encombrés.

Il est probable aussi que les Alexandrins ont voulu former en même temps par ces dépôts une hauteur qui pût, avec le phare moderne, servir de balises aux marins, aider à découvrir en mer et remplacer en partie l'ancien phare.

(5) Strabon, dont il est question pour la première fois dans cet article du texte, était natif d'Amasie en Cappadoce. Il florissait sous Auguste et sous Tibère, et écrivait sa *Géographie* dans les premières années de ce dernier empereur, au commencement de la 4e période de notre *Aperçu historique*, et, par conséquent, pendant les beaux temps d'Alexandrie. Il fut philosophe et historien; mais son plus beau titre est celui que lui donne sa *Géographie,* le seul de ses ouvrages qui nous soit parvenu. Il avait voyagé en divers pays, et notamment depuis l'Arménie jusqu'au fond de l'Arabie, et *en Egypte*. Il donne dans son ouvrage une belle description d'Alexandrie telle qu'elle était de son temps. Ce sont les renseignemens les plus détaillés et les plus complets que nous ait laissés l'antiquité sur les édifices de cette magnifique ville. Ils reviendront fréquemment dans ce mémoire, et c'est précisément au tableau qu'ils

présentent d'Alexandrie que se rapporte la restauration que j'ai faite dans le dessin d'*Alexandrie restituée*. Je suivrai, dans les citations que je donnerai quelquefois sans les traduire en français, l'interprète latin de Strabon.

(6) Ce qui prouve l'ancienne élévation de *Rhacotis* au-dessus du sol, qui est presque aussi plat que la mer, ce sont les expressions *imminens navalibus* dont se sert ici cet interprète.

Les anciens rois d'Égypte dont parle Strabon, et qui avaient horreur de la navigation, sont ceux que j'ai désignés sous la dénomination générale de *Pharaons*, et qui régnèrent pendant la 1re période. Dans ces temps-là, les Égyptiens regardaient comme infâmes ceux qui se livraient à cette profession. On voit, au reste, que la position d'Alexandrie avait de tout temps paru très-propre à servir d'abri aux navigateurs, puisqu'on y tenait une garnison pour les empêcher d'approcher. Cette opinion sur les avantages de cet emplacement a dû contribuer à le faire choisir par Alexandre pour y fonder sa ville. Les Français ont construit, sur la hauteur que nous examinons, un *fort* appelé *Caffarelli*, du nom d'un illustre général qui commandait le génie militaire et qui fut tué au siége d'Acre. Ainsi, après tant de siècles, l'emplacement du hameau de *Rhacotis*, a repris sa première destination de forteresse, de même que le reste du sol environnant, jadis si magnifiquement orné, a repris sa nudité primitive.

(7) Il n'y avait pas plus de prairies qu'à présent aux environs de *Rhacotis*, et les pâtres, que l'interprète

de Strabon appelle *bucoli* (*id est, bubulci*), étaient nécessairement nomades comme les Arabes actuels. Suivant Héliodore, le terrain qui était autour de *Rhacotis* se nommait Βουκόλια, et Capitolinus appelle *bucolici milites* les soldats en garnison dans les endroits de l'Égypte nommés *bucolies*. On voit donc que le désert d'Alexandrie n'était pas si inconnu aux anciens rois d'Égypte qu'on l'a prétendu. Il y eut même, suivant Hérodote[1], une bataille décisive entre Apriès et Amasis, peu avant la conquête de Cambyse, à *Momemphis*, sur le bord du lac *Mareotis*, et près de *Rhacotis*. Diodore de Sicile dit que ce combat se livra vers le village de *Mareia*, qui est encore plus loin à l'occident. Apriès fut fait prisonnier et étranglé ensuite.

A cette époque, les Pharaons avaient aussi renoncé depuis long-temps à leur aversion pour les navigateurs et les Grecs.

(8) Philon, Juif, était né à Alexandrie. Les renseignemens qu'on tire de ses écrits sur l'état de cette ville et des Juifs qui l'habitaient, sont précieux. Il était né d'une famille illustre et sacerdotale; il fut mis à la tête de la députation que ses coreligionnaires d'Alexandrie envoyèrent, contre les Grecs de la même ville, auprès de Caligula, vers l'an 40. Il a laissé des mémoires à ce sujet, ou *Discours contre Flaccus* (et plusieurs autres ouvrages, presque tous sur l'Écriture sainte). Il ne fut point écouté favorablement par Caïus, irrité de ce que les Juifs d'Alexandrie, toujours récalcitrans, comme le reste des habitans de cette puissante ville, avaient re-

[1] *Hist.* lib. ⅠⅠ, §. 163.

fusé de placer ses statues et ses images dans leurs synagogues. Ces mémoires prouvent qu'il déploya dans cette mission beaucoup de dévouement, de sagesse, de fermeté et de talent : mais il faut, en se servant des renseignemens qu'ils contiennent sur l'état des Juifs d'Alexandrie, user de beaucoup de circonspection, par rapport à ses préventions naturelles et aux circonstances dans lesquelles il écrivait.

Joseph, Juif de Jérusalem, vivait sous Néron et mourut sous Domitien, en 93. Outre son *Histoire* et ses *Antiquités judaïques*, il écrivit deux livres contre Apion, grammairien d'Alexandrie, grand ennemi des Juifs, et que nous verrons figurer parmi les savans de cette ville. Joseph et Philon sont les deux seuls auteurs qui nous fassent connaître le nombre des quartiers d'Alexandrie.

PORT D'EUNOSTE.

(9) L'aiguade actuelle se trouve au tiers de la longueur de l'espèce de croissant existant entre les deux angles des murs avancés dans l'eau[1]. Elle reçoit les eaux du Nil, après le remplissage des citernes de la ville arabe. C'est une construction peu considérable; elle ne paraît pas antique, et peut avoir été faite par les Sarrasins lors de la réduction de l'enceinte. Il est vraisemblable que c'est seulement un reste d'une des anciennes issues de ces branches du canal du Nil qui, dans tous les temps, ont distribué les eaux jusque dans les parties les plus reculées de la ville. Aujourd'hui, ces

---

[1] Voyez *É. M.*, pl. 84.

eaux ne peuvent couler dans l'aiguade qu'au dernier moment de la crue du fleuve.

(10) Ce courant principal de l'ouest à l'est, et les vents régnans du nord-ouest, ont encore plus détruit les bords de la rade voisine de *Necropolis* et des catacombes qui se trouvent à la suite. On sait que les vents soufflent dans cette direction pendant la plus grande partie de l'été, et font que cette saison est celle des arrivages d'Europe, qui ont lieu souvent en moins de quinze jours. Il faut encore joindre à ces causes de la disparition des constructions dans le port d'Eunoste, l'habitude funeste qu'ont les Turks, depuis plus de deux cents ans, d'y jeter le lest des navires.

(11) Comme l'*entrée* principale de Strabon n'est qu'une des *passes* fréquentées par les vaisseaux modernes, je parlerai ailleurs de tous ces passages ensemble, et des sondes que les ingénieurs des ponts et chaussées ont faites pour les déterminer. Il suffit de voir maintenant que l'entrée de l'Eunoste avait assez de profondeur pour les navires anciens.

Ces avantages dont parle Strabon, sont bien plus sensibles aujourd'hui, à cause du tirant d'eau de nos vaisseaux modernes, qui trouvent un fond suffisant dans le port vieux, malgré le comblement journalier opéré par les Turks; tandis que le port neuf, grâce à ce qu'il était bien fermé autrefois, offrait un mouillage convenable aux anciens, et qu'il ne peut plus recevoir un grand navire moderne. Ainsi les avantages et les inconvéniens réciproques de ces deux ports ont subi un changement tout-à-fait inverse. Le port vieux est aussi le plus propre à la construction de nos vaisseaux et à notre manière de les lancer à la mer; on ne trouvait cependant, à notre arrivée, aucun des établissemens nécessaires à la marine. Les ingénieurs des ponts et chaussées avaient été chargés de les projeter; et c'est autour de cette belle courbe que nous examinons qu'ils les auraient placés, si les événemens avaient permis de prendre une assiette solide dans le pays. En attendant, les Français avaient réuni dans le port d'Eunoste tous leurs établissemens provisoires, tels que les chantiers de construction et les magasins de la marine indiqués sur les planches.

(12) En conséquence de cet abri parfait, de cette profondeur d'eau, et des autres avantages du port vieux, le gouvernement turk, dans son aveugle partialité contre les étrangers (qu'il aurait dû au contraire chercher à attirer, puisque son commerce a besoin d'eux, et qu'il ne peut prétendre, comme nos nations civilisées, à l'exclusion de l'industrie foraine), contraignait les Européens non musulmans à relâcher dans le port neuf, qui n'était pas tenable. Lors même qu'un de leurs navires était forcé par quelque accident à pénétrer dans le port vieux, il devait, aussitôt que cela devenait possible, passer dans le port neuf, affecté aux bâtimens chrétiens. Nous savons maintenant que ceux-ci sont reçus, comme les vaisseaux des mahométans, dans le port vieux; réforme heureuse, qui est un beau reste de l'influence de l'expédition française sur les usages de l'Égypte.

(13) C'est bien l'entrée du port d'Eunoste que Stra-

bon veut désigner, lorsqu'il dit *occiduum etiam ostium* (traduction latine), etc., et non la passe occidentale du grand port, entre *le Diamant* et le Phare; car il vient de parler de ce grand port, comme du havre par excellence, ou du double port formé par la position de l'île *Pharos : ancipitem ad eam portum faciens*. Il décrit l'entrée étroite du levant, et ensuite celle du couchant, *occiduum*.

Les djermes sont de petits bateaux à quille et à voiles latines, non pontés, qui viennent par mer des bouches du Nil. Cependant elles entrent rarement dans le port vieux.

On peut remarquer, pour la détermination de la forme et de l'étendue du port d'Eunoste, que Strabon ajoute, dans sa description, que ce port était placé avant, ou devant, le port fermé et creusé de main d'homme; c'est-à-dire, le port *Kibôtos*, que nous verrons ensuite. Il dit *devant*, parce qu'il vient de parler de l'île *Pharos*, qui est au nord; car il insiste ailleurs de cette manière : « *En partant de l'Heptastadium*, ce qui signifie, du côté du grand port, *se trouve le port d'Eunoste*, et *au-dessus* de celui-ci est le port creusé, appelé aussi *Cibotus*. » Puisque ce dernier était creusé (dans les terres, sans aucun doute), et qu'il est tantôt *au-dessous*, tantôt *au derrière* du premier, il est évident que l'Eunoste était borné de ce côté par la saillie que forme encore l'enceinte arabe actuelle, et par quelque môle ou autre construction qui fermait le petit port *Kibôtos*. Si l'Eunoste lui-même eût été directement fermé par quelque *grand ouvrage* de ce genre, Strabon n'aurait pas manqué de le dire, comme il le fait pour le *Kibôtos*, dont le môle était bien moins considérable. Ces remarques concourront en même temps à déterminer l'emplacement de ce second bassin.

Je ne m'attacherai point ici, non plus que dans le reste de ce mémoire, à relever les erreurs de topographie, ou de toute autre espèce, des écrivains ou voyageurs qui se sont occupés d'Alexandrie : il suffira de faire remarquer ces erreurs et d'indiquer les principaux argumens qui les détruisent, lorsqu'elles auront formé une *autorité* de quelque importance.

(14) Pour se faire une idée de la rapidité des retours d'Europe dans le port d'Eunoste, il suffira de dire que nous avons vu, pendant l'été, des brigs venir des côtes de la Provence en quinze, douze et même neuf jours de traversée.

PORT KIBÔTOS.

(15) Les Arabes, en resserrant l'enceinte qui, avant eux, renfermait le port *Kibôtos*, ont pu continuer de s'en servir pendant quelque temps, et profiter des commodités que cet établissement leur offrait : aussi ont-ils retourné en ce point la direction de cette enceinte vers le sud-est, en formant encore de ce côté une espèce de croissant qui embrassait ce petit port ; aussi y a-t-il là une issue principale de la ville sarrasine, qu'on a nommée *porte des Catacombes*.

(16) Les vents et les courans régnans tendent toujours à combler les anses par l'effet des remous qui s'y rencontrent.

(17) Strabon, en disant que le *Kibôtos* était *fermé*, indique qu'il l'était vraisemblablement *par art*, ou parce qu'on avait eu soin de laisser subsister dans les fouilles du rocher, au bord de la mer, une arête servant de noyau à la digue de clôture. C'est pour cela que j'ai supposé une jetée ou môle qui avait quelque étendue, quoique j'aie appelé *étroite* l'ouverture de la petite vallée du *Kibôtos* dans la mer. Ce môle était donc indispensable pour fermer hermétiquement ce bassin et le garantir des vagues de la haute mer qui y frappent directement.

(18) Léon d'Afrique écrivait au commencement du xvie siècle; ce qui ferait supposer que l'abandon total du port *Kibôtos*, que j'ai expliqué dans le texte, n'a eu lieu que depuis l'invasion des Turks en Égypte. Cette supposition est aussi d'accord avec la formation de la *ville moderne* et la désertion de l'enceinte arabe.

(19) Je parlerai ailleurs de l'embouchure du canal navigable de *Kibôtos* dans celui du Nil et dans le lac *Mareotis*, et du grand commerce qui se faisait par cette communication.

(20) On trouve, dans les observations que nous avons faites pour la détermination du port d'Eunoste, et dans l'emplacement que j'adopterai pour l'origine de l'*Heptastadium* qu'on voit sur l'*Alexandria restituta*, plusieurs raisonnemens qui, sans former pétition de principes, concourent encore à confirmer le choix que j'ai fait de la position du port *Kibôtos*. Ainsi, cette origine du môle de sept stades étant plus enfoncée dans les terres, suivant la direction sud-ouest, que le crois-

sant des murailles arabes, et Strabon disant, *Deinde à Septemstadio est Eunosti portus*, *et* supra *hunc Cibotus*, celui-ci, qui était *creusé* dans ces terres, ne peut guère l'avoir été *dans le roc* vers *Rhacotis*. Cependant je ne puis dissimuler qu'un petit nombre de voyageurs modernes placent ce dernier port dans l'enfoncement où se trouve l'aiguade : on peut juger maintenant ces deux hypothèses.

(21) Le surnom de *maximus* donné au *port neuf* que nous avons déjà aperçu, et dont on peut comparer la surface, donne occasion de remarquer, en général, sur tous ceux qu'on voit ici, que le port d'Eunoste, évidemment plus grand que le port neuf pour les usages de notre marine actuelle, ne l'était pas pour les habitudes des anciens, et qu'ils appelaient *ports* des lieux plus abrités, plus circonscrits et plus resserrés à l'entrée par la nature ou par l'art, comme ce que nous appelons aujourd'hui *bassin*. Ce qui le prouve, c'est qu'ils distinguaient, dans notre port vieux lui-même, l'Eunoste et le *Kibôtos*, vers cet enfoncement en dehors duquel mouillent hardiment aujourd'hui nos grands vaisseaux. Notre port actuel était donc, en grande partie, une rade pour les anciens.

ÎLE PHAROS.

(22) Si les peintures des catacombes sont réellement des arabesques, comme je crois me rappeler que quelques-unes paraissaient l'être, ce serait seulement des dessins modernes sur un ouvrage antique.

(23) Le livre III de *la Guerre civile* et celui de *la*

Guerre d'Alexandrie nous reportent à la fin de la 3e période de l'*Aperçu chronologique et général*, approchant du siècle de Strabon. Le mot *ubique* qu'emploie César en parlant des pirateries des Pharites, prouve qu'elles ne se bornaient pas à la côte de l'île, mais qu'elles s'étendaient sur tous les parages de l'Égypte, et, par conséquent, que ces pirates étaient marins : aussi verrons-nous, dans *la Guerre d'Alexandrie*, qu'ils avaient un port assez grand dans l'île *Pharos*.

Le bourg dont parle César pouvait être aussi considéré comme un faubourg par rapport à la ville d'Alexandrie, attendu qu'elle était liée sans interruption à l'île *Pharos* par un pont ou levée, comme nous le verrons.

(24) Hirtius Pansa, consul, compagnon de César dans les guerres qu'il a décrites, écrivait pendant ou peu après la guerre d'Alexandrie, de sorte qu'il fournit sur cette ville des renseignemens très-précieux, mais moins exacts et moins précis que ceux du géographe Strabon. Il ne survécut à César que d'une année.

La chaîne de tours presque contiguës qui composait l'enceinte du bourg de *Pharos*, qu'il décrit et qui devait représenter une espèce de feston, formait un genre de fortification assez singulier. On sent que, d'après la manière dont les anciens attaquaient et défendaient les places, méthode qui leur faisait faire de part et d'autre un grand usage des tours, ils n'avaient pas toujours besoin, comme nous, de grandes courtines, que ces parties de fortification, au contraire, se trouvaient très-faibles, et qu'en les raccourcissant ou en les faisant disparaître presque entièrement, comme ici, ils augmentaient beaucoup la résistance. Le bourg du Phare devait donc être très-fort, comme le prouve d'ailleurs assez la manière dont les Romains s'en emparèrent. Les renseignemens qu'Hirtius fournit sur la hauteur de quelques maisons de l'île *Pharos*, sont intéressans, en ce qu'ils donnent une idée des habitations des Alexandrins. Sur trente pieds d'élévation, il pouvait y avoir au moins un étage au-dessus du rez-de-chaussée. Il est rare que les maisons modernes de ce pays en aient davantage.

Les Européens ont fait construire un lazaret sur le monticule du bourg de *Pharos*.

On voit aussi, par les citernes, les catacombes et les restes de maçonnerie dont il est question dans ma description, que toute l'île était habitée. Son intérieur offre moins de ruines que ses bords, parce qu'on l'a plus travaillé pour y pratiquer un peu de culture. Il paraît bien, d'après Hirtius et les autres auteurs, qu'il y avait, outre le bourg, des maisons de plaisance et des bâtimens dépendans du port d'Eunoste, qui s'étendait le long de la partie occidentale de l'île. L'eau du Nil, nécessaire à toutes ces habitations, y était amenée par un aqueduc qui traversait l'emplacement de la ville moderne.

(25) Homère, selon les marbres d'Arundel, florissait environ neuf siècles avant J.-C., par conséquent quatre cents ans avant Cambyse et cinq cents ans avant Hérodote. Ainsi ce qu'il dit de l'île *Pharos* nous peint un état des lieux antérieur à tout ce que nous en connaissons, et qui se rapporte à notre 1re période. Ho-

mère est non-seulement le plus excellent des poëtes, mais encore un des meilleurs géographes et historiens de l'antiquité; et, quand on veut rechercher des renseignemens sur la géographie et l'histoire des temps les plus reculés, on est presque toujours obligé de recourir à lui. Il avait voyagé en Égypte, suivant Diodore de Sicile.

(26) Protée, roi de la basse Égypte dans le temps de la guerre de Troie, retint Pâris et Hélène, jetés par la tempête sur cette côte. Il était sage, adroit, dissimulé, prudent : de là viennent cette supposition qu'il connaissait l'avenir, et ses métamorphoses inventées par les Grecs. Ammien Marcellin parlera aussi de lui dans ce qu'il nous apprendra sur le phare.

(27) La distance donnée par Homère de l'île *Pharos* au Nil pouvait s'entendre de la branche principale, qui, selon Hérodote, est celle du milieu, par laquelle le *Delta* se trouve coupé en deux parties.

On peut juger, par le passage suivant d'Hérodote, du peu de longueur de la mesure itinéraire qu'on appelait *journée de navigation*. « D'*Heliopolis* à Thèbes, on remonte le fleuve pendant neuf jours; ce qui fait quatre mille huit cent soixante stades, c'est-à-dire quatre-vingt-un schœnes[1]. » Il s'ensuit qu'il évalue la journée de navigation à cinq cent quarante stades.

Pline, qui mourut environ soixante-dix ans après Strabon, et dont l'érudition paraît si vaste dans son étonnant ouvrage, avait, par conséquent, de bons renseignemens sur ces localités : mais outre qu'il fait la jour-

---

[1] *Hist.* lib. II, §. 9.

née de navigation de vingt-quatre heures, il fait remarquer encore que c'est de la marche à la voile qu'il s'agit. Il est vrai qu'il établit sa distance en question entre l'île *Pharos* et *la terre d'Egypte*, *et non pas le Nil*. Mais ce fleuve portait du temps d'Homère le nom d'*Ægyptus*, qu'il a donné au pays lui même, avant qu'il eût pris celui de *Nil* d'un de ses rois appelé *Niléus*. (Selon Diodore, ce Niléus fut successeur de Mendès, et passait pour avoir donné son nom au fleuve qu'on appelait auparavant *Ægyptus*.) Or, cette manière de lire Homère n'est-elle pas aussi une explication de l'exactitude de son passage? Ne peut-on pas entendre, en effet, que le *Delta* formait la terre d'Égypte proprement dite, et que le territoire d'Alexandrie, qui en était séparé par des déserts (et même par la mer ou de vastes lacs), et qui était d'une nature toute différente, ne faisait pas essentiellement partie de ce pays cultivé?

Quand je traiterai de l'origine du lac *Mareotis* et du sol qui l'environnait au loin, on verra qu'ils ont pu être formés par la même loi générale que le *Delta* et le reste de l'Égypte; par conséquent, la distance d'Homère ou de Pline, si on veut l'entendre par rapport au continent égyptien en général, pouvait, dans un temps très-reculé, se prendre directement en face de l'île *Pharos* jusqu'au-delà du fond sud-est actuel du lac *Mareotis*[1].

(28) On peut comparer la forme ancienne de l'île avec celle de la presqu'île actuelle dans les trois planches que nous suivons continuellement, 84, 31 et 42. Il faut bien que le prolongement naturel de cette île

---

[1] *Voyez* la carte hydrographique, *É. M.*, vol. 1, pl. 10.

vers la tour du phare par une chaîne de rochers ait existé, et que le prolongement artificiel qu'on voit aujourd'hui ait été un médiocre ouvrage dans l'antiquité (si toutefois il y en avait alors un de cette espèce), puisque les auteurs n'en parlent pas, ce qu'ils n'auraient pas manqué de faire, si c'eût été une grande construction; puisque, d'un autre côté, l'on sait que la tour antique du phare était sur un *rocher île*, et que tous les auteurs indiquent que le môle de l'*Heptastadium*, que nous verrons bientôt, aboutissait du continent au *corps* de la grande île *Pharos* proprement dite.

(29) Diodore écrivait à Rome sous Auguste, et il a vécu sous Jules César. Il dit lui-même qu'*il était en Egypte* du vivant de Ptolémée-Aulètes. Son témoignage sera donc d'un très-grand poids dans tout ce mémoire, et particulièrement dans la recherche qui nous occupe : car, quoique cet auteur aime beaucoup les récits fabuleux, on remarquera qu'il n'est point question ici de détails de cette nature; il s'agit seulement du sens que doit avoir donné à ses expressions un homme qui avait vu le port d'Alexandrie. Sous ce rapport et sous celui des temps, je rangerai toujours Diodore avec Jules César, Hirtius et Strabon. De plus, cet historien a l'avantage, relativement aux faits plus anciens, d'avoir joint à ses propres observations des renseignemens puisés dans Hécatée de Milet, qui avait voyagé en Égypte sous le règne de Darius fils d'Hystaspe, peu après Cambyse et bien avant Hérodote.

Nous verrons encore par la citation des paroles mêmes d'Hirtius, « que l'île du Phare opposée à Alexandrie *forme* le port » (c'est-à-dire le port par excellence, ou le port neuf actuel); que, de quelque manière qu'on dirige la digue qui la séparait de l'Eunoste (l'*Heptastadium*), il fallait, pour que cette expression *forme* fût juste, que le corps de l'île eût au moins un prolongement étroit tel que je le suppose.

(30) La mer a gagné de tous côtés sur l'île *Pharos*, excepté celui du midi, vers le fort turk. Les restes de maçonnerie qu'elle couvre maintenant dans tout le pourtour de l'île, prouvent la destruction continuelle de la côte.

On peut parcourir dans toute son étendue l'écueil à fleur-d'eau qui borde, à vingt-cinq ou trente pas de distance, le contour du cap des Figuiers. Cet écueil est élevé de quelques pieds au-dessus de l'eau. C'est un rocher de grès calcaire précisément de la même nature que ceux qui forment le noyau de l'île : sa partie la plus tendre ayant été réduite en sable par l'action des eaux, il ne reste que le squelette, en quelque sorte, de la portion de l'île qui s'avançait jusque-là, et peut-être encore plus loin. La preuve que ce banc servait autrefois de base à une partie de l'île, sur laquelle il existait même des habitations, se tire aisément des restes de citernes taillées dans le roc, que l'on y trouve encore revêtues de leur enduit. Nous avons vu qu'il y avait aussi de ces citernes sur le côté occidental de l'île.

On voit aussi, dans la petite anse sablonneuse des pirates pharites, beaucoup de végétaux marins desséchés, et qui marquent par un gros bourrelet la laisse de la mer; ce qui prouve encore que les courans et les vents régnans qui longent cette côte à peu près de l'ouest à l'est, et même les vagues qui usent les récifs placés en avant, parce qu'ils leur présentent de la résistance, tendent sans cesse à combler dans cette partie les enfoncemens de la côte. Cette tendance concourra à nous expliquer comment ce dernier espace reculé, entre le prolongement de l'île et le sol de la ville antique, s'est facilement rempli. On a pu même y établir un grand cimetière turk et beaucoup de maisons.

Il y a encore un moulin à vent sur la plage basse et sablonneuse de la petite anse. Un établissement de cette espèce en Égypte est une chose remarquable, mais moins à Alexandrie, qui est une ville plus européenne que les autres. Les Français en ont établi un seul dans l'île de Roudah, près du Kaire. Celui d'Alexandrie a huit ailes, qui forment une espèce de plan circulaire offert presque tout entier à l'action du vent, dont une moindre partie se trouve ainsi perdue.

Tout le sol de l'île, son extrémité rocailleuse et aujourd'hui couverte de décombres, et celle qui se lie à la ville moderne, ont donc toujours formé une plage basse, blanchâtre, couverte d'une petite quantité de sable très-peu fertile, mais rendu productif à force d'art par les anciens Alexandrins. Maintenant même ce terrain, presque entièrement abandonné, paraît très-bien convenir, par la réverbération qui s'y opère de la chaleur du soleil, à la culture de quelque figuiers que nous y trouvâmes. Leur végétation était très-active. On les enveloppait d'une palissade de joncs et de branches de palmier, qui les préservait des vents de mer, des coups de soleil et du pillage : ils recevaient par le haut les pluies et les rosées abondantes de l'été. Quelques voyageurs ont vu même semer une petite quantité de blé sur le peu de terre végétale qu'on trouve dans cette partie. Les figuiers ont été détruits dans les dernières guerres; mais il sera aisé de juger du parti que les anciens avaient tiré de la végétation pour l'embellissement de leurs maisons de *Pharos* par ce qu'ils avaient fait autour d'Alexandrie.

C'est immédiatement sous cette couche meuble que se trouve la roche tendre, calcaire, et semblable à celle de la côte. On remarque pendant l'hiver, dans une partie de la surface, un bassin d'eau salée qui sèche au printemps, et fournit en été un sel assez abondant.

Les Français avaient placé des batteries à la pointe de la presqu'île. On ne pouvait, vu la distance, attendre un grand effet de leur correspondance avec celles du Marabou. Les anciens, dont les machines portaient bien moins loin que notre artillerie, préféraient la clôture étroite du port neuf; et nous verrons aussi que c'était là leur port principal.

(31) Il est difficile d'accorder, à l'égard de la reconstruction des établissemens de l'île *Pharos*, le texte de Strabon avec celui de Pline et de Solin, qui l'appellent une *colonie du dictateur César*. Il est vrai que Solin est venu bien peu après Pline et l'a copié; car il écrivait, jeune encore, pendant la vieillesse du naturaliste romain : mais il est vraisemblable aussi que tous les deux, ayant vécu bien après Strabon (puisque Pline mourut environ soixante-dix ans plus tard que lui), auront

trouvé la colonie grossie et ayant déjà peuplé l'île, tandis que du temps de Strabon elle était encore à sa naissance et se bornait au petit nombre de marins dont il fait mention. Voici la phrase laconique de Pline : *Insula juncta ponte Alexandriæ, colonia Cæsaris dictatoris, Pharus.* Il était naturel qu'il présumât que cette nouvelle population avait été établie par Jules César, qui, à la fin de toutes ses guerres, « fit transporter, dit Suétone, quatre-vingt mille citoyens romains dans les colonies au-delà de la mer. »

TOUR DU PHARE.

(32) Si les expressions de Strabon, qui avait vu les lieux, et qui est ordinairement fort exact, sont justes (*Ipsum adeò insulæ promontorium est petra quædam mari circumdata, turrim habens, etc.*), elles confirment l'existence, autrefois, de ce prolongement de l'île par la chaîne de rochers dont j'ai parlé, et elles indiquent en même temps que la distance du plateau du phare à l'île *Pharos* était si petite, qu'on pouvait considérer ce plateau comme faisant partie de l'île; que, d'un autre côté, il a dû y être joint par quelque ouvrage d'art, dont la digue actuelle qu'on voit sur les planches 31 et 84 serait la suite; mais que cet ouvrage d'art était anciennement assez peu considérable pour que Strabon n'en eût pas fait mention, ou plutôt qu'il n'a été commencé qu'après lui. Les détails de la guerre de César à Alexandrie ne sont point contraires à cette hypothèse. Toutes ces remarques sont nécessaires pour concilier les auteurs anciens, qui considèrent le rocher

de la tour, tantôt comme un îlot séparé, tantôt comme une partie de l'île *Pharos* elle-même. (Elles serviront aussi quand j'examinerai la digue actuelle en particulier.) Effectivement, le Commentaire de César *de Bello civili* dit positivement « que la tour du phare est *dans l'île Pharos*, d'où elle a pris son nom. » Joseph dit aussi « que cette *île supporte* la tour. »

(33) Les constructions que cet historien juif suppose, ne sont pas dénuées de fondement, malgré la profondeur actuelle de l'eau, surtout du côté de la passe du port neuf. La mer a détruit les bases de ces maçonneries; mais le fond a pu autrefois se trouver à la portée des constructeurs, et ils avaient sans doute des méthodes de fonder en mer analogues ou équivalentes aux nôtres.

(34) Il est vraisemblable que les habitans d'Alexandrie, en faisant les excavations de leurs immenses catacombes et de leurs citernes, en tiraient la pierre qu'ils employaient, suivant ses différentes qualités, aux diverses parties de leurs constructions nouvelles. Cependant les revêtemens *apparens* et soignés de leurs édifices étaient formés de cette pierre *numismale* d'une nature analogue à toute celle du voisinage, et dont on trouve encore de si beaux blocs dans les constructions de la ville arabe. Cette pierre, au poli, est ou devient d'un jaune assez roux, et non pas blanche, comme celle dont parle Strabon. Mais le plateau du phare peut aussi avoir fourni à la construction de sa tour; car il est évident qu'on l'a exploité pour en aplanir les fondations, ou au moins pour construire le château

moderne. On y voit beaucoup de traces de cette exploitation.

(35) Il me semble d'abord que ce ne sont pas les ligatures mêmes des pierres de la tour, dont parle le géographe de Nubie, qui étaient en plomb, et que ces sortes de crampons auraient été trop faibles et presque sans effet. Cependant, si les liens eussent été en fer, seulement scellés en plomb, il est probable qu'il n'aurait pas manqué de nommer aussi le premier de ces deux métaux, qui faisait la principale force de la liaison. Il est donc très-possible que ces attaches fussent analogues à celles que nous avons trouvées dans de vieux murs d'un temple de Thèbes, et qui consistaient en une espèce de clef en bois, terminée à chaque bout par une queue d'aronde, et logée dans une entaille faite par moitié dans chacune des deux pierres contiguës, et qu'elles fussent scellées avec du plomb, seul métal que le géographe aura cité, comme indiquant la force, le soin et la dépense qu'on avait réunis dans cet ouvrage.

(36) Bélidor admet huit étages dans la hauteur totale de la tour du phare; mais je ne sais où il a puisé ce renseignement sur leur nombre, non plus que la longueur de cent quatre toises qu'il a donnée à chaque côté de la base. Il est vraisemblable qu'il est parti de la comparaison qu'on avait dit pouvoir être faite entre la grandeur de la tour du phare et celle des pyramides d'Égypte. Effectivement, la grande pyramide, à laquelle nous avons trouvé sept cent seize pieds six pouces de longueur totale sur chaque côté de sa base, avait été mesurée ou estimée précédemment par plusieurs voya-

geurs, et quelques-unes de leurs évaluations se rapprochaient de ce nombre de cent quatre toises. D'autres enfin ont donné cette valeur au stade employé par le scholiaste, au lieu de quatre-vingt-quinze toises. On peut juger maintenant par-là, et par ce qui est dit dans le texte, de l'immensité de l'ancien édifice du phare, puisque l'enceinte du fort actuel, dont la surface est beaucoup plus petite, paraît aussi grande qu'une ville ordinaire, et qu'elle pourrait contenir presque tous les habitans d'Alexandrie moderne avec une nombreuse garnison pour le défendre.

(37) La mesure de trois cents coudées donnée par le géographe de Nubie n'est qu'un *à peu près*. Le doute qui en résulte est encore augmenté par l'indétermination de l'espèce de coudée dont il s'agit ici, et l'on sait que la coudée a varié à l'infini dans les différens temps et les divers pays. De plus, le géographe égale les trois cents coudées à cent statures d'homme, tandis qu'ordinairement on comptait quatre coudées dans cette dernière mesure. Caylus prétend que la coudée égyptienne, que Fréret, d'Anville et Bailly ont égalée à vingt pouces six lignes, augmenta sous les Ptolémées, sous les Romains et sous les Arabes. D'autres antiquaires conviennent qu'elle varia en différens temps; que le schœne n'avait pas la même valeur par toute l'Égypte: Strabon, en effet, le dit expressément. Je ne m'engagerai donc point ici ni ailleurs dans les difficultés des systèmes propres à accorder entre eux tous ces auteurs anciens, qui d'ailleurs peuvent n'avoir pas été exacts dans leurs mesures, ou même avoir été altérés dans leurs textes.

Je n'aborderai ces questions que lorsque la détermination de la nature, de l'emplacement ou de la forme d'un objet important dépendra absolument d'elles : dans tout autre cas, ne nous suffira-t-il pas de savoir que cet objet était plus ou moins considérable, que tel auteur ancien lui donne telles dimensions en stades, coudées, etc.; qu'un autre auteur moderne suffisamment accrédité les évalue à *tant*?

(38) Il ne faut pas prendre les expressions de Joseph à la lettre, lorsqu'il dit que les feux du phare *éclairaient* les navigateurs jusqu'à trois cents stades. Cette distance serait de vingt-huit mille cinq cents toises, ou dix lieues marines de vingt au degré. On doit entendre seulement de ceci et de tout ce que disent à cet égard les divers auteurs, que la lumière du phare pouvait géométriquement se distinguer à cette distance. En effet, ces trois cents stades ne s'éloignent pas excessivement du résultat de vingt mille huit cent soixante-huit toises que le calcul m'a donné.

Je ne reviendrai pas ici sur tout ce qui a été dit de merveilleux ou seulement de vraisemblable sur la hauteur de la tour et sur la distance à laquelle on apercevait sa lumière : mais il est encore une fable arabe à ce sujet, qui s'est trop accréditée pour être passée entièrement sous silence. Les Orientaux prétendent que les Grecs avaient placé au haut de la tour une grande glace d'acier poli, qui réfléchissait l'image des navires qui arrivaient, avant qu'ils fussent visibles à l'œil. Mais ce miroir, pour répéter les objets cachés sous l'horizon, aurait dû être placé beaucoup plus haut que l'œil de l'observateur, qui se trouvait déjà fort élevé au sommet de la tour. En quoi pouvait-il être utile de découvrir un peu plus loin qu'on ne faisait naturellement du haut de cet observatoire ? Les objets devaient déjà paraître fort vagues à l'œil nu, à vingt mille huit cent soixante-huit toises de distance, et un miroir ne pouvait évidemment les éclaircir.

(39) Il paraît que c'est avec un feu ordinaire de bois qu'on éclairait le phare d'Alexandrie; on a long-temps employé le même moyen en Europe, jusqu'à ce qu'on ait imaginé l'usage d'un grand faisceau de lampes à double courant d'air, placées sur une pyramide à plusieurs faces, alternativement éclairées et obscures, et tournant sur un axe vertical, au moyen d'une horloge, de manière qu'il en résulte une lumière intermittente, qui ne peut pas être confondue par le navigateur avec celle des astres ou d'un autre point du rivage, ni occasioner aucun des funestes accidens que produisent ces méprises. Aussi Pline dit-il : *Periculum in corrivatione* (ou *continuatione*, ou même *coruscatione*) *ignium, ne sidus existimetur, quoniam è longinquo similis flammarum aspectus est.* (Les navigateurs trompés, se dirigeant ailleurs, allaient se jeter dans les sables de la Marmarique.) Il ajoute que de son temps il existait en plusieurs endroits des phares semblables à celui d'Alexandrie, et il cite ceux de Pouzzol et de Ravenne. Il y en avait encore sur le bosphore de Thrace. Suétone dit positivement que l'empereur Claude fit construire le phare d'Ostie *sur le modèle* de celui d'Alexandrie. Mais malheureusement nous n'avons pas de description plus

détaillée du premier que du second. Hérodien, historien grec du IIe au IIIe siècle, nous en fait cependant connaître la forme générale, en les comparant aux catafalques composés d'une suite de prismes posés en retraite les uns sur les autres; ce qui complète l'idée donnée par le géographe de Nubie.

La tour de Cordouan et tous les phares modernes furent depuis élevés à l'instar de la tour antique. Il est curieux de faire un nouveau rapprochement de notre magnificence en constructions avec celle des anciens, quoique ces comparaisons soient souvent à notre désavantage. Le rocher sur lequel repose la tour de Cordouan peut avoir, en basse mer, cinq cents toises de long et deux cents de large : il est environné d'écueils, que l'eau de la mer couvre de trois ou quatre pieds. L'édifice fut commencé sous Henri II, à une époque où les arts, apportés d'Italie, commençaient à agrandir nos idées, et achevé sous Henri IV. Le feu était aperçu, lors de la première réparation qui y fut faite en 1720, et dont la marine était satisfaite, à deux lieues en mer. (On voit donc l'inutilité qu'il y avait à ce que la lumière de celui d'Alexandrie portât si loin, et l'on apprécie l'exagération des historiens à cet égard.) La tour de Cordouan avait alors cent soixante-quinze pieds de hauteur, depuis la base jusqu'à la girouette; il y avait quatre étages d'appartemens ou chambres, et le diamètre du massif qui formait le soubassement était de vingt-une toises. On a encore élevé le sommet de la tour et la lanterne dans ces derniers temps; mais on voit aisément que ce phare, qui était, il y a cinquante ans, *le plus beau de l'Europe*, est bien inférieur à la merveille d'Alexandrie.

(40) J'ai porté le prix qu'avait coûté la tour à deux millions quatre cent mille francs, en évaluant le talent sur le pied de la monnoie d'Athènes; car les Romains se servirent du talent attique. Si on le rapportait à la monnoie d'Alexandrie, ce serait presque le double.

(41) Pline attribue encore au même architecte dont il parle la construction de promenades suspendues à Cnide, sa patrie.

Philadelphe, le second des Ptolémées, fut celui qui éleva Alexandrie au plus haut point de prospérité, comme nous aurons occasion de le voir par l'ensemble des faits contenus dans ce mémoire. Plusieurs grands monumens de sa magnificence portaient son nom; entre autres, et le plus important de tous sans doute, le canal de la mer Rouge, qu'il fit achever, et qui s'appela *fleuve de Ptolémée*.

Lucien, littérateur grec, et par conséquent ami des fables, mourut en l'année 180 de J.-C., la première de Commode. Comment se trouve-t-il le seul qui raconte la ruse de Sostrate, tandis que des géographes romains, qui avaient visité les lieux long-temps avant et peu après la réduction de l'Égypte en province de l'Empire, n'en parlent pas? Il faudrait supposer, pour établir la vérité du fait, que l'enduit placé par Sostrate sur son nom, et qui avait résisté sans altération sous les Ptolémées et pendant plus de trois siècles, était tombé presque subitement entre l'époque de Pline et celle de Lucien.

Comment se fait-il maintenant qu'Ammien Marcellin ait dit que la *haute tour* du phare, car il la désigne ainsi, comme tous les autres auteurs, avait été bâtie par Cléopâtre, la dernière des monarques de la dynastie des Ptolémées? (Il est probable du moins que c'est de celle-là qu'il veut parler.) Je ne puis disconvenir que cette assertion ne s'explique par l'incertitude que la tromperie attribuée à Sostrate aurait pu jeter sur le véritable fondateur; incertitude qui aurait régné du temps de Lucien et d'Ammien Marcellin, celui-ci auteur de la fin du IVe siècle : mais cet écrivain est démenti dans ce qu'il avance ici par tous ceux qui l'ont précédé, et qui attribuent la construction du phare au second Ptolémée.

(42) Le château actuel du phare, dont on voit les dessins *E. M.*, pl. 87, est composé d'une grande enceinte, dont le fort n'occupe qu'une bien petite partie, et nous avons vu que cette enceinte elle-même était beaucoup moins spacieuse que le soubassement du phare grec, comme aussi la surface du rocher est moins étendue qu'autrefois. On voit encore les maisons que les modernes y ont construites à l'imitation des anciens : mais, par suite de ces réductions, et d'après les expressions du géographe de Nubie, on conçoit que les maisons *antiques* ou celles qui leur avaient succédé de son temps, étaient placées dans l'intérieur de la tour même ou de son soubassement; ce qui achève de donner une grande idée de sa masse. Les Français ont détruit ces habitations et même des rues qui s'y trouvaient, de manière à en faire un fort bien défendu par trois enceintes.

Ce fort carré et très-symétrique ressemble beaucoup à
nos anciens châteaux seigneuriaux. Il y a effectivement
beaucoup d'analogie entre ces constructions gothiques
et celles des Sarrasins du temps des croisades, époque
où l'Europe et l'Orient communiquèrent fréquemment
ensemble. Sa forme est très-agréable et d'un bel effet
en perspective. Le minaret est grêle et très-élevé; il
appartient à une mosquée ruinée dans le fort. Nous
avons inutilement cherché si les Alexandrins avaient
conservé dans la dénomination arabe de cet édifice une
trace de celle de l'ancien phare : mais ils l'appellent
seulement *qasr* (château-fort); et les Francs, qui ont
tout confondu ou dénaturé, le nomment *grand pharillon*, pour le distinguer de leur petit pharillon placé sur
le cap *Lochias*, au lieu d'avoir donné à celui-ci le nom
diminutif et appelé l'autre tout simplement *phare*. A
notre arrivée, nous avons trouvé dans le phare moderne, outre ses maisons et ses rues, beaucoup de débris de l'ancienne ville, tels que bassins de marbre,
tombeaux, colonnes de granit, chapiteaux, etc.; des
formes de créneaux d'un genre particulier et qui carac-
térisent les édifices arabes : nous avons vu en batterie,
depuis des siècles sans doute, de longues coulevrines
dans la lumière desquelles on peut placer le doigt; des
débris d'affûts et de canons rongés par le vert-de-gris,
épars çà et là dans les fossés; des boulets de pierre de
tout calibre, dont quelques-uns étaient énormes et nous
rappelaient ceux auxquels les Turks font traverser le
détroit des Dardanelles. On voyait aussi, dans quelques-unes des salles, de belles mosaïques, des restes

d'armures qui remontent peut-être *à des temps plus reculés que l'hégire;* des casques, des arbalètes, des flèches, et de grands sabres.

Au surplus, il sera donné une description exacte et détaillée du phare moderne dans le Mémoire de M. Gratien Le Père, comme de tout ce qui concerne Alexandrie depuis le siége d'A'mrou. Mais la comparaison abrégée que nous venons de faire des deux édifices, était nécessaire pour faire sentir la magnificence et l'immensité du monument antique.

DIGUE DU PHARE.

(43) Les débris antiques de la digue du phare se trouvent spécialement sur le côté de cette jetée qui regarde la mer, soit pour le garantir, comme je l'ai dit, soit qu'ils proviennent d'édifices qui existaient entre l'îlot et le château du phare. On rencontre encore beaucoup de fragmens semblables en parcourant les bords du port neuf, à commencer du point où abordent les djermes jusqu'auprès du fort carré qui servait de magasin à poudre[1]. La pierre numismale se trouve aussi en blocs parallélipipèdes. J'en ferai connaître la nature à l'occasion de la *tour* dite *des Romains*.

(44) Nous verrons par nos remarques sur les fragmens antiques situés sous le quartier des Consulats, que les anciens Égyptiens ont pu faire aussi des colonnes en granit, puisqu'on en trouve deux façonnées à leur manière : mais ils n'ont certainement pas taillé celles de

[1] *Voyez* planche 84.

forme grecque qu'on rencontre en si grande abondance dans les ruines d'Alexandrie; et comme on ne trouve d'anciennes colonnes *égyptiennes en granit* que celles dont je viens de parler, il est permis de dire qu'elles pouvaient être une imitation du style égyptien, faite par des artistes grecs, qui étaient obligés de l'employer, malgré leur répugnance, dans l'édifice dont ces deux colonnes devaient faire partie.

(45) Quoique les anciens Égyptiens aient employé le granit avec profusion dans leurs temples et leurs palais de la haute Égypte, on ne trouve plus aujourd'hui que quelques statues, quelques obélisques, le revêtement d'une salle de Karnak, celui de la chambre de la grande pyramide, quelques niches monolithes, sarcophages, etc. La plupart de ces objets en granit n'ont pu être découverts, extraits ou employés ailleurs, et voilà pourquoi ils sont restés en place. D'un autre côté, s'il est vraisemblable que ces vieux Égyptiens ont fait des colonnes en granit, les Grecs les ont *toutes* enlevées ou remaniées; c'est pour cela qu'ils n'ont eu qu'à retoucher et n'ont pas exploité eux-mêmes le granit en *très-grandes* masses, mais seulement pour se procurer quelques colonnes qui pouvaient leur manquer. Les entreprises gigantesques appartiennent donc tout entières à leurs prédécesseurs, et les ouvrages de goût sont restés le partage des derniers venus.

(46) On ne peut pas supposer, comme quelques-uns l'ont fait, que la digue moderne du phare était un reste de l'antique *Heptastadium*, que nous verrons dans l'article suivant. Si cette dernière levée, qui se dirigeait

presque du sud-est au nord-ouest, eût formé un coude aussi remarquable aux approches de la tour, les géographes en auraient certainement parlé. D'ailleurs, la longueur de l'*Heptastadium* se trouverait considérablement excédée par cette addition, et il n'aurait pas reçu le nom qu'il portait. La digue moderne est située entre le château et la presqu'île actuelle du Phare, et non entre l'île *Pharos* et le continent, comme l'était l'*Heptastadium* : elle n'a que huit pieds de largeur, et, comme communication principale de la ville à l'île *Pharos*, qui était si peuplée et si commerçante, elle aurait été trop étroite. Quoique l'*Heptastadium* fût aussi un *angustum iter*[1], il était certainement plus large, ne fût-ce que pour le passage des voitures.

(47) Dans le même temps où l'*Heptastadium* s'encombrait, la communication de l'île *Pharos* avec le phare, par les rochers en avant de la digue actuelle, se trouvait de plus en plus interrompue par la mer. Il aura fallu faire successivement des restaurations de la portion de chemin que les anciens avaient entretenue près de la tour, ou plutôt une digue nouvelle, qui est celle d'aujourd'hui : je ne crois pas même que la partie de cette jetée la plus voisine de la ville moderne soit une réparation de l'ancien *Heptastadium*.

Le genre de construction de sa masse supérieure prouve, aussi bien que celui de sa base, qu'elle n'est pas antique. Je dois l'examiner avec quelque détail par cette raison. Elle est entièrement sinueuse et offre des angles fréquens. Cette disposition a eu pour objet non-

[1] Jul. Cæs. *de Bello civili*.

ET DE SES ENVIRONS. — APPENDICE.   413

seulement de profiter des rochers épars que le sol présentait, mais encore d'empêcher le chemin couvert d'être enfilé par l'artillerie. On ne reconnaît pas là cette régularité que les anciens auraient observée.

La digue est percée par des canaux qui établissent la communication entre la pleine mer et le port neuf. On ne peut pas confondre ces espèces d'aquéducs avec les *deux voûtes* bien plus considérables qui étaient pratiquées dans l'*Heptastadium*, pour la communication du grand port et de l'Eunoste. Ces canaux ont été faits pour franchir les interruptions des récifs qui servaient de fondemens, et pour qu'un ouvrage frêle et exposé aux vagues de la haute mer éprouvât moins de ravage, en leur laissant un libre passage. Au lieu de cela, les anciens auraient jeté un môle énorme et solide, et se seraient bien gardés d'introduire des flots agités dans leur port principal, dont le calme et l'étroite ouverture sont d'ailleurs reconnus par toute l'antiquité. Sur les arêtes des revêtemens de la jetée, sont élevés deux murs parallèles, dont les directions se composent de l'assemblage de plusieurs lignes droites. Ces murs sont crénelés dans le genre mauresque.

HEPTASTADIUM.
EMPLACEMENT DE LA VILLE MODERNE.

(48) D'Anville, malgré sa remarque, qui ne porte que sur la lettre de Strabon, n'a pas dirigé l'*Heptastadium* dans un sens contraire à celui de cet auteur. Cependant, en admettant une faute dans le texte latin,

on a supposé qu'il fallait y mettre *orientalem* au lieu d'*occidentalem*, et rapprocher la direction de l'*Heptastadium* de la digue moderne du phare, que quelques personnes croyaient construite par Alexandre; mais, de cette manière, on ne trouvera jamais sept stades, comme l'indique le mot *Heptastadium*, pour la longueur de ce môle, quelque espèce de stade qu'on veuille y employer.

(49) D'ailleurs, ce serait anéantir le port neuf, le principal port des anciens, pour augmenter inutilement la rade du port d'Eunoste, déjà trop grande pour eux. Pourquoi, construisant de toutes pièces une jetée pour joindre l'île *Pharos* au continent et former leur grand port, auraient-ils sacrifié l'abri qu'ils trouvaient au pied du prolongement oriental de l'île *Pharos*? Comment cette île aurait-elle *formé* le grand port, s'ils l'avaient rejetée en dehors et à l'ouest de l'*Heptastadium*? Il est démontré que ce grand port a été beaucoup plus ensablé que l'Eunoste; ce qui prouve encore que ce môle se portait à gauche de la ville moderne. Strabon le confirme aussi, lorsqu'il décrit un *enfoncement* formé par *chacun* des deux ports contre l'*Heptastadium*. Si vous portez la digue tout entière d'un côté des deux ports, alors il n'y a plus d'enfoncement le long (*continui*) de ce côté de l'Heptastade.

(50) La position des deux arches de l'*Heptastadium* doit se combiner aussi avec la longueur et la direction de ce môle. Quoique la communication qu'il laissait entre les deux ports n'existe plus, aujourd'hui encore toute la petite navigation, particulièrement celle qui se

fait avec Rosette et le reste de l'Égypte, passe par l'entrée du port neuf pour aboutir à Alexandrie.

(51) Lorsque Strabon a dit que l'Heptastade *était* un aquéduc, j'ai cru devoir traduire le reste de la phrase ainsi, *dans le temps où l'île* Pharos *était habitée*, et non pas, *attendu* que l'île était habitée, parce qu'il parle aussitôt après de la dépopulation de cette île par César.

(52) D'après tout ce que nous avons vu et l'ancienne profondeur générale des eaux, qu'il faut prendre dans les sondes du port d'Eunoste, il est vraisemblable que la digue était fondée par enrochement. Les Macédoniens avaient fait depuis peu un mémorable essai de ce genre de construction au siége de Tyr, pour traverser un bras de mer de quatre stades de largeur, très-profond, et exposé à des coups affreux du vent d'Afrique. A Alexandrie, ils n'avaient pas toutes ces difficultés, mais seulement plus de longueur d'ouvrage à faire. J'estime que la profondeur d'eau n'était que de trente à trente-six pieds dans cet emplacement : aussi n'employèrent-ils pas de bois, comme à Tyr. Ces grands arbres, outre qu'ils auraient nui à la solidité d'une construction qui devait être permanente, auraient trop embarrassé le pied de l'*Heptastadium* et encombré les ports. Par les mêmes raisons, leur enrochement ne dut s'élever que le moins haut possible au-dessous de la mer. Des talus ou des retraites en maçonnerie réglèrent les flancs de la digue et le pied des culées des deux ponts, afin que le passage des vaisseaux sous ses voûtes ne fût pas obstrué. Après avoir formé sur une épaisseur suffisante ces culées en bonne maçonnerie, tant pour

soutenir l'effort des voûtes que pour servir de base aux deux forteresses, ils purent achever le reste de la longueur intermédiaire en pierres perdues et maçonneries de remplissage. Ces culées devaient être un très-grand ouvrage, et tout cet ensemble suppose beaucoup de ressources et de connaissances de la part des anciens pour les constructions hydrauliques.

(53) Il y a plusieurs espèces de stades admises par les géographes pour expliquer et accorder entre eux les historiens. On a mis trois principaux stades sur les planches que nous examinons. Le plus petit y est fixé à cinquante-une toises, au lieu de cinquante toises et une fraction légèrement variable que leur ajoute d'Anville. Premièrement ce stade n'approche pas du tout du septième de la longueur du môle donnée par Hirtius. En partant même bien en avant du pied de la butte de *Rhacotis*, vers lequel on doit chercher l'origine de l'*Heptastadium*, les sept stades de cinquante-une toises tombent presque au milieu de la ville moderne. Ensuite le stade moyen des trois (ou de soixante-seize toises), que d'Anville regarde comme suffisamment approchant des neuf cents pas, ne s'accorde point avec cette dernière mesure, et le géographe français est obligé de supposer qu'Hirtius n'a voulu donner qu'un *à peu près*. Voilà donc une première difficulté, qui est l'accord à mettre entre cet auteur et les autres anciens. Maintenant il y en a une autre, c'est que d'Anville, ne trouvant pas le stade de cinquante à cinquante-une toises, qu'on a appelé *stade d'Hérodote* ou *de l'Egypte antique*, propre à être appliqué sept fois entre la ville et la masse ancienne

de l'île *Pharos*, a tiré de cette même distance mesurée (comme cela se pratique ordinairement pour conclure les mesures anciennes) une nouvelle espèce de stade, qui est le stade de soixante-seize toises dont je viens de parler. Mais ce savant géographe opérait sur un plan d'Alexandrie moderne qui avait été fait par un Français dont il ne connaissait pas le nom, et les deux points extrêmes de l'*Heptastadium* étaient indéterminés; il lui était bien permis, en cherchant à les fixer le plus raisonnablement possible, de partir de cette longueur une fois connue pour déterminer une mesure propre à évaluer ensuite les dimensions de tous les monumens d'Alexandrie : mais ici mon objet est tout-à-fait inverse. Je veux, au moyen d'un stade connu, trouver l'emplacement de la digue; et, d'après ce qui précède, il est évident que je ferais un cercle vicieux si je voulais conclure immédiatement quelque chose que ce fût, dans mes recherches sur Alexandrie, en me servant du stade de d'Anville; tandis que je trouve le stade olympique de quatre-vingt-quinze toises, qui s'accorde parfaitement avec les neuf cents pas d'Hirtius, déterminé d'avance et propre à déterminer lui-même les autres objets que je recherche. D'Anville reconnaît ailleurs que ce dernier stade était le plus usité du temps de Strabon. De plus, n'est-il pas particulièrement naturel ici que les Grecs parlant d'Alexandrie, ville grecque, et surtout de l'*Heptastadium*, ainsi nommé d'un mot pris dans leur langue, *hepta*, entendissent se servir du stade grec? D'Anville dit bien que celui qu'il semble avoir inventé était connu dans l'antiquité; mais il ne l'était pas assez généralement pour qu'on pût lui appliquer ces dernières considérations.

(54) Les sept stades, de la manière que je les dirige, tombent bien perpendiculairement sur le rivage méridional de l'île *Pharos*. Pourquoi aurait-on toujours dit, dans l'antiquité, que la distance de cette île au continent était de sept stades ou neuf cents pas, s'il fallait suivre une direction oblique, comme l'ont fait plusieurs auteurs, pour trouver ces nombres? Cette manière d'interpréter ferait trouver toutes les mesures possibles. Les anciens ne pouvaient, au contraire, entendre par ces expressions qu'une distance perpendiculaire à l'axe de la digue ou au rivage, s'il était uniforme; ou bien, s'il ne l'était pas, à la partie de sa masse la plus rapprochée du continent, comme j'en ai supposé une formée par le crochet occidental de l'île. Ce stade olympique, *le plus grand de tous*, dirigé vers la tour du phare, est bien loin d'y atteindre; il confirme donc mes conjectures sur les deux digues distinctes de l'*Heptastadium* et des rochers du phare, et il tombe entièrement dans les eaux du grand port.

(55) La citerne que l'Heptastade, aligné sur le phare, rencontrerait, n'a pas des caractères tels, et n'est pas un objet si considérable, qu'ils doivent trop influer sur la détermination d'autres points plus importans. D'abord il est peu probable qu'on l'ait construite dans le môle même, à cause de la difficulté de cette construction, de la profondeur et de la largeur qu'elle aurait exigées dans cette digue étroite : or, elle doit être très-spacieuse, puisqu'elle servait abondamment à la

population de la ville moderne et à la garnison d'Alexandrie, pendant le siége, à la fin de l'expédition française. D'ailleurs les anciens pouvaient s'en passer en tenant des réservoirs aux deux extrémités de l'*Heptastadium*, qui ne servait que d'*aquéduc*, et non de citerne; ce que les géographes soigneux, comme Strabon, n'auraient pas négligé de nous dire. Enfin le chemin étroit du dessus de la jetée ne présentait pas un espace suffisant pour les abords et le service d'une citerne. Je pense donc que l'origine de celle-ci est bien postérieure au temps de Strabon et à la durée du môle. Elle ne présente qu'un petit orifice circulaire assez mesquin, et qui ne laisse apercevoir autour de lui aucune apparence de belle antiquité. Personne, que je sache, n'y est descendu; il serait cependant curieux de la visiter et de déterminer par les caractères de sa construction si c'est aux Grecs du Bas-Empire, aux Arabes, ou même aux Turks, qu'il faut l'attribuer. Pour moi, je la croirais, en attendant, plutôt faite par les premiers fondateurs et pour l'usage de la ville moderne, que par des peuples qui n'en avaient pas besoin, lorsqu'ils habitaient la ville ancienne et que l'Heptastade n'était pas ensablé.

Enfin les sept stades olympiques dirigés de la même pointe la plus avancée de l'enceinte arabe qu'a choisie d'Anville, vers la partie occidentale de l'île, tombent dans les eaux du port d'Eunoste, où l'on ne connaît aucun vestige du môle, et dépassent en partie l'emplacement du bourg de *Pharos* sur nos plans. Sur celui de d'Anville, ils traversent même cette île, parce que ce plan était inexact; et ce sont vraisemblablement ces fausses hypothèses ou données qui ont conduit l'ingénieux géographe à chercher un autre stade que celui de quatre-vingt-quinze toises.

(56) Ammien Marcellin, qui mourut en 380, sous Théodose-le-Grand et Valentinien II, avait servi sous Constant, Julien et Valens; il écrivit à Rome son *Histoire*, qu'on vante principalement pour l'impartialité, l'exactitude des faits, et parce qu'elle suppose un esprit cultivé par l'étude des sciences et des beaux-arts. Les deux assertions que nous avons citées de lui démentent un peu ces dernières qualités. « Les motifs de Cléopâtre, dit-il dans cette occasion, sont connus, et rendaient indispensable son entreprise de fonder l'*Heptastadium*. L'île du Phare, où Homère a placé en beaux vers la fable de Protée gardant ses troupeaux de phoques, séparée du rivage de la ville par un intervalle de mille pas » (voilà encore une autre mesure de l'*Heptastadium*; mais aucune des trois espèces de stades ne peut la faire accorder avec les témoignages de l'antiquité et le nom même de la digue), « était sujette aux tributs que levaient les Rhodiens. Quelques-uns d'entre eux étant venus demander des augmentations trop fortes de cet impôt, cette reine, toujours consommée dans la fraude, ayant conduit avec elle ces percepteurs dans des maisons de plaisance aux environs de la ville, sous prétexte de les faire assister à des fêtes solennelles, avait ordonné de pousser sans relâche les travaux de cette construction, et, en sept jours, sept stades de longueur de môle fondés dans la mer réunirent

l'île voisine à la terre ferme. Ayant ensuite parcouru tous ces lieux en voiture, *Les Rhodiens se trompent,* dit-elle; *c'est sur les îles, et non sur le continent, qu'ils lèvent des droits de navigation.* » Au surplus, le caractère artificieux qu'Ammien Marcellin prête à cette Cléopâtre, paraîtrait indiquer que c'est la troisième de ce nom et la dernière reine d'Égypte. Or, l'*Heptastadium* existait du temps de la guerre d'Alexandrie, et César n'avait pas encore mis alors cette princesse sur le trône; du moins elle n'y était pas encore seule, et maîtresse absolue de traiter avec les étrangers, tels que les Rhodiens. Rollin, en citant Tzetzès, poëte grec du xiie siècle, qui a composé en vers prétendus *politiques* des histoires mêlées, écrites d'un style emphatique et pleines d'inutilités insipides, dit que la reine Cléopâtre fit construire l'Heptastade par l'architecte Dexiphane, natif de l'île de Chypre; qu'elle lui donna pour récompense une charge auprès d'elle, la conduite de ses bâtimens, etc.; mais qu'on croit qu'il vaut mieux attribuer cet ouvrage à Ptolémée-Philadelphe : disons plutôt, à son père Soter; car nous avons vu que l'architecte Sostrate, qui vivait sous le second Ptolémée, était fils de Dexiphane, qui vécut par conséquent sous le premier de ces rois. Dinocrate n'avait donc aussi fondé, sous Alexandre, que les principaux établissemens sur la terre ferme.

(57) Outre les causes d'atterrissement provenant de la digue elle-même et de l'obstruction des canaux de communication propres à conserver un courant entre les deux ports, il faut considérer que la continuité de

l'île *Pharos* jusqu'à la tour augmentait, dès l'antiquité la plus reculée, l'effort et la tendance des mouvemens latéraux de la mer, dont j'ai parlé, à combler le grand port, en soutenant les eaux, comme l'aurait fait un épi, jusqu'au cap *Lochias*. Les *detritus* de l'île eux-mêmes alimentaient cette cause d'encombrement, et les courans retombaient, avec ces troubles, du cap *Lochias* contre l'*Heptastadium*, où les remous et le calme les faisaient déposer. Ce cap lui-même, successivement rongé par les vagues, grossissait le dépôt de ses débris particuliers. Il donnait, par l'agrandissement de la passe, un plus libre accès aux flots et aux sables; et toutes les autres causes qui tendaient à former l'isthme actuel de la ville moderne, agissaient tous les jours plus facilement. Des effets analogues, mais moindres, ont dû avoir lieu dans le port d'Eunoste, par l'action des eaux contre la côte de *Necropolis*, et par le dépôt de leurs troubles contre l'Heptastade et l'île *Pharos* : ainsi ce môle se couvrait des deux côtés. Son atterrissement a dû se produire principalement sous les Arabes et leurs successeurs, qui habitaient encore l'enceinte sarrasine. Mais, lorsque les Turks, à mesure que tout dépérissait autour d'eux, voulant se rapprocher de la mer et se tirer de l'isolement où ils se trouvaient dans cette enceinte déserte, allèrent peu à peu habiter l'alluvion de l'*Heptastadium*, ils purent employer les matériaux de ce môle à la construction de leurs maisons, et en agrandir l'emplacement par des transports de décombres. Nous en voyons d'assez récens dans les jetées de colonnes horizontales qui paraissent au bord sud-est du port neuf. Elles supportent les plus beaux bâtimens d'Alexandrie actuelle, qui sont des *okels* (espèce d'hôtelleries et de magasins), ou des maisons habitées par les divers consuls.

(58) Je n'ai pas poussé plus loin le parallèle entre l'ancienne et la nouvelle Alexandrie, parce qu'il ressort tout entier de la description qui fait l'objet de ce mémoire; d'un autre côté, cette dernière ville est si connue des Européens, que Belon même, qui voyageait en Égypte en 1530, sous le règne de François 1er, déclare que sa description ne pouvait se composer que de redites. D'ailleurs, d'après la division de l'ouvrage, la ville turque fait partie de ce qu'on a appelé *État moderne*. J'observerai seulement que les avantages de la position et des ports d'Alexandrie sont si réels, qu'ils se font encore sentir malgré la découverte du cap de Bonne-Espérance et l'action du gouvernement ignorant et oppresseur des pâchâs et des beys mamlouks. Cette ville pourrait même encore recouvrer la plus grande partie de sa prospérité primitive, comme nous l'avons démontré dans le discours préliminaire du Mémoire sur le canal de la mer Rouge à la Méditerranée.

Je dois ajouter, afin de donner plus d'exactitude à ce que j'ai avancé dans le texte, que, pour une ville musulmane, Alexandrie a encore quelque apparence et quelque régularité dans le tracé de ses principales rues; que, cinq ans après le départ des Français, elle fut privée de la seule eau potable qu'elle possédait, et que sa population se trouvait réduite alors à environ cinq mille habitans.

MASSIFS DE COLONNES ANTIQUES SOUS LE QUARTIER DES CONSULATS.

(59) On sait que les Grecs, pendant leur domination à Alexandrie, introduisirent en Égypte leurs divinités, ainsi que leur manière de travailler, et que, de leur côté, ils adoptèrent une partie des usages de ce pays. On trouve même, parmi les monumens du style égyptien *imité*, plusieurs statues et autres fragmens qui portent des hiéroglyphes.

(60.) On trouverait, en remontant de destruction en destruction et de construction en construction, que ces monumens d'Alexandrie démolis par les Arabes étaient faits avec des matériaux de *Memphis*, qui avait été ornée des débris de Thèbes, etc. Le granit d'Égypte est vraiment une matière admirable et la plus précieuse ressource pour les grandes fabriques, par son abondance, la beauté de son poli et de ses couleurs, et par son indestructibilité. Il y a peut-être telle colonne, encore très-belle après avoir subi tous les usages que je viens de dire, qui, placée aujourd'hui dans une misérable échoppe turque, provient du plus ancien palais ou du plus magnifique temple de la vieille Égypte. Plusieurs maisons modernes ont des cours et des galeries ornées de colonnes antiques de granit. La distribution intérieure qui en résulte, et qui est particulière aux maisons d'Alexandrie, est très-agréable, comme on peut le voir dans les planches. Elle me paraît être une suite des bons modèles d'architecture que les Alexandrins ont toujours eus autour d'eux.

Les Turks emploient encore des colonnes de marbre dans leurs édifices de la nouvelle ville. Elles proviennent aussi de la destruction des monumens de la cité d'Alexandre. On voit tous les jours ces hommes aller les déterrer dans les ruines ; mais la mine s'épuise. On scie par tranches les fûts de toute espèce et on les emploie à faire des meules que fait tourner un seul cheval ou même un âne. Les moulins de ce genre sont encore plus nombreux à Alexandrie que dans le reste de l'Égypte.

GRAND PORT.

(61) « Depuis le promontoire de Libye, dit Diodore, jusqu'à Joppé en Cœlésyrie, ce qui fait un espace de cinq mille stades » (deux cent huit lieues de France, distance un peu trop faible), « il n'y a de port assuré que le Phare. » Ce dénûment de refuge est vraiment remarquable dans une aussi grande étendue de la Méditerranée, et fait bien sentir le prix de l'asile qu'offrait Alexandrie. On voit ici que le port et la ville elle-même sont désignés par le mot *Phare,* comme dans Homère. Nous remarquerons affectivement, dans Plutarque, que Cléopâtre se désignait par le titre de *reine du Phare,* à cause de la magnificence et de la célébrité de ce lieu et de ses monumens. « Tout le reste, continue Diodore, est une *rade* dangereuse pour ceux qui ne l'ont pas fréquentée. Les uns, croyant aborder, échouent et brisent leurs vaisseaux sur des rochers couverts ; les autres, ne découvrant pas l'Égypte, qui est fort basse, d'assez loin pour choisir un endroit propre à une des-

cente, vont prendre terre en ces lieux marécageux, ou sur des sables déserts dont nous avons dit qu'elle était entourée[1]. » Ammien Marcellin rapporte à son tour[2] « qu'*avant la construction du phare*, les navires qui venaient de la Grèce, de l'Italie ou de la Libye, côtoyant des rivages sinueux et dépouillés, sans apercevoir aucune montagne ou colline qui leur servît de repère, s'échouaient et se brisaient sur une plage sablonneuse, molle et tenace. » Ajoutez que, vu l'aplatissement de la côte, qui ressemble parfaitement à l'estran des côtes de Flandre, si dangereux pour les vaisseaux, la mer brise à des distances énormes : aussi avons-nous vu, pendant l'expédition d'Égypte, beaucoup de bâtimens y échouer.

(62) Tous les rochers de la mer d'Alexandrie, étant d'une médiocre dureté, ont été rongés par la mer; mais l'extrémité du promontoire de *Lochias*, plus exposée aux courans habituels et aux vents violens, a été plus corrodée que l'île *Pharos* elle-même. Le *Diamant* n'a été détaché de cette île que depuis peu de siècles. Il fait bien sentir l'étranglement de l'ancienne entrée du grand bassin. Les bas-fonds, restes de l'*Acrolochias*, sont couverts d'une petite hauteur d'eau. Une bonne opération que j'aurais proposée, si nous avions eu des projets généraux à rédiger pour les ports d'Alexandrie, eût été de joindre le plateau du Phare au *Diamant*, en prolongeant par des enrochemens la digue moderne. Le *maximum* de la profondeur de la mer en cet endroit n'est que de quinze pieds. La lame entrerait avec moins de

---

[1] Traduct. de l'abbé Terrasson.   [2] Livre XXII.

violence, et la partie du port la plus avantageuse augmenterait en surface; car c'est le long de cette digue qu'on mouille, et les vaisseaux de guerre, qui tirent plus d'eau, jettent l'ancre dès qu'ils ont doublé *le Diamant.* Après la passe, en se dirigeant vers le Pharillon, on trouve le fond à cinq ou six brasses, mais sans être abrité; et, en s'en approchant encore davantage, on rencontre le rocher plus près de la surface de l'eau. Une autre chose extrêmement utile serait de rouvrir au moins un des passages du grand port dans l'Eunoste, à travers l'isthme, et de rétablir le plus loin possible, par des enrochemens, la pointe de l'*Acrolochias*. Au surplus, tout avait été si favorablement disposé par la nature et si ingénieusement modifié par les anciens pour le perfectionnement des établissemens maritimes d'Alexandrie, que le meilleur système à suivre, dans un projet général, serait de tâcher de rétablir ce qui existait autrefois : aussi s'est-on beaucoup rapproché de cette idée dans la partie du Mémoire sur la communication de la mer Rouge à la Méditerranée qui concerne Alexandrie.

(63) Comme Pline et Solin parlent ici des dangers de la côte d'Alexandrie et de l'utilité du phare qui marquait les entrées ou les approches *de la ville,* laquelle s'étendait particulièrement sur le port principal, ils ont voulu peut-être aussi désigner, outre la passe propre du grand port, les deux autres qui sont assez près de l'île et de la tour du phare, à l'ouest du cap des Figuiers[1], et qui conduisaient à Alexandrie par le port

[1] Sur la pl. 31, elles sont nommées *passe des djermes* et *petite passe.*

d'Eunoste, ou bien enfin les deux *canaux* voûtés qui, de ce dernier port, conduisaient dans le grand, en traversant l'*Heptastadium*.

(64) Il était encore indispensable pour les habitudes des anciens, comme il l'aurait été aussi pour les nôtres, de resserrer ce port et de l'enclore davantage par l'*Heptastadium*, afin d'arrêter la communication des vagues et des courans par le derrière de l'île *Pharos*: aussi le Commentaire de César *de Bello civili* représente-t-il toujours cette île comme ayant servi à *former* le grand port.

(65) Pour créer un port bien approprié à leurs usages dans la rade occidentale, les anciens auraient été obligés de le construire en entier, au moyen d'ouvrages propres à le limiter. En laissant, comme ils l'ont fait, le port d'Eunoste tel qu'il était, celui-ci se réduisait pour eux à une assez médiocre surface, et ils ne pouvaient le regarder comme le port par excellence : aussi ont-ils donné ce titre à celui du levant. On l'appelle *port neuf*, par opposition avec le surnom de *vieux* donné, on ne sait pourquoi, par les modernes, au port d'Eunoste. Il paraît pourtant qu'à l'époque de la translation de la ville dans l'isthme, on fit dans le grand port plusieurs ouvrages neufs, comme les digues en enrochemens, les cales, embarcadères, etc. On fonda les établissemens propres aux relations avec les étrangers, comme la douane, le fort, le quartiers des Consulats, les *okels*, et on laissa dans le port vieux, qu'on réservait exclusivement aux musulmans et à la marine militaire du grand-seigneur, parce qu'il n'était pas aussi

encombré que l'autre, les chantiers de construction, l'arsenal et les magasins de la marine.

(66) Les marches, ou espèce d'escalier, dont parle Strabon, ne pouvaient être répandues tout le long du grand port, à cause des autres établissemens, assez étrangers à la marine, que nous verrons un peu après l'*Heptastadium*, en allant vers l'est. Elles ne devaient pas être non plus sur les talus de ce môle lui-même, ou du moins de sa partie entre les deux ponts, parce que c'était un chemin étroit, qui ne pouvait être obstrué par l'embarquement et le débarquement des voyageurs et surtout des marchandises.

(67) Les rochers de l'*Acrolochias*, quoique usés à leur surface supérieure, et n'arrêtant plus la lame, restent toujours sous l'eau, et l'entrée n'en est pas plus facile qu'autrefois : au contraire, elle n'est que plus trompeuse par la disparition de ces écueils; plus difficile pour nos vaisseaux modernes, qui tirent plus d'eau que ceux des anciens; et l'intérieur du port n'en est que plus agité. Nous avons vu comment la mer a formé l'atterrissement de l'*Heptastadium*; on conçoit aussi comment les flots, qui s'éteignent sur le rivage aplani et y brisent en même temps avec force, amoncellent ces sables, qu'ils labourent pourtant sans cesse, et ont tantôt formé une zone qui rétrécit le pourtour du port, et tantôt corrodé les constructions résistantes qui le bordaient en quelques endroits. Il n'y a donc presque pas de profondeur dans le port neuf et dans sa passe; et les vagues énormes qui y pénètrent facilement, font frapper les moindres vaisseaux sur le fond, ou les font

s'entre-choquer sur le rivage. Les roches qui s'y trouvent, coupent les câbles pendant ces tempêtes : aussi les petits bâtimens qui sont obligés de se resserrer contre la digue du phare, y sont exposés à des avaries terribles. Les navigateurs étrangers se sont constamment plaints de ce danger. C'est-là cependant que le gouvernement turk forçait les bâtimens chrétiens à stationner, leur interdisant, sous un prétexte superstitieux, l'entrée du port vieux, le seul où il y ait aujourd'hui quelque sûreté dans les mauvais temps. On assure même que les Turks, il y a une centaine d'années, obligeaient les vaisseaux étrangers à mouiller et à décharger leurs marchandises près du Pharillon, sur la mauvaise digue du cap *Lochias*, et leur défendaient le mouillage sous le château du phare. Quelle aveugle injustice! quelle grossière ignorance de leurs propres intérêts!

A présent que le préjugé à cet égard est vaincu, comme je l'ai dit ailleurs, il reste à surmonter une autre difficulté; c'est l'existence des magasins, de la douane et des autres édifices modernes sur les bords du port neuf, qui obligera d'assujettir, jusqu'à un certain point, les navires à fréquenter le port neuf. Quoi qu'il en soit, on sent encore davantage maintenant combien sont grands les vices de ce port, et que ce sont eux qui nous l'avaient fait abandonner pour le service de toute notre marine, malgré les établissemens que nous y trouvions tout préparés pour le commerce.

ARSENAUX.

(68) L'existence de quelques galères ailleurs que dans la Méditerranée, et même d'une petite flotte composée entièrement de navires de ce genre et entretenue par la Suède sur la mer Baltique, ne renverse pas l'espèce de règle que j'ai établie, que la galère était le vaisseau primitif de la première de ces mers, ni les conséquences que j'en tire pour l'emplacement des arsenaux et chantiers d'Alexandrie. Du reste, ce que Plutarque et quelques anciens nous disent des galères à seize et même à quarante rangs de rames, ne détruit pas non plus ce que j'ai avancé sur la convenance du bas-fond de l'esplanade du grand port pour la construction des vaisseaux anciens : car Plutarque observe lui-même que cette galère d'Alexandrie à quarante bancs de rameurs *ne pouvait servir;* et l'on sait que les galères à peu de rangs de rames et tirant peu d'eau étaient seules en usage. *Voyez* les dessins de la colonne Trajane, et ce qui est dit des batailles navales d'Alexandrie dans la IIe partie (*Considérations générales et historiques*).

APOSTASES.

(69) L'usage des darses ou bassins artificiels formés par des môles de maçonnerie s'est aussi conservé dans tous les ports de la Méditerranée. On y voit encore des formes dont quelques-unes sont couvertes, pour mettre les ouvriers et les bois à l'abri des injures de l'air. L'esplanade, qui occupe aujourd'hui l'emplacement des anciens *navalia* ou *apostases,* offrait aux

Français fixés à Alexandrie pendant l'expédition une promenade habituelle et bien nécessaire, mais d'une humidité extraordinaire et très-dangereuse. Cette rosée du soir était occasionée par les vents de mer qui règnent tout l'été, et par la chute rapide des vapeurs abondantes qu'avait produites le soleil brûlant de ces climats : elle se manifestait immédiatement après le coucher de cet astre. A peine avait-on passé un moment sur cette place, que tous les vêtemens étaient mouillés comme si l'on venait d'essuyer une pluie assez forte. Au commencement de l'expédition, en frimaire an VII (décembre 1798), on y voyait campée une grande partie de l'armée française. Elle s'était fait de fort jolies tentes avec des feuilles de palmier. Au fond de cette place est une grande plantation de dattiers, dont les bouquets produisaient, avec l'ensemble des objets voisins et le camp lui-même, un effet très-pittoresque[1]. C'est sur cette même place que, trois ans après, le général Menou campa pendant si long-temps, et qu'il fit construire un nouveau front de fortifications sur le bord de la mer, dans l'emplacement des *navalia* antiques, pour couvrir son quartier général du côté du port neuf. Au bord de la mer en face, la soude croît en grande quantité. On voit beaucoup de lézards et des salamandres sur les pans des vieux murs environnans.

EMPORIUM.

(70) Quelques personnes ont remarqué que le mot *Emporium* signifiait, non pas un lieu consacré dans une

---

[1] Voyez *É. M.*, pl. 97 et 98.

ville à la vente de certains objets, mais une ville même ou *place de commerce*. Cela est vrai en général; mais ici, où Strabon indique dans Alexandrie, ville qui était déjà une place de ce genre par rapport au reste du monde, un emplacement particulier sous le nom d'*Emporium*, c'est évidemment un bazar ou bourse dont il s'agit. Les juges qu'Amasis avait établis en faveur des Grecs commerçant dans un petit nombre de villes égyptiennes, avant la domination des Perses, et qu'on appelait προστάται ἐμπορίου, étaient sans doute à peu près ce que sont nos juges de commerce ou consuls, et siégeaient dans ces marchés ou tribunaux qu'on appelait *emporia*.

OBÉLISQUES. — CÆSARIUM.

(71) On reconnaît dans les ruines, le long de l'enceinte arabe, vers le fond du port, des vestiges de bains, dont il subsiste encore plusieurs chambres pratiquées dans de vieilles murailles. Les grandes constructions arabes qu'on trouve encore plus près de l'emplacement de l'*Emporium* présentent aussi quelques détails assez riches : il y a des frises ornées de triglyphes doriques, supportant des voûtes en arc d'ogive; mélange fait par les Sarrasins du goût ou des fragmens de l'architecture grecque dans leurs propres constructions. Les portes de ces bâtimens sont faites de ce même bois de sycomore dont nous avons trouvé des morceaux dans les vieux murs de Thèbes. Ici, où il était exposé à l'air, sous un climat plus sujet à la pluie et à l'humidité de la mer, il s'est aussi parfaitement conservé que dans les maçonneries antiques du

Sa'yd, tandis que les ferrures en ont entièrement disparu. Il paraît que l'Égypte a été, dans tous les temps, aussi pauvre qu'elle l'est aujourd'hui en espèces variées de bois de construction, et qu'elle n'a presque jamais employé à cet usage que le sycomore.

Derrière les tours de l'enceinte sarrasine dont il vient d'être question, sont des bains turks modernes.

(72) On distingue sous le nom générique de *Francs* (*Frandji* en langage alexandrin) les négocians français et même italiens ou autres Européens *chrétiens* qui se sont établis en Égypte. Ce sont eux qui ont inventé aussi le nom des prétendus *bains de Cléopâtre*. Quelques-uns de nous ont remarqué que l'obélisque *debout* était appelé dans le pays *el-Fara'oun*, comme si l'on disait en arabe *l'œuvre des Pharaons*. Il est à observer qu'il existe dans l'Égypte plusieurs traces de ce nom générique de ses anciens rois.

(73) Sur dix obélisques que Rome renferme encore, sept sont sculptés, et trois unis.

(74) M. Zoëga avait remarqué que, dans les hiéroglyphes, en général, le dernier signe de chaque rangée horizontale se trouvait répété au commencement de la suivante; et c'est par des remarques de cette nature qu'il a jugé si les hiéroglyphes devaient se lire de gauche à droite, ou de droite à gauche. Mais on ne voit point que cette répétition ait été observée par les sculpteurs sur ces deux obélisques.

(75) On a distingué deux espèces de représentations hiéroglyphiques : 1°. les tableaux retraçant des scènes religieuses, domestiques ou militaires, et relatifs aux

dieux ou aux princes, ou bien aux actes de la vie civile ; 2°. les hiéroglyphes simples ou symboles isolés, qui accompagnent ordinairement les tableaux précédens. A l'égard des signes d'écriture qu'on peut regarder comme cursifs, ils ont bien pu tirer leur forme des seconds : on y reconnaît les configurations des figures emblématiques. Mais ce sont les seconds, ou vrais hiéroglyphes, qui dominent sur ces deux monumens, comme partout ailleurs. Enfin, on les trouve mêlés à des tableaux comme on vient de le dire, sur les pyramidions. Mais il est à remarquer qu'on ne voit pas de ces tableaux sur le reste du corps des obélisques.

(76) La ternissure générale du poli de l'obélisque *debout* peut être due au voisinage de la mer (comme le prouve l'exposition des faces détériorées) et aux propriétés du climat d'Alexandrie, dont je parlerai à l'occasion des trois grandes colonnes *debout* et de celle de Pompée. Les hiéroglyphes des obélisques qui subsistent à Rome et en Égypte même (à Karnak et à Louqsor), sont mieux conservés, parce que, dans ces lieux, ils se trouvent à l'abri de ces causes de dégradation. Cependant, parmi ceux-ci, plusieurs ne présentent d'hiéroglyphes que suivant une bande longitudinale de chaque face, tandis que ceux d'Alexandrie en étaient *tout couverts*. Ces derniers peuvent donc être comparés à tous les autres pour la beauté, quoique quelques-uns les surpassent en hauteur. Le plus élevé que l'on connaisse, celui de Saint-Jean de Latran, a quatre-vingt-dix-neuf pieds de haut, et neuf pieds de large à sa partie inférieure. C'est celui de Ramessès, dont parle Pline ; il est

chargé d'hiéroglyphes. Il fut transporté de Thèbes à Alexandrie par Constantin, et d'Alexandrie à Rome par son fils Constance. C'était dans ce port commode (d'Alexandrie) que se faisaient toutes ces grandes entreprises du transport de ces pesans monolithes en Europe. L'obélisque de la place du Peuple, tiré d'*Heliopolis* par Auguste, pour être mis dans le grand Cirque, avait été primitivement élevé par Sésostris; il est orné d'hiéroglyphes, et a soixante-quatorze pieds de hauteur. Son *vif* est de huit pieds de large. Celui de *Monte Citorio*, communément appelé *obélisque solaire d'Auguste*, et de même origine en tout point que le précédent, est aussi décoré de sculptures. Il a soixante-huit pieds de haut; un de ses côtés est effacé, comme cela est arrivé en partie à celui qui subsiste encore à *Heliopolis*. L'obélisque du Vatican, sans hiéroglyphes, le seul qui n'ait pas été renversé, et ensuite relevé par les soins des papes, a soixante-dix-huit pieds de hauteur, et sa plus grande largeur est de huit pieds quatre pouces. On dépensa 202000 livres pour le transporter depuis la sacristie, qui fut bâtie dans l'emplacement du cirque de Caligula au Vatican, orné ensuite par Néron, jusqu'à son emplacement actuel.

Ces citations devant servir dans les autres recherches que j'aurai à faire sur les obélisques d'Alexandrie, j'ai cru devoir les placer ici comme données préliminaires.

(77) Tout le sol de la ville antique, et même de ses faubourgs, a été considérablement exhaussé par les constructions, démolitions et reconstructions qui se sont successivement répétées sur chaque point, et par

l'invasion des sables du désert, de la mer et des lacs, que les vents y déposent depuis que ce terrain est abandonné : aussi le pied de tous les vieux murs, colonnes et autres monumens, est-il plus ou moins enfoui. Celui de l'obélisque *debout* était recouvert de sable et de décombres sur une épaisseur d'environ quatre mètres quatre-vingt-dix centimètres; ce qui donnerait à peu près quinze pieds d'exhaussement du sol de la ville en cet endroit depuis dix-huit siècles.

(78) Lorsque Pline dit de l'obélisque de quatre-vingts coudées, *sans sculpture*, que Philadelphe érigea à Alexandrie, qu'il le plaça *in Arsinoëo*, il faut entendre, dans un lieu d'Alexandrie *consacré* à Arsinoé, et non pas dans la ville d'*Arsinoë* ou *Cleopatris*, qui était sur la mer Rouge, près de Soueys; car cela impliquerait contradiction avec ce que Pline a déjà annoncé de l'érection dans Alexandrie même. Mon interprétation est plus naturelle que de supposer qu'il y a une lacune dans ce passage de Pline, et qu'ensuite on exécuta ce genre de transport dont il décrit les moyens, l'emploi de deux bateaux accolés, etc., sans parler des canaux de Soueys et peut-être d'Alexandrie, qu'il aurait été nécessaire de traverser. Il n'y a pas de raison pour supposer non plus que l'érection eut lieu d'abord dans une autre ville d'Arsinoé ou *Crocodilopolis* au Fayoum; et si l'on était tenté de croire que l'obélisque dessiné par M. Caristie sur les ruines de cette seconde ville, est le même que celui de Pline, parce qu'il manque, comme lui, de pyramidion, je ferai remarquer qu'il n'a que douze mètres soixante-dix centimètres de hauteur, au

lieu de *quatre-vingts coudées*, et qu'il a des figures *sculptées*, au lieu d'être *uni*. Le reste du récit de Pline convient également à mon interprétation, lorsqu'il dit : « Mais, comme cet obélisque gênait *le port*, un préfet d'Égypte, nommé *Maxime*, le transporta *dans la place publique*, après en avoir fait couper le sommet. Il voulait y substituer un faîte doré : ce projet resta sans exécution. » On ne sait ce qu'est devenu cet obélisque, qui serait fort reconnaissable à Rome et à Constantinople par l'enlèvement de son pyramidion. Nous verrons qu'il a pu servir à la fabrication de la colonne Dioclétienne.

Voilà donc encore un autre renseignement sur les antiquités d'Alexandrie. Il y avait un édifice, un temple, un palais, ou simplement un lieu consacré à Arsinoé, dans les arsenaux, ou *sur les bords du port*, puisque le monolithe y gênait le service de la marine; ensuite un obélisque sans sculpture et tronqué fut élevé sur la place publique de la ville (*forum*).

Il est naturel de supposer que les premières cassures des bases des deux obélisques ont été faites lorsque les premiers Ptolémées les firent enlever de la haute Égypte; et voilà pourquoi les entailles carrées sont un peu près de la fin des inscriptions hiéroglyphiques. Ensuite ils firent bâtir le soubassement que nous voyons, firent creuser ces entailles, et poser les monolithes sur les supports de métal; puis, dans les ravages qu'Alexandrie éprouva, ces obélisques ayant été renversés, les Grecs du Bas-Empire ou les Arabes en relevèrent un *sur son ancien soubassement*, écornèrent sa base par éclats, en faisant disparaître ses cavités angulaires, de manière à lui donner une forme pyramidale renversée, et à l'envelopper dans la maçonnerie récente et grossière qu'on voit autour. Il reste donc douteux qu'ils aient relevé celui que nous voyons encore couché.

(79) Plusieurs de ces obélisques qu'on voyait à Rome du temps de Pline, *s'y trouvent encore*, après avoir été renversés lors des nombreux saccagemens de cette ville, et ensuite relevés ou transplantés par les soins des papes. Ce naturaliste indique ce qu'en avaient fait les divers empereurs; et c'est en les retrouvant dans certains emplacemens des ruines de l'ancienne Rome, que les modernes ont conclu l'origine de chacun d'eux. *Mitrès*, *Mestrès* ou *Mesphéès*, *Sochis* (Hérodote et Diodore n'ont fait mention ni de Mitrès ni de Sochis), *Ramessès*, *Smarrès*, *Eraphius*, *Nectabis*, *Sennesertée*, *Sésostris* et *Nunçorée*, sont les anciens rois d'Égypte que Pline désigne comme auteurs d'obélisques. Ceux de Smarrès et d'Éphrée ou Éraphius furent portés par Claude devant le mausolée d'Auguste. L'un est à Sainte-Marie-Majeure, et l'autre à *Monte Cavallo*. On trouve dans les légendes un *Mesphéès*, roi d'Égypte, 1665 ans avant J.-C., antérieurement à l'immigration des Éthiopiens.

Les obélisques de Smarrès, Éraphius et Nectabis, étaient, dit Pline, sans hiéroglyphes, et c'est le dernier, de quatre-vingts coudées de hauteur, que Philadelphe fit placer à Alexandrie et dédia à Arsinoé; ainsi l'on ne peut le confondre avec aucun des deux qui y subsistent : mais il ne paraît pas qu'il y en ait eu d'autres que ces trois dans cette ville. Le seul qui ait été tiré d'Alexandrie même, est celui de Saint-Jean de Latran dont j'ai parlé. Cependant il est à présumer qu'il n'y fut pas *érigé*, mais seulement *déposé*, puisque, d'abord après Constantin, qui le destinait à Byzance, son fils Constance le fit enlever.

(80) Il est probable qu'Auguste, Caligula, dont Pline cite les entreprises pour l'enlèvement de ces pesans fardeaux, et les autres empereurs qui rivalisèrent ensuite avec eux, employèrent des moyens analogues à ceux de Philadelphe, pour les transporter de la haute Égypte ou d'Alexandrie au bord de la mer. On se servait ensuite d'un navire fait exprès pour traverser la Méditerranée. Ceux d'Auguste et de Caligula, dont Pline fait l'histoire, étaient merveilleux [1]; mais il est essentiel de remarquer que tout ce qu'il dit après avoir parlé des deux obélisques d'Alexandrie, se rapporte à la difficulté du transport de ces monolithes *en général*, à ces vaisseaux construits exprès, mais non à ces deux obélisques en particulier. Sans cela, on serait tenté de croire, comme l'ont fait presque tous les interprètes, que ce sont ces deux monumens d'Alexandrie dont Auguste transporta *le premier*, et Caligula, *le second;* tandis que Pline continue de dire qu'Auguste fit placer dans le grand Cirque son obélisque taillé par Sennesertée, et dans le Champ-de-Mars, l'autre qui l'avait été

---

[1] Suétone ajoute encore à l'idée qu'en donne Pline, lorsqu'il dit, dans la *Vie de Claude* : « Il construisit, à l'entrée du port d'Ostie, une digue *établie sur un vaisseau* qui avait apporté d'Égypte un obélisque immense, et qu'on avait fait enfoncer. Sur cette digue s'élevait une tour très-haute, semblable au phare d'Alexandrie. (Traduction de La Harpe.)

par Sésostris. Or, nous avons vu que ce sont ceux de la place du Peuple et de *Monte Citorio*. Celui de Caligula[1] n'était pas non plus un de nos deux monolithes d'Alexandrie, puisque Pline dit plus loin qu'il était placé sur le Vatican, et que nous avons vu qu'il n'avait point d'hiéroglyphes. Cette remarque était importante à faire pour maintenir toutes celles que j'ai rassemblées sur l'origine désormais bien certaine des deux obélisques qu'on trouve encore à Alexandrie.

Du temps de Pline on ne voyait que ces trois obélisques à Rome. Ce ne fut que bien long-temps après, que Constance fit transporter celui de Saint-Jean de Latran dans le grand Cirque, où était déjà celui d'Auguste.

Le poids et les autres détails que j'ai donnés sur ces monolithes doivent faire bien apprécier le mérite de ces monumens, l'importance que tous les peuples y attachèrent, la grandeur du travail du chevalier Fontana, qui en transporta et érigea un si grand nombre sous le pontificat de Sixte-Quint, et l'immensité des services que ce pape et quelques-uns de ses prédécesseurs ou successeurs rendirent aux arts. Pourquoi les modernes Européens n'auraient-ils pas fait une entreprise aussi hardie que celles des anciens et des nouveaux Romains en transportant ces deux obélisques sur notre sol? Le rocher de Pétersbourg, amené d'assez loin, ne pesait-il pas près de deux millions de livres de plus que l'obélisque *debout*?

(81) L'opposition entre le poli de la surface géné-

[1] Pline décrit aussi le navire qui l'apporta.

rale des obélisques et le *mat* des reliefs en creux indique que ce poli a été donné par un frottement uniforme sur toute la superficie; que les figures, gravées avant ou après cette opération, s'achevaient plus tard, et que les anciens Égyptiens avaient des méthodes particulières pour polir les petites surfaces en bosse. On voit effectivement dans la haute Égypte des obélisques dont les sculptures sont polies, et d'autres où elles ne le sont pas.

Ce travail devait être très-long et très-dispendieux à cause de la dureté de la matière. C'est pour cela, sans doute, que plusieurs de ces grands monumens ont été élevés avant d'avoir pu être perfectionnés. Ils étaient assez prodigieux sans cela.

(82) Sans faire un système exprès pour expliquer les motifs de l'érection de ces obélisques, il me paraît tout simple, en se rapprochant du sentiment général de Pline, de supposer qu'en ornant ces monumens d'hiéroglyphes, l'intention a été la même que celle qui a fait couvrir de ces figures et caractères toutes les surfaces des murs et plafonds des temples devant lesquels on les avait placés. C'était à l'entrée d'un temple qu'étaient les deux aiguilles de *Philæ*, et probablement aussi celle d'*Heliopolis*. Nous verrons qu'en cela Philadelphe imita les Égyptiens dans l'emploi des obélisques d'Alexandrie. Ils étaient donc, comme les autres, le recueil des préceptes de la religion, de la philosophie, de l'histoire et de toutes les sciences. Ces monolithes servaient en même temps à décorer l'entrée des palais. Les deux de Louqsor, et les quatre de Karnak, dans Thè-

bes, sont placés aux diverses entrées de deux *palais*. Pline dit encore que Ramessès, au temps de la prise de Troie, en plaça un dans l'endroit où fut le *palais* de Mnévis. Peut-être alors étaient-ils consacrés à la gloire des souverains; leurs inscriptions n'étaient pas entièrement religieuses, et avaient rapport à cette autre destination. Pline dit effectivement que *Mestrès*, qui régnait à Thèbes, et qui fut le premier à élever des obélisques, en avait reçu l'ordre en songe, comme le portait l'*inscription*. Mais rien n'empêche d'ailleurs de supposer que les anciens rois d'Égypte, si soumis à la direction des collèges des prêtres, consacraient dans leurs demeures des emblèmes purement religieux.

(83) Ce qui a pu donner lieu à l'opinion que les anciens Égyptiens se servaient de ces aiguilles comme de *gnomons*, c'est que les Romains en appliquèrent une à ce dernier usage; et l'on en aura conclu qu'ils avaient en cela copié ce qu'ils avaient vu en Égypte. Cependant Pline ne l'assure pas; il n'en parle même pas à l'occasion de tant d'obélisques transportés à Rome par les empereurs Auguste, Caligula et Claude. Il ne le dit que de celui d'Auguste dans le Champ-de-Mars; et il se sert de l'expression remarquable, *addidit (mirabilem usum ad deprehendendas solis umbras, etc.)*. Lorsque Benoît XIV fit déterrer cet obélisque dans son ancien emplacement, pour l'ériger ensuite vers le milieu du dernier siècle, on trouva quelques morceaux du cadran, composé de règles de bronze enchâssées dans des dalles de marbre.

(84) L'expression *sunt* du même Pline, sur la *pré-*

sence, de son temps, des deux obélisques de Mesphées à Alexandrie, achève de prouver que ce ne sont pas ces deux dont immédiatement après il décrit l'enlèvement par Auguste et Caligula. De ce que Strabon ne parle point de nos monolithes, on n'est pas forcé de conclure qu'ils ont été dressés *là* postérieurement à son voyage : car il est beaucoup d'autres objets qu'il passe sous silence ; et lorsqu'il cite le *Cæsarium* lui-même, il ne donne qu'une nomenclature sèche d'une foule de monumens tout aussi merveilleux. L'agencement des fondations *antiques* placées auprès des obélisques d'Alexandrie au bord de la mer, et sur lesquelles s'élèvent des constructions sarrasines, confirme encore ce que j'ai conjecturé sur l'histoire de ces deux monolithes, et prouve que les Arabes ont ménagé le sol sur lequel se trouvaient ces fondemens pour y bâtir eux-mêmes à leur tour.

En supposant la coudée égyptienne de vingt pouces six lignes, suivant l'estimation ordinaire, on a, pour les quarante-deux de Pline, soixante-onze pieds neuf pouces, qui s'éloignent bien plus des deux différentes hauteurs de nos deux obélisques que les cinquante-neuf pieds huit pouces qu'on trouve en évaluant la coudée à quatre cent soixante-deux millimètres, comme l'a fait M. Jomard dans son *Mémoire sur le système métrique des anciens Egyptiens*. Il faudrait, pour adopter la première hypothèse, supposer que le plus petit des deux monolithes a été rogné de sept pieds neuf pouces ; or, nous avons vu que cela était peu probable : la seconde ne donne que deux pieds dix pouces de différence ; elle est donc bien préférable, et mes conjectures, ainsi que le témoignage de Pline, se vérifient en s'accordant ici d'une manière très-satisfaisante.

(85) Le voisinage de la tour antique que nous verrons bientôt, ne s'oppose point à ce que l'axe du temple de César soit dirigé du sud-est au nord-ouest, parce qu'il y a suffisamment d'espace entre ces deux monumens. D'ailleurs, la tour peut avoir été bâtie beaucoup plus tard, ou même avoir eu certains rapports avec le temple. Sa forme cylindrique est celle de la plupart des grands tombeaux romains, tels que ceux de Plautius près de Tivoli, de Cécilia Métella et d'Adrien, encore subsistans, celui d'Auguste, etc.; et l'on ne peut refuser de convenir que les rapports que je suppose entre un tombeau et un temple élevé en l'honneur d'un homme, sont assez naturels. La mer a tellement rongé et ensablé alternativement toute cette côte, que le fond du *Cæsarium* peut très-bien aussi s'être avancé autrefois sur l'ancien rivage [1].

(86) Ces honneurs divins décernés par le sénat à César, et qui furent depuis si servilement prostitués à ses successeurs et à leurs femmes, étaient déjà anciennement en usage à Alexandrie à l'égard de personnages non moins cruels, insensés ou corrompus, les membres de la dynastie des Ptolémées; mais, si Antoine et Cléopâtre avaient déjà élevé le temple de César lorsqu'Auguste vint à Alexandrie, comment ne l'aurait-il pas visité, lui qui honora si bien le tombeau d'Alexandre? et comment Strabon, qui a eu soin de rapporter

[1] *Voyez* ci dessus, page 271.

cette visite, ne fait-il aucune autre mention du *Cæsarium* que celle de son nom?

Pendant le dernier siége d'Alexandrie, les Français construisirent un fort sur la hauteur voisine du *Cæsarium*, et l'appelèrent *redoute de Cléopâtre*. Ainsi nous reportions le théâtre de la guerre presque sur le même point où César en avait soutenu une semblable dix-huit siècles et demi auparavant, lorsqu'il fut assiégé dans le quartier des Palais, qui s'étendait jusque-là.

TOUR DITE DES ROMAINS.

(87) La pierre lenticulaire ou numismale est excellente par sa solidité et sa beauté. Il est remarquable que c'est avec cette matière que sont faites presque toutes les constructions *antiques* qu'on voit encore debout dans la vieille ville. Toutes ces pierres sont saines et entières, tandis que celles que les Arabes ont employées, quoiqu'elles aient été mises en place long-temps après, sont toutes rongées jusqu'au fond; on croit que la carrière des premières est éloignée d'Alexandrie. Cependant, comme la composition de la pierre lenticulaire a beaucoup d'analogie avec la roche coquillière qui forme la base de tout le territoire d'Alexandrie, il est possible qu'on l'ait trouvée dans l'île *Pharos*, ou dans quelque veine des citernes et des catacombes nombreuses qu'on a creusées dans cette ville et ses environs; sa contexture, que j'ai décrite, et cette ressemblance avec la pierre coquillière, n'empêchent pas qu'elle ne prenne un fort beau poli, qu'elle conserve malgré les effets du climat d'Alexandrie.

Ce banc de roche tendre, à la vérité, qui forme le sol d'Alexandrie et qui domine au cap des Figuiers, s'étend sans interruption jusqu'au promontoire d'Abouqyr (l'ancienne Canope) et à l'île du Marabou (l'ancienne *Chersonesus*) : on le retrouve lorsqu'en remontant on suit les branches qui forment la vallée du Nil et la charpente de la basse et moyenne Égypte. Hérodote en avait lui-même reconnu la nature, lorsqu'il parlait des coquillages trouvés *sur* ces montagnes. Il est évident que celles-ci ont été formées par une action des eaux de la mer, semblable à celle qui a donné naissance au sol d'Alexandrie.

Je ne peux point assurer que la pierre numismale n'a pas été beaucoup employée par les Arabes dans les autres tours de leur enceinte : mais il est certain qu'elle ne l'a point été avec autant de profusion que dans la tour dite *des Romains;* et comme c'est généralement dans les ruines *antiques* qu'on la trouve, la présence de cette pierre forme une présomption de plus en faveur de l'opinion qui attribue cette construction aux Romains.

(88) La tour ayant pu appartenir au temple de César, il y aurait, dira-t-on, peu de vraisemblance que les *Romains* eussent placé là une construction militaire. Mais ce nom de *Romains*, rapproché d'un édifice consacré à César et d'un lieu où il soutint un siége fameux [1], n'infirme pas au moins *l'antiquité* présumée de la tour, s'il ne la prouve pas complètement. Au sur-

---

[1] C'est peut-être aussi la connaissance de ce siége qui aura fait appeler ce monument par les Francs et les voyageurs, *tour des Romains*.

plus, il reste toujours démontré que cet ouvrage est beaucoup mieux construit que les autres tours, dont quelques-unes sont déjà fort bien bâties; qu'il a des caractères très-différens des leurs, et qu'il appartient à quelque vieille construction conservée *par les anciens* après la ruine du *Cæsarium*, et ensuite par les Sarrasins dans leur nouvelle enceinte.

APERÇU DES ANTIQUITÉS DU RESTE DES BORDS DU PORT NEUF.

(89). Quelques observations faites en Europe tendraient à faire baisser la Méditerranée de plus de trois mètres et demi sur les côtes de cette partie du monde depuis les Grecs. D'autres personnes, au contraire, ont pensé (et les ruines qu'on voit sous la mer le long de toute la côte d'Alexandrie, semblaient les y autoriser) que le niveau de cette mer avait haussé dans l'espace de plus de deux mille ans : mais je démontrerai facilement le contraire dans la suite[1]. On est seulement obligé, pour expliquer certains faits, d'admettre plutôt l'abaissement dont il a été d'abord question, mais pas aussi considérable à beaucoup près que trois mètres cinquante centimètres : le *maximum* de soixante centimètres d'élévation des embouchures des aquéducs inférieurs que nous avons trouvés, serait tout au plus la limite de cet abaissement, qui a dû être très-lent. Les naturalistes de la Suède ont observé que la mer du Nord baissait à peu près de quatre pieds six pouces en

---

[1] *Voyez* ci-dessus, pages 293 et suiv.

cent ans. Tous les habitans du golfe de Bothnie sont tellement convaincus de la diminution de sa hauteur, qu'on se donne un ridicule à leurs yeux quand on soutient l'opinion contraire. Nous avons des exemples semblables dans notre ancien port d'Aigues-mortes, où s'embarqua saint Louis et qui se trouve aujourd'hui bien en arrière dans les terres, et dans celui qu'Auguste avait fait construire à Ravenne, lequel est aussi maintenant éloigné du rivage et porte le nom de *classe*. Mais souvent les dépôts des eaux du continent contribuent à cet abaissement relatif et apparent des mers. On voit, au reste, que ces changemens de niveau ne sont pas partout les mêmes, qu'ils ont dû avoir des phases, et que la mer a pu s'élever sur une côte en s'abaissant sur une autre éloignée : mais en Égypte elle paraît s'être bornée à une décroissance fort lente que j'ai indiquée.

(90) Le *plan incliné* et très-avancé dans l'eau, qu'on trouve sur le bord du port neuf, démontre, avec beaucoup d'autres constructions analogues des environs, que les Alexandrins connaissaient l'usage de ce que nous appelons *béton*, celui de la *pouzzolane*, et la méthode de fonder *en pleine mer* par ce moyen.

(91) Les deux statues de Sévère et de Marc-Aurèle sont restées à Alexandrie lors du départ de l'armée française; elles ont dû demeurer au pouvoir des Anglais, et probablement on les a transportées en Angleterre : cette petite circonstance rappelle la grande expédition de Sévère dans cette île, où il mourut après avoir fait construire la fameuse muraille qui la traverse.

A. D. v.

POSIDIUM. — TEMPLE DE NEPTUNE. — TIMONIUM.

(92) La première assise inférieure de maçonnerie (en gros libages) a un mètre de hauteur; la seconde au-dessus (*opus incertum*), cinquante centimètres; la troisième (d'un seul rang de briques), dix centimètres; la troisième (de béton, parsemé de pierres équarries), quatre-vingt-dix centimètres; la quatrième (de deux rangs de moellons esmillés), trente centimètres; la cinquième (de trois rangées de briques), dix-huit centimètres, et ainsi de suite, alternativement $0^m 30$ et $0^m 18$, jusqu'au niveau du sol supérieur environnant.

(93) La marche que je suis pour la description de la partie maritime d'Alexandrie, est l'inverse de celle que présente un passage de Strabon, pour les points où nous sommes. Ainsi, quand je tire quelque induction de ce qu'il place un objet immédiatement *avant* ou *après* un autre, je ne fais que substituer l'une de ces deux prépositions contraires, à l'autre.

(94) Le nom de Neptune, *Poseidôn* (*brise-vaisseaux*, suivant Noël) ou *Poseideôn*, a fourni la dénomination de plusieurs objets : le sixième mois attique était ainsi appelé; Athènes, capitale des états de Cranaüs, avait d'abord été nommée par ce prince *Posidonie*; les *Posidonies* étaient des fêtes grecques en l'honneur de Neptune : il était lui-même la grande divinité des Libyens, voisins de la contrée d'Alexandrie.

(95) J'ai traduit mot à mot *regia domus* par *maison royale*, au lieu de *palais*, pour ne pas contrarier ce qu'on raconte du modeste établissement que fit An-

toine devenu misanthrope, et la médiocrité de l'espace et des vestiges que nous retrouvons ici.

(96) Je remarquerai, en passant, que, d'après la description faite par Strabon de cette partie courbe et basse du rivage appelée *Posidium*, puisqu'il la distingue spécialement et sur une longue étendue au-delà du *Cæsarium*, de part et d'autre de ce temple, et qu'il nomme à part les deux édifices (le *Timonium* et le temple de Neptune) placés *sur ce rivage*, le *Cæsarium* n'avançait pas, comme eux, sur ce plan inférieur; mais il se trouvait *sur un point élevé* ou plateau de la côte, comme je l'ai naturellement placé.

(97) Il y a sur la planche 84, *E. M.*, bien en avant de ces masses, une cote de sonde fort remarquable, en ce qu'elle n'indique que six pieds de profondeur d'eau; ce qui est d'accord avec tout ce qu'on sait sur la corrosion de cette rive, sur ses constructions saillantes, etc. J'ai opté, de la manière qu'on a vu, entre les deux caps et les deux ruines pour les emplacemens respectifs du *Timonium* et du temple de Neptune, parce que le second avance moins dans l'eau, qu'il est plus vaste, n'offre point d'indices de prolongement artificiel, et se termine aux ruines mêmes du temple de Neptune. Il est inutile de supposer qu'Antoine avait établi son *Timonium* en prolongeant ce dernier cap, naturellement avancé, tandis que l'autre avait réellement besoin de travaux pour être rendu saillant. Comment, d'ailleurs, si cela était, Strabon ne dirait-il pas quelles constructions importantes il y avait sur le premier, si remarquable aujourd'hui par lui-même?

(98) Rien n'empêche qu'on ne suppose qu'il y a eu des bains autour du temple de Neptune, dans le même temps où ce temple subsistait, puisque ces bains n'occupent principalement que la partie du soubassement inférieure au niveau général de la plaine voisine, et que le parvis de la partie du temple fréquentée par le public pouvait s'élever, du côté de la ville, au-dessus du premier plan. On voit, dans plusieurs villes anciennes, des thermes placés non-seulement autour des palais, mais encore des édifices religieux : témoin les thermes d'Agrippa, légués par lui au peuple romain, et qui étaient auprès du Panthéon, qu'il avait également bâti. Il n'est pas étonnant que des bains d'*eau de mer* (comme le prouvent pour ceux-ci les cristallisations abondantes attachées aux conduits) fussent établis sous un édifice et dans une partie du rivage particulièrement consacrée à Neptune. Au surplus, je ne prétends pas donner plus d'importance qu'il ne faut à la détermination rigoureuse de ces emplacemens incertains et de la plupart de ceux qui suivront : il suffit qu'ils soient établis d'une manière assez vraisemblable et qui ne se trouve pas en opposition avec les témoignages de l'antiquité, pour pouvoir dresser un plan de l'ancienne Alexandrie propre à donner une idée approchée et raisonnable de ce qu'était jadis cette grande ville.

PORT CREUSÉ.

(99) Il n'est pas surprenant que Strabon ne s'appesantisse pas plus sur l'usage particulier du *port creusé*. Ces subdivisions du grand port n'étaient, comme je l'ai

dit ailleurs, que des démarcations naturelles dans le rivage, auxquelles on ajoutait quelquefois des ouvrages d'art, comme on l'a fait ici en fouillant pour approfondir le sol, pour enfoncer la courbure du bassin dans les terres, et aussi en construisant des môles pour l'agrandir d'avantage, la fermer, et servir de quais et d'embarcadères.

Il ne faut pas confondre ce port, assez étendu (*effossus*), avec le petit bassin naturel (*occultus ac clausus*) qui était réservé pour l'usage des rois, et que nous verrons plus loin. Outre que leurs qualités que Strabon indique par ces épithètes, sont fort différentes, il a eu soin de les désigner séparément l'un de l'autre, quoiqu'il ne fasse que citer le premier en passant, comme étant d'un usage commun.

ÎLE ANTIRRHODE.

(100) Puisqu'*Antirrhodus* était une île, elle devait se trouver *avant* ou *devant* le port creusé, dans le sens de la mer à la terre, perpendiculairement à la courbure du rivage, et non pas en suivant parallèlement les points de cette courbe que Strabon parcourt de l'œil en se plaçant dans le grand port. On pourrait, à la rigueur, entendre le mot *ante* de cette manière : mais alors il faudrait supposer que le port creusé était beaucoup plus grand; qu'il s'enfonçait dans les terres vers le *Posidium* et derrière le môle ruiné; que ce môle n'est autre chose qu'un reste de l'île Antirrhode et des constructions qui s'y trouvaient élevées; que le bras de mer qui séparait cette île de la terre ferme et du port creusé,

s'est comblé avec le port lui-même, etc. Cette supposition reculerait beaucoup l'ancien rivage, ce qui est contraire aux apparences qu'il offre, et elle le rapprocherait trop des ruines de l'intérieur de la ville.

(101) La rivalité entre Rhode et Alexandrie, pour la puissance et le commerce maritime, était bien naturelle. Mais lorsque, dans une comparaison entre de si grands objets, on voit l'immense et magnifique Alexandrie représentée par un petit îlot d'alluvion, on ne peut s'empêcher de penser que cette étymologie pourrait bien avoir quelque rapport avec la suprématie que Rhode avait exercée sur toute cette côte dans l'enfance d'Alexandrie, et avec la manière fine et dédaigneuse dont Cléopâtre l'en fit déchoir, selon Ammien Marcellin. Dans ce cas, le nom d'*Antirrhode* serait une véritable ironie, comme toute l'anecdote rapportée par cet historien sur la construction de l'*Heptastadium* par Cléopâtre.

PROMONTOIRE ET PALAIS DE LOCHIAS.

(102) Peut-être, au contraire, le palais du cap *Lochias* n'était-il originairement qu'une dépendance des palais intérieurs, un palais d'agrément bâti par extension hors de l'ancienne ville, à mesure que le luxe des Ptolémées s'accrut, et ne serait-il devenu le palais par excellence que vers le temps de Strabon; peut-être aussi, dans l'origine, les autres étaient-ils les principaux, appelés *interiores* par la même raison. Ils avaient d'ailleurs des abords plus développés, formaient un grand ensemble qui communiquait aux autres établis-

semens royaux et plus facilement avec la ville. (*Voyez*
leur article particulier dans la Description, section Ire,
§. II.) Au surplus, tout cela n'est ici que des conjectures plus ou moins fondées, pour accorder les expressions des auteurs. Il suffit, en pareil cas, que les hypothèses vraisemblables soient nécessairement peu nombreuses, et alors elles satisfont presque autant l'esprit
qu'un fait unique et positif.

(103) Le nom de *Bazar* me paraît convenir assez
bien à l'*Emporium*. Les usages et les habitudes des
Orientaux ont toujours été presque immuables. Les
Ptolémées, dont le chef avait suivi Alexandre dans ses
expéditions, ont dû conserver ces coutumes dans une
ville tout orientale. Les bazars modernes du Levant
doivent donc représenter ses anciens *emporia*.

ACROLOCHIAS. — CAUTES.

(104) J'admets *seulement ici* que les anciens Grecs
ont pu employer, comme les barbares, des *débris* de
colonnes, parce que ce ne sont que des fragmens peu
susceptibles d'être employés ailleurs autrement qu'en
remplissage, circonstance importante à remarquer. Il
faut observer encore que les fondemens que nous examinons sont antiques; tandis que partout ailleurs où
nous avons trouvé des colonnes employées horizontalement, les fondations, comme les édifices eux-mêmes,
étaient modernes.

GRANDE RUE LONGITUDINALE. — PORTE CANOPIQUE.

(105) Le nom de *platea*, ou espèce de longue place,

cours, que Strabon donne, dans un de ses deux passages, à la grande rue longitudinale d'Alexandrie, justifie la belle largeur qu'on lui attribue. Cette largeur était de cent pieds, ou d'un plèthre. Diodore confirme cette dimension. Selon Paucton, le plèthre, mesure linéaire et itinéraire de l'Asie et de l'Égypte, égale quatorze toises deux cent soixante-sept millièmes de nos toises. Suivant Romé de l'Isle, le plèthre ou jugère des Latins est de quatorze toises un pied six pouces; il ne distingue point d'autre mesure de ce nom. Strabon s'est servi du mot de *plethron*, et son interprète latin, de celui de *jugerum*. Mais, quelque terme qu'on emploie, fût-ce même celui d'*arpent*, il faut entendre ici une mesure *linéaire* ou le *côté* d'une mesure superficielle propre à l'arpentage, laquelle vaudra quatre-vingt-cinq pieds et demi, selon nos deux métrologues français, qui s'accordent parfaitement en ce point. C'était donc une largeur imposante qu'on avait donnée aux deux premières rues d'Alexandrie. On peut la comparer maintenant à la largeur des rues de nos plus grandes villes, et même à celle de nos routes royales, généralement plus grandes en France qu'ailleurs, et qui pourtant n'ont communément que soixante pieds d'ouverture. Dans l'ancienne Rome même, où le transport des grands fardeaux n'était permis que pendant la nuit, la largeur des rues droites avait pu, par cette raison, demeurer bornée à huit pieds (sept pieds trois pouces de France), et celle des rues tortueuses, à quatorze et demi de nos pieds, soit qu'elles fussent militaires, consulaires ou prétoriennes, c'est-à-dire principales, ou bien seulement *vi-*

cinales, et communiquant entre les précédentes. Lorsque Néron rebâtit une partie de la ville, et qu'il en élargit les communications, il fut loin de les égaler à celles d'Alexandrie. La belle rue pavée qu'on a déblayée à Pompeii, n'a que quatre toises, y compris ses deux trottoirs de quatre piéds chacun. Notez qu'à Alexandrie les chevaux et les chars passaient facilement de front dans toutes les autres rues, et vous aurez une idée de la magnificence relative de cette ville dans l'antiquité, et même au temps de la plus grande splendeur de sa rivale devenue le centre du monde civilisé.

(106) Remarquons que Strabon ne dit pas que cette rue s'étendait d'une *porte* de la ville à l'autre, mais de *Necropolis* à la porte de Canope; ce qui annonce, ou que le grand cours se prolongeait dans le *faubourg* qui portait le nom de *ville des Morts*, ou que ce faubourg touchait immédiatement à la porte opposée à la *Canopique*, d'où la rue pouvait alors partir. Cette remarque donne de la latitude pour la détermination de l'emplacement de l'enceinte antique et de *Necropolis* à l'extrémité occidentale, et pour l'explication de la longueur de quarante stades assignée par Diodore de Sicile.

(107) Le mot *près* de trente stades qu'emploie Strabon pour la longueur de la ville, est remarquable. Il prouve que dans ces grandes mesures les géographes ne prétendaient pas mettre plus de précision que nous n'en mettons ordinairement en pareil cas. Cela laisse une sorte d'indécision sur la distinction des faubourgs de la ville, leurs limites respectives, etc., et se prête à l'accord à mettre entre les quantités variables que don-

nent les auteurs pour les dimensions de la ville antique. On peut aussi appliquer à la grande rue ce que disent Strabon de la longueur des côtés de la chlamyde, et Joseph, de celle de la ville [1]; car tous les auteurs ont soin de distinguer les *faubourgs* de la *cité*, lorsqu'il est question de ces faubourgs : et, selon le texte précis de Strabon, la rue s'étendait depuis *Necropolis* jusqu'à la *porte* Canopique.

J'emploie toujours ici, pour accorder ces auteurs, le stade grec qui leur était commun. Cependant, comment Diodore de Sicile, *qui avait visité l'Egypte*, porte-t-il quarante stades d'une porte à l'autre? Mais j'ai déjà remarqué que toujours cet auteur se sert de stades plus petits que ceux de Strabon et de Joseph (celui que d'Anville a cherché à tirer de l'*Heptastadium* approcherait assez, en en prenant quarante, de la mesure de ces deux auteurs, laquelle ne serait excédée que de cent quatre-vingt-dix toises ou deux stades olympiques). Diodore dit, d'ailleurs, que la ville s'allongeait en pointe étroite à ces deux extrémités; et il est possible que Strabon et Joseph, qui n'indiquent pas avec autant de précision la position des deux portes, et qui ne parlent que de la longueur de la ville en général, n'aient considéré que sa masse principale, comme on le verra par la forme de la chlamyde. De plus, Diodore étant venu après ces deux auteurs, il est bien possible que, la ville croissant en prospérité depuis Alexandre, on l'ait étendue au-delà des murs que son fondateur avait bâtis, comme le prouve, au moins sur les côtés

[1] Joseph. *de Bello Jud.* lib. II, cap. 16.

du *Lochias* et du *Mareotis*, l'élargissement que ses ruines ont reçu. Enfin tout annonce que les rues se prolongeaient en *faubourgs* au-delà des portes, du moins du côté de *Necropolis*.

(108) Achillès Tatius, « qui nous a appris les amours de Clitophon et de Leucippe, était d'Alexandrie d'Égypte, » dit M. Huet dans sa lettre à Segrais sur l'origine des romans. Il abjura le paganisme et devint évêque. L'époque où il vivait n'est pas bien certaine; on est sûr au moins qu'elle est antérieure au règne de l'empereur Constance II, qui commença à la mort de son père Constantin-le-Grand, en 337. Outre le roman qu'on lui attribue, et dont la morale licencieuse ne peut appartenir qu'à la première jeunesse de l'auteur, on a de lui deux ouvrages sur les *Phénomènes* d'Aratus, traduits par le P. Petau dans ses traités de chronologie. Le roman, écrit avec peu de naturel, a été traduit par Duperron de Castera, et nous fournira ailleurs des renseignemens curieux sur Alexandrie au IIIe siècle.

GRANDE RUE TRANSVERSALE.
FORME ET DIMENSIONS DE LA VILLE ANTIQUE.

(109) Il est à remarquer que la grande rue transversale, telle que je l'ai disposée, aboutit mieux au quartier des Palais, conformément à l'assertion de Philon.

(110) Je trouve que l'abbé Terrasson a mal traduit la phrase citée dans la Description, p. 308. Pour conserver cette version, il faut supposer que dans le premier membre il est question de la place formée par les deux rues, et dans le second, de ces deux rues elles-mê-

mes et de leurs dimensions. Au reste, en prenant la phrase telle qu'elle est traduite, il est évident que cette largeur d'un arpent et tout le reste se rapportent à la *place-rue*, et non à la ville; alors les quarante stades, qui excèdent les trente de Strabon, ne s'appliqueraient pas de toute nécessité à la *ville seule*, mais aussi au faubourg dans lequel cette rue pouvait se prolonger. Voici toutefois la version littérale de Diodore : « La ville a une grande *rue* qui la partage presque par la moitié, et qui est très-remarquable par sa longueur et par sa largeur. En effet, allant d'une porte à l'autre, elle a quarante stades en longueur et un plèthre en largeur, etc. » Ce nouveau sens, qui devrait maintenant se rapporter à l'article de la grande rue longitudinale, s'accommoderait également avec les explications que ces mêmes articles renferment.

(111) *Toutes* les rues étaient donc ouvertes de la mer au lac *Mareotis*. L'intersection rectangulaire des deux principales, et la forme, originairement rectangulaire aussi, de la chlamyde antique, amènent naturellement la division du plan en échiquier. Il n'y avait pas de raison pour qu'on s'efforçât péniblement de gâter ce plan, en s'écartant du parallélisme par rapport à tous ces grands cadres. Je crois que c'est par des réflexions semblables que plusieurs personnes ont regardé comme une chose reconnue, que l'intérieur d'Alexandrie *était divisé en échiquier;* mais aucun historien ou géographe ancien, que je sache, ne l'assure positivement.

(112) Cet auteur nous apprend donc positivement qu'Alexandrie était *entourée* de murailles, et que ces

murailles furent bâties dès sa première fondation. C'est à ces murailles que doit s'appliquer la forme de la chlamyde, et il paraît bien que les palais du *Lochias* et les faubourgs indiqués par les limites carrées des collines de décombres sur toute cette extrémité orientale ont été ajoutés depuis. Au reste, il est évident que, dans tout ce passage et sa suite, que je ne donne pas ici, Diodore a résumé Strabon. Ses dernières expressions, si l'on veut conserver le mot *place*, signifieront que le sommet de la courbure, ou le bas de la chlamyde, de chaque côté *nord* et *sud*, est ouvert par une grande rue (la rue transversale), et vient par ce moyen aboutir à la place du centre.

(113) La chlamyde des Grecs, comme le manteau de guerre des Romains et tous les vêtemens de cette espèce que les anciens portaient en surtout, était un parallèlogramme rectangle, dont la largeur, qu'on faisait communément égale à la hauteur qui se trouve entre le cou et le gras de jambe, était la moitié de sa longueur. Nous voyons de ces surtouts beaucoup plus courts sur plusieurs statues antiques de femme, de soldat, etc. : mais c'est toujours la même pièce d'étoffe, dont les proportions sont variées, et qui est diversement attachée et drapée. Ainsi nous savons, et on le voit encore sur plusieurs statues d'Alexandre, que la chlamyde macédonienne descendait jusqu'aux talons; notre Le Brun a fort bien observé cette forme dans son beau tableau de la famille de Darius, que tout le monde connaît : mais on ignore les autres proportions de cette espèce particulière de chlamyde, c'est-à-dire la largeur

d'où découle tout le reste. On conçoit pourtant que celle-ci devait être plus considérable que dans la chlamyde grecque proprement dite, et que le manteau macédonien ne devait différer des autres que par l'ampleur de ses deux dimensions; car on sait que les anciens le distinguaient de celui du reste des Grecs, et lui donnaient par cette raison ce nom de *chlamyde macédonienne.*

Elle s'attachait, comme toutes les autres, sur la poitrine ou sur une épaule, au moyen de deux agrafes placées à peu près à chaque tiers de la longueur d'un des deux grands côtés, et les bouts du côté opposé se relevaient sur les bras, et pouvaient descendre jusqu'à terre. Il était naturel que cela fût ainsi dans la chlamyde macédonienne, déjà haute, et l'on voit qu'elle ne se rapprochait pas plus du carré parfait que les autres manteaux de ce genre : aussi Strabon[1] a-t-il comparé la forme oblongue du monde connu des anciens à celle de la chlamyde macédonienne *développée.* Le rapport de 10 à 30, ou de 1 à 3, qui se trouve entre les deux axes du plan d'Alexandrie, est donc bien convenable. Remarquons d'ailleurs que, suivant les expressions de Pline (*ad* effigiem *Macedonycæ chlamydis, orbe gyrato* laciniosam, *dextrâ lævâque anguloso procursu*), ce n'est pas la chlamyde qui avait *rigoureusement* la forme qu'il décrit; mais c'est la *figure de ce manteau* qui avait reçu, dans le tracé de l'enceinte, les modifications qu'il indique. Le nombre singulier qu'il emploie pour désigner le contour arrondi, semble bien

[1] *Geogr.* lib. XVII.

indiquer qu'il s'agit seulement *du bas* de la chlamyde, et que le côté opposé du rectangle était resté droit, comme je l'ai tracé. Rien n'exige, du moins, qu'on le suppose pareillement arrondi; et la courbure qui résulte (pour la partie inférieure) des mesures données, est si faible, que la symétrie n'en souffre point. De plus, cette interprétation s'accorde avec ce que dit Diodore *du bas* du manteau, que Plutarque arrondit en un seul *croissant*. La *dentelure* des contours de l'enceinte résultait de la distribution des *tours* le long des murailles. Suivant le texte précis de Pline, la figure de la chlamyde avait été *dentelée* en courbe dans le bas et dentelée *en pointe* sur les côtés.

Tout cela posé, voici comment je trouve la forme que j'ai tracée sur le plan d'*Alexandrie restituée*. Je suppose une pièce d'étoffe, un châle, de dix décimètres de hauteur sur trente de longueur [1], attaché sur la poitrine d'un homme par les points b, e, placés un peu plus près des coins a, d, que le tiers de cette longueur, comme cela se trouve sur la plupart des figures antiques : les deux coins inférieurs n', c', passent sur les bras en arrondissant en plis le bas du rectangle jusque vers les coudes f, g, et retombent sur le pied en formant les pointes n, c, f, g, correspondent aux agrafes b, c, et à peu près à la moitié de la hauteur du corps;

---

[1] Représentant des stades. Il faut seulement supposer un peu plus de longueur au grand côté, pour que n' et c' viennent aboutir à n et σ sur le terrain, comme on le verra ci-dessous. J'ai encore, après cela, coupé ces pointes n, c, suivant une largeur de cinquante toises, environ le triple de celle de la grande rue longitudinale, pour laisser de chaque côté de cette communication un massif de construction propre aux fortifications des portes n (Nécropolique) et c (Canopique).

g, c, et f, n, sont évidemment des lignes droites, comme le disent Pline, Diodore et Plutarque; et les deux coins a, d, viennent se confondre en plis verticaux sur les lignes $b\ n$ et $e\ c$ également droites.

Maintenant, enlevez cette draperie de dessus le corps; étendez-la sur un plan, en tirant les deux bouts $c\ n$ à droite et à gauche, effaçant par conséquent le jarret qui existait en f et g, sans qu'il soit nécessaire de beaucoup déployer les bases $e\ g$ et $b\ f$ des deux triangles extrêmes. Laissez les quatre autres triangles des quatre coins du parallélogramme confondus avec les lignes $b\ n$, $e\ c$, $f\ n$, $g\ c$, comme ils l'étaient dans leur position verticale, et vous aurez la figure que je crois approcher le plus de celle que nous connaissons à la chlamyde macédonienne *drapée* et à l'enceinte d'Alexandrie antique. Vous verrez qu'elle s'adapte bien aux proportions du corps humain, aux limites des ruines principales de la ville, aux longueurs des deux axes donnés par les auteurs, à leur intersection au centre de figure, etc.; enfin, que les textes que j'ai recueillis s'y appliquent mot à mot[1]. Il est inutile d'analyser davantage ici ces applications littérales.

(114) Il y a d'autres manières hypothétiques de restaurer les deux grandes rues, lesquelles satisfont mieux à certaines conditions, mais en heurtant totalement quelques autres qui sont très-essentielles : par exemple, on pourrait faire partir la rue transversale du point V

---

[1] Et même en substituant, dans celui de Diodore, le mot *rue* au mot *place* qu'emploie l'abbé Terrasson, on voit bien comment « le bas de la chlamyde vient aboutir de part et d'autre (n, c) à une rue (la longitudinale) située dans le milieu (de la ville). »

dans la direction du nord-est au sud-ouest, en suivant un espace toujours libre et toujours bordé à droite et à gauche par des collines de ruines bien prononcées; elle traverserait le premier pont du grand canal, qu'on pourrait conjecturer avoir été construit par les Arabes pour conserver cette ancienne et principale communication avec les nouveaux dehors de leur cité; enfin, à son extrémité occidentale V", elle déboucherait *sur la terre ferme* et dans un chemin subsistant qui peut être un reste de son ancien prolongement à travers *la ville des Morts*. Mais on voit que le premier défaut de cette direction serait de porter la cité antique trop au sud, et de mettre hors de son enceinte, au nord, des points importans qu'on sait en avoir fait partie, comme *Rhacotis*, le bord de la mer dans le port d'Eunoste, l'origine de l'*Heptastadium*, le temple de César, etc. : son second défaut serait de n'être par *parallèle* aux grandes lignes de l'enceinte arabe et de son intérieur, dont les directions ont nécessairement *été conservées* par les Sarrasins; condition que je crois la plus indispensable de toutes à remplir. La rue transversale perpendiculaire à celle-ci partirait *du môle même* des ports du fleuve, traverserait deux forts monticules de décombres, suivant un chemin *encore pratiqué aujourd'hui*, rencontrerait à gauche le monastère chrétien [1] qui doit avoir été bâti sur un des côtés de cette rue, et à droite, une colline de décombres provenant des édifices opposés à ce monastère. Elle sortirait enfin par une porte de l'enceinte arabe, à travers laquelle on a dû conserver cette

[1] Voyez *É. M.*, pl. 84.

ancienne issue : mais, outre son défaut commun avec la précédente (de ne point conserver le parallélisme dont on vient de parler), cette rue aurait le grand inconvénient de ne pas couper la grande communication longitudinale à peu près *dans leur centre* commun.

La seconde hypothèse consiste à conduire cette dernière grande rue depuis *Necropolis* jusqu'au-delà du cap *Lochias* sur le bord de la mer, en suivant la trace des monticules de décombres allongée de ce côté vers *Nicopolis* et sans atteindre jusqu'à cette petite ville. C'est bien là la *plus grande longueur bâtie* de l'ancienne Alexandrie, à une époque indéterminée et dans une certaine direction, en y comprenant toutes les buttes de décombres; mais ce n'est pas la longueur de *son enceinte* murée. Ces monticules, qui se prolongent aux extrémités de la ligne, sont des débris de constructions *extérieures* ou ajoutées après coup, comme nous le verrons par toute la suite : de plus, cette ligne aurait le vice radical de ne se raccorder à aucune ruine ou trace remarquable; de ne laisser aucune largeur à la chlamyde ou à toute autre forme de l'enceinte grecque, au nord de la grande rue longitudinale, de faire tomber ce côté septentrional *tout entier* dans la mer; ou bien, en décrivant avec l'extrémité méridional de cet axe un arc vers le sud, la porte de *Necropolis* entrerait *dans le lac Mareotis*, et le grand *quartier* de *Rhacotis*, avec tous ses accessoires, serait rejeté hors des murailles antiques. Il me semble avoir trouvé toute cette longueur bâtie qu'on cherche, suivant le grand axe de la cité murée, et cela par une méthode préférable à celle

ET DE SES ENVIRONS. — APPENDICE. 467

qu'on vient de voir, et qui ne laisse aucun moyen d'ajuster une rue perpendiculaire partant des ports du fleuve, se coupant avec la précédente vers le milieu de toutes les deux, et remplissant les autres conditions de rigueur, telles que le parallélisme, etc.

Il y a un troisième tracé hypothétique qui n'est qu'une modification de celui que j'ai établi sur le plan d'*Alexandrie restituée*, tant pour les deux grandes rues que pour la forme de la chlamyde, avec laquelle elles s'accordent toujours; il ne s'agit que de faire mouvoir ce cadre parallèlement aux axes, en le portant un peu plus au sud et à l'est : *plus au sud*, afin de ne pas le faire sortir des limites des collines de décombres de la porte Canopique, dont la rue longitudinale rencontrerait ainsi beaucoup mieux la pointe la plus avancée qui pouvait être le prolongement indiqué par Diodore de Sicile; *plus à l'est*, afin de ne pas tant faire tomber dans la mer, ou sur le bord de l'eau, l'extrémité (que j'appellerai *Nécropolique*) de cette rue. La communication transversale laisserait alors le fort *Crétin* à gauche, ainsi que le *Cæsarium;* elle se dirigerait sur la tour des Romains, qui pourrait avoir été une portion des bâtimens antiques dépendans de la porte *de la Lune*. La ligne de l'enceinte arabe, qui part de là pour se diriger au sud-est, et ensuite au levant, pourrait avoir été construite sur l'emplacement devenu libre de cette rue. Le quartier des Palais, de la citadelle et du *Bruchion*, serait plus en dehors de la chlamyde[1], et le côté nord

---

[1] On verra ailleurs les raisons qui font présumer que ces quartiers étaient hors de la cité.

du parallélogramme oriental et rétréci de l'enceinte sarrasine se prêterait encore mieux à la conjecture, que ce côté est un reste de cette antique citadelle. Enfin, il se trouverait une butte de débris d'édifices pour l'ancienne porte *du Soleil*, et le croisement des deux diamètres de l'ellipse s'opérerait à merveille, etc. Le port *Kibôtos* s'arrangerait peut-être un peu mieux dans ce tracé que dans celui que j'ai définitivement restauré : mais *Rhacotis*, l'angle saillant et remarquable de l'enceinte sarrasine qui enveloppe ce *quartier* de la ville antique, massif qui a dû être toujours conservé, enfin plusieurs parties maritimes et importantes de la cité, seraient rejetées en dehors de l'enceinte antique ; ou bien, si l'on voulait, pour les y conserver, se porter moins au sud, on sortirait des limites des ruines hors de la porte Canopique ; la grande communication transversale tomberait sur beaucoup de massifs d'îles de maisons, au lieu de suivre des dépressions d'anciennes rues, et cela sur les deux planches 31 et 84 également.

J'ai donc pris un parti moyen entre toutes ces combinaisons, et je me suis arrêté à celle qui donnait la solution du plus grand nombre de cas.

(115) D'après tout ce que j'ai dit sur la largeur et la circonférence d'Alexandrie, qui occupait, suivant Quinte-Curce, avec quatre-vingts stades seulement de circuit ou dix stades de largeur, *tout* l'espace qui se trouvait entre la mer *et le lac*, il est évident que ce côté maréotique s'est élargi depuis, comme tous les autres témoignages historiques et physiques l'annoncent, soit par des alluvions, soit *par la retraite* des eaux du lac.

(116) Suivant Beauzée, Quinte-Curce est placé par les uns sous Auguste ou Tibère, par d'autres sous Vespasien, et par quelques-uns sous Trajan. Blair le fait vivre sous Néron, du temps de Pline-le-Naturaliste. Maintenant, comment se fait-il que Pline ait donné quinze mille pas au circuit de la ville? ce qui, suivant les évaluations ordinaires, fait environ une moitié en sus du compte de Quinte-Curce déduit des mesures de Strabon et de Joseph. Ceci peut s'expliquer par plusieurs hypothèses fort naturelles, sans qu'il soit nécessaire d'admettre que Quinte-Curce a vécu beaucoup plus tôt que Pline, et que l'*enceinte* proprement dite avait reçu pendant cet intervalle un accroissement d'autant moins probable qu'Alexandrie commençait à déchoir vers ces époques. L'une de ces suppositions est que le naturaliste a fait entrer dans son calcul le développement des constructions situées en dehors des murs d'Alexandrie, bien au-delà des sommets de l'ellipse; car il parle de *toute* la surface *bâtie*, tandis que l'historien, qui ne donne que le périmètre des *murailles*, et par une méthode *approximative,* n'a pas tenu compte de ces constructions : la seconde hypothèse consiste à admettre que Pline, en réduisant, suivant un usage qui lui est familier, les mesures grecques en mesures romaines, à raison d'un nombre rond de stades par *mille,* se sera trompé, dans l'expression de ce rapport, ou sur la quantité de stades qui lui était donnée, ou même sur l'espèce de ces dernières mesures, qui étaient si variées dans l'antiquité.

COLONNE DE DIOCLÉTIEN.

(117) La colonne l'emporte, comme monument, même sur les obélisques plus grands qu'elle, parce qu'elle joint à l'énormité de sa masse, qui approche beaucoup de la leur, la beauté des proportions, et l'excellence du goût, qui est devenu celui de toutes les nations.

(118) Les faces des parties carrées de la colonne sont assez exactement orientées, nord-ouest vers la mer, nord-est vers Canope, sud-est vers le lac, sud-ouest vers *Necropolis*. Cette orientation sert à démêler les causes de la dégradation que j'ai fait remarquer.

Ce phénomène de la corrosion des pierres les plus dures est plus particulier au climat d'Alexandrie, dont j'ai fait connaître l'excessive humidité en parlant de l'esplanade : cependant il est commun à toute l'Égypte, par les causes générales que j'ai indiquées dans le texte. Cette corrosion, ainsi que la propriété délitescente du climat et de l'air de l'Égypte, avait été bien observée par les anciens, et Hérodote l'explique à sa manière, ou suivant l'opinion des prêtres égyptiens, lorsqu'il dit qu'il « y règne une vapeur salée qui ronge même les pyramides. » D'abord on ne peut pas ici, comme pour les monumens *en pierre calcaire,* où l'état salin de tout le sol d'Alexandrie contribue évidemment à faire de grands ravages, attribuer la corrosion *du granit* à ces sels qui ne peuvent pas l'attaquer, et dont il ne porte aucune empreinte. Dans l'explication que j'ai donnée, les molécules d'eau logées dans les petites inégalités ou pores imperceptibles de la surface la plus polie font, en s'évaporant promptement, l'effet de petits coins, comme la gelée qui donne plus de volume dans nos climats à ces molécules. C'est à cette cause de la différence d'humidité et de fraîcheur des nuits avec la sécheresse ou la chaleur des jours qu'il faut rapporter l'effet que quelques personnes attribuent chez nous à l'action des faibles rayons de la lune sur les marbres. La dégradation marquée des deux faces de l'obélisque *debout*, quoiqu'elle existe *sur presque toute* leur hauteur, bien au-dessus de cinq mètres, et sur des côtés opposés à ceux où j'ai dit que régnait ce phénomène, loin de contrarier l'explication que j'en ai donnée, la confirme ; d'abord, parce que l'altération générale due au climat règne tout autour dans le bas; et ensuite, parce que l'obélisque est au bord de la mer, tandis que la colonne en est assez éloignée, et que les vents du large portent sur toutes ces deux faces du premier monolithe une quantité d'eau bien plus considérable encore que celle qui provient de la condensation des vapeurs terrestres. On voit, du reste, que l'action des vents régnans ou des sables du désert, prise isolément, ne produit point ce phénomène remarquable dont j'ai cru intéressant d'approfondir et de bien distinguer les causes.

On ne peut pas supposer que l'inclinaison de la colonne a occasioné les deux fortes cassures inférieure et supérieure du fût. On pourrait bien concevoir comment cette dernière, qui tourne autour de la base jusque vers le nord-ouest, côté vers lequel penche la colonne, commencée par les causes que j'ai indiquées, aurait pu se continuer de ce côté, s'agrandir ou même se former primitivement par l'effet de la compression des parties situées le long de la ligne verticale de l'ouest. Mais comment attribuer de la même manière à cette inclinaison la séparation de l'écaille qui *paraît* enlevée à la partie supérieure du fût, sous l'astragale au sud-est, et la dégradation longitudinale du même côté? On pourrait plutôt admettre, au contraire, que ce sont les cassures qui ont aidé à occasioner l'inclinaison du monument vers l'ouest par la différence de poids qui en résultait sur les apothèmes opposés. Cette fêlure d'en haut me semble donc plus probablement due à un accident qui aura eu lieu dans le transport ou l'érection du monument, ou bien à un défaut dans cette partie du bloc.

(119) La pierre angulaire chargée d'hiéroglyphes paraît être une espèce de spath calcaire quelquefois appelé vulgairement *albâtre*. On voit quelques statues colossales faites avec une matière semblable dans les ruines de Karnak.

(120) Nous verrons, par le précieux de la matière et du travail du sarcophage de la basilique de Saint-Athanase, analogues à ceux du bloc qui soutient la colonne, combien un obélisque entier de ce genre devait être beau, rare à trouver dans les carrières, et difficile à en extraire.

(121) Une autre preuve qu'on n'a pas relevé la colonne après l'avoir renversée, *dans les temps modernes*, et que les Turks en faisaient quelque usage, ou au moins donnaient quelques soins à sa conservation, ce sont les réparations qu'ils ont faites au soubassement.

Les Français renouvelèrent ces réparations, en en fermant toutes les ouvertures et formant avec la dernière retraite un socle régulier, pour la célébration d'une fête publique, qui eut lieu deux ou trois mois après leur arrivée.

Nous verrons que la colonne peut bien avoir été abattue dans les temps antiques, et relevée ensuite en l'honneur de Dioclétien, après avoir été primitivement consacrée à Septime-Sévère[1]; et cela expliquerait comment s'est faite la grande cassure d'en haut : mais le système de fondation, semblable à celui de l'obélisque du *Cæsarium*, que j'ai démontré être antique, n'en conserverait pas moins aussi son caractère d'antiquité.

(122) Pline surtout n'a pas manqué de parler des obélisques du *Cæsarium*. Comment aurait-il oublié de citer la colonne, comme une chose étonnante, dans son chapitre sur les grands ouvrages en granit syénit?

(123) Je crois que M. de Châteaubriand est le premier voyageur qui ait rapporté l'inscription en France. On la doit à quelques officiers anglais qui en prirent des empreintes en plâtre. L'illustre écrivain a déchiffré, à l'œil, le mot ΔΙΟΚ, qui est décisif, quant au personnage qui fut l'objet de la dernière dédicace. Voici le sens de l'inscription restaurée et traduite par l'auteur de l'Itinéraire de Paris à Jérusalem : *Au très-sage empereur, protecteur d'Alexandrie, Dioclétien Auguste, po... préfet d'Egypte.*

---

[1] Du temps de Sévère on avait trop de goût pour avoir donné à ce beau fût des accessoires aussi bruts que le chapiteau et aussi barbares que son piédestal.

Il est plus vraisemblable de penser qu'un préfet, homme de l'empereur, ait pris sur lui de *dédier* ce monument à Dioclétien (ce qui était facile par une simple inscription), qu'il ne l'est d'en attribuer l'*érection* à la reconnaissance ou à l'affection des Alexandrins pour ce prince. Il eut occasion, au contraire, d'user à leur égard d'une grande dureté. Pour renverser les entreprises d'un certain Achillas, homme puissant dans la ville, et qui cherchait à se rendre indépendant, Dioclétien fit faire le siége d'Alexandrie, et ruina ensuite *Busiris* et *Coptos*. Il exerça de grandes vengeances, et fit des réformes sévères dans l'administration du pays. La persécution qui porte son nom, s'étendit aux Qobtes ou Égyptiens indigènes, devenus chrétiens dans cette dernière ville. Cependant il fit faire le premier des distributions de grain au peuple d'Alexandrie. La conduite de Septime-Sévère envers les Alexandrins rend bien plus vraisemblable l'érection d'un monument de reconnaissance de leur part à sa mémoire. « L'empereur Sévère, dit Spartien, se rendit dans la ville d'Alexandrie; il accorda un sénat à ses habitans, qui, jusqu'alors, soumis à l'autorité d'un seul magistrat romain, avaient vécu sans conseil national, comme sous les Ptolémées, où la volonté du prince était leur loi. Sévère ne borna pas là ses bienfaits; il changea plusieurs lois en leur faveur. » On verra, à l'article du *Sôma*, d'autres actes de bienveillance du même empereur envers les Alexandrins. Enfin, quelle apparence, que si la colonne avait été *faite et dressée exprès* pour Dioclétien, cette grande entreprise ne fût pas exprimée dans l'inscription, et qu'on se fût borné à citer les noms de l'empereur et du préfet? D'ailleurs, cette inscription est placée comme au hasard sur le socle de la base, lequel est trop haut de proportion, et formé d'un granit de couleur différente de celui du fût et qui n'a point été poli. Il devient donc assez probable qu'on ne fit que remplacer alors la base sur laquelle était gravée l'inscription des Alexandrins en l'honneur de Septime-Sévère. L'expédition de trois années que fit cet empereur en Orient et en Égypte, date de l'an 200. Alexandre-Sévère alla aussi en Orient en 234; mais il ne paraît pas qu'il soit entré en Égypte. Le siége d'Alexandrie par Dioclétien est de 298.

(124) Le dessus du chapiteau de la colonne d'Alexandrie porte, comme celles qui étaient en usage à l'époque que j'ai indiquée, l'encastrement qui a servi à placer la statue. Il est circulaire, sur six pieds trois pouces de diamètre, et deux pouces seulement de profondeur. Il paraît que cette statue était en porphyre. M. le comte Choiseul-Gouffier a trouvé au pied de la colonne un fragment de colosse qui est maintenant à Paris.

(125) Les plus grosses colonnes qu'on ait rencontrées à Karnak dans Thèbes, ont, il est vrai, onze pieds de diamètre; mais elles sont en pierre de grès, et non en granit. De plus, elles sont *bâties* par tambours de hauteur médiocre, comparativement à celle de la colonne Dioclétienne. Les trois beaux fûts encore debout près de la basilique de Saint-Athanase, dans l'enceinte sarrasine d'Alexandrie, n'approchent pas de la

grosseur de cette colonne, si enterrés qu'on puisse les supposer. Enfin, les amas de tronçons dont j'ai parlé dans la Description, page 208, n'offrent pas de diamètres plus forts que ces trois dernières. Rien n'assure même que ces amas, quoique peu éloignés de la colonne d'Alexandrie, proviennent de son voisinage ou de quelque édifice qui lui était coordonné.

(126) Quoique j'aie vu des monumens antiques égyptiens dans lesquels on a employé en remplissage des pierres provenant de démolitions plus anciennes qu'eux, et couvertes d'hiéroglyphes sur un de leurs joints ou paremens cachés, l'emploi d'un tronçon d'obélisque de si belle matière à un si obscur usage me porte à penser qu'Alexandrie, où on ne l'avait assurément transporté que pour servir d'ornement, avait déjà subi une certaine décadence à l'époque de la construction de ce singulier soubassement.

La colonne ne pouvait guère être placée seule dans un édifice accessoire, même bâti *sur le plateau* du monticule actuel, et qui n'aurait pu la couvrir en partie, en se coordonnant avec sa masse. Qu'elle fût seulement entourée jusqu'à une certaine hauteur par cet édifice de clôture, et se trouvât ainsi placée dans une cour étroite, c'était nuire beaucoup à l'effet qu'elle était destinée à produire à la vue. Elle était donc vraisemblablement isolée et sur une espèce de place ou lieu découvert et abandonné

Quelles que soient l'origine et la destination de ce monument, il fut sur le point d'en être détourné d'une manière assez étrange, à la fin de l'expédition française en Égypte. On fit entrer dans le système de défense de la place d'Alexandrie assiégée par les Anglais la construction d'un fort sur la hauteur où repose la colonne, et qui domine tout l'espace entre la mer et le lac *Mareotis*, comme on avait fait pour la redoute dite *de Cléopâtre* près des obélisques. Ainsi ces deux monumens les plus beaux d'Alexandrie, et qu'on aurait pu se proposer un jour de transporter en France, ont failli éprouver les mêmes ravages occasionés par la guerre. C'est encore ainsi que la plupart des autres ont péri peu à peu, à mesure qu'on les subordonnait à divers projets de constructions nouvelles.

Tout ce que j'ai dit sur le transport des obélisques, soit des carrières de Syène par le Nil (et de leur dressement sur place), soit d'Égypte en Europe par mer, s'applique à la colonne d'Alexandrie, qui a la même origine que ces grands monolithes, et une masse analogue à la leur.

La partie des ruines de l'ancienne ville où nous sommes est tout-à-fait déserte et livrée au vagabondage des Arabes du voisinage. En allant visiter la colonne dans les premiers jours de notre débarquement à Alexandrie, nous trouvâmes au pied du monument le corps d'un canonnier de la marine que la curiosité y avait attiré, et qui venait d'être tué d'un coup de fusil par ces Arabes.

STADE ANCIENNEMENT ABANDONNÉ.

(127) Ce stade se trouve naturellement placé hors de l'enceinte déterminée par la chlamyde macédonienne :

mais j'ai cru devoir en parler ici (première section, §. II, *Partie intérieure*), parce qu'il était fort voisin de cette enceinte, qui, après tout, n'est pas retrouvée d'une manière absolument certaine. A la rigueur, ce monument aurait dû être décrit dans la section II, *Environs de la ville*.

(128) L'*épine* était souvent décorée de colonnes, comme ici, de statues, et même, à Rome, d'obélisques égyptiens, qu'on y avait transportés exprès, ainsi que nous l'avons vu pour plusieurs cirques en parlant des obélisques. Dans la plupart des grands cirques ou hippodromes, il fallait que les bornes qui se plaçaient aux deux extrémités fussent des constructions très-solides et faites de plusieurs pièces : mais on sent que, pour la *course à pied*, ou les autres *exercices du stade*, ces masses n'étaient pas nécessaires, et que de simples colonnes pouvaient suffire. Cette remarque indique déjà que l'emplacement que nous examinons, et dont la *spina* s'élevait d'ailleurs si peu au-dessus du sol, ne servait pas à des courses de chars ou de chevaux de selle. Dans les vrais cirques, tels que celui de Caracalla à Rome, l'épine était très-haute, afin que les chars ne pussent pas heurter les statues, temples, tours et autels qui la décoraient.

(129) Tous les emplacemens pour les jeux avaient, outre l'épine et les bornes posées à ses deux extrémités, une barrière qui n'était quelquefois qu'une corde tendue, suivant la largeur, devant la file des concurrens, et qu'on laissait tomber au premier signal donné. Sur un côté du stade, s'asseyaient les juges des jeux, placés

de manière que c'était toujours devant eux que s'arrêtaient les athlètes en achevant de fournir leur course. Il est à remarquer encore que le devant de la petite salle que nous voyons est bien exactement aligné *sur le bord* intérieur de l'arène et du soubassement, comme devait l'être le *podium*.

(130) L'hippodrome de Constantinople, commencé par Sévère, achevé par Constantin, et dont la place subsiste encore, a cent vingt pas de largeur et *cinq cents* de longueur. Le *grand cirque*, à Rome, avait quatre jugères ou cinquante-sept toises sept centièmes de large et trois stades et demi de long, suivant Pline, ou trois cent trente-deux toises cinquante centièmes, en supposant les stades olympiques. Le cirque de Tarquin avait pareillement trois stades et demi de longueur et quatre jugères de largeur. On reconnaît, par l'enceinte des murs du cirque de Caracalla, qu'il était long de mille cinq cent vingt-quatre pieds et large de trois cent quatre-vingt-quinze, dit Vasi. « Il était certainement un des médiocres, » ajoute cet auteur de l'*Itinéraire de Rome*. Je me suis assuré que cette dernière dimension excède peu quatre jugères. La longueur de l'hippodrome d'Athènes était de quatre stades, selon Plutarque, et sa largeur, d'un stade, suivant Sophocle. M. de la Barre[1] donne aussi un stade de large à celui d'Olympie; ce qui est plus de moitié en sus de quatre jugères. Il est vrai que M. Barbié du Bocage, dans ses *Essais sur la topographie d'Olympie et de Sparte*, paraît réduire la largeur des hippodromes de

[1] Mémoires de l'Académie des inscriptions et belles-lettres.

ces deux villes à un demi-stade; mais c'est encore près du double de celle de l'arène d'Alexandrie.

(131) Le stade de Domitien à Rome, dont parle Suétone et dans lequel cet empereur fit courir de jeunes vierges, était aussi une grande allée, disent les antiquaires romains, entourée de murailles, et qui servait, ajoutent-ils, pour la course à pied; c'était par conséquent aussi un espace étroit et oblong.

(132) On peut effectivement diviser les places qui servaient aux jeux publics dans l'antiquité, et plus particulièrement chez les Grecs, en deux grandes classes fort différentes : l'une, pour la course pédestre et les autres exercices que j'ai rappelés dans le texte; l'autre, pour les courses de chevaux de selle, de chars ou de mules, et pour les naumachies. Ces derniers cirques ou grandes arènes appelés *hippodromes* en Grèce [1], où ils ne servaient qu'aux courses de chevaux, comme le nom l'indique, prirent chez les Romains celui de *circus*, soit à cause de la forme de l'édifice, qui était presque circulaire et partout *entouré*, comme deux théâtres réunis par leur diamètre, soit parce que les chevaux et chars *circulaient* autour de l'épine et de la borne. Chez ce dernier peuple, ils servirent aussi pour des combats de gladiateurs et de bêtes féroces, pour des chasses et autres exercices qui exigeaient un grand espace. Le théâtre même de Marcellus servait aussi aux combats de gladiateurs, mais c'était encore un vaste emplacement. Les Romains n'avaient point de place particulière,

---

[1] *Circus, qui græcè* hippodromus *appellatur*, dit l'interprète latin de Strabon d'après son auteur.

comme le stade des Grecs, pour la course à pied, le pugilat, la lutte et les autres jeux de ce genre; ils faisaient ces exercices dans leurs cirques. Il est donc prouvé encore que le monument que nous examinons était un *stade* grec de la première fondation d'Alexandre ou des Ptolémées, et antérieure à la domination et à l'introduction des usages des Romains dans cette contrée.

(133) En effet, comment aurait-on tenu partout, dans des pays et à des époques où les usages devenaient différens, à un seul type pour les arènes? Ne variait-on pas aussi les exercices dans le même emplacement? ne tournait-on pas un plus ou moins grand nombre de fois, dans la même course, autour de l'épine et des bornes? n'y avait-il pas la course à pied du diaule[1] ou deux stades, celle de l'*hippicon* ou de quatre, selon Plutarque; la dolique ou longue course, de six tours de borne? ce nom de *diaule* donné à la *course* n'a-t-il pas été appliqué aussi à l'*emplacement* de cette course dans les cirques eux-mêmes? à Rome, ne tournait-on pas jusqu'à sept fois[2] autour du *metæ*, pour remporter le prix? dans les hippodromes des Grecs, ne faisait-on pas autant de fois, ou même, selon quelques antiquaires, douze fois, le tour de la borne?

(134) Il est bon de rapporter ici la phrase entière de Strabon : *Intra fossam sunt Serapium et alia quædam antiqua fana, abolita ferè propter templorum factam exstructionem Nicopoli : nam et amphitheatrum et*

---

[1] Δίαυλος, espace du stade parcouru deux fois.
[2] Virgile dit même *bis septem*.

stadium et quinquennalia certamina ibi *celebrantur; antiquitùs verò instituta viluerunt.* On a vu, dans le texte, le sens que j'ai donné au mot *ibi* (à *Nicopolis*) : mais, si l'on veut supposer qu'il se rapporte à la partie occidentale et *intérieure* de la ville, que Strabon décrit dans ce passage, et si l'on prétend qu'il n'est pas vraisemblable qu'au milieu de sa description il ait voulu placer le stade et l'amphithéâtre de *Nicopolis*, ville qu'il examine plus loin, alors il restera ce sens : « Les jeux du stade et de l'amphithéâtre se célèbrent ici » (dans l'intérieur d'Alexandrie, en-deçà du canal). Et ce sera encore ce stade de Strabon que nous aurons retrouvé : dans ce cas, il devrait toujours y avoir un *amphithéâtre* dans l'*intérieur* de la ville antique; mais nous n'en avons point vu de vestiges distincts. D'ailleurs il n'est pas probable que les Grecs, qui ne pratiquaient pas ces jeux barbares inventés par les Romains, eussent bâti un amphitéâtre *dans* leur ville : il est plus vraisemblable que ce furent les Romains qui le construisirent. Notre vieux stade grec ne pouvait plus effectivement leur suffire, et c'est pour cela qu'il tomba en désuétude à cette époque, comme Strabon nous l'apprend.

ANTIQUITÉS DE L'ENCEINTE ARABE ET DE SES PORTES.

(135) Il aurait peut-être été mieux, pour faire accorder ici l'ordre chronologique des constructions avec la marche géographique qui nous conduit sur leurs vestiges, et pour montrer le parti que les Sarrasins ont tiré de la ville grecque, de ne décrire les antiquités que

renferme l'enceinte arabe qu'après avoir achevé de parcourir la première et de la faire bien connaître : mais le peu de temps qui me reste ne me permet pas d'entreprendre les changemens que cette disposition exigerait dans mon travail, et j'ai tâché d'éviter qu'aucune obscurité ne résultât de l'absence de ce petit perfectionnement dans la distribution des parties de ce mémoire.

(136) Les escaliers pour communiquer d'un étage à l'autre, dans les grandes tours de l'enceinte arabe, sont ordinairement des vis de Saint-Gilles à noyau. On remarque en général, en visitant ces tours, soit dans la distribution de l'intérieur, soit dans le raccordement des différentes voûtes, une sorte de régularité qui suppose dans les constructeurs quelques connaissances de stéréotomie. Les pénétrations des divers solides sont bien prononcées, et ce qui reste de ces voûtes est encore assez régulier pour indiquer la loi suivant laquelle elles ont été engendrées. Ce sont communément des voûtes annulaires, des voûtes en arc de cloître, des dômes, et particulièrement des portions de voûtes demi-sphériques pénétrées par des cylindres horizontaux ayant pour diamètre la corde de quatre-vingt-dix degrés du cercle générateur de la voûte sphérique.

On ne retrouve point le même art ni les mêmes connaissances dans la construction. Toutes ces voûtes sont, en général, mal appareillées et formées de matériaux hétérogènes.

(137) Cette pratique des Sarrasins d'introduire du bois dans la maçonnerie, et même dans ses parties es-

sentielles, toute vicieuse qu'elle est, s'est conservée jusqu'à présent chez les Turks, et il est difficile d'en rendre raison. Ils emploient même des cours entiers de planches de sapin placés horizontalement dans leurs murs.

(138) L'emploi de colonnes horizontales dans des murs de fortification ne prouverait pas nécessairement qu'ils sont modernes; surtout si, comme quelques personnes le pensent, les Grecs du Bas-Empire en avaient fait usage, non-seulement dans l'intention de faire *liaison* et parpaing dans des murailles très-épaisses, et d'y former de *grands lits de niveau*, mais encore de les diviser en *pans* susceptibles de tomber séparément, sans entraîner la chute du reste, lorsqu'ils seraient battus en brèche par le belier et devraient inévitablement céder.

Les deux plus grosses tours sont, comme on le voit, dans cette espèce de fort carré dont il est question dans le texte, et où se trouve la porte dite *Bâb el-Bahr*, ou porte de la Marine. Celle qui s'avance au nord servait autrefois de douane, et appartenait dans les derniers temps à l'aghâ. L'autre est abandonnée; elle a trois étages et des citernes au-dessous. On y voit effectivement aboutir un de ces aquéducs transversaux *antiques* dont il a été question. L'existence des citernes vient encore confirmer l'antiquité, au moins des fondemens, de cette partie de l'enceinte et de ses tours. Il existe aussi, dans une des tours rondes à deux étages, un puits entièrement ruiné; et les gens du pays prétendent qu'il y en a encore dans les autres tours.

(139) Outre les portes régulières de la ville arabe,

il y a aussi dans les murs quelques brèches qui servent de passage, comme celui qui traverse les jardins au bout de l'esplanade, pl. 84.

(140) C'est une insouciance assez remarquable, parce qu'elle est caractéristique, que celle qui empêche les *Turks* de se servir de voitures pour leur commodité, au moins à la ville et dans les grands travaux. Il paraît, d'après la forme des seuils des portes, et suivant d'autres observations, que les *Arabes*, fidèles aux anciennes habitudes orientales, ne faisaient pas non plus usage de chariots, et n'employaient que des bêtes de somme, comme ils font toujours maintenant et comme faisaient les patriarches eux-mêmes. Cette constance ou apathie originaire est à observer ici, puisque les Égyptiens ont fort bien pu connaître dans tous les temps les avantages que leurs voisins tiraient des voitures, et qu'on trouve même des chars sculptés sur les murs des palais de Karnak. Les Grecs d'Alexandrie en employaient certainement : c'est donc encore un usage que les Arabes ont fait perdre à ce pays.

Les vantaux de la porte de Rosette furent hachés par les troupes françaises lorsque celles-ci entrèrent de vive force dans l'enceinte arabe. Ses fortifications avaient fourni aux Turks le moyen de leur opposer quelque résistance. On y voyait encore toutes les horreurs de la guerre, lorsque je la visitai. On trouve à l'approche intérieure de cette porte, ainsi que dans le voisinage de Bâb el-Sedr, quelques maisons modernes formant une espèce de village. Les premières sont assez neuves, et ont, suivant l'usage turk, les fenêtres de l'étage supérieur au-dessus des trumeaux du rez-de-chaussée. Au-delà de ce faubourg, sont les buttes où espèces de dunes de sable sur lesquelles ces troupes étaient campées pendant le premier hiver.

(141) Je dis que l'enceinte *grecque* fut conservée long-temps par les Arabes, c'est-à-dire la partie qui pouvait en subsister encore et avoir été reconstruite à neuf par les Romains ou par les Grecs du Bas-Empire, puisque les murailles d'Alexandrie furent *abattues* sous Aurélien (vers les trois quarts du IIIe siècle), comme l'atteste Ammien Marcellin.

(142) Le siége d'Alexandrie, vers l'année 640, coûta, suivant les auteurs arabes, vingt-trois mille hommes à A'mrou. L'apathique Héraclius n'envoya pas un seul vaisseau de Byzance y porter du secours; une grande partie de la jeunesse d'Alexandrie périt courageusement dans ces combats. L'éloignement du siége du nouvel empire, placé à Baghdâd, ne permit guère aux khalifes Ommiades ou Abbassides d'encourager les arts et le commerce d'Alexandrie. D'Anville dit, page 65 de ses Mémoires, qu'*Amrou démantela Alexandrie*. Je n'ai rien trouvé qui confirme cette assertion, que l'auteur, au surplus, ne me semble pas énoncer d'une manière très-positive.

Ce *sultan Touloun* est un de ces gouverneurs rebelles de l'Égypte dont j'ai parlé dans l'*Aperçu historique*, et qui méditaient dès-lors de se rendre indépendans, sous le règne du dixième khalife Abbasside, le trente-neuvième depuis Mahomet. Il est célèbre dans l'histoire d'Alexandrie et du Kaire, et a laissé une très-belle mosquée dans cette dernière ville. Les restaurations considérables qui ont pu être faites depuis son gouvernement aux fortifications d'Alexandrie, ont donné lieu à l'opinion de quelques voyageurs modernes qui attribuent le renversement des murailles antiques et la construction des nouvelles à l'un des successeurs de Saladin, c'est-à-dire, vers l'an 1212 de notre ère. Mais ce serait pousser encore plus loin, et sans doute beaucoup trop, la durée de l'enceinte *grecque*, et contrarier, sans preuves fortes du contraire, le témoignage précis d'Elmacin.

(143) La circonférence de l'enceinte sarrasine, mesurée sur la pl. 84, *É. M.*, est d'environ quatre mille trois cents toises, un peu plus de deux lieues de poste. On peut la comparer à celle d'Alexandrie grecque, qui était de onze mille trois cent quarante toises, et dont il a été question p. 312 et 313 du texte; et à celle d'une ville française bien connue, Bordeaux, par exemple, qui a avec elle quelques rapports peu éloignés que je vais établir. Le pourtour de la partie de Bordeaux couverte de maisons était, avant la révolution, d'environ cinq mille cinq cents toises. On peut comparer encore l'étendue de la ville arabe avec celle du Kaire, qui a près de vingt-quatre mille mètres ou douze mille toises de circonférence, et qui nous servira à évaluer la population de la première d'une manière assez satisfaisante, à cause de la similitude qui a dû exister entre les usages des habitans musulmans d'Alexandrie et du Kaire, tels que ceux de n'avoir qu'un ou deux étages à leurs maisons et de n'y loger qu'une famille.

La superficie de la ville sarrasine, mesurée sur la même planche 84, est de sept à huit cent mille toises. On peut aussi la rapprocher de celle des villes désignées dans les pages 312 et 313, citées ci-dessus. On verra, comme je l'ai annoncé dans le texte correspondant à la présente note, que cette surface est bien au-dessous de la moitié de celle de la ville grecque. On reconnaîtra encore qu'elle est inférieure à celle de Bordeaux, que je trouve d'environ un million trois cent quatre mille cinq cents toises, et dont on évaluait la population, avant 1789, à près de cent mille âmes. Mais, d'après ce que je viens de dire de la similitude des usages du Kaire avec ceux d'Alexandrie arabe, c'est avec la première de ces deux villes qu'il convient le mieux de confronter la seconde pour se faire une idée suffisante de ce qu'elle fut autrefois, et du sort que subit la *cité antique*. Or, la superficie du Kaire est de 793$^{\text{hect.}}$04$^{\text{ar.}}$ (2320$^{\text{arp.}}$6^{l} = 2088540 toises carrées); et sa population, de deux cent cinquante mille habitans environ : ce qui donnerait, par analogie, quatre-vingt-dix mille habitans pour la ville sarrasine, et ferait voir combien l'Alexandrie grecque fut réduite en population et en prospérité, dans son passage sous la domination des gouvernemens musulmans.

(144) La ville des Arabes était encore florissante au XIIIe siècle, suivant Abou-l-fedâ. Ses rues étaient alignées en échiquier, forme qu'il était impossible de ne pas conserver comme un reste de la distribution intérieure de la ville grecque, dont on ne rasa et ne rebâ-

---

[1] *Voyez* la Description du Kaire, tome XVIII *bis*.

tit certainement pas toutes à-la-fois les maisons habitées. Elle avait conservé une partie de ses grands édifices internes, et continuait de commercer au loin par les deux mers, et même encore un peu par le lac dans le temps des crues. J'ai dit ce qui subsistait alors du célèbre phare de Philadelphe : la conquête des Turks acheva la décadence de l'antique cité, et la population se porta toute vers la ville moderne.

(145) L'enceinte sarrasine peut encore servir de défense dans certains cas, et contribue du moins efficacement à arrêter les brigandages des Arabes. Malgré les dispositions prises par les Mamlouks et la résistance de leurs troupes, une poignée de Français nouvellement débarqués, sans artillerie et presque sans munitions, l'emportèrent à l'escalade en peu d'instans. C'est sur le front qui s'étend devant nous, qu'ils dirigèrent leurs principales attaques et que le général Menou et l'illustre Kléber furent blessés. Pendant le siége qu'un reste de ces Français soutinrent ensuite, à la fin de l'expédition, ils tirèrent parti d'une portion de l'enceinte, du Phare, du fort triangulaire, etc., pour former une ligne de défense flanquée par des redoutes coupées dans les plus hautes collines de décombres, et dont quelques-unes avaient été successivement revêtues : mais les ruines qui les entourent en rendent les approches trop faciles, et ne permettent pas à cette fortification de résister plusieurs jours à une attaque régulière. Quelques-unes des constructions françaises, quelques pans de vieux murs réparés, ont été conservés par les Turks, et pourraient, avec des travaux ad-

ditionnels, acquérir une certaine importance; mais ils dépérissent de nouveau par la négligence du gouvernement, et ne peuvent être regardés comme des ouvrages respectables que pour les habitans et les troupes du pays, peu initiés dans l'art militaire.

(146) On cultive dans les jardins de l'Alexandrie arabe, à force de travail et d'arrosage, outre les plantes potagères, le dattier, le henné, le sébestier, le citronnier, l'oranger, le figuier, le mûrier, le jujubier, l'abricotier, le prunier et le grenadier. Ces trois derniers arbres à fruit y sont cependant assez rares.

(147) Il est possible aussi, et même plus vraisemblable, ce me semble, que les débris immenses de poteries qu'on trouve *par tout le sol* d'Alexandrie, proviennent de la destruction annuelle des chapelets à pots dont on se sert pour faire passer des puisards dans les citernes les eaux amenées par le *khalyg*.

ANCIENNE BASILIQUE DITE DES SEPTANTE, OU MOSQUÉE DES MILLE COLONNES.

(148) L'emploi du mot *basilique*, pour désigner cet édifice, exige une explication. Les Romains appliquèrent ce nom à de *beaux* bâtimens (βασιλικὸν, maison *royale*) construits à côté des *forum* et où les magistrats rendaient la justice, lorsque le mauvais temps ne leur permettait pas de siéger en plein air. Les premiers édifices que Constantin et les autres empereurs romains ses successeurs consacrèrent à la religion chrétienne, étaient sans doute de ce genre, ou du moins ils portèrent le nom de *basilique*, conservé par les Romains

modernes aux anciennes églises et à celles qu'on a quelquefois bâties au-dessus, comme on le voit à Saint-Pierre de Rome et à d'autres églises. Le nom de *basilique*, ou bâtiment royal, convient donc à cet emplacement, qui a pu recevoir des souverains de l'Égypte plusieurs destinations successives, comme il était d'usage de le faire dans ces temps-là, c'est-à-dire qu'il a pu être affecté par Ptolémée-Philadelphe, si l'on adopte la tradition qui le rapporte, aux réunions des soixante-douze docteurs juifs; ensuite, par les empereurs romains, à un *forum judiciale*; puis, par les empereurs grecs, aux cérémonies de la religion chrétienne; et enfin, par les khalifes, au culte musulman.

(149) Quelques traditions confirment l'antiquité de la mosquée des *mille Colonnes* elle-même, et porteraient à penser qu'elle était construite sur quelque basilique de la primitive Église; car on prétend qu'il y avait là une église de Saint-Marc, où le patriarche d'Alexandrie faisait sa résidence, et que cet évangéliste y fut martyrisé.

(150) Il y a ordinairement, dans l'intérieur des mosquées *modernes*, un côté particulièrement consacré aux cérémonies de la prière, de la prédication et des lectures du Qorân, et qui est composé d'une suite de nefs accolées et formées par plusieurs rangs de colonnes. Ce côté est beaucoup *plus large* que les autres, qui ne servent que de galeries et n'ont ordinairement qu'une file de colonnes.

(151) Les collines de décombres l'une auprès et en-deçà de la porte dite *des Catacombes*, l'autre devant

la basilique des Septante, doivent appartenir, ainsi que cette mosquée, à quelques-uns de ces temples abandonnés dont parle Strabon.

CITERNES ANTIQUES.

(152) Les ouvertures supérieures des citernes *principales* de la ville arabe sont aussi souvent oblongues et d'une médiocre largeur, pour y placer les roues à chapelet ou à auges au moyen desquelles leur eau est élevée et se transporte ensuite dans la ville moderne, dans des outres et à dos de chameau. On remplit aussi par le même procédé les petites citernes ou réservoirs des maisons de cette ville, en allant puiser l'eau directement au canal d'Alexandrie dans le temps de la crue du Nil.

(153) J'ai traduit le mot *fons* d'Hirtius par celui de *source*, lorsqu'il dit qu'il n'y en avait *pas du tout* dans Alexandrie : car il n'est pas probable que dans une ville aussi policée il n'y eût point de fontaine artificielle ou *puisard* public de cette eau du Nil telle qu'elle arrivait toute trouble, puisqu'il en existe encore aujourd'hui sous le gouvernement turk dans Alexandrie moderne. On voit aussi, pl. 36, fig. 9, la forme de celles qu'on avait pratiquées dans la ville sarrasine.

(154) Lorsqu'on découvre une ancienne citerne abandonnée, dans les fouilles qu'on entreprend de temps en temps; si elle est près de la ville moderne, elle est consacrée aux besoins publics; si elle en est éloignée, elle sert à former un jardin de plus.

(155) Les Turks nettoient de temps en temps les

citernes qu'ils ont conservées; mais ils le font mal, et pas assez souvent : aussi l'eau en est-elle souvent mauvaise par cette raison et par l'effet du lavage des sels dont on a parlé; elle offre aussi, vers la fin de la saison, quantité d'insectes. Celle des citernes qui sont soignées, comme au couvent des Latins, est toujours excellente.

(156) Les citernes de la ville arabe sont-elles antiques ou sarrasines ? En attendant qu'un examen détaillé de leur construction et de leurs matériaux ait fourni la solution et la démonstration, on pourrait avancer, et ceci fortifiera les preuves tirées de l'inspection des objets, que les divers conquérans qui se sont succédés à Alexandrie, ayant eu le plus grand intérêt à y former un établissement de commerce, ou plutôt à conserver celui qui existait, ont été également intéressés à fournir les objets de première nécessité aux habitans qu'ils y laissaient ou y faisaient venir; et comme ils auraient manqué d'eau s'ils eussent détruit les citernes existantes, il s'ensuit qu'un des premiers soins du vainqueur a été de soustraire à la dévastation générale les réservoirs des eaux du Nil. Ce que les Français firent pour leur conservation, les Turks, les Arabes, les Grecs du Bas-Empire, les Romains, ont dû le faire avant eux. Il semble donc raisonnable de penser que si toutes les citernes ne paraissent pas antiques à la première vue, c'est qu'elles ont été restaurées dans ces derniers temps. D'un autre côté, l'on a vu que, depuis la conquête d'Alexandrie par César et Auguste, son état alla toujours en déclinant. Les citernes devenant moins nécessaires par la diminution de la population,

on a négligé d'en entretenir un grand nombre dont on ne trouve plus que des débris. Mais il ne paraît pas naturel qu'après les avoir détruites toutes, les Sarrasins ou les Turks en aient construit de nouvelles : ils se sont servis de celles qui leur ont paru les plus commodes, et l'on ne peut pas supposer non plus que ces ouvrages si solidement faits, et placés dans un banc de roche, aient dépéri au point qu'il ait fallu peu à peu les refaire tous et entièrement à neuf.

Ce raisonnement acquiert plus de force, si l'on fait attention que le *khalyg* ou d'autres branches de canaux ont, dès les temps les plus reculés, amené les eaux du Nil à Alexandrie, et que depuis la confection de ce canal il a fallu recevoir les eaux dans des réservoirs, sans lesquels la ville serait devenue déserte, au moins pendant un temps dont l'histoire nous aurait conservé le souvenir.

Enfin il est bien évident que les Sarrasins n'auront pas construit les citernes que j'ai dit et qu'on sait exister sous les décombres de l'ancienne ville des Grecs et des Romains, puisque celles qui restaient à portée de leurs habitations rendaient celles-ci inutiles. Voilà donc une classe de réservoirs reconnus bien certainement antiques. Il ne s'agirait plus maintenant que d'y faire des fouilles, et de les comparer à ceux qui existent dans l'enceinte arabe, afin de juger, par l'espèce des matériaux et la manière dont ils sont mis en œuvre, si leur construction date de la même époque. Or, on peut assurer, d'après les observations qui ont été faites, aux citernes de la rive droite du *khalyg*, et que je rapporterai, que cette similitude a vraiment lieu entre les unes et les autres.

(157) Lorsqu'après le départ de l'armée française le canal du Nil à Alexandrie fut coupé près de Damanhour par l'ordre d'Elfy-bey, la ville n'eut pas d'autre ressource que l'eau saumâtre de quelques puits, ou celle que quelques djermes apportaient par mer.

SERAPEUM ET SA BIBLIOTHÈQUE.

(158) Sozomène de Palestine, avocat à Constantinople, a écrit l'histoire de son temps, de 324 à 439. Il semble n'avoir fait que copier celle de Socrate, dont il sera question ci-après. Il mourut vers 450.

(159) Ruffin, né en Italie, vers le milieu du IVe siècle, ami de saint Jérôme, alla en Égypte, visita tous les solitaires, et séjourna à Alexandrie. Il traduisit Origène, et se brouilla à cause de lui avec saint Jérôme. Il fut persécuté par les Ariens, et a écrit plusieurs ouvrages. Il fut aussi l'ami de Théophile, que nous verrons jouer un grand rôle dans la destruction du *Serapeum* et des temples païens en général.

(160) On célébrait vraisemblablement dans les pièces secrètes du soubassement du *Serapeum* les mystères de Sérapis, dont nous verrons tout-à-l'heure une exposition.

(161) Vespasien, après avoir fait la guerre aux Juifs, soutenu dans son projet de s'emparer de l'empire par Tibérius Alexandre, Égyptien d'origine et préfet d'Égypte, proclamé empereur en premier lieu dans Alexandrie, s'empresse d'occuper les barrières de

l'Égypte, y apprend la défaite de l'armée de son rival à Crémone et presse sa marche vers Alexandrie, afin de réduire aussi par la famine Rome, qu'il approvisionne ensuite. Toujours hésitant à accepter l'empire, et consultant, dans sa confiance superstitieuse, les astrologues et les devins « pendant les trois ou quatre mois qu'il passa à Alexandrie pour attendre les vents d'été, il s'opéra, dit Tacite [1], plusieurs prodiges en sa faveur. » Vespasien lui-même guérit un paralytique et un aveugle qui, « inspirés *par le dieu Sérapis,* que ce peuple, livré aux superstitions, adore préférablement aux autres divinités, » suppliaient l'empereur de les toucher.

« Ces prodiges redoublèrent dans Vespasien le désir d'aller visiter la demeure de Sérapis pour le consulter au sujet de l'empire. Il fait éloigner tout le monde du temple : à peine entré, comme le dieu occupait toutes ses pensées, il aperçoit derrière lui un des principaux Égyptiens, nommé *Basilide,* etc...... » Autre miracle, car on vérifia que cet homme était réellement à quatre-vingts milles d'Alexandrie..... « Vespasien expliqua le nom de *Basilide* [2] comme la réponse même de l'oracle.

« Jusqu'ici nos auteurs n'ont rien écrit touchant l'origine de ce dieu : voici ce que les prêtres égyptiens en rapportent. Sous le règne de Ptolémée [3], celui qui établit le premier en Égypte la monarchie des Macédoniens, comme ce prince s'occupait des embellissemens

---

[1] Au livre IV de ses *Histoires.* Je me sers de la traduction de Dureau de Lamalle.
[2] Βασιλεύς, *roi.*
[3] Ptolémée-Soter.

de la nouvelle ville d'Alexandrie, qu'il lui donnait des remparts, des temples et un culte, il aperçut en songe un *jeune homme* d'une beauté éclatante, et plus grand que nature, qui lui prescrivit d'envoyer dans le *Pont* des hommes de confiance pour y prendre sa statue, ajoutant qu'elle ferait la prospérité du royaume, qu'elle donnerait de la grandeur et de l'éclat à la ville qui la posséderait. En même temps il vit le jeune homme remonter au ciel dans un tourbillon *de feu*.

« Ptolémée, frappé de la promesse et du prodige, envoie chercher les prêtres égyptiens qui sont en possession d'expliquer les songes; il leur fait part du sien : mais, comme ces prêtres connaissaient peu le Pont, et, en général, ce *qui n'est pas leur pays*, il s'adresse à Timothée, un Athénien de la race des Eumolpides[1], qu'il avait fait venir d'Éleusis[2] pour présider aux *mystères de Cérès*.

« Timothée, ayant questionné des gens qui avaient voyagé dans le Pont, apprend qu'il y avait dans cette contrée une ville nommée *Sinope*, et, non loin de cette ville, un temple que, suivant une ancienne tradition du pays, on croyait consacré à *Jupiter-Pluton*. En effet, on voyait auprès de ce dieu la figure d'une femme, qu'on jugeait être assez généralement *Proserpine*.

« Ptolémée, par cette légèreté naturelle aux princes, non moins prompt à se rassurer qu'à s'alarmer, et bien plus occupé de ses plaisirs que des dieux, perdit

---

[1] Prêtres de Cérès, ainsi nommés parce qu'ils descendaient d'Eumolpus, fils de Musée, selon Suidas.

[2] Ville fameuse par son temple de Cérès, où se célébraient les mystères des initiés.

de vue insensiblement cet objet, et il se livrait à tout autre soin lorsqu'il revit le même jeune homme, mais terrible et plus pressant cette fois, qui le menaça de le perdre lui et son royaume s'il n'exécutait ses ordres : alors il fait partir en diligence des députés avec des présens pour Scydrothémis (c'était le souverain qui régnait à Sinope). Il recommande aux bâtimens de relâcher à Délos, pour y consulter l'oracle d'Apollon Pythien. Leur navigation fut heureuse; *Apollon*, s'expliquant sans ambiguité, leur dit de poursuivre leur route, de rapporter la statue de *son père*, de laisser celle de *sa sœur*.

« Arrivés à Sinope, ils portent les présens, les prières, les instructions de leur roi à Scydrothémis. Celui-ci fut combattu, tantôt par la peur du dieu, tantôt par les menaces et l'opposition du peuple : souvent aussi les présens des députés et leurs promesses le tentaient.

« Il se passa trois ans dans cette indécision, pendant lesquels Ptolémée ne ralentit point sa poursuite et ses prières; il augmentait la pompe de l'ambassade, le nombre de vaisseaux, la richesse des présens. Pour lors le jeune homme apparaît tout courroucé à Scydrothémis, et lui commande de ne plus retarder la destination d'un dieu. Comme il reculait encore, les désastres de toute espèce, les maladies, l'accablèrent, et de jour en jour la colère du ciel s'appesantissait plus visiblement.

« Ayant assemblé le peuple, il lui expose les ordres du dieu, sa vision, celle de Ptolémée, les maux qui les affligent. Le peuple ne voulait rien entendre : il était jaloux de l'Égypte; il craignait pour lui-même, et il ne cessait d'investir le temple. C'est-là ce qui a fort accrédité l'opinion, que la statue s'était transportée elle-même au rivage pour s'embarquer. Puis, par un autre prodige, quoique le trajet fût immense, on ne mit que trois jours pour se rendre à Alexandrie.

« Le temple *fut digne de la grandeur* de la ville : on le bâtit dans le quartier qui se nomme *Rhacotis*, où il y avait eu anciennement une *chapelle* consacrée à *Sérapis* et à *Isis*.

« Telle est, sur l'origine et sur la translation de ce dieu, la tradition la plus constante. Je n'ignore pas cependant que quelques-uns le font venir, sous le troisième Ptolémée, de Séleucie, ville de Syrie, et d'autres, de *Memphis*, autrefois si célèbre, boulevart de l'ancienne Égypte.

« A l'égard du dieu lui-même, comme il guérit les malades, plusieurs veulent que ce soit Esculape, et quelques-uns, *Osiris*, la plus ancienne divinité du pays : d'autres prétendent que c'est *Jupiter*, à cause de la souveraine puissance qu'on lui attribue; mais le plus grand nombre le croit *Pluton*, sur divers attributs qui le désignent plus ou moins clairement. »

(162) Des prêtres étaient chargés d'écrire les guérisons de maladies qu'on rapportait au dieu de Canope Sérapis, et les oracles qui se rendaient en son nom. On lui attribuait aussi le don de prédire l'avenir; la preuve de toutes ces facultés se trouve dans la visite que Vespasien fit à son temple d'Alexandrie pour le consulter, et les guérisons que cet empereur opéra et

qu'il rapportait vraisemblablement au dieu qu'il visitait.

(163) Le récit de Tacite a bien l'air d'une fable inventée par les Grecs pour établir l'analogie entre le dieu de Sinope, le *nouveau* Sérapis, qu'ils voyaient ou croyaient adoré de leur temps à Alexandrie, et l'*ancien* Sérapis des premiers Égyptiens. Plutarque raconte aussi l'anecdote que nous venons de voir, et dit qu'aussitôt que Timothée et Manéthon-le-Sébennyte eurent vu la statue colossale qu'on avait apportée de Sinope, ils conjecturèrent, d'après un cerbère[1] et un dragon qui y étaient représentés, que c'était une statue de Pluton, et ils persuadèrent à Ptolémée que ce ne pouvait être que celle de Sérapis. Ce n'était pas ainsi qu'on l'appelait à Sinope ; mais, arrivé à Alexandrie, il y reçut ce nom que les Égyptiens donnaient à Pluton.

Tacite, qui vivait dans le même temps que Plutarque, c'est-à-dire sous Domitien et Trajan, au deuxième siècle, a parlé d'après le récit des prêtres égyptiens eux-mêmes. Cependant Jablonski prétend qu'il ne s'agit pas dans ce récit de la ville de Sinope, mais d'un mont *Sinopius* dans le voisinage de Memphis. Au reste, son assertion n'a pour but que d'établir l'identité entre le Sérapis d'Alexandrie et celui de l'antique Égypte adoré à Memphis. On peut, sans cela, concilier la fable de Tacite et de Plutarque avec

[1] Le cerbère des Grecs avait beaucoup de rapport avec le cynocéphale, l'*Anubis* des Égyptiens, lequel en avait à son tour avec Sérapis, comme celui-ci avec Pluton : aussi voit-on souvent Cerbère placé aux pieds de Sérapis-Pluton. *Voyez* Diodore de Sicile, Macrobe et Dupuis, cités par Mongez, article *Cerbère*.

ce point de l'ancienne théogonie égyptienne. Il est bien vrai que quelques personnes ont prétendu, d'après cette fable sans doute, que les Ptolémées avaient introduit en Égypte le culte de Sérapis céleste; mais on voit par tout ce qui précède qu'ils n'ont fait qu'y apporter une statue de ce dieu ou de quelque autre divinité grecque ayant du rapport avec lui, et que ces rois grecs ne connaissaient peut-être pas bien avant le culte mystérieux de Sérapis. On voit encore qu'une chapelle du même dieu existait déjà à Alexandrie, et l'on sait qu'il était dès long-temps adoré en Égypte, témoin son beau temple à Memphis.

Sérapis est, comme la plupart des divinités de l'Égypte et Osiris lui-même, un emblème du soleil, ou plutôt cet astre dans une position particulière; c'est le soleil inférieur ou près du solstice d'hiver [1], ou le dieu inférieur que les Grecs ont appelé *Pluton*, du nom de celle de leurs divinités qui pouvait le mieux lui être comparée. En effet, « Osiris, dit Diodore (livre I, section I), a été nommé par les uns ou par les autres *Serapis, Dionysius, Pluton, Ammon, Jupiter* et *Pan*; quelques-uns assurent pourtant que le Sérapis des Égyptiens est le *Pluton* des Grecs. »

(164) Tout prouve cependant qu'il y eut un autre Sérapis qu'on peut appeler terrestre, et qui présidait à la crue du Nil, ou peut-être qu'on attribuait au même Sérapis primitif la faculté de faire croître ce fleuve, quoique ce phénomène eût lieu vers le solstice d'été. Les colonnes des nilomètres s'appelaient *sari api*, co-

---

[1] Euseb. *Præpar. evang.* d'après Porphyre.

Ionne de mesurage, en égyptien (selon Jablonski); des coudées ou nilomètres de bois furent l'emblème de Sérapis. Voyez les notes de l'abbé Ricard, pages 322 et suivantes de la traduction du *Traité d'Isis et Osiris.*

(165) Socrate *le Scholastique*, né à Constantinople vers 380, homme du barreau, a écrit l'histoire ecclésiastique de 306 à 439.

(166) Plutarque a combattu l'opinion de ceux que cite saint Clément d'Alexandrie, et qui veulent que *Sarapis* ou *Soroapis* signifie un monument sépulcral d'Apis. Saint Augustin la rapporte d'après Varron : « Le *tombeau*, dit-il, que nous appelons *sarcophage*, s'appelle en grec σορὸς........ On fit d'abord *Soroapis*, et par le changement d'une lettre on l'appela *Serapis.* » Quoi qu'il en soit, tous les auteurs appellent indistinctement ce temple *Serapeon, Serapœum, Serapeium* et *Serapium*, consacré à Sérapis.

(167) Saint Jean Chrysostôme parle aussi de la bibliothèque du *Serapeum.*

(168) Au surplus, la discussion sur l'incendie de la bibliothèque du *Serapeum* est peu importante, puisqu'il dut en échapper assez de volumes pour servir de noyau à la nouvelle bibliothèque de ce temple, celle dont font mention, depuis la guerre d'Alexandrie, toutes les autorités que j'ai rapportées.

(169) Domitien fit réparer à grands frais des bibliothèques brûlées, fit rechercher de toutes parts des exemplaires, et envoya jusque dans Alexandrie pour tirer des copies exactes des ouvrages perdus (Suétone).

(170) Les Alexandrins, devenus chrétiens, dûrent

former, sous la direction des patriarches et dans d'autres emplacemens, de nouvelles bibliothèques mêlées des restes de la philosophie païenne et de la doctrine chrétienne. Ce sont celles-là que A'mrou brûla après que le fanatique O'mar eut prononcé son fameux dilemme de condamnation.

ANCIENNE BASILIQUE
VULGAIREMENT APPELÉE MOSQUÉE DE SAINT-ATHANASE.

(171) Saint Athanase, nommé en 326 patriarche de l'église d'Alexandrie, fut un de ceux qui l'illustrèrent le plus, ainsi que la fameuse école de cette ville, par leurs vertus et leurs talens. Il sera plus particulièrement question de lui dans la deuxième partie de ce mémoire.

(172) La description *moderne* et *détaillée* de la *mosquée* dite *de Saint-Athanase* appartient à l'*État moderne* de cet ouvrage. Je remarquerai seulement, pour bien faire connaître le système d'amalgame des antiquités que les Arabes ont particulièrement affectionné, qu'ils ont placé ici une petite colonne tout auprès d'une autre d'un diamètre plus fort; la base est souvent mise à la place du chapiteau, qui, à son tour, occupe celle de la base; des colonnes égyptiennes sont mêlées avec celles des Sarrasins; le chapiteau corinthien est à côté d'un chapiteau bizarre en forme de corbeille; tous les fûts sont liés entre eux par des pièces de bois minces : néanmoins l'ensemble en est beau, parce qu'en architecture tout ce qui est grand et symétrique en masse, plaît à l'œil; le minaret est très-élé-

gant, et l'effet que produit la décoration intérieure de la mosquée est très-agréable. On retrouve ce même contraste de ruine et de restauration, de magnificence et de barbarie, dans les édifices des beaux temps des Arabes, répandus par toute l'Égypte; on le reconnaît dans la construction de l'enceinte sarrasine d'Alexandrie, du château du Phare et de la mosquée des mille Colonnes; on le rencontre jusqu'en Espagne, dans la fameuse mosquée de Cordoue et dans le palais de l'Alhambra à Grenade. Mais au moins ce peuple, en exerçant les ravages auxquels le poussait son fanatisme, ne se livrait pas à cette passion avec un entier aveuglement et par la seule fureur de détruire sans réédifier, comme l'ont fait les Qobtes dans la haute Égypte, et les Turks d'aujourd'hui presque partout : les Arabes avaient le goût des sciences et des arts; et quand même tous les monumens et l'histoire moderne ne nous attesteraient pas ce fait, nous en trouverions un témoignage certain dans la mosquée de Saint-Athanase.

(173) On a vu, note 148, le rapport qu'avaient les *basiliques* avec les *forum*. Ces rapports pourraient permettre, faute d'autres données, de supposer de préférence que le *forum judiciale* avait précédemment occupé l'emplacement de l'église et de la mosquée de Saint-Athanase. Strabon ne dit qu'un mot de ce *forum* après avoir parlé du *gymnase*, à la suite duquel il était effectivement en venant de la porte de Rosette vers la basilique d'Athanase.

(174) Le petit bâtiment élevé dans la cour est de la forme en usage pour ces sortes de réduits destinés à

loger le bassin des ablutions des musulmans. Ce bassin est communément une grande cuve en maçonnerie, revêtue d'un enduit, et encastrée dans la terre. Le sarcophage qui en tenait lieu ici, était, comme on le voit, bien plus petit.

(175) On appelle communément l'espèce de *serpentin* dont est formé ce beau monolithe, *breccia verde d'Egitto*, nom générique donné en Italie à des objets de matière analogue venus d'Égypte. Ici la couleur générale de la pâte est noirâtre, ou, si l'on veut, *verte*, mais extrêmement foncée. Il se trouve du porphyre et du granit dans cette brèche. Les fragmens de diverses natures qui se voient dans cette pâte, d'une composition particulière et analogue au pétro-silex, sont anguleux, comme dans toutes les brèches, et non pas roulés ou arrondis comme dans les poudingues.

(176) L'ichneumon, *grande mangouste* de Buffon, *viverra ichneumon* de Linné, communément appelé *rat de Pharaon*, et sur lequel les historiens grecs ont raconté tant de choses merveilleuses par rapport au crocodile, se reconnaît facilement parmi les figures de la cuve : il est bien certain seulement que ce petit animal dévore les œufs de cet amphibie; de là les fables.

(177) La cuve du Kaire fut enlevée par les soins de M. Coutelle, conduite à Alexandrie, et destinée à être transportée en France lors de notre premier embarquement, après la convention du général Kléber pour l'évacuation de l'Égypte. A l'époque de la reddition définitive d'Alexandrie, sous le commandement du général Menou, on avait inséré dans la capitulation

un article relatif à la cession des collections des membres de l'Institut et de la Commission des arts. Ceux-ci résistèrent courageusement et avec succès, en menaçant de brûler leurs dessins et de détruire leurs collections. On ne laissa que les propriétés publiques (quelques statues et trois sarcophages). Le sarcophage d'Alexandrie a donc mérité d'être l'objet d'un traité, et c'est ainsi que les nations européennes, depuis les Romains, se sont toujours disputé la possession des précieux restes des antiquités égyptiennes. Le gouvernement anglais a volontiers accordé à celui de France la faculté de faire dessiner le monolithe alexandrin, et d'en prendre des empreintes pour compléter notre ouvrage sur l'Égypte[1]. La société des antiquaires de Londres l'a fait aussi graver en partie. Ainsi les arts ne seront point privés de la connaissance de ce beau monument, qu'il avait toujours été très-difficile aux Européens de dessiner et même de voir sur les lieux. Les Français eux-mêmes, qui venaient d'entrer en vainqueurs à Alexandrie, ne pénétraient que très-rarement dans la mosquée qui le recelait, à cause des ordres sévères du nouveau gouvernement pour faire respecter les usages et surtout la religion des Turks. Cependant, après le combat naval d'Abouqyr, on fit de la mosquée de Saint-Athanase un hôpital pour la marine.

On n'avait eu jusqu'à présent qu'une faible idée de la forme du sarcophage, telle que pouvait la donner un

---

[1] C'était l'objet principal de la mission donnée à M. Jomard en 1814. Ce monolithe et les autres fragmens de la collection française, transportés à Londres en 1802, ont été à cette époque dessinés et gravés dans l'ouvrage.

dessin qu'on voyait il y a quarante ans à Paris, chez M. de Bertin, ministre de la marine : mais les hiéroglyphes y étaient tracés d'imagination et comme au hasard.

Ire SUITE DU CHAPITRE XXVI.

DESCRIPTION

DE LA COLONNE DITE DE POMPÉE,

A ALEXANDRIE;

Par M. NORRY, Architecte.

Le premier objet que l'œil découvre en approchant d'Alexandrie, est la colonne vulgairement appelée *colonne de Pompée :* elle se détache sur l'horizon, au sud des murailles de cette ville, dont elle n'est éloignée que d'environ 1500 mètres.

Sa construction est formée de quatre morceaux de granit, piédestal, base, fût et chapiteau, qui, ensemble, ont de hauteur 28^{m}75 (88 pieds 6 pouces). Il est surprenant que Pococke, Norden et les derniers voyageurs anglais qui l'ont vue et décrite, ne fassent mention que de trois morceaux. Quant à sa position, elle présente un tertre assez élevé, entouré de débris qui, plus considérables autrefois, ont fait croire avec vraisemblance à beaucoup d'auteurs qu'elle formait le centre d'un vaste édifice.

Ce serait se jeter dans le champ des conjectures que

de chercher à éclaircir ou mettre en accord les différentes opinions, plus ou moins accréditées, au sujet de l'édifice dont cette colonne a pu faire partie.

D'anciens auteurs arabes parlent d'un palais immense, situé en cet endroit, appelé *la maison de la Sagesse*.

D'autres rapportent que plus de quatre cents colonnes de même matière, mais d'un moindre diamètre, entouraient celle-ci, et que, vers 1171 de l'ère vulgaire, elles furent mutilées par l'ordre d'un gouverneur d'Alexandrie, qui fit porter une partie de leurs tronçons près du port sur le bord de la mer, pour contenir les flots, ou plutôt encore pour empêcher la descente des ennemis.

A'bd-el-latyf, médecin arabe, qui fit un voyage de Baghdâd en Égypte au XIVe siècle, assure avoir vu encore sur pied beaucoup de ces colonnes rompues vers le milieu; elles étaient destinées par leur disposition à former des galeries couvertes.

Quelques auteurs pensent que c'est en cet endroit qu'était l'académie fondée par Alexandre, où Aristote et ses disciples enseignèrent.

Pococke, qui avait aussi remarqué diverses ruines autour de la colonne, rapporte, de son côté, que la tradition plaçait en ce lieu un palais de César.

M. Langlès, dans ses commentaires sur Norden, croit reconnaître, d'après les diverses descriptions citées plus haut, le gymnase, dont les portiques, suivant Strabon [1], s'étendaient sur une longueur de plus d'un stade.

[1] *Geogr*. lib. XVII, pag. 795.

M. de Sacy, dans les notes qui accompagnent la traduction qu'il a donnée de la Relation de l'Égypte composée par A'bd-el-latyf[1], imagine que c'est là qu'était situé le *Serapeum*, ou temple de Sérapis, et que le monument improprement appelé *colonne de Pompée*, dont le véritable nom, selon ce savant, était *colonne des Piliers*, à cause du nombre considérable d'autres colonnes qui l'entouraient, faisait partie de ce temple.

Toutes ces citations n'éclaircissent point l'usage, la forme et l'étendue de l'édifice dont il s'agit ; elles portent seulement à penser que la colonne qu'on voit aujourd'hui n'a point été érigée isolément, et qu'elle a sans doute fait partie d'un édifice magnifique, dont, par la suite, on pourra découvrir les traces par le moyen des fouilles, si la barbarie ou la cupidité ne les a pas fait disparaître entièrement.

Forcé donc de renoncer à toute espèce de recherches sur l'édifice qui a pu exister en cet endroit, puisqu'elles seraient infructueuses, je me bornerai dans cet article à traiter uniquement de la colonne.

La plupart des auteurs qui ont parlé de ce monument extraordinaire[2], ont cherché à déterminer, soit par l'histoire, soit par l'art, la date qui pouvait être assignée à son érection.

Shaw et Pococke observent que la colonne de Pompée n'existait pas du temps de Strabon, puisque ce géographe n'en parle pas : le dernier suppose qu'elle a pu

---

[1] Publiée en 1811, de l'imprimerie du Gouvernement.

[2] On doit, en effet, regarder comme extraordinaire un fût de colonne de 20^{m}50 (63^{ds} 1^{po} 3^l) de longueur sur 2^{m}66 (8^{ds} 2^{po} 2^l) de diamètre, dont le poids équivaut à 283910 kil. (environ 580 milliers).

être érigée en l'honneur de Titus ou d'Adrien, qui, comme ont sait, séjournèrent en Égypte.

Norden pense que cette colonne est d'origine égyptienne, qu'elle a reçu ensuite d'autres formes, et qu'elle fut élevée sous les Ptolémées.

Un auteur arabe prétend qu'elle était surmontée d'une statue d'airain tournée du côté de la mer et montrant du doigt Constantinople; mais que, par l'ordre d'un gouverneur d'Alexandrie, cette statue fut abattue et convertie en petites pièces de monnoie.

M. de Choiseul-Gouffier possède deux fragmens en porphyre d'une figure colossale découverte par M. Cassas au bord de la mer, dans le port neuf d'Alexandrie, et apportés en France par M. l'amiral Truguet, alors capitaine de vaisseau. L'un de ces fragmens paraît former la partie supérieure de la cuisse d'un guerrier vêtu d'une cuirasse. M. Cassas avait pensé que la figure d'où provient ce morceau, avait pu couronner la colonne [1] : mais, d'après la longueur de ce reste, elle aurait eu environ 7 mètres de hauteur (21 pieds 6 pouces); ce qui serait le tiers du fût, et par conséquent d'une proportion évidemment trop forte, puisque des exemples analogues font connaître que les statues qui terminent les monumens de ce genre n'ont qu'environ la huitième partie de leur hauteur [2].

Mais, s'il reste de l'incertitude sur l'érection primitive de ce monument et sur les accessoires dont nous venons de parler, on est du moins éclairé maintenant

---

[1] Dans son Voyage de la Syrie et de la basse Égypte.

[2] Celle de Trajan est représentée ainsi.

sur la dédicace qui en a été faite à une époque fixe de l'histoire. Pococke, en examinant l'ensemble de cette colonne, et en relevant ses principales dimensions, avait déjà remarqué, aux rayons du soleil, entre onze heures et midi, la trace d'une inscription grecque sur la plinthe de la base, côté de l'ouest : il la rapporte dans son ouvrage; mais les lacunes de cette inscription et les formes indécises de plusieurs lettres avaient empêché d'en déterminer le sens, en sorte que la tradition continuait d'attribuer cette colonne à quelques empereurs (notamment à l'empereur Alexandre Sévère), mais plus généralement à Pompée-le-Grand.

Nous sommes aujourd'hui plus avancés sur ce point. Plusieurs savans, tant anglais[1] que français[2], sont parvenus, avec des soins particuliers, à relever l'inscription de manière à la rendre intelligible; ils ont reconnu unanimement que ce monument avait été dédié à Dioclétien par un préfet d'Égypte, en reconnaissance des bienfaits de cet empereur pour les habitans d'Alexandrie. A la vérité, ils diffèrent sur le nom du préfet, à cause des lacunes de l'inscription, ou du vague qu'elle offre particulièrement dans ce nom; en sorte que les uns appellent le préfet *Pollion;* d'autres, *Pontius;* quelques-uns, *Pompée;* et enfin le savant Villoison, *Publius,* ou peut-être *Pomponius,* qui fut consul l'an 288, avec Maximin.

Quoi qu'il en soit, la version qui attribue cette dé-

---

[1] MM. Desade, Dundas, *Ouvrage sur la campagne d'Égypte*, publié par Walsh, à Londres, en 1803.

MM. Clarke, Hamilton, etc., *Archéologie anglaise*, vol. V, p. 60.
[2] M. Jaubert, d'après lequel feu M. de Villoison a fait le commen-

COLONNE DITE DE POMPÉE.

dicace à un Pompée, préfet, pourrait être préférée, à quelques égards, surtout parce qu'elle a sur les autres l'avantage de justifier la tradition dominante. En effet, ne peut-on pas penser que ce nom, illisible maintenant sur l'inscription, a pu y être distingué visiblement dans les siècles précédens?

On croit que c'est ici le lieu de rapporter cette inscription telle qu'elle a été relevée par divers savans, comme plus correcte que celle de Pococke; on y joindra à la suite la traduction qu'en donne Villoison : mais on se dispensera en même temps de rapporter les variantes intercalées par les différens savans; ces variantes, étant destinées plus particulièrement aux discussions paléographiques, seraient étrangères ici.

TO...... ΟΤΑΓΟΝ ΑΥΤΟΚΡΑΤΟΡΑ
ΤΟΝ ΠΟΛΙΟΥΧΟΝ ΑΛΕΞΑΝΔΡΕΙΑC
ΔΙΟΚ. Η. ΙΑΝΟΝΤΟΝ..... ΤΟΝ
ΠΟ... ΕΠΑΡΧΟ ΑΙΓΥΠΤΟΥ.

Publius (ou *Pomponius*), *préfet d'Egypte, a consacré ce monument à la gloire du très-saint empereur Dioclétien-Auguste, le génie tutélaire d'Alexandrie.*

Quel que soit le nom du préfet, il est maintenant hors de doute que cette colonne a été consacrée à Dioclétien; mais, en se rapportant à ce qui a été dit précédemment sur l'édifice qui l'entourait, et sur l'opi-

---

taire de cette inscription, *Magasin encyclopédique*, VIIIe année, t. v, pag. 55.

M. de Châteaubriand, *Itinéraire de Paris à Jérusalem*, tome III, page 105.

A. D. v. 33

nion qui donne à cette colonne une plus haute antiquité, il reste toujours à déterminer l'époque de son érection première.

Ici l'observation du monument, considéré sous le rapport de l'art, peut servir de guide pour faire une distinction essentielle entre ses parties, qui diffèrent les unes des autres par la perfection du travail et même un peu par la qualité de la matière. En effet, le fût, qui est de granit rose, est d'un très-beau galbe, d'une fort bonne exécution et d'un poli admirable, excepté du côté du désert, où il a souffert par les sables. Le piédestal, la base et le chapiteau, dont le granit est grisâtre, sont au contraire d'un travail très-brut et de proportions médiocres (ainsi que le sont les ouvrages du Bas-Empire). Le piédestal est visiblement trop bas, les profils sont ronds et lourds, la plinthe de la base est trop élevée; enfin les diverses parties du chapiteau, ses feuilles et ses caulicoles, sont massées d'une manière molle et très-négligée.

Il est donc possible que ce fût, qui est évidemment d'un travail grec, ait été érigé primitivement en cet endroit, et que depuis il ait été renversé, ses parties accessoires détruites et mutilées, et qu'on l'ait ensuite réédifié pour le consacrer à Dioclétien, en y ajoutant le piédestal, la base et le chapiteau, qui, ainsi qu'on le dit, diffèrent sensiblement du fût, tant pour le goût que pour la teinte de la matière.

Un des caractères distinctifs et très-particuliers de la fondation de ce monument est le point d'appui qui lui sert de support principal. Les tentatives qu'on a vrai-

COLONNE DITE DE POMPÉE.

semblablement faites pour renverser cette colonne à quelque époque, afin d'en découvrir les fondations, dans l'espérance d'y trouver des trésors, ont fait mettre à nu la pierre du centre au-dessous du piédestal, vers l'ouest-sud-ouest. Cette pierre, d'une espèce de brèche jaunâtre, analogue à celle qu'on appelle *poudingue*, est elle-même un ancien fragment d'un monument égyptien, dont on aura fait usage ici à cause de son extrême dureté : elle est couverte de caractères hiéroglyphiques qui sont renversés; ce qui fait connaître qu'on l'a mise en œuvre en sens contraire de sa première position. Elle a un mètre et demi (4 pieds 7 pouces) de large sur sa face antérieure : sa hauteur, qui est plus grande, ne peut être mesurée facilement, à cause des autres fragmens de marbre, de granit et de pierre, qui l'entourent, et qui sont plus ou moins en désordre dans leur liaison ; circonstance qui porte à croire qu'il y a eu un grand ébranlement dans toute la fondation. Cette opinion est encore fortifiée par l'inclinaison de la colonne d'environ 19 centimètres (7 pouces) du côté du sud-ouest, ainsi que par une crevasse verticale de plusieurs mètres de longueur à sa partie inférieure, occasionée sans doute par le tassement inégalement réparti. On remarque, comme Norden, que plusieurs des morceaux de marbre et de pierre formant les fondations sont couverts de caractères égyptiens.

Après avoir décrit cette colonne, soit comme monument historique, soit comme monument d'art, il reste à rendre compte des moyens qu'on a employés pour s'élever sur son chapiteau, et des précautions qu'on a prises pour en obtenir les dimensions avec exactitude.

Pour remplir ce but, plusieurs membres de la Commission des arts[1], protégés par une escorte, se rendirent, le 15 fructidor an vi (30 août 1798), à cinq heures du matin, au pied du monument, munis des instrumens nécessaires pour le mesurer : quelques marins et plusieurs officiers de terre assistèrent à cette opération, notamment le frère du général en chef, Louis Bonaparte.

Afin de parvenir à monter sur le chapiteau, on éleva un cerf-volant, à l'attache duquel était suspendue une corde d'une longueur indéfinie; lorsque ce cerf-volant fut enlevé et passé par-dessus et au-delà du chapiteau, la corde pendante fut saisie de la main, le cerf-volant abattu, séparé de sa corde, qui se trouva ainsi passée au-dessus du chapiteau comme sur la circonférence d'une poulie : à cette première corde on en substitua une plus grosse, et à celle-ci une troisième qui fut fixée par des piquets au pied de la colonne, et qui était assez forte pour qu'un mousse pût se hisser sur le chapiteau, et y préparer, par le moyen de cordages autour d'une volute d'angle, une moufle propre à élever tour-à-tour plusieurs personnes assises à cet effet sur un banc suspendu. Après ces dispositions, en quelques minutes, quatre ou cinq personnes se trouvèrent portées sur le sommet du chapiteau, dont elles prirent les mesures, tandis que d'autres s'occupaient

[1] MM. Le Père, Dutertre, Protain, Norry

COLONNE DITE DE POMPÉE.

à relever celles de la base et du piédestal, et qu'en même temps aussi l'on obtenait, par le moyen d'une corde tendue du haut en bas, la mesure générale, qui fut elle-même vérifiée par le graphomètre.

Les divers diamètres du fût furent aussi pris par l'un des artistes, élevé et maintenu successivement à la hauteur de la base, à la partie moyenne du fût, et près de l'astragale.

Afin d'obtenir d'une manière exacte les différens diamètres, cet artiste se servait d'une grande équerre embrassant horizontalement le fût de la colonne : à cette équerre se trouvait adaptée une flèche mobile dans un coulisseau, partageant l'angle droit en deux, et s'avançant dans la direction du rayon de la colonne, jusqu'au point de contact de sa circonférence; en sorte que, les hypoténuses des triangles déterminés à chacune des stations par la longueur de la flèche, étant considérées comme côtés d'octogones, les cercles inscrits à ces divers octogones donnaient les diamètres cherchés [1].

C'est par ces divers moyens, et avec quelques précautions de détail, que les mesures de diamètre et toutes celles des différentes parties de cette colonne ont été obtenues avec beaucoup de précision, ainsi qu'on peut en juger par la planche gravée, sur laquelle les cotes ont été soigneusement rapportées [2].

On terminera cet article en faisant remarquer, ainsi

---

[1] Cet instrument, aussi simple qu'ingénieux, avait été imaginé et disposé par M. Le Père.

[2] *Voyez* planche 34, *A*., vol. v.

que l'expriment les dessins gravés, que le dessus du chapiteau est creusé circulairement sur 2 mètres (environ 6 pieds) de diamètre, et sur 7 centimètres (2 pouces 6 lignes) de profondeur; il est probable que ce creux était destiné à l'encastrement du socle ou piédestal qui a dû porter la figure colossale dont on a parlé plus haut.

Enfin, au centre de ce cercle, on trouva un petit pavillon en fer battu : ce pavillon était renversé, et l'on y avait gravé qu'en 1789 Fauvel, artiste français, avait mesuré la hauteur totale du monument, et lui avait trouvé 86 pieds 9 pouces, dimension fort rapprochée de celle qu'ont relevée les artistes de la Commission qui se sont livrés à ce travail.

II.ᵉ SUITE DU CHAPITRE XXVI.

NOTICE

SUR

UN GRAND MONUMENT SOUTERRAIN

A L'OUEST DE LA VILLE D'ALEXANDRIE,

Par P. MARTIN,

Ingénieur au Corps royal des Ponts et Chaussées.

En donnant la description des monumens de l'antiquité encore existans dans la ville d'Alexandrie ou près de ses murs, presque tous les voyageurs ont parlé de catacombes et de bains, et parmi ces derniers il en est un à qui ils ont donné le nom de *bains de Cléopâtre*; mais aucun n'a parlé, au moins avec exactitude ou avec quelques détails, d'un grand monument souterrain que l'on peut attribuer aux anciens rois d'Alexandrie.

Pococke et Norden, qui seuls paraissent en avoir connu l'existence, laissent même douter s'ils l'ont vu, par le vague et l'abrégé de la description qu'ils en donnent. Le premier, qui cependant est un des plus estimables voyageurs, s'exprime ainsi dans son magnifique

Voyage en Orient : « Les plus belles de ces catacombes sont à l'extrémité de l'ancienne *Necropolis* : elles sont taillées dans le roc, et plusieurs ont des niches ornées d'une espèce de piliers d'ordre dorique. » Il y joint une planche, mais qui n'a presque point de rapport avec la fabrique en question.

Le second ne parle qu'imparfaitement de la rotonde sous le nom du *Grand Temple*, qu'il présume avoir dû être le tombeau de quelque grand seigneur, *peut-être même,* dit-il, *d'un roi* [1].

Il est donc important de faire connaître ce monument précieux, le seul qui conserve encore un ensemble de grandeur et de régularité. Son caractère d'architecture indique évidemment qu'il appartient au premier âge de cette ville fameuse, pendant lequel cet art florissait en Grèce. Laissant à d'autres le soin d'établir des conjectures sur sa véritable destination, je vais seulement détailler sa position et son état actuel, d'après les plans et coupes que j'ai levés avec mon collègue M. Faye, en frimaire de l'an VIII (décembre 1799).

Si l'on suit le rivage de la mer à l'ouest, après avoir passé le port vieux d'Alexandrie, on rencontre à chaque pas des restes de catacombes taillées dans le rocher, qui sont actuellement recouverts par la mer. La construction uniforme de ces fabriques, composées de salles dans lesquelles sont pratiqués plusieurs rangs de niches aussi taillées dans le roc et de dimensions propres à recevoir des corps encaissés, fait voir qu'elles avaient été établies pour servir de sépulture à ces corps et les y

[1] *Voyage en Égypte et en Nubie*, tome 1er, page 24.

conserver embaumés. On en voit quelques-unes ainsi disposées dans l'intérieur des terres, particulièrement à côté de la mosquée ruinée que l'on rencontre sur le bord du lac *Mareotis*.

Au milieu de ces ruines, toujours sur le rivage de la mer et à environ quatre mille mètres des murs d'Alexandrie, on voit les bains qui portent le nom de Cléopâtre. C'est dans cet endroit que se trouve le monument souterrain dont je veux parler, et que l'on peut présumer être le tombeau des rois. Le plan général en représente la masse et les accessoires.

Les accidens du rivage forment, à environ 60 mètres à l'est de ces bains, une petite baie de 26 mètres de largeur, sur 60 mètres de profondeur : l'ouverture en est entièrement fermée par deux gros rochers qui ne laissent qu'une petite passe pour les canots. Au fond de cette baie, le terrain s'élève assez brusquement, et l'on voit au milieu de la pente un petit trou qui forme l'entrée actuelle du monument, et par lequel on ne descend qu'avec une grande peine. (On doit avoir soin de se munir de flambeaux.) Après avoir parcouru une longueur de 10 mètres, on se trouve dans une première salle, où l'on peut déjà se tenir debout. A droite et à gauche sont de petites chambres carrées, encombrées de sable [1], mais où l'on voit de belles voûtes soutenues sur des pilastres et sur une corniche de fortes proportions ; elles présentent des pénétrations de cylindres horizontaux à angle droit, portant le caractère du bon goût, et sont couvertes d'un enduit cristallisé, sur

[1] *Voyez* le plan, *A.*, volume v, planche 41, figure 2.

lequel on voit tracées des lignes rouges de projection, tirées de la naissance vers la clef, où est dessiné un soleil. Autour des côtés de ces carrés, on a pratiqué des niches voûtées en berceau et ornées aussi de pilastres pliés dans l'angle, soutenant une corniche : cette première salle a 8^{m}40 de longueur, sur 8^{m}80 de largeur.

On entre ensuite dans une plus grande salle par une porte qui est dans le milieu et qui a 3^{m}40 de largeur : nous n'avons pu en voir l'extrémité, parce qu'elle est remplie de terre jusqu'au plafond. De légères dépenses que l'on ferait pour pratiquer un petit chemin le long des murs, pourraient faire reconnaître les autres parties, qui, malgré nos recherches opiniâtres, nous sont restées inconnues.

Aux deux côtés de cette salle sont encore deux petites chambres semblables aux précédentes.

En cherchant autour de celle qui est à droite, nous avons trouvé dans le mur une coupure qui nous a conduits dans un vaste corridor à moitié encombré de terres, et dans le plafond duquel on voit trois puits en pierres sèches, que nous avons présumés être les trous par lesquels on a jeté les terres qui encombrent le monument. Ce corridor a 12 mètres de longueur sur deux largeurs, l'une de 5^{m}60, l'autre de 3 mètres. Il donne entrée dans un autre corridor qui conduit à une grande salle carrée dont je parlerai plus bas.

Il communique enfin à une belle salle dont les dimensions lui donnent pour longueur exacte la diagonale du carré construit sur sa largeur (6^{m}80 sur 9^{m}60). Sa décoration est simple et convenable au caractère de la fabrique. Quatre portiques sont ouverts sur les quatre faces. Trois de ces portiques sont enrichis de pilastres supportant des frontons ornés de modillons et denticules, et surmontés d'un croissant. Aux deux côtés de la face à gauche, se trouvent deux petites portes dont les dessus sont décorés d'une riche corniche, aussi denticulée, que présente la coupe C D[1]. Le reste des murs est absolument nu, et le plafond présente une grande voûte en berceau, où l'on voit encore des lignes rouges qui indiquent que l'on devait la décorer de caissons à rosaces.

De cette salle on entre, à gauche, dans une belle rotonde qui paraît être le but et le centre principal du monument; elle a 7 mètres de diamètre, et $5^m 83$ de hauteur depuis le sol du roc, y compris la coupole, de $2^m 25$ de flèche au-dessus de la corniche du pourtour. Cette rotonde est régulièrement décorée de pilastres d'une ordonnance particulière, ainsi qu'on le voit dans la coupe A B[2]. Autour sont pratiqués neuf tombeaux décorés comme ceux dont j'ai donné le détail dans la première salle.

Nous avions déjà fait fouiller jusqu'au pied d'un des pilastres, et nous avions trouvé l'eau salée un peu au-dessous du socle qui en forme le piédestal. Nous hésitions à croire que ce fût l'eau de la mer, pouvant encore supposer que c'était une filtration d'eau de pluie, imprégnée des sels dont ces terres sont chargées : mais nous n'avons plus conservé de doute, lorsqu'ayant

[1] *Voyez A.*, vol. v, pl. 41, fig. 4.
[2] *Ibid.* fig. 3.

trouvé la même eau dans les niches qui entourent la rotonde, et ayant fait le nivellement de ce point à la mer, nous l'avons reconnu plus bas seulement de 0^m078, différence que produit l'effet ordinaire du siphon par filtration; ce qui nous a prouvé que le sol du monument ne pouvait pas être plus bas que la base de ce piédestal des pilastres. Le nivellement dont je viens de parler, nous a donné 5^m092 pour l'épaisseur des terres ou du rocher au-dessus de la coupole.

Rien n'est étonnant et ne frappe comme l'effet de cette rotonde souterraine, éclairée par une grande quantité de flambeaux; leur lumière réfléchie sur l'enduit cristallisée dont elle est couverte, présente des effets agréables d'optique. On admire cette pièce avec d'autant plus de plaisir, qu'on la voit dans toute sa hauteur, ainsi que les tombeaux qui l'entourent; car elle n'est point du tout encombrée de terre, comme les autres salles, qui en sont tellement remplies, qu'il est impossible d'en considérer toutes les parties et de juger de leur ensemble.

Revenant dans la salle qui précède cette rotonde, on entre dans un corridor qui forme le prolongement du premier dont j'ai parlé, et qui, disposé dans la même symétrie, donne entrée à la grande salle carrée que j'ai déjà annoncée.

A l'extrémité de ce corridor, on trouve une petite salle de 4^m10 de longueur sur 5^m70 de largeur. Au milieu est un puits dans le plafond, et la salle est entourée, dans son intérieur et dans le milieu de sa hauteur, d'une voûte en brique dont on ne voit que la naissance, et qui semble n'avoir été construite que pour soutenir une galerie dans le pourtour. Au-dessous de cette voûte est pratiqué un trou carré de 0^{m}66 de côté. Nous nous y sommes glissés à plat ventre : nous avons reconnu qu'il s'élargissait et prenait une forme sinueuse; mais nous n'avons pu y pénétrer bien avant, à cause des terres qui l'encombrent et de l'eau qu'on y trouve. Sa position sur le plan peut faire croire qu'il servait à des mystères religieux, et qu'il cachait au vulgaire quelques supercheries des prêtres.

Revenant encore dans la salle qui précède la rotonde, et suivant l'axe de ces deux belles pièces, on trouve sur le même prolongement une magnifique salle carrée de 16^{m}20 de côté, dans laquelle on entre par une large porte de 4^{m}20 d'ouverture. Au milieu de cette salle sont disposés douze gros piliers pour en supporter le plafond, qui est horizontal. Nous n'avons pu pénétrer au centre; mais il nous a paru que le carré limité par ces piliers forme un grand puits, ainsi qu'on peut en juger par les terres qui descendent en talus du dessus du chapiteau dans la salle : l'ordonnance de ces espèces de pilastres est la même que celle des pilastres de plus petites dimensions que nous avons vus dans les pièces précédentes. La décoration de la salle conserve toujours le même caractère de grandeur et de simplicité, que nous avons déjà remarqué. Les deux côtés parallèles à l'axe sont semblables, ou au moins il paraît qu'ils devaient l'être; car il faut observer que ce monument n'a point été achevé : les dessins tracés en rouge que nous avons déjà cités, et qui se trouvent en plus grand nombre dans cette salle, indiquent assez qu'on n'y avait pas mis la dernière main.

Chacune de ces faces est décorée de trois portiques, qui ont, savoir, celui du milieu, $3^m 20$ d'ouverture, et ceux des côtés, $2^m 20$; ces derniers seuls sont surmontés de frontons, qui sont seulement tracés en rouge. Les deux côtés perpendiculaires à l'axe n'ont aucun ornement. Une remarque, peut-être peu importante, mais du moins curieuse, que nous avons faite dans cette salle, est que les directions des deux diagonales sont exactement situées aux vraies points cardinaux du ciel.

En suivant toujours le prolongement de l'axe, on trouve, sur un des côtés perpendiculaires, une porte de $3^m 20$ d'ouverture, où l'on n'aborde qu'avec la plus grande peine. Nous avons fait tous nos efforts pour pénétrer dans l'issue où elle conduit; mais il nous a été impossible de reconnaître où se termine ce grand axe, que l'on suit depuis le fond de la rotonde : les terres nous ont entièrement bouché le passage dans cet endroit; ce qui nous a obligés de revenir sur nos pas.

Nous sommes alors entrés dans le portique du milieu d'un des côtés parallèles au grand axe, et nous avons reconnu une assez belle salle dont le plafond est horizontal. Elle a $9^m 20$ de largeur, sur $5^m 90$ de profondeur. De chaque côté s'élèvent l'un sur l'autre trois rangs de trous pratiqués pour recevoir des corps embaumés[1], sur 2^m de profondeur, $0^m 60$ de largeur, et $0^m 90$ de hauteur. Ces sépultures sont actuellement arrachées, et l'on en voit seulement la trace sur les murs

[1] *Voyez A.*, la coupe E F, vol. v, pl. 41, fig. 5.

et au plafond. Le milieu de cette salle est percé d'une porte de 2^{m}20 d'ouverture, garnie de pilastres supportant un petit fronton. Cette porte donne entrée dans une petite pièce voûtée en berceau, décorée de deux pilastres, et dans laquelle on voit un conduit où un homme peut se glisser à peine. Nous y sommes entrés; et après l'avoir suivi très-long-temps, nous avons rencontré l'eau de la mer : ce qui nous a empêchés d'aller plus loin, quoique le conduit se prolongeât davantage. Aux deux côtés de la salle des sépultures sont deux très-petites pièces qui répondent aux deux portiques couronnés de frontons dont j'ai parlé dans le détail de la grande salle carrée. Le second côté, parallèle à l'axe du monument, est, comme je l'ai déjà dit, absolument semblable au premier, et l'on voit de même une salle à sépultures dans le portique du milieu.

L'impossibilité de pénétrer plus avant dans le prolongement de l'axe nous aurait fait terminer là nos recherches, si nous n'eussions trouvé dans la petite pièce à droite de la première salle des sépultures dont j'ai parlé, un trou de 0^{m}25 de diamètre, pratiqué par violence dans le mur, pour laisser passer un homme. Nous y avons pénétré, et nous sommes entrés dans une grande salle carrée de 10^{m}90 de côté, mais qui n'avait aucun ornement ni aucune décoration. Le plafond en est horizontal. Nous avons découvert, sur un des côtés, une porte bouchée par les terres, et qui, d'après le rapport sur le plan, conduit nécessairement à l'allée du prolongement du grand axe, où l'encombrement des terres nous a empêchés de pénétrer. On voit un puits dans le milieu de la salle.

Sur un autre des côtés, est un corridor de 2^m10 de largeur et 4^m80 de longueur, qui conduit dans un péristyle soutenu de piliers. Malgré l'encombrement, nous sommes parvenus à en reconnaître quatre; et, en suivant le côté de ce péristyle perpendiculaire à l'axe, nous avons vu une porte que cet axe traverse dans son milieu. Nous avons encore été arrêtés à cette porte qui est entièrement bouchée. Les murs de ce péristyle sont recouverts d'un enduit de ciment, qui tient peu, et dont la qualité est très-inférieure à celui de la rotonde et des tombeaux qui sont tout autour.

Tels sont les détails de ce grand monument souterrain, dont la construction étonne lorsque l'on voit que cette grande quantité de salles, ainsi que celles dont nous n'avons pu voir que les abords, sont toutes creusées dans un seul rocher et piquées à la pointe du marteau.

En jetant les yeux actuellement sur l'ensemble du plan, on en remarque la régularité, et l'on reconnaît la place des parties qui nous sont restées cachées, mais dont l'existence nous est démontrée. L'entrée principale était vraisemblablement à la dernière porte que nous avons aperçue et qui se trouve près du bord de la mer. De l'autre côté de l'axe se place naturellement une partie semblable du péristyle dont nous avons vu les quatre piliers. Du même côté, on trace le corridor et la salle carrée semblable à celle par où nous avons pénétré dans le péristyle.

En régularisant enfin les parties que nous avons observées, on peut raisonnablement croire qu'il existe, à droite du monument, un corps semblable à celui qui se compose des deux premières salles dont j'ai parlé; et si l'on prolonge la seconde de ces deux salles, on peut imaginer un corridor qui, derrière la rotonde, réunirait ces deux corps latéraux, et alors on voit se dessiner un ensemble grand et majestueux. Qu'on ne croie pas que l'hypothèse de ces additions ne soit fondée que sur l'imagination; car, si l'impossibilité de pénétrer à travers les terres ne nous a laissé rien voir dans l'intérieur qui puisse appuyer ces idées, nous avons reconnu à la surface extérieure plusieurs puits semblables à ceux dont j'ai parlé, et qui répondent aux parties que nous supposons exister[1].

Nous avions pensé d'abord que ce qu'on appelle *les bains de Cléopâtre* faisait partie de ce monument, et que la manière dont ils lui seraient liés nous donnerait quelques idées sur sa destination. Nous avons, en conséquence, levé le plan de tous les accessoires; mais nous avons reconnu que ces prétendus bains n'ont aucun rapport avec le monument. Ils paraissent de construction arabe, ainsi qu'une citerne qui est à côté, et une grande mosaïque dont on voit les restes au-dessus des bains.

D'après les détails ci-dessus, et surtout d'après la position de ce monument au milieu de l'ancienne *Nécropolis*, il paraît certain que c'était un tombeau destiné à renfermer dans la rotonde le corps de quelque

---

[1] *Voyez* le plan général, vol. v, pl. 41, fig. 1.

grand personnage, et autour, ceux de ses parens qui le touchaient de plus près. Les deux salles des sépultures que nous avons vues aux deux côtés de la grande salle carrée, paraissent avoir été destinées à conserver les corps des princes ou autres personnages remarquables : les autres salles et les deux grands corps latéraux étaient vraisemblablement affectés aux cérémonies religieuses et funèbres du temple dédié à Hécate, ainsi que l'indiquent les croissans qui se voient sur la partie supérieure des frontons ; le conduit souterrain que nous avons reconnu au-dessous de la voûte en brique, pourrait faire croire, comme je l'ai déjà observé, que la célébration de quelques mystères n'était pas étrangère aux cérémonies pratiquées dans ces tombeaux. Enfin, le petit conduit qui mène de la salle des sépultures à la mer, était bien évidemment destiné à la purification des corps que l'on devait embaumer.

Etait-ce donc là le tombeau des Ptolémées, que les Alexandrins paraissaient si empressés de montrer à Octave, après que ce nouveau maître de l'Égypte eut visité celui d'Alexandre[1] ? Était-ce le magnifique tombeau, orné d'un grand nombre de niches et de caveaux, où l'histoire nous apprend que Cléopâtre se réfugia, et où elle fut prise vivante par Proculéïus, lieutenant d'Octave, après la défaite et la mort d'Antoine[2] ? C'est ce que je ne discuterai point, ne m'étant proposé ici que de donner un détail circonstancié des beaux restes de ce monument.

[1] Sueton. *in Aug.*, cap. XVIII.
[2] Rollin, *Hist. rom.*, tome XVI, liv. LII, pag. 110.

CHAPITRE XVIII.

DESCRIPTION

GÉNÉRALE

DE MEMPHIS ET DES PYRAMIDES,

ACCOMPAGNÉE

DE REMARQUES GÉOGRAPHIQUES ET HISTORIQUES;

Par M. JOMARD.

SECTION II[1].

§. I. *De plusieurs lieux de la plaine ou du nome de Memphis.*

Pour n'avoir plus à parler que de Memphis même et des grandes Pyramides, je traiterai en peu de mots, dans cet article, du reste de la préfecture Memphitique, ce qui complètera en même temps la nomenclature de ce nome, insérée au *chapitre XVI* qui précède, ainsi que celle des lieux où il reste quelques vestiges d'an-

---

[1] *Voir* ci-dessus, tom. IV, pag. 425.

tiquité. On trouve aujourd'hui des ruines ou des débris d'antiquités à Meydoun[1], à Reqqah el-Kebyr, à Bemhé, qui répond à Peme[2]; à Dahchour (Acanthus), à Saqqârah, à Myt-Rahyneh (Memphis), à Abousyr (Busiris), sans parler des Pyramides de Meydoun, de Reqqah, d'el-Metânyeh, de Minyet-Dahchour, de Saqqârah, d'Abousyr et de Gyzeh. Il faut ajouter à ces positions Gezyret el-Dahab et Koum el-Eçoued. Les villes et lieux mentionnés par les auteurs sont Peme, Acanthus, Memphis, Busiris, *Venus aurea* et les Pyramides[3]. D'autres noms encore sont cités par les auteurs, le *Serapeum*, le mont Psammius, le Sinopion, autre montagne voisine de Memphis, le canal appelé fleuve Achéron, etc.; mais ces lieux dépendent immédiatement de Memphis, et il en sera question dans le paragraphe suivant. Quant aux ponts construits sur le canal des Pyramides, ils ne doivent pas trouver place dans cette description, puisqu'il est certain qu'ils sont l'ouvrage des princes musulmans[4], et que rien n'annonce qu'ils aient été rebâtis sur des fondations antiques. Après ces lieux, le site le plus voisin du nome

---

[1] En parlant plus haut de Meydouneh, j'ai négligé de dire qu'on y voit des colonnes de marbre, la plupart renversées, hautes d'environ 3 mètres, épaisses de 4 décimètres, avec un chapiteau de 5 ½. La base et le chapiteau sont corinthiens, mais de mauvais goût.

La pyramide de Meydoun présente sur la face du nord, dans sa partie inférieure, une ouverture qui paraît avoir été pratiquée avec violence; on ignore si elle pénètre jusqu'au centre.

[2] Dans le chapitre XVI, ce nom de lieu est écrit Bembà, et en arabe sur la carte بمبى ; mais une orthographe plus correcte donne بمها, Bemhà ou Bemhé, ce qui retrace parfaitement le nom de l'itinéraire d'Antonin.

[3] La Table Théodosienne mentionne dans cet espace un lieu du nom de Venue; ce nom est évidemment corrompu.

[4] Voyez la *Description du Kaire* (t. XVIII, 2ᵉ partie, chap. IV, p. 473).

DE MEMPHIS ET DES PYRAMIDES. SECT. II.

Memphites, mais que je crois placé en dehors, est la ville de Letopolis, dont il sera parlé dans un autre mémoire [1].

Un savant a accusé d'Anville d'erreur au sujet de l'emplacement du lieu nommé *Venus aurea*, dont il est question dans le passage suivant de Diodore de Sicile : τήν τε Ἀφροδίτην ὀνομάζεσθαι παρὰ τοῖς ἐγχωρίοις χρυσῆν ἐκ παλαιᾶς παραδοσέως καὶ πεδίον εἶναι καλόμενον χρυσῆς Ἀφροδίτης περὶ τὴν ὀνομαζομένην Μέμφιν (*Bibl.*, l. 1, c. 97) : « Vénus est nommée par les indigènes *Aurea*, d'après une antique tradition, et il y a un champ dit de *Venus Aurea* aux environs de la célèbre ville de Memphis. » La ville dont cette position était voisine, dit ce savant, n'est pas Memphis, mais Momemphis, lieu situé bien loin de là dans le nord [2]. Cette critique paraît peu fondée, quoiqu'il l'appuie sur le texte publié par Wesseling, dans lequel Μώμεμφιν est substitué à Μέμφιν (Diod., *Ed. Bip.*, t. 1, pag. 288, l. 1, c. 97). En effet, le surnom de célèbre, de vantée, ὀνομαζομένην [3], qui appartient si bien à Memphis, peut-il être donné à un lieu obscur en comparaison de cette capitale? Strabon dit à la vérité qu'on y adorait Vénus [4]; mais ce n'est point un motif suffisant pour empêcher de s'en tenir au texte que j'ai rapporté [5].

---

[1] *Voyez* les Mémoires sur la géographie comparée, etc.
[2] Edition du *Voyage de Norden*, par Langlès, tom. III, pag. 201.
[3] Cette acception est, je crois, déterminée par le sens de la phrase.
[4] Liv. XVII, p. 803.
[5] Le savant Wesseling commentant ce passage (Diod. Sicul., *Bibl. hist.*, Bip., 1793, t. 1, p. 474), s'est décidé pour le mot Μώμεμφιν, quoique *tous les manuscrits* (hors un) portent Μέμφιν. Sur quoi se fonde-t-il ? sur ce qu'au chapitre 66, le texte de Diodore présente les mêmes mots, περὶ.... τὴν ὀνομαζομένην Μώμεμφιν ?

En effet, au midi de Gyzeh, à une lieue et demie de Memphis, est un village du nom de *Gezyret el-Dahab*, c'est-à-dire *l'Ile d'Or*, et aussi le *Champ d'Or*[1]. La conformité d'emplacement et l'analogie de nom seraient-elles ici réunies sans annoncer une identité de position? Diodore de Sicile voulait prouver que l'épithète de *toute d'or*, donnée à Vénus par Homère, venait de l'Égypte, et, en général, qu'Homère et d'autres Grecs illustres avaient puisé beaucoup de choses dans cette contrée. Que ce lieu dût son nom à sa fécondité ou à tout autre motif, ou qu'il l'eût reçu comme consacré à la déesse ainsi surnommée, je l'ignore; mais il semble que rien ne répugne à placer en cet endroit, qui est très-fertile, le *Champ d'Or*, le *Champ de la Vénus d'or*[2], cité par Diodore de Sicile[3]. D'ailleurs, Hérodote place à

mais il eût dû peut-être considérer que trois manuscrits portent ici Μέμφιν; 2°. sur ce que Memphis était trop connue pour avoir besoin de cette épithète; mais on pourrait dire que Momemphis ne l'était pas assez pour la mériter; 3°. sur ce que Strabon apprend qu'à Momemphis on adorait Vénus: mais on ne peut s'en étonner, puisque cette ville était en face du nome Prosopites, où ce culte était en honneur. Pourquoi en conclure que là est le champ dit de *Vénus Aurea*, quand on sait que Memphis avait un temple de *Vénus Étrangère* (suivant Hérodote), ainsi qu'on va le voir, ou de Vénus, divinité grecque (suivant Strabon)?

[1] Je pourrais citer plus d'un territoire, plus d'un champ de l'Égypte moyenne, appelé *Gezyret*, sans être une île.

[2] Comme ce lieu n'était pas une ville, un lieu habité, mais un territoire, je n'en ai pas inscrit le nom sur la *carte ancienne*. Sa position est sur la rive gauche du Nil, sous le parallèle de la grande Pyramide.

[3] Je soumettrai au lecteur une conjecture sur ce nom de lieu un peu négligé par les savans: elle m'est suggérée par la proximité du village appelé *Atâr el-Nabi*, placé tout en face de Gezyret el-Dahab. On traduit ce nom ordinairement par ces mots: *Traces du prophète*, et même on montre *une pierre où il a laissé l'empreinte de son pied*, et que les Musulmans dévots viennent voir du Kaire et de très-loin. C'est une règle de critique, qu'il faut porter une attention particulière sur les noms de lieux à traditions merveilleuses. On se demande si les

DE MEMPHIS ET DES PYRAMIDES. SECT. II. 535

Memphis un petit temple consacré à Vénus étrangère (ou Vénus reçue à titre d'hospitalité [1]) : ce serait assez pour expliquer le nom de la position, indépendamment du sens qu'il faut donner à cette tradition, sur laquelle nous reviendrons au §. III.

Koum el-Eçoued, la butte Noire, est le nom d'un village placé à la hauteur de la deuxième Pyramide de Gyzeh, sur la rive gauche du canal occidental; c'est le village le plus voisin du grand sphinx. Il renferme des buttes de décombres, et l'on serait d'abord porté à y re-

Arabes, lors de la conversion de l'Égypte à l'Islamisme, n'auraient pas tiré parti d'un nom très-ancien, existant dans cet endroit, et profité de l'ignorance ou de la crédulité des habitans, pour leur persuader que le prophète y avait marqué son pied. Il est dans le génie des Arabes de ramener les noms étrangers à des mots significatifs dans leur langue ; je pourrais en citer maints exemples. Si le nom antique égyptien était ⲁⲑⲁⲣ ⲛⲓⲟⲩⲃ, mot à mot *Venus auri, Venus aurea*, il était facile d'en faire Atàrennaby, أثَرْ النَّبِي *la trace du prophète ;* quant à la pierre avec l'empreinte, je pense que personne n'est embarrassé de l'expliquer, pas plus que les fidèles croyans d'O'mar et les compagnons d'A'mrou-ben-el-A's ne l'ont été de la découvrir. Or, on sait que plusieurs villes de l'ancienne Égypte, nommées Aphroditopolis, ville de Vénus, par les auteurs grecs, s'appelaient, en égyptien, *Atharbechis*, et que ce nom, dans les manuscrits qobtes, est Athar Baki, ⲁⲑⲁⲣ ⲃⲁⲕⲓ ; et ce qui complète cette analogie des noms, c'est la présence d'une lettre rarement employée dans les noms de lieux arabes, savoir le ث et sa conformité avec le ⲑ (du nom de la Vénus Égyptienne). Ajoutons qu'Atàr-el-Naby est contigu au nome Aphroditopolites de l'Égypte moyenne. On peut citer entre une foule d'exemples des mots qu'ont altérés les Arabes, pour les ramener à des mots de leur langue, la manière dont certains auteurs ont expliqué le nom de la province du *Fayoum*. Ils prétendent qu'elle tire son nom du canal de Joseph, qui arrose cette province reculée, et que Joseph le patriarche l'acheva en *mille jours* (*elf youm,* الف يوم) : tandis que le véritable sens est *phi-iôm, la mer*, en copte, ⲫⲓⲟⲙ, parce qu'un immense lac, comparé à la mer, remplit toute la partie septentrionale de la province.

[1] Hérod., liv. II, c. 112.

connaître, comme je l'ai dit plus haut, le lieu de Busiris, indiqué par ce passage de Pline que je vais rappeler : « *Pyramides... à Memphi*, VI... *vico appositæ quem vocant Busirin, in quo sunt assueti scandere illas*[1]. »

Sans doute s'il n'était question que des deux grandes Pyramides, cette proximité s'accorderait mal avec la distance de ces monumens à Abousyr, laquelle est de 13000 mètres en ligne droite; mais la position de la Busiris de Memphis est trop bien fixée à Abousyr, endroit plein de ruines et de débris antiques, pour la transporter à Koum el-Eçoued, à près de trois lieues plus loin. C'est donc un point qui reste incertain, comme je l'ai déjà fait remarquer précédemment[2], et je considère Busiris comme ayant été, non pas une ville distincte, mais un des faubourgs de Memphis.

§. II. *Description des restes de Memphis.*

Il n'est aucun des historiens de l'Égypte qui n'ait fait mention de la ville de Memphis, et qui n'ait traité de ses monumens ou de son histoire, et l'on pourrait s'étendre fort au long sur cet intéressant sujet; mais l'article qui lui est consacré dans cette partie de l'ouvrage, doit être d'autant plus circonscrit, qu'il subsiste moins de vestiges apparens de son ancienne splendeur, propres à composer une description de monumens. Ce n'est pas que je pense que tous les anciens ouvrages qui faisaient l'ornement de cette cité soient entièrement

---

[1] L. XXXVI, c. 12.

[2] *Voyez* ci-dessus, page 51, section I.

Nota. Dans la carte *ancienne et comparée* de l'Égypte, le nom de Busiris est placé conjecturalement près des grandes Pyramides, uniquement d'après le passage de Pline.

détruits et anéantis, et il est plutôt à croire qu'on en trouverait encore des restes imposans si l'on pratiquait de grandes fouilles dans les buttes de ruines existantes; mais tout, ou presque tout, est caché et enseveli plus ou moins profondément. On ne voit plus aucun reste de temple ou de palais, aucun monument debout; c'est sans doute pour ce motif qu'on a long-temps hésité sur l'emplacement de Memphis. Plusieurs écrivains, et même plusieurs voyageurs modernes, tels que le P. Sicard et Shaw, se fondant sur des rapprochemens inexacts ou des raisons frivoles, l'avaient supposé, les uns à Fostât, les autres à Gyzeh, c'est-à-dire à quatre lieues plus au nord que Myt-Rahyneh (le centre des ruines actuellement visibles) : le fait est que les voyageurs n'avaient vu aucun site couvert de ruines assez considérables pour les attribuer avec fondement à l'ancienne capitale. Pockocke, qui avait vu des ruines à Mokhnân, disait qu'il y avait plus de monticules de décombres à Metrahenny (Myt-Rahyneh); il y plaça vaguement, sans qu'on puisse assurer qu'il a été sur le lieu même, le site de Memphis. Après lui, Bruce lui assigna ce même emplacement, sans y décrire rien de remarquable. Déjà d'Anville avait deviné, par des combinaisons itinéraires, qu'il devait être plus reculé au sud que Gyzeh; mais il crut qu'il était sur le bord du Nil, là où il n'y a qu'une vaste plaine, et le supposa en face d'el-Adaouyeh, lieu qui est encore à plus de deux lieues trop au nord. Niebuhr admit également, mais sans avoir vu les lieux, que Memphis était dans le sud. Maillet pensait aussi que Memphis était loin de

Gyzeh, à Manof ou Manouf[1]; Fourmont s'est attaché à le prouver; mais ce point, dans sa carte, n'est qu'à une lieue et demie de la grande Pyramide et bien loin de Myt-Rahyneh, et à la fois tout près de Saqqârah et en face d'Atâr el-Naby : ce qui est inexplicable, et qui ne permet pas de se faire une idée juste de la position du lieu qu'il regardait comme le site de Memphis[2].

Il faut savoir que dans sa partie occidentale la vallée est couverte de bois épais de palmiers; on doit s'y enfoncer pour découvrir le véritable emplacement dont il s'agit, et c'est ce que je fus obligé de faire quand on me chargea de faire la reconnaissance des provinces de Gyzeh et de Beny-Soueyf. Je vis à cette époque[3] les ruines de Memphis à l'occident de ma route, et les marquai sur la carte topographique. C'étaient des huttes très-élevées, dominant même sur les palmiers, et ayant tout l'aspect de ruines. Après avoir atteint les bois de Terseh et de Manyal, à une lieue de Gyzeh, on arrive, une lieue au-delà, à la forêt de Manâouât[4] et de Mokhnân, qui a près d'une lieue et demie de longueur. Elle cache complètement au voyageur l'emplacement d'Abousyr et des ruines les plus septentrionales de Memphis. Enfin, l'on passe devant un troisième rideau de palmiers, qui a encore une lieue de longueur, et qui sert de ceinture aux ruines de Myt-Rahyneh et des en-

---

[1] El-Edricy, trad. de Gabriel Sionite (*Comm.* de Hartmann, pag. 378), dit que Menf (*Menf oppidum*) est au midi et dans le voisinage de Fostât.

[2] *Description histor. et géogr. des plaines d'Héliopolis et de Memphis*, 1755, p. 201 et suivantes. Le peu de renseignemens que donne Fourmont fait douter qu'il ait vu les véritables ruines.

[3] Extrait de mon journal de voyage, le 28 nivose an VII (17 janvier 1799).

[4] Ce n'est pas le lieu de Menf.

virons, les seules de l'ancienne Memphis qui sont encore bien distinctes, c'est-à-dire qui n'ont pas été recouvertes par l'exhaussement du sol et nivelées par la charrue. Un an plus tard, je visitai ce lieu avec les membres de la Commission des sciences, en venant par la partie orientale, c'est-à-dire par Saqqârah. Nous vîmes des buttes d'environ 3000 mètres de longueur [1], dont le village de Myt-Rahyneh occupe à peu près le centre, et séparées des ruines de Saqqârah par deux canaux et une plaine. Myt-Rahyneh est à 2000 mètres est de Saqqârah, 17600 mètres au sud (en ligne droite) de Gyzeh, et à la même distance de la grande Pyramide, aussi à l'est; sa latitude est d'environ 29° 52'. On verra bientôt, d'après le témoignage de l'histoire, que Memphis s'étendait jusque-là et même encore plus loin; et je me borne ici à dire que Myt-Rahyneh est à xii milles exactement du vieux Kaire, comme Memphis l'était de Babylone d'après l'Itinéraire d'Antonin, ce qui est conforme d'ailleurs à toutes les autorités.

Il suit de cette description de la route, qu'il est en quelque sorte impossible de voir les restes de Memphis avant d'y toucher; mais ce n'est là qu'une partie de l'espace qu'elle occupait très-certainement : Saqqârah, Abousyr, et même une partie de la forêt de Manâouât, où l'on rencontre aussi des ruines, nous paraissent comprises dans son ancien emplacement; c'est ce qu'on admettra avec nous comme au moins très-probable, après

---

[1] Selon le plan levé par le colonel Jacotin (*Voy.* pl. 1, *A.*, vol. v). Mon journal porte que les ruines ont une lieue de longueur. Dans sa lettre à M. Desgenettes, insérée au *Courrier de l'Égypte*, n°. 58, le général Dugua donne 3 lieues de circuit aux monceaux de décombres.

avoir pesé les motifs exposés dans le paragraphe qui suit. A présent il ne sera question que des monticules de ruines les plus apparens, compris entre les hameaux de Koum el-A'zyzeh au nord, Myt-Rahyneh à l'ouest, et le canal de Bedrécheyn au sud : pour les autres points des environs où il subsiste quelques débris ou vestiges de l'antiquité, nous renverrons aux planches et à leur explication [1]. Ces buttes forment une vaste chaîne de décombres, couverte de palmiers, ainsi que de pierres brisées, accumulées en tous sens, les unes en granit, les autres en matière calcaire ; une petite plaine sépare les monticules de décombres, et un canal la traverse ; l'inondation y donne naissance à des étangs que remplacent ensuite des champs cultivés. Des blocs énormes en grès et en granit sont confusément amassés ; ils sont tout couverts de sculptures hiéroglyphiques ; c'est là le site de quelque grand édifice renversé de fond en comble [2].

A la pointe sud-est des ruines, les membres de la commission des sciences ont découvert, à une petite profondeur sous le sol, les restes d'une statue colossale en beau granit [3]. Ces débris suffisent pour donner une idée de la statue, du moins de la matière et de la proportion. Le granit est rose et d'un superbe poli. On a trouvé des portions de l'épaule, de l'avant-bras, et différentes parties du torse et des membres : le fragment le plus intact est le poignet gauche, entière-

---

[1] *Voyez* principalement la pl. 1. *Antiquités*, volume v, et les suivantes.

[2] *Voyez* pl. 3, *Ant.*, vol. v.

[3] *Voyez* le *Courrier* de l'Égypte, n°. 58.

ment conservé. Ce morceau gigantesque a été emporté au Kaire[1], et de là à Alexandrie[2], où il a subi le sort des autres monumens tombés au pouvoir de l'armée britannique[3]. La longueur de la grande phalange du doigt medius est de $0^m 677$ ($2^{ds} 1^p$); la largeur des quatre doigts à la naissance est de $0^m 867$ ($2^{ds} 7^p 11'$); la hauteur du poignet ou la distance de la naissance de l'avant-bras à l'articulation du medius a $0^m 87$ ($2^{ds} 8^p 1'$); la largeur du poignet à la naissance de l'avant-bras est de $0^m 62$ ($1^d 10^p 11'$); la paume, mesurée sur le dos de la main, a $0^m 975$ (3 pieds); enfin, la distance de l'articulation du medius à l'os du poignet, à la même mesure. Ce fragment montre que la figure tenait dans la main une sorte de rouleau ou volumen, comme on en voit assez ordinairement aux mains des statues qui sont à l'entrée des temples. Par les dimensions que l'on vient de rapporter, il est possible de juger de la grandeur du colosse. Plusieurs de ces mesures, d'après la proportion humaine, supposent une stature de 17 mètres, et la plupart de 18 mètres $\frac{1}{2}$. Il est probable que c'était un colosse de 40 coudées[4]. Nous reviendrons plus bas sur cette proportion extraordinaire: un seul échantillon pareil donne à juger de la grandeur des

---

[1] Par les soins de M. Coutelle.

[2] Par les soins de M. Gratien le Père. Ce dernier nous a communiqué avec obligeance son journal de voyage, qui est d'accord avec nos observations, et avec la relation publiée dans le *Courrier de l'Égypte*, n°. 58. Cependant les mesures précises que nous avons relevées sur le poignet colossal, tant à Memphis même qu'à Londres, où il est maintenant, diffèrent de celles qu'il nous a communiquées, et dont, pour cette raison, nous n'avons pu faire usage; il donne 12 décimètres à la largeur du poignet, qui n'en a guère que onze.

[3] *Voyez* pl. 4, fig. 1, *A*., vol. v.

[4] Voyez *Exposition du système métrique, etc.*, t. VII, ch. IV, p. 113.

monumens de la ville, il suffirait pour attester le lieu qu'occupa cette capitale.

Dans la partie sud des ruines, on a découvert un puits grand et profond, revêtu en pierre calcaire blanche, et auprès, un escalier, assez bien conservé [1]. Le cheykh de Myt-Rahyneh rapporte qu'en fouillant aux environs, à peu de profondeur, on découvre beaucoup de statues. J'ai trouvé, près de Myt-Rahyneh, des ruines de murs très-épais, et un grand nombre d'autres constructions égyptiennes en briques crues, avec des fragmens de colonnes, des morceaux sculptés et des matériaux en granit. Non loin du grand colosse, j'ai vu sortir de terre la tête d'une autre statue ensevelie, et que j'ai jugée être de même espèce que la tête des caryatides de Thèbes. Des fragmens d'albâtre, de trap, de granit, de basalte travaillés, se rencontrent partout, particulièrement un granit blanc très-beau, façonné en vases plats. Ce que j'ai rapporté de plus curieux est un fragment de terre cuite émaillée et sculptée, ayant appartenu probablement à une muraille recouverte de cette belle matière. Le morceau est remarquable par le bleu éclatant qui le recouvre; c'est le bleu du *lapis lazuli*: on sait par les auteurs que les Égyptiens avaient l'art de l'imiter, mais l'on possède peu d'échantillons de cet outremer factice. Ce qui n'est pas moins digne d'attention, c'est la pureté des figures hiéroglyphes qui y ont été gravées : le trait en est aussi ferme et les arêtes aussi

---

[1] Cette remarque a été faite par M. Gratien Le Père. Le même voyageur a recueilli une statue égyptienne, trouvée près de Saqqàrah par le cheykh de ce village, et de grandeur naturelle.

vives que si le travail sortait des mains d'un sculpteur habile, et n'avait pas été soumis à l'action d'un feu violent; elles étaient d'un stuc blanc, incrusté avec art dans la pâte d'émail. Malheureusement je n'ai pas eu le temps de recueillir tous les fragmens du même genre qu'on devait trouver dans ce lieu, en y pratiquant les fouilles convenables : celui-ci a été figuré dans la collection des *antiques*[1]. Je considère ce genre de décoration sur les parois des murailles comme analogue à celui des divans du château du Kaire, où l'on voit les murs couverts de carreaux de faïence, peints et ornés de divers sujets[2]. Ces espèces de mosaïques antiques méritent d'être recherchées avec curiosité par les voyageurs à venir.

Deux petits lacs ou étangs se voient dans l'enceinte des ruines, à l'est de Myt-Rahyneh, au milieu d'une petite plaine qu'arrose le canal de Bedrécheyn; ils sont produits par le débordement de ce même canal. Suivant la saison, ces lacs se forment ou disparaissent. Après la retraite des eaux, et même au-dessus de leur surface, on aperçoit des ruines dans l'emplacement du plus grand lac, celui qui est le plus près à l'est du village. J'ai cru distinguer la direction de plusieurs des rues principales. Enfin, les trois points où j'ai remarqué le plus de débris antiques sont au midi de Myt-Rahyneh, dans l'intérieur et au midi du grand lac. En terminant cette description trop incomplète des ruines actuelles de Memphis, nous ne pouvons nous empêcher de reproduire l'as-

---

[1] *Voyez* la pl. 87, fig. 1, *Ant.*, vol. v, et l'explication.
[2] Voyez *E. M.*, t. II, pl. GG, fig. 13, 14; et la *Description du Kaire*, t. XVIII, deuxième partie, p. 360.

sertion que nous avons émise au commencement, savoir, que les monceaux actuels de décombres recèlent encore infailliblement les restes et les fondations des monumens, et quantité de débris dignes des recherches des amis de l'antiquité. L'histoire et les arts ne peuvent que gagner aux fouilles qui seront pratiquées sur le sol de cette seconde Thèbes, fouilles dispendieuses sans doute, mais faites pour honorer le gouvernement qui les aura ordonnées. Au reste, le plan des recherches à faire dans ces ruines est tout tracé. L'Institut d'Égypte avait nommé à cet effet une commission, et elle rédigea une instruction très-étendue, qui a été publiée[1]. En recommandant aux voyageurs cette pièce intéressante, qui embrasse, outre les recherches à faire sur le sol de Memphis, tout ce qui regarde les pyramides de Gyzeh et de Saqqârah, nous devons inviter aussi nos lecteurs à la consulter.

§. III. *Remarques géographiques et historiques sur la ville de Memphis.*

Memphis, au rapport unanime des historiens, renfermait une multitude de monumens magnifiques; aujourd'hui, si ce n'est quelques fragmens de colosses et de vastes décombres, on n'en découvre plus aucun vestige: que sont-ils devenus? On se demande si les palais et les temples et la plupart des constructions, autres que les statues et les monolithes, n'étaient pas en pierre calcaire

---

[1] Le rapport est du 4 pluviose an IX. Les commissaires étaient MM. Fourier, Le Père, Champy, Coutelle, et M. Geoffroy, rapporteur. (Voyez *Courrier* de l'Égypte, nᵒˢ. 104, 105, 106 et 107.)

tirée des carrières voisines? C'est ce qu'on est porté à croire, quand on voit qu'en Égypte, presque partout où cette pierre a été employée par les anciens, les modernes habitans l'ont convertie en chaux, tandis que les monumens en grès restaient et sont encore debout. Une autre cause de destruction non moins énergique (sans parler des ravages exercés par Cambyse), a contribué à faire disparaître de la surface du sol tous ces édifices ; diverses capitales ont succédé à Memphis : Alexandrie, Fostât et le Kaire. Chacun de ses monumens a été exploité comme une carrière, pour fournir les matériaux des villes nouvelles ; c'est ce que nous attestent l'histoire des Arabes et l'observation des lieux [1].

1°. ÉTENDUE ET LIMITES DE MEMPHIS.

Le site de Memphis est, selon nous, parfaitement déterminé par les témoignages des anciens, comparés à la topographie actuelle, indépendamment des ruines subsistantes, et il est surprenant que les auteurs modernes et les voyageurs aient pu s'y tromper ; c'est faute d'une attention suffisante, si l'on n'a pas reconnu l'accord qui existe entre ces autorités. 1°. *Hérodote.* On ne peut tirer de lui que des données indirectes sur la position absolue de Memphis. Il s'agit du passage où il dit que Ménès, voulant détourner le Nil, qui passait le long de la montagne Libyque, et le faire couler à égale

---

[1] « ....Quelques efforts que différens peuples aient faits pour l'anéantir (Memphis)...., en transportant ailleurs les pierres et les matériaux dont elle était construite. » (Traduct. de la *Relation* d'A'bd-el-latyf, par M. de Sacy, p. 185.)

distance des deux montagnes, afin de bâtir une ville dans l'ancien lit, combla le coude que formait le fleuve, construisit une digue à environ cent stades au-dessus de l'emplacement de la ville (digue que l'on continuait d'entretenir et de fortifier tous les ans), et creusa un lac au nord et à l'ouest de ce lieu [1]. Cependant, en examinant attentivement le plan de la vallée, on reconnaît que cette description s'applique assez bien à la position de Myt-Rahyneh ; en effet, à 10000 mètres [2] ou cent stades au sud, au village de Medgouneh, le Nil se porte à l'est vers el-Tabbyn, et suit dès ce moment une ligne médiale entre les chaînes libyque et arabique, abandonnant ainsi la direction ouest qui le portait peut-être jadis vers Dahchour, l'ancienne Acanthus, laquelle répondrait au coude mentionné par l'historien. Ce qui vient encore à l'appui de la tradition rapportée par Hérodote, c'est le *canal el-Asarah*, ou *Occidental* : ce canal, berceau large et assez profond, qui suit le pied de la chaîne libyque, a attiré l'attention des ingénieurs français; je l'ai vu et traversé en divers points, et je pense, avec plusieurs de mes compagnons de voyage, que c'est plutôt le reste d'un ancien cours du Nil, que l'ouvrage des hommes.

Quant à l'étendue de Memphis et à ses limites, Hérodote ne fournit point de mesure; il n'en est point de même des auteurs que nous allons passer en revue.

2°. *Diodore de Sicile* rapporte que la ville avait 150 stades de circonférence sous son fondateur appelé Ucho-

[1] Hérodote, liv. 1, chap. 99.
[2] C'est la mesure de 100 stades d'Hérodote ou petits stades égyptiens.

reus[1]. On ne peut guère hésiter ici entre les deux mesures de stade dont s'est servi Diodore dans le cours de son Histoire, outre que le plus souvent il a fait usage du stade de 600 au degré, et notamment dans la distance des Pyramides au Nil, que le même auteur fixe (avec beaucoup d'exactitude) à 45 stades. En effet, le grand bois de Manâoûât, au nord de Myt-Rahyneh, renferme, comme je l'ai dit, de grandes buttes de ruines, qu'on ne peut, je pense, attribuer qu'à l'ancienne Memphis; autrement, il faudrait faire abstraction de la distance de VII milles $\frac{1}{2}$, assignée par Pline entre Memphis et les Pyramides, limiter cette ville vers Abousyr du côté du nord, et faire que le circuit n'eût plus que 150 stades de la mesure d'Hérodote[2].

5°. *Strabon* assigne trois schœnes d'intervalle entre le Delta et Memphis (liv. XVII, p. 807). J'ai montré, dans un Mémoire sur le système métrique des anciens Égyptiens, et dans le chapitre XX des *Antiq.-Descript.*, quel est le point de départ d'où il faut compter cette distance, c'est la tête de l'ancienne branche Pélusiaque près de Beçous : or, trois schœnes, mesurés de ce point, tombent à environ 2000 mètres au sud de Myt-Rahyneh; là peut-être se trouvait une des portes du midi[3]. Sui-

---

[1] L. 1, c. 50.
[2] Nous avions proposé cette dernière opinion dans le Mémoire sur le système métrique des anciens Égyptiens, nous fondant seulement sur le nombre de 120 stades, que Diodore assigne à l'intervalle entre les Pyramides et Memphis. Il est évident qu'il s'agit, dans ce dernier cas, du petit stade : la mesure tombe en face d'Abousyr.
[3] El-Edriçy donnait trois parasanges pour la distance de Memphis au Delta, confondant le parasange avec le schœne; *voyez* le Mémoire sur le système métrique, *A. M.*, t. VII, p. 295.

vant le même auteur, la montagne sur laquelle on avait bâti les grandes Pyramides et un grand nombre d'autres, était à 40 stades de la ville (liv. XVII, p. 808): cette mesure correspond à une autre de VI milles dont nous parlerons bientôt, si l'on distingue, comme le texte l'exige, le site même des Pyramides et celui de la montagne sur laquelle on les avait construites. Il en résulte une limite, au nord-ouest, pour la ville de Memphis; or à ce point on voit encore une ancienne digue ruinée (plan topographique de Memphis [1]).

4°. *Pline* donne deux distances qui fixent parfaitement la limite nord de Memphis, ou du moins des faubourgs les plus avancés; l'une est de XV milles, à partir du Delta [2], l'autre de VII milles $\frac{1}{2}$, à partir des Pyramides; si on trace deux arcs de cercle, avec ces mesures comme rayons, les deux arcs se couperont près de Manâouât, lieu compris dans le périmètre résultant du témoignage de Diodore; on pourrait donc regarder ce lieu comme une des portes, si ce n'est de la ville, du moins du faubourg du nord. Un des manuscrits de Pline porte seulement VI milles : cette mesure, si on la préfère, tomberait sur la digue ruinée, au nord-ouest d'Abousyr, point qu'on vient de mentionner et qui était peut-être une autre porte de faubourg.

Voilà donc au moins un point au nord et un au midi, qui permettent déjà de faire le tracé approximatif du

---

[1] *Voyez* pl. 1, *Ant.*, vol. v.

[2] ...*Memphis, quondam arx Ægypti regum .. ad scissuram autem Nili, quod appellavimus Delta,* XV M *passuum* (Plin. lib. v, cap. 9). (Pyramides): *a Nilo minus quatuor millia passuum, a Memphi sex (septem....)* (*Ibid.*, l. XXXVI, c. 12).

contour le plus extérieur de l'ancienne Memphis, tracé comprenant au dedans Abousyr et Myt-Rahyneh. Cette ligne passerait à peu près par Mokhnân, Manâouât, l'ancienne digue, les Pyramides au nord-ouest de Saq-qârah et ce dernier village, un point à 2000 mètres au sud de Myt-Rahyneh et au nord d'Abou Rogouân, et de là, en tournant, une ligne entre le Nil et la route de la haute Égypte[1]. Si l'on mesure le circuit de cette espèce de trapèze arrondi, on y trouvera les 150 stades que demande le passage de Diodore de Sicile, à la mesure du stade de 600 au degré.

5°. *Ptolémée* peut encore être cité pour la différence en latitude entre Memphis et un point bien connu, qui est Babylone. Cette différence était, suivant lui, de 10′ (30° et 29° 50) : elle tombe au sud de Myt-Rahyneh.

6°. L'*Itinéraire d'Antonin* fournit une mesure de XII milles entre Babylone et Memphis; cette mesure tombe exactement sur Myt-Rahyneh. Il en est de même d'un intervalle de XX milles entre Letopolis (Koum el-Ahmar) et Memphis. Ce lieu de la ville, ou quelqu'autre plus à l'ouest, était, à ce qu'il paraît, une sorte de point de départ, quoique non central, à partir duquel on comptait les distances itinéraires.

On peut encore citer ici une distance de 180 stades, assignée par *Josèphe*, de la ville de Memphis à Onion (selon moi Tell el-Yhoudyeh), pourvu que l'on considère le nombre 100 comme ayant été introduit à la place de 200; la carte donne en effet 280 stades ordinaires

---

[1] Les savans auteurs de la traduction française de Strabon ont aussi reconnu que la ville devait s'étendre beaucoup plus au nord que Myt-Rahyneh.

entre ce lieu et l'extrémité sud de Memphis, là où aboutit la distance de trois schœnes [1].

Ainsi douze passages différens (sans y comprendre celui d'el-Edriçy) déterminent la position absolue de l'ancienne Memphis, et se confirment tous réciproquement; en outre ils fournissent plusieurs points de son enceinte. On peut donc, par des considérations purement géographiques [2], moins vagues que ne seraient de simples aperçus, déduits de l'importance que lui donnent les historiens ou les monumens dont elle fut ornée, se former une idée assez plausible des limites de cette grande cité et de l'étendue qu'elle occupait. On pourra, à l'aide de ces calculs, en évaluer approximativement la superficie, et même en tirer des conséquences pour l'ancienne population. Comme il n'est pas question ici de rigueur géométrique, nous nous bornerons à une estimation en nombres ronds.

La longueur de Memphis, en y comprenant les faubourgs extérieurs, pouvait avoir 10000 mètres, sa largeur moyenne, 5000; ainsi la surface du rectangle, supposé passer par les points extrêmes, serait de 5000 hectares. Mais on ne serait pas fondé à admettre que toute cette superficie était habitée par une population dense.

---

[1] Selon Benjamin de Tulède, l'ancienne *Mitzraïm* avait trois milles de largeur, et était située à deux parasanges de la nouvelle (celle-ci est sans doute le Kaire); or, il est aux 2/3 de la distance de l'ancienne tête du Delta à Myt-Rahyneh (intervalle de 3 schœnes). Le diamètre des ruines qui touchent à Myt-Rahyneh est à peu près de 3 milles.

[2] Il faut, pour apercevoir ce résultat d'une manière sensible et démonstrative, jeter les yeux sur un plan figuré de l'espace compris entre Beçous et Myt-Rahyneh, avec l'indication de toutes les distances rapportées ci-dessus. (*Voir*, au défaut de ce plan, la *carte ancienne et comparée de la basse Égypte*, t. IX.)

Le quart au moins de cet espace peut être considéré comme non habité, soit qu'il fût rempli par les jardins, les places et lieux publics et les terrains vagues, soit même qu'on le regarde comme étant une portion de la campagne, située entre les rues prolongées des faubourgs du nord et du nord-ouest, tendant l'une vers Héliopolis et le Delta, l'autre vers les grandes Pyramides. La surface peuplée de Memphis équivalait, dans ce cas, à un peu plus que celle de Thèbes, ou 3500 hectares; je suis porté à croire qu'à l'époque de sa plus grande splendeur, Thèbes étant déchue de sa prospérité, cette ville attira à elle une grande partie de la population de l'ancienne capitale, et put réunir dans ses murs jusqu'à sept cent mille habitans : dans ce calcul, et pour éviter toute exagération, j'évalue la population relative de Memphis aux 5/9 seulement de celle du Kaire [1].

Il faudrait se garder de conclure de là qu'il ait existé simultanément en Égypte deux villes de 700000 habitans chacune; mon sentiment est que Memphis et Thèbes, réunies, n'ont eu dans le même temps guère plus d'un million d'individus, et que la première ne s'est accrue qu'aux dépens de l'autre, ce qui est arrivé lorsque cette dernière cessa d'être résidence royale. Quant à la troisième ville de l'empire égyptien, Héliopolis, on peut, d'après la position des points extrêmes où l'on voit encore des ruines, comparer sa surface à celle du Kaire, et admettre qu'elle a réuni 150000 à 200000 habitans [2].

---

[1] Au Kaire, 263700 habitans pour 793 hectares, ou 332 individus par hectare; à Memphis, 700000 habitans pour 3750 hectares *habités*, ou 187 par hectares.

[2] Voy. *A. D.*, t. ix, p. 339.

L'examen des noms que portent les lieux actuels de l'ancien territoire de Memphis pourrait jeter quelques lumières de plus sur les limites de cette capitale : c'est un soin que je laisse aux savans, et aux lecteurs curieux d'approfondir ce point de géographie historique. J'appellerai seulement leur attention sur le nom de Tahmâ, village au nord de la ville et sur le bord du fleuve : son nom se retrouve à Thèbes; Abousyr, reste de Busiris, compris dans l'enceinte, ne donne lieu à aucune nouvelle observation; Manâouât, à la limite du faubourg septentrional, est aujourd'hui le seul nom de toute la plaine de Memphis qui ait quelque rapport avec *Manouf* ou *Manof*, dont parlent les voyageurs modernes : ce dernier nom aurait-il été remplacé depuis un siècle ou deux, ou bien aurait-il été mal entendu par ces voyageurs, disposés à retrouver sur les lieux les restes du nom de Memphis comme ceux de ses anciens monumens; ou enfin le village de Menf a-t-il disparu tout-à-fait ? Ce sont des questions auxquelles je ne puis répondre qu'en mettant en note, sous les yeux du lecteur, la liste de tous les villages et lieux quelconques depuis Gyzeh, autres que les Pyramides [1]. Fourmont, en assignant vaguement Manouf pour site à l'ancienne Mem-

---

[1] Kafr Tahermes (village de Hermès), Birket el-Kheyâm, Saqyet Mekkeh, Gezyret el-Dahab, Kouneyseh, Koum el-Eçoued, Nezlet el-Aqta', Talbyeh, Terseh, Beny Yousef, el-Harânyeh, Chobrâment (شبرامنت et non Chobrâ-menf) Zâouyet Chobrâ-ment, Abou Nemrous, Manyal-Chih, Abouseyfeny (couvent), Tahmâ (طحما), el-Manâouât (المناوات, Monà-ouâd?), Myt-Chammâs, Myt-Qâdous, Myt-Douneh, Omm Mokhnân, Cheykh O'tmân, Monà el-Emyr, el-Haouâmdyeh, Abousyr, Koum el-A'zyzyeh, Myt Rahyneh, Saqqârah, Bedrecheyn, el-Chinbâb, Darâgly, Abou Rogouàn, etc. *Myt* est l'abréviation ordinaire de *Minyet*, qui signifie *demeure*, comme *monà*.

DE MEMPHIS ET DES PYRAMIDES, SECT. II.   553

phis¹, s'était certainement décidé par la consonnance des noms; n'avait-il pas simplement vu celui-ci dans les anciennes listes de villages ? En effet, il n'indique et ne décrit aucun lieu déterminé, quoiqu'il place un village de ce nom dans son plan de la plaine de Memphis. Il est certain toutefois que le mot de Manof et Menf, dont il est fait mention chez les auteurs arabes, renferme le reste du nom antique écrit selon l'orthographe la plus correcte, puisque la médaille du nome porte ΝΟΜΟΣ ΜΕΝΦΙΤΗΣ², ainsi que je l'ai déjà observé dans la description de l'Heptanomide³.

II°. MONUMENS ÉLEVÉS A MEMPHIS, QUARTIERS DE LA VILLE.

L'histoire des rois de Memphis serait presque celle de ses monumens, puisqu'ils se sont plu à l'enrichir d'une foule d'ouvrages remarquables où se reflétaient la grandeur et la magnificence de Thèbes, et qui rivalisaient avec l'ancienne capitale. Par les descriptions que nous ont laissées les historiens nous jugeons de l'étendue et de l'importance de ces ouvrages; nous pouvons même, jusqu'à un certain point, juger de leur style et de leur caractère, quand nous rapprochons les récits des auteurs sur l'une et l'autre ville, ayant pour point de comparaison les monumens de Thèbes, qui nous sont exactement connus. Si les masses des constructions différaient par les matériaux, c'est une nécessité locale qui s'explique d'elle-même; mais les statues et tous les mo-

¹ *Voyez* plus haut, page 537.   ³ *Voy.* A. D., *chap. XVI*, t. ɪᴠ,
² *Voy.* pl. 58, fig. 20, *A.*, vol. v.   p. 426.

nolithes étaient, comme à Thèbes, en granit ou en pierre dure, d'un travail difficile. Ce qui distingue principalement Memphis, non-seulement de Thèbes, mais de toutes les capitales, c'est le système adopté pour la forme des tombeaux; tandis qu'à Thèbes les tombes sont des hypogées creusés, à Memphis, toutes sont des massifs de forme pyramidale : c'est un style auquel Memphis semble avoir donné naissance, sujet qui mériterait des recherches approfondies, non-seulement pour l'histoire des arts, mais même pour les sciences et la philosophie; nous aurons occasion d'y revenir.

Avant de rapporter les témoignages des historiens sur les monumens des arts, nous devons citer les noms des quartiers et des localités dont ils font mention, et chercher à les reconnaître : ce sont, d'après la nomenclature des Grecs, le mont Psammius, le Serapeum, le Sinopium, le lieu dit *Cochomé*, les fleuves Achéron, Cocyte et Léthé. Le premier de ces lieux était une montagne au pied de laquelle Memphis était bâtie. Cette montagne ne peut être autre chose que la chaîne libyque, dans sa partie saillante à l'est, depuis le site des pyramides de Saqqârah jusqu'aux pyramides en ruines, qui sont au nord-est d'Abousyr. On a cru pouvoir dériver ce nom de deux mots égyptiens [1], mais la nature des lieux nous apprend qu'il signifie simplement montagne sablonneuse, de $\psi\acute{\alpha}\mu\mu o\varsigma$ et $\psi\acute{\alpha}\mu\mu\iota o\nu$, sable. Dès le temps de Strabon, les sables de Libye, comme à pré-

---

[1] ⲰⲞⲨ et ⲘⲞⲤ, *fortitudinem dans.* Voyez l'*Égypte sous les Pharaons*, t. 1, p. 340.

sent, assiégeaient le sol de Memphis. « Le temple de Sérapis, dit-il, était situé dans un lieu très-sablonneux, où les vents amassaient des monticules de sables : on y voyait des sphinx, dont les uns étaient enfouis jusqu'à la moitié du corps, d'autres jusqu'à la tête[1]. » L'affluence des sables est encore plus grande, aujourd'hui qu'ils ne trouvent aucune barrière, et ils ensevelissent de plus en plus le site de Memphis, ils y débouchent par un vallon qui est au sud-ouest d'Abousyr.

Le *Serapeum*, ou le temple de Sérapis, d'après ce que nous venons de dire, ne pouvait être éloigné du plateau de la montagne Libyque. Pour le retrouver, il faudrait opérer de grandes fouilles entre Saqqârah et la pyramide à degrés qui est au nord, *Haram el-Modarrageh*, et creuser les sables assez profondément pour mettre les sphinx à découvert : ceux-ci formaient sans doute une allée, comme à Thèbes, conduisant à la porte du temple; c'était en ce lieu qu'on procédait à l'inhumation d'Apis, il renfermait un nilomètre. Dans l'article suivant nous parlerons du Serapeum sous ces divers rapports, et relativement à son origine et à son culte.

Le *Sinopium*, suivant Eustathe[2], était la montagne de Memphis; pour cette raison il regardait le Sérapis Memphitique comme l'origine du Jupiter Sinopites d'Homère. Selon Jablonski, ce nom veut dire le lieu de la mesure, parce que là existait le nilomètre. C'était sans doute le canal occidental qui portait les eaux sur

---

[1] Strabon, l. xvii, p. 807. *Eustath. ad Dionys. Perieg.* v. 255.
[2] Σινώπιον γὰρ ὄρος Μέμφιδος, *in Geogr. min.*, t. iv, p. 45.

ce point, et comme il avait sa prise d'eau à un point supérieur de la vallée, il pouvait faire connaître en effet l'origine de l'accroissement, avant le jour où on l'apercevait dans le Nil même, en face de Memphis.

Eusèbe et le Syncelle font mention d'un lieu dit Κοχωμη, dans le voisinage des Pyramides [1] : nous n'avons aucune donnée pour découvrir son emplacement.

Selon Diodore de Sicile, les Grecs avaient emprunté à l'Égypte leurs fleuves infernaux, le Cocyte et le Léthé. « Orphée, disent les Égyptiens, a rapporté de son voyage ses mystères, ses orgies et toute la fable de l'enfer [2]. » Il est possible que l'idée première de l'enfer des Grecs et des Champs-Élysées, ait été puisée en Égypte : mais y chercher l'origine de leurs fables jusque dans les détails, ainsi que ces fleuves, ouvrages de leur féconde imagination, et encore le Styx, le Phlégéton, le Ténare, le Tartare, puis Caron et Cerbère avec Minos, Éaque et Rhadamanthe, ce serait tenter, nous le pensons, des rapprochemens forcés. Ce serait donc ici consumer le temps en vaines recherches, que de vouloir trouver, sur le plan du territoire de Memphis, la place qu'occupait le Cocyte ou l'Achéron ; je n'essaierai pas davantage de retrouver le lac d'Achéruse, situé auprès de Memphis, selon Diodore de Sicile, ni l'île voisine, où Dédale avait un temple consacré sous son nom [3]. L'auteur, qui, après avoir dit qu'Orphée et Homère avaient puisé leurs fables chez les Égyptiens, attribue à Dédale le vestibule du temple de Vulcain à Memphis,

---

[1] *Præp. evang.* l. II, c. 3 ; Syncell., *Chronogr.*, p. 54, 55.

[2] Diod., l. I, ch. 36.

[3] *Ibid.*

et qui assure qu'on plaça la statue d'un artiste grec dans ce temple fameux, *statue faite de sa propre main*, n'est pas ici assez d'accord avec lui-même, pour servir de guide dans des rapprochemens aussi obscurs.

Au rapport d'Hérodote, le même Ménès, qui fonda Memphis, qui fit élever les digues destinées à la protéger contre le débordement, et creuser des lacs au nord et à l'ouest, éleva en l'honneur de Vulcain, un temple remarquable par sa magnificence [1]. Il est difficile de concilier ce récit avec la qualité de *premier roi d'Égypte*, que l'historien donne au même souverain, si Memphis est considérée ici comme capitale : en effet, elle succéda comme telle à la ville de Thèbes. Mais ne faut-il pas entendre par-là que Ménès fut le premier roi d'Égypte qui choisit Memphis pour résidence [2] ? Alors il n'y aurait plus rien dont on pût être étonné dans l'érection d'un grand et superbe temple à Memphis, comme on pourrait l'être de voir élever de tels ouvrages dès le berceau de la civilisation ; car les modèles ne manquaient pas dans l'antique Thèbes. Toutefois nous regardons comme très-croyable que Memphis fut un lieu habité dès les premiers temps, et bien avant Héliopolis : il fut occupé comme le point le plus resserré de la vallée au-dessus de l'origine du Delta, comme la clé, en quelque sorte, de

---

[1] Hérod., liv. II, ch. 99, trad. de M. Miot.

[2] Manéthon (dans Jules Africain et Eusèbe) attribue à Athothis ou Athosthis, fils de Ménès, premier roi de la première dynastie *après le déluge*, la construction du palais de Memphis (Syncell. *Chron.*, p. 54, 55) : mais le Syncelle, plus loin, fait redescendre la fondation de Memphis à l'époque de celle de Sparte (*Ib.* p. 149) ou à l'epoque d'Épaphus (p. 152, 158).

l'Égypte supérieure; car, ainsi que l'observe très-bien Hérodote, la ville se trouve dans la partie étroite du pays. L'opération qu'on attribue à Ménès, la rectification du cours du fleuve en ce point, ne put pas être faite au commencement; il fallait d'abord avoir étudié la pente des eaux, s'être assuré de la possibilité d'une entreprise aussi gigantesque, avoir profité enfin des connaissances locales qu'avaient acquises les habitans établis en cet endroit. Quoi qu'il en soit, le roi Mœris, antérieur seulement de neuf siècles à Hérodote, fit construire au temple de Vulcain les propylées qui regardent le nord [1]. Sésostris, au retour de ses conquêtes, employa les captifs à extraire des carrières des pierres immenses qui furent employées, sous son règne, à la construction du temple. Il plaça au devant six colosses; les deux plus grands, ayant 30 coudées, représentaient ce prince et son épouse, les quatre autres, ayant 20 coudées, ses quatre enfans [2]. « Le roi Protée, dit le même auteur (c'est ainsi qu'il s'appelle dans la langue des Grecs [3]), donna son nom à une enceinte sacrée, magnifique et richement décorée, un peu au sud du temple de Vulcain; dans cette enceinte on voit une chapelle dédiée à Vénus *reçue en hospitalité* (Hélène, fille de Tyndare. A l'entour de l'enceinte de Protée, on voyait les habitations des Tyriens et le quartier appelé Camp des Tyriens [4]. Son successeur Rhampsinite laissa, comme monumens de son règne, les propylées du temple de Vul-

---

[1] Hérodote, l. II, ch. 101.
[2] Hérodote, livre II, chap. 108, 110.
[3] *Cétes* chez les Égyptiens (Diodore, liv. I, c. 62).
[4] Hérod., l. II, c. 112.

cain, qui regardent le couchant. En face de ces propylées sont deux statues hautes de 25 coudées. Les Égyptiens donnent le nom d'Été à celle qui regarde le nord, et le nom d'Hiver à celle qui regarde le midi. Ils révèrent la statue de l'été, lui offrent des dons et traitent d'une façon tout opposée celle de l'hiver [1]..... Les propylées du temple qui regardent le soleil levant, ont été bâtis par lui (Asychis); ils sont plus magnifiques et plus vastes que les autres. Tous, à la vérité, sont ornés de figures gravées, et présentent aux yeux une variété infinie dans leur construction; mais ces derniers l'emportent de beaucoup par la grandeur [2]..... Psammitichus, devenu maître de toute l'Égypte, fit construire, au temple de Vulcain à Memphis, les propylées qui regardent le midi; il fit élever aussi la cour où l'on nourrit Apis, lorsqu'il apparaît. Cette cour est située en face des propylées; un péristyle, dont les murs sont couverts de figures sculptées, règne autour; et, au lieu de colonnes, est soutenu par des colosses de 12 coudées de haut [3]..... Amasis consacra, dans les temples les plus célèbres, un grand nombre d'ouvrages tous remarquables par leur volume et leur grandeur. De ce nombre est le colosse couché en face du temple de Vulcain à Memphis, et dont la longueur est de 75 pieds. Le même roi a fait construire, en pierre d'Éthiopie, deux colosses, chacun de 20 pieds de haut, placés l'un à la droite, l'autre à la gauche du bâtiment, et l'on en voit à Saïs un de même grandeur,

---

[1] Hérodote, liv. II, chap. 121.
[2] *Ibid.*, ch. 136.
[3] *Ibid.*, ch 153.

également en pierre, et couché comme celui de Memphis. Enfin, c'est encore ce roi qui a élevé, dans cette dernière ville, le temple d'Isis, remarquable par sa grandeur et sa magnificence [1]. »

Ainsi voilà huit rois qui, dans le cours de douze siècles, ne cessèrent d'embellir le grand temple de Vulcain, ou d'enrichir à l'envi la ville de Memphis. Ces récits suffisent pour donner l'idée d'un édifice qui le cède peu à ce qu'on connaît à Thèbes de plus magnifique : mais on est réduit cependant à des conjectures sur sa disposition, son étendue et ses dimensions. A Thèbes, les propylées se succèdent en ligne droite, et ils sont séparés par des cours péristyles ; ici, nous voyons des propylées ajoutés successivement au nord, à l'ouest, à l'est et au sud. Il faut en conclure nécessairement qu'il y avait, contre l'usage ordinaire, autant d'entrées différentes, ou bien que ces propylées introduisaient seulement dans une enceinte extérieure au temple. Une des données de la description d'Hérodote me fait croire que le temple primitivement bâti par Ménès avait son entrée tournée vers le nord ; en effet, le premier propylée qui fut ajouté devant le temple, est celui de Mœris, il fut élevé du côté qui regarde le nord, et très-probablement devant l'entrée.

En étudiant attentivement cette description, et faisant des rapprochemens avec les monumens de Thèbes, à défaut de vestiges subsistans, il ne serait pas impossible de parvenir, par analogie, à découvrir quelque chose de la disposition du temple de Phtha

[1] Hérodote, ch. 176.

ou de Vulcain, et même des dimensions de ce grand édifice. En effet, les Égyptiens suivaient des règles, observaient des proportions, dans les diverses parties de leurs monumens. Par exemple, ils n'auraient pas élevé des statues de 20, 25, 30 coudées, et plus encore, devant des pylônes d'une médiocre élévation. On pourrait comparer, sous ce rapport, le grand palais de Karnak et celui d'Osymandyas avec le temple de Phtha, et en conclure avec vraisemblance la hauteur des différens pylônes de ce dernier; et de là, déduire les proportions approximatives des galeries péristyles et celles des portiques du temple. Toutefois, hasarder sur ces rapprochemens la restitution du monument, serait un travail plutôt curieux qu'utile et satisfaisant; quoiqu'il fût aisé de le tenter, et que même nous ayons tracé un essai de plan conjectural conforme aux données existantes, nous nous abstiendrons de le mettre sous les yeux des lecteurs. Nous avouons d'ailleurs la difficulté qu'il y a d'expliquer l'énorme colosse de 75 pieds (50 coudées) de longueur, qu'Amasis fit placer devant le temple, et qui était *couché sur le dos*, attendu qu'on ne connaît que deux espèces de statues monumentales égyptiennes, les unes debout, les autres assises, et que si l'on regarde les figures de sphinx comme des statues couchées, la position est inverse de celle du colosse d'Amasis. Serait-il question d'une figure analogue à la célèbre statue du Nil, épenchant son urne et environnée d'enfans qui représentent les seize coudées de la juste crue du fleuve? celle-là est en effet couchée sur le dos, mais elle est d'un style étranger à l'Égypte, et l'époque d'Amasis est encore loin de celle où le système des Grecs se mêla au style indigène, bien que Psammétique eût, dès avant ce temps, ouvert aux étrangers l'entrée de l'Égypte, et déjà porté une atteinte profonde aux institutions nationales [1].

Indépendamment de la restitution de l'édifice consacré à Vulcain, il y aurait à examiner d'autres points non moins curieux, et sur lesquels malheureusement on n'a pas plus de lumières. Que faut-il entendre par la statue de l'été et celle de l'hiver, colosses que Rhampsinite éleva en face des propylées du couchant, la première regardant le nord, et l'autre le midi [2] ? Quels attributs distinguaient ces deux saisons ? On sait que les Égyptiens divisaient l'année en trois saisons, et non pas en

---

[1] Hérod., l. II, ch. 154. « Psammitichus fit présent aux Ioniens et aux Cariens, qui l'avaient si bien servi, de diverses portions de terrains, situées en face les unes des autres, séparées seulement par le Nil, et donna à ces deux établissemens le nom de camps. Après leur avoir distribué ces terres, il remplit également les autres promesses qu'il leur avait faites. Enfin, il leur confia des enfans égyptiens pour apprendre la langue grecque ; et c'est des Égyptiens instruits de cette manière que descendent ceux qui servent encore aujourd'hui d'interprètes. Ces Ioniens et ces Cariens habitèrent pendant long-temps les terres qu'ils avaient reçues ; elles sont situées vers la mer, un peu au-dessous de Bubaste, près de la bouche Pélusienne du Nil ; mais par la suite, le roi Amasis les en retira pour les établir à Memphis, et se faire garder par eux contre les Égyptiens mêmes. C'est seulement depuis l'époque de leur établissement en Égypte que nous autres Grecs, dans nos relations commerciales avec eux, avons pu nous instruire exactement par leur secours de l'histoire d'Égypte, à dater du règne de Psammitichus, et sous les rois qui lui ont succédé ; car ces Grecs sont les premiers étrangers qui, parlant une langue différente de celle du pays, l'ont habité. On voyait encore de mon temps, sur les terrains d'où on les avait tirés pour les faire venir à Memphis, des restes de leurs chantiers et les ruines de leurs habitations »

[2] Larcher a traduit : « L'une au nord, les Egyptiens l'appellent Été ; l'autre au midi, ils la nomment Hiver. »

quatre; la plus fâcheuse en Égypte correspond à l'époque de notre printemps, c'est le moment des vents du khamsyn : est-il permis de le prendre pour l'hiver, pour le temps froid, qui arrive à la même époque que chez nous? J'en doute. Au reste, on conçoit comment la statue tournée vers le nord, correspondait à l'été, puisque c'est à cette époque que le soleil est le plus près de la partie boréale.

Il résulte de la description d'Hérodote, qu'outre le temple de Vulcain, il y avait au midi de cet édifice un quartier des Tyriens, avec une enceinte sacrée, dédiée au roi Protée, ainsi qu'un petit temple consacré à Vénus Étrangère, par allusion, dit l'historien, à l'hospitalité qu'Hélène, fille de Tyndare, reçut de ce prince contemporain de la guerre de Troie. Ces traditions sont obscures et dépourvues de documens historiques. Il n'est pas facile de comprendre comment le successeur de Sésostris, qui a été suivi de tant de rois fidèles au culte national, osa ériger un édifice religieux quelconque à une simple mortelle, et à une femme grecque. Les Égyptiens ont-ils jamais été assez sensibles à la beauté étrangère, pour lui élever des temples en présence de ceux de Phtha, d'Osiris et d'Isis? On aurait besoin de puiser aux sources originales des traditions que consulta superficiellement Hérodote, pour asseoir son jugement sur ce trait de l'histoire de Memphis; quant à moi, bien que Strabon dise qu'il y avait un temple de Vénus, divinité grecque [1], je pense que la Vénus égyptienne, *Athor*, qui avait beaucoup de temples en Égypte,

[1] Strabon, l. xvii, p. 807. *Voy.* ci-dessous.

en eut un aussi à Memphis, et que là-dessus les Grecs bâtirent un rapprochement dont le but était de prouver la réalité des évènemens de la guerre de Troie.

Hérodote cite encore un édifice bâti par Psammétique, au midi du temple de Vulcain (ou vis-à-vis les portiques du midi) : c'était un bâtiment en forme de péristyle, où l'on nourrissait, dit-il, le dieu Apis; au lieu de colonnes, le péristyle était supporté par des colosses de douze coudées de haut. La description est incomplète; elle semble désigner une de ces cours péristyles qui séparent à Thèbes les différentes portes de l'édifice principal. Enfin, nous voyons qu'Amasis construisit un temple vaste et admirable, consacré à la déesse Isis, mais rien dans Hérodote ne nous apprend le quartier qu'il occupait, ni en quoi consistait ce monument. Le passage suivant de Strabon confirme la proximité du temple d'Apis et de celui de Vulcain; le voici dans son entier : « Memphis, résidence des rois égyptiens, est elle-même peu éloignée (de Babylone); car on ne compte que trois schœnes depuis le Delta jusqu'à cette ville. Elle renferme des temples; entre autres celui d'Apis, qui est le même qu'Osiris : c'est là qu'on nourrit, dans un *sécos*, le bœuf Apis, qui passe pour un dieu, ainsi que je l'ai dit..... En avant du *sécos* est une cour dans laquelle se trouve un autre *sécos*, pour la mère d'Apis : c'est dans cette cour qu'on le lâche à une certaine heure, principalement pour le montrer aux étrangers; car, quoiqu'ils puissent le voir dans le *sécos*, à travers une fenêtre, ils désirent aussi le voir dehors. Après lui avoir laissé faire quelques sauts dans la cour, on le fait rentrer dans sa demeure. Près du temple d'Apis est celui de Vulcain, édifice magnifique, dont la construction a dû coûter beaucoup, soit à cause de la grandeur du *naos*, soit pour tout ce qui s'y trouve. Un colosse monolithe est placé en avant du temple, dans le *dromos*, où l'on fait combattre des taureaux les uns contre les autres; on les élève à ce dessein, comme on élève des chevaux (pour la course) : à peine sont-ils lâchés, qu'ils se battent; et l'on décerne un prix à celui qu'on juge le vainqueur. Il y a aussi à Memphis un temple de Vénus, regardée comme une divinité grecque; d'autres disent que ce temple est consacré à la lune. On trouve de plus un temple de Sérapis, dans un endroit tellement sablonneux, que les vents y amoncèlent des amas de sable, sous lesquels nous vîmes les sphinx enterrés, les uns à moitié, les autres jusqu'à la tête : d'où l'on peut conjecturer que la route vers ce temple ne serait point sans danger, si l'on était surpris par un coup de vent. La ville (de Memphis) tient le premier rang après Alexandrie; elle est grande, bien peuplée, comme celle-ci, d'habitans de différentes nations. Des lacs s'étendent en avant de la ville et des palais royaux, maintenant en ruines et déserts. Bâtis sur une hauteur, ils se prolongent jusqu'à la partie basse de la ville; au pied de cette hauteur on voit un bois et un lac [1]. »

Le *dromos* dont parle ici Strabon, est défini dans la description générale des temples d'Égypte; non-seulement il y en avait un au temple de Vulcain, mais Élien nous apprend que le temple d'Apis en avait plusieurs;

[1] Strabon, l. xvii, p. 807, traduct. franç.

il rapporte que le bœuf Apis avait des *dromos* et des gymnases (δρόμες καὶ κονίςρας)[1]. Strabon est le seul auteur qui fasse mention des combats de taureaux donnés en spectacle dans ces *dromos*, destination bien différente de tout ce que l'antiquité raconte sur le fameux taureau de Memphis. J'ajouterai que le mot dont il se sert pour exprimer la demeure d'Apis, Σηκος, peut s'interpréter indifféremment par *étable* ou par *sanctuaire* : cette remarque a déjà été faite par les commentateurs. Strabon est le seul aussi qui mentionne les sphinx faisant partie du temple de Sérapis, et le bois qui occupait une partie inférieure.

Tous ces différens traits concourent à former un tableau de l'ancienne Memphis : les bois, ici comme à Abydus, étaient composés d'acanthes, espèce d'acacias épineux, qui opposent, quand ils sont groupés, une forte barrière à l'invasion des sables : il était défendu de les couper[2]. On croit qu'une bibliothèque a existé dans un des temples de Memphis ; on a prétendu qu'Homère y avait puisé le sujet de ses poëmes : le ridicule de cette assertion, rejetée comme elle le mérite[3], n'empêcherait pas de croire à la réalité de la bibliothèque ; d'ailleurs, les archives sacerdotales, consultées par Diodore, en confirmeraient l'existence : rivalisant avec la ville de Thèbes, Memphis devait, comme elle, avoir une bibliothèque.

Diodore de Sicile dit peu de choses sur les monumens

---

[1] Strabon, l. xi, ch. 10.
[2] Voy *Ant.-Descr.*, ch. xi, xvi, et ci-dessus, ch. xviii, section 1re.
[3] *Ap. Eustath. in præfat. Odyss.*

de Memphis; cependant tout ce qu'il raconte au sujet de cette ville mérite d'être rapporté.

« Memphis, la plus fameuse des villes de l'Égypte, fut bâtie par le huitième des descendans d'Osymandyas, nommé comme son père Uchoréus; il choisit pour cela le lieu le plus avantageux de tout le pays, qui est celui où le Nil, se partageant en plusieurs canaux, forme le *Delta*, ainsi nommé de sa figure; de là il arrive que Memphis sert de barrière à cette partie de l'Égypte, contre ceux qui naviguent vers le pays supérieur. Il donna à l'enceinte de la ville 150 stades de tour, et la fortifia d'une manière merveilleuse; car le Nil coulant autour de la ville et se débordant au moment de sa crue, il lui opposa au midi une digue immense, qui, du côté du fleuve, servait de défense contre l'irruption des eaux, et, du côté de la terre, de rempart contre les ennemis. Il creusa aussi un lac vaste et profond, qui, recevant les eaux du fleuve, fortifiait la ville de tous les autres côtés. Il rendit ce lieu si commode et si agréable, qu'après lui la plupart des rois, abandonnant le séjour de Thèbes, y transportèrent leur cour et la résidence royale. C'est depuis ce temps que Thèbes a diminué de plus en plus, et que Memphis s'est accrue toujours davantage, jusqu'au temps d'Alexandre de Macédoine (liv. 1, c. 50)...

« Quelques-uns disent que Memphis tient le nom qu'elle porte de la fille de son fondateur... Douze générations après ce prince, Mœris devenu roi de l'Égypte, construisit à Memphis les propylées du nord, beaucoup plus magnifiques que les autres (liv. 1, c. 51)....

« (Sesoosis) Sésostris dériva de nombreux canaux,

à partir de Memphis, depuis le Nil jusqu'à la mer, à travers tout le pays, afin de faciliter le transport des productions et des marchandises, et de faire jouir les peuples de l'abondance et des bienfaits d'un commerce mutuel.... Il plaça dans le temple de Vulcain à Memphis, sa statue monolithe et celle de sa femme, hautes de 30 coudées, et celles de ses fils, hautes de 20 coudées[1] (liv. 1, c. 57)....

« Darius, père de Xerxès, ayant soumis l'Égypte à l'empire des Perses, voulut faire placer sa statue à Memphis, devant celle de Sésostris; le pontife s'y opposa, dans l'assemblée des prêtres, où cette affaire était agitée, en soutenant qu'il n'avait point encore surpassé les actions du monarque égyptien (liv. 1, c. 58)....

« Psammétique, étant devenu le maître de l'Égypte, éleva au dieu de Memphis le propylée de l'orient; il environna le *naos* d'une enceinte, et il employa pour supports des colosses hauts de 12 coudées, au lieu de colonnes (liv. 1, c. 67)....

« Nous avons examiné attentivement ce qui a été écrit par les prêtres égyptiens dans leurs archives, ἀναγραφαῖς[2].

---

[1] Diodore met dans le temple les statues qu'Hérodote décrit comme étant devant l'édifice.

[2] Il est probable que ce n'est point à Thèbes, mais à Memphis que Diodore a consulté les archives; je remarque toutefois que nulle part il ne dit, en parlant de Memphis, avoir vu, avoir observé lui-même les monumens. Au reste, Heyne (*De fontibus et auctoribus historiarum Diodori*; Diod. Sic., *Bibl. histor.*, vol. 1, Bipont. 1793, p. 45 et *passim*) nie que Diodore de Sicile ait lu ni pu lire les livres sacrés des Égyptiens. En accordant cette proposition, s'ensuit-il que ses récits sont indignes de confiance? non sans doute; et nous ne pouvons en ce point partager l'opinion du savant auteur de la dis-

Trois différences notables existent entre le récit d'Hérodote et celui de Diodore de Sicile. Psammétique, suivant le premier, bâtit le propylée du sud, et suivant le second, le propylée de l'orient. En second lieu, Diodore paraît attribuer au temple de Vulcain l'édifice soutenu par des statues de 12 coudées, tandis que, selon Hérodote, le bâtiment péristyle fut élevé par Psammétique, en l'honneur d'Apis; enfin, on voit ici que le fondateur de Memphis est Uchoreus, et non pas Ménès; mais, chez les deux historiens, c'est Mœris qui éleva les propylées du nord, et Sésostris qui érigea les grandes statues de 30 coudées. Nous avons déjà examiné ce qui regarde le périmètre de Memphis; les digues et lacs qui servaient d'enceinte à la ville, ne contredisent point les autres descriptions. Quant aux *nombreux canaux* que fit Sésostris pour faire communiquer avec la mer les différentes parties de l'Égypte, l'abbé Terrasson a imaginé qu'ils avaient pour objet de faire communiquer le Nil avec *la mer d'Arabie*. Le texte dit simplement ἐπὶ θάλασσαν, à la mer; il est vrai que, suivant Strabon, le canal qui se décharge dans la mer Erythrée ou golfe Arabique, fut creusé d'abord par Sésostris (liv. XVII, p. 804) : mais il n'est pas question de ce canal dans le passage de Diodore; celui-ci n'en parle qu'à l'occasion

---

sertation qui précède l'histoire de Diodore, quelque judicieuse et profonde que soit sa critique. En se reportant à l'époque à laquelle il a écrit, on est forcé d'avouer que sa sagacité ingénieuse a devancé en quelque sorte les faits et l'observation, sur beaucoup de questions qui intéressent l'histoire et les monumens de l'Égypte, et que ses remarques sur les *Sources de Diodore*, sont elles-mêmes une source inépuisable de recherches lumineuses, et un guide presque toujours sûr.

des canaux du Nil, et il l'attribue à Nécos, fils de Psammétique, qui *le premier*, dit-il, entreprit de le creuser[1].

Pour compléter ces extraits de Diodore de Sicile, en ce qui regarde Memphis, j'ajouterai, d'après lui, que pour calmer l'anxiété du peuple au sujet de la crue du Nil, les rois avaient construit à Memphis un niloscope destiné à connaître et publier partout la mesure de l'exhaussement du fleuve en coudées et en doigts, et que pendant un grand nombre de générations, les Egyptiens avaient soigneusement enregistré ces observations[2]. Nous ne pouvons rien dire du temple qui, suivant Diodore, fut consacré à *Dédale*, dans une des îles voisines de Memphis, et très-honoré par les indigènes; en supposant que les Egyptiens aient divinisé un homme, un étranger, on serait fort embarrassé de trouver, dans la topographie des environs de Memphis, le site du monument.

Selon Pline, Apis avait deux temples servant pour les augures, *delubra gemina quæ vocant Thalamos....*[3] Enfin, Pausanias mentionne le temple d'Apis et son oracle[4].

Les anciens ne parlent pas d'un sanctuaire monolithe remarquable, qu'A'bd-el-latyf a vu à Memphis, et que Maqryzy cite également, de manière que son existence est incontestable. Je crois pouvoir citer ici la traduction des passages de ces savans orientaux, comme supplément aux témoignages de l'antiquité; et même, comme le premier entre dans beaucoup de dé-

---

[1] L. 1, c. 33.
[2] L. 1, c. 36.
[3] L. VIII, c. 46.
[4] *In Achaic.*, l. VII, c. 22.

veloppemens sur Memphis, et qu'il en parle pour l'avoir vue lui-même, je ne ferai pas difficulté d'emprunter une grande partie de sa description, laissant à consulter au lecteur curieux d'autres détails accessoires qui ne sont peut-être pas d'un moindre intérêt [1]. D'une part, les écrivains grecs sont entrés dans trop peu de détails, et de l'autre, les dévastateurs ont détruit avec trop d'acharnement les anciens monumens de Memphis, pour qu'on ne me pardonne pas d'y suppléer par la relation d'un homme véridique, judicieux, et témoin oculaire; seulement je dois avertir qu'un sentiment d'admiration exclusive éclate dans son récit, sans doute parce qu'il n'avait pas vu les ruines de Thèbes : c'est au lecteur à faire la part de l'exagération.

« Passons maintenant à d'autres vestiges de l'antique grandeur de l'Égypte; je veux parler des ruines de l'ancienne capitale de ce pays, qui était située dans le territoire de Gyzeh, un peu au-dessus de Fostât. Cette capitale était Memphis; c'était là que les Pharaons faisaient leur résidence, et cette ville était le siége de l'empire des rois d'Égypte (*Relation* d'A'bd-el-latyf, traduction française, pag. 184).

« Les ruines de Memphis occupent actuellement une demi-journée de chemin en tout sens (*Ibid.*)...

---

[1] J'espère que l'intérêt du récit fera excuser la longueur de la citation. La *Relation de l'Égypte* par A'bd-el-latyf, ainsi que les notes et les savans commentaires qu'y a joints M. de Sacy, peuvent être regardés comme un trésor, une mine précieuse de documens et de recherches positives sur ce pays classique : en les publiant, l'illustre orientaliste a rendu un service des plus signalés à l'étude de l'Égypte. Ce seul ouvrage, au milieu de tant d'autres, suffirait pour lui assurer la reconnaissance des amis des lettres.

« Revenons maintenant à la description des ruines de Memphis, que l'on appelle *l'ancienne Misr*. Malgré l'immense étendue de cette ville et la haute antiquité à laquelle elle remonte, nonobstant toutes les vicissitudes des divers gouvernemens dont elle a successivement subi le joug, quelques efforts que différens peuples aient faits pour l'anéantir, en en faisant disparaître jusqu'à ses plus légères traces, transportant ailleurs les pierres et les matériaux dont elle était construite, dévastant ses édifices, mutilant les figures qui en faisaient l'ornement; enfin en dépit de ce que quatre mille ans et plus ont dû ajouter à tant de causes de destruction, ses ruines offrent encore aux yeux des spectateurs une réunion de merveilles qui confond l'intelligence, et que l'homme le plus éloquent entreprendrait inutilement de décrire. Plus on la considère, plus on sent augmenter l'admiration qu'elle inspire. (*Ibid.*, pag. 185.) Du nombre des merveilles qu'on admire parmi les ruines de Memphis, est la chambre ou niche que l'on nomme *la chambre verte*. Elle est faite d'une seule pierre de neuf coudées de haut sur huit de long et sept de large. On a creusé dans le milieu de cette pierre une niche, en donnant deux coudées d'épaisseur tant à ses parois latérales qu'aux parties du haut et du bas : tout le surplus forme la capacité intérieure de la chambre. Elle est entièrement couverte, par dehors comme par dedans, de sculptures en creux et en relief, et d'inscriptions en anciens caractères. Sur le dehors, on voit la figure du soleil, dans la partie du ciel où il se lève, et un grand nombre de figures d'astres, de sphères, d'hommes et d'animaux. Les hommes y sont représentés dans des attitudes et des postures variées : les uns sont en place, les autres marchent; ceux-ci étendent les pieds, ceux-là les ont en repos; les uns ont leurs habits retroussés pour travailler, d'autres portent des matériaux; on en voit d'autres enfin qui donnent des ordres par rapport à leur emploi. On voit clairement que ces tableaux ont eu pour objet de mettre sous les yeux le récit de choses importantes, d'actions remarquables, de circonstances extraordinaires, et de représenter sous des emblèmes des secrets très-profonds. On demeure convaincu que tout cela n'a pas été fait pour un simple divertissement, et qu'on n'a pas employé tous les efforts de l'art à de pareils ouvrages, dans la seule vue de les embellir et de les décorer. Cette niche était solidement établie sur des bases de grandes et massives pierres de granit. Mais des hommes insensés et stupides, dans le fol espoir de trouver des trésors cachés, ont creusé le terrain sous ces bases; ce qui a dérangé la position de cette niche, détruit son assiette, et changé le centre de gravité des différentes parties qui, étant venues à peser les unes sur les autres, ont occasioné plusieurs légères fêlures dans le bloc. Cette niche était placée dans un magnifique temple, construit de grandes et énormes pierres assemblées avec la plus grande justesse et l'art le plus parfait. On voit au même lieu des piédestaux établis sur des bases énormes. Les pierres provenues de la démolition des édifices remplissent toute la surface de ces ruines : on trouve en quelques endroits des pans de muraille encore debout, construits de ces grosses pierres dont je viens de parler; ailleurs, il ne reste que les fondemens, ou bien des monceaux de décombres. J'y ai vu l'arc d'une porte très-haute, dont les deux murs latéraux ne sont formés chacun que d'une pierre; et la voûte supérieure, qui était d'une seule pierre, était tombée au-devant de la porte.

« Malgré toute l'exactitude et la justesse avec lesquelles on avait disposé et assis les pierres de ces édifices, on avait encore pratiqué entre les pierres, des trous d'un empan de dimension sur deux doigts de hauteur, dans lesquels on aperçoit la rouille du cuivre et le vert-de-gris. Je reconnus qu'en cela on avait eu en vue de ménager des attaches à ces pierres, et de les lier ainsi plus fortement les unes avec les autres, en plaçant du cuivre entre les deux pierres contiguës, et versant du plomb par-dessus. Des gens vils et des malheureux ont recherché ces liens de cuivre, et en ont arraché une grande quantité. Pour y parvenir, ils ont brisé beaucoup de ces pierres. En vérité, ils se sont donné bien de la peine pour les enlever, et ont fait voir toute leur bassesse et leur sordide cupidité.

« Quant aux figures d'idoles que l'on trouve parmi ces ruines, soit que l'on considère leur nombre, soit que l'on ait égard à leur prodigieuse grandeur, c'est une chose au-dessus de toute description et dont on ne saurait donner une idée; mais ce qui est encore plus digne d'exciter l'admiration, c'est l'exactitude dans leurs formes, la justesse de leurs proportions, et leur ressemblance avec la nature. Nous en avons mesuré une qui avait plus de trente coudées, et du devant au derrière elle était épaisse en proportion. Cette statue était d'une seule pierre de granit rouge; elle était recouverte d'un vernis rouge auquel son antiquité semblait ne faire qu'ajouter une nouvelle fraîcheur.

« Certes, rien n'est plus merveilleux que de voir comment on a su conserver, dans un colosse aussi énorme, la justesse des proportions que garde la nature. On n'ignore pas que tous les membres du corps, soit instrumentaires, soit similaires, ont certaines dimensions propres, mais qu'ils ont aussi certaines proportions relatives avec les autres membres. C'est de ces dimensions propres et de ces proportions relatives que se forment et se composent la beauté du tout et l'élégance de la figure entière. S'il manque quelque chose à ces conditions, il en résulte une difformité plus ou moins grande, suivant que ces défauts sont plus ou moins graves. Or, ce rapport de toutes les parties a été observé dans ces figures avec une vérité qu'on ne peut assez admirer, d'abord pour les justes dimensions de chaque membre considéré séparément, et ensuite pour les proportions respectives que les différens membres ont entre eux. (*Relation* d'A'bd-el-latyf, pag. 186.)

« Il y a quelques-unes de ces figures que l'on a représentées tenant dans la main une espèce de cylindre d'un empan de diamètre, qui paraît être un volume; et l'on n'a pas oublié de figurer les rides et les plis qui se forment sur la peau de la main, quand on la ferme, vers la partie externe attenant le petit doigt. La beauté du visage de ces statues et la justesse de proportions qu'on y remarque, sont ce que l'art des hommes peut faire de plus excellent, et ce qu'une substance telle que la pierre peut recevoir de plus parfait. Il n'y manque que l'imitation des chairs et du sang. La figure de l'oreille, de son pavillon et de ses sinuosités, est faite pareillement avec une ressemblance parfaite.

« J'ai vu deux lions placés en face l'un de l'autre à peu de distance; leur aspect inspirait la terreur : on avait su, malgré leur grandeur colossale et infiniment au-dessus de la nature, leur conserver toute la vérité des formes et des proportions; ils ont été brisés et couverts de terre.

« Nous avons trouvé un pan assez considérable des murailles de la ville, qui étaient bâties en petites pierres et en briques. Ces briques sont grandes et grosses, d'une forme oblongue : elles égalent à peu près la moitié d'une de ces briques de l'Irak, qui sont du temps de Chosroës (*Ibid.*, pag. 189).

« Quelque grand que fût le nombre de ces statues, elles ont éprouvé les ravages du temps à un tel point, que, si l'on en excepte un très-petit nombre, elles sont aujourd'hui brisées en morceaux, et ne sont plus que des amas de décombres. J'en ai vu une très-grande, dans le côté de laquelle on avait taillé une meule d'un diamètre de deux coudées, sans que la statue en fût par trop difformée et qu'elle eût éprouvé une altération bien sensible. J'ai vu aussi une statue qui, entre ses jambes, en avait une autre plus petite, faite du même bloc : celle-ci, par comparaison avec la grande, paraissait être un enfant; et cependant cette petite statue égalait la taille de l'homme le plus grand. Elle était d'une beauté et

DE MEMPHIS ET DES PYRAMIDES, SECT. II. 577
d'une grâce qui enchantaient les regards, et l'on ne pouvait se lasser de la considérer (*Relation* d'A'bd-el-latyf, pag. 194).

Maqryzy parle aussi de cette chapelle monolithe, auprès de laquelle il y avait autrefois, dit-il, deux grandes statues. « Dans la chapelle était une statue d'Aziz; cette statue était d'or, et avait pour yeux deux pierres fines du plus grand prix : la chapelle et les deux statues qui étaient dans son voisinage, furent mises en pièces après l'an 600 de l'hégire. » Quelques lignes plus loin, il s'exprime d'une manière plus positive : « Il y avait à Memphis, dit-il, une maison de cette pierre dure de granit sur laquelle le fer ne mord point : elle était d'une seule pièce. On voyait dessus des figures sculptées et de l'écriture. Sur la face de la porte étaient des figures de serpens qui présentaient leur poitrail. Cette pièce était d'une grandeur et d'un poids tels que plusieurs milliers d'hommes réunis n'auraient pu la remuer. Les Sabéens disent que c'était un temple consacré à la lune, et qu'il faisait partie de sept temples pareils consacrés aux sept planètes, et qui existaient à Memphis. L'émyr Seïf-eddin Scheïkhou Omari [1] brisa cette *maison verte*, après l'année 750 (1349); et l'on en voit des morceaux dans le couvent qu'il a fondé [2], et dans la djami qu'il a fait construire au quartier des Sabéens [3], hors

---

[1] M. Langlès écrit le nom de l'émyr, Seyf-eddyn Cheykhouà el-Ghamry (notes sur le *Voyage de Norden*, t. III, p. 243).

[2] Selon M. Langlès, *dans le marché et la mosquée de ce prince* (Ibid.).

[3] Selon le même, *situés dans le quartier el-Selebyeh, hors du Kaire*. Il ajoute que *l'emyr A'tabeq ordonna que l'on détruisit tout ce qui restait de cette ancienne ville* (notes sur le *Voyage de Norden*, t. III, p. 243).

A. D. v.

du Kaire. » L'auteur du *Tohfat al-albab* en parle aussi [1] :
« J'ai vu, dit-il, dans le palais du Pharaon contemporain de Moïse, une maison très-grande, d'une seule pièce, verte comme le myrte, sur laquelle étaient représentés les sphères célestes et les astres. Je n'ai jamais rien vu de plus admirable » (*Ibid.*, notes de M. de Sacy, p. 247 et 248).

« Des auteurs orientaux que l'on ne nomme pas, rapportent que l'on comptait à Memphis 70 portes en fer, quatre canaux souterrains, des ponts et des digues; qu'au moyen d'une machine, l'eau était élevée jusque sur le sommet des murailles, d'où elle se portait par différens canaux dans toutes les maisons. D'autres circonstances fabuleuses sont jointes à ce récit [2]. »

Après avoir lu la description d'A'bd-el-latyf, combien on regrette que tant d'ouvrages curieux pour l'histoire des arts ou même des sciences, aient complètement disparu ! Au reste, nous ne ferons ici aucun commentaire sur ces relations, quelque intérêt qu'elles présentent ; elles mériteraient de faire l'objet d'une dissertation spéciale, à laquelle peut-être nous pourrons nous livrer un jour.

Nous n'ajouterons plus que peu de mots à cette histoire abrégée de Memphis : tour-à-tour ravagée ou occupée par les Ethiopiens et les Perses, et reprise par les souverains indigènes, elle reçut enfin dans ses murs Alexandre-le-Grand, comme un libérateur : cette catas-

---

[1] M. Langlès dit que cet auteur est du xiie siècle (*Voyage de Norden*, p. 244).

[2] *Voyage de Norden*, page 243.

M. Langlès paraît avoir puisé ces traditions dans un mémoire de M. Wilford, du iiie volume des *Recherches asiatiques*.

trophe avait été prévue sans doute par les sages du temps. Depuis Psammétique, les Grecs formaient en Égypte un parti tous les jours plus puissant; établis à Naucratis, presque maîtres de la bouche orientale du Nil, formant sur plusieurs points des camps retranchés, les Milésiens, les Cariens, les Ioniens [1], ouvraient à leurs compatriotes les portes du pays. On sait que, malgré la prépondérance d'Alexandrie, Memphis continua cependant, sous les rois grecs, d'exercer quelque influence; c'est là que se faisait l'intronisation. Le collége de Memphis obéissait en esclave aux rois étrangers, mais il conservait son culte et gardait ses priviléges: la pierre de Rosette dépose de son humble soumission aux Grecs, de son adulation servile pour les dominateurs du pays. Sous les Romains, Memphis déchut encore davantage: Strabon montre ses monumens déjà ruinés; depuis long-temps ils servaient de matériaux pour l'embellissement d'Alexandrie. Après son temps, ils furent attaqués avec une fureur croissante. Son sort fut le même et pire encore sous les Arabes, qui élevèrent à ses dépens deux capitales; et cependant, au VIIIe siècle de notre ère, le nilomètre de Memphis était encore consulté. Le beau monolithe dont j'ai parlé ne fût même détruit que dans le XIVe siècle (en 750 de l'hégire, 1349), par les ordres de l'émyr Seyf el-dyn el-Cheykhou-Omary [2], et c'est à cette époque

---

[1] C'est une ambassade de Milésiens qui fut envoyée de Memphis, lors de la marche d'Alexandre (Strabon, l. XVII, p. 814). *La forteresse des Milésiens* était au-dessus de la branche Bolbitine; elle tirait son origine, dit Strabon, des Milésiens qui, sous le règne de Psammétique, abordèrent à cette bouche avec 30 vaisseaux, remontèrent ensuite le fleuve, et fondèrent Naucratis (livre XVII, page 301).

[2] Il serait à souhaiter qu'on retrouvât les fragmens dont parle Ma-

que l'émyr fit disparaître ce qui restait de tous ces monumens.

Il est peu d'écrivains modernes qui n'aient fait des conjectures et des recherches sur le nom de Memphis, ainsi que sur le sens et l'étymologie de ce nom : je ne crois pas devoir imiter cet exemple; ce qui a été publié sur ce sujet n'est point satisfaisant, et l'on ne pourra l'éclaircir que par de nouvelles découvertes. Je me borne donc à rappeler que l'orthographe la plus correcte paraîtrait être *Menfis*, s'il faut s'en rapporter uniquement à un monument authentique, savoir, la grande médaille de nome citée précédemment[1] : dans la Bible ce lieu est nommé Noph et Moph.

De même que j'ai comparé les récits des anciens sur la position de Memphis, avec la géographie actuelle des lieux, j'aurais peut-être dû établir aussi quelques rapprochemens entre la description qu'ils ont laissée des monumens et les débris que nous avons observés sur le sol, ou même les restes, beaucoup plus considérables, qu'y a vus A'bd-el-latyf; j'aurais remarqué que la statue mesurée par A'bd-el-latyf, correspond à l'une des plus grandes statues monolithes élevées par Sésostris devant les propylées du nord, au temple de Vulcain. Selon Hérodote et Diodore, elles avaient 30 cou-

---

qryzy. Le couvent de Cheykhoû ne serait-il pas la même chose que le couvent et la mosquée de Cheykhoun, situés dans la rue du Kaire qui monte à la citadelle, à droite avant d'arriver à la place de Roumeyleh; d'autant plus que c'était dans le quartier el-Selebyeh, d'après une autre indication donnée par M. Langlès, dans ses notes sur le *Voyage de Norden* (t. III, p. 243); nom qui ressemble à celui du quartier el-Salybeh, où se trouve la mosquée Cheykhoun (*Voy.* la *Descript. du Kaire*, t. XVIII 2ᵉ partie, p. 305).

[1] *Voyez* ci-dessus, p. 552.

DE MEMPHIS ET DES PYRAMIDES, SECT. II. 581

dées; l'auteur arabe a trouvé que le colosse avait plus de 30 coudées, et qu'il était d'une seule pierre de granit rouge. Les mesures que j'ai prises du poignet colossal en granit rose, supposeraient, comme je l'ai dit, une stature de $18^m\frac{1}{2}$, ce qui correspond à 40 et non pas à 30 coudées, comme celles dont A'bd-el-latyf a fait usage [1]. Peut-être mon calcul proportionnel est-il établi sur une trop petite partie du corps, pour être parfaitement sûr [2].

Avant de passer à un autre sujet, nous ferons encore ici mention d'une particularité intéressante : il s'agit de la végétation si extraordinaire du territoire de Memphis, si l'on s'en rapporte au témoignage du naturaliste romain : « Il s'y trouve, dit-il, des arbres si gros que trois hommes ne peuvent les embrasser. » Le passage est assez curieux pour être rapporté ici dans son entier : « *Ibi* (circa Memphim) *et prunus ægyptia, non dissimilis spinæ proxime dictæ, pomo mespili, maturescens bruma, nec folia dimittens. Lignum in pomo grande, sed corpus ipsum natura copiaque messium instar incolis. Purgatum enim tundunt, servantque ejus offas. Silvestris fuit et circa Memphim regio tam vastis arboribus, ut terni nequirent vel circumplecti. Unius peculiari miraculo, nec pomum propter, usumve aliquem, sed eventum, fa-*

---

[1] *Exposition du système métrique des anciens Égyptiens*, tome VII, pages 62 et 113.

[2] Le rouleau que tient le colosse a, selon lui, un *empan* de diamètre (ci-dessus, p. 574); or, j'ai trouvé à ce *volume* 23 centimètres 1/2 environ de grosseur, ce qui est une demie coudée (ou 12 doigts), au lieu d'un *empan*, mesure de quatre doigts seulement (Paucton, p. 126). Cette différence énorme n'existe point dans le texte, puisque le mot employé est *chebr*, et que le savant traducteur compare lui-même cet *empan* à la spithame qui est la même en effet que le *chebr*: cette remarque prouverait l'identité des deux colosses, et confirmerait la valeur de la coudée attribuée à A'bd-el-latyf.

cies est : *spinæ folia habet, ceu pennas, quæ tactis ab homine ramis, cadunt protinus, ac postea renascuntur* (*Hist. Nat.*, l. XIII, cap. 10). » Dans un autre endroit, Pline fait encore mention des arbres à feuilles persistantes : « *Nam locorum tanta vis est, ut circa Memphim Ægypti, et in Elephantine Thebaidis, nulli arbori decidant, ne vitibus quidem* (lib. XVI, cap. 21). »

III°. DU CULTE DE MEMPHIS, ET DE SON NILOMÈTRE.

Quel fut le culte principal des habitans de Memphis ? Cette question semble d'abord pouvoir être résolue par les témoignages de l'histoire, et cependant elle est encore pleine d'obscurités. Nous savons que des temples y furent consacrés à diverses divinités, telles que le Vulcain Égyptien, Apis, Isis et Sérapis, c'est ce qui résulte des passages que nous avons rapportés. Mais ces différens cultes furent-ils contemporains, ou bien exclusifs et successifs ? Remarquons d'abord que le premier, le plus ancien de tous, fut celui de Vulcain ; c'est à lui que le fondateur de Memphis éleva un temple, et c'est ce temple que tous les souverains s'attachèrent à étendre, à orner de leurs dons et de leurs plus grands ouvrages ; cette constance à enrichir le même édifice persévéra sans interruption ; elle dura presque autant que Memphis même, du moins jusqu'à la conquête des Perses. Dans l'origine, le dieu Phtha ou Phthas, le Vulcain des Egyptiens, n'était pas, selon le sentiment de Jablonski[1], de Cudworth, de Paw, et de plusieurs savans

---

[1] *Panthéon Égyptien*, 1ʳᵉ part., p. 38 et suivantes. J'emprunte à cet auteur les citations suivantes, et je les rapproche seulement pour en rendre la conséquence plus sensible.

mythologues, le symbole du feu matériel ; c'était celui du feu divin, de l'esprit infini, qui préside l'univers et coordonne toutes choses. Le mot φθὰς, en qobte ⲫⲑⲁϣ (dit La Croze), veut dire *ordinator, sive constitutor*. Si j'en juge par un monument assez curieux d'antiquité, dont je possède l'empreinte, on peut lui attribuer un sens encore plus étendu, c'est-à-dire *qui videt, qui audit omnia*. C'est une jolie pierre gravée, un lapis lazuli, dans laquelle le mot ΦΘΑ est placé entre un œil et une oreille très-finement sculptée ; de l'autre côté est un scarabée. Phtha était le dieu suprême, celui auquel tous les autres obéissaient. Jablonski voit dans ce dieu le Θεὸς ἐγκόσμιος, et le principe hermaphrodite d'Horapollon[1], l'esprit divin qui seul avait tout créé selon Thalès[2] ; cette doctrine avait été empruntée aux Égyptiens par ce philosophe[3], et par Orphée avant lui. La différence que présente le témoignage d'Eusèbe, c'est que Phtha était seulement né du Cneph des Égyptiens, l'architecte de l'univers[4] ; mais Jamblique dit positivement que les Égyptiens appellent *Phtha* l'esprit auteur de toutes choses[5]. Enfin Hermapion, dans Ammien Marcellin, appelle Vulcain le père des dieux[6]. Ce fut aussi le premier des rois en Égypte (ainsi parle

---

[1] L. I, c. 13.

[2] *Deum autem eam mentem, quæ ex aquâ cuncta fingeret* (Cic., *De naturâ Deorum*, l. I, c. 10).

[3] *Simplic. in Aristot. de Cœl.*, l. II. Je passe sous silence le mythe de *l'œuf* mystérieux d'où l'univers entier est sorti, selon la doctrine égyptienne et orphique ; ce n'est pas ici une dissertation sur Phtha.

[4] Liv. III, c. 11 : mais ces mots de Julius Firmicus rétablissent la concordance : *Tu omnium pater pariter ac mater: tu tibi pater ac filius* (*Præf. ad lib.* v *Mathes.*).

[5] *De myster. Ægypt.*, sect. III, c. 8.

[6] Liv. XVII, traduction de l'obélisque d'Hermapion.

Diodore de Sicile, d'après le rapport des prêtres [1]), et il ouvre en effet la première dynastie de Manéthon; mais il s'agit du règne des dieux, c'est-à-dire de règnes fabuleux, et Manéthon l'explique en disant : *Il n'y a point de temps pour Vulcain,* ʽΗφαίςȣ χρόνος ούκ έςιν, *la lumière est de tous les instans* [2].

Selon Diodore, Vulcain avait découvert le feu, et ce bienfait le plaça sur le trône d'Égypte [3] : la fable qu'il rapporte était évidemment une invention des temps récens, qui ne prouve qu'une chose, c'est que l'ancienne doctrine dégénéra avec le temps, et que *Phtha* ne fut plus que le symbole du feu matériel, d'où est venu le dieu *Vulcain* de la mythologie grecque, et c'est en ce sens seulement qu'on a pu dire que Phtha était le Vulcain des Egyptiens. On n'en doit pas moins conclure qu'à une époque très-ancienne, et peut-être les premiers sur la terre, les Egyptiens eurent l'idée d'une âme universelle, d'un feu immatériel et divin, esprit créateur et infini, ordonnant et gouvernant toutes choses.

Mais pendant qu'à Thèbes le culte du grand dieu Ammon avait une forme sensible sous l'image du belier, Memphis adorait le grand dieu Phtha, sans aucun symbole matériel; du moins aucune histoire, aucun témoignage ne nous en a conservé le souvenir. Les rois embellissaient son temple, ils élevaient des propylées et ils érigeaient au-devant des statues; mais ces figures n'étaient point celles des dieux. Ce sont celles de Sésostris, de sa

---

[1] Liv. 1, c. 13.
[2] Ap. Syncell., p. 51.
[3] Liv. 1, c. 13.

femme et de ses enfans, qui étaient devant les propylées du midi : ceux du nord étaient ornés des figures de *l'été et de l'hiver*. Ce qui prouve que les statues élevées par les princes n'étaient point consacrées à un dieu, c'est que Darius voulut faire élever la sienne, et que les prêtres eurent le courage de s'y opposer, parce qu'il n'avait point surpassé le grand Sésostris. On ignore donc absolument quel fut le symbole sensible et visible du culte adressé à Phtha par les habitans de Memphis.

L'histoire des monumens qu'ils élevèrent aux dieux confirme l'antériorité et la prééminence constante du culte de Phtha. En effet, on ne voit paraître le monument du dieu Apis, ou du moins le péristyle qui lui était consacré, que sous Psammétique [1]. C'était, dit Strabon, le même dieu qu'Osiris [2], et son temple était attenant à celui de Vulcain; on y révérait le bœuf ou plutôt le taureau sacré. Sans doute sous Amasis ce culte était dans toute sa splendeur; cependant on voit ce prince élever encore trois statues devant le temple de Phtha, et même une qui était presque double en dimension de celles de Sésostris. Il éleva aussi à Isis un temple magnifique. Ainsi nous devons regarder, malgré toute sa célébrité, le culte d'Apis comme étant d'une origine plus moderne et d'une importance beaucoup moindre pour les Memphites que celui de Phtha. Ce qui a contribué, selon nous, à sa renommée extraordinaire, ce sont ses pompes, ses fêtes, ses oracles, la coïncidence de l'époque où il florissait avec la présence des Hébreux en Egypte, les violences de Cambyse, les superstitions absurdes dont il fut ac-

[1] Hérod., liv. II, c. 153.   [2] Liv. XVII, p. 807.

compagné par la suite des temps, et que les écrivains romains, et depuis les pères de l'église, ont signalées avec tant de force, comme une des plus honteuses aberrations de l'esprit humain ; enfin les séditions qui éclataient à son occasion, et l'empressement des empereurs pour aller à Memphis visiter le taureau sacré. Ce n'est pas que je pense que de pareilles erreurs aient présidé à l'établissement même du culte d'Apis ; ce fut l'ouvrage du temps et l'effet de la destruction des principes de la philosophie égyptienne, alors que l'ambition des conquêtes eut relâché les liens de l'ancienne discipline, et que l'introduction des étrangers eut sapé les lois et les institutions. On ne peut admettre avec Jablonski que toute l'Égypte révérait le dieu Apis : l'assertion de Pomponius Mela ne peut servir à le prouver, ni même les passages d'Elien et de Lucien, où ce qui est dit des Égyptiens s'applique particulièrement aux habitans de Memphis. Quoi qu'il en soit, il était le même qu'Osiris, selon le témoignage des prêtres, rapporté par Diodore de Sicile [1] et Strabon [2], consacré au soleil, selon Macrobe [3], et à la lune, selon les écrivains plus récens [4]. Porphyre concilie ces deux opinions, en disant qu'Apis porte les *insignes* et du soleil et de la lune [5]. Je passe sur les rites et les différentes cérémonies pratiquées en l'honneur d'Apis, plusieurs traits en ayant déjà été rapportés dans les citations de l'article précédent ; il en est de même des

---

[1] Liv. I, c. 21.
[2] Liv. XVII, p. 807.
[3] Liv. I, c. 21.
[4] Suidas in Ἆπις, Am. Marcel., liv. XXII.

[5] *Voy.* Euseb. *Præp. Ev.*, l. III, c. 13. Je renvoie également ici à Jablonski, qui a réuni tous les passages des auteurs sur les signes auxquels on reconnaissait le taureau sacré.

prétendus oracles, de la théophanie ou apparition, et de la mort d'Apis; mais je ferai mention d'un puits qui servait à l'abreuver¹ à l'exclusion de l'eau du Nil, parce que cette circonstance fixe la situation de l'édifice qui lui était consacré : un puits creusé dans la vallée aurait fourni la même eau que celle du fleuve, ce qui donne lieu de penser que ce puits était très-près de la montagne Libyque.

Il y avait, selon Pline, dans le Nil près de Memphis, un lieu consacré à une grande cérémonie annuelle, « *Memphi est locus in Nilo, quem a figura vocant phialam*². » On n'a aucun moyen de retrouver le lieu dont il s'agit, et il est plus intéressant de s'arrêter sur la tradition relative à la durée obligée de la vie d'Apis : cette durée était de 25 ans, dit Plutarque, et il remarque que ce nombre était égal au carré du nombre 5 et à celui des lettres égyptiennes. C'était aussi le nombre des années d'une période luni-solaire assez exacte, qui accordait les mouvemens des deux astres; d'où l'on voit, avec Porphyre, pourquoi Apis était consacré au soleil et à la lune, à Osiris et à Isis. Le renouvellement d'Apis, tous les quarts de siècle, et les rites célébrés à cette occasion, avaient donc un but d'utilité bien digne d'attention. Considéré sous ces aspects, le culte d'Apis présente un véritable intérêt à l'étude et aux recherches des savans. La cérémonie annuelle pratiquée au jour de la crue du fleuve, explique la consécration d'Apis à Osiris-Nil, et la cérémonie *vigintiquinquennale*, sa consécration à

---

¹ Ælian., *De anim.*, l. xi, c. 10; Plutarch., *De Iside et Osiride*.
² Liv. viii, c. 46.

Osiris-Soleil, à Isis-Lune. C'était dans le temple d'Apis que les rois étaient inaugurés, et là ils prêtaient le serment, après avoir été introduits dans le sanctuaire, de ne jamais ajouter un mois ni un jour à l'année, et de conserver intacte l'année de 365 jours, telle qu'elle avait été instituée par les anciens [1], nouvel indice de l'objet de ce culte. On a encore comparé Apis au taureau céleste, et l'on a remarqué que le bœuf était le symbole de la terre féconde, mais il n'est pas de notre sujet de développer tous ces rapprochemens.

On voudrait connaître avec plus de certitude le site de l'ancienne Nilopolis, parce que c'était en ce lieu que le taureau sacré était entretenu avant de faire son entrée à Memphis : dans le chapitre XVI, nous avons placé ce lieu à Meydoun, qui est éloigné de Memphis de onze lieues ; mais nous avouons qu'on manque de renseignemens positifs pour en fixer la position.

Un sujet non moins intéressant que tout ce qui précède, est celui de la mesure de l'accroissement périodique du fleuve, lequel se rattache à l'existence du dieu Apis. Tous les ans, comme je l'ai dit, on célébrait à cette occasion une grande fête en son honneur, la fête du Nil : c'était au solstice d'été. Un nilomètre placé au temple de Sérapis, servait à suivre les progrès journaliers de l'exhaussement, la coudée légale y était transportée solennellement. Cet usage continua d'être observé jusqu'à l'époque des chrétiens ; dans la suite, la coudée fut apportée annuellement dans l'église [2], c'est ce qui fut or-

---

[1] Fabric. *Bibl. lat.*, vol. I, p. 391.   [2] Rufin *Hist Eccles.*, l. II, c. 30.

donné par l'empereur Constantin. Sozomène[1] et Socrate[2] confirment ce dernier fait; mais, sous l'empereur Julien, on recommença à porter la coudée du Nil au temple de Sérapis[3].

Cette circonstance a fait conjecturer à Jablonski que le nom d'*Apis* ne signifie autre chose que nombre, mesure, tirant ce mot de הפי, d'où vient aussi *epha*, mesure de capacité chez les Hébreux, et même il identifie *api* et *nilomètre* : mais les savans n'ont point adopté cette étymologie.

Ces remarques nous conduisent très-naturellement à dire quelques mots du dernier culte dont nous avons à parler, celui de *Sérapis*, qui avait donné son nom au Serapeum, grand monument décrit par Strabon. Tout annonce qu'il était sur le plateau ou sur le flanc de la montagne Libyque; car de son temps, les sphinx qui précédaient l'édifice étaient presque cachés sous les sables. « A la mort d'Apis, dit Pausanias, on avait coutume de l'ensevelir dans ce temple, qui n'était ouvert ni aux étrangers, ni aux prêtres eux-mêmes, qu'à cette seule époque. Le plus célèbre temple de ce dieu était à Alexandrie, et le plus ancien à Memphis[4]. « *Jupiter Sinopites*, dit Eustathe dans son commentaire sur Denys le Périégète déjà cité, est un dieu memphitique, car le Sinopium est une montagne de Memphis. » Pourquoi Jablonski n'admet-il pas que le Serapeum de Strabon soit le même que l'antique temple de Sérapis cité par Pausanias? Le Nil y arrivait sans aucune difficulté, soit par le canal

---

[1] Sozom., *Hist. Eccles.*, l. 1, c. 8.   [3] Sozom., liv. v, c. 3.
[2] Socrat., *Hist. Eccles.*, l. 1, c. 18.   [4] *In Attic.*, liv. 1, c. 18.

occidental, soit par toute autre dérivation, mais je crois plutôt par ce canal, parce qu'il donnait le moyen de connaître plus tôt la marche croissante de l'exhaussement. Les savans sont partagés sur l'ancienneté du Sérapis égyptien, parce que la plupart des auteurs qui l'ont cité sont récens. Toutefois la liaison qui existe entre les cérémonies pratiquées dans les temples de Sérapis et d'Apis, doit faire admettre le témoignage de Pausanias. En outre, Plutarque, si bien instruit sur les choses d'Égypte, dit que Sérapis est un mot égyptien : à la vérité, il n'en interprète qu'une partie, σαιρει, qu'il explique par χαρμόσυνα ou *gaudium* (ⲩⲁⲓ en copte) ou *festum*. Enfin il y avait dans le labyrinthe d'Égypte, qui était un monument bien antérieur aux Grecs, un colosse de Sérapis [1]. Les uns, dit Suidas, entendent par Sérapis, Jupiter, et les autres, le Nil [2]. C'est celui, dit Aristide, qui en été fait croître le Nil, et dissipe les tempêtes, χειμῶνας. Au reste, Jablonski regarde le nom de Sérapis comme étant le mot même de nilomètre, ⲭⲏⲣⲓ ⲏⲡⲓ, sari-api, *columna mensionis*, colonne de la mesure et du nombre [3]; mais cette idée s'écarte de la donnée de Plutarque, et il n'est pas permis d'abandonner cette autorité, quelque ingénieuse que soit l'autre étymologie.

---

[1] Pline, liv. XXXVII, c. 5.
[2] Voc. Σάραπις.
[3] Voyez l'*Exposit. du syst. métr. des Égypt.*, c. XIII, t. VII, p. 500.

SECTION III.

Description des Pyramides du Nord ou Pyramides de Gyzeh [1].

> . . . . . . Audacia saxa
> Pyramidum. . . . . . .
> Stat., Sylv. 3, l. 5.

Rappeler le surnom si connu de *merveilles du monde*, attribué de temps immémorial aux Pyramides du Nord, suffirait pour autoriser une ample description et des recherches très-étendues : mais ce serait s'engager dans une carrière de trop longue haleine, et s'exposer d'ailleurs à bien des répétitions, attendu le nombre des écrivains qui en ont traité. Le plan de cette description sera nécessairement circonscrit dans des limites moins vastes; je m'occuperai donc peu de ce qu'ont dit nos devanciers, et les observations que j'ai faites par moi-même [2], les faits qui m'ont été communiqués par mes compagnons de voyage, en fourniront la base, renvoyant

---

[1] Cette dernière dénomination est ordinairement suivie par les habitans, *El-Harâm-Gyzeh*, mais assez improprement; on ne l'a pas adoptée dans les planches de l'ouvrage, et on a désigné ces monumens sous le nom de *Pyramides de Memphis*, ce qui ne peut donner lieu à aucune équivoque. Le plateau général des Pyramides, depuis *Koum el-Eçoued* jusqu'à *Saqqârah*, doit être considéré comme la ville des morts de l'ancienne capitale.

[2] Elles sont le résultat de trois voyages que j'ai faits, muni d'instrumens topographiques. Je les extrais de mon Journal de voyage, en les classant seulement par ordre, renonçant sans peine à l'avantage de les présenter sous la forme d'une relation plus ou moins dramatique ou attachante.

aux voyageurs qui ont précédé l'expédition française, pour d'autres développemens; enfin je ne perdrai pas de vue que Greaves a traité de ces monumens dans un ouvrage spécial, à la vérité bien ancien, *la Pyramidographie* [1].

Je consacrerai d'abord un paragraphe à la topographie générale, un à chacune des deux plus grandes pyramides, un ensuite aux 3ᵉ et 4ᵉ pyramides et aux tombeaux du voisinage; dans d'autres articles je parlerai du grand sphinx, des chaussées et des carrières qui ont fourni cette masse immense de matériaux. Je présenterai séparément des rapprochemens et des recherches sur ces monumens en général: matière pour ainsi dire inépuisable, mais qui dans cet ouvrage ne saurait être approfondie complètement: néanmoins je m'efforcerai de ne rien négliger d'essentiel de cet intéressant sujet, qui demanderait à lui seul un ouvrage à part.

§. I. *Topographie des Pyramides et coup d'œil général.*

Chacune des grandes Pyramides couvre ou cache un si vaste espace, qu'il est impossible à la simple vue, même en se portant à chaque point, de se figurer avec

---

Le lecteur est assez prévenu que les auteurs de cette collection, au lieu de mettre en action des observations de peu d'intérêt, ont converti leurs récits en descriptions raisonnées et méthodiques; ils ont cru ce mode de rédaction plus utile, plus digne de la gravité de l'ouvrage, que celui dans lequel un voyageur se met toujours en scène, et substitue, trop souvent, aux faits instructifs que cherche le lecteur instruit et sensé, des aventures romanesques, ou des faits personnels d'une faible importance.

[1] M. Grobert a aussi publié une description spéciale des Pyramides de Gyzeh, très-intéressante sous tous les rapports.

DE MEMPHIS ET DES PYRAMIDES, SECT. III.

précision leur situation respective. C'est pourquoi un plan topographique[1], levé géométriquement, était indispensable pour une description exacte et fidèle des lieux. M. le colonel Jacotin s'est chargé de ce soin, et je l'ai secondé en mesurant les côtés et les hauteurs des Pyramides, ainsi que le monument de l'est et l'immense chaussée qui conduit à la TROISIÈME (c'est-à-dire à la pyramide revêtue tout en granit), enfin en relevant plusieurs autres points du site des Pyramides.

Ce site forme un plateau elliptique avançant vers la plaine et occupant une anfractuosité de la montagne Libyque, entre deux sortes de caps ou de promontoires plus élevés, qui l'entourent vers le sud et le nord. La hauteur du plateau est de 42 mètres (environ 130 pieds) au-dessus de la vallée[2], sa longueur est d'environ 2100 mètres (1050 toises) de l'est à l'ouest, entre la limite des terres cultivées et les derniers rameaux de la chaîne libyque; sa largeur du sud au nord est de plus de 1500 mètres (environ 750 toises) : tel est le champ de l'observation. On arrive à ce rocher en gravissant une côte sablonneuse plus ou moins escarpée. Depuis Gyzeh, point de départ pour ceux qui viennent du Kaire, on marche pendant deux heures; la distance est, en ligne droite, de 8300 mètres (4150 toises); on traverse les villages de Kafr Tahermes et Birket el-Khyâm[3], et ensuite le canal occidental, laissant, une demi-lieue à

---

[1] *Voyez* pl. 6, *Ant.*, vol. v.
[2] Ce n'est que le tiers de la hauteur de la chaîne arabique.
[3] Habités par des Arabes cultivateurs, et non des *fellâh* (Voy. les observations sur les Arabes de l'Égypte moyenne, t. XII, p. 267) : les premiers sont en possession d'une sorte de privilège, celui de servir de guides aux visiteurs étrangers.

droite, deux beaux ponts arabes de dix arches [1] en pierre de taille. Quelquefois l'inondation oblige de prendre un détour par Sâqyet Mekkeh, Kouneyseh, Talbyeh, Nezlet el-Aqta', et Koum el-Eçoued, ce qui allonge la route de 2000 mètres.

Le plateau et les pentes qui y conduisent ne présentent rien de particulier dans leur aspect, si ce n'est une multitude de coquilles fossiles, principalement des numismales, assez souvent accompagnées de bélemnites. Des huîtres fossiles se trouvent sur les sommités isolées. Le sable est aussi jonché de cailloux d'Égypte, de quartz et silex roulés blanc et rose, de spath calcaire, etc.; tout ce sable est composé de grains de quartz; çà et là on aperçoit des filons ferrugineux. Partout la sécheresse et la stérilité la plus complète, comme dans le reste du désert Libyque : le sol lui-même est une pierre calcaire, d'un blanc généralement grisâtre et plein de bélemnites. Ajoutons que la lisière du désert est parfaitement marquée par le passage brusque de la culture la plus riche et d'une terre verdoyante, avec une côte de gravier d'un blanc jaunâtre uniforme; contraste semblable à celui d'un ruban à deux couleurs tranchées; d'un côté des champs immenses, couverts, suivant la saison, de trèfle et de fèves en fleurs, de millet-dourah ou de froment; de l'autre, des sables arides qui s'étendent à perte de vue. Vers le sud-est, dans un vallon incliné où se voit une petite enceinte arabe avec quatre sycomores, le sol est couvert de fragmens de granit, de

---

[1] L'exécution de ces ponts est remarquable, et ils sont bien conservés; la chaussée est plate.

basalte[1], de grès, de poteries et de débris d'un poudingue qui appartient à la montagne même. Tel est le lieu que les architectes des Pyramides ont choisi pour y élever ces constructions gigantesques; ils ont sans doute dressé le plateau d'avance, et disposé les chaussées non moins colossales qui devaient servir à charrier et élever les matériaux jusqu'au niveau du sol. Les restes de trois de ces plans inclinés se voient encore du côté de l'est, et montrent, par leur emplacement et leur direction, par quelle route sont venus les matériaux.

Les trois grandes Pyramides sont placées sur ce plateau dans la direction du nord au sud, ou plutôt du nord-est au sud-ouest, en raison de leur grandeur, et, à ce qu'il paraît, de leur antériorité : ainsi la plus considérable et la plus ancienne est à la pointe saillante du nord-est, la plus petite et la plus récente est à la partie la plus reculée au sud-ouest; les trois sont à peu près sur une ligne droite. Des fossés ont été creusés dans le roc, autour des deux principales, aujourd'hui on les retrouve en partie comblés par les sables : on reconnaît aussi les enceintes qui environnaient la DEUXIÈME et la TROISIÈME. Autour de la première sont neuf petites pyramides ruinées, reste d'un plus grand nombre qui lui servaient de ceinture, au moins au midi et au levant.

A l'ouest de la même est une multitude de grands tombeaux rectangulaires (de 24 mètres sur 10, ou 74 pieds sur 21); les sables les recouvrent, mais la forme en est

---

[1] Auprès de la GRANDE pyramide on voit une quantité considérable de basalte volcanique en éclats; à 100 pas au N. O., on remarque une grande masse de basalte à fleur du rocher.

régulière et très-apparente; ils forment un carré aussi spacieux que la pyramide et sont au nombre de 7 dans un sens et de 14 dans l'autre [1]. On juge que ce sont des tombeaux, à l'un d'eux plus grand que les autres, dans lequel nous sommes descendus. Ce carré est précisément au nord de la DEUXIÈME pyramide et au couchant de la première, et aligné avec les côtés de toutes deux, ce qui forme un arrangement symétrique, résultant évidemment d'un plan régulier. Il existe encore, et en grand nombre, des tombes à la surface du sol : d'autres sont des hypogées ou catacombes, c'est-à-dire sont enfoncées dans le rocher; pour les creuser, il a fallu tailler verticalement les parois de la montagne, comme dans les hypogées de Thèbes.

Nous voyons au levant de la DEUXIÈME pyramide les débris d'un édifice carré de 50 mètres (150 pieds) de côté, et au couchant, des catacombes dont l'entrée est dans le fond du fossé; au levant de la TROISIÈME, les restes d'un monument remarquable, mieux conservé et plus grand, dont il sera parlé en son lieu. Enfin au sud de cette dernière, on voit une quatrième pyramide [2] beaucoup plus petite que les autres, avec deux pyramides à degrés. Quant au fameux SPHINX, il est isolé à environ 600 mètres (300 toises) à l'est de la SECONDE

---

[1] Pococke, dans le plan qu'il a donné (pl. 16, t. 1), a figuré un bien plus grand nombre de petites pyramides autour de la PREMIÈRE et de la TROISIÈME, et il diffère encore, à d'autres égards, du plan du colonel Jacotin. Je dois faire observer que Pococke ne s'est aperçu de la symétrie de ce plan qu'en le dressant, à son retour en Angleterre.

[2] Le graveur a écrit ces mots, 4ᵉ PYRAMIDE, trop près de la 3ᵉ. — N. B. Sous le nom de QUATRIÈME pyramide, d'autres en ont décrit une grande, située près de Saqqârah; mais je me suis conformé à l'usage en

pyramide, et tourné lui-même du côté du levant (vers l'E. N. E.).

L'aspect général de ces monumens donne lieu à une observation frappante : leurs cimes, vues de très-loin [1], produisent le même genre d'effet que les sommités des hautes montagnes de forme pyramidale, qui s'élancent et se découpent dans le ciel. Plus on s'approche, plus cet effet décroît. Mais quand vous n'êtes plus qu'à une petite distance de ces masses régulières, une impression toute différente succède, vous êtes frappé de surprise, et dès que vous gravissez la côte, vos idées changent comme subitement ; enfin, lorsque vous touchez presqu'au pied de la GRANDE pyramide, vous êtes saisi d'une émotion vive et puissante, tempérée par une sorte de stupeur et d'accablement. Le sommet et les angles échappent à la vue. Ce que vous éprouvez n'est point l'admiration qui éclate à l'aspect d'un chef-d'œuvre de l'art, mais c'est une impression profonde. L'effet est dans la grandeur et la simplicité des formes, dans le contraste et la disproportion entre la stature de l'homme et l'immensité de l'ouvrage qui est sorti de sa main : l'œil ne peut le saisir, la pensée même a peine à l'embrasser. C'est alors que l'on commence à prendre une grande idée de cet amas immense de pierres taillées, accumulées avec ordre à une hauteur prodigieuse. On voit, on touche à des centaines d'assises de 200 pieds cubes du poids

---

désignant ainsi la pyramide qui est la quatrième en grandeur, parmi celles de Gyzeh.

[1] Je les ai aperçues de Barchoum, village de la province du Kaire, à plus de 9 lieues à vol d'oiseau, et elles m'ont fourni fréquemment des angles de direction, pour la détermination des points sur la carte topographique.

de 30 milliers, à des milliers d'autres qui ne leur cèdent guère, et l'on cherche à comprendre quelle force a remué, charrié, élevé[1] un si grand nombre de pierres colossales, combien d'hommes y ont travaillé, quel temps il leur a fallu, quels engins leur ont servi ; et moins on peut s'expliquer toutes ces choses, plus on admire la puissance qui se jouait avec de tels obstacles.

Bientôt un autre sentiment s'empare de votre esprit, quand vous considérez l'état de dégradation des parties inférieures : vous voyez que les hommes, bien plus que le temps, ont travaillé à leur destruction. Si celui-ci a attaqué la sommité, ceux-là en ont précipité les pierres, dont la chute en roulant a brisé les assises. Ils ont encore exploité la base comme une carrière ; enfin le revêtement a disparu partout, sous la main des barbares. Vous déplorez leurs outrages, mais vous comparez ces vaines attaques au massif de la pyramide, qu'elles n'ont pas diminué peut-être de la centième partie, et vous dites avec le poète : « *Leur masse indestructible a fatigué le temps*[2]. » Suspendons ici nos réflexions sur ce monument, dont bientôt nous parlerons plus en détail, et achevons de jeter un coup d'œil général sur l'ensemble des lieux.

Dès qu'un voyageur arrive sur le plateau des Pyramides, c'est comme un besoin pour lui d'en faire le tour, au moins de la PREMIÈRE ; et cette promenade lui donne encore de celle-ci une plus grande idée ; elle demande au moins un quart d'heure en marchant vite, à cause des

---

[1] Les pierres du sommet s'élevaient à 580^{ds} environ, au-dessus de la vallée.

[2] Delile, *Jardins*, ch. IV, à propos des monumens de Rome.

DE MEMPHIS ET DES PYRAMIDES, SECT. III. 599

monticules de sables et de débris accumulés à la partie inférieure de chaque face.

Quiconque vient ici payer un tribut de curiosité à ces monumens, mais qui n'y apporte pas des opinions faites à l'avance, n'est frappé que du spectacle qu'il a devant lui; il ne cherche pas à maîtriser ses impressions par des réflexions vagues sur la destination des Pyramides, parce qu'elle lui est inconnue; sur ce qu'elles ont coûté aux peuples de fatigues et de sacrifices, parce qu'il l'ignore, et qu'il ne s'en rapporte pas aux assertions sans preuve des esprits prévenus ni aux incertitudes des étymologies. Il observe, il compare; ne jugeant que des faits qu'il a sous les yeux, il voit que les auteurs, quels qu'ils soient, de la GRANDE pyramide, ont construit le monument le plus durable et le plus élevé sous le ciel [1]; et il conclut que, sous ce rapport et par ce fait seul, les Égyptiens se sont placés au premier rang des peuples de la terre. En donnant à ces masses, comme Pline, le nom de *prodigieuses, portentosæ moles* [2], il se garde de décider avec lui que c'est le fruit d'une vaine et folle ostentation de la richesse des rois; enfin il s'abstient de prononcer avec Bossuet, que ces ouvrages ne sont rien que des tombeaux, parce qu'il sent que ce grand écrivain a voulu surtout faire sortir de son sujet une grande pensée morale, sans songer à l'histoire des arts chez les Egyptiens et à leurs progrès dans les sciences, chose qu'il n'a pu connaître.

Pour se former, autant que cela est possible, sans

[1] Greaves rapporte que l'ancien clocher de l'église de Saint-Paul, à Londres, s'élevait à 520 pieds anglais; ce serait 20 mètres en sus de la pyramide complète.
[2] *Voyez*, plus loin, *Recherches, sur les Pyramides*, etc.

avoir été sur les lieux, une juste idée de l'aspect de tous ces monumens, vus du levant, du nord et du sud, et aussi des accidens divers que le sol présente, le lecteur doit consulter les *vues pittoresques*, dans lesquelles ils sont représentés [1] : les personnages que les artistes y ont introduits lui serviront d'échelle pour apprécier, mieux que par le discours, les dimensions et les proportions relatives de ces édifices.

§. II. PREMIÈRE PYRAMIDE [2].

POSITION GÉOGRAPHIQUE.

La grande pyramide du nord et la plus célèbre, est appelée avec raison PREMIÈRE, parce qu'elle est la plus grande, la plus élevée et la première en arrivant du Nil. Nous la désignerons aussi sous ce nom; le nom de *Cheops,* lui a été donné assez communément d'après Hérodote, du nom du roi auquel elle est attribuée. Son aspect extérieur a déjà été l'objet de plusieurs remarques, je me bornerai ici à quelques observations sur les points environnans. On arrive ordinairement à la pyramide par le côté du nord ; cette ligne conduit en face de *l'entrée* du monument, qui est comme une ouver-

---

[1] *Voy.* les pl. 7 à 12 ; *Ant.*, vol. v. La PREMIÈRE pyramide est dessinée en son entier dans les pl. 7, 8, 9, 11 du ve volume ; la DEUXIÈME, dans les pl. 7, 8, 9, 10, 12, avec son revêtement encore subsistant sur le quart supérieur, et sa sommité aiguë; la TROISIÈME et la QUATRIÈME, dans les pl. 7, 8, 9, 10 ; enfin le SPHINX, dans les pl. 7, 8, et principalement 11, 12. Dans la pl. 7, le graveur a tronqué beaucoup trop la sommité, et dans la pl. 10, on a trop ruiné la partie inférieure de la PREMIÈRE pyramide.

[2] On n'aurait qu'une idée incomplète de ce monument si l'on ne consultait pas, si l'on n'étudiait pas avec attention les planches gravées d'après les dessins de M. Le Père, architecte (pl. 14, 15, *A.*, vol. v), et le Mémoire de M. Coutelle (t. ix, p. 261).

ture imperceptible : elle est située à 14 mètres environ (43 pieds) au-dessus de la base; mais le grand monticule de sables et de décombres accumulés au pied, s'élève précisément à cette hauteur; et en le gravissant, on arrive sans peine à l'entrée de la pyramide. En avant de la butte, on reconnaît l'arête et les traces d'un fossé d'environ 18^{m}6 de large, qui a été taillé dans le roc, et dont la profondeur est inconnue, parce qu'il est presque entièrement comblé; on pourrait en juger par analogie, en examinant le fossé de la SECONDE pyramide, qu'il est très-facile d'observer. Quant au massif même, dès qu'on est arrivé assez près, on distingue sur chaque face les degrés ou marches d'un perron immense, s'élevant en cime aiguë jusqu'au ciel; sur eux posait jadis le revêtement qui, aujourd'hui, a totalement disparu; ces marches sont plus conservées vers les angles, plus ruinées vers le milieu des faces.

La pyramide est orientée avec exactitude; M. Nouet, astronome, a trouvé, par des opérations géométriques et astronomiques [1], que le côté du nord déviait de la ligne est et ouest, de 0° 19′ 58″ vers le sud, d'où il a conclu que la ligne méridienne qui fut tracée pour orienter le monument, déclinait de 20′ vers l'ouest; mais comme le revêtement a disparu, il n'est pas certain que cette petite différence provienne de la direction primitive des faces, et il est naturel de l'attribuer, au moins en partie, à la difficulté de déterminer, avec une précision parfaite, la direction des degrés qui bornent aujourd'hui les faces. On sait que l'orientation de l'ob-

---

[1] Voyez *Décade égypt.*, t. III, p. 105 et suiv.

servatoire de Tycho-Brahé, à Uranibourg, a été trouvée, par l'académicien Picard, en défaut de 18'. D'ailleurs, suivant la remarque même de l'observateur, la ligne méridienne étant tracée et dirigée exactement au nord, on aurait eu de la peine, en élevant ici une perpendiculaire, de ne pas dévier, sur une longueur de 113 mètres 1/2, de trois décimètres, quantité suffisante pour donner 20' de déviation. Il aurait fallu, selon moi, observer la direction du plan du premier canal de la pyramide, celui qui aboutit à l'entrée dont j'ai parlé plus haut : l'opération aurait été difficile sans doute, mais le parallélisme exact et l'entière conservation de ses faces auraient procuré une ligne presque mathématique, à comparer au méridien du lieu. Nous connaissons l'angle du plan formé par le fond de ce canal avec l'horizon, et cette notion fournit déjà des remarques intéressantes; elles le deviendront davantage encore, quand on connaîtra parfaitement, si elle existe, l'inclinaison de son plan vertical avec le plan du méridien, et ce travail qui importerait à l'histoire de l'astronomie ne serait que la continuation des recherches que l'Académie des sciences ordonna dans le XVIIe siècle, dans la vue de comparer les observations de cette espèce, chez les différens peuples.

Le même astronome a déterminé la position géographique du lieu par des observations répétées; il a trouvé pour la latitude 28°52'2" nord, pour sa longitude, 29°59'6" à l'est du méridien de Paris. Il résulte encore de ses opérations trigonométriques, que la PREMIÈRE pyramide est à 12080 mètres de la ville du Kaire, palais de l'Institut d'Égypte (au sud-ouest 1/4 ouest). M. le colonel Jacotin a calculé qu'elle était éloignée de 26560 mètres au sud de la pointe actuelle du Delta, de 23760 mètres sud-ouest de l'obélisque d'Héliopolis, de 14324 mètres nord-ouest 1/4 nord de la première pyramide à degrés de la plaine de Saqqârah, et à 22180 mètres nord-nord-ouest de la deuxième pyramide à degrés située au sud de la même plaine; ajoutons que sa distance aux bords du Nil, à Sâqyet Mekkeh, est de 8300 mètres. D'après les calculs du même ingénieur, la PREMIÈRE pyramide est à 483 mètres nord-est de la SECONDE, 926 mètres nord-est 1/4 nord de la TROISIÈME, et 549 mètres nord-ouest 1/4 nord du grand SPHINX.

Les opérations du nivellement des deux mers, l'un des ouvrages les plus importans des ingénieurs de l'expédition française, ont été rattachées, d'après une idée très-judicieuse de M. Le Père aîné, directeur de ce travail, au sol de la GRANDE pyramide, qui servira ainsi de repère invariable à toutes les observations futures sur le niveau des crues du Nil, sur l'exhaussement du lit du fleuve et celui de la vallée. Ce point de départ est le sol de l'encastrement du socle de la pyramide, à l'angle nord-est[1]; il est élevé de $42^m 88$ (132 pieds) au-dessus de la coudée supérieure du meqyâs ou nilomètre de Roudah; de 42 mètres ($129^{ds} 3^p 9^i$) au-dessus de la vallée et des hautes eaux moyennes (de 1798 à 1801), et de 49 mètres 97 au-dessus des basses eaux moyennes pour la même époque. Ces données précieuses ne doivent pas être perdues de vue. Je comparerai plus tard ces dimensions avec le niveau des ga-

[1] *Voyez* ci-dessous, p. 606.

leries et du puits de la pyramide (*voyez*, ci-dessous, à la fin du paragraphe *Intérieur de la pyramide,* p. 635).

DIMENSIONS DE LA PREMIÈRE PYRAMIDE.

Avant d'exposer les dimensions de la pyramide, je dois expliquer pourquoi il me paraît au moins superflu de passer en revue les mesures que les voyageurs ont prises de temps immémorial, de les comparer ensemble, et d'en faire la critique. Ce serait étaler un vain luxe de citations, juger défavorablement les travaux de nos devanciers, rendre peu de justice à leurs efforts et à leur dévouement pour l'étude de l'antiquité, et même ce serait tout-à-fait injuste, puisqu'ils avaient moins de moyens à leur disposition. Peu importe la discordance et même l'extrême éloignement des mesures qu'ils ont prises; bien peu d'entre eux ont joui de la sécurité et du loisir nécessaire pour opérer avec exactitude, ou ils n'ont pas su éviter l'obstacle que présentent les décombres amoncelés aux pieds des faces. Chargé par l'astronome de mesurer deux des côtés de la pyramide, voici comment j'ai procédé à cette opération, le 24 frimaire an VIII (15 décembre 1799) : j'ai commencé par faire poser plusieurs jalons sur le degré inférieur, dans la partie la plus dégagée des sables, à la hauteur de la grande assise taillée dans le roc, d'abord sur la face tournée au levant, puis sur la face du couchant, et j'ai prolongé ces directions vers le nord. Le rocher se voit souvent à fleur du sol, de manière qu'il est facile de reconnaître l'assise servant de point de départ. Ensuite j'ai marqué l'extrémité nord-est, ou le pied de l'arête actuelle, en prolongeant celle-ci jusqu'à terre, ce qui donnait le plan vertical, passant par l'arête et la diagonale de la base : même opération à l'extrémité nord-ouest. Des jalons ont été placés à ces deux extrémités. J'ai prolongé les deux précédentes lignes, de 30 mètres chacune vers le nord, à partir de ces points jusqu'à un sol horizontal et uni ; entre les extrémités ainsi prolongées, et à l'aide d'un nombre suffisant de signaux, j'ai appliqué une chaîne métrique de 30 mètres, bien étalonnée. Une première opération, de l'est à l'ouest, a donné $227^m 80$; une seconde, de l'ouest à l'est, aussi $227^m 8$; après avoir mesuré le côté du nord, j'ai cru devoir effectuer une autre mesure sur la face de l'ouest, parce que plusieurs prétendaient que la base n'était point carrée, et j'ai suivi les mêmes procédés, en prolongeant les faces parallèles de 20 mètres, le sol étant moins embarrassé de ce côté. J'ai obtenu, pour la longueur de cette face, $226^m 70$: la différence étant légère pour une aussi grande étendue, j'ai pris la moyenne, et c'est cette moyenne que j'ai communiquée à M. Nouet, astronome, pour servir à ses calculs [1]. Ainsi la dimension de la *base visible alors* est égale à $227^m 25$, mesure du mètre provisoire ($699^{ds} 9^p 6^l$), et à $227^m 32$ du mètre définitif : cette dimension est celle qui a été publiée dans la *Décade égyptienne*. Un des points extrêmes est figuré sur le plan de la pyramide (pl. 15, fig. 2 en *g*, *A.*, vol. v). J'ai trouvé, en me-

---

[1] *Décad. égypt.*, vol. III, p. 104. Cette communication n'a pas été mentionnée dans le mémoire, parce que j'avais opéré sous les ordres du directeur des ingénieurs géographes.

surant le côté du nord, que l'entrée de la pyramide était à 120 mètres de l'angle nord-ouest : on verra plus loin l'accord de cette observation avec le plan intérieur de la pyramide. J'ai pris également les mesures de toutes les autres; je les rapporterai chacune en son lieu. Tel était au mois de frimaire an VIII (décembre 1799) l'état des connaissances sur la longueur de la base du monument. Plus tard, de nouvelles recherches furent entreprises sous les auspices de l'Institut d'Égypte; M. Le Père, architecte, et M. le chef de bataillon Coutelle furent chargés de faire des fouilles pour retrouver l'ancien sol, et les extrémités de la base, qu'on jugeait avec raison plus éloignées l'une de l'autre. Leur opération a été décrite par le second d'entre eux, et le premier a fourni les dessins les plus corrects[1] : il serait donc superflu d'entrer à ce sujet dans aucun détail, et le résultat seul doit trouver place ici. Ils reconnurent parfaitement l'esplanade sur laquelle a été établie la pyramide, et découvrirent heureusement à l'angle nord-est un large encastrement creusé dans le roc, rectangulairement dressé et intact, où avait posé la pierre angulaire : c'est un carré irrégulier qui a 3 mètres dans un sens, 3^m52 dans l'autre, et de profondeur, 0^m207 [2]; ils firent les mêmes recherches à l'angle nord-ouest, et ils y retrouvèrent aussi un encastrement semblable au premier; tous deux étaient bien de niveau. C'est entre les deux points les plus extérieurs de ces enfoncemens et avec beaucoup de soins et de précautions qu'ils

---

[1] Pour le plan de la pyramide et son profil, consultez la pl. 14, *Ant.*, vol. V, et l'explication de la planche.

[2] *Voyez* pl. XV, fig. 1 et 2.

mesurèrent la base. Ils la trouvèrent de 232^m747 (716^{ds} 6^p). Je me hâte d'ajouter que la base apparente, c'est-à-dire la ligne qui joint les extrémités des arêtes actuelles prolongées jusqu'au sol visible, fut trouvée par eux égale à 699^{ds} 9^p. Ainsi cette dernière mesure faite un an après la mienne, par des moyens peut-être encore plus exacts, a été parfaitement conforme à la première, à six lignes près; d'où il faut conclure sans doute, qu'il y a eu des compensations d'erreurs, mais il n'est pas moins prouvé par une telle confirmation qu'on peut compter sur la mesure de 699^{ds} 9^p à très-peu près, et qu'elle est inattaquable. Ainsi, la mesure de la base dans l'état actuel diffère de la mesure prise entre les angles extérieurs des encastremens (c'est-à-dire la plus grande distance des pierres angulaires), de 5^m50 ($232^m75-227^m25$). Il est évident que la moitié de cette différence, ou 2^m75, représente l'épaisseur du revêtement à la partie inférieure, plus la saillie quelconque du socle de la PREMIÈRE pyramide, socle qu'on voit à la DEUXIÈME et à tous les monumens égyptiens.

La hauteur de ce socle est donnée par l'assise inférieure, formée toute entière du rocher. Quand on a aplani et dressé le plateau, on a laissé une masse de pierre, pour y asseoir l'édifice, comme sur un soubassement : cette assise ménagée dans le roc a 1^m849 (5^{ds} 8^p 4^l) de haut, mesure prise en deux parties par MM. Le Père et Coutelle, jusqu'au niveau supérieur de l'encastrement. J'avais trouvé, en 1800, pour cette mesure, une hauteur de 1^m083 (3 pieds 4 pouces), et M. Nouet 1^m14; mais seulement depuis l'arête supérieure de l'assise du rocher jusqu'au sol alors visible.

Cette dimension se rattache à celle de la hauteur totale de la pyramide, et j'y reviendrai bientôt; mais j'ai dû la mentionner ici quoique je ne m'y occupe que des dimensions horizontales, parce qu'elle donne des lumières sur la largeur ou saillie que devait avoir le socle : le revêtement ne pouvait pas en effet avoir plus de $1^m 8$ à la partie inférieure, en jugeant d'après celui de la DEUXIÈME pyramide : il n'y a pas d'ailleurs de pierres plus épaisses dans tout le monument.

Pour ne pas interrompre cet exposé des dimensions précises de la pyramide, ce que je regarde comme l'objet le plus important de tout cet écrit, je passerai sur-le-champ à ce qui regarde la hauteur et l'inclinaison des faces, ainsi qu'au calcul du volume et de la superficie. Plusieurs moyens ont été employés pour obtenir la mesure de la hauteur de la pyramide. Le plus simple était de prendre celle de chaque degré, c'est le parti auquel ont eu recours plusieurs d'entre nous. Un autre était la mesure trigonométrique, et le dernier la mesure barométrique. Le premier de ces moyens a d'abord été mis en usage par M. Cécile et moi, le 26 nivose an VII (5 janvier 1799)[1]. Nous avons mesuré une à une les

[1] C'est par erreur que, dans l'*Exposition du système métrique*, etc., j'ai donné la même date à cette opération, qu'à celle de la mesure de la base ; c'est pour l'exactitude seulement que je note ici cette rectification, quoique de peu d'importance, puisqu'une année n'a apporté aucun changement à la hauteur de la pyramide. Une erreur plus importante doit être corrigée : on lit dans le même écrit, page 67, que nous avions mesuré les degrés à 6 lignes près, il fallait dire 2 ou 3 lignes ; voici l'extrait de mon journal de voyage : « Nous avons mesuré toutes les assises avec un pied-de-roi, à la précision de 2 ou 3 lignes près. Les erreurs qui ont pu s'introduire ne venaient que de ce que plusieurs

assises en descendant, et nous en avons compté 203, en y comprenant les deux assises du centre de la plate-forme du sommet très-dégradées ; (hauteur ensemble 1^{m}83 ou 3^{ds} 4^p), et celle de la base pratiquée dans le rocher 1^{m}083 (5^{ds} 4^p). Nous appliquions simplement sur la contremarche notre mesure en plaçant une règle horizontalement sur la marche. La somme totale s'est trouvée de 138^{m}30 (425^{ds} 9^p)[1]. En déduisant de là les deux petits degrés de la plate-forme, reste 137^{m}218 (422^{ds} 5^p) pour la hauteur de cette plate-forme.

M. Nouet, astronome, au moyen d'opérations trigonométriques, dont il est inutile de rendre compte (on les trouvera dans son mémoire)[2], a déterminé l'élévation de la plate-forme au-dessus du sol, y compris le degré inférieur pratiqué dans le rocher, dont il avait mesuré seulement une partie, haute de 1^{m}14 ; cette élévation d'après ses calculs est de 137^{m}531 (423 pieds environ).

M. Conté transporta sur la cime de la pyramide un baromètre de son invention, capable de mesurer la pres-

marches ont un sol inégal et sont dégradées par le temps ; mais nous prîmes le plus de soin possible, et d'ailleurs ces erreurs sont de nature à se compenser. 16 nivose an VII (5 janvier 1799). [2] Ainsi, en supposant que nous eussions pu à chaque fois nous tromper de 3 lignes, l'erreur totale probable était d'un peu plus de 3 pouces et demi, et non de 7 pouces. Sur la compensation des différences en plus ou en moins, voyez l'*Exposition du système métrique*, tome VII.

[1] J'ai publié ailleurs en détail la table des degrés et celle des hauteurs mesurées par MM. Le Père et Coutelle (Voy. l'*Exposition du système métrique*, etc., t. VII, p. 69 ; *voyez* aussi (vol. IX, p. 289) les *Observations de M. Coutelle sur les Pyramides*) : ces tables dispensent de reproduire les mesures des marches de la GRANDE pyramide, annoncées dans le volume de l'*Explication des planches d'antiquité* (p. 468).

[2] *Décade égyptienne*, tome III, page 105.

sion de l'air avec précision : l'opération consistait à peser la quantité de mercure dont la colonne barométrique s'était abaissée [1]. Il trouva un résultat extrêmement approchant de celui de l'astronome; mais je ne puis le faire connaître ici, parce qu'il n'a jamais été publié, et qu'il ne s'est pas retrouvé parmi les papiers de ce savant, mécanicien ingénieux autant qu'habile artiste, dont la perte prématurée a été funeste pour les arts et l'industrie.

Enfin, en 1801, MM. Le Père et Coutelle prirent la mesure de toutes les marches de la pyramide avec un instrument fait exprès, et avec les soins les plus minutieux. Le nombre des assises fut trouvé de 203 [2], et la hauteur totale de 139^m117 ($428^{ds} 3^p 2^l \frac{1}{6}$), compris les deux supérieures (1^m117 ou $3^{ds} 5^p 3^l$), et le degré inférieur tout entier jusqu'à l'esplanade (1^m849 ou $5^{ds} 8^p 4^l$). Retranchant les deux degrés supérieurs, reste 138 mètres, et le degré inférieur, ou socle, 136^m151. Cette mesure, on le voit, ne diffère des deux premières que par l'assise du rocher, plus ou moins visible selon l'époque où elles ont été effectuées, et qui a été découverte en son entier par MM. Le Père et Coutelle jusqu'au niveau de l'esplanade. Ainsi l'élévation de la plate-forme de la PREMIÈRE pyramide au-dessus de l'esplanade est de 138 mètres, et au-dessus de l'assise ou

---

[1] M. Conté avait fait auparavant des expériences devant l'Institut, et mesuré de très-petites hauteurs; l'instrument est tout en métal, et a le défaut de n'être point portatif.

[2] Je ne sais sur quoi se fonde Niébuhr, quand il dit que celui qui prendrait la peine d'y monter par différens endroits, *ne trouverait certainement pas le même nombre de degrés* (t. 1, p. 60). Ces degrés sans doute sont inégaux en hauteur, mais chacun appartient à un plan horizontal qui traverse toute la pyramide.

base taillée dans le roc, c'est-à-dire du socle, de 136ᵐ 151 : tel est le résultat qui, avec le précédent, forme des données sûres, propres à calculer avec certitude l'inclinaison et toutes les dimensions de la pyramide.

Il n'est peut-être pas inutile de remarquer l'accord qui existe entre notre mesure et celle de MM. Le Père et Coutelle, non-seulement pour la hauteur totale, mais même sur le nombre des marches, égal à 203. En effet, parmi les voyageurs, les uns en avaient compté 208, les autres 220, etc. La coïncidence parfaite sur ce point, ainsi qu'entre nos mesures de la base et de la hauteur, est donc un exemple aussi important, que celui des pyramides est une preuve (s'il était nécessaire de l'apporter) du soin scrupuleux avec lequel les ingénieurs et les artistes de l'expédition ont fait leurs observations. Avant de déduire de la base et de l'élévation les autres mesures de la pyramide, je dois faire remarquer la différence de hauteur des marches, du bas en haut; comme cela est naturel, l'épaisseur va toujours en diminuant, depuis 1ᵐ411 (4ᵈˢ4ᵖ1'½) jusqu'à 0ᵐ559 (1ᵈ8ᵖ7¹); la plus petite de toutes a 0ᵐ514. La hauteur moyenne est de 0ᵐ685 (2ˡˢ 1ᵖ 3' 5/8), et la saillie moyenne est de 0ᵐ544 (1ᵈ 8ᵖ 1' 1/6) : cette dernière mesure résulte de celle de la plate-forme dont j'ai trouvé le côté égal à 9ᵐ96 (30ˡˢ 8ᵖ¹).

Il est facile maintenant de calculer toutes les lignes de la pyramide couverte de son revêtement. Si la distance des points extrêmes des encastremens était de

---

¹ Cette mesure a été employée par M. Nouet, et dans l'*Exposit. du syst.* *métr.*, t. VII, p. 34, mais mon journal de voyage porte 30 pieds 10 pouces.

232^{m}747, compris le revêtement et le socle, comme cela est bien établi; si le noyau de la pyramide avait 227^{m}25, comme cela est également certain, il reste pour la demi-différence, comme on l'a vu plus haut, 2^{m}75, dont on peut attribuer deux tiers ou 1^{m}79 au revêtement et un tiers pour la saillie du socle. Or, le revêtement de la DEUXIÈME pyramide, encore bien conservé dans le quart supérieur, et qui a même un poli resplendissant au loin, est épais de 1^{m}30 : je l'ai mesuré moi-même, et avec autant de soin qu'il m'a été possible [1]. Comme cette pyramide a sa base moindre d'un dixième que celle de la PREMIÈRE, j'admets que le revêtement de celle-ci était plus fort dans la même proportion, et avait dans le haut; 1^{m}46. Ainsi l'on a une pyramide tronquée où tout est connu, savoir : la demi-base supérieure, égale à 4^{m}98+1^{m}46=6^{m}44, la demi-base inférieure (au-dessus de l'assise du rocher), égale à 113^{m}66+1^{m}79=115^{m}45, et la hauteur de l'une au-dessus de l'autre, 136^{m}151 [2]. Le triangle calculé donne, pour la hauteur du sommet de la pyramide revêtue, 144^{m}194; donc si la pyramide a été terminée en pointe (comme la DEUXIÈME pyramide le donne à penser), elle s'est abaissée de 8^{m}04, ou, en tenant compte des deux degrés ruinés, de 6^{m}92.

Voici les autres mesures des lignes et des angles de la même pyramide que fournit le calcul :

Arrête de la pyramide. . . . . 217^{m}83.

[1] *Voyez* plus loin à l'article de la DEUXIÈME pyramide.
[2] *Voyez*, ci-dessus, page 610.

DE MEMPHIS ET DES PYRAMIDES, SECT. III.

Hauteur oblique ou apothême.	184^{m}722.
Diagonale de la base.	326 54.
Triangle des faces, angle de l'arête avec la base.	57°59′40″.
Id., angle du sommet.	64 0 40.
Angle de deux arêtes opposées.	97 6 0.
Angle de l'arête avec la diagonale de la base. .	41 27 0.
Angle de deux faces opposées.	77 21 50.
Angle de la face avec le plan de la base. . . .	51 19 4.

Nous ferons remarquer que si les faces de la pyramide ont long-temps passé pour être équilatérales, on doit l'attribuer à ce qu'elles présentent assez bien l'apparence d'un triangle à trois côtés égaux; mais la vue peut aisément s'y tromper, et les instrumens seuls pouvaient apprécier la différence.

Le périmètre de la base est de 923^{m}6, et celui du socle de 930^{m}99.

La *superficie* est également facile à calculer; on trouve, pour la surface de la base, 53314$^{m.\,carr.}$ 81 [1]; pour celle du socle, 54171$^{m.\,carr.}$ 17, ou environ 5 hectares 1/3, et 5 hectares $\frac{42}{100}$. Pour chaque face, on trouve, indépendamment du socle, 21325$^{m.\,carr.}$ 92, ou 2^h 13, et pour l'ensemble des quatre faces, 85305$^{m.\,carr.}$ 66, ou 8^h 53.

Le *volume* de la pyramide est égal à 2562576$^{m.\,cub.}$ 34 (sans parler du socle); cette quantité représente plus que la masse solide de la construction, attendu les canaux, galeries et puits de l'intérieur.

M. Nouet a calculé la hauteur et les angles de la pyramide, sans tenir compte du revêtement : je n'ai pas dû suivre ces calculs, d'autant plus que les véritables

---

[1] Plus du double de celle du Louvre, égale à 26804$^{m.\,c.}$ 24.

extrémités n'étaient pas connues quand il les a produits. On pourrait encore en faire d'autres qui donneraient un résultat peu différent des miens, par exemple, en regardant la base extérieure comme celle de la pyramide même, et supposant un revêtement de l'épaisseur énorme de 2^m75 ($5^{ds}\,5^p$); mais il faudrait toujours comprendre, dans le calcul, le revêtement de la partie supérieure, ce que n'ont pas fait cet astronome ni les autres personnes qui ont supputé la hauteur, la superficie et la solidité totale.

Il serait facile de faire ici des rapprochemens multipliés; on pourrait comparer l'étendue de la pyramide avec celle des monumens les plus célèbres de l'Europe, etc., par exemple la façade des Tuileries; on ferait voir que cette façade et celle des Invalides donnent à peu près l'idée de la longueur de la base; mais nous nous abstiendrons de ces rapprochemens qui mèneraient trop loin.

ASCENSION DE LA PREMIÈRE PYRAMIDE.

Il n'est pas un voyageur qui, arrivé au pied de la pyramide, ne désire en atteindre la cime : on y est en quelque sorte invité par la forme d'escalier qu'elle présente à l'extérieur, et l'ascension du monument paraît d'abord la chose la plus facile : mais dès que l'on en gravit les premiers degrés, on commence à entrevoir quelque difficulté. En débutant, on trouve la première marche au-dessus du roc, haute de 1^m411 ou plus de $4^{ds}\,4^p\,1^l$. Pour s'y élever, il faut absolument s'aider de ses mains et de ses genoux, n'ayant qu'un point d'appui peu commode sur la contremarche, qui est très-étroite en comparaison de la hauteur. Après que cette première marche est escaladée, on en trouve une autre de 1^m351 (4^{ds} 1^p 11^l) qui diffère peu de la précédente, et une troisième de 1^m042 (3^{ds} 2^p 5^l). Si l'on a mis trop d'ardeur à gravir ces trois marches, on est déjà un peu fatigué, et on reconnaît la nécessité de bien choisir la ligne d'ascension. Or, si l'on s'est mis en chemin sur l'une des faces, il faut se hâter de revenir vers l'une des arêtes où l'on trouve sous les pieds un espace beaucoup plus étendu; l'on se garde surtout de monter par l'apothême, parce que c'est la ligne de plus grande pente sur chaque face; et que par là il tombe à tout moment quelques débris de la plate-forme ou des autres points de cette ligne. La chute des fragmens, dans cette direction, a même usé les bords des marches à tel point, qu'il n'y aurait aucune sûreté à monter à 20 pieds à droite ou à gauche de l'apothême. En second lieu, l'angle sous lequel on s'élève quand on suit l'arête n'est que de $41°27'$, tandis que l'angle en suivant l'apothême est de $51°19'4''$; ainsi la moindre fatigue, la plus grande commodité et la plus grande sûreté doivent engager à monter suivant l'arête, et préférablement suivant celle du nord-est. Par cette route l'entreprise ne présente de difficulté qu'au commencement : c'est ce que j'ai éprouvé dans les différentes ascensions que j'ai faites. On doit seulement ne pas trop se hâter, et même s'arrêter de temps à autre, mais peu long-temps, de peur que le courant d'air qui devient de plus en plus vif ne suspende la transpiration.

616 CHAP. XVIII. DESCRIPTION GENERALE

Il faut plus d'une heure pour arriver à la plate-forme : elle avait, le jour que j'y suis monté pour la première fois, le 16 nivose an VII (5 janvier 1799) 30^{ds}10^p[1]. Je fixe l'époque parce qu'avec le temps cette plate-forme s'élargit, en même temps que la hauteur décroît. Le climat agit peu sans doute sur les pierres du sommet; mais, une fois que, par une cause quelconque, elles sont ébranlées, les Arabes et les visiteurs les détachent insensiblement, et elles sont précipitées du haut en bas avec un énorme fracas, brisant dans leur chute les bords des marches inférieures. Pour ne pas arrêter la description, je renverrai plus loin l'examen du progrès qu'a suivi, depuis l'origine, la dégradation du sommet et l'élargissement de la plate-forme[2]. Au centre, j'ai trouvé les restes de deux marches qui ne tarderont pas à disparaître; elles portaient les traces de l'enlèvement récent des pierres contiguës.

De quel coup d'œil imposant, de quel magnifique spectacle on jouit à cette hauteur, et à mesure qu'on y arrive ! Les villages ressemblent à des fourmilières, et les hommes qui sont au bas paraissent imperceptibles; en Europe, les objets aperçus d'une élévation bien plus grande, se rapetissent bien moins à la vue. Quand on distingue à peine au pied de l'édifice ces petites figures aller, venir et se mouvoir comme des fourmis, on se demande si ce sont bien les semblables de ces mêmes êtres, si disproportionnés avec le monument, qui ont

---

[1] Et non 9^{m}90 (30 pieds 6 pouces), comme on l'a imprimé dans la *Décade égyptienne*, tom. III, pag. 106, Mémoire de M. Nouet, auquel j'ai communiqué cette mesure.

[2] *Voyez* ci-dessous, l'Appendice, §. II.

accumulé tant de matériaux, qui ont porté de telles masses à une si grande élévation. A la surprise la réflexion succède : l'ouvrage des hommes les abaisse d'abord, ensuite il les élève. On découvre bientôt par la méditation que ce n'est point le simple résultat des efforts matériels, mais celui d'un génie audacieux et persévérant ; que c'est le travail de l'intelligence et non celui de la force physique.

C'est seulement au sommet de la pyramide qu'on en prend une juste idée, et que l'attente est surpassée par le spectacle. De là, on verrait à douze lieues de distance, si la vue pouvait y atteindre. A cette hauteur, sur cette cime imposante, il semble que l'âme s'élève, que les facultés s'agrandissent ; tout concourt à exalter l'imagination. Ce qui vous frappe le plus après avoir promené vos yeux sur l'immense horizon, c'est qu'il forme un disque à peu près coupé en deux moitiés, l'une verte et l'autre blanche ; la ligne qui les sépare est tournée vers le nord-ouest, et vous êtes placé près de cette ligne. La partie blanche, c'est le désert, la verte, c'est la vallée d'Égypte et le Delta ; d'un côté la Libye, vaste océan sans eau, et ses sables ardens, ses dunes semblables aux vagues de la mer ; de l'autre la terre féconde, verdoyante, noire ou inondée, selon la saison : à gauche, les horreurs de l'aridité, le brûlant domaine de Typhon, où une nature avare a daigné jeter quelques rares oasis, pour désaltérer le voyageur et réparer ses forces : à droite, l'intarissable fertilité d'une nature prodigue, qui ne s'épuise jamais ; ici, la solitude, la désolation du néant ; là une population pressée, l'immense et riche ville du Kaire, et des centaines de villages prospères et florissans par l'agriculture et le commerce [1].

Si vos yeux se fixent avec plus d'attention sur la partie verte de l'horizon, vous y découvrez une ligne étroite et brillante, on dirait d'un ruban argenté, c'est le Nil. Vous distinguez les montagnes qui bornent la plaine des deux côtés, à droite l'Arabique ou le Moqattam escarpé qui va se perdre sous la mer Rouge, et à ses pieds le Kaire avec ses deux ports : à gauche, la Libyque, chaîne plus basse, à mamelons arrondis, qui semble s'enfoncer sous les sables. Je regrette de n'avoir pas joui de cet aspect au lever du soleil : les contrastes que je viens de peindre doivent produire à cette heure, ainsi qu'au soleil couchant, une impression plus vive et plus frappante encore qu'en plein jour.

Une pierre lancée avec la plus grande force du sommet n'atteint qu'à peine la base de la pyramide; ordinairement elle tombe sur les degrés et n'arrive qu'aux deux tiers ou aux trois quarts de l'espace : c'est un essai que j'ai fait plusieurs fois, ainsi que mes compagnons de voyage, avec le même résultat : les Arabes assurent qu'armé d'une fronde on ne peut réussir à porter la pierre à une plus grande distance. En voyant la pierre partir, on juge tout autrement, une illusion d'optique l'éloigne considérablement au commen-

---

[1] Lors du débordement, c'est comme une mer parsemée d'un nombre infini d'îles et d'îlots. Hérodote avait comparé cet aspect à celui des îles de la mer Ionienne.

cement de la course, et l'on s'attend à la voir tomber très-loin ; mais bientôt l'œil qui la suit croit la voir revenir à lui, décrivant une courbe rentrante; puis la pierre frappe sur les marches et bondit encore long-temps par sauts élevés, avant d'arriver jusqu'à terre. Le plus fort et le plus habile sagittaire ne peut, dit-on, faire parvenir une flèche au sommet de l'édifice[1] ou dépasser la longueur de la base. Un de nos collègues a plusieurs fois lancé des flèches du sommet en bas, elles retombaient toujours sur le corps de la pyramide[2]. On a peine à comprendre qu'un homme de force ordinaire ne puisse lancer une pierre de haut en bas à une distance horizontale moindre de 109 mètres (336 pieds): au reste c'est une expérience que l'on répète souvent. A'bd-el-latyf raconte qu'un archer qui était en sa compagnie quand il visita les Pyramides, tira une flèche dans la direction de la hauteur et dans celle de son épaisseur (vers la base), et que la flèche tomba à peu près à la moitié de cet espace[3].

Du haut de l'édifice, on aperçoit au pied des Pyramides une quantité presque infinie de constructions rectangulaires et très-oblongues, parfaitement égales et bien alignées par les extrémités, du sud au nord et du levant au couchant. J'en ai compté quatorze rangs dans les deux sens tant à l'est qu'à l'ouest de la grande pyramide, ce qui fait près de quatre cents :

---

[1] Belon, *Observ.*, liv. II, ch. 42, in Greaves's *Pyramidogr. anglic.*, Lond., 1646, p. 77. Greaves révoque ce fait en doute.

[2] M. Gratien Le Père, à qui j'emprunte ce fait et plusieurs autres observations.

[3] A'bd-el-latyf, *Relat. de l'Égypte*, traduction de M. Sylvestre de Sacy, p. 174.

sous le sable qui en recouvre un grand nombre la forme se distingue très-bien. J'ai vu sur les pierres de la plate-forme une foule de noms gravés par les voyageurs, surtout beaucoup de noms anglais parmi lesquels celui de Greaves; j'ai distingué aussi sur la pyramide le nom de Niébuhr, quoique assez mal écrit, ainsi que des noms latins et italiens, entre autres un avec l'année 1555 écrite de cette manière, 15⚥55 : enfin, auprès de l'ouverture, on lit une multitude de noms remarquables. Les Français ont couvert le monument du millésime 1798.

J'avais ouï dire qu'il était plus malaisé, plus fatigant de descendre du sommet que d'y monter ; c'est ce qui me fit venir une idée dont l'exécution devait, je pensais, diminuer la difficulté de cette descente, tout en en profitant pour faire quelque chose d'utile ; c'était de mesurer toutes les assises une à une : l'opération devait être fort longue, et exiger une patience à toute épreuve ; je m'associai un autre voyageur pour obtenir plus d'exactitude : nous fermâmes les yeux sur les difficultés de l'entreprise, et nous nous mîmes à l'ouvrage : j'ai rapporté plus haut le résultat de ce travail [1].

C'est en faisant cette longue opération que je pris encore une grande idée de la pyramide. Après avoir travaillé avec ardeur pendant une heure, déjà bien las et notre courage étant à bout, nous nous croyions très-avancés, et en regardant sous nos pieds, nous apercevions qu'il restait encore à faire un ouvrage immense. Peut-

---

[1] *Voyez* p. 609.

être que les efforts qu'exige la descente de chacun de ces degrés la plupart quatre, cinq et six fois plus hauts qu'une marche ordinaire, l'action d'un soleil brûlant, la posture pénible qu'exigeait l'opération, ajoutaient à la difficulté du travail. Une autre impression plus forte que je ressentis, c'est lorsqu'étant au milieu de l'arête le long de laquelle je mesurais, je m'avisai de regarder l'autre. Il me sembla voir une ligne dont la longueur n'avait pas de limite, qui se prolongeait jusqu'à la voûte céleste et passait au-dessous du sol. Dans ce moment, j'éprouvai un certain saisissement de surprise, ou de crainte, ou d'admiration, ou plutôt tuos ces sentimens à la fois, et machinalement je me cramponnai aux pierres. Notre caravane n'ayant plus rien qui la retînt, la retraite fut ordonnée, et la trompette sonna; nous n'étions encore qu'aux trois quarts de l'opération, cependant nous vînmes à bout de la compléter entièrement; nous arrivâmes à la dernière marche, harassés de fatigue et de chaleur, et nous n'eûmes que le temps de sauter sur nos montures pour rejoindre la caravane déjà descendue dans la plaine.

Il y a trois manières de descendre de la pyramide; la plus commode, celle du moins qui prévient l'étourdissement auquel exposent les autres, consiste à descendre en arrière, c'est-à-dire en regardant la pyramide, parce qu'on n'a sous les yeux que les degrés mêmes que l'on touche. Si l'on descend en avant, on peut glisser, la marche étant étroite relativement à la hauteur de la contremarche. Enfin, si l'on saute de degrés en degrés, il y a encore plus de fatigue et de danger.

INTÉRIEUR DE LA PREMIÈRE PYRAMIDE.

En descendant de la pyramide, il faut se reposer un moment avant de parcourir les galeries intérieures, et l'on doit observer la précaution inverse avec encore plus d'attention. L'entrée ou le bord actuel (et l'origine) du canal descendant est aujourd'hui à la treizième assise[1] ou à $12^m 64$, c'est-à-dire au treizième de la hauteur de la pyramide tronquée actuelle, au-dessus du roc. Le plan vertical nord et sud passant par le bord *est* de cette entrée est à 120 mètres de l'angle nord-ouest, par conséquent à $6^m 34$ *est* de l'apothême (120 mètres, moins la moitié de $227^m 32$) : or, la largeur du canal est de $1^m 11$; il suit de là que le plan vertical passant par cette galerie est bien perpendiculaire à la face verticale du socle, dirigée est et ouest. En effet, 1°. la chambre dite *du roi*, qui a le même axe que celui de la pyramide, et dont les murs sont dirigés est et ouest, et nord et sud, a $10^m 472$ de longueur, dont la moitié fait $5^m 236$; 2°. la distance à l'apothême $6^m 34$ doit être diminuée de la demi-largeur du canal, $0^m 555$; reste $5^m 790$: la différence à $5^m 236$ est seulement de $0^m 549$. Voilà un nouvel exemple de la précision apportée par les architectes de la pyramide dans toutes les parties de la construction.

On arrive aisément à l'entrée par la butte de sable et de décombres accumulés au-dessous, formée en grande

---

[1] Dans l'*Exposition du système métrique*, on lit que l'entrée est à la 15ᵉ assise, c'est à partir de l'esplanade, l'assise du roc comptant pour deux (*voyez* planche 15, figure 2, *Ant.*, vol. v). En comparant la hauteur du point de l'ancienne issue à l'élévation totale, il aurait fallu tenir compte des pierres ruinées et du revêtement.

partie de débris qui tombent du sommet; ils sont précipités dans le canal, et on les rejette par l'issue lorsqu'on vient à le déblayer. Cette dernière opération doit être répétée chaque fois qu'il descend de nouveaux visiteurs; on en verra le motif dans un instant.

Avant que le voyageur entre dans le canal, son attention est excitée fortement par l'aspect extérieur de l'ouverture[1]. Déjà très-étroite et basse, puisqu'elle n'a que $1^m 11$ de large (environ $3^{ds} 4^p \frac{1}{2}$), et la même mesure en hauteur perpendiculaire, elle paraît encore beaucoup plus petite par le contraste des énormes assises qui l'environnent. Une circonstance plus remarquable est la disposition des quatre grandes pierres placées au-dessus en arc-boutant : elles ont 4 mètres ($12^d 4^p$ environ) de longueur; il est évident qu'elles ont pour objet de servir de décharge, et elles ont bien rempli leur destination, car le fardeau immense de toute la masse supérieure qui pèse sur le canal n'en a ébranlé aucune partie, et ses parois sont d'un bout à l'autre intactes et dans l'état primitif, c'est-à-dire formant un prisme creux parfaitement rectangulaire, à base carrée, à faces dressées et polies dans toute sa longueur actuelle, qui est de $22^m 363$ ($67^{ds} 2^p$). Au-dessus du couloir et avant les arcs-boutans, il y a une pierre énorme longue de $3^m 8$, large de $2^m 6$; son épaisseur est peut-être d'un mètre et demi, et son poids de 60 milliers.

L'angle sous lequel ce canal est dirigé est de 26°[2],

---

[1] *Voy.* pl. 14, fig. 1; fig. 2, fig. 4 et fig. 3 en a.

[2] Quelques personnes supposent que l'angle est de 27°, mais les mesures les plus exactes s'accordent pour 26°, ou au plus 26° 30'.

c'est-à-dire que le plan du fond fait avec la verticale un angle de 64°. Pour y pénétrer et passer partout, il faut se débarrasser de la plus grande partie de ses vêtemens et se munir d'un flambeau ou d'une bougie allumée. La bouche actuelle du canal est à 2 mètres et demi environ du plan de la face, ainsi une partie du plan incliné se trouve à l'extérieur; la pente est glissante, et l'on a peine à s'y tenir debout. Autant qu'on le peut, on tâche d'entrer dans la pyramide quand personne n'y a encore pénétré, ou du moins avant que l'air ne soit absorbé ou vicié par un grand nombre de personnes. Quelques Arabes marchent devant, on les suit un à un. Il faut descendre courbé ou accroupi; on s'arrête à chaque pas à des entailles que porte le fond du canal. En descendant on s'aperçoit que la hauteur décroît de plus en plus, de manière que les genoux s'approchent du menton sans cesse davantage : enfin on parvient à un endroit où il est nécessaire de s'étendre tout du long, et de marcher sur le ventre, la tête plongée dans le sable, en s'aidant des bras et des genoux. L'extrême chaleur que produisent les lumières, l'air épais et étouffant que l'on respire font qu'on nage dans la sueur, et que la fatigue est extrême. Heureusement qu'on ne reste pas long-temps dans cette attitude pénible. La diminution insensible du canal a pour cause les décombres et les sables qui, entraînés par leur poids, pénètrent dans le canal et s'y accumulent, surtout à la partie inférieure qu'il est trop difficile de déblayer entièrement. Quand on est sorti de ce passage étroit, on a parcouru une longueur de plus de $67^{d.}$

(comme je l'ai dit), alors on se trouve en un point où l'on peut se tenir debout et où l'on respire plus librement; là, on reconnaît que pour pénétrer dans le second canal ceux qui ont violé la pyramide, ayant été arrêtés par trois gros blocs de granit, ont cherché à ouvrir un passage forcé; ils ont voulu pratiquer une issue tant dans le prolongement qu'à droite du premier canal; mais, n'ayant pu déboucher par là, ils ont tenté d'ouvrir en dessus, et ils ont réussi[1]. Pour continuer, il faut donc franchir vers la droite une élévation d'environ 2 mètres (6 pieds), et l'on a bientôt gagné le premier canal ascendant.

Je passe rapidement sur la description de ce second canal. Il est dans le même plan vertical que le premier : son inclinaison est presque la même, mais dans l'autre sens; l'angle a été observé d'un peu plus de 26°; le calcul donne 25° 55′ 30″. Sa largeur et sa hauteur sont également de 1^{m}11, mais il est entièrement net. Les parois sont également polies; des entailles ménagées sur le fond servent à monter; la longueur est de 33^{m}134 (102 pieds). En achevant cette montée, l'on arrive à un large palier de 4$^m\frac{1}{2}$. Ici le tableau change tout-à-fait; l'air circule librement, et on se rassasie de cet élément dont on a presque été privé jusqu'alors. Vous avez au-dessus de la tête un grand espace ayant l'apparence

---

[1] Mon journal de voyage porte ces mots : « Croyant que le premier canal continuait à descendre, ils ont creusé dans la même direction; mais s'étant aperçu de leur erreur, ils se sont écartés à droite et ont fait une tentative inutile, il reste en ce point un grand trou; ensuite ils se sont portés à gauche, et après avoir parcouru un demi-cercle autour de la vraie direction, ils ont découvert le second canal. »

d'une voûte; à droite, et presque sous les pieds, l'ouverture du fameux puits; en face une longue galerie horizontale, elle conduit à une salle vulgairement appelée *chambre de la reine*, et enfin au-dessus, la haute et magnifique galerie qui mène à la *chambre du roi*. Celle-ci a la même inclinaison que le précédent canal, un peu plus de 26°; le sol en est fort élevé; pour y parvenir, il faut gravir un escarpement haut de 2^m3 ($7^{ds}\ 2^p$ environ), ce qui se fait à l'aide d'une échelle, ou d'un homme sur le dos ou les bras duquel on s'élève, ou bien on pose les pieds dans des trous oblongs creusés de chaque côté à 0^m6 (2^{ds}) du fond, et l'on s'aide des mains pour atteindre plus haut. On a exprimé cette escalade et les autres parties du tableau que je viens de décrire, dans un dessin pittoresque, très-propre à donner une juste idée de cette partie de l'intérieur de la pyramide, particulièrement de la galerie de la chambre du roi, et de la disposition si curieuse qu'elle présente [1].

De chaque côté du sol de la galerie est une sorte de parapet ou de banquette de 0^m57 de haut ($1^{ds}\ 9^p$) [2], sur laquelle peut s'appuyer celui qui monte, aidé d'ailleurs des entailles pratiquées sur le fond comme dans les deux premiers canaux. La pente est très-glissante, tant le sol a été poli par les milliers de curieux qui l'ont parcouru.

---

[1] Cette vue est de M. Cécile; *voyez* pl. 13, fig. 2, *Ant.*, vol. v, et l'explication de la planche, n°ˢ 1 à 5. Il faut consulter surtout les plans et coupes de la pyramide par M. Le Père, architecte, qui avait été chargé, avec M. Contelle, de faire des fouilles et de prendre toutes les mesures de la pyramide. Ces deux voyageurs sont eux-mêmes représentés dans la planche citée ci-dessus (pl. 13, fig. 1). *Voyez* pl. 14 et 15, *Ant.*, vol. v.

[2] *Voy.* pl. 13, *A.*, fig. 1 : on l'a représentée, dans la gravure, plus élevée qu'elle ne l'est (pl. 15, fig. 4).

DE MEMPHIS ET DES PYRAMIDES, SECT. III. 627

Quelques-uns se plaisent à monter, en posant les jambes écartées sur les deux banquettes; mais il y a de la fatigue et du danger à le faire, la distance des deux bords étant de 1^m088 ($3^{ds}4^p$); d'autres enfin cheminent sur la banquette (qui est large de 0^m502 ou $1^{ds}6^p\frac{1}{2}$), parce qu'on y trouve des mortaises ou cavités prismatiques à peu près de 14 en 14 décimètres (1^m43 ou $4^{ds}6^p$)[1]; elles touchent aux parois de la galerie; il y en a 28 du côté gauche en montant, et 26 du côté droit, où la place de deux est occupée par l'entrée du puits. Quel qu'en ait été l'usage autrefois, on s'en sert très-utilement pour monter et pour descendre.

Il est impossible d'exprimer par le discours l'effet singulier que produit cette haute galerie; les flambeaux en éclairent difficilement la voûte, de manière que l'imagination la suppose encore plus élevée qu'elle ne l'est[2]. Sa largeur totale est de 2^m092 ($6^{ds}5^p5^l$), et sa hauteur de 8^m121 ($25^{ds}6^p$ environ). Les parois se rapprochent insensiblement par le haut, parce que les sept assises dont elle est formée (au-dessus de la première assise double) sont en encorbellement, c'est-à-dire de plus en plus saillantes l'une sur l'autre; et comme la saillie est de 0^m054, la diminution totale est de 0^m378, quantité qui étant doublée et retranchée de 2^m092, laisse pour la largeur du plafond seulement 1^m336[3] ($4^{ds}1^p4^l$). L'illusion fait paraître ces parois courbes, quoique la face

---

[1] Longueur des cavités, 0^m325; largeur, 0^m162; profondeur, 0^m120.

[2] Du fond du premier canal descendant, on aperçoit des flambeaux placés sur le palier de la chambre du roi, quoiqu'à la distance de $72^m\frac{1}{2}$ (242^{ds} environ), ce qui prouverait seul que les fonds des deux canaux ascendans forment un plan mathématique.

[3] La cote donne 1^m054.

40.

de chaque assise soit verticale, et elles semblent figurer une ogive très-aiguë. Le luisant et le travail de la pierre sont tels que beaucoup de personnes avec moi l'ont prise d'abord pour du granit, Greaves pour du marbre. Les joints des assises sont presque imperceptibles, une lame de couteau ne pourrait y pénétrer. Toute cette construction est admirable pour le fini; mais elle ne l'est pas moins pour la solidité de l'ouvrage, puisque la conservation est si parfaitement intacte, malgré la masse énorme qui pèse sur cette fausse voûte. Sous ce rapport les architectes ont atteint complètement le but qu'ils se proposèrent il y a trois mille ans ou davantage.

Le sol lui-même de la galerie sur lequel on chemine a $40^m 558$ ($124^{ds} 2^p 11^l$); il faut une demi-heure, souvent plus, pour arriver au sommet de ce plan incliné. Arrivé à ce point, il faut franchir un seuil haut de $0^m 903$ ($2^{ds} 9^p 4^l$), on se trouve alors sur un palier long de $1^m 557$ ($4^{ds} 9^p 6^l$), en face d'un nouveau couloir presque aussi large que les deux premiers ($1^m 049$) et juste de la même hauteur ($1^m 11$): à partir de ce point, la construction est tout en granit. Il faut, pour pénétrer dans le couloir, se courber de nouveau; il a en tout $8^m 385$ de long : il est interrompu par un espace plus élevé, sorte de chambre avancée ou vestibule, large seulement de $1^m 215$, mais haut de $3^m 8$ environ et long de $2^m 956$. Cet espace mystérieux est divisé en quatre travées par autant d'encadremens semblables à des coulisses; ces travées ne s'élèvent pas jusqu'en haut. La première est comme remplie par une pierre de granit [1] qui semble suspendue verticalement à 1^m11 du sol ; elle pose sur une très-petite saillie d'où il semble qu'un effort médiocre pourrait la faire tomber et boucher l'issue tout-à-fait. L'épaisseur de cette pierre est de 4 décimètres (15 pouces), sa hauteur environ $1^m 45$, et sa largeur plus de $1^m 05$. Quelle était la destination de cette pierre, on l'ignore ; elle est encore remarquable par quatre rainures ou cannelures cylindriques creusées sur la face antérieure, et dont l'objet n'est pas plus facile à deviner ; il en est encore de même de la forme arquée qui, dans trois travées, couronne les murs latéraux.

Au-delà du vestibule, on se baisse encore sous un couloir long de 1^m110, et enfin on débouche dans une salle très-élevée : c'est la chambre dite *du roi*. Son axe est à très-peu près celui de l'édifice[2] ; sa longueur est de l'est à l'ouest : les deux côtés longs ont, celui du sud, $10^m 472$, celui du nord $10^m 467$; les deux autres ont, celui de l'est $5^m 235$, celui de l'ouest $5^m 200$, c'est ce dernier qui forme le fond de la pièce. Ainsi la largeur est juste moitié de la longueur. La hauteur est de $5^m 858$ [3]. La salle a été construite en granit ; elle est intacte sur toutes les faces, et le poli en est achevé : on ne découvre qu'à grand'peine les joints des assises, qui sont au nombre de six, toutes d'égale hauteur. Les seules ouvertures qu'on y aperçoive sont deux petits canaux rec-

---

[1] J'ai noté dans mon journal de voyage trois pierres semblables, peut-être mal à propos.

[2] L'axe de la pyramide est à égale distance du fond ouest de la chambre et de l'axe commun des canaux et galeries.

[3] On a dû prendre, et on a pris avec la plus grande précision toutes les mesures de cette salle, d'où Newton avait tiré des conséquences relativement aux mesures anciennes.

tangulaires, pratiqués horizontalement à 5 pieds de hauteur, l'un vis-à-vis de l'autre, et dirigés, l'un vers le nord, l'autre vers le sud, la base est un rectangle de 7 à 8 pouces de côté; ils sont aujourd'hui bouchés à trois ou quatre pieds de profondeur, et l'on ne sait pas jusqu'où ils se prolongeaient. Ces cavités ne sont pas tout-à-fait au milieu de la pièce, l'intérieur est tout noirci de fumée. Le plafond de la chambre est formé de pièces monolithes longues de plus de 6 mètres (18 pieds et demi). Il y en a neuf ainsi placées en travers : chacune doit avoir au moins 130 pieds cubes et peser 20 milliers. Même remarque ici que dans la galerie et tous les canaux, point de tassement, point d'ébranlement visible, rien ne s'est déplacé depuis l'origine, puisque tout y est parfaitement d'aplomb ou de niveau. Le granit des parois est si poli et si dur qu'on a vainement essayé d'y graver des noms : tous ceux que l'on y lit sont tracés au crayon. En général tout cet ouvrage est de la plus parfaite exécution, et l'appareil est admirable. Tous les voyageurs sont unanimes sur ce point, que la beauté du travail répond à celle de la matière.

Vers l'angle de la chambre, à droite en entrant, est la caisse en granit appelée le sarcophage. Sa longueur est de $2^m 301$, sa largeur de $1^m 002$, sa hauteur de $1^m 137$, sa profondeur de $0^m 948$; l'épaisseur des côtés est de $0^m 162$, et celle du fond $0^m 189$. Le couvercle, s'il en a existé, comme cela est très-probable, a disparu[1];

---

[1] Depuis l'expédition française, le sarcophage a été brisé à ce qu'on prétend par des soldats anglais.

l'extérieur est altéré, on n'y voit aucun hiéroglyphe, aucun caractère de gravé; on n'en aperçoit pas davantage dans toute cette chambre, ni dans l'autre, ni dans les galeries, enfin dans aucune partie. Cette absence de signes d'écriture a donné lieu à des conjectures sans nombre; aucune, je l'avoue, n'est satisfaisante : c'est encore là un problème, fait pour exercer la sagacité; je reviendrai ailleurs sur ce sujet.

Derrière le sarcophage j'ai remarqué les traces d'une excavation qui annonce une fouille tentée de ce côté; elle a environ 8 pieds sur 2 pieds.

Avant de rentrer dans la grande galerie, je dois mentionner une autre chambre qui était presque inconnue jusqu'à l'époque de l'expédition française. Niébuhr en a parlé quoiqu'il n'ait pu la voir; il en attribue la découverte à M. Davison, qui a été en Égypte avec M. Montague, mais après le passage de lui Niébuhr[1] : elle a été vue dans ce même temps par M. Meynard, négociant français. On y entre par une ouverture placée dans l'angle supérieur de la galerie, tout en haut, à gauche en montant, c'est-à-dire du côté de l'est; pour cela il faut être muni d'une très-haute échelle. Cette ascension a été figurée dans les planches[2]; après avoir suivi un couloir un peu tournant, on arrive au-des-

---

[1] *Voyage en Arabie*, t. 1, p 161. Il faut donc ajouter un mot à l'explication de la planche 13, *Antiquités*, vol. v, fig. 1, et lire : une chambre basse *presque* inconnue aux voyageurs.

[2] *Voyez*, pl. 13, *Ant.*, vol. v, fig. 1, au point 5, et aussi pl. 14, fig. 3, au point c″, pl. 15, fig. 3, 5, au point a, et fig. 4, au point a″. Dans la première planche, M. Le Père, architecte, est représenté au pied de l'échelle, et M. Coutelle au sommet, déjà à moitié entré dans la chambre haute, qu'il croyait visiter le premier.

sus de la chambre du roi, et l'on se trouve dans la pièce dont il s'agit. Sa hauteur est seulement de $1^m 002$ (3^{ds} 1^p). Elle est si basse qu'il paraît manifeste qu'elle n'avait d'autre objet que de servir de décharge au plafond de la chambre du roi; d'autant plus qu'elle a la même longueur et la même largeur que cette chambre, et qu'elle est située juste au-dessus. Quand les Français y ont pénétré, ils y ont trouvé un lit épais d'excrémens de chauve-souris [1].

L'écho de la pyramide est célèbre : il répète le son jusqu'à dix fois; ordinairement en sortant de la chambre du roi et du haut du palier supérieur, les voyageurs s'amusent à tirer des armes à feu. Il me serait difficile de peindre le singulier effet que produit cette détonation sur la colonne d'air, effet encore plus frappant au sein des ténèbres; je n'ai rien entendu d'aussi majestueux : il semble que l'oreille frémit et bourdonne; les vibrations répercutées coup sur coup, parcourent tous ces canaux à surfaces polies, frappent toutes les parois, et arrivent lentement jusqu'à l'issue extérieure, affaiblies et semblables au retentissement du tonnerre quand il commence à s'éloigner. A l'intérieur, le bruit décroît régulièrement, et son extinction graduelle, au milieu du profond silence qui règne dans ces lieux, n'excite pas moins l'attention et l'intérêt de l'observateur : c'est une expérience que l'on aime à répéter. On a coutume aussi de tirer des coups de pistolet dans les petites ouvertures de la *chambre du roi*. Plu-

---

[1] *Voyez*, pour les autres observations, le Mémoire de M. Coutelle sur les Pyramides.

tarque dit que la voix se répète quatre ou cinq fois dans les pyramides[1] : il faudrait savoir desquelles pyramides il s'agit.

Si la montée de la grande galerie est fatigante, la descente exige des précautions pour n'être pas périlleuse : on doit du moins, à chaque pas, sonder l'entaille et y poser le pied. Il serait plus sûr de s'asseoir sur la grande banquette et de se laisser glisser que d'y marcher debout. Quand on est arrivé à l'extrémité inférieure, il faut, pour continuer sa route, descendre l'escarpement de la même manière qu'on l'avait franchi en montant. Arrivé ici, ordinairement on revient sur ses pas, et on se dirige au sud par un canal horizontal de même dimension que les deux premiers canaux de la pyramide ; il a $38^m 791$ de long ($119^{ds} 5^p$), et conduit à une chambre qui est au bout à droite, longue de $5^m 224$ sur $5^m 793$; c'est ce qu'on appelle vulgairement la *chambre de la reine;* elle est bâtie en granit comme la première, et le travail de l'appareil n'est pas moins soigné : son plafond est en forme de toît ; la hauteur jusqu'à la naissance du toît est de $4^m 114$, et la hauteur au sommet, de $6^m 308$; c'est plus que celle de la chambre du roi. Une partie des pierres du plafond est en saillie sur l'autre. La salle est pleine de décombres ; quelquefois l'air y est si infect qu'on ne pourrait y rester cinq minutes sans y être asphyxié. A la gauche, il y a un trou forcé. Le canal est tapissé de sel ; ce sel

---

[1] *De philos. placit.*, lib. IV, c. 20, éd. Reisk., 1778, tom. IX, pag. 575. Le passage est curieux, surtout en ce qu'il ferait penser que les pyramides étaient ouvertes, ou que c'était une tradition, du temps de l'auteur.

se forme aussi sur les parois des autres canaux, on l'enlève par plaques de 2 lignes d'épaisseur[1].

On sort de ce couloir tout en sueur, le visage et le corps tout rouges, et l'on est tellement excédé, épuisé de fatigue, qu'il ne reste plus assez de forces pour tenter la descente du puits, dont l'entrée est tout à côté de celle du couloir : il faut absolument se reposer un moment, et réparer ses forces par quelque spiritueux ou par quelque autre moyen. Ordinairement on remet la visite du puits à une autre excursion, et c'est ce qui m'est arrivé ; mais à ma seconde visite un obstacle m'empêcha d'effectuer l'entreprise ; je renverrai donc pour le puits de la pyramide au mémoire de M. Coutelle et aux mesures prises par M. Le Père, architecte, me bornant à dire que la largeur, égale à $1^m 4$ sur $0^m 6$ en commençant, va toujours en diminuant jusqu'à $0^m 65$ sur $0^m 6$; qu'il ne descend pas d'un bout à l'autre verticalement ; que la première partie du lit du puits a $47^m 102$, et la seconde $16^m 242$, en tout $63^m 344$; enfin qu'on a pratiqué une chambre à 9 mètres du haut, soit pour servir de repos à ceux qui montent ou descendent, soit pour recevoir les décombres tombés dans le fond, ou pour tout autre usage. La pièce est taillée dans le roc ; elle ne présente rien de particulier : sa hauteur est de 3 mètres, et sa largeur, de moitié en sus[2].

La température au fond du puits est de 25°, et dans

---

[1] On a trouvé dans les catacombes des Pyramides des croûtes de sel qui ont jusqu'à 2 pouces d'épaisseur : ce fait m'a paru assez important pour être consigné.

[2] M. Du Bois-Aymé est descendu très-avant dans le puits, mais je n'ai pas connaissance de ses observations.

l'intérieur de la pyramide, de 22°, d'après les observations de M. Coutelle. L'importance de cette observation sur la température intérieure du sol sert à relever encore le mérite de la difficulté vaincue; il n'a pas fallu un médiocre dévouement pour pénétrer à une si grande profondeur, au risque de périr par plusieurs causes. On sait que la température de l'air au fond du puits de Joseph, à la citadelle du Kaire, est de 17 à 18°[1], celle du fond des hypogées à Thèbes et des hypogées voisins de la pyramide, s'élève jusqu'à 25°.

D'après les calculs de M. Gratien Le Père, le fond du puits était de niveau avec les hautes et même avec les basses eaux du Nil. Il est possible que la partie du puits à laquelle on n'a pas encore pénétré faute d'avoir déblayé assez avant, corresponde au niveau du Nil : mais il me semble que la profondeur mesurée est contraire à cette opinion. En effet, l'ouverture du puits est à 68^{m}71 au-dessus des basses eaux actuelles (et elle était encore plus distante des anciennes) : or, la profondeur du puits a été mesurée en deux parties, dont la somme est de 65^{m}34 seulement. A la vérité les hautes eaux sont plus élevées que le fond, mais leur niveau s'est exhaussé depuis l'excavation de ce puits; on ne peut donc pas affirmer que jadis le fond du puits communiquait avec l'eau du Nil. Au reste, je n'examine point ici l'assertion de Pline, que l'observation précédente ne contredit pas absolument : j'y reviendrai ailleurs.

---

[1] Comme la chaleur moyenne du Kaire. Voyez *Descript. de la ville* *du Kaire*, tome XVIII, 2ᵉ partie, page 358.

CONSTRUCTION.

La *construction* de la pyramide, savoir : l'exécution du massif qui en fait le noyau, celle du revêtement, et celle de ses distributions intérieures fournirait le sujet à elle seule d'une section tout entière. Heureusement que cette partie de ma tâche est remplie par le mémoire dont je viens de parler, et qui roule spécialement sur cette matière. J'y renvoie le lecteur avec l'assurance que cet écrit le satisfera pleinement sur ces divers points. Resteront le transport des pierres, le travail de l'art proprement dit, l'emploi des divers matériaux, qui seront par la suite l'objet de quelques remarques. Ici se présentent deux questions qui se rattachent à cette partie de la présente description, même à défaut de faits observés, savoir : 1°. la pyramide est-elle tout entière bâtie, ou a-t-on seulement construit une enveloppe autour d'un noyau formé par la montagne? 2°. la pyramide, supposée construite en son entier, est-elle massive et pleine, ou bien y a-t-on laissé des vides plus ou moins considérables, pareils à ceux que nous connaissons? Nous n'avons pas, il faut l'avouer, le moyen de répondre aucunement à la seconde question, ni complètement à la première. On découvrira sans doute quelques issues au fond du puits et peut-être ailleurs dans les canaux subsistans, et il est raisonnable d'admettre que l'espace enveloppé par la superficie de la pyramide n'est pas un solide plein et massif dans sa totalité, ce qui doit, pour le dire en passant, réduire un peu les calculs qu'on a faits sur le cube de pierre qu'elle contient.

A l'égard de la première question, jamais peut-être on ne pourra la résoudre; quand même on trouverait, en pratiquant des fouilles intérieures, des parties qui bien évidemment ne fussent point des assises bâties, et qui appartinssent au rocher; qu'en pourrait-on conclure pour l'étendue totale du noyau primitif? Entre les deux hypothèses on peut, je crois avec fondement, incliner pour la première, savoir que toute la pyramide a été bâtie. En effet, comment expliquerait-on dans la seconde la disparition d'un rocher de deux à trois cents pieds de haut tout autour des pyramides de Gyzeh[1]? comment la concilier avec ce fait, que le sol sur lequel elles sont assises, est le niveau le plus élevé de la montagne, fort loin aux environs! Ce serait admettre qu'on ait fait un ouvrage plus étonnant lui-même que la construction de la pyramide entière en pierres taillées, en assises réglées. Je pourrais développer ces considérations, et même appeler l'histoire au secours des hypothèses; mais les faits manquent, et c'est ici le domaine des conjectures : il est prudent de s'arrêter.

§. III. *Seconde Pyramide.*

Ce que j'ai dit de l'aspect général des Pyramides, ainsi que le plan général et les vues pittoresques[2], me dispensent de décrire le site extérieur de la SECONDE; on

[1] Il n'y a point de piton, de montagne saillante, isolée, sur cette partie de la chaîne.
[2] *Voyez* planches 6 à 12, *Ant.*, vol. v.

sait que celle-ci est connue sous le nom de CEPHREN, qui est celui du roi auquel Hérodote l'attribue; quelques mots suffiront sur les environs de l'édifice. On arrive ordinairement à la PREMIÈRE par le nord ; à la SECONDE par le levant, en laissant le SPHINX à sa gauche, et en tournant des constructions ruinées qui sont près et à l'est de la pyramide. De ce côté, le large fossé qui paraît avoir entouré le monument est presque comblé, ainsi que du coté du sud, tandis qu'il a toute sa profondeur au nord et surtout au couchant : ce fait ne peut guère s'expliquer que par la double enceinte placée dans cette dernière direction, laquelle est la même que celle des vents de l'ouest, qui y amènent les sables de la Libye. La distance de la SECONDE à la PREMIÈRE entre les deux points les plus rapprochés est d'environ 180 mètres (555 pieds).

Le fossé est lui-même un ouvrage remarquable. Il est creusé tout entier dans le roc à la profondeur de 8 à 9 mètres[1] (25 à 28 pieds); sa largeur au nord est de $59^m 5$ ($183^{ds} 6^p$ environ), une partie se cache sous les sables; il est large, du côté de l'ouest, de $31^m 4$ ($96^{ds} 9^p 6^l$). Ce fossé est taillé et dressé parfaitement, ainsi que la plate-forme; celle-ci est beaucoup plus élevée que la base du monument, c'est du fond du fossé que la pyramide s'élève. La pierre qui est sortie du fossé ne fait pas moins de 124500 mètres cubes, et peut-être plus que le double; elle a dû servir à la construction de la DEUXIÈME pyramide. Le fossé du côté de l'ouest forme une sorte d'enceinte qui se prolonge très-loin

[1] La gravure porte 6 mètres. Voy. *A.*, vol. v, pl. 16.

dans le sud, à 100 mètres au-delà du plan de la face méridionale.

A sa partie inférieure et moyenne elle présente aussi des degrés; mais elle est encore couverte de son revêtement à la partie supérieure. J'ai évalué au quart de la hauteur cette partie revêtue[1]. Les degrés eux-mêmes sont beaucoup mieux conservés que dans la PREMIÈRE. Le cédant peu à celle-ci en dimension, et ayant encore une portion de son revêtement dont le poli réfléchit l'éclat du soleil et la fait distinguer au loin entre toutes les autres pyramides, elle n'attire cependant pas la même curiosité. Il est d'ailleurs beaucoup plus difficile de la gravir, et sa sommité presque en pointe[2] n'a pas de plate-forme où l'on puisse prendre du repos, et se livrer, comme sur l'autre, au plaisir de contempler l'horizon. Toutefois le nom de *merveilles du monde* a été donné par l'antiquité à toutes deux en commun. L'aspect et le poli brillant de la portion supérieure font deviner le bel effet que devait produire jadis la pyramide entière et l'ensemble des deux monumens, car il n'y a nul doute que la PREMIÈRE comme la SECONDE ne fût ornée d'un revêtement poli. Toutefois, si l'on a commis une erreur en niant que les grandes pyramides fussent revêtues, on en a commis une plus forte en soutenant qu'elles l'ont été avec du marbre. La

---

[1] Ainsi je l'ai noté dans mon journal de voyage : à la seconde excursion que j'ai faite, j'ai marqué un cinquième : elle varie sur les différentes faces. *Voyez* plus bas.

[2] La DEUXIÈME pyramide est très-peu tronquée (*voyez* les pl. 8, 9, 10, 12, *Ant.*, vol. v); mais dans la planche 7, le dessinateur l'a représentée un peu différemment : les autres vues sont plus fidèles.

pierre qu'on a employée à cet usage est un calcaire gris, compacte, plus dur et plus homogène que la pierre des assises et susceptible d'une sorte de poli, qui aujourd'hui, et vu de près, semble mat ; le temps l'a rendu plus brillant, et c'est surtout de loin qu'il produit l'effet d'un beau poli. On trouve dans cette pierre des bélemnites, et comme dans celle du noyau, des numismales.

On aperçoit de loin de grandes taches sur le revêtement, c'est l'origine de l'opinion vulgaire sur l'existence de ce prétendu marbre ; mais les unes ne sont autre chose que des ordures d'oiseaux ; les autres, qui sont rougeâtres, proviennent d'un lichen, comme je m'en suis assuré par moi-même lorsque j'y suis monté à mon second voyage. Cependant je suis très-porté à penser que la SECONDE pyramide a été revêtue de granit, à la partie inférieure seulement : au pied des marches, j'ai vu beaucoup de blocs de granit taillés en biseau, surtout vers le sud, et même j'ai remarqué une dale de granit en biseau, ou prisme à face oblique ; elle paraissait en place, quoique éloignée de 2^m4 de l'angle sud-ouest de la pyramide, dans la direction du nord au sud ; il est possible qu'elle ait été un peu écartée de sa place primitive.

Cette pyramide est orientée comme la PREMIÈRE, et il n'y a pas de motif de croire qu'elle le soit moins exactement, quoiqu'on n'y ait pas observé d'azimuth ; la boussole appliquée sur plusieurs faces m'a donné le même angle que la PREMIÈRE avec le nord magnétique. En second lieu, en levant le plan géométrique, M. le colonel Jacotin a trouvé le parallélisme parfait entre ses faces et celles de la PREMIÈRE, de même de la TROISIÈME.

Le pied de la pyramide est encombré sur les quatre faces par les sables et les débris qui s'y sont accumulés, et qui forment une surface arrondie comme à la PREMIÈRE, c'est-à-dire dont l'origine est aux angles et la partie la plus élevée sur l'apothême; la plus grande hauteur verticale de ce monticule est de 10 à 12 mètres, mais elle ne s'étend pas autant en avant des faces.

Je me suis appliqué à mesurer exactement les faces de la SECONDE pyramide, et j'ai usé du même moyen. Il y a ici une facilité de plus, c'est que la base est bien prononcée; car au pied des marches il en est une beaucoup plus haute que les autres et formant un stylobate qui repose sur un petit socle plus bas. En mesurant le côté du nord avec une bonne chaîne, sur une ligne parallèle tracée à 30 mètres et entre les prolongemens des deux côtés contigus, j'ai trouvé 207^{m}9 compris le socle; je mesurais au fond du fossé sur un terrain plan et horizontal, formé du roc en grande partie. Sur le côté de l'ouest j'ai fait appliquer la chaîne au pied même de l'escarpement ou mur vertical formé par le fossé; et, entre le point où la parallèle mentionnée ci-dessus rencontrait ce plan, et le prolongement du plan de la face du midi, j'ai trouvé 240 mètres : resterait 210 mètres pour longueur du côté ouest. Cette dimension comprend aussi la largeur du socle; mais la mesure de la face du nord doit être préférée, savoir, 207^{m}9, et sans le socle 204^{m}9.

A. D. v.

La hauteur, mesurée au graphomètre, a donné en tout 138 mètres, compris le socle, ou 135 environ au-dessus du socle [1]. C'est ici le lieu d'expliquer l'erreur de plusieurs voyageurs qui ont pensé que la SECONDE pyramide et la PREMIÈRE étaient jadis de même élévation : cette méprise vient d'une illusion. Vues de loin, du Kaire par exemple, les deux sommités actuelles paraissent à peu près dans une même ligne horizontale. A cette distance, et même d'aucun endroit, l'on ne peut apercevoir distinctement les bases, ou comparer leurs niveaux, d'autant plus que celle de la SECONDE est dans un fossé profond [2]. La PREMIÈRE est tronquée d'environ 8 mètres; la SECONDE l'est fort peu, peut-être d'un mètre; d'où il suit que celle-là s'élevait jadis beaucoup plus haut. Sans instrumens il est impossible de se rendre compte de ces différences. Au reste, si les deux sommités actuelles sont de niveau, les deux socles doivent l'être aussi : en effet, à 136^m15, élévation de la plate-forme de la PREMIÈRE, ajoutant 1^m85 hauteur du socle, la somme est 138 mètres, ce qui est l'élévation totale de la SECONDE.

Il résulte de cette base et de cette hauteur de 159 mètres,

---

[1] La mesure de 132 mètres sans le socle, citée dans le *Mém. sur le syst. métr.* (t. VII, p. 517), est trop faible : j'avais noté 138^m7 avec le socle.

[2] M. Gratien Le Père rapporte que le fossé a 11 à 12 mètres de profondeur; si je ne me suis trompé moi-même, j'ignore comment il a pu noter une mesure aussi différente de la mienne : n'aurait-il pas écrit par erreur 6 toises au lieu de 6 mètres, et ensuite converti en mètres ? Le rocher dans lequel on a taillé le fossé est plus élevé que le sol de la PREMIÈRE. Greaves semble indiquer ce fossé, quand il parle d'un ouvrage remarquable taillé dans le roc, long de plus de 1400 pieds (environ 425 mètres et demi), et profond de 30 pieds (environ 9 mètres). *Voyez* pl. 16, fig. 1, 2 et 2', *Ant.*, vol. v, et l'explication de la planche.

DE MEMPHIS ET DES PYRAMIDES, SECT. III.

l'inclinaison de la pyramide, c'est-à-dire l'angle du plan des faces avec celui de la base est égal à environ 52°50'; la superficie de la base sans le socle, à 41984 mètres carrés; celle de chaque face, à 17570 mètres carrés; le volume, à 1903275 mètres cubes. L'angle de l'arête avec le côté de la base est d'environ 62° 20', la superficie du carré formé par la ligne extérieure du socle est de 43222 mètres carrés; l'arête a 199^{m}8, et l'apothême 171^{m}5 : ces calculs comprennent le revêtement. Je ne les donne pas comme aussi précis que ceux de la GRANDE pyramide, attendu que je n'ai pu mesurer le côté de la troncature, et qu'il est très-difficile d'arriver au sommet, et encore plus, quand on y est, d'y appliquer la mesure; l'évaluation de la partie tronquée à un mètre n'est seulement qu'une estime. De plus, le calcul est fait sur le côté nord de la base, et je n'ai pas pris le terme moyen entre cette ligne et celle que j'ai mesurée du côté ouest, cette dernière mesure différant de la première de 2^{m}1. Ainsi les nombres que j'ai donnés pèchent peut-être un peu par défaut; enfin le soubassement n'y est pas compris.

Ce soubassement ou stylobate mérite de nous arrêter un moment : il est représenté dans une des planches de l'ouvrage[1]. Toutes les fois qu'en fouillant une construction égyptienne, encombrée comme elles le sont presque toujours, on parvient au sol, on trouve un socle, base ou soubassement sur lequel elle repose; nous avons également découvert des socles sous les obélisques et les colonnes; il n'y a donc rien de surprenant

[1] *Voy.* pl. 16, *Ant.*, vol. v, fig. 2.

d'en rencontrer au pied des Pyramides. Non-seulement ces soubassemens ou stylobates donnent ou semblent donner au monument une assiette plus solide ; mais ils satisfont l'œil qui aime jusqu'à l'apparence de la solidité, et de plus ils défendent le pied de l'édifice des injures du temps et des outrages de toute espèce : ils sont aussi anciens que l'art de bâtir; on peut les regarder comme inséparables de tout grand ouvrage d'architecture [1]. Celui que j'ai observé au pied de la DEUXIÈME pyramide se compose de deux parties; le corps entier du stylobate a environ 3 mètres de haut, 1 mètre et demi [2] de large, mais il repose sur un plus petit socle d'un mètre à peu près : je dis à peu près, parce que le dessin que j'en ai fait n'est pas coté ; mais cette mesure ne doit différer que très-peu de la véritable.

L'ascension de la pyramide est beaucoup plus difficile que celle de la PREMIÈRE. Ordinairement elle n'est pas tentée par les voyageurs; j'ai vu plusieurs personnes l'essayer et être contraintes d'y renoncer. A ma première excursion, je suivis leur exemple, quoiqu'un jeune homme fût venu à bout, quelque temps auparavant, d'atteindre jusqu'à la partie revêtue ; mais à la seconde, je résolus de monter sur la pyramide le plus haut possible, de détacher et d'apporter avec moi un morceau du parement, afin de constater l'angle d'inclinaison de la face : j'effectuai mon dessein [3], muni d'une

---

[1] *Voyez* sur les socles, les *Recherches sur les Pyramides*, t. IX.

[2] Dans l'explication de la planche on a imprimé un mètre seulement.

[3] J'étais accompagné de mon savant collègue M. Delile, chargé de la partie botanique dans l'expédition.

mesure, d'un crayon et d'un marteau. Les marches de la pyramide sont très-dégradées, et souvent les pierres déboulent. Il faut prendre des précautions multipliées pour la gravir avec sécurité : l'on doit s'appuyer des genoux et des coudes. La première moitié de l'ascension est la plus hasardeuse, et il faut le plus souvent monter le long des éboulemens sans trouver de sol ferme, du moins du côté que j'ai gravi, celui du sud. Au-delà, les marches sont mieux conservées et plus praticables, mais très-hautes. Enfin, après une heure ou deux de fatigues et d'efforts pénibles, on arrive aux pierres saillantes du revêtement. Cette saillie n'a pas moins de $1^m 3$ (4 pieds)[1]; on y est à l'ombre comme sous un toit, mais fort mal à son aise, parce qu'elles semblent ne tenir à rien ; c'est sans doute une illusion causée par le surplomb de ces énormes biseaux dont la tête est menacée.

Le parement descend moins bas sur la face de l'ouest que sur les autres ; c'est sur celle de l'est qu'il se prolonge le plus, savoir au-delà de 40 mètres, ou à plus du quart de la hauteur depuis le sommet ; il descend moins bas sur les faces du nord et du sud [2]. J'observai sur l'arête la disposition particulière des pierres : elles se recouvrent et s'emboîtent de manière à être inséparables, et à lier le parement au noyau de l'édifice, d'une manière solide et presque indestructible [3].

J'avais aperçu d'en bas de grandes taches rougeâtres;

[1] M. Coutelle a trouvé $1^m 15$ pour l'épaisseur du revêtement, et moi $1^m 30$.
[2] *Voy.* la pl. 16, fig. 2, *A.*, t. v, ainsi que l'explic. et ci-dessus, p. 639.
[3] M. Gratien Le Père, qui est monté aussi jusqu'au revêtement, a fait cette même observation.

arrivé au revêtement, il me fut facile de les reconnaître la plupart pour des lichens. M. Delile y découvrit une espèce non décrite, qu'il appelle LICHEN PYRAMIDAL. Je m'estimais heureux d'en emporter des échantillons avec des morceaux du parement, et j'en trouvais le poids léger, quelque gêne que j'en ressentisse, étant obligé de prendre plus de précautions encore en descendant que je n'avais fait en montant. Je ne conseillerais pas à des personnes sujettes aux étourdissemens de faire cette escalade, et encore moins de gravir jusqu'à la cime. Une extrême curiosité peut seule en expliquer l'imprudence; au reste, le danger est beaucoup moindre pour qui a une certaine habitude des exercices physiques : quelques-uns de nos soldats, plus agiles ou plus hardis, sont parvenus à l'extrême sommité. J'ai pu me convaincre sur les lieux que ce poli, si brillant de loin, est en effet presque mat : la pierre, par sa nature, n'en peut recevoir un plus parfait.

On est étonné de lire dans Greaves, observateur attentif et intelligent, que les côtés ne présentent point de degrés, mais une surface unie et égale, et que toute la construction semble entière (excepté la face du sud) et exempte de toute dégradation [1]. Il est à peine croyable que, depuis 1638 et 1639, époque de son voyage, les faces des pyramides aient pu se ruiner au point où nous les avons vues.

Du côté du nord, nous avons aperçu des pierres ac-

---

[1] Page 104, *Pyramidographia or a Description of the pyramids in Egypt*, by John Greaves, etc., London, 1646, in-12. Le même auteur a prétendu que la première et la deuxième avaient même base et même hauteur ; il s'en faut de beaucoup.

cumulées à une certaine hauteur, qui annoncent les efforts tentés pour pénétrer dans le monument.

Il me reste à parler des grottes et hypogées pratiqués dans le rocher, vis-à-vis de la face occidentale de la pyramide; l'entrée est au fond du fossé par des portes ouvertes sur l'escarpement du roc. Sept seulement sont indiquées sur le plan [1]; mais le nombre en est plus considérable: il paraît que les ouvertures sont bouchées par les sables, et elles m'auront échappé par ce motif. J'ai distingué un de ces hypogées, et j'en ai pris les mesures et le dessin à cause de l'ornement remarquable qui décore le plafond. Il consiste en troncs de palmiers [2]; l'écorce même a été représentée par le sculpteur. On ne peut douter qu'il ait imité le plafond d'une habitation de son temps, puisque encore aujourd'hui les *felláh* recouvrent leurs chaumières avec des tronçons de dattiers bruts. Je renvoie à la planche pour les détails de cet hypogée, qui n'a que deux pièces visibles et un puits, et je me borne à dire que les faces sont partout taillées avec soin, les angles bien droits et les arêtes encore vives, en un mot avec le fini d'exécution qui distingue tout ce qui appartient à l'architecture égyptienne. Je mentionnerai encore une petite inscription hiéroglyphique très-bien sculptée, sur le rocher à pic vis-à-vis de la face ouest, parce qu'elle est, je crois, la seule qu'on voie auprès des pyramides (ailleurs que dans les tombeaux du voisinage): elle est comprise entre deux lignes parallèles, on la trouvera figurée dans les planches [3].

---

[1] *Voyez* pl. 16, fig. 2, *Ant*, vol. v.
[2] Voyez *ibid.*, fig. 3, 4, 5.
[3] *Voyez* pl. 14, fig. 15, *Ant.*, vol. v.

Il y a d'autres catacombes plus considérables situées à l'est de la pyramide, vers l'angle sud-est [1]. On remarque sur les murailles, des sculptures semblables à celles des hypogées de Thèbes : ce sont des sujets relatifs à la vie champêtre, la pêche, la chasse au filet, des marches, des processions, etc.; on descend dans les puits par des rampes assez rapides, et au fond on trouve une multitude de momies [2]. Je parlerai plus loin de ces catacombes.

Non loin de la pyramide, et vers le milieu du côté est, il existe des ruines : les pierres sont mêlées confusément, et il est impossible d'y apercevoir un plan distinct.

§. IV. *Troisième et quatrième Pyramide, Pyramides à degrés et environs.*

1°. TROISIÈME PYRAMIDE, MONUMENT DE L'EST ET SA CHAUSSÉE.

La TROISIÈME pyramide portait, suivant les auteurs, le nom de *Mycerinus*, roi auquel sa construction est attribuée; on l'appelle aussi la *pyramide de Rhodope*. Malgré la grande infériorité de ses dimensions relativement à la première pyramide, elle lui a été comparée cependant sous le rapport du travail et de la dépense, et en voici le motif. Tandis que la PREMIÈRE et la SECONDE étaient revêtues simplement en pierre calcaire [3], le revêtement de la TROISIÈME était de granit oriental, pierre d'une dureté qui ne le cède qu'à sa beauté. Le

---

[1] *Voyez* pl. 6, *Ant.*, vol. v, et pl. 7, au point 3.
[2] Observ. de M. Gratien Le Père.
[3] J'ai néanmoins observé plus haut que des blocs de granit étaient au pied de la SECONDE.

rapport des historiens au sujet de la matière de cette pyramide est confirmé par l'état actuel des lieux. Partie des assises de granit taillées en biseau sont encore en place [1], partie sont au milieu des débris, et partie, tombées au loin jusqu'à terre, encombrent le pied du monument ; le granit est, en général, rouge foncé, mêlé de larges parties noires, ce qui est tout-à-fait d'accord avec le passage de Pline, *ferrei coloris* (lib. XXXVI, cap. 7). C'est comme si une des carrières des cataractes avait été, par magie, transportée jusqu'auprès du Kaire à l'usage de ses habitans. Alexandrie y avait déjà puisé la première abondamment ; c'est ainsi qu'a disparu peu à peu un des ouvrages les plus remarquables de l'antiquité. Ce n'est donc pas la peine d'aller à Syène extraire péniblement des blocs de granit, pour les en rapporter bruts ; on les trouve ici tout apportés, tout taillés, et à une médiocre distance du Nil. Aussi, de tous côtés, y voit-on des blocs taillés en meules, et prêts à partir pour les moulins du Kaire et des environs. Assurément ce qui reste de ces assises de granit serait loin de suffire pour revêtir toute la pyramide, ou seulement la moitié, comme le dit Hérodote ; mais combien n'en a-t-on pas enlevé depuis que sa destruction est commencée. Au reste, le corps de la pyramide est plus intact que dans les autres, et elle a encore, autant qu'on en peut juger d'en bas, ou bien d'une certaine distance, sa pointe assez bien conservée, à peu près comme la DEUXIÈME.

Après ce que je viens de dire, faits qui ont pu être vus

[1] *Voyez*, planche 16, *Ant.*, vol. v, fig. 9, aux points a, b, c, d, et l'explication de la planche.

650 CHAP. XVIII. DESCRIPTION GENERALE

et observés par tous les voyageurs français, on a de la peine à expliquer l'assertion de Greaves, qui, non content d'affirmer que *toute* la pyramide est d'une pierre blanche, condamne comme absolument faux, *most evidently false*, les témoignages des auteurs sur le revêtement en pierre d'Ethiopie, et censure avec plus de sévérité encore les voyageurs modernes; mais il paraît qu'il écrivait de mémoire sur la TROISIÈME pyramide, plusieurs mots de son récit le prouvent : *if my eyes and memory extremely faile me not* [1]; autrement, quel témoin oculaire pourrait nier un fait aussi patent, et qui était bien plus apparent encore il y a deux siècles [2]?

J'ai mesuré la base de la TROISIÈME pyramide par le même moyen que les deux autres, et j'ai prolongé les faces de l'est, de l'ouest et du sud de 20 mètres. Sur le côté nord j'ai trouvé $102^m 2$, et sur le côté ouest $104^m 9$: la première mesure et surtout la seconde pèchent par excès à cause de l'encombrement des angles; j'ai adopté la première comme préférable, et j'ai déduit 3/4 de mètre pour le socle de chaque côté, en tout 1 mètre 1/2; reste pour la longueur du côté nord, $100^m 7$.

La hauteur est d'environ 53 mètres : je n'ai point pour cette dernière dimension d'observations précises comme pour la PREMIÈRE pyramide. Admettons-la toutefois comme suffisamment exacte, et calculons la surface de la pyramide; voici son volume et les résultats du calcul : Apothème, $73^m 1$; arête, $88^m 7$; inclinaison

---

[1] *The whole pyramid seemes to be of cleere and white stone*, Pyramidogr., p. 112.

[2] *Ib*, p. 111. Greaves lui-même n'a vu que très-légèrement et en courant la TROISIÈME pyramide; il ne l'a point mesurée, ni le monument de l'est, ni la chaussée.

de la pyramide ou angle du plan de la face avec la base, un peu moins de 45°; superficie de la base, $10140^{\text{m. carr.}}\frac{1}{2}$; superficie de la face, $3680^{\text{m. carr.}}6$; volume de la pyramide, $17918 2^{\text{m. cub.}}\frac{1}{2}$.

On voit que l'inclinaison de la pyramide est moindre que celle des autres. Les côtés sont exactement orientés, comme dans la DEUXIÈME et la PREMIÈRE.

Un de nos compagnons de voyage raconte qu'il est monté au sommet[1] par l'arête nord-ouest; l'élévation des assises l'a forcé de s'aider des mains et des genoux. Il a compté 78 assises, ayant $0^{\text{m}}68$ de hauteur moyenne, ce qui ferait $53^{\text{m}}4$ pour la hauteur de la pyramide. Cette mesure est singulièrement conforme à celle que j'ai citée plus haut; mais je regarde ce rapport comme fortuit.

D'en bas j'ai aperçu distinctement une ouverture sur la face du nord : elle est bouchée ou très-peu profonde, et l'on n'y pénètre pas[2]. C'est peu d'années, dit-on, avant l'expédition française, que l'on tenta de découvrir l'entrée de la pyramide; cette tentative fut faite par Mourâd-Bey, elle ne produisit aucun résultat et fut bientôt abandonnée; sans doute faute de bonnes combinaisons, on ne put découvrir le canal. La richesse de la matière employée à revêtir l'édifice, les descriptions des anciens, le fait rapporté par eux que le nom du roi Mycérinus y avait été gravé, doivent faire essayer de nouveaux efforts. Si on pénètre dans l'intérieur, il n'est presque pas douteux qu'on en sera récompensé par de précieuses découvertes.

[1] M. Gratien Le Père.
[2] *Voyez* pl. 16, *Ant.*, vol. v, fig. 9, au point a.

Outre l'enceinte qui sépare la TROISIÈME pyramide de la SECONDE, une autre, qui renferme trois pyramides plus petites, la défend du côté du sud, et deux autres enceintes la protègent à l'ouest contre l'invasion des sables. Au-delà est une grande plaine sablonneuse.

Le *monument de l'est* prouve l'importance qu'avait la TROISIÈME pyramide pour les Égyptiens; car c'est un ouvrage extrêmement remarquable pour son plan, son étendue, et l'énormité des pierres dont il est construit. Son plan est presqu'un carré, de 53^{m}8 dans un sens (166 pieds environ), sur 56^{m}2 dans l'autre (173 pieds environ), avec un prolongement ou long vestibule vers l'est, ayant 31^m (95 pieds environ) sur 14^{m}2 de large (près de 44 pieds)[1]. Était-ce un édifice religieux? un endroit destiné à l'observation du soleil levant? un lieu d'habitation pour les gardiens ou pour les prêtres? enfin un lieu de dépôt pour des instrumens ou pour des approvisionnemens? c'est sur quoi la forme du plan et ce qui reste de l'édifice ne jettent aucune lumière. En sortant du vestibule on entrait dans une immense cour ayant deux issues latérales ou fausses portes; au-delà étaient plusieurs vastes salles, dont cinq sont encore subsistantes; celle du fond a la même largeur que le vestibule, et répond juste au milieu de la pyramide, dont elle est éloignée seulement de 13 mètres (43 pieds); mais je n'ai pas vu d'ouverture dans l'endroit correspondant. Quoi qu'il en soit, la disposition et la symétrie prouvent le rapport qui existait entre ce monument et la pyramide.

[1] *Voyez* pl. 16, *Ant.*, vol. v, fig. 9 et 10.

Après avoir étudié dans la Thébaïde la construction et les matériaux des édifices, on est encore étonné ici de la grandeur des matériaux et du soin apporté à l'appareil. Les murs ont 2^m4 d'épaisseur ($7^{ds} 5^p$), c'est la largeur des pierres; leur longueur varie de 10 à 20 pieds. Ces blocs sont tels que je les ai pris d'abord pour le rocher lui-même, travaillé et taillé, et l'on resterait dans l'erreur si l'on ne voyait le ciment qui joint les assises.

Le prolongement de l'est est formé par deux énormes murailles, qui n'ont pas moins de 4^m2 d'épaisseur (13 pieds). On se demande quelle nécessité il y avait de construire des murs aussi extraordinaires, puisque réduits à la moitié de cette dimension ils n'auraient pas eu moins de solidité; et l'on ne peut trouver la réponse à cette question. Mais on se demande aussi quels hommes c'étaient que ces Égyptiens qui remuaient en se jouant des masses colossales; car chacune de ces pierres est une sorte de monolithe, dans le sens que l'on attache à ce mot comme exprimant un monument tout d'une pièce. Tailler, apporter, élever, mettre en place, assembler des centaines de monolithes semblables du poids de 40, 50, 60 milliers et plus, étaient pour eux des travaux simples, faciles, et de tous les jours; n'est-il pas évident que si ces opérations eussent entraîné la même dépense en temps et en argent que chez les modernes, ils ne les auraient pas autant multipliées?

L'édifice que je viens de décrire est d'autant plus remarquable qu'il est lié et fait suite à une chaussée en pente, dirigée comme lui sur l'axe de la TROISIÈME pyramide : cette chaussée est un autre ouvrage bien digne des Égyptiens. Sa largeur est de $14^m 2$ (environ 44 pieds), et sa longueur, 260 mètres (801 pieds environ), mesurée sur la pente, laquelle est de plus de 1 pour 15 [1]. En y comprenant ce que j'ai appelé le vestibule, la longueur totale serait de 291 mètres (897 pieds environ). Au bout de ce grand plan incliné est une autre rampe encore plus inclinée, tournant au sudest. Cette partie n'est point construite, mais la première est soutenue dans toute sa longueur, et des deux côtés, d'un mur bâti en assises régulières. Les pierres en sont *encore plus longues* que celles du monument de l'est : si je ne me trompe, j'en ai vu de 8 à 10 mètres (25 à 30 pieds) de long. Au sommet de la pente, ce mur de soutènement a 13 ou 14 mètres et six assises de haut ; les pierres ont jusqu'à 2 mètres et plus d'élévation. On ne peut nier que cette construction ne mérite de figurer à côté des grands ouvrages des Égyptiens ; mais elle ne présente point aujourd'hui tout l'intérêt dont elle serait susceptible si l'on en connaissait la destination. Sans doute il est probable que c'est l'une des chaussées sur lesquelles, selon Hérodote, furent charriées les pierres des pyramides [2], et ici la vraisemblance est qu'elle servit particulièrement à conduire les blocs de

---

[1] J'ai noté un peu davantage dans mon journal, environ 6^{po} pour toise.

[2] Suivant M. Gratien Le Père, on trouve sur le parement de ces chaussées des figures d'animaux et d'autres sculptures hiéroglyphiques, il en conclut qu'elles n'ont pas été construites seulement pour le transport des pierres, et qu'elles avaient un objet religieux, qu'elles servaient à des cérémonies : s'il a aperçu ces figures sur la chaussée de la TROISIÈME pyramide, ce qu'il n'explique pas, cette observation m'aurait échappé : mais ce voyageur ne dit pas les avoir vues lui-même.

que granit destinés à revêtir la TROISIÈME. Ces blocs, selon moi, furent apportés par eau sur le canal occidental, ancien bras du Nil, jusqu'à un village tout voisin, *Koum el-Eçoued* (la butte noire), qui est *dans la direction de la chaussée*, et où l'on trouve aujourd'hui des ruines. Son nom est peut-être de tradition, il ne serait pas sans rapport avec la couleur des pierres, qui, suivant les anciens, y furent transportées de l'Éthiopie, c'est-à-dire des carrières voisines de Syène. Pourquoi les aurait-on fait venir par le fleuve même, pour se mettre dans la nécessité de les transporter ensuite par terre, à travers un espace de deux lieues au moins d'étendue? Ma conjecture est bien confirmée par les restes d'une chaussée de même longueur que la précédente, à 600 mètres environ de distance et *dans la même direction*, et qui semble avoir fait suite à celle de la TROISIÈME pyramide [1].

2°. QUATRIÈME PYRAMIDE, PYRAMIDES A DEGRÉS.

La QUATRIÈME pyramide, bâtie tout près et au sud de la TROISIÈME (à 30 mètres environ), n'est qu'une construction très-médiocre à côté de celles que je viens de décrire, et elle ne mérite pas que je m'y arrête longtemps : elle l'emporte de peu sur plusieurs autres pyramides secondaires, qui étaient à l'est de la grande. Mais comme elle est restée entière, les voyageurs, pour la plupart, l'ont toujours mentionnée. Je l'ai mesurée sur la face du sud et sur la face de l'ouest, les plus dégagées des sables, et j'ai trouvé, pour longueurs respectives de

[1] *Voyez* pl. 6, *Ant.*, vol. v. et pl. 1, *ibid.*

ces deux côtés, 38^{m}5 et 42^{m}9. La différence est trop forte pour ne pas l'attribuer à quelque obstacle qui m'aura empêché de bornoyer exactement les faces. Car on ne peut guère admettre que la base du monument ne soit pas carrée. Quoi qu'il en soit, la moyenne serait de 40^{m}7 (125 pieds environ). Selon le plan levé par M. le colonel Jacotin, son axe est dans le méridien de la TROISIÈME pyramide, et l'on a dû s'y conformer dans la carte topographique [1] : toutefois, dans le plan que j'ai tracé, elle est alignée avec cette pyramide sur le côté est, et l'une des pyramides à degrés, sur le côté ouest : je ne puis que mentionner cette dissidence, la seule que présentent ici les observations des ingénieurs français, mais sans prétendre que l'erreur n'est pas de mon côté. A 20 mètres au sud de la pyramide, on voit le bord d'un fossé; je n'ai pu m'assurer s'il faisait jadis le tour du monument; l'élévation est moindre de 6 à 8 pieds que celle des deux pyramides à degrés voisines.

Cette pyramide est celle dont MM. Le Père et Coutelle avaient entrepris la démolition; ouvrage plus long à finir qu'on ne l'avait présumé. Ils n'étaient encore, après un long travail, qu'à la moitié de la hauteur, c'est-à-dire qu'ils n'avaient détaché que la soixante-quatrième partie des pierres du massif, quand ils furent forcés d'abandonner l'entreprise. Pendant qu'ils s'occupaient de la démolition, ils virent beaucoup de pierres couvertes de caractères ou traits marqués en rouge, dans un espace de 12 à 15 pouces sur chaque pierre [2].

[1] *Voyez* pl. 6, *Ant.*, vol. v.   [2] *Voy.* pl. 14, fig. 16, *A.*, vol. v.

Deux pyramides plus petites que la QUATRIÈME sont alignées avec elle, dans le sens de l'est à l'ouest. Elles se distinguent par leur forme qui se compose de quatre corps placés en retraite de la base au sommet, ce sont comme de larges degrés; chacun de ces corps est divisé lui-même en marches très-hautes et très-étroites (largeur de $0^m 25$ à $0^m 4$); le parement en est incliné; le sommet est une plate-forme. J'ai pris toutes les dimensions de la pyramide; la base de l'une a $31^m 6$, l'autre $31^m 8$, mesures qui se confondent. Le premier corps ou corps inférieur a $4^m 4$ de haut; le deuxième, $5^m 6$; le troisième, $5^m 4$; le quatrième, $3^m 2$; la retraite du deuxième sur le premier est égal à $3^m 2$; celle du troisième sur le second, aussi $3^m 2$; et celle du dernier sur le troisième, $3^m 3$. On en conclut que la hauteur totale est de $18^m 6$, et que l'angle d'inclinaison est à peu près de 46 degrés. Les trois marches inférieures ont $1^m 5$ et $1^m 4$ d'élévation, les suivantes sont un peu plus basses, mais la dernière a encore $0^m 8$. On ne sait rien de particulier sur ces espèces de pyramides, si ce n'est qu'on en trouve plusieurs semblables dans les environs de Saqqârah, et encore plus au sud. Il est à croire que les constructeurs de ces édifices pyramidaux ont cherché à se distinguer, ou, ce qui est encore plus probable, qu'ils voulaient abréger l'ouvrage, en réduisant successivement l'épaisseur du massif pour arriver plutôt au sommet.

§. V. *Sphinx, tombeaux et hypogées, chaussées et autres vestiges d'antiquités.*

Tous les voyageurs qui visitent les Pyramides vont payer un tribut de curiosité au fameux colosse taillé en forme de sphinx. Il est à environ 600 mètres (1800 pieds) à l'est de la DEUXIÈME pyramide, au milieu d'une plaine recouverte de sables, plus basse que le plateau [1]. On l'a certainement pris tout entier dans le roc, bien que la tête porte des traces de lits qui figurent assez bien des assises réglées. Le SPHINX est comme à l'ordinaire un lion assis, portant la tête humaine, mais d'une proportion gigantesque; c'est la plus grande des figures d'homme ou d'animal que les Égyptiens aient jamais sculptées. La coiffure est semblable à celle des colosses de Louqsor et des autres figures égyptiennes; ce sont des sillons ou rayures, horizontales en avant, convergentes sur le derrière de la tête. Le corps n'a pas moins de 29 mètres de long ($89^{ds}4^p$ environ), encore une partie de la croupe est-elle cachée sous les sables. La tête, depuis le menton jusqu'au sommet, a 8^m55 (26 pieds), et, en défalquant l'épaisseur de la coiffure, environ 8^m3. De là, en comparant cette figure avec les sphinx de même genre qui sont à Thèbes, on peut conclure que la distance du sol sur lequel posent les pieds du lion symbolique, jusqu'au-dessus de la tête, autrement la hauteur du monument

[1] Le menton du SPHINX est à 25^m82 au-dessous du pied du rocher de la grande pyramide; il a été trouvé supérieur de 18^m67 aux basses eaux du canal occidental, le 25 frimaire an VII (15 décembre 1798). *Voyez* le Tableau du nivellement du canal des deux mers.

(sans parler du socle) doit être d'environ 24 mètres ou 74 pieds : du moins, l'accord qui existe entre le rapport de la tête à la longueur du corps, dans la figure de Thèbes, et celui qui existe dans la figure des pyramides, permet de faire la comparaison, et d'en déduire cette élévation.

Depuis les temps antiques les sables ont recouvert le corps presqu'en entier : peut-être même ils cachent un socle sur lequel reposait la figure, comme dans tous les monumens de même sorte. Aujourd'hui le dessus de la tête est à 42 pieds du sol, et le menton à 16 pieds ; un peu au-dessous de la naissance des épaules, tout est enfoui. La partie inférieure, ou le cou, est usée et elle semble même criblée de pores comme les rochers à Alexandrie, que ronge l'air de la mer, mais ce n'est qu'une apparence.

Il serait inutile ou plutôt presque impossible de décrire par le discours l'aspect du sphinx des Pyramides ; renvoyer aux planches est le seul moyen d'en donner une idée un peu juste quoique bien faible encore[1] : on y verra du moins la proportion de la stature humaine avec ce géant. Un homme debout sur la saillie du haut de l'oreille aurait de la peine à atteindre le dessus de la tête avec la main étendue. On s'élève au sommet de la figure et par derrière à l'aide d'une échelle de 25 pieds de hauteur, là on trouve une ouverture. C'est celle d'un puits étroit où les curieux descendent ordinairement, mais il est en grande partie comblé, au bout de quelques mètres on trouve le fond : l'on n'a pas découvert jusqu'où il pouvait conduire autrefois, si en effet il

[1] *Voyez*, pl. 8, 11, 12, *Ant.*, vol. v, et l'explication.

avait queque profondeur, ce qui est fort douteux. La face du SPHINX a été peinte d'une couleur rouge brun, qui subsiste encore; c'est à peu près la teinte que les Égyptiens se sont donnée à eux-mêmes dans les représentations consacrées à la vie domestique ou aux scènes militaires. On en a conclu sans fondement que cette tête fournissait le type exact de la physionomie égyptienne, et cela sans s'embarrasser ni des sculptures, ni des peintures, ni des momies, qui cependant fournissent toutes sans équivoque le vrai caractère de la figure. Je ne sais par quel esprit de système on a été jusqu'à conclure du SPHINX que les anciens Égyptiens étaient des nègres, c'est-à-dire des hommes noirs, à cheveux crépus et laineux, à front bas et en arrière, à nez épaté, etc. L'existence de ce dernier caractère a paru prouvée incontestablement aux auteurs de l'assertion, attendu que le nez du SPHINX a été brisé et presque enlevé, circonstance comme on voit fort concluante. Mais pourquoi le peintre égyptien, en faisant son propre portrait, ne l'a-t-il pas peint en noir, et pourquoi le sculpteur a-t-il laissé le front presque droit? Loin de nous l'idée de rabaisser par cette observation les races de noirs; mais quand on voit ceux-ci représentés par les Égyptiens eux-mêmes dans leurs peintures, de la manière la plus distincte, et qu'on examine avec attention les têtes de momies bien conservées, celles des belles statues égyptiennes, celles des peintures et des bas-reliefs des hypogées, des palais et des temples; qu'enfin on les compare aux indigènes même de la haute Thébaïde, est-il possible de douter que les anciens Égyptiens aient appartenu à la race dite assez improprement *caucasienne?*

Ils avaient, à la vérité, les lèvres un peu bordées et les pommettes saillantes, mais cela ne change presque rien au type primitif. Je ne crois pas nécessaire d'insister davantage sur ce sujet, que d'ailleurs j'ai traité avec plus de développement, dans la *Description des hypogées* de la ville de Thèbes[1]. Le type égyptien consiste surtout dans le prolongement du trait du nez (trait si court au contraire chez les noirs de l'Afrique intérieure), dans son contour aquilin, et encore dans la direction commune du nez et du front selon un même plan légèrement incliné; et c'est ce qui constitue sa principale différence avec le type grec, dans lequel la direction commune au front et au nez est presque perpendiculaire, tandis que chez les Égyptiens elle est inclinée de 76 à 78 degrés.

Je reviens au SPHINX, où cette partie du visage est trop défigurée pour qu'on puisse bien apprécier le caractère de la physionomie. Quelques-uns, mais à tort, en ont trouvé la figure difforme : loin de là on remarque un travail ferme et hardi dans l'exécution des yeux et des orbites, surtout dans celle de la bouche et de l'oreille. Cependant, augmenter jusqu'à plus de trente-six fois la grandeur des formes humaines a dû présenter au sculpteur une immense difficulté : on le sent aisément sans qu'il soit nécessaire d'insister sur cette observation.

Les Arabes ont surnommé cette figure *Abou-l-houl*, le père de la terreur, bizarre appellation, et qui eût étonné fort les auteurs de la statue, s'ils eussent pu

---

[1] *Voyez* ci dessus, t. III, p. 77 et suivantes.

prévoir qu'on la lui donnerait un jour¹ : peut-elle effrayer en effet qui que ce soit, si ce n'est les petits enfans ? En même temps, et par une sorte de contradiction, les Arabes la considéraient comme un puissant talisman, qui s'oppose à l'invasion des sables, et protège la vallée du Nil contre son plus redoutable ennemi : autre erreur bien plus grossière, dont ils ont reconnu eux-mêmes l'absurdité, en voyant les sables descendus à 500 mètres au-delà du SPHINX, et lui-même ayant presque tout son corps enseveli. Au reste, il tourne le dos et non la face aux sables qu'il était censé arrêter par une influence magique et irrésistible.

Cette face est tournée à l'est, mais non exactement ; l'axe du corps fait avec la ligne E-O, un angle d'environ 18° 30′, d'après le plan topographique². Peut-être (mais ce n'est qu'une hypothèse) les constructeurs de la pyramide ont-ils voulu diriger la figure vers l'orient d'été, c'est-à-dire vers le soleil levant, à l'époque du solstice. C'est ce que j'examinerai ailleurs³.

Il me reste, pour finir cette description, à parler succinctement de quelques autres vestiges d'antiquité que l'on observe sur le site des Pyramides, en commençant par les *chaussées*. Déjà, en traitant de la TROISIÈME pyramide, j'en ai décrit une très-bien conservée ; une autre, qui peut-être lui faisait suite, longue aussi de 260 mètres, est à l'est, à peu près dans la même direction

---

¹ Ce mot est tiré de l'ancien nom, qui, selon Maqryzy el-Soyouty, était *Belhyt*, بلهيت ou *Balhout*. M. Langlès l'interprète en qobte par *oculus terribilis* (*Voyage de Norden*, t. III, p. 342), mais M. de Sacy par *oculus et cor*, celui qui est sans déguisement ou qui a le cœur dans les yeux (*trad. d'Abd-el-latyf*, p. 569).

² *Voyez* pl. 6, *Ant.*, vol. V.

³ Voy. *Recherches sur les Pyramides*, etc., t. IX.

et fort peu éloignée du terrain cultivé[1]. Une dernière se voit à l'est de la GRANDE pyramide; elle est coudée et touche à la plaine; sa longueur est d'environ 400 mètres; la première partie est dirigée vers l'angle sud-ouest du monument, la seconde au milieu de la face de l'est. Cette chaussée est très-ruinée, mais on la suit bien sur le terrain. Peut-être est-ce le reste de celle qui, selon Hérodote, avait 5 stades de long (ou 924 mètres). Il la regardait comme un ouvrage presque aussi considérable que la pyramide; elle avait servi, dit-il, à transporter les pierres tirées de la montagne Arabique. Comme l'historien nous en donne toutes les mesures, il est facile d'apprécier son assertion : la largeur était de 10 orgyies ou 18^m72; sa plus grande hauteur était de 8 (14^m98). Ainsi, supposé la base horizontale, la pente de ce plan incliné n'était guère que de 1 pour 60, le quart seulement de celle de la première chaussée; mais le texte même d'Hérodote s'opposerait dans ce cas à ce qu'on admît une pente aussi faible; car le plateau des Pyramides était, dit-il, à cent pieds au-dessus de la plaine, c'est-à-dire 16 orgyies 2/3, faisant 30^m8. Or, la distance de la pyramide (*du milieu de la face de l'est*) à ce même point, n'est que de 700 mètres : quand même on le reculerait assez pour trouver les 5 stades ou 3000 pieds, la pente totale aurait été de 1 pour 30; tellement que la plus grande hauteur, toujours suivant le même calcul, devait être plutôt 18 orgyies

---

[1] M. Gratien Le Père pense qu'elle n'a pas servi au transport, mais que c'était une digue bâtie pour rejeter le Nil vers l'est; mais c'est au sud, et non pas au nord de Memphis, que fut construite la digue destinée à cet usage.

que 8. Mais il est probable que la chaussée avait été construite sur un sol en pente, c'est-à-dire sur le versant de la montagne. Quant à la comparaison du travail avec celui de la pyramide même, à ne considérer que le cube de pierres, on trouve qu'elle a bien peu de fondement, puisqu'un des solides fait au plus la vingtième partie de l'autre : je reviendrai sur ce passage d'Hérodote.

Je n'ajouterai que peu de choses à ce que j'ai dit des doubles *enceintes* qui environnent les Pyramides. On n'en voit plus qu'autour des SECONDE, TROISIÈME, QUATRIÈME et des pyramides à degrés. Celle de la PREMIÈRE a disparu : ainsi que je l'ai dit, il paraît que leur destination principale était de servir de barrière à l'irruption des sables de la Libye. Le nombre de ces enceintes est beaucoup moins grand dans notre plan topographique que dans celui qui accompagne la relation de Pococke, et je crois que plusieurs ont pu être omises ; mais, d'une part, le sable a dû en recouvrir plusieurs depuis l'époque de son voyage, et, de l'autre, on voit que le dessinateur de son plan, sinon le voyageur même, a dessiné ces lignes d'enceinte suivant une distribution symétrique, persuadé que toutes les pyramides et les constructions accessoires, avaient été assujéties à un plan parfaitement régulier dans toutes ses parties, ce qui n'est pas. Ces sortes de restaurations complètes, qui ne conviennent que pour une architecture dont le système est parfaitement connu, ne sont pas praticables dans les monumens égyptiens, et surtout dans le cas présent ; car si l'on observe un exact et même un étonnant parallélisme entre ces vastes pyramides et tous les édifices et les tombeaux voisins, d'autre part on reconnaît promptement que les accidens du sol, la configuration locale et d'autres circonstances, ont empêché d'adopter pour tout cet ensemble, qui n'a guère moins de 1400 mètres en carré, une disposition parfaitement symétrique, ou de former un plan d'un seul jet. Chacune des grandes pyramides appartient d'ailleurs à un architecte différent, à une époque différente; pourquoi voudrait-on trouver dans la distribution architecturale de ce grand plateau, une seule pensée, un seul système, en un mot unité de conception et d'exécution?

Les nombreuses constructions qui sont aux environs des Pyramides ne sont pas placées sans ordre : loin de là, elles ont toutes leurs côtés dirigés est et ouest, nord et sud. J'ai déjà parlé des plus grandes qui sont au nord de la seconde et à l'ouest de la première pyramide : il est remarquable qu'elles occupent un rectangle quasi carré, équivalant en surface à celle-ci à très-peu de chose près; leur nombre, d'après mon journal de voyage, est de 14 sur 14 ou 196[1]. Ce sont des *tombeaux* massifs en forme de pyramides tronquées, à base oblongue, dont les dimensions sont plus faciles à deviner qu'à mesurer, à cause de l'encombrement des sables; leur largeur est de 9 à 10 mètres. Indépendamment de ceux-là, il en existe de plus grands encore, situés très-proche de la grande pyramide. La pierre en est choi-

---

[1] *Voyez* ci-dessus, page 619. J'en ai noté autant du *côté de l'est*, et en tout près de 400 : mais cet aperçu n'est pas d'accord avec le plan topographique des pyramides, planche 6, *A.*, vol. v.

sie et fort belle. Les paremens sont travaillés avec un grand soin, et revêtus d'un certain poli; les assises sont bien réglées, et l'on y remarque des joints obliques, caractère des plus anciennes constructions de Thèbes; plusieurs de ces monumens sont chargés d'hiéroglyphes. Un de ces tombeaux à forme pyramidale tronquée, se distingue entre tous à cause de sa plus grande dimension; il a 45^m66 (140 pieds et demi) sur 15^m3 (48 pieds environ) de large, et 6 mètres (18 pieds et demi environ) de haut; la hauteur à l'extérieur était de 9 mètres et demi; la moitié est cachée sous les sables. Sur la face de l'est sont deux portes conduisant à quelques salles : dans la partie supérieure est une bande d'hiéroglyphes. En s'élevant sur la plate-forme, on découvre l'ouverture d'un puits, large de 2^m14 ($6^{ds}7^p$). Quand les ingénieurs y arrivèrent, ils le trouvèrent presque plein de sables et de pierres; MM. Le Père et Coutelle le firent vider. A 16 mètres et demi (51 pieds environ) de profondeur ils trouvèrent une salle creusée dans le roc, d'environ 7 mètres sur 3^m7, et haute de 2^m82, avec un sarcophage en beau basalte noir, parfaitement taillé, à grain très-fin, poli au mat et surmonté d'un épais couvercle fermant à recouvrement : il avait été ouvert par les Arabes, et dépouillé de ce qu'il contenait. La forme du monument est simple, les côtés sont lisses et dépourvus d'ornemens, mais l'exécution est pure et très-soignée; le seul ornement, si c'en est un, consiste en quatre appendices saillans et arrondis, placés aux deux bouts du couvercle, et qui ont servi à le poser en place; sa longueur est de 2^m68 ($8^d 3^p$); sa largeur, 1^m13 (3^d

5ᵖ8¹) ; sa hauteur, 1ᵐ07 (3ᵈˢ3ᵖ6¹). Les dimensions intérieures sont 2ᵐ09 sur 0ᵐ60 et 0ᵐ67, espace suffisant pour une momie dans sa caisse. Ce monument a été figuré en détail dans les planches[1] ; on a également dessiné l'extérieur et le profil d'un autre, situé aussi à l'ouest de la PREMIÈRE pyramide ; il se distingue par un cordon qui borde de toutes parts la plate-forme supérieure[2]. Ces tombeaux sont tous considérablement enterrés ; on n'en voit guère[3] que le sommet et trois ou quatre assises supérieures ; ils prouveraient, s'il le fallait, que les sables ont recouvert aussi le sol de la GRANDE pyramide. Si l'on monte sur la plate-forme, on aperçoit de grands puits carrés obstrués aussi par les sables, comme au tombeau que j'ai décrit.

Les constructions dont il vient d'être parlé seraient remarquées partout ailleurs : ici, elles sont effacées par celles du voisinage ; le gigantesque du SPHINX, le colossal des Pyramides et des chaussées, l'énormité des matériaux les écrasent ; elles échappent à la vue et sont comme imperceptibles.

Toutes les *habitations*[4] de cette antique ville des morts, comme les appelaient les Égyptiens, ne sont pas des monumens bâtis ; plusieurs sont des constructions souterraines comme à la *Nécropolis* de Thèbes, mais non pas disposées en syringes, c'est-à-dire en longs canaux et en labyrinthes. Elles ressemblent aux hypogées, parce qu'elles sont creusées dans le roc, et que

---

[1] *Voyez* pl. 14, figures 5 à 10, *Ant.*, vol. v, et l'explication de la planche.
[2] *Voyez* pl. 16, *Ant.*, vol. v, fig. 15, 16, et pl. 15, fig. 11 à 14, ainsi que l'explication.
[3] *Voyez* pl. 14, fig. 11 à 14.
[4] Diod. Sic. *Bibl.*, l. 1, c.

les sculpteurs en ont orné les parois par la représentation des scènes agricoles, civiles et domestiques. J'ai visité plusieurs de ces catacombes à l'est de la SECONDE pyramide; le rocher est taillé en murailles droites ou inclinées; l'on y a pratiqué des ouvertures qui simulent des portes bâties; on y descend quelquefois par des degrés taillés dans le roc. Un de ces hypogées est représenté dans les planches [1]; il est remarquable par des sculptures, la plupart très-incorrectes pour la perspective, mais intéressantes pour le sujet et la naïveté d'exécution [2], et encore par un mur très-mince (réservé dans le roc), dont le dessus se termine en chaperon. Parmi ces sujets on distingue entre autres des danseurs [3], une scène musicale formée de trois flûteurs accompagnés par une harpe à cinq cordes avec deux batteurs de mesure frappant dans leurs mains: la flûte paraît avoir trois à quatre pieds [4]; des porteurs d'outres et de fardeaux, portant sur une épaule ou sur deux à l'aide d'un long levier élastique ou balancier, usage encore suivi en Égypte [5]; différentes professions telles que la navigation [6], l'art de presser les fruits [7], l'abattage des animaux [8], le commerce [9] et l'agriculture [10]. Les navires rappellent par leurs formes les barques plates, dans la fabrication desquelles entraient les tiges de papyrus et de lotus; trois hommes sont dans l'action d'en termi-

[1] Pl. 16, *Ant.*, vol. v, fig. 6, 7, 8, et l'explication de la planche.
[2] *Voy.* les bas-reliefs gravés dans les planches 17, 18, *Ant.*, vol. v, d'après les dessins de M. Dutertre.
[3] *Voy.* les bas-reliefs gravés dans la planche 17, fig. 2 ; 4.
[4] *Voyez* pl. 17, fig. 6.
[5] *Ibid.*, fig. 11, 12.
[6] *Voyez* pl. 18, fig. 5, 7.
[7] *Ib.*, pl. 17, fig. 5; pl. 18, fig. 2.
[8] *Ib.*, pl. 18, fig. 6.
[9] *Ib.*, pl. 17, fig. 3, 8, 9, 10.
[10] *Ib.*, *id.*, fig. 13, 15, 16, 17.

ner une de cette espèce; des hommes chargés de lotus les apportent aux ouvriers. Le pressoir à fruits, par sa combinaison simple et ingénieuse, mérite une description. Un grand sac tordu, plein de la matière à presser, est traversé à ses extrémités par de longues et fortes perches, et est suspendu au-dessus d'un baquet profond et large sur le fond duquel elles s'appuient; deux hommes tirent à eux les perches par le pied avec un grand effort; deux autres, suspendus à la partie supérieure à dix pieds du sol, tendent aussi à les écarter afin d'augmenter la pression en ajoutant leur poids à leur force de traction; enfin un cinquième, couché horizontalement entre les deux perches à la même hauteur, les écarte des pieds et des mains, en exerçant son effort sur des points d'appui qui paraissent calculés d'après ceux des autres ouvriers.

Un énorme taureau destiné à être abattu n'occupe pas moins de onze hommes; trois tirent par une corde un des pieds de devant et un homme tire l'autre pied; quatre autres tirent un pied de derrière; un neuvième retient la queue; un dixième est à cheval sur le museau, et le dernier, debout sur l'une des cornes, les jambes très-écartées, tire l'autre corne avec les deux mains, à l'aide d'un grand effort.

On voit des hommes et des femmes qui paraissent occupés à vendre ou porter au marché des cassettes, des outres, des colliers et des bracelets, des gazelles, des biches et autres bêtes à cornes de plusieurs espèces avec leurs petits, des volatiles et des quadrupèdes, ou bien des vases, des pains, des sacs chargés de marchandises.

Enfin les scènes d'agriculture représentent le labourage, le taureau, le belier et plusieurs espèces d'animaux[1], les hommes versant le grain à la meule[2], et le remplissage des jarres avec un liquide qui paraît être du vin. Toutes sont accompagnées de signes hiéroglyphiques.

Dans plusieurs grottes, les parois sont tapissées d'épaisses couches de sel, formées depuis l'excavation.

§. VI. *Carrières qui ont servi à la construction des Pyramides.*

Plusieurs opinions existent sur les carrières qui ont servi à la construction des Pyramides. Les uns admettent le rapport des auteurs qui assurent que les matériaux ont été transportés de la montagne Arabique; les autres le révoquent en doute, et soutiennent que la montagne Libyque a fourni les pierres sur le lieu même, en quantité suffisante. J'avoue que ce dernier sentiment est celui que j'embrassai d'abord. L'assertion est d'autant plus spécieuse, que le rocher renferme des lits tout semblables aux pierres des Pyramides, et qu'il a fallu creuser autour du SPHINX, puis dresser le plateau, ce qui a dû procurer beaucoup de matériaux. Mais cette opinion doit être abandonnée, et j'y ai renoncé en effet par les considérations que je vais soumettre au lecteur. S'il n'existait que le témoignage d'Hérodote et des autres écrivains, on pourrait dire à la rigueur qu'ils ont été induits en erreur par la vanité des prêtres égyptiens, bien que cet argument ait été prodigué en d'autres cas

[1] *Voyez* pl. 17, fig. 16, 17.　　[2] *Voyez* pl. 17, fig. 13.

jusques à l'abus : mais il y a un témoignage plus positif et incontestable, c'est celui des monumens. On a vu plus haut qu'il existait encore trois chaussées, deux presque ruinées, une autre intacte. Comment expliquer ces ouvrages si considérables, qui sont précisément dirigés à l'est, c'est-à-dire vers la montagne Arabique, et dont la pente prend son origine auprès de la lisière du terrain cultivé, ouvrages construits avec tant de travail, de temps et de dépense ? Qui pourrait soutenir qu'ils n'ont pas servi au transport des pierres, quand surtout l'historien décrit ces chaussées, en fait voir l'importance, et en apprend la destination.

En second lieu, il n'est pas possible de croire qu'on ait enlevé beaucoup de pierres en dressant le plateau des Pyramides, et qu'elles aient servi à la construction, il eût mieux valu laisser le roc à sa place. Quant au SPHINX, dont on a dit, peut-être avec raison, que la tête désignait l'ancien niveau du sol, comme ces *témoins* que nos carriers et terrassiers laissent au milieu des excavations, il est facile de voir que la pierre qui a été abattue autour de la tête, du col et de la poitrine n'équivaut pas à la cinquantième partie de la PREMIÈRE des grandes pyramides, à la centième partie des trois ensemble. Il est vrai qu'on a peut-être creusé autour du plateau, et tiré quelque parti de la pierre extraite des fossés ; mais on peut accorder cette supposition, sans, pour cela dispenser de chercher ailleurs la source qui a fourni la masse principale des matériaux.

En troisième lieu, la nature de la pierre de la chaîne libyque n'est pas toujours semblable à celle des assises des Pyramides, il n'y en a du moins qu'une partie; elle est ordinairement moins dure, moins compacte, moins pleine de coquilles numismales et de bélemnites, et la pâte est moins serrée. Elle se ronge davantage à l'air, témoin le devant du SPHINX, lequel est supposé avoir fourni des matériaux.

Quatrièmement, le revêtement de la SECONDE pyramide et beaucoup de fragmens que j'ai vus au pied de la PREMIÈRE et que je pense avoir servi à la revêtir, sont d'une couleur grise particulière, et susceptible d'un demi-poli assez beau, caractères qui sont étrangers à la pierre de cette partie de la montagne Libyque, plus blanche et plus tendre.

Enfin les carrières de Torrâh (Troja)[1], sur la rive droite, entre les Pyramides et les ruines actuelles de Memphis, carrières qui présentent aujourd'hui des traces de travaux si considérables, ne sont-elles pas celles qu'Hérodote avait en vue, quand il dit que les constructeurs ont pris la pierre dans la montagne Arabique? La pierre a justement les caractères de celle des Pyramides, notamment celle du revêtement. Quand on descend le Nil et qu'on s'arrête quelque temps en face pour voir ces excavations, on est surpris de leur étendue et de leur aspect; mais leur profondeur immense étonne bien autrement, quand on y met le pied. Le travail des Égyptiens s'y reconnaît aisément : en y marchant, je n'ai plus conservé de doutes. Eux seuls étaient assez expérimentés dans l'exploitation des carrières, pour enlever à la montagne de telles masses de pierre, en lais-

[1] Voyez *Descr. de la ville du Kaire*, t. XVIII, 2ᵉ partie, p. 477.

sant le toit sans support. Les parois sont dressées, les piliers taillés, les distributions intérieures sont à angle droit, comme s'ils eussent voulu faire des monumens souterrains, et non pas extraire la pierre seulement[1]. Ainsi le vide de ces immenses excavations peut bien représenter le volume des Pyramides.

A la vérité on a observé au nord de la PREMIÈRE pyramide une partie de la chaîne libyque exploitée aussi à ciel ouvert, dont la nature est une pierre numismale semblable à celle qui compose les derniers degrés : on pourrait donc admettre qu'une partie du massif des Pyramides a été fournie par la montagne de Libye, soit sur le lieu même, soit à quelque distance : mais la plus grande partie a été, selon moi, extraite de Torrâh. J'admettrai au reste une modification à la première des opinions que je discute, c'est que les pierres extraites de Torrâh n'ont pas été charriées au travers de toute la vallée. Mon sentiment est qu'elles ont été embarquées sur un canal transversal passant au nord de Memphis et s'écoulant dans le canal occidental, d'où elles sont descendues jusqu'à la naissance des chaussées ci-dessus décrites : le texte même d'Hérodote appuie cette explication; ainsi se trouveront conciliés les témoignages des auteurs, la nature des lieux et les monumens, le fait de l'existence actuelle des chaussées encore subsistantes et plus ou moins conservées, enfin la conséquence nécessaire qui se déduit de leur position et de leur direction.

Le dessin que je viens de citer donne une idée de

[1] *Voy.* le dessin d'une partie de ces carrières, pl. 4, *A.*, vol. v, fig. 8.

la partie septentrionale des carrières de Torrâh; au-delà, la montagne est taillée de la même manière, et plus profondément encore, jusqu'à une grande distance vers le sud; le lieu mériterait d'être examiné en détail. Parmi les carrières que j'ai visitées, j'en ai remarqué une qui avait 6 mètres et demi (20 pieds) de hauteur et un très-grand nombre d'embranchemens. Les piliers et les murs, dans cette carrière et dans toutes les autres, sont taillés à arêtes vives, les plafonds sont travaillés avec un soin égal, et l'on retrouve partout dans l'exécution le ciseau égyptien; enfin dans l'immensité du travail, on reconnaît la source visible où furent puisés les matériaux des monumens de Memphis [1].

[1] En terminant cette description succincte des Pyramides, nous devons répéter qu'elle ne dispense pas le lecteur de consulter celles de nos devanciers; nous le renvoyons en même temps aux *Remarques et Recherches sur les Pyramides*, etc., insérées dans le tome IX, p. 419, et qu'on peut regarder comme une suite à la *Description*.

Nota. L'étendue de ce volume a forcé de renvoyer au tome IX les chapitres XX et XXII formant le complément des *Antiquités-Descriptions* annoncées ci-dessus, p. 60 (*Voyez* tome IX, pag. 297 et 341).

FIN DU TOME CINQUIÈME.

TABLE

DES MATIÈRES DU TOME V.

ANTIQUITÉS—DESCRIPTIONS.

Pages.

CHAPITRE XVIII................................... 1

Description générale de Memphis et des Pyramides, accompagnée de remarques géographiques et historiques ; par M. JOMARD.... Ibid.

SECTION PREMIÈRE. *Pyramides du sud et autres vestiges d'antiquités qu'on trouve aux environs de Memphis.* 3

§. Ier. Pyramides du sud.................................. Ibid.
    1°. Des trois pyramides de Dahchour............ 4
    2°. Des neuf pyramides de Saqqârah............ 9
    3°. Des sept pyramides au nord d'Abousyr....... 13

§. II. Ruines des villes et autres antiquités des environs...... 15
    Dahchour et Saqqârah........................ Ibid.
    1°. Bas-reliefs, statues ou fragmens............. 26
    2°. Momies................................ 31
    3°. Amulettes, figurines, etc.................... 35
    4°. Vases et lampes.......................... 41
    Abousyr (Busiris)............................ 47

SECTIONS DEUXIÈME ET TROISIÈME (*voir* la page 679, ci-dessous).

CHAPITRE XIX...................................... 53

Description de la Babylone d'Égypte, par M. DU BOIS-AYMÉ, correspondant de l'Institut de France, membre de la Commission des sciences et des arts d'Égypte, etc.......................... Ibid.

CHAPITRE XX. *Description des antiquités de la ville et de la province du Kaire*, par M. JOMARD (*voyez* tome IX).

TABLE DES MATIÈRES.

Pages.

CHAPITRE XXI. 61

Description d'Héliopolis; par MM. LANCRET et DU BOIS-AYMÉ, ingénieurs des ponts et chaussées, membres de la Commission des sciences et des arts d'Égypte. .... *Ibid.*

De la route du Kaire à Héliopolis. 61
De la ville d'Héliopolis. 66

CHAPITRE XXII. *Description des antiquités d'Athribis, de Thmuis et de plusieurs nomes du Delta oriental;* par M. JOMARD (*Voyez* tome IX).

CHAPITRE XXIII. 99

Description des ruines de Sân (Tanis des anciens), par M. Louis Cordier, inspecteur divisionnaire au corps royal des mines. .... *Ibid.*

CHAPITRE XXIV. 135

Description des antiquités situées dans l'isthme de Soueys, par M. DEVILLIERS, ingénieur en chef des ponts et chaussées. .... *Ibid.*

CHAPITRE XXV. 159

Description des principales ruines situées dans la portion de l'ancien Delta comprise entre les branches de Rosette et de Damiette, par MM. JOLLOIS et DU BOIS-AYMÉ, membres de la Commission des sciences et des arts d'Égypte, ingénieurs des ponts et chaussées, chevaliers de la Légion d'honneur. .... *Ibid.*

§. Ier. Monumens de Bahbeyt. 160
§. II. Antiquités de Mehallet el-Kebyr. 166
§. III. Ruines de Saïs. 169

CHAPITRE XXVI. 181

Description des antiquités d'Alexandrie et de ses environs, par M. SAINT-GENIS, ingénieur en chef des ponts et chaussées. ..... *Ibid.*

OBSERVATIONS PRÉLIMINAIRES. .... *Ibid.*

Aperçu chronologique et général sur Alexandrie. 184

1re Période, de 1663 ans, jusqu'à Cambyse. .... *Ibid.*
2e Période, de 193 ans, depuis Cambyse jusqu'à Alexandre . 185
3e Période, de 302 ans, depuis Alexandre jusqu'à Auguste.. 186
4e Période, de 393 ans, depuis Auguste jusqu'à l'empire d'Orient. 188
5e. Période, de 277 ans, depuis le partage de l'empire jusqu'à O'mar. 189

TABLE DES MATIÈRES.

Pages.

6ᵉ Période, de 329 ans, depuis O'mar jusqu'aux khalifes Fâtémites.. 191
7ᵉ Période, de 202 ans, depuis les Fâtémites jusqu'à Saladin.. 193
8ᵉ Période, de 79 ans, depuis Saladin jusqu'aux Mamlouks.. 194
9ᵉ Période, de 267 ans, depuis les Mamlouks jusqu'aux Ottomans... Ibid.
10ᵉ. Période, de 299 ans, depuis le sultan Selym jusqu'à nos jours... 195

Résumé... 197
Division de ce Mémoire... 198

DESCRIPTION DES LIEUX... 199
    Aperçu des ruines... Ibid.
    Division de la description................................... 203

SECTION PREMIÈRE. *Ville d'Alexandrie*............................ Ibid.
    §. Iᵉʳ. Partie maritime...................................... 204
        Rhacotis et autres quartiers........................ Ibid.
        Port d'Eunoste...................................... 207
        Port Kibôtos.. 211
        Ile Pharos.. 214
        Tour du phare....................................... 222
        Digue du phare...................................... 229
        Heptastadium. Emplacement de la ville moderne....... 231
        Massifs de colonnes antiques sous le quartier des Consulats... 239
        Grand port.. 242
        Reste du périmètre du grand port.................... 248
        Grande place.. Ibid.
        Arsenaux.. 249
        Apostases... 250
        Emporium.. 251
        Obélisques. — Cæsarium.............................. Ibid.
        Tour dite des Romains............................... 267
        Antiquités du reste des bords du port neuf.......... 272
        Posidium, Temple de Neptune, Timonium............... 276
        Théâtre... 281
        Port creusé... 282
        Ile Antirrhode...................................... 284
        Port caché et fermé.—Vue des palais intérieurs...... 286

	Pages.
Promontoire et palais de Lochias........................	287
Acrolochias.—Cautes......................................	289
Côté oriental du promontoire de Lochias............	293
§. II. *Partie moyenne ou intérieure de la ville*..............	296
Grande rue longitudinale.— Porte Canopique.........	298
Premier et second aqueducs souterrains...............	302
Grande rue transversale. Forme et dimensions de la ville antique............	304
Troisième aqueduc.—Colonne de Dioclétien..........	315
Stade anciennement abandonné..........................	328
Canal navigable.—Quatrième aqueduc parallèle.......	337
Porte de Necropolis, extrémité occidentale de la ville antique..............	341
Antiquités de l'enceinte arabe et de ses portes..........	343
Ancienne basilique dite des Septante, ou mosquée des mille Colonnes..........	352
Citernes antiques..	355
Scrapeum et sa bibliothèque............................	361
Autres temples antiques..................................	368
Ancienne basilique vulgairement appelée mosquée de Saint-Athanase..............	369

APPENDICE A LA DESCRIPTION DES ANTIQUITÉS D'ALEXANDRIE ET DE SES ENVIRONS, par M. SAINT-GENIS, ingénieur en chef des ponts et chaussées, ou RECHERCHES ET ÉCLAIRCISSEMENS....... 377

Observations préliminaires............................... 378

Aperçu chronologique et général.......................... 379

1re *Période*... *Ibid.*

7e *Période, depuis les Fâtémites jusqu'à Saladin*...... 380

Description des lieux..................................... 381

Ire SUITE DU CHAPITRE XXVI........................ 508

Description de la colonne dite de Pompée, à Alexandrie; par M. NORRY, *architecte*................................. *Ibid.*

IIe SUITE DU CHAPITRE XXVI........................ 519

Notice sur un grand monument souterrain à l'Ouest de la ville d'Alexandrie, par P. MARTIN, *ingénieur au corps royal des ponts et chaussées*.. *Ibid.*

TABLE DES MATIÈRES.

Pages.

CHAPITRE XVIII (Suite) 531

Description générale de Memphis et des Pyramides, accompagnée de remarques géographiques et historiques, par M. JOMARD. . . . *Ibid.*

SECTION DEUXIÈME. .... *Ibid.*

§. Ier. De plusieurs lieux de la plaine ou du nome de Memphis. *Ibid.*

§. II. Description des restes de Memphis. 536

§. III. Remarques géographiques et historiques sur la ville de Memphis. 544
    1°. Étendue et limites de Memphis. 545
    11°. Monumens élevés à Memphis, quartiers de la ville. 553
    111°. Du culte de Memphis et de son nilomètre. 582

SECTION TROISIÈME. *Description des grandes Pyramides du Nord, ou Pyramides de Gyzeh*. 591

§. Ier. Topographie des Pyramides et coup d'œil général. 592

§. II. PREMIÈRE pyramide. 600
    Position géographique. .... *Ibid.*
    Dimensions de la première pyramide. 604
    Ascension de la première pyramide. 614
    Intérieur de la première pyramide. 622
    Construction. 636

§. III. SECONDE pyramide. 637

§. IV. TROISIÈME et QUATRIÈME pyramides, pyramides à degrés et environs. 648
    1°. Troisième pyramide, monument de l'Est et sa chaussée. .... *Ibid.*
    2°. Quatrième pyramide, pyramides à degrés. 655

§. V. SPHINX, tombeaux et hypogées, chaussées et autres vestiges d'antiquités. 658

§. VI. Carrières qui ont servi à la construction des Pyramides. 670

FIN DE LA TABLE.

TABLE DES MATIÈRES.

Pages.

Promontoire et palais de Lochias...................	287
Acrolochias.—Cautes.........................	289
Côté oriental du promontoire de Lochias.............	293

§. II. Partie moyenne ou intérieure de la ville............. 296
    Grande rue longitudinale.— Porte Canopique......... 298
    Premier et second aquéducs souterrains............. 302
    *Grande rue transversale. Forme et dimensions de la ville
    antique*..................................... 304
    Troisième aquéduc.—Colonnne de Dioclétien.......... 315
    Stade anciennement abandonné.................... 328
    Canal navigable.—Quatrième aquéduc parallèle....... 337
    *Porte de Necropolis, extrémité occidentale de la ville an-
    tique*....................................... 341
    Antiquités de l'enceinte arabe et de ses portes......... 343
    *Ancienne basilique dite des Septante, ou mosquée des
    mille Colonnes*............................... 352
    Citernes antiques............................... 355
    Sérapeum et sa bibliothèque....................... 361
    Autres temples antiques.......................... 368
    *Ancienne basilique vulgairement appelée mosquée de
    Saint-Athanase*............................... 369

APPENDICE a la description des antiquités d'Alexandrie
et de ses environs, par M. Saint-Genis, ingénieur en chef des
ponts et chaussées, ou recherches et éclaircissemens....... 377

Observations préliminaires........................... 378
    Aperçu chronologique et général................. 379
        1re Période...................................... Ibid.
        2.e Période, depuis les Fâtémites jusqu'à Saladin...... 380

Description des lieux................................ 381

Ire SUITE DU CHAPITRE XXVI...................... 508

Description de la colonne dite de Pompée, à Alexandrie; par
M. Norry, architecte............................... Ibid.

IIe SUITE DU CHAPITRE XXVI...................... 519

*Notice sur un grand monument souterrain à l'Ouest de la ville
d'Alexandrie,* par P. Martin, ingenieur au corps royal des ponts
et chaussées..................................... Ibid.

TABLE DES MATIÈRES.

	Pages.
CHAPITRE XVIII (Suite)............................	531

Description générale de Memphis et des Pyramides, accompagnée de remarques géographiques et historiques, par M. JOMARD.... *Ibid.*

SECTION DEUXIÈME.. *Ibid.*

§. Ier. De plusieurs lieux de la plaine ou du nome de Memphis. *Ibid.*

§. II. Description des restes de Memphis.................. 536

§. III. Remarques géographiques et historiques sur la ville de Memphis... 544
    1°. Étendue et limites de Memphis................ 545
    11°. Monumens élevés à Memphis, quartiers de la ville. 553
    111°. Du culte de Memphis et de son nilomètre........ 582

SECTION TROISIÈME. *Description des grandes Pyramides du Nord, ou Pyramides de Gyzeh*................ 591

§. Ier. Topographie des Pyramides et coup d'œil général...... 592

§. II. PREMIÈRE pyramide............................... 600
    Position géographique........................... *Ibid.*
    Dimensions de la première pyramide................ 604
    Ascension de la première pyramide................. 614
    Intérieur de la première pyramide................. 622
    Construction.................................... 636

§. III. SECONDE pyramide............................... 637

§. IV. TROISIÈME et QUATRIÈME pyramides, pyramides à degrés et environs.. 648
    1°. Troisième pyramide, monument de l'Est et sa chaussée... *Ibid.*
    2°. Quatrième pyramide, pyramides à degrés........ 655

§. V. SPHINX, tombeaux et hypogées, chaussées et autres vestiges d'antiquités................................... 658

§. VI. Carrières qui ont servi à la construction des Pyramides. 670

FIN DE LA TABLE.

ERRATA.

Page 535. Note : ⲋⲋⲟ̄p; *lisez* ⲋⲟ̄ⲋp.
  541. Ligne 12 : à la; *lisez* a la.
  566. Note 1 : supprimez le mot *Strabon*.
  579. Note 3 : livre XVII, pag. 301 ; *lisez* 801.
  581. Ligne avant dernière : *vel circumplecti. Unius, etc.* ; lisez *vel circumplecti, unius , etc.*
  Id. Ligne dernière : *sed eventum etc.* ; lisez *sed eventum. Facies enim spinæ folia habet.*
  596. Ligne 2 : au nombre de 7; *lisez* de 14.
  600. Ligne 14 : *lisez* nous la désignerons aussi sous ce nom. Celui de Chéops, etc.
  616. Note 2, après *voyez* ci-dessous, *lisez* tome IX, *Remarques et Recherches sur les Pyramides.*
  623. Note 2 : 26° 30¹ ; *lisez* 26° 30'.
  642. Ligne dernière : l'inclinaison ; *lisez* que l'inclinaison, etc.
  662. Note 1 : Maqryzy el-Soyouty; *lisez* Maqryzy et el-Soyouty.

TRADUCTION DES CLASSIQUES LATINS

AVEC LE TEXTE EN REGARD

BIBLIOTHÈQUE LATINE-FRANÇAISE

PUBLIÉE SOUS LES AUSPICES

DE S. A. R. MONSIEUR LE DAUPHIN.

C. L. F. PANCKOUCKE, ÉDITEUR.

VOLUMES PUBLIÉS

VELLEIUS PATERCULUS, 1 vol.; *traduct. nouv.* par M. DESPRÉS, ancien conseiller de l'Université. — **SATIRES DE JUVÉNAL**, 3 vol.; traduction de Dusaulx, revue par M. J. PIERROT. (Près des deux tiers de cet ouvrage ont été traduits de nouveau.) **LETTRES DE PLINE LE JEUNE**, 3 volumes; traduction de De Sacy, revue et corrigée par M. Jules PIERROT. — **FLORUS**, 1 vol.; *traduct.* nouvelle par M. RAGON, professeur d'histoire au collège royal de Bourbon, avec une Notice par M. VILLEMAIN. — **CORNELIUS NEPOS**, 1 vol.; *tr. nouv.* par MM. DE CALONNE et POMMIER. — **JUSTIN**, 2 vol.; *traduct.* nouvelle par MM. J. PIERROT et BOITARD, avec une Notice par M. LAYA. — **VALÈRE MAXIME**, 3 vol.; *trad. nouv.* par M. FRÉMION, professeur au collège royal de Charlemagne. — **CÉSAR**, 3 vol.; *trad. nouv.* par M. ARTAUD, professeur au collège royal de Louis-le-Grand, avec une Notice par M. LAYA. — **QUINTE-CURCE**, 3 vol.; *trad. nouv.* par MM Auguste et Alph. TROGNON. — **VALERIUS FLACCUS**, 1 vol.; *traduit pour la première fois en prose* par M. CAUSSIN DE PERCEVAL, membre de l'Institut. — **HISTOIRE NATURELLE DE PLINE**, 4e vol.; *tr. nouv.* par M. AJASSON DE GRANDSAGNE, annotée par MM. les professeurs du jardin du Roi et des membres de l'Institut. — **STACE**, 1er vol.; *trad. nouv.* par MM. RINN, professeurs à Sainte-Barbe, et ACHAINTRE. — **SALLUSTE**, 1er vol.; *trad. nouv.* par M. CH. DU ROZOIR. — **LUCRÈCE**, 1er vol.; *trad. nouv. en prose* par M. DE PONGERVILLE. — **QUINTILIEN**, 1er vol.; *traduct. nouv.* par M. OUIZILLE. — **CICÉRON**, tome VI (Oraisons, t. 1er; *trad. nouv.* par MM. GUEROULT jeune, J. N. M. DE GUERLE, et M. CH. DU ROZOIR).

On doit adresser les demandes à M. C. L. F. PANCKOUCKE, éditeur, rue des Poitevins, n. 14, et chez tous les libraires de la France et de l'étranger. Le prix de chaque volume est de SEPT francs. — On ne paie rien d'avance.
ON PEUT ACQUÉRIR CHAQUE AUTEUR SÉPARÉMENT.